HISTOIRE

DE L'ADMIRABLE

DON QUICHOTTE

DE LA MANCHE

PAR

MICHEL DE CERVANTES SAAVEDRA

TRADUCTION NOUVELLE

ILLUSTRÉ DE VINGT-HUIT GRANDES LITHOGRAPHIES

PARIS

MAGNIN, BLANCHARD ET Cⁱᵉ, ÉDITEURS

LIBRAIRIE LOUIS JANET

3, RUE HONORÉ-CHEVALIER, 3.

HISTOIRE

DE L'ADMIRABLE

DON QUICHOTTE

DE LA MANCHE

ANGERS, IMPRIMERIE DE COSNIER ET LACHÈSE.

Notre gentilhomme se dessécha le cerveau, et sa tête ne fut plus qu'un magasin de combats, de défis, et de mille autres sottises.

HISTOIRE

DE L'ADMIRABLE

DON QUICHOTTE

DE LA MANCHE

PAR

MICHEL DE CERVANTES SAAVEDRA

TRADUCTION NOUVELLE

Illustré de 25 grandes lithographies

PARIS
LIBRAIRIE LOUIS JANET
MAGNIN, BLANCHARD ET Cie, ÉDITEURS
3, RUE HONORÉ-CHEVALIER

HISTOIRE

DE L'ADMIRABLE

DON QUICHOTTE

DE LA MANCHE

LIVRE PREMIER

I

De la condition et des occupations du fameux don Quichotte.

Dans une contrée d'Espagne qu'on appelle la Manche, vivait, il n'y a pas longtemps, un gentilhomme, de ceux qui ont une lance au râtelier, une vieille rondache, un roussin maigre, et quelque chien de chasse. Un morceau de viande dans sa marmite, plus souvent bœuf que mouton; une galimafrée le soir, du reste du dîner; le vendredi, des lentilles; des œufs au lard le samedi, à la manière d'Espagne, et quelque pigeon de plus les dimanches, consumaient les trois quarts de son revenu. Le reste était pour la dépense des habits, qui consistaient en un jupon de beau drap, avec des chausses de velours, et les mules de même pour les jours de fête; et les autres jours c'était un bon habit de drap du pays. Il avait chez lui une espèce de gouvernante qui avait, quoi qu'elle en dît, un peu plus de quarante ans, et une nièce qui n'en avait pas encore vingt, avec un valet qui servait à la maison et aux champs, qui pansait le roussin, et allait au bois. L'âge de notre gentilhomme approchait de cinquante ans. Il était d'une complexion robuste et vigoureuse, maigre de visage, et le corps sec et décharné, fort matineux et grand chasseur. Quelques-uns lui donnent le surnom de *Quixada* ou *Quesada*.

Les jours où notre gentilhomme ne savait que faire (ce qui arrivait pour le moins les trois quarts de l'année), il s'amusait à lire des livres de chevalerie, mais avec tant d'attachement et de plaisir, qu'il en oublia entièrement la chasse et le soin de ses affaires ; il en vint même à tel point d'entêtement, qu'on dit qu'il vendit plusieurs pièces de terre pour acheter des romans, et fit si bien qu'il en remplit sa maison. De cette grande quantité de livres il n'y en avait point qui fût si à son goût que les ouvrages du célèbre *Felician de Sylva*. Il était enchanté de la pureté de son style, et tous ces galimatias embrouillés lui paraissaient des merveilles ; surtout il ne pouvait se lasser de lire et admirer ses lettres galantes et amoureuses, dont voici un des plus beaux endroits : « La raison de la déraison que vous faites à ma raison affaiblit si fort ma raison, que ce n'est pas sans raison que je me plains de votre beauté ; » et cet autre endroit incomparable, où il est dit : « Les hauts cieux, qui de votre divinité divinement avec les étoiles vous fortifient et vous font mériter le mérite que mérite votre grandeur. » Parmi ces beaux raisonnements notre pauvre gentilhomme perdait insensiblement la raison, et il se donnait la torture pour en trouver le sens, les admirant d'autant plus qu'il n'y pouvait rien comprendre. Il ne s'accommodait pas des blessures que don Bélianis faisait et recevait, s'imaginant que, quelque excellents que pussent être les chirurgiens qui les pansaient, il ne se pouvait qu'il en restât d'étranges cicatrices. Cependant il estimait fort l'auteur de ce roman, et il fut plusieurs fois tenté d'achever son livre, qui était demeuré imparfait sur le récit d'une admirable aventure. Il l'aurait fait sans doute, et même avec succès, s'il n'avait point eu d'autres fantaisies dans la tête. Il avait souvent des disputes avec le curé de son village, homme de lettres et gradué à Ciguence, sur la préférence entre Palmerin d'Olive et Amadis de Gaule ; mais maître Nicolas, barbier du même village, soutenait que nul chevalier n'approchait de celui du Soleil, et que, s'il y en avait qui pût entrer en comparaison avec lui, ce ne pouvait être que don Galaor, frère d'Amadis, qui était un homme accompli en toutes choses, et non pas un pleureux et un délicat comme Amadis, à qui au reste il ne cédait en rien en fait de chevalerie.

En un mot, notre gentilhomme s'acharna si fort à sa lecture, qu'il y passait les jours et les nuits ; de sorte qu'à force de lire et de ne point dormir, il se desséchа le cerveau à tel point qu'il en perdit le jugement. Il se remplit l'imagination de toutes les fadaises qu'il avait lues, et on peut dire que ce n'était plus qu'un magasin d'enchantements, de querelles, de défis, de combats, de batailles, de blessures, d'amours, de plaintes amoureuses, de tourments, de souffrances et d'impertinences semblables. Il s'imprima encore si bien dans l'esprit tout ce qu'il avait lu dans ces romans, qu'il ne croyait pas qu'il y eût d'histoire au monde plus véritable. Il disait que le cid Ruy Dias avait été fort bon chevalier, mais qu'il n'y avait pas de comparaison entre lui et le chevalier de l'Ardente Epée, qui d'un seul revers avait coupé par la moitié deux géants de grandeur effroyable. Bernard de Corpio était fort bien avec lui, parce que dans la plaine de Roncevaux, il était venu à bout de Roland, tout enchanté qu'il était, se servant de l'adresse d'Hercule, qui étouffa entre ses bras Anthée, ce prodigieux fils de la Terre. Il parlait aussi fort avantageusement du géant Morgan, qui, pour être de cette orgueilleuse et discourtoise race de géants, était cependant civil et affable. Mais il n'y en avait point qu'il aimât tant que Renaud de Montauban, surtout quand il le voyait sortir de son château et détrousser tout ce qu'il rencontrait, et lorsqu'en Barbarie il déroba cette idole de Mahomet, qui était toute d'or, à ce que dit l'histoire. Pour le traître Ganelon, il eût donné de bon cœur sa servante, et sa nièce sur le marché, pour lui pouvoir donner cent coups de pied dans le ventre. Enfin, l'esprit déjà troublé, il lui tomba dans l'imagination la plus étrange pensée dont jamais fou se soit avisé. Il crut ne pouvoir faire mieux pour le bien de l'État, et pour sa propre gloire, que de se faire chevalier errant, et d'aller par le monde chercher des aventures, réparant toute sorte d'injustices, et s'exposant à tant de dangers, qu'il en acquît une gloire immortelle. Il s'imaginait, le pauvre gentilhomme, se voir déjà couronné par la force de son bras, et que c'était le moins qu'il pût prétendre, que l'empire de Trébisonde. Parmi ces agréables pensées, emporté du plaisir qu'il y prenait et enflé d'espérance, il ne songea plus qu'à exécuter promptement ce qu'il souhaitait avec tant d'ardeur.

La première chose qu'il fit fut de fourbir des armes qui avaient été à son bisaïeul, et que la rouille mangeait depuis longtemps dans un coin de sa maison. Il les nettoya et les redressa le mieux qu'il put; mais, voyant qu'au lieu du casque complet il n'y avait que le simple morion, il fit industrieusement le reste avec du carton, et attachant le tout ensemble, il s'en fit une espèce de casque, ou quelque chose au moins qui en avait l'apparence. Mais il arriva que, voulant éprouver s'il était assez fort pour résister au tranchant de l'épée, il tira la sienne et brisa du premier coup ce qu'il avait eu bien de la peine à faire en huit jours. Cette grande facilité de se rompre ne lui plut pas dans un armet, et, pour remédier à cet inconvénient, il le refit de nouveau et mit par dedans de petites bandes de fer, en sorte qu'il en fut satisfait; et, sans en faire d'autre expérience, il le tint pour une armure de fine trempe et à l'épreuve.

Il pensa ensuite à son cheval, et, quoiqu'il eût autant de javarts que de jambes, et que le pauvre animal n'eût que la peau et les os, il lui parut en si bon état, qu'il ne l'eût pas changé pour le Bucéphale d'Alexandre ou le Babieça du Cid. Il fut quatre jours à chercher quel nom il lui donnerait, parce qu'il n'était pas raisonnable, disait-il en lui-même, que le cheval d'un si fameux chevalier n'eût pas un nom connu de tout le monde. Ainsi il essayait de lui en composer un qui pût faire connaître ce qu'il avait été avant que d'être cheval d'un chevalier errant et ce qu'il était alors. Il croyait surtout qu'ayant changé d'état, il était bien juste que son cheval changeât aussi de nom, et qu'il en prît un d'éclat et convenable à sa nouvelle profession. Après avoir bien rêvé, tourné, ajouté, diminué, fait et défait, enfin il le nomma Rossinante, nom grand à sa fantaisie, éclatant et significatif, et bien digne du premier cheval du monde.

Ayant trouvé un si beau nom à son cheval, il pensa aussi à s'en donner un à lui-même, et, après avoir passé huit autres jours à rêver, il se nomma enfin don Quichotte; ce qui a fait croire aux auteurs de cette véritable histoire qu'il devait s'appeler Quixada, et non Quesada, comme d'autres l'ont dit. Mais notre héros se ressouvenant que le vaillant Amadis ne s'était pas contenté de son nom, et qu'il y avait encore ajouté celui de sa patrie et de son royaume pour les rendre plus célèbres, et s'était nommé Amadis de Gaule, ajouta pareillement au sien celui de son pays, et s'appela don Quichotte de la Manche, croyant par là que sa famille et le lieu de sa naissance allaient être connus et recommandables par toute la terre.

Ayant donc bien fourbi ses armes, de son morion fait une salade entière, donné un beau nom à son cheval, et en ayant pris un illustre pour lui-même, il crut qu'il ne manquait plus rien que de chercher une dame à aimer, parce que le chevalier errant sans amour est un arbre sans feuilles et sans fruits, et proprement un corps sans âme. Si par malheur, disait-il à lui-même, ou plutôt par ma bonne fortune, je viens à me rencontrer avec quelque géant, comme il arrive d'ordinaire aux chevaliers errants, et que du premier coup je l'abatte par terre, ou que je le fende par la moitié, enfin que je le vainque, ne sera-t-il pas bon d'avoir à qui en faire présent, et qu'allant trouver ma dame, et se mettant à genoux devant elle, il lui dise d'une voix humble et respectueuse : « Madame, je suis le géant Caraculiambro, seigneur de l'île Malindranie, que l'invincible et non jamais assez loué chevalier don Quichotte de la Manche a vaincu en combat singulier; et c'est par son ordre que je viens me jeter aux pieds de votre grandeur, afin qu'elle dispose de moi comme de son sujet et de son esclave. » Oh! que notre chevalier se sut bon gré quand il eut fait ce beau discours, et qu'il eut de joie ensuite quand il trouva qui rendre maîtresse de son cœur! Ce fut, à ce que l'on croit, une assez jolie paysanne, fille d'un laboureur de son village, dont il avait été quelque temps amoureux, sans qu'elle l'eût jamais su, ou qu'elle s'en fût souciée. Elle s'appelait Alonza Lorenço, et ce fut elle qu'il créa dès ce moment pour jamais dame de ses pensées; puis, lui cherchant un nom qui ne fût pas moins noble que le sien, et qui eût quelque chose de celui d'une princesse, il la nomma enfin Dulcinée du Toboso, parce qu'elle était en effet de ce lieu-là, et ce nom ne lui plut pas moins que ceux qu'il avait inventés pour lui-même et pour son cheval.

II

De la première sortie de don Quichotte.

Notre chevalier, ayant ainsi pris toutes ses mesures, ne voulut pas attendre plus longtemps à se donner au public, croyant que son retard le rendrait coupable de tout ce qu'il y avait de maux à réparer dans le monde, et d'abus et d'injustices à quoi il pouvait apporter remède. Ainsi, sans donner connaissance de ce qu'il méditait, et sans que personne s'en aperçût, un beau matin avant le jour, et dans le plus chaud du mois de juillet, il s'arme de pied en cap, monte sur Rossinante, embrasse son écu, prend sa lance, et par la fausse porte d'une basse-cour sort dans la campagne, tout transporté de voir l'exécution d'un si beau dessein commencer avec tant de facilité.

Mais à peine se vit-il à cent pas de la maison, qu'un terrible scrupule faillit le faire retourner et renoncer même entièrement à son entreprise. Il se ressouvint qu'il n'était pas armé chevalier, et que, suivant les lois de la chevalerie errante, il ne devait ni ne pouvait sans cela en venir aux mains contre aucun chevalier; et que, quand même il le serait, il devait porter des armes blanches comme nouveau chevalier, sans devise dans l'écu, jusqu'à ce qu'il en eût mérité une par la force de son bras. Ces réflexions le firent chanceler dans son dessein; mais sa folie étant plus forte que tous ces raisonnements, il résolut de se faire armer chevalier par le premier qu'il rencontrerait, à l'imitation de beaucoup d'autres qui en avaient ainsi usé, comme il l'avait lu dans ses livres. Pour ce qui regardait la couleur des armes, il prétendait si bien fourbir les siennes, qu'elles seraient plus blanches que la neige. Par là il se mit l'esprit en repos, et poursuivit son chemin sans en prendre d'autre que celui qu'il plut à son cheval, croyant que c'était en cela que consistait l'essence des aventures.

En marchant ainsi profondément enseveli dans ses pensées : « Quelle joie, disait-il en lui-même, pour les siècles à venir de voir l'histoire de mes fameux exploits, que le sage qui la doit écrire ne manquera pas de commencer de cette sorte, en parlant de ma première sortie : « A peine le lumineux Apollon commençait à répandre les tresses dorées de ses blonds cheveux sur la face de la terre, et les petits oiseaux ne faisaient que de saluer de leur douce harmonie la venue de la belle et vermeille Aurore, qui sortant du lit de son jaloux mari, se venait montrer aux mortels sur les balcons de la Manche, quand le fameux don Quichotte, ennemi d'un lâche repos et de la mollesse du lit, monta sur son excellent cheval Rossinante, et entra dans l'ancienne et renommée campagne de Montiel. » C'était là en effet qu'il se trouvait alors. « Heureux âge, ajouta-t-il, et siècle heureux, qui as mérité de voir mes grandes et incomparables actions, dignes d'être gravées dans le bronze et taillées dans le marbre, pour servir de monument à ma gloire, et d'exemple aux races futures ! O toi ! sage enchanteur, qui que tu sois, qui auras l'avantage d'écrire cette surprenante et véritable histoire, n'oublie pas, je te prie, de faire savoir à la postérité la vigueur et l'adresse de mon bon Rossinante, fidèle et perpétuel compagnon de toutes mes aventures. » De ce discours il passait tout aussitôt à un autre, et comme s'il eût été véritablement amoureux : « O princesse Dulcinée ! disait-il, dame de ce cœur esclave, vous m'avez fait une grande injustice en me bannissant de votre présence, et m'ordonnant avec tant de rigueur de ne me présenter jamais devant votre beauté. Souvenez-vous, illustre et unique dame de mes pensées, combien l'amour que j'ai pour vous me coûte de soins et de souffrances. »

Il continuait cependant son chemin, s'entretenant toujours de ces rêveries et de mille autres pareilles, selon ce qu'il avait lu dans ses livres, dont il imitait de son mieux le langage : et il était si fort possédé de ces belles imaginations, qu'il ne s'apercevait pas que le soleil était déjà bien haut, et lui donnait si à plomb sur la tête, qu'il n'en fallait pas davantage pour lui fondre la cervelle, s'il lui en fût resté. Il marcha presque tout ce jour-là sans qu'il lui arrivât rien qui valût la peine de le raconter, ce qui le mettait au désespoir, tant il avait d'impatience d'éprouver la vigueur de son bras ! Sur le soir, son cheval et lui étaient à demi morts de faim, et si fatigués, qu'ils ne pouvaient se soutenir.

Cependant don Quichotte, regardant de tout côté s'il ne découvrirait point quelque château ou quelque maison de paysan où il pût se retirer, vit sur son chemin une hôtellerie ; ce fut comme s'il eût vu une étoile qui l'eût conduit au port de salut. Il pressa son cheval malgré sa lassitude et arriva tout proche de l'hôtellerie dans le temps que le jour commençait à faillir. Il y avait, par hasard, sur la porte, deux jeunes femmes qui s'en allaient à Séville avec des muletiers qui s'étaient arrêtés là pour cette nuit ; et, comme notre aventurier avait l'imagination pleine de rêveries de ses romans, et jugeait de toutes choses sur ce pied-là, il n'eut pas plutôt vu l'hôtellerie, qu'il se la représenta comme un château avec ses quatre tours, sans oublier le pont-levis et les fossés, et tout le reste de ces accompagnements que les auteurs ne manquent pas de donner à leurs châteaux.

Il s'arrêta à quelques pas de cette nouvelle forteresse, attendant qu'un nain sonnât du cor au haut du donjon, pour avertir qu'il arrivait un chevalier ; mais, comme il vit que le nain était trop long à paraître, et que Rossinante avait impatience d'être à l'écurie, il s'avança jusqu'à la porte de la maison, où il vit les deux jeunes femmes dont j'ai parlé qui lui parurent deux demoiselles d'importance qui prenaient le frais à la porte du château. Il se rencontra même fort à propos qu'un homme qui gardait les pourceaux près de là sonna en même temps deux ou trois fois de son cornet pour les rassembler ; et don Quichotte ne manqua pas de se persuader, comme il l'avait souhaité, que c'était un nain qui donnait avis de sa venue.

Aussitôt avec une joie qu'on ne saurait exprimer, il s'approcha de la porte et de ces dames, qui voulurent rentrer dans l'hôtellerie, effrayées de voir un homme armé jusqu'aux dents avec le bouclier et la lance. Mais don Quichotte, qui jugea de leur frayeur par leur fuite, haussant sa visière de carton, et découvrant son sec et poudreux visage, leur dit de bonne grâce et d'une voix posée : « Ne fuyez point, mesdemoiselles, vous n'avez rien à craindre : l'ordre de chevalerie dont je fais profession ne me permet pas d'offenser personne, et moins encore de belles et honnêtes demoiselles comme vous. » Elles s'arrêtèrent, regardant avec admiration l'étrange figure de notre aventurier, dont la mauvaise visière couvrait à demi le visage ; mais, comme elles s'entendirent appeler demoiselles, ce qui ne leur était jamais arrivé, elles ne purent s'empêcher de rire; si bien que don Quichotte, qui n'en savait pas le sujet, se fâcha tout de bon, et leur dit : « La modestie et la discrétion siéent bien aux belles, et c'est leur partage; mais de rire sans sujet, c'est une simplicité qui approche de la folie. Je ne dis pas cela, mesdemoiselles, pour vous offenser, car, après tout, je n'ai point d'autre dessein que de vous rendre service. »

Une manière de parler si nouvelle augmentait encore leur envie de rire, ce qui augmentait aussi son chagrin; et sans doute il ne s'en serait pas tenu là si, dans le même temps, il n'eût vu paraître l'hôte. Celui-ci, qui vit cette figure bizarre et si étrangement armée d'un corselet, d'un écu et d'une lance, eut pour le moins autant d'envie de rire que les demoiselles; mais, craignant encore plus qu'elles tout cet appareil de guerre, il résolut d'en user respectueusement, et dit à don Quichotte : « Seigneur chevalier, si vous cherchez à loger, il ne vous manquera rien ici que le lit : tout le reste s'y trouve en abondance. » Don Quichotte, voyant la civilité du gouverneur de la citadelle, car tels lui parurent et l'hôtellerie et l'hôte, lui répondit : « Pour moi, seigneur châtelain, la moindre chose me suffit; je ne me pique point de délicatesse, ni, comme vous le voyez, de parure; les armes sont tous mes ornements et mon équipage, et le combat tout mon repos. » L'hôte ne comprit pas bien d'abord pourquoi don Quichotte l'avait appelé châtelain; mais, comme c'était un matois d'Andalous, de la plage de San-Lucar, grand larron de son métier, et aussi malin qu'un écolier ou qu'un page : « A ce compte, monsieur, répliqua-t-il, les pierres seront un assez bon lit pour votre seigneurie, et je vois bien que vous dormez aussi peu qu'une sentinelle; cela étant, vous n'avez qu'à mettre pied à terre, et vous êtes assuré que vous trouverez ici de quoi passer non seulement une nuit sans dormir, mais même toute l'année. » En disant cela, il alla tenir l'étrier à don Quichotte, qui descendit de cheval avec bien de la peine, comme un homme qui n'avait pas déjeuné à neuf heures du soir.

Le chevalier pria l'hôte d'ordonner à ses gens d'avoir grand soin de son cheval, l'assurant qu'entre toutes les bêtes qui mangeaient du foin dans le monde, il n'y en avait pas une meilleure. L'hôte le considéra attentivement; mais il ne lui parut pas si bon que disait don Quichotte, ni même à la moitié près. Après avoir accommodé le cheval à l'écurie, il vint voir ce que voulait notre chevalier et il le trouva qui se faisait désarmer par les prétendues demoiselles, avec qui il s'était déjà réconcilié. Elles lui avaient ôté le corselet et la cuirasse; mais quelque effort qu'elles fissent, elles ne purent désenchâsser le hausse-col, ni ôter l'armure de tête, qui était attachée avec des rubans verts, dont elles ne pouvaient défaire les nœuds sans les couper, ce qu'il ne voulut jamais souffrir : ainsi il passa toute la nuit avec son morion, ce qui faisait la plus étrange et la plus plaisante figure du monde; et, comme il prenait les femmes qui le désarmaient pour des personnes de conséquence et pour les dames de ce château, il leur dit gaiement : « Je ne crois pas qu'il y ait eu de chevalier hors de sa maison si bien servi des dames que don Quichotte : les demoiselles prennent soin de lui et les princesses de son cheval : ô Rossinante! C'est le nom de mon cheval, mes belles demoiselles, et don Quichotte de la Manche est le mien, que je n'avais dessein de découvrir qu'après avoir fait pour votre service quelque action qui le rendît recommandable. L'occasion qui m'a fait ressouvenir de ce vieux roman de Lancelot a été cause que vous l'avez su avant le temps : mais il en viendra un autre où, j'espère, vous m'honorerez de vos commandements, et où je vous ferai voir, par mon obéissance et par la valeur de mon bras, le désir que j'ai de vous rendre mes très-humbles services. » Ces femmes, qui n'étaient pas accoutumées à de semblables discours, et qui n'y entendaient rien du tout, n'y répondirent rien non plus; mais elles demandèrent à notre chevalier s'il ne voulait pas manger quelque chose. « De bon cœur, dit don Quichotte, et je crois qu'il ne serait pas mal à propos. »

C'était, par malheur, un vendredi, et il n'y avait dans toute l'hôtellerie que quelques morceaux d'une espèce de merluche qu'on appelle, en quelques endroits d'Espagne, *truchuela*, qui veut dire petite truite; et lui, croyant qu'il s'agissait de truitelles : « Pourvu, dit-il, qu'il y en ait beaucoup, elles pourront valoir une grande truite; car, au bout du compte, soixante deniers valent toujours cinq sous, et peut-être même que les truitelles seront comme l'agneau, qui est plus délicat que le mouton. » On lui mit la table à la porte de l'hôtellerie, pour manger au frais, et l'hôte lui servit un morceau de cette merluche, mal cuite, et plus mal assaisonnée, avec un pain fort noir et fort moisi. C'était une chose à mourir de rire que de le voir manger; car, par la manière dont l'armet était bâti, et dont ses armes le gênaient, il ne pouvait rien porter à sa bouche, et il fallut qu'une des demoiselles lui rendît cet office. Il mangea de fort grand appétit, mais il n'y avait pas moyen de boire, et il eût fallu s'en passer, si l'hôte ne se fût avisé de percer une canne dont on lui mit un bout dans la bouche et on lui versa du vin par l'autre. Le bon gentilhomme prenait tout cela en patience, et il aimait encore mieux souffrir cette incommodité que de faire couper les rubans de son morion. Pendant que cela se passait, il arriva à l'hôtellerie un chaudronnier qui donna d'abord quatre ou cinq coups de sifflet. Cette agréable harmonie acheva de confirmer don Quichotte dans la créance que cette hôtellerie était un fameux château. Il crut qu'on lui donnait la musique pendant le repas; la merluche lui en parut encore plus truite, et le pain bis plus que le pain mollet; les femmes devinrent des dames de conséquence, et l'hôte fut plus que jamais un seigneur d'importance à qui appartenait le château. Ainsi il était ravi de sa première sortie, et cet heureux succès lui faisait tout espérer de la suite. Une seule chose le chagrinait, c'était de n'être pas encore armé chevalier, parce qu'en cet état il ne pouvait légitimement entreprendre aucune aventure.

III

De l'agréable manière dont don Quichotte se fit armer chevalier.

Notre aventurier, tourmenté de l'inquiétude que je viens de dire, abrégea son maigre repas, et, sortant de table assez brusquement, emmena l'hôte dans l'écurie, où, après avoir fermé la porte, il se jeta à ses genoux, et lui dit avec transport : « Je ne me lèverai jamais d'ici, valeureux chevalier, que votre seigneurie ne m'ait accordé un don que j'ai à lui demander, et qui ne tournera pas moins à sa gloire qu'à l'avantage de tout l'univers. » Celui-ci, bien étonné de le voir à ses pieds et de s'entendre traiter de la sorte, le regardait sans savoir que faire ni que dire, et s'opiniâtrait à le faire lever ; mais ce fut inutilement jusqu'à ce qu'il l'eût assuré qu'il lui accorderait ce qu'il espérait de lui : « Je n'attendais pas moins de votre courtoisie, répondit don Quichotte : le don que je vous demande, et que vous me faites la grâce de me promettre si obligeamment, c'est que demain, dès la pointe du jour, vous me fassiez la grâce de m'armer chevalier, et que cette nuit vous me permettiez de faire la veille des armes dans la chapelle de votre château, pour me préparer à recevoir cet illustre caractère, que je désire avec tant d'ardeur, et qui me mettra en état d'aller chercher les aventures par toutes les parties du monde, en donnant secours aux affligés et en châtiant les méchants, selon les lois de la chevalerie errante, dont je fais profession. »

L'hôte qui, comme je l'ai dit, était un matois, et qui soupçonnait déjà quelque chose de la folie du chevalier, acheva de se confirmer par ses dernières paroles ; et, pour se préparer de quoi rire, résolut de lui donner contentement. Il lui dit donc qu'il avait très-bien rencontré dans son dessein, qu'il ne pouvait jamais mieux choisir, et que rien n'était plus digne des chevaliers d'importance tels qu'on le jugeait être à sa bonne mine ; que lui-même, dans sa jeunesse, s'était adonné à ce noble exercice, allant en diverses parties du monde chercher les aventures, n'ayant pas laissé un coin dans toute l'Espagne où il n'eût exercé la légèreté de ses pieds et la subtilité de ses mains, faisant de tout côté du pis qu'il pouvait, signalant son nom dans presque tous les tribunaux d'Espagne ; et qu'enfin il s'était retiré dans ce château, où il vivait de son revenu et de celui des autres, recevant tous les chevaliers errants, de quelque qualité et condition qu'ils fussent, par la seule affection qu'il leur portait, et pour partager avec eux ce qu'il avait de bien, en récompense de celui qu'ils faisaient dans le monde. Il ajouta qu'il n'avait point de chapelle dans son château pour y faire la veille des armes, parce qu'il l'avait fait abattre à dessein d'en faire bâtir une plus belle ; mais qu'il savait bien qu'en cas de nécessité on veillait où l'on pouvait, et qu'il le pouvait faire cette nuit dans une cour du château, qui était comme faite exprès; que le matin on achèverait la cérémonie, en sorte que, dans cinq ou six heures, il pourrait s'assurer d'être aussi chevalier que chevalier qu'il y eût au monde. « Portez-vous de l'argent? ajouta-t-il. — De l'argent! dit don Quichotte, pas un sou; je n'ai jamais lu en aucune histoire de chevalier errant qu'un seul en ait porté. — C'est en quoi vous vous trompez, dit l'hôte : car, si l'on n'en trouve rien dans les livres, c'est que les auteurs ont cru que cela s'en allait sans dire, et qu'on ne s'imaginerait jamais que des chevaliers errants eussent pu manquer à une chose aussi nécessaire que celle d'avoir de l'argent et des chemises à changer. Ainsi ne doutez pas que tant de chevaliers errants, dont les livres sont pleins, n'eussent toujours la bourse bien garnie en cas de besoin, et qu'ils ne portassent aussi du linge et une boîte pleine d'onguent pour les blessures : car, se trouvant en des combats terribles, au milieu des bois et des déserts, vous jugez bien qu'ils n'avaient pas toujours à point nommé des chirurgiens pour les panser, et ils seraient morts mille fois avant qu'il en passât un, à moins d'avoir quelque sage enchanteur pour ami, qui leur envoyât dans un nuage quelque demoiselle ou quelque nain, avec une fiole pleine d'une eau de telle vertu, qu'en en mettant seulement une goutte sur le bout de la langue, ils se trouveraient aussi sains et aussi frais que s'ils n'eussent pas eu le moindre mal. Mais, parce que cela n'était pas sûr, ils ne manquaient jamais d'ordonner à leurs écuyers de se pourvoir d'argent et d'autres choses nécessaires comme d'onguent et de charpie; et s'il arrivait même qu'un chevalier n'eût point d'écuyer, ce qui était pourtant bien rare, il portait lui-même cette provision dans quelque bougette, si proprement accommodée sur la croupe du cheval, qu'elle ne paraissait presque pas; car, à dire le vrai, ce n'était pas une chose fort honnête à des chevaliers que de porter des bougettes, et en toute autre occasion que celle-là ils s'en seraient bien gardés. Ainsi, ajouta l'hôte, je vous conseille et vous ordonne même, comme à mon fils en chevalerie que vous allez bientôt être, de ne jamais marcher sans argent et sans les autres choses nécessaires, et vous verrez que vous vous en trouverez bien. »

Don Quichotte l'assura qu'il suivrait son conseil, et aussitôt il se disposa à faire la veille des armes dans une grande cour qui était à côté de l'hôtellerie. Il les ramassa donc toutes et les posa sur une auge auprès d'un puits, et, embrassant son écu, et la lance au poing, se mit à se promener devant l'auge d'un air agréable et fier tout ensemble. Il était déjà nuit quand il commença ce bel exercice, et l'hôte, qui avait envie de se réjouir, apprit à tous ceux qui étaient dans l'hôtellerie la folie de notre homme, ce que c'était que la veille des armes, et l'impatience qu'avait don Quichotte d'être armé chevalier. Tous ces gens, bien étonnés d'une si étrange espèce de folie, voulurent en avoir le plaisir, et, regardant de loin, ils virent don Quichotte qui, d'une contenance grave et posée, tantôt se promenait, et tantôt, appuyé sur sa lance, regardait du côté des armes, y tenant assez longtemps les yeux arrêtés.

Cependant la nuit s'éclaircit, et la lune répandit une lumière si vive, que

Il prend sa lance à deux mains et en décharge un vigoureux coup sur la tête du muletier

l'on put voir distinctement tout ce que faisait le chevalier. Il prit en même temps la fantaisie à un des muletiers qui étaient dans l'hôtellerie, d'abreuver ses mulets, et pour cela il fallait qu'il ôtât les armes de dessus l'auge. Mais don Quichotte le voyant arriver, et connaissant son dessein, lui cria d'une voix haute et fière : « O qui que tu sois, téméraire chevalier, qui as la hardiesse d'approcher des armes du plus vaillant de ceux qui ont jamais ceint l'épée, prends garde à ce que tu vas faire, et ne sois pas si hardi que de toucher ces armes, si tu ne veux pas laisser la vie pour châtiment de ta témérité. » Le malavisé muletier ne fit pas grand cas des menaces de don Quichotte; au contraire, comme s'il l'eût fait par mépris, il prit les armes et les jeta aussi loin qu'il put. Alors don Quichotte leva les yeux vers le ciel, et s'adressant mentalement à sa maîtresse : « Secourez-moi, ma dame, s'écria-t-il, dans cette première occasion qui s'offre à votre esclave; ne me refusez pas votre protection dans cette aventure. » En disant cela, il se défit de son écu, et prenant sa lance à deux mains, il en donna un si grand coup sur la tête du téméraire muletier, qu'il l'étendit à ses pieds, et en si mauvais état, qu'il ne lui en fallait qu'autant pour n'en pas revenir. Ce premier exploit étant achevé, don Quichotte ramassa ses armes, les remit sur l'auge et recommença à se promener comme auparavant.

A quelque temps de là, un autre muletier, qui ne savait point ce qui s'était passé, parce que le premier était encore à terre tout étourdi, s'en vint aussi dans le dessein d'abreuver ses mulets; et comme il prenait les armes pour débarrasser l'auge, don Quichotte, sans rien dire et sans implorer la faveur de personne, ôta une seconde fois son écu, une seconde fois prit sa lance à deux mains, et en déchargea trois ou quatre coups sur la tête du second muletier, et la lui ouvrit en trois ou quatre endroits. Au bruit qui se fit, et aux cris du blessé, tous les gens de l'hôtellerie accoururent; don Quichotte, les voyant venir, embrassa son écu, et mettant l'épée à la main : « Dame de beauté, cria-t-il, force et vigueur de mon cœur, il est temps maintenant que vous tourniez les yeux de votre grandeur sur le chevalier, votre esclave, dans cette grande et terrible aventure. » Après cette invocation, il se sentit tant de courage et tant de force, que tous les muletiers du monde ne l'auraient pas fait reculer d'un pas. Cependant les compagnons des blessés ne purent voir leurs camarades en si mauvais état sans en tirer vengeance; ils lancèrent sur don Quichotte une nuée de pierres, dont il se gardait le mieux qu'il pouvait avec son écu, sans s'éloigner jamais de l'auge, pour ne pas perdre de vue les armes. L'hôte, de son côté, criait de toute sa force qu'on le laissât, qu'il les avait bien avertis qu'il était fou, et que, comme tel, il en sortirait toujours quitte, quand il aurait tué tous les muletiers d'Espagne. Mais notre héros criait encore plus fort que tout le reste, les traitant tous de lâches et de traîtres, et le seigneur du château de méchant et de perfide, puisqu'il souffrait qu'on maltraitât ainsi les chevaliers errants. « Et je vous ferais bien voir, disait-il, que vous n'êtes qu'un perfide, si j'avais reçu l'ordre de chevalerie. Pour vous autres, ajoutait-il, vous êtes de lâches canailles dont je ne fais nul cas : venez, traîtres, approchez, faites tous vos efforts, vous verrez quel paiement vous en recevrez, et le châtiment que je ferai de votre insolence. » Il disait cela avec tant de fierté et de résolution, qu'il donnait de la terreur à tous ceux qui l'attaquaient, si bien que la crainte des muletiers et les cris de l'hôte firent cesser la grêle des pierres ; et don Quichotte, laissant emporter les blessés, retourna à la veille des armes avec autant de sang-froid que s'il ne lui était rien arrivé. L'hôte ayant fait ses réflexions sur les plaisanteries de don Quichotte, le jeu lui parut un peu trop fort ; et, pour s'en délivrer, il résolut de lui donner promptement ce maudit ordre de chevalerie.

Ainsi, après s'être excusé de l'insolence de ces rustres, dont il n'avait rien su, et qui étaient si bien châtiés de leur audace, il lui dit qu'il n'y avait point de chapelle dans son château, comme il le lui avait déjà fait entendre, et qu'aussi était-ce une chose inutile pour ce qui restait à faire : qu'en fait, pour armer un chevalier, toute la cérémonie consistait dans l'accolade et dans l'application de l'épée sur le dos, au moins selon qu'il se souvenait de l'avoir lu dans le cérémonial de l'ordre, et que cela se pouvait aussi bien faire au milieu d'un champ qu'ailleurs ; qu'au reste, il avait accompli tout ce qui regardait la veille des armes, où deux heures suffisent, et qu'il y en avait mis plus de quatre. Don Quichotte, qui était affamé de cet ordre, se laissa aisément persuader, et répondit au châtelain qu'il était prêt à obéir, et qu'il le priait d'achever promptement, parce que s'il se voyait une fois chevalier, et qu'on l'attaquât comme on l'avait fait, il ne croyait pas laisser un homme en vie dans ce château, hors ceux qu'il lui commanderait d'épargner. L'hôte, en homme avisé, alla tout à l'heure quérir le livre où il marquait la paille et l'orge qu'il donnait aux muletiers, et, avec les deux demoiselles dont j'ai parlé, et un petit garçon qui portait un bout de chandelle, il vint aussitôt retrouver don Quichotte, et le fit mettre à genoux. Puis, lisant dans son livre comme s'il eût dit quelque oraison, il haussa la main au milieu de sa lecture, et lui en donna un grand coup sur le cou, qui lui fit baisser la tête, et du plat de l'épée un autre de même mesure sur le dos, marmottant quelque chose entre ses dents.

Cela étant fait, il dit à une des demoiselles de ceindre l'épée au chevalier ; ce qu'elle fit de fort bonne grâce, et toujours sur le point d'éclater de rire à chaque endroit de la cérémonie, si les prouesses que venait de faire notre chevalier n'eussent déjà fait voir qu'il n'entendait pas raillerie ; et ceignant l'épée l'agréable demoiselle lui dit : « Dieu vous donne fortune dans les combats, très-aventureux chevalier ; » et il la pria de lui apprendre son nom, afin qu'il sût à qui il avait l'obligation d'une si grande faveur, et qu'il pût partager avec elle la gloire qu'il acquerrait par la valeur de son bras. La belle répondit fort humblement qu'elle s'appelait Toloza, qu'elle était fille d'un ravaudeur de Tolède, qu'elle travaillait dans la boutique de Sancho Bienaya, et qu'en quelque lieu qu'elle se trouvât, elle serait toujours sa très-humble servante. « Je vous prie pour l'amour de moi, dit don Quichotte, prenez le don à l'avenir, et appe-

Il marmotta un long Trémus et lui donna sur les épaules du plat de son épée sans cesser ses prières.

lez-vous dona Toloza; » ce qu'elle promit de faire. L'autre demoiselle lui chaussa l'éperon, et il y eut entre eux le même colloque : il lui demanda son nom; elle dit qu'elle s'appelait la Meunière, et qu'elle était fille d'un honorable meunier d'Antequerre. Le nouveau chevalier l'obligea aussi de promettre qu'elle prendrait le don, et lui fit mille remerciments et de grandes offres de services.

Toute cette admirable et jusqu'alors inouïe cérémonie étant achevée, don Quichotte, qui mourait d'impatience d'aller chercher des aventures, alla promptement seller Rossinante, et tout à cheval vint embrasser son hôte, le remerciant par un long compliment de la grâce qu'il lui avait faite de l'armer chevalier; sur quoi il lui dit des choses si étranges, que ce serait une folie de prétendre les pouvoir retrouver. L'hôte, qui était ravi de s'en voir défait, répondit à ses compliments du même style, mais en moins de paroles; et, sans lui rien demander de sa dépense, il le laissa partir de bon cœur.

IV

Ce qui arriva au nouveau chevalier quand il fut sorti de l'hôtellerie.

Le jour commençait à paraître quand don Quichotte sortit de l'hôtellerie, si plein de joie de se voir armé chevalier, qu'il n'y avait pas jusqu'à son cheval qui ne s'en ressentît; mais, se ressouvenant des conseils de l'hôte touchant les choses dont il fallait nécessairement qu'il se pourvût, il résolut de s'en retourner chez lui pour prendre de l'argent et des chemises, et pour se faire un écuyer; à quoi il destinait déjà un laboureur de ses voisins, qui était pauvre et chargé d'enfants, mais fort propre pour la charge d'écuyer errant. Dans cette résolution, il prit le chemin de son village; et, comme si Rossinante eût deviné le dessein de son maître, il commença à marcher avec tant de légèreté et d'action, qu'il ne touchait presque pas des pieds à terre. Don Quichotte n'avait pas encore fait deux cents pas, quand il crut entendre à sa main droite une voix plaintive qui sortait de l'épaisseur d'un bois. A peine eut-il reconnu qu'il ne se trompait pas, qu'il rendit grâce au ciel de ce qu'il lui envoyait si tôt des occasions d'accomplir ce qu'il devait à sa profession, et de recueillir le fruit de ses bons desseins. Ces plaintes, disait-il, sont sans doute de quelque misérable qui a besoin de secours; il lui en faut donner; et, tournant bride du côté du bois, il y poussa Rossinante. Il n'y fut pas bien avant, qu'il vit un jeune garçon d'environ quinze ans, nu de la ceinture en haut et lié au pied d'un chêne. C'était de lui que venaient ces cris, et il ne les faisait pas sans sujet. Un paysan nerveux et de bonne taille lui déchargeait à tour de bras de grands coups de fouet avec une ceinture de cuir, accompagnant chaque coup d'un conseil et d'une remontrance. Les yeux alertes, disait-il, et bouche close. A quoi le jeune garçon ne cessait de crier : « Je n'y retournerai plus, mon maître : pardon pour l'amour de Dieu ; je ne dirai plus mot, et j'aurai une autre fois plus soin du troupeau. » Don Quichotte, voyant cette barbarie, cria au paysan d'une voix courroucée : « Discourtois chevalier, il est de mauvaise grâce d'attaquer un homme qui ne peut se défendre ; montez à cheval et prenez votre lance (il croyait en voir une contre un chêne, qui sans doute devait être un bâton à deux bouts), et je vous ferai connaître que l'action que vous faites est d'un lâche et d'un poltron. » Le paysan, se croyant mort à la vue de ce fantôme armé qui lui tenait la lance dans l'estomac, lui répondit en tremblant : « Seigneur chevalier, ce garçon que je châtie est un de mes valets, qui garde un troupeau de moutons que je tiens près d'ici, et il en a si peu de soin, qu'il ne se passe point de jour qu'il n'en perde quelqu'un ; et parce que je ne puis souffrir sa négligence, ou plutôt sa malice, il dit que je ne me plains que pour ne pas lui payer ses gages, et sur mon Dieu et sur mon âme il ne dit pas la vérité. — Un démenti en ma présence ! insolent, dit don Quichotte ; par le soleil qui luit, je suis tenté de te passer ma lance au travers du corps. Qu'on délie ce garçon et qu'on le paie, mais sans réplique, sinon je jure Dieu que je t'anéantis tout à l'heure. » Le laboureur, baissant la tête et sans répondre un seul mot, détacha le berger, à qui don Quichotte demanda combien il lui était dû. « Neuf mois, dit-il, à sept réales chacun. » Don Quichotte, ayant compté, vit que cela faisait soixante-trois réales, qu'il ordonna au laboureur de payer à l'instant, s'il ne voulait mourir. Le paysan, demi-mort de peur, répartit qu'il ne voudrait pas jurer faux dans l'état où il se trouvait ; mais que, par le serment qu'il avait fait, il ne devait pas tant, et qu'il fallait rabattre trois paires de souliers et une réale pour deux saignées qu'on lui avait faites étant malade. « A la bonne heure, dit don Quichotte, mais la saignée et les souliers lui demeureront pour les coups que vous lui avez donnés sans raison. S'il a usé le cuir de vos souliers, vous avez déchiré sa peau ; et si le chirurgien lui a tiré du sang étant malade, vous lui en avez tiré étant sain ; ainsi l'un ira pour l'autre. — Le malheur, dit le paysan, est que je n'ai pas d'argent sur moi, mais qu'André vienne à la maison, je le paierai jusqu'au dernier sou. — Moi m'en aller avec lui ! reprit brusquement le berger, Dieu m'en préserve ; s'il me tenait seul, il m'écorcherait comme un saint Barthélemy. — Non, non, il ne le fera pas, dit don Quichotte : il suffit que je le lui défende pour ne pas manquer au respect qu'il me doit, et pourvu qu'il me le jure par l'ordre de chevalerie qu'il a reçu, je le laisse aller libre et je réponds du paiement. — Seigneur chevalier, prenez bien garde à ce que vous dites, répondit le jeune garçon : mon maître n'est pas chevalier et n'a jamais reçu aucun ordre ; c'est Jean Haldudo, le riche, qui demeure proche de Quintanar. — Cela n'y fait rien, répondit don Quichotte ; il peut y avoir des chevaliers parmi les Haldudos ; et d'ailleurs ce sont les bonnes actions qui anoblissent, et chacun est fils de ses œuvres. — Cela est vrai, dit André ; mais de quelles œuvres est-il fils, lui qui me refuse ce que j'ai gagné à la sueur de mon corps ? — Je ne le refuse pas, André, mon ami, répondit le laboureur ; et s'il vous plaît, encore une fois, de venir avec moi, je jure, par tous les ordres de chevalerie qu'il y a au monde, de vous payer comme je l'ai dit, sans qu'il y manque une obole, et encore en réales toutes neuves. — Pour neuves, je t'en tiens quitte; paie-le seulement et je suis content, reprit don Quichotte. Mais prends bien garde à la parole que tu me donnes et à ton serment, sinon je jure à mon tour que je te saurai bien trouver, fusses-tu caché dans les entrailles de la terre; et afin que tu saches à qui tu as affaire, apprends que je suis le vaillant don Quichotte de la Manche, le défaiseur de torts et le réparateur d'injures. Adieu encore une fois; qu'il te souvienne de ta parole, ou je n'oublierai pas ce que je te promets. » En achevant ces mots, il piqua Rossinante et s'éloigna d'eux.

Le laboureur le suivit des yeux autant qu'il put; et, quand il l'eut perdu dans l'épaisseur du bois, il retourna au berger et lui dit : « Viens, André, mon fils, que je te paie comme je dois et comme ce défaiseur de torts et d'injures me l'a commandé. — Je jure, dit André, que si vous ne me faites ce qu'a ordonné ce bon chevalier (à qui Dieu donne bonne et longue vie pour sa valeur et sa bonne justice), je l'irai chercher en quelque endroit qu'il puisse être, et je l'amènerai pour vous châtier comme il l'a juré. — J'en suis content, dit le laboureur, et pour te montrer combien je t'aime, je veux encore accroître la dette pour augmenter le paiement. » Et prenant en même temps André par les bras, il le rattacha au même chêne et lui donna tant de coups, qu'il le laissa presque pour mort. « Appelle maintenant le défaiseur de torts, disait le laboureur, tu verras qu'il ne défera pas celui-ci, quoiqu'il ne soit que demi-fait, car je ne sais qui me tient que je ne te fasse dire vrai et que je ne t'écorche tout vif. » A la fin, détachant ce malheureux : « Va, dit-il, chercher ton juge; qu'il vienne exécuter sa sentence, tu auras toujours cela par provision. » André partit fort mécontent, jurant de chercher le seigneur don Quichotte jusqu'à ce qu'il l'eût rencontré, et disant au laboureur qu'il lui ferait rendre le tout au quadruple. Mais, avec toutes ses menaces, il s'en alla pleurant et demi-écorché, et son maître demeura sain et riant à gorge déployée.

Cependant le valeureux don Quichotte, après avoir si bien réparé cette injustice, s'en allait fort content de lui-même; et, croyant avoir donné un très heureux commencement à sa chevalerie : « Tu peux bien te dire heureuse sur toutes celles qui vivent, disait-il, ô la plus belle des belles, Dulcinée du Toboso, d'avoir pour esclave un aussi fameux chevalier que don Quichotte de la Manche, qui, comme tout le monde sait, n'est armé chevalier que d'hier seulement, et a réparé aujourd'hui la plus terrible offense qu'ait jamais inventée l'injustice et commise la cruauté, et qui vient d'arracher des mains de cet impitoyable bourreau le fouet dont il déchirait si inhumainement ce jeune enfant. » En achevant ces paroles, il vit que le chemin se partageait en quatre, et tout aussitôt il lui vint dans l'esprit que les chevaliers errants s'arrêtaient d'ordinaire dans les carrefours à délibérer quel chemin ils prendraient; de sorte que, pour ne manquer en rien à les imiter, il s'arrêta quelque temps; mais, après y avoir bien pensé, il lâcha la bride à Rossinante, se remettant du choix du chemin à sa discrétion : Rossinante suivit son inclination naturelle et prit le chemin de son écurie.

Don Quichotte avait marché près de deux milles quand il découvrit une grande troupe de gens qui venaient par le même chemin et c'étaient, comme on l'a su depuis, des marchands de Tolède qui allaient acheter de la soie à Murcie. Ils étaient six, bien montés avec leurs parasols, quatre valets à cheval, et trois à pied qui conduisaient des mules. Dès que don Quichotte les aperçut, il s'imagina que c'était une nouvelle aventure, et, pour imiter ses livres autant qu'il lui était possible, il la crut faite exprès pour une fantaisie qu'il avait dans l'esprit. Sur cela, d'un air fier et en bonne résolution, il s'affermit sur les étriers, serre sa lance, se couvre de son écu, et, se campant au milieu du chemin, attend ceux qu'il prenait pour des chevaliers errants ; quand ils furent assez proches pour le voir et l'entendre, il haussa sa voix et leur cria arrogamment : « Qu'aucun de vous ne prétende passer outre, s'il ne veut confesser que dans le reste du monde il n'y a pas une dame qui égale la beauté de l'impératrice de la Manche, l'incomparable Dulcinée du Toboso. » A ces paroles, les marchands s'arrêtèrent pour considérer l'étrange figure de cet homme, et, à la figure aussi bien qu'aux paroles, ils le prirent aisément pour ce qu'il était ; mais, voulant voir à quoi tendait l'aveu qu'il demandait, et se donner du plaisir, un d'eux, qui était plaisant, et qui ne manquait pas d'esprit, répondit : « Seigneur chevalier, nous ne connaissons point cette belle dame dont vous parlez. Faites-nous la voir ; si elle est aussi belle que vous le dites, nous avouerons de bon cœur ce que vous nous demandez. — Et quand vous l'aurez vue, répliqua don Quichotte, quelle obligation vous aurai-je de reconnaître une vérité qui parle d'elle-même ? L'important c'est que vous le croyiez sans la voir, que vous en juriez, et que vous le souteniez les armes à la main contre qui que ce soit. Confessez-le donc tout à l'heure, gens orgueilleux et superbes, ou je vous défie : vous n'avez qu'à venir l'un après l'autre comme le demande l'ordre de la chevalerie, ou tous ensemble, si vous voulez, comme c'est la coutume des gens de votre trempe. Je vous attends avec toute la confiance d'un homme qui a la raison de son côté. — Seigneur chevalier, répliqua le marchand, je vous supplie, au nom de tout ce que nous sommes ici de princes, que pour la décharge de notre conscience, qui ne nous permet pas d'assurer une chose dont nous n'avons aucune connaissance, et qui choque encore tout ce qu'il y a d'impératrices et de reines dans l'Algarie et dans l'Estramadure, vous ayez la bonté de nous montrer le moindre petit portrait de votre dame : quand il ne serait pas plus grand que l'ongle, par l'échantillon on juge de la pièce ; vous nous mettrez l'esprit en repos, et nous vous donnerons satisfaction ; nous sommes même déjà si fort pour elle, que, quand ce portrait nous la représenterait avec un œil de travers et l'autre distillant du vermillon et du soufre, nous ne laisserions pas de dire en sa faveur tout ce que vous voudriez. — Il n'en distille rien, canaille infâme, dit don Quichotte tout furieux, il n'en distille rien de ce que vous dites, mais du musc et de l'ambre ; elle

A l'aspect de cette figure singulière qui barrait la route, les marchands de murcie firent halte

n'est ni louche ni bossue, elle est plus droite qu'un fuseau de Gaderrama; mais vous me paierez tout à l'heure le blasphème que vous venez de proférer contre cette beauté sans pareille. » En même temps il court, la lance baissée, contre celui qui avait pris la parole, avec tant de fureur, que si, de bonne fortune, Rossinante n'eût fait un faux pas au milieu de sa course, le téméraire marchand eût fort mal passé son temps. Rossinante tomba, et s'en alla rouler assez loin avec son maître, qui fit tout ce qu'il put pour se relever, sans en pouvoir venir à bout, tant il était embarrassé de son écu, de ses éperons et du poids de ses vieilles armes. Mais, pendant qu'il faisait de vains efforts, sa langue n'était pas inutile. « Ne fuyez pas, criait-il, poltrons; attendez, lâches; c'est par la faute de mon cheval et non par la mienne que je suis par terre. » Un des muletiers de la suite des marchands, qui sans doute n'était pas endurant, ne put souffrir les injures et les bravades du pauvre chevalier, et lui arrachant la lance, il la mit en pièces, et de la plus grosse d'icelles se prit à frapper sur don Quichotte avec tant de force que, malgré ses armes, il le brisa comme le blé sous la meule. Les marchands avaient beau lui crier qu'il s'arrêtât, il ne faisait que de se mettre en goût, et le jeu lui plaisait si fort, qu'il ne pouvait se résoudre à le quitter. Après avoir rompu le premier éclat de la lance, il eut recours aux autres, et acheva de les user l'un après l'autre sur le malheureux gentilhomme, qui, malgré cette grêle de coups, ne cessait de menacer ciel et terre, et les brigands que le prenaient à leur avantage. Enfin le muletier se lassa, et les marchands poursuivirent leur chemin, ne manquant pas de matière à s'entretenir. Don Quichotte, se voyant seul, fit une nouvelle tentative pour se relever; mais, s'il ne l'avait pu se portant bien, comment l'aurait-il fait tout moulu et presque tout disloqué? Cependant il ne laissait pas de se trouver heureux dans une disgrâce qui lui paraissait si naturelle aux chevaliers errants, et dont il avait même la consolation de pouvoir attribuer toute la faute à son cheval.

V

Suite de la disgrâce de notre chevalier.

Comme don Quichotte vit qu'effectivement il n'y avait pas moyen de se lever, il eut recours à son remède ordinaire, qui était de songer à quelque endroit de ses livres, et sa fertile folie lui ramena aussitôt dans la mémoire celui de Baudouin et du marquis de Mantoue, quand Charlot laissa le premier blessé dans la montagne; histoire sue des petits et des grands, et véritable comme les miracles de Mahomet. Cette histoire lui paraissant faite exprès pour l'état où il était, il commença à se rouler par terre comme un homme désespéré, et à dire d'une voix faible ce que l'auteur fait dire au chevalier du Bois : « Où êtes-vous, madame, que mon mal vous touche si peu? Ou vous ne le savez pas, ou vous êtes fausse et déloyale. » Comme il continuait le roman et qu'il en fut en cet endroit : « O noble marquis de Mantoue, mon oncle, » le hasard fit qu'il passa un laboureur de son village et voisin de sa maison, qui venait de mener une charge de blé au moulin, et qui, voyant un homme ainsi étendu, lui demanda qui il était, et ce qu'il avait à se plaindre si tristement. Don Quichotte, qui croyait être Baudouin, ne manqua pas de le prendre aussi pour le marquis de Mantoue son oncle, et ne lui fit d'autre réponse que de continuer ses vers, lui contant toutes ses disgrâces, et les amours de sa femme avec le fils de l'empereur, le tout mot à mot, comme on le voit dans le roman. Le laboureur, bien étonné d'entendre tant d'extravagances, lui ôta sa visière toute brisée des coups du muletier, et lui ayant lavé le visage, qu'il avait plein de poussière, le reconnut. « Hé! bon Dieu! seigneur Quichada, s'écria-t-il (ce qui fait croire qu'il s'appelait ainsi quand il était dans son bon sens), qui vous a si bien ajusté? qui vous a mis en cet état? » Mais, quoi qu'il pût dire, l'autre poursuivait toujours le roman et ne répondait pas un mot du sien. Le bonhomme, voyant qu'il n'en pouvait tirer autre chose, lui ôta le plastron et le corselet pour visiter ses blessures; mais il ne trouva ni sang, ni marque de coups, et, après l'avoir levé de terre avec bien de la peine, il le mit sur son âne pour le mener plus doucement. Il n'oublia pas même les armes, ramassant jusqu'aux éclats de la lance, et, liant le tout sur Rossinante, qu'il prit par la bride, il toucha l'âne devant lui, et marcha vers le village dans ce bel équipage, rêvant et ne pouvant rien comprendre aux folies que disait don Quichotte. Celui-ci, de son côté, n'était pas moins embarrassé : il était si moulu, qu'il ne pouvait pas même se tenir sur ce pacifique animal, et de temps en temps il poussait de grands soupirs qui allaient jusqu'au ciel, ce qui obligea encore une fois le laboureur de lui demander quel mal il sentait. Mais on eût dit que le diable s'en mêlait, et qu'il prenait plaisir à ramener dans la mémoire de don Quichotte tous les contes qui avaient quelque rapport avec l'état où il était.

En cet endroit il oublia Baudouin, mais pour se ressouvenir du Maure Abindarrès, quand Rodrigue de Narvaès, gouverneur d'Anquetere, le prit et l'emmena prisonnier : de sorte que le laboureur lui ayant redemandé comme il se trouvait et ce qu'il sentait, il répondit parole pour parole ce que l'Abencérage prisonnier répond à don Rodrigue dans la Diane de Montemajor, s'appliquant si bien tout cela, que le laboureur se donnait au diable de voir entasser tant d'extravagances; et par là achevant enfin de connaître que le bon gentilhomme était devenu fou, il se hâta d'arriver au village, pour abréger l'ennui que lui donnait cette longue harangue. Mais don Quichotte ne l'eut pas finie qu'il continua de la sorte : « Il faut que vous sachiez, seigneur don Rodrigue de Narvaès, que cette belle Xarife, dont je viens de vous parler, est présentement l'incomparable Dulcinée du Toboso, pour qui j'ai fait, je fais et je ferai les plus fameux exploits de la chevalerie qu'on ait jamais vus, qu'on voie de nos jours, et qu'on puisse voir à l'avenir. — Eh! monsieur, répondit le laboureur, je ne fus jamais Rodrigue de Narvaès, ni le marquis de Mantoue; je suis Pierre

Alonzo, votre voisin, et vous n'êtes ni Baudouin, ni Abindarrax, mais un brave gentilhomme, le seigneur Quichada. — Je sais qui je suis, répliqua don Quichotte, et sais fort que je puis être non seulement ce que j'ai dit, mais encore les douze pairs de France, et tout à la fois les neuf preux, puisque toutes leurs grandes actions jointes ensemble ne sauraient égaler les miennes. »

Ces discours et d'autres de même nature les menèrent jusqu'au village, où ils arrivèrent comme le jour allait finir; mais le laboureur, qui ne voulait pas qu'on vît notre gentilhomme si mal monté, attendit quelque temps, et, quand la nuit fut venue, il mena don Quichotte à sa maison, où tout était en grand trouble de l'absence du maître. Le curé et le barbier, ses bons amis, y étaient, et la servante leur disait : « Hé bien! monsieur le licencié Pero Pérès (c'était le nom du curé), que dites-vous de notre maître? Il y a six jours que nous ne l'avons vu, ni lui ni son cheval, et il faut qu'il ait emporté son écu, sa lance et ses armes, car nous ne les trouvons point. Malheureuse que je suis! écoutez bien ce que je vous dis : je ne suis pas née pour mourir si les maudits livres de chevalerie, qu'il lit d'ordinaire avec tant d'affection, ne lui ont brouillé la cervelle. Je me souviens fort bien de lui avoir ouï dire souvent qu'il se voulait faire chevalier errant, et aller chercher des aventures par le monde. Que Satan et Barabbas puissent emporter tous les livres qui ont ainsi gâté la meilleure tête qui fût dans toute la Manche. » La nièce en disait autant de son côté, et encore davantage, et, s'adressant à maître Nicolas, qui était le barbier : « Il faut que vous sachiez, disait-elle, qu'il est souvent arrivé à mon oncle de passer deux jours et deux nuits de suite à lire ces dangereux livres, et qu'au bout de ce temps-là, tout transporté, il jetait son livre, et, mettant l'épée à la main, s'escrimait à grands coups contre les murailles; et, quand il était bien las, il disait qu'il avait tué quatre géants plus grands que des tours, et la sueur que l'agitation faisait ruisseler de tout son corps, était, disait-il, le sang des blessures qu'il avait reçues dans le combat. Là-dessus il buvait une grande tasse d'eau froide, disant que c'était une liqueur précieuse que lui avait apportée le sage Esquife, un grand enchanteur de ses amis. Hélas! je n'osais dire cela, de peur qu'on ne crût que mon oncle avait perdu l'esprit, et c'est proprement moi qui suis cause de son malheur, pour ne vous en avoir pas donné avis. Vous y auriez remédié avant que le mal eût été plus grand, et tous ces excommuniés de livres auraient été brûlés comme autant d'hérétiques. — Ah! je jure, dit le curé, que la journée de demain ne passera point qu'on ne les condamne au feu, et qu'on n'en fasse un exemple : ils ont perdu le meilleur de mes amis, mais je promets qu'ils ne feront plus de mal à personne. »

Tout cela se disait si haut, que don Quichotte et le laboureur, qui arrivaient dans ce temps-là, l'entendirent, et le paysan, ne doutant plus de ce qu'il avait soupçonné, se mit à crier à pleine tête : « Messieurs, faites ouvrir la porte au marquis de Mantoue et au seigneur Baudouin, qui revient fort blessé, et au malheureux don Rodrigue de Narvaès, gouverneur d'Antequerre, qui amène le Maure Abindarrax prisonnier. » A ces paroles on ouvrit la porte, et le curé et le barbier, reconnaissant leur bon ami, la nièce son bon oncle, et la servante son bon maître, coururent tous à lui pour l'embrasser. « Arrêtez-vous, dit froidement don Quichotte, qui n'avait encore pu descendre de son âne : je suis fort blessé par la faute de mon cheval. Qu'on me porte au lit, et, s'il se peut, qu'on fasse venir la sage Urgande pour panser mes blessures. — Eh bien ! s'écria la servante, le cœur ne m'avait-il pas bien dit où était l'enclouure ? Entrez, monsieur, à la bonne heure, et laissez là votre Urgande : nous vous guérirons bien sans elle. Maudits encore une fois et cent mille au bout, ces beaux livres qui vous ont mis en cet état ! » On porta notre gentilhomme sur son lit, et comme on cherchait ses blessures sans en trouver aucune : « Je ne suis pas blessé, dit-il ; je me sens seulement froissé, parce que mon cheval s'est abattu sous moi en combattant contre dix géants, et les plus vaillants qu'il y ait dans le monde. — Bon, bon, dit le curé, voici les géants en danse. Par la couronne que je porte, il n'en restera pas un avant qu'il soit demain minuit. » On fit ensuite mille questions à don Quichotte ; mais il ne répondit jamais autre chose, sinon qu'on lui donnât à manger et qu'on le laissât dormir : aussi n'y avait-il rien dont il eût plus de besoin. Il eut contentement, et le curé cependant s'informa bien au long de la manière dont le laboureur l'avait trouvé. Celui-ci le raconta de point en point, avec toutes les extravagances que notre chevalier lui avait dites, et lorsqu'il l'avait rencontré, et en le ramenant ; ce qui confirma encore le curé dans le dessein qu'il avait conçu, et pour lequel il donna rendez-vous à maître Nicolas dans la maison de don Quichotte.

Le lendemain, notre héros, fatigué, dormait profondément quand le curé et le barbier entrèrent chez lui et demandèrent à la nièce la clef de la chambre aux livres, qu'elle leur donna de bon cœur. Ils y entrèrent tous, jusqu'à la servante, et trouvèrent plus de cent gros volumes et quantité de petits, tous bien reliés et bien conditionnés : c'étaient tous romans de chevalerie, ou pastorales romanesques qu'ils livrèrent aux flammes.

VI

Seconde sortie de don Quichotte.

Comme ils étaient en train de faire cet auto-da-fé, ils entendirent don Quichotte qui criait à pleine tête dans son lit : « Ici, ici, valeureux chevaliers ; c'est ici qu'il faut faire voir la vigueur de vos bras : voilà les courtisans qui emportent tout l'avantage du tournoi. » Il fallut accourir au bruit. Don Quichotte était levé quand le curé et le barbier entrèrent dans sa chambre ; et il ne laissait pas de crier et de continuer ses rêveries, donnant de grands coups d'estoc et de taille contre les murailles, mais pourtant les yeux ouverts, et tout aussi

La gouvernante conseille de jeter les livres de chevalerie par la fenêtre et de les livrer aux flammes

éveillé que s'il n'eût jamais dormi. Ils se jetèrent tous sur lui, et l'ayant désarmé par force, le mirent au lit, où, après avoir reposé et repris ses esprits, il se tourna du côté du curé, et lui dit : « Certes, seigneur archevêque Turpin, c'est une grande honte aux douze pairs de laisser si lâchement emporter la gloire du tournoi aux courtisans, après que nous autres aventuriers en avons eu tout l'honneur trois jours de suite. — Il faut prendre patience, monsieur mon compère, dit le curé; le sort change, et ce que l'on perd aujourd'hui se peut regagner demain. Mais ne pensons qu'à votre santé présentement : vous devez être étrangement fatigué, si même vous n'êtes blessé. — Pour blessé, non, dit don Quichotte; mais pour moulu et foulé, autant qu'on le peut être, parce que ce bâtard de Roland m'a roué de coups avec le tronc d'un chêne, d'envie et de rage de ce que je lui dispute seul la gloire d'être le plus vaillant; mais je perdrai mon nom de Renaud de Montauban, si, malgré tous ses enchantements, il ne me le paie cher dès que je pourrai sortir du lit. Pour l'heure, ajouta-t-il, qu'on m'apporte à déjeuner; c'est de quoi j'ai le plus besoin : et du reste qu'on me laisse le soin de ma vengeance. » On lui donna à manger, après quoi il se rendormit encore une fois, et les autres sortirent tout émerveillés d'une si grande folie. Un des remèdes, que le curé et le barbier trouvèrent le plus propre pour la maladie de leur ami, fut de faire murer la porte du cabinet où étaient ses livres, afin qu'il ne la trouvât plus quand il se lèverait, espérant que, la cause du mal cessant, l'effet en cesserait aussi; et que cependant on dirait qu'un enchanteur avait enlevé le cabinet et les livres. C'est ce qui fut fait, et avec beaucoup de diligence. Deux jours après, don Quichotte s'étant levé, la première chose qu'il fit fut d'aller voir à ses livres; mais comme il ne trouva point le cabinet où il l'avait laissé, il allait de côté et d'autre, cherchant, et ne pouvant deviner ce qu'il était devenu ; il allait cent fois où il avait autrefois vu la porte, et, tâtant avec les mains, il regardait partout sans rien comprendre à cette aventure. Enfin, après avoir bien cherché, il demanda à la servante de quel côté était le cabinet de ses livres. « Quel cabinet, monsieur? répondit la servante, qui était bien instruite; et que cherchez-vous? Il n'y a plus ni cabinet ni livres dans cette maison : le diable n'a-t-il pas tout emporté? — Ce n'était point le diable, dit la nièce, mais bien un enchanteur qui vint dans la nuit sur une nue après que vous fûtes parti d'ici, et qui, descendant de dessus un dragon où il était monté, entra dans votre cabinet, et je ne sais ce qu'il y fit; mais, au bout de quelque temps, il s'envola par le toit, laissant la maison toute pleine de fumée; et quand nous voulûmes aller voir ce qu'il avait fait, nous ne vîmes plus ni le cabinet, ni les livres, ni même les moindres marques qu'il y en eût eu. Je me souviens seulement, et la gouvernante s'en souvient bien aussi, que le méchant vieillard dit à haute voix, en s'en allant, que c'était par une inimitié secrète qu'il portait au maître des livres qu'il avait fait le désordre qu'on verrait. Il dit encore qu'il s'appelait le sage Mougnaton. — Dites Freston, non pas Mougnaton, dit don Quichotte. — Je ne sais, dit la nièce, si c'était Freton ou Friton, mais je sais bien que le nom finissait en *ton*. — Aussi est-il vrai, répliqua don Quichotte, que c'est un savant enchanteur et mon grand ennemi, qui a une aversion mortelle pour moi, parce que son art lui apprend que je dois me trouver un jour en combat singulier contre un jeune chevalier qu'il aime et qu'il protége, mais qu'il voit que je vaincrai malgré toute sa science, et de dépit il me rend tous les déplaisirs qu'il peut; mais qu'il sache qu'il s'abuse, et qu'on n'évite point ce que le ciel a ordonné. — Et qui peut douter de cela? dit la nièce. Mais, mon cher oncle, pourquoi vous engager dans tous ces démêlés? Ne serait-il point meilleur que vous demeurassiez paisible dans votre maison, sans vous fatiguer ainsi à courir par le monde? Mon oncle, il y a des gens qui vont chercher de la laine, et qui reviennent sans poil. — O ma chère nièce! ma mie! répondit don Quichotte : avant que l'on me tonde, j'aurai pelé et arraché la barbe à quiconque aura eu seulement l'audace de regarder la pointe de mes cheveux. »

Notre chevalier demeura quinze jours entiers dans sa maison à se refaire des fatigues passées, sans donner la moindre marque qu'il pensât à de nouvelles folies. Le curé et le barbier eurent avec lui de fort plaisantes conversations sur ce qu'il soutenait que la chose dont on avait le plus de besoin au monde, c'était de chevaliers errants, et que ce serait lui qui en rétablirait l'ordre. Quelquefois le curé le contredisait; quelquefois aussi il faisait semblant de se rendre, parce qu'autrement il n'y aurait pas eu moyen d'en avoir raison.

Cependant don Quichotte sollicitait tous les jours en cachette un laboureur de ses voisins, homme de bien, si l'on peut parler ainsi de celui qui est pauvre, mais qui n'avait guère de cervelle dans la tête. Enfin, à force de belles paroles et de grandes promesses, il fit tant qu'il le tenta, et il le tenta si fort, qu'à la fin il lui persuada de lui servir d'écuyer. Don Quichotte lui disait, entre autres choses, qu'il ne craignît point de venir avec lui, qu'il y avait tout à gagner et rien à perdre, parce qu'il pourrait arriver telle chose, qu'en échange du fumier et de la paille qu'il lui faisait quitter, il lui donnerait le gouvernement d'une île. Avec ces promesses et d'autres aussi bien fondées, Sancho Pança (c'était le nom du laboureur) se laissa si bien séduire, qu'il abandonna sa femme et ses enfants, et suivit son voisin en qualité d'écuyer. Don Quichotte, assuré d'un aide si nécessaire, appliqua ses soins à ramasser de l'argent, et, vendant une métairie, engageant une autre, et perdant sur tous les marchés, il se fit une somme assez considérable. Il s'accommoda aussi d'une rondache qu'il emprunta, et, ayant refait son armure de tête le mieux qu'il put, il avertit son écuyer du jour et de l'heure qu'il voulait partir, afin que, de son côté, il s'équipât de ce qui lui serait nécessaire; mais sur toutes choses, il lui ordonna de se pourvoir d'un bissac. Sancho répondit qu'il le ferait, et qu'il avait même envie de mener son âne, qui était de bonne force, n'étant pas trop accoutumé à marcher beaucoup. Le nom d'âne arrêta un peu don Quichotte, qui ne crut pas devoir permettre à son écuyer d'en mener un, parce qu'après avoir repassé dans sa mémoire tous les chevaliers qu'il connaissait, il n'en trouvait pas un seul qui eût mené un écuyer monté de la sorte. Il y consentit pourtant, dans le dessein de lui donner une plus honorable monture à la première occasion qu'il trouverait de démonter quelque chevalier discourtois et brutal. Il se pourvut aussi de chemises et d'autres choses nécessaires, suivant le conseil que lui avait donné l'hôte ; et, tout cela s'étant secrètement exécuté, Sancho, sans dire adieu à sa femme ni à ses enfants, et don Quichotte, sans parler de rien à sa nièce ni à sa servante, sortirent une nuit de leur village, et marchèrent avec tant de hâte, qu'au point du jour ils purent croire qu'on ne les attraperait plus quand on se mettrait en devoir de les suivre. Sancho Pança allait comme un patriarche sur son bissac et sa calebasse, et dans une grande impatience de se voir gouverneur de l'île que son maître lui avait promise. Don Quichotte prit la même route que dans sa première sortie, c'est-à-dire par la campagne de Montiel, où il marchait avec moins d'incommodité que l'autre fois, parce qu'il était encore fort matin, et que les rayons du soleil, ne donnant que de biais, ne l'incommodaient pas beaucoup. Ils avaient marché jusqu'alors sans rien dire ; mais Sancho Pança, qui ne pouvait être longtemps muet, ouvrit enfin la bouche, et dit à son maître : « Seigneur chevalier errant, souvenez-vous, je vous prie, de l'île que vous m'avez promise, car je la gouvernerai à merveille, quelque grande qu'elle soit. — Écoute, ami Sancho, répondit don Quichotte, il faut que tu saches que ce fut une coutume pratiquée de tout temps par les chevaliers errants de donner à leurs écuyers le gouvernement des îles et des royaumes qu'ils conquéraient ; et pour moi je suis si résolu de ne pas laisser perdre une aussi louable coutume, que je prétends même pousser la chose plus loin, et, tandis que ces chevaliers attendaient pour récompenser leurs écuyers qu'ils fussent vieux, déjà las de servir et de passer de mauvais jours et de pires nuits, et qu'alors ils se contentaient de leur donner quelque province avec le titre de comte ou de marquis, il pourra bien se faire, si nous vivons tous deux, qu'avant qu'il soit six jours je gagne un royaume de telle étendue, qu'il y en ait beaucoup d'autres qui en dépendent, et que je sois en état de te faire couronner roi d'un de ceux-ci. Et ne pense pas que ce soit là une chose si étrange : telles fortunes arrivent souvent aux chevaliers errants, et cela se fait par des moyens si inconnus, et avec tant de facilité, que telle chose pourrait arriver que je te donnerais aisément beaucoup plus que je ne te promets. — A ce compte-là, dit Sancho, si j'étais roi par quelque miracle de ceux que vous savez faire, Jeanne Gutières, notre ménagère, serait pour le moins reine, et nos enfants infants.— Et qui en doute ? répondit don Quichotte. — J'en doute un petit, répondit Sancho, et je tiens pour moi que quand il pleuvrait des couronnes il ne s'en trouverait pas une qui s'ajustât à la tête de ma femme : en bonne foi, monseigneur, elle ne vaut pas un ognon pour être reine ; un comté lui conviendrait bien mieux ; et encore, Dieu me soit en aide, ce serait bien le tout. — Recommande le tout à Dieu, dit don Quichotte : il te donnera ce qui te conviendra le mieux ; mais ne perds pas courage, et ne te méprise pas tant que tu veuilles te donner à moins d'un gouvernement ou de quelque chose de pareil. — Je vous en réponds, monseigneur, dit Sancho, et m'en rapporte à vous, qui êtes bon maître, et qui saurez bien me donner ce qu'il me faut. »

VII

Épouvantable aventure des moulins à vent.

Pendant cette belle conversation, don Quichotte et son écuyer découvrirent d'assez loin trente ou quarante moulins à vent, et d'abord que le chevalier les aperçut : « La fortune, dit-il, nous guide mieux que nous le pourrions souhaiter; ami Sancho, vois-tu cette troupe de démesurés géants? Je prétends les combattre et leur ôter la vie. Commençons à nous enrichir par leurs dépouilles : cela est de bonne guerre, et c'est servir Dieu que d'ôter une si terrible engeance de dessus la face de la terre. — Quels géants? dit Sancho Pança. — Ceux que tu vois là, dit don Quichotte, avec ces grands bras; il y en a qui les ont de deux lieues de long. — Prenez-y garde, monsieur, répondit Sancho, ce que vous voyez là ne sont pas des géants; ce sont des moulins à vent, et ce qui vous paraît des bras, ce sont les ailes que le vent fait tourner pour faire marcher la meule. — Il paraît bien, dit don Quichotte, que tu n'es guère expert en matière de chevalerie. Ce sont des géants; et si tu as peur, ôte-toi d'ici, et te mets quelque part en oraison; pour moi, je vais les attaquer, quelque inégal que puisse être le combat. » En disant cela, il piqua Rossinante, et, quoique Sancho se donnât au diable que c'étaient des moulins à vent et non pas des géants, c'étaient tellement des géants pour notre chevalier, qu'il n'entendait seulement pas les cris de son écuyer, et, plus il s'approchait des moulins, moins il se désabusait. « Ne fuyez pas, poltrons, s'écriait-il à pleine tête; lâches et viles créatures, ne fuyez pas : c'est un seul chevalier qui entreprend de vous combattre. » Un peu de vent s'étant levé au même instant, et ces grandes ailes commençant à se mouvoir : « Vous avez beau faire, dit le chevalier, redoublant ses cris, quand vous remueriez plus de bras que n'en avait Briarée, vous me le paierez tout à l'heure. » En même temps il se recommande de tout son cœur à sa dame Dulcinée, la priant de le secourir dans un si grand péril; bien couvert de son écu et la lance en arrêt, il court de toute la force de Rossinante contre le plus fort des moulins, et rencontre une des ailes, de sorte que le vent donnant alors de grande furie, l'aile en tournant emporta la lance et la mit en pièces, jetant le cheval et le cavalier fort loin dans le champ, et en très-mauvais état.

Sancho accourut promptement au grand trot de son âne, et trouva que son maître ne pouvait se remuer, tant la chute était lourde. « Hé! ventre de moi,

L'Aile en tournant brisa sa lance et jeta dans la campagne le Chevalier et Rossinante.

dit Sancho, ne vous disais-je pas bien que vous prissiez garde à ce que vous alliez faire, et que c'étaient des moulins à vent! Et qui en pouvait douter, à moins que d'en avoir d'autres dans la tête? — Tais-toi, ami Sancho, répondit don Quichotte, le métier de la guerre, plus que tout autre, est sujet aux caprices du sort, et c'est une inconstance perpétuelle. Mais veux-tu que je te dise ce que je pense, et sans doute c'est la vérité : l'enchanteur Freston, qui a enlevé mon cabinet et mes livres, a changé ces géants en moulins, pour m'ôter la gloire de les avoir vaincus, tant il a de haine et de rage contre moi. Mais à la fin il faudra que toute sa science cède à la bonté de mon épée. — Dieu le veuille, monsieur, répondit Sancho; » et lui aidant à se lever, il fit tant qu'il le monta sur Rossinante, qui était à demi épaulé; et, s'entretenant de cette aventure, ils prirent le chemin du Port Lapice, parce qu'il n'était pas possible, disait don Quichotte, qu'étant un chemin fort fréquenté, ils n'y trouvassent pas des aventures. Mais il avait un regret extrême d'avoir perdu sa lance, et le témoignait à son écuyer : « Je me souviens, dit-il, d'avoir lu qu'un chevalier espagnol, appelé Diego Perez de Vargas, ayant rompu sa lance dans un combat, arracha une grosse branche d'un chêne, et en tua tant de Maures, que le surnom d'Écacheur lui en demeura; et lui et ses descendants se sont toujours depuis appelés Vargas et Machuca. Je te dis cela, Sancho, parce que je prétends arracher du premier chêne que je trouverai une branche aussi forte et aussi bonne que j'imagine celle-là, et j'en ferai de tels faits d'armes, que tu te croiras trop heureux d'avoir mérité de les voir et d'être témoin d'actions si grandes qu'on aura peine à les croire. — Ainsi soit-il! dit Sancho, je le crois, puisque vous me le dites; mais redressez-vous un peu, monsieur, car vous allez tout de travers : c'est sans doute que vous êtes froissé de votre chute. — Aussi est-il vrai, répondit don Quichotte, et si je ne me plains point, c'est qu'il n'est pas permis aux chevaliers errants de le faire, quand même les boyaux leur sortiraient du ventre. — Si cela est, je n'ai rien à dire, dit Sancho; mais Dieu sait si je ne serais pas bien aise que vous vous plaignissiez un petit quand vous avez du mal : car pour moi je ne m'en saurais tenir, et je crierai comme un désespéré à la moindre égratignure, à moins que cela ne soit défendu aux écuyers errants aussi bien qu'à leurs maîtres. »

Don Quichotte ne laissa point de rire de la simplicité de son écuyer, et il l'assura qu'il pouvait se plaindre tant qu'il voudrait, qu'il en eût sujet ou non, et qu'il n'avait lu encore rien de contraire à cela dans les livres de chevalerie. « Monsieur, dit alors Sancho, ne serait-il point temps de manger? Il me semble que vous ne vous en avisez point. — Je n'en ai pas besoin pour l'heure, répondit don Quichotte; pour toi, tu peux manger, si tu en as envie. » Avec cette permission, Sancho s'accommoda le mieux qu'il put sur son âne, et tirant du bissac ce qu'il avait apporté, il allait mangeant derrière son maître, haussant de temps en temps la calebasse avec tant de plaisir, qu'il n'y a point d'Allemand à qui il n'eût donné de l'envie; et, pendant qu'il allait ainsi, avalant toujours quelques gorgées, il ne se souvenait non plus de sa famille que des promesses de son maître, et, bien loin de trouver le métier rude, il ne songeait plus, comme don Quichotte, qu'à courir après les aventures, quelque périlleuses qu'elles fussent.

Ils passèrent cette nuit-là sous des arbres, où don Quichotte rompit une branche sèche assez forte pour lui servir de lance, et il y mit le fer qu'il avait arraché de l'autre. Toute la nuit s'écoula sans qu'il fermât l'œil, pensant toujours à Dulcinée, pour imiter ce qu'il avait lu dans les romans, où les chevaliers passaient les nuits dans les forêts et dans les déserts à s'entretenir du souvenir de leurs maîtresses. Mais Sancho, qui était un peu plus matériel, ne la passa pas ainsi. Comme il avait l'estomac plein d'autre chose que de vent, il fut bientôt assoupi et ne fit qu'un somme depuis qu'il se fut étendu à terre jusqu'au lever du soleil, dont les rayons, qui lui donnaient dans les yeux, ne l'auraient pas même éveillé, non plus que le chant des oiseaux qui gazouillaient de tout côté, si son maître ne l'avait appelé cinq ou six fois à pleine tête. En se levant, le vigilant écuyer donna une atteinte à la bouteille, mais avec bien du regret de la trouver plus légère que le soir d'auparavant, parce qu'il ne voyait pas le moyen d'en réparer si tôt le défaut au chemin qu'ils prenaient. Pour don Quichotte, qui s'était repu des succulentes et savoureuses pensées de sa maîtresse, il ne se soucia point de déjeuner. Ils montèrent à cheval, et reprirent le chemin du Port Lapice, qu'ils découvrirent environ sur les huit heures du matin.

« C'est ici ! Sancho, mon ami, s'écria don Quichotte, que nous pouvons mettre le bras jusqu'au coude dans ce qu'on appelle aventures. Mais, écoute, je t'avertis de prendre bien garde à ne pas mettre l'épée à la main, quand tu me verrais dans le plus grand péril du monde, si ce n'est que par hasard tu me visses attaqué par de la canaille ou par de viles créatures comme toi ; car, en ce cas, tu peux bien me secourir ; mais contre des chevaliers, cela ne t'est permis en aucune manière par les lois de la chevalerie, jusqu'à ce que tu sois armé chevalier. — Soyez sûr, monsieur, que je vous obéirai en cela ponctuellement, d'autant plus que je suis fort pacifique de mon naturel, et ennemi juré des querelles. Véritablement, pour ce qui est de me défendre, moi, quand on m'attaquera, je ne me soucierai guère de ces lois, puisque les lois divines et humaines permettent à chacun de défendre sa peau. — J'en suis d'accord, dit don Quichotte ; mais, pour ce qui est de me secourir contre des chevaliers, tu n'as que des vœux à faire : du reste, il faut que tu tiennes en bride cette bravoure naturelle. — Ne dis-je pas aussi que je le ferai ? répartit Sancho ; je vous promets de garder ce commandement comme celui du dimanche. » En achevant ce discours, ils virent venir vers eux deux religieux de l'ordre de Saint-Benoît, montés sur des dromadaires, c'est-à-dire sur des mules de même taille, avec leurs parasols et des lunettes de voyage. Derrière eux venait un coche, avec quatre ou cinq cavaliers, et deux valets de mule à pied. Il y avait dans le coche, à ce qu'on a dit depuis, une dame de Biscaye qui allait trouver son mari à Séville, d'où il devait passer dans les Indes avec un emploi considérable. A peine don Quichotte eut-il aperçu les religieux, qui n'étaient pas de cette compagnie, quoiqu'ils allassent par le même chemin, qu'il dit à son écuyer : « Ou je suis bien trompé, ami Sancho, ou voici une des plus fameuses aventures qui se soient jamais vues : car ces fantômes noirs qui paraissent là bas doivent être et sont sans nul doute des enchanteurs qui ont enlevé quelque princesse et l'emmènent par force dans ce coche. Il faut, à quelque prix que ce soit, que j'empêche cette violence. — Ceci m'a la mine d'être pis que des moulins à vent, dit Sancho en branlant la tête. Monsieur, vous n'y prenez pas garde : ce sont là des bénédictins, et le coche est sans doute à des gens qui font voyage ; regardez bien à ce que vous allez faire, et que le diable ne vous tente pas. — Je t'ai déjà dit, mon ami, reprit don Quichotte, que tu ne te connais pas en aventures ; ce que je te dis est véritable, et tu vas le voir tout à l'heure. » En disant cela, il s'avance et se campe au milieu du chemin par où devaient passer les moines ; et, quand ils furent assez près pour pouvoir entendre, il leur cria arrogamment : « Gens diaboliques et excommuniés, qu'on mette tout à l'heure en liberté les hautes princesses que vous emmenez dans ce coche, sinon préparez-vous à recevoir une prompte mort pour le châtiment de vos mauvaises œuvres. Les pères retinrent leurs mules, et n'étant pas moins étonnés de l'étrange figure de don Quichotte que de ce discours : « Seigneur chevalier, répondirent-ils, nous ne sommes point des gens excommuniés, mais des religieux de Saint-Benoît qui voyageons ; s'il y a dans le coche des princesses qu'on enlève, nous n'en savons rien. — Je ne me paie pas de belles paroles, dit don Quichotte, et je vous connais bien, perfides canailles. » Sans attendre de réponse, don Quichotte pique, la lance basse, contre un des religieux avec tant de furie, que si le père ne se fût promptement jeté à terre, il l'y aurait mis malgré lui, ou dangereusement blessé, ou peut-être même sans vie ; l'autre moine, qui vit de quelle sorte on traitait son compagnon, donna des deux à sa mule, et enfila la campagne plus vite que le vent. Sancho Pança ne vit pas plutôt le religieux par terre, qu'il sauta prestement à bas de son âne, et, se jetant sur lui, il commençait déjà à le dépouiller, quand deux valets qui suivaient à pied les religieux accoururent et lui demandèrent pourquoi il lui ôtait ses habits. « Parce qu'ils m'appartiennent, dit Sancho, et que ce sont les dépouilles de la bataille que mon seigneur vient de gagner. » Les valets qui n'entendaient point raillerie, se jetèrent sur Sancho, le renversèrent par terre, et le laissèrent demi-mort de coups et presque sans barbe au menton. Cependant le bénédictin, qui n'avait eu d'autre mal que la peur, sitôt qu'il vit don Quichotte s'éloigner, remonta promptement sur sa mule, et piqua tout tremblant après son compagnon, qui l'attendait assez loin de là, regardant ce que deviendrait cette aventure. Sans oser en attendre la fin, ils poursuivirent tous deux leur route faisant plus de signes de croix que s'ils eussent eu le diable à leurs trousses.

Don Quichotte était, comme nous l'avons dit, à la portière du coche, où il haranguait la dame biscayenne, qu'il avait abordée par ces paroles : « Votre beauté, madame, peut faire désormais tout ce qu'il lui plaira, vous êtes libre, et ce bras vient de châtier l'audace de vos ravisseurs. Et, afin que vous ne soyez pas en peine du nom de votre libérateur, sachez que je m'appelle don Quichotte de la Manche, chevalier errant et l'esclave de la belle et incomparable Dulcinée du Toboso. Je ne vous demande autre chose pour le service que je vous ai rendu, si ce n'est que vous retourniez au Toboso, que vous vous présentiez de ma part devant cette excellente dame, et que vous lui appreniez ce que j'ai fait pour votre liberté. » Un cavalier biscayen, de ceux qui accompagnaient le coche, écoutait attentivement tout ce que disait don Quichotte; et comme il vit qu'il ne voulait point laisser partir le coche, et qu'il s'opiniâtrait à le faire retourner au Toboso, il s'approcha de lui, et, le tirant par sa lance, lui dit en mauvais langage : « Va-t-en chivalier, si ne laisse le coche, te tue comme est là le Biscain. » Don Quichotte l'entendit bien et lui répondit fort gravement : « Si tu étais chevalier comme tu ne l'es pas, misérable, j'aurais déjà châtié ton insolence. — Moi, non chivalier! répartit brusquement le Biscayen; si toi chette ton lance et tire d'épée, je ferai voir al moment que ton chival il être une bête. » Don Quichotte, jetant sa lance à terre, tire son épée, embrasse son écu et attaque le Biscayen, en résolution de ne le pas épargner. Le Biscayen, qui le vit venir, eût bien voulu mettre pied à terre, parce qu'il ne se fiait pas à sa mule, qui n'était que de louage; mais tout ce qu'il put faire, ce fut de mettre l'épée à la main. Bien lui prit même de se trouver auprès du coche, où il se saisit d'un coussin qui lui servit de rondache. En même temps les deux fiers champions coururent l'un contre l'autre comme s'ils eussent été ennemis mortels. Tous les assistants firent ce qu'ils purent pour mettre la paix; mais ce fut impossible; et le colère Biscayen jurait, en son mauvais langage, que si on ne lui laissait achever son combat, il tuerait sa maîtresse et tous ceux qui s'y opposeraient. La dame du coche, étonnée et toute tremblante, fit signe au cocher de s'éloigner, et d'un peu loin s'arrêta à considérer les combattants. Le Biscayen déchargea dans ce moment un coup si terrible sur l'épaule de son adversaire, qu'il l'aurait fendu jusqu'à la ceinture, s'il ne l'eût trouvé couvert de son écu. A ce coup qui parut à don Quichotte la chute d'une montagne : « Dame de mon âme, s'écria-t-il, Dulcinée, fleur de la beauté, secourez votre chevalier, qui se trouve en cette extrémité pour soutenir vos intérêts. » Dire cela, serrer son épée, se couvrir de son écu, assaillir le Biscayen ne fut qu'une même chose, dans la résolution de hasarder le tout en un seul coup. Le Biscayen se couvrit le mieux qu'il put de son coussin et l'attendit de pied ferme, d'autant plus qu'il ne pouvait remuer sa mule qui n'en pouvait plus de lassitude. Don Quichotte venait, l'épée haute, contre le rusé Biscayen, résolu de le fendre par la moitié, et le Biscayen l'attendait aussi dans le dessein de n'en pas faire à deux fois. Tous les spectateurs, effrayés, attendaient l'issue des épouvantables coups dont nos combattants se menaçaient, et la dame du coche avec ses femmes se vouaient à tous les saints d'Espagne pour obtenir de Dieu le salut de leur écuyer et le leur propre.

Don Quichotte vint lui mettre l'épée sur la gorge en le menaçant de lui couper la tête s'il ne se rendait.

Le premier qui déchargea son coup fut le colère Biscayen; et ce fut avec tant de force et de furie, que, si l'épée ne lui avait point tourné dans la main, ce seul coup aurait terminé cet épouvantable combat et toutes les aventures de notre chevalier; mais le sort, qui le réservait pour de plus grandes choses, fit que l'épée, tombant de plat sur l'épaule gauche, ne lui fit d'autre mal que de désarmer tout ce côté-là, après avoir emporté, chemin faisant, une grande partie de la salade et la moitié de l'oreille. Il ne faut pas prétendre pouvoir exprimer ici la rage dont le héros de la Manche fut transporté quand il se vit traité de la sorte. Il se haussa et s'affermit sur les étriers, et, serrant son épée, il en déchargea un si furieux coup et si à plein sur la tête de son ennemi, que, malgré la défense du coussin, le Biscayen commença à jeter le sang par le nez, par la bouche et par les oreilles, faisant mine de tomber, comme il eût fait sans doute, s'il n'eût promptement embrassé le cou de sa mule; mais, un moment après, il abandonna les étriers en étendant les bras; la mule, épouvantée du coup et maîtresse de la bride, se mit à courir par la campagne, et, après quelques sauts, jeta le cavalier par terre sans apparence de vie. Don Quichotte regardait tout cela avec une grande tranquillité et sans s'ébranler; mais sitôt qu'il vit son adversaire à bas, il sauta promptement de cheval, et, courant lui mettre la pointe de l'épée à la gorge, il lui cria qu'il se rendît, ou qu'il lui couperait la tête. Le Biscayen était si étourdi, qu'il ne voyait pas le péril qui le menaçait et ne pouvait former une parole; don Quichotte, sans doute, ne l'aurait pas ménagé, dans la colère où il était, si la dame du coche, qui jusqu'alors avait regardé le combat tout éperdue, ne lui était venue demander avec beaucoup d'instance la vie de son écuyer. Notre héros, adoucissant un peu sa fierté, répondit gravement : « Je vous l'accorde, ma belle dame, mais à condition que ce chevalier me donnera sa parole d'aller au Toboso, et de se présenter de ma part devant la nonpareille Dulcinée, afin qu'elle dispose de lui comme il lui plaira. » La dame, demi-morte de frayeur, sans savoir ce qu'il demandait, ni s'informer qui était cette Dulcinée, promit pour son écuyer tout ce qu'il plut à don Quichotte. « Qu'il vive donc, ajouta notre chevalier, sur votre parole, et qu'en faveur de votre beauté il jouisse d'une grâce dont son arrogance le rendait indigne. »

LIVRE DEUXIÈME

VIII

De la conversation de don Quichotte et de Sancho Pança.

Il y avait déjà quelque temps que Sancho s'était relevé après les rudes gourmades que lui avaient données les valets des bénédictins, et il avait attentivement considéré le combat de son maître, priant Dieu dans son cœur qu'il en sortît victorieux, et qu'il pût y gagner quelque île dont il le fît gouverneur, comme il lui avait promis. Voyant donc le combat fini, et que don Quichotte allait remonter à cheval, il courut vite pour lui tenir l'étrier; mais, avant qu'il montât, il se jeta à genoux devant lui, et lui baisant la main : « Mon seigneur et mon maître, lui dit-il, si vous avez agréable de me donner l'île que vous venez de gagner, je me sens en état de la gouverner, quelque grande qu'elle puisse être, et aussi bien qu'autre qui s'en soit jamais mêlé. — Ami Sancho, répondit don Quichotte, ce ne sont pas ici des aventures d'îles : ce ne sont que rencontres de grands chemins, où l'on ne gagne guère autre chose que de se faire casser la tête et remporter une oreille de moins; mais prends patience, il s'offrira assez d'aventures qui me donneront occasion de m'acquitter de ma promesse, et non seulement de te donner un gouvernement, mais beaucoup davantage. » Sancho faillit à fondre en remerciments sur les nouvelles promesses de son maître, et, après lui avoir baisé la main et le bas de la cotte d'armes, il lui aida à monter à cheval et monta lui-même sur son âne, suivant son seigneur, qui s'en alla au grand pas sans prendre congé des dames du coche, et entra dans un bois qu'il trouva sur son chemin. Sancho le suivait tant qu'il pouvait au grand trot; mais, voyant que Rossinante marchait avec tant d'ardeur qu'il le laissait bien loin derrière, il cria à son maître de l'attendre. Don Quichotte, à ce cri, retint la bride à Rossinante, et l'écuyer fatigué l'ayant joint : « Il me semble, mon seigneur, lui dit-il, que nous ne ferions pas mal de nous retirer dans quelque église, car celui contre qui vous avez combattu est en fort mauvais état, et il ne faut qu'un malheur pour qu'on en avertisse la justice et qu'on se saisisse de nous; et quand nous serons une fois coffrés, il passera bien de l'eau sous le pont avant qu'on nous en tire. — Tais-toi, dit don Quichotte, tu ne sais ce que tu dis; et où as-tu vu ni lu que jamais chevalier errant ait été mis en justice pour ses homicides? — Je ne sais ce que c'est que vos homicides, dit Sancho, je ne me souviens point d'en avoir jamais vu; mais je sais fort bien que la sainte Hermandad châtie ceux qui se battent en duel; du reste, je ne m'en mêle point. — Ne t'inquiète de rien, mon enfant, dit don Quichotte, je te tirerais des mains des Tartares; ne crains pas que je te laisse en celles de la justice. Mais, dis-moi, en vérité, crois-tu qu'il y ait un plus vaillant chevalier que moi dans le reste du monde? As-tu lu dans les histoires qu'un autre ait jamais eu plus de résolution à entreprendre, plus de vigueur à attaquer, plus d'haleine à soutenir, plus de promptitude et d'adresse à frapper, et plus de force à renverser? — La vérité est, dit Sancho, que je n'ai jamais rien lu de semblable, car je ne sais ni lire ni écrire; mais je jurerais bien que de ma vie je n'ai servi un maître plus hardi que vous; et Dieu veuille que cette hardiesse ne nous mène pas où je m'imagine! Mais, monsieur, si nous pansions votre oreille? il en sort beaucoup de sang, et j'ai heureusement de la charpie et de l'onguent blanc dans mon bissac. — Que nous nous passerions bien de tout cela, dit don Quichotte, si je m'étais souvenu de faire une fiole du baume de Fier-à-bras; et qu'une seule goutte de cette liqueur nous épargnerait de temps et de remèdes! — Qu'est-ce donc que cette fiole de baume? dit Sancho. — C'est un baume, dit don Quichotte, dont j'ai la recette en ma mémoire, avec lequel on se moque des blessures et on nargue la mort. Aussi, quand je l'aurai fait et que je t'en aurai donné, s'il arrive que dans quelque combat tu me voies coupé d'un revers par le milieu du corps, comme il nous arrive souvent, tu n'as qu'à ramasser la moitié qui sera tombée, et à la rejoindre à l'autre avant que le sang se refroidisse, prenant toujours bien garde à les ajuster également; après cela, donne-moi seulement à boire deux traits de ce baume, et tu me verras aussi sain qu'auparavant. — Si cela est, dit Sancho, je renonce tout à l'heure au gouvernement que vous m'avez promis, et je ne demande autre chose, en récompense de tous mes services, que la recette de ce baume. Mais, monsieur, ce baume coûte-t-il beaucoup à faire? — On en fera toujours six pintes pour trois réales, répondit don Quichotte. — Et qu'attendez-vous, monsieur, s'écria Sancho, que vous ne me l'enseigniez tout à l'heure et que nous n'en fassions deux ou trois poinçons? — Doucement, mon ami, reprit don Quichotte : je garde bien d'autres secrets et de plus grandes récompenses! Pour l'heure, pansons mon oreille : elle me fait plus de mal que je n'en fais semblant. »

Sancho tira de l'onguent et de la charpie de sa besace. Mais quand don Quichotte, en s'accommodant, aperçut sa salade toute brisée, peu s'en fallut qu'il ne perdit le reste de son jugement. Il mit l'épée à la main, et, levant les yeux en haut : « Je jure, dit-il, par les entrailles de mon père, par la foi que j'ai promise à Dulcinée, et par toute la nature ensemble, que je ferai la même vie que le grand marquis de Mantoue, qui, ayant fait vœu de venger la mort de son cousin Baudouin, ne mangea jusque là pain sur table, et observa quantité d'autres choses semblables, dont je ne me souviens pas, jusqu'à ce que j'aie enlevé par force à quelque chevalier une autre salade aussi bonne que celle-ci. Et ne l'imagine pas, Sancho, que je fasse ceci à la volée : j'ai bien qui imiter au pied de la lettre, car la même chose arriva pour l'armet de Mambrin, qui coûta si cher à Sacripan. — Monsieur, répliqua Sancho, donnez tous ces serments-là au diable : Dieu ne veut pas qu'on jure, et vous vous damnez à crédit. Hé! dites-moi, s'il vous plait, si par hasard nous ne trouvons de longtemps un homme armé d'une salade, que ferons-nous en attendant? Tiendrez-vous votre serment en dépit de tous les accidents et de toutes les incommodités qui vous en peuvent arriver, comme de dormir tout vêtu, et de ne coucher jamais en ville, bourg, ni village, et deux mille autres pénitences que contenait le serment de ce vieux fou de marquis de Mantoue? Souvenez-vous, monsieur, qu'il ne passe point de gens armés en ces quartiers, et que l'on n'y trouve que des charretiers et des meneurs de mules. En bonne foi, ces gens-là ne portent point de salades, et ils n'en ont peut-être jamais vu d'autres que de laitue. — Va, va, tu te trompes, mon ami, dit don Quichotte, et nous n'aurons pas été ici deux heures que nous y verrons plus de gens en armes qu'il n'en vint devant la forteresse d'Albraque, à la conquête de la belle Angélique. — Je le veux donc bien, puisque vous le voulez, reprit Sancho, et Dieu veuille que tout réussisse, et que le temps arrive de gagner cette île qui me coûte si cher, quand je devrais mourir incontinent après. — Je t'ai déjà dit, Sancho, dit don Quichotte, que tu ne te mettes pas en peine; et quand l'île te manquerait, n'y a-t-il pas le royaume de Danemarck et celui de Sobradise qui ne te sauraient manquer, et, ce qui est meilleur, qui sont en terre ferme? mais cela se trouvera dans son temps. Pour le présent, regarde si tu as quelque chose à manger dans le bissac, afin que nous allions promptement chercher quelque château où nous puissions nous retirer cette nuit et faire mon baume; car, pour ne pas mentir, l'oreille me fait grand mal. — J'ai ici un ognon et un morceau de fromage avec deux ou trois bribes de pain, dit Sancho; mais ce ne sont pas là des viandes pour un vaillant chevalier comme vous. — Que tu l'entends mal! répondit don Quichotte. Il faut que tu saches, Sancho, que c'est la gloire des chevaliers errants de passer des mois entiers sans manger, et, quand ils mangent, c'est sans façon, de la première chose qu'ils trouvent, et tu n'en douterais pas si tu avais lu autant d'histoires que moi : car je te puis bien jurer que, quelque recherche que j'aie faite, je n'ai point encore trouvé que ces chevaliers mangeassent que par hasard, et quand ils étaient invités à de somptueux banquets et à des fêtes royales; car, pour le reste du temps, ils ne se repaissaient guère que de leurs pensées; et, comme il n'était pourtant pas possible qu'ils s'en passassent absolument, non plus que des autres nécessités, puisqu'ils étaient hommes comme nous, il faut croire que, passant leur vie dans les forêts et dans les déserts, et sans cuisinier, leurs repas ordinaires étaient des viandes rustiques comme celles que tu m'offres. Ainsi, ami Sancho, ne te chagrine point d'une chose qui me fait du plaisir, et ne pense pas à faire un monde nouveau, ni à changer les coutumes de la chevalerie errante établies depuis longtemps. — Il faut me pardonner, monsieur, dit Sancho, parce que je ne sais ni lire ni écrire, comme je vous ai dit, et n'ai jamais lu les règles de la chevalerie ; mais à l'avenir le bissac sera bien fourni de toute sorte de fruits secs pour vous, qui êtes chevalier, et, comme je n'ai pas l'honneur de l'être, j'achèverai de le remplir pour moi de quelque chose de plus nourrissant. — Je ne dis pas, répliqua don Quichotte, que le chevalier errant soit obligé de ne manger que des fruits, mais que c'était leur manger ordinaire, avec quelques herbes encore qu'ils trouvaient par les champs ; ils les connaissaient toutes parfaitement, et je les connais bien aussi. — C'est une grande vertu que de connaître ces herbes, répondit Sancho, et si je ne me trompe, nous aurons quelque jour besoin de cette connaissance ; cependant voici ce que Dieu nous a donné, ajouta-t-il. » Et ayant tiré les vivres de sa besace, ils mangèrent avec appétit et de compagnie. Ils eurent bientôt fait leur frugal repas, et montèrent aussitôt à cheval pour aller chercher à loger, mais le soleil leur manqua, avec l'espérance de trouver ce qu'ils souhaitaient, auprès de quelques cabanes de bergers, où ils résolurent de passer la nuit. Autant il y eut d'ennuis pour Sancho de n'être pas dans quelque bon village, autant don Quichotte trouva de plaisir à dormir à découvert, se figurant que tout ce qui lui arrivait de cette manière était autant d'actes de possession qui faisaient foi de sa chevalerie.

IX

De ce qui arriva à don Quichotte avec les bergers.

Notre chevalier fut très-bien reçu des bergers de ces cabanes, et Sancho, ayant promptement accommodé Rossinante et son âne le mieux qu'il put, se rendit à l'odeur de quelques morceaux de chèvre que les bergers faisaient rôtir pour leur souper. Le bon écuyer eût bien voulu tout sur-le-champ les manger, comme on dit, de broc en bouche ; mais il fallut, malgré lui, qu'il attendît que les bergers, après les avoir tirés du feu, eussent étendu à terre quelques peaux de brebis et de chèvres pour servir de nappes. Ce rustique couvert étant mis, ils convièrent leurs hôtes de manger avec eux de bon cœur ce qu'ils leur offraient de même. Six bergers qu'ils étaient dans cette cabane s'assirent sur leurs talons autour des peaux de brebis, après avoir, en cérémonies champêtres, prié don Quichotte de s'asseoir sur une auge qu'ils avaient renversée. Sancho se tenait derrière lui, pour lui servir à boire dans une coupe de corne qu'avaient les bergers. Son maître, le voyant debout, lui dit : « Afin que tu voies, Sancho, le bien qu'enferme en soi la chevalerie errante, et combien ceux qui la suivent sont en état d'être bientôt estimés et honorés dans le monde, je veux que tu te mettes à mon côté, et que tu t'asseyes dans la compagnie de ces bonnes gens; que tu sois une même chose avec moi, qui suis ton seigneur et ton maître; que tu manges au même plat, que tu boives dans mon verre : car enfin on peut dire de la chevalerie errante ce qu'on dit de l'amour, qu'elle égale toutes choses. — Mon seigneur, je vous remercie, dit Sancho; mais si j'avais bien de quoi, j'aimerais mieux le manger seul debout qu'assis au côté d'un empereur; et, pour vous parler franchement, je m'accommode aussi bien d'un morceau de pain bis et d'une ciboule dans mon coin, sans façon et sans contrainte, que d'un coq d'Inde en compagnie d'honnêtes gens où je suis obligé de mâcher lentement, de boire de petits coups, de m'essuyer à toute heure, sans oser tousser ni éternuer, quelque envie qu'il m'en prenne; changez donc, s'il vous plaît, mon seigneur et maître, en d'autres choses qui soient de plus de profit l'honneur que vous me voulez faire. Pour la part que j'ai à la chevalerie errante comme écuyer de votre seigneurie, je vous en remercie, et le tiens pour reçu, et j'y renonce dès à présent pour jusqu'à la fin du monde. — Avec tout cela, dit don Quichotte, si faut-il que tu te mettes là, parce que Dieu élève ceux qui s'humilient. » Et, le tirant en même temps par le bras, il le fit asseoir par force auprès de lui. Les bergers, qui n'entendaient rien à ce jargon d'écuyers et de chevaliers errants, ne faisaient que manger, regardant sans rien dire leurs hôtes, qui avalaient des morceaux gros comme le poing. Le service de viande achevé, on mit sur la table quantité de noisettes, et un fromage qui n'était guère moins dur que s'il avait été de chaux et de ciment. Pendant tout ce temps-là la corne n'était point inutile; elle ne cessait d'aller et de venir à la ronde, tantôt pleine, tantôt vide, et si souvent enfin, qu'un broc de vin, de deux qu'il y en avait, en fut vidé.

Après que don Quichotte eut bien mangé, et qu'il vit que son estomac avait à peu près ce qu'il fallait à un héros moderne, il prit une poignée de noisettes, et, les regardant attentivement : « Heureux âge, s'écria-t-il, heureux siècle à qui nos premiers pères donnèrent le nom d'âge d'or, non pas que l'or, qu'on estime tant dans ce siècle de fer, s'y trouvât plus communément, ou qu'on le tirât avec moins de peine des entrailles de la terre, mais parce qu'on ne connaissait point alors ces deux funestes paroles, le tien et le mien, qui ont depuis divisé tout le monde. Toutes choses étaient communes dans ce saint âge, et les hommes n'avaient d'autre soin à prendre pour leur nourriture que de cueillir le fruit que les arbres leur offraient libéralement, et de puiser avec la main les pures et délicieuses eaux que les ruisseaux et les fontaines leur présentaient en abondance. Les soigneuses abeilles, enrichissant les fentes des rochers et le creux des arbres de la dépouille des fleurs, formaient sans crainte leur vigilante république, et permettaient aux hommes de recueillir l'agréable moisson de leurs fertiles travaux. De simples huttes tenaient lieu de maison et de palais aux habitants de la terre, et les arbres, se défaisant d'eux-mêmes de leurs écorces, leur fournissaient de quoi couvrir leurs cabanes et se garantir de l'intempérie des saisons. Tout était en paix pour lors; on ne voyait qu'union et qu'amitié. Jusque-là le soc et la bêche n'avaient point ouvert les entrailles de la terre; cette bonne et féconde mère donnait gratuitement tous les fruits de son vaste sein, et ses heureux enfants y trouvaient tout à la fois et ce qui était nécessaire pour l'entretien de la vie, et ce qui était délectable. La beauté n'était point un avantage dangereux aux jeunes filles; elles allaient librement partout, étalant sans artifice et sans dessein tous les présents que leur avait faits la nature, sans se cacher davantage qu'autant que l'honnêteté commune à tous les siècles l'a toujours demandé. La pourpre de Tyr, ni l'or, ni la soie ne faisaient point leurs ornements; elles n'empruntaient rien aux agréments de l'art, et avec de simples guirlandes de fleurs ou de feuilles entrelacées, elles étaient plus parées que ne le sont aujourd'hui les dames les plus galantes par les plus riches inventions que le luxe et la vanité du siècle leur ont enseignées. L'amour s'expliquait mûrement et sincèrement, comme l'âme le ressentait, sans rechercher, dans l'artifice des paroles, une expression plus forte et plus adroite que celle de la nature; on voyait, dans toutes les actions des hommes, une sincérité naïve, non seulement exempte de tromperie, mais encore incapable de dissimulation. La justice, toujours le bandeau sur les yeux, ne connaissait point alors ni la faveur ni l'intérêt; ce n'est que dans les siècles suivants que ces monstres ont pris naissance, et que, glissant un venin subtil dans le cœur des hommes, ils ont étouffé l'équité naturelle, qui, d'un commun consentement, gouvernait auparavant toutes choses. L'honnêteté, comme j'ai dit, était inséparable des filles; elles allaient partout sur leur foi, assurées des autres et d'elles-mêmes, et n'appréhendaient rien de leurs propres désirs ni de ceux d'autrui. Mais il n'y a plus d'asiles pour elles en ce siècle détestable; l'amour se fait entrée partout : il n'y a ni gardes qu'il ne trompe, ni labyrinthe dont il ne démêle l'artifice. Cette première innocence s'étant perdue, et la corruption croissant de jour en jour, il fallut, pour la sûreté publique, opposer des digues à ce torrent; et l'on institua l'ordre de la chevalerie errante pour défendre l'honneur des filles, protéger les veuves, secourir les orphelins et les misérables, et servir de bouclier à tous ceux que la violence opprime. Je suis de cet ordre-là, mes bons amis, et c'est à un chevalier errant et à son écuyer que vous avez fait un si bon accueil; et, quoique toutes sortes de gens soient obligés de recevoir ceux de notre profession, néanmoins, comme vous l'avez fait sans me connaître et seulement par bonne volonté, il est juste que je vous en témoigne mon sentiment et que je vous proteste que jamais je n'en perdrai le souvenir et la reconnaissance. »

Ce furent les noisettes qui rappelèrent l'âge d'or dans la mémoire de notre chevalier et lui firent faire tout ce beau discours, dont il se serait bien passé, aussi bien que les bergers, qui l'écoutèrent attentivement sans y rien comprendre et sans dire une parole. Sancho non plus ne disait mot, mais il n'était pas demeuré sans rien faire : il se remplissait cependant de noisettes et de fromage, sans perdre un seul coup de dent que pour visiter de temps en temps le second broc, qu'on avait pendu à un liége pour le tenir plus au frais. Le souper fini, un des bergers s'adressant à don Quichotte : « Pour vous faire voir, seigneur chevalier, lui dit-il, que rien ne manque à l'intention que nous avons de vous bien traiter et de vous divertir, nous vous ferons entendre tout à l'heure un de nos compagnons, qui est sur le point d'arriver, et qui vous donnera sans doute du plaisir. C'est un jeune berger fort amoureux, et tout plein d'esprit ; il sait lire et écrire comme un maître d'école ; mais surtout il chante et joue du violon à ravir. » A peine le berger eut-il achevé de parler, qu'on entendit le son du violon, et, un moment après, arriva un jeune garçon d'environ vingt-deux ans et d'assez bonne mine. Les bergers lui demandèrent s'il avait soupé ; et comme il répondit que oui : « Puisque ainsi est, Antoine, dit celui qui venait de parler, tu nous feras bien le plaisir de chanter quelque chose pour régaler monsieur notre hôte et lui faire voir que, dans les forêts et les montagnes, on ne laisse pas de trouver des gens qui savent la musique. Nous avons dit à monsieur ce que tu vaux, et nous voudrions bien ne passer pas pour menteurs. Assieds-toi, je t'en prie, et nous chante la romance que ton oncle le bénéficier a faite sur tes amours, et qui a tant plu à tout le voisinage. — Je le veux bien, dit Antoine. » Et, sans se faire davantage prier, il s'assit sur un tronc de chêne, et, après avoir accordé son violon, il chanta une romance.

Le berger ayant achevé celle-ci, don Quichotte le pria d'en chanter une seconde ; mais Sancho, qui avait plus d'envie de dormir que d'écouter des chansons, s'y opposa, et dit à son maître qu'il était temps qu'il pensât à s'accommoder quelque part pour passer la nuit, et que ces bonnes gens, qui travaillaient tout le jour, n'avaient pas besoin d'employer la nuit à chanter. « Je t'entends, Sancho, répondit don Quichotte, et je ne songeais pas qu'une tête pleine des vapeurs de la bouteille a plus besoin de sommeil que de musique. — Dieu soit béni ! dit Sancho, mais chacun en a bien pris sa part. — J'en conviens, répliqua don Quichotte. Couche-toi où tu voudras, et me laisse faire. Il sied mieux de veiller que de dormir aux gens de ma profession ; mais auparavant panse-moi un peu mon oreille : je t'assure qu'elle me fait grand mal. » Sancho commençant à chercher de l'onguent, un des bergers, qui vit la blessure, dit à don Quichotte de ne s'en pas mettre en peine, et qu'il l'aurait bientôt guéri ; et sur l'heure il alla quérir quelques feuilles de romarin, et après les avoir mâchées et mêlées avec du sel, il les mit sur l'oreille, l'assurant qu'il n'avait que faire d'autre remède : ce qui réussit en effet.

Les pasteurs le prièrent de régaler leur hôte d'une chanson.

LIVRE TROISIÈME

X

Désagréable aventure qu'eut don Quichotte avec les Yangois.

Don Quichotte, ayant le lendemain pris congé de ses hôtes, erra plus de deux heures dans un bois, à l'issue duquel lui et son écuyer se trouvèrent dans un pré plein d'herbe fraîche, et qui était arrosé d'un agréable ruisseau. Le doux murmure de l'eau, la beauté et la fraîcheur du lieu les invitant à y passer les chaleurs du jour, don Quichotte et Sancho mirent pied à terre, et, laissant à Rossinante et à l'âne la liberté de paître à leur fantaisie, ils délièrent le bissac, et sans cérémonie mangèrent ensemble de ce qui s'y trouva. Sancho ne s'était pas mis en peine de mettre des entraves à Rossinante. Cependant le sort, ou plutôt le diable, qui ne dort jamais, fit venir mal à propos dans le même vallon une troupe de juments de Galice qui étaient à des muletiers yangois. Rossinante était bénin, mais il ne vit pas plutôt les juments que, contre sa retenue naturelle, il lui prit envie de s'aller divertir avec elles, et, sans demander congé à son maître, il s'en alla au petit trot caracoler devant elles; mais, comme elles avaient apparemment plus besoin de manger que d'envie de rire, elles ne le reçurent qu'avec les pieds et les dents, et firent si bien, qu'en moins de rien elles lui rompirent les sangles et la selle, et le mirent à nu avec bien des contusions. Pour surcroît de malheur, les muletiers, voyant l'attentat de Rossinante, accoururent avec de gros bâtons et lui en donnèrent tant de coups sur les reins, qu'ils l'étendirent par terre, où il eut, avant de se relever, tout le loisir de réfléchir sur son infortune.

Don Quichotte et Sancho, qui aperçurent de loin le mauvais traitement qu'on faisait à Rossinante, coururent promptement au secours; et, en arrivant tout essoufflé : « Ami Sancho, dit don Quichotte, à ce que je vois, ce ne sont pas ici des chevaliers, mais des rustres et de la canaille; tu peux bien m'aider à prendre vengeance de l'outrage qu'ils m'ont fait en s'attaquant à mon cheval.

— Hé! quelle diable de vengeance pouvons-nous prendre? répondit Sancho :

ils sont vingt, et nous ne sommes que deux; et encore ne sais-je s'il faut nous compter pour un et demi. — J'en vaux cent moi seul, répondit don Quichotte. » Et, sans s'arrêter davantage, il met l'épée à la main et attaque vigoureusement les muletiers. Sancho, animé de l'exemple de son maître, fait aussi voir le jour à son épée, et se fourre au milieu des ennemis. Don Quichotte donna d'abord un si grand coup au premier qu'il trouva sous sa main, qu'il fendit son collet de cuir, et lui emporta une grande partie de l'épaule; il allait s'essayer sur un autre, quand les muletiers, qui eurent honte de se voir ainsi mal menés par deux hommes seuls, recoururent à leurs épieux, et, entourant le vaillant chevalier et le bon écuyer, commencèrent à travailler sur eux à coups de bâton avec une diligence admirable. L'affaire fut bientôt expédiée : dès la seconde décharge que Sancho reçut à la ronde, il tomba de son long par terre; et rien ne servit à don Quichotte d'avoir du courage et de l'adresse : il fut renversé aux pieds de Rossinante, qui n'avait encore pu se relever. Puis les muletiers, craignant d'en avoir trop fait, rechargèrent promptement leurs voitures et poursuivirent leur chemin.

Le premier de nos aventuriers qui se reconnut après l'orage fut Sancho Pança, qui, se traînant auprès de son maître, lui dit d'une voix faible et dolente : « Seigneur don Quichotte! Ah! seigneur don Quichotte! — Que me veux-tu, ami Sancho? répondit le chevalier d'un ton pour le moins aussi pitoyable. — N'y aurait-il pas moyen, dit Sancho, que vous me donnassiez deux gorgées de ce bon breuvage de Fier-à-bras, si par hasard vous en avez sur vous? Peut-être sera-t-il aussi bon pour des os rompus que pour d'autres blessures. — Hé! mon ami, répondit don Quichotte, si j'en avais, que nous faudrait-il autre chose? mais je te jure, foi de chevalier errant, que, si je ne perds l'usage des mains, j'en aurai avant qu'il soit deux jours. — Deux jours! répartit Sancho; et dans combien de temps croyez-vous que nous soyons seulement en état de nous remuer? — La vérité est, dit le moulu chevalier, que je ne saurais qu'en dire, de la manière dont je me sens; mais aussi la chose m'est bien due, et je ne m'en dois prendre qu'à moi-même qui vais mettre imprudemment la main à l'épée contre des gens qui ne sont pas armés chevaliers; et je ne doute point que la fortune n'ait permis que je reçusse ce châtiment, pour avoir méprisé les lois de la chevalerie. C'est pourquoi aussi, ami Sancho, je t'avertis une fois pour toutes, et pour notre intérêt commun que, lorsque de semblables marauds nous feront insulte, tu n'attendes plus que je tire l'épée contre eux, car assurément je n'en ferai rien; mais, comme c'est ton affaire, mets toi-même l'épée à la main, et châtie-les comme tu l'entendras. Si, par hasard, il vient des chevaliers à leur secours, oh! je te défendrai de la bonne sorte! Tu sais ce que c'est que la force de ce bras : tu en as vu d'assez bonnes preuves. » Sancho ne trouva pas l'avis de son maître si bon qu'il n'y eût quelque chose à dire : « Seigneur chevalier, répondit-il, je n'aime point tant les querelles qu'on dirait bien, et je sais, Dieu merci, pardonner une injure, parce que j'ai une femme et des enfants. Tenez-vous donc pour dit, s'il vous

plaît, qu'assurément je ne mettrai l'épée à la main ni contre chevalier, ni contre paysan, que je leur pardonne devant Dieu toutes les offenses passées, et toutes celles qu'ils me pourront faire à l'avenir, et avec cela encore tout ce que m'ont fait, ou font, ou feront quelque sorte de personnes que ce puisse être, riche ou pauvre, noble ou roturier, et de tout état ou condition. — Si j'étais assuré, reprit don Quichotte, que l'haleine ne me manquât point, et que la douleur que je sens au côté me laissât parler à mon aise, que je te ferais bientôt comprendre que tu ne sais ce que tu dis! Viens çà, misérable! Si la fortune qui jusqu'ici nous a été contraire, vient enfin à changer en notre faveur, et que, nous conduisant comme par la main, elle nous fasse prendre terre en quelques-unes des îles dont je t'ai parlé, que sera-ce, dis-moi, si, après l'avoir conquise, je t'en donne le gouvernement? Pourras-tu en remplir dignement la charge, n'étant pas chevalier et ne te souciant point de l'être, n'ayant ni valeur ni ressentiment pour repousser les injures et défendre ton État? Ne sais-tu point encore que dans tous les pays nouvellement conquis les naturels ont toujours l'esprit remuant, et ne s'accoutument qu'avec peine à une domination étrangère; que jamais ils ne sont si soumis à leur nouveau seigneur qu'ils ne soient sur le point de se révolter, et de tenter de se mettre en liberté? Ainsi, crois-tu que le seigneur n'ait pas bon besoin d'avoir du jugement pour se conduire avec des esprits si mal disposés, et du courage pour attaquer et pour se défendre en tant d'occasions qui peuvent se présenter à toute heure?
— Il eût été bon, répartit Sancho, que j'eusse eu le jugement et le courage que vous dites dans l'aventure qui vient de nous arriver; mais pour l'heure, monsieur, je vous le dis franchement, j'ai bien plus besoin d'emplâtres que de remontrances. Mais voyons un peu si vous ne sauriez vous lever pour m'aider à faire lever Rossinante, encore qu'il ne le mérite pas. Non, car c'est lui qui est cause que nous avons été roués de coups. Ah! qui diantre eût dit, après avoir vu faire tant de merveilles contre ce malheureux chevalier errant de l'autre jour, que cette tempête de coups de bâton devait venir fondre sur nos épaules?
— Pour les tiennes encore, dit don Quichotte, elles doivent être faites à de semblables orages; mais les miennes, qui n'y sont pas accoutumées, s'en sentiront longtemps; et n'était que je m'imagine, et qu'il est même certain, que toutes ces disgrâces sont attachées à la profession des armes, je me laisserais mourir ici de pur ennui. — Mais, monsieur, répliqua Sancho, puisque toutes ces infortunes-là sont des revenus de la chevalerie, dites-moi, je vous prie, arrivent-elles fort souvent, ou si cela finit après un certain nombre? Car si nous faisons encore deux semblables récoltes, nous ne serons point en état d'en faire une troisième, à moins que le bon Dieu ne nous assiste.

— Ne sais-tu pas, ami Sancho, répondit don Quichotte, que la vie des chevaliers errants est sujette à mille fâcheux accidents, et qu'elle éprouve presque incessamment l'une et l'autre fortune? Il n'y en a point qui ne puissent à toute heure devenir rois et empereurs, comme on l'a vu souvent; et, sans le mal que je sens, je te raconterais l'histoire de plusieurs qui se sont élevés sur le trône par leur seule valeur. Mais il n'y en a point aussi qui soient exempts des revers de la fortune ; je t'en ferai voir, parmi ceux-là même, qui sont ensuite tombés dans d'étranges malheurs. Le grand Amadis de Gaule ne se vit-il pas au pouvoir de l'enchanteur Arcalaüs, le plus cruel de ses ennemis, et ne tient-on pas pour assuré que ce perfide nécromant lui donna deux cents coups d'étrivières, après l'avoir attaché à une colonne dans la cour de son château? N'y a-t-il pas encore un auteur qui dit que le chevalier du Soleil, ayant été surpris par une trappe qui fondit sous ses pieds en un certain château, il se trouva sous terre attaché par les pieds et les mains dans un profond cachot, où d'abord on lui donna un lavement d'eau de neige, qui le pensa faire mourir? et si un sage de ses amis ne l'eût secouru dans ce misérable état, on ne sait ce qu'il fût devenu. Ainsi, Sancho, je puis bien me régler sur des chevaliers qui ont reçu des affronts encore plus grands que le nôtre. Mais il est bon que tu apprennes que les blessures qui se font par le premier instrument que le hasard fait tomber entre les mains ne déshonorent point le blessé et ne lui font aucun affront; et l'on trouve, en termes exprès, dans la loi des duels, que, si le cordonnier frappe quelqu'un avec la forme qu'il tient à la main, elle a beau être de bois, comme le bâton, on ne dira pas pour cela qu'il ait donné des coups de bâton. Je te dis cela, Sancho, afin que tu ne penses pas que, pour avoir été assommés de coups par cette canaille, nous soyons pour cela déshonorés : car, à le bien prendre, il ne nous ont frappés n'étaient pas tant des bâtons que des espèces de pieux, sans quoi ils ne vont jamais ; et pas un d'eux, si je m'en souviens, n'avait ni épée ni poignard. — Ils ne m'ont point donné le temps d'y regarder de si près, dit Sancho, et je n'eus pas plutôt tiré ma maudite flamberge, qu'ils me rouèrent de coups, et m'en donnèrent tant, que les yeux et les jambes me manquèrent tout à la fois, et je tombai tout de mon long dans le même endroit où me voilà encore, Dieu merci. Et pour vous parler franchement, ce qui me donne de la peine n'est pas de savoir si les coups de pieux m'ont fait affront, c'est la douleur des coups que je ne saurais arracher de ma mémoire, non plus que de dessus mes épaules. — Avec tout cela, Sancho, répondit don Quichotte, n'y a-t-il point de ressentiment que le temps n'efface, ni de douleur que la mort ne guérisse. — Grand merci, répliqua Sancho ; et qu'y a-t-il de pis qu'un mal à quoi il n'y a que le temps qui puisse remédier ou qui ne finisse que par la mort? Encore, si nos maux étaient de ceux qui s'en vont avec une couple d'emplâtres, patience! mais il nous faudrait tout l'onguent d'un hôpital, et encore ne sais-je s'il y suffirait. — Laisse là tous ces discours inutiles, dit don Quichotte, et tâchons tous deux de tirer des forces de notre faiblesse. Voyons un peu comment se porte Rossinante. Ce pauvre animal, à ce qui me paraît, a eu sa bonne part de l'aventure. — Le voilà bien malade, ma foi! reprit Sancho. Pourquoi en serait-il exempt? est-il moins chevalier errant que les autres? Ce n'est pas là ce qui m'étonne : c'est de voir que ma monture s'en soit sauvée sans qu'il lui en coûte seulement un poil, pendant qu'il ne nous reste pas à tous trois une côte entière. — Dans les plus grands malheurs, répliqua don Quichotte, la fortune laisse toujours quelque porte pour en sortir, et cette pauvre bête suppléera au défaut de Rossinante pour m'ôter d'ici et me porter à quelque château où je me fasse panser. Je ne tiendrai pas même à déshonneur une telle monture, car il me souvient d'avoir lu que le vieux Silène, le père nourricier du dieu Bacchus, était monté et fort à son aise sur un bel âne quand il fit son entrée dans la ville aux cent portes. — Cela serait bon, dit Sancho, si vous pouviez vous tenir comme lui; mais il y a bien de la différence entre la posture d'un homme à cheval et celle d'un homme étendu de travers comme un sac de farine : car je ne pense pas que vous puissiez aller autrement. — Les incommodités qui restent des combats ne font jamais de déshonneur, reprit don Quichotte : ainsi Pança, mon ami, ne me réplique pas davantage; essaie seulement de te lever, et me mets comme tu pourras sur ton âne, et nous ôtons d'ici avant que la nuit nous surprenne. — Mais ne vous ai-je pas ouï dire, monsieur, reprit Sancho, que la coutume des chevaliers errants est de dormir à découvert, et que c'est une agréable aventure pour eux que de passer les nuits dans les champs, et au milieu des bois et des déserts? — Ils en usent ainsi, dit don Quichotte, quand ils ne peuvent faire mieux, ou quand ils sont amoureux; et cela est si vrai, qu'on a vu tel chevalier passer deux ans entiers sur un rocher exposé à toutes les rigueurs du chaud et du froid, sans que sa maîtresse en eût la moindre connaissance. Amadis a été un de ceux-là, dans le temps qu'il s'appelait le Beau Ténébreux, et qu'il se retira sur la roche Pauvre, où il passa huit ans ou huit mois, car je ne m'en ressouviens pas présentement. Quoi qu'il en soit, il est constant qu'il y demeura longtemps, faisant pénitence pour je ne sais quel dégoût qu'Oriane lui avait donné; mais enfin laissons cela, et fais ce que je t'ai dit, avant qu'il arrive quelque disgrâce à l'âne, aussi bien qu'à Rossinante. — Ce serait bien le diable alors, dit Sancho. »

Puis poussant trente ou quarante soupirs, entrelardés d'autant de *ouf* et de *aïe*, et jurant comme un charretier contre qui l'avait amené là, il fit tant d'efforts qu'à la fin il se leva sur ses pieds, demeurant pourtant à moitié chemin courbé comme un arc, sans pouvoir achever de se redresser. Dans cette étrange posture, il fallut encore qu'il allât prendre son âne, qui, profitant de la liberté de la journée, s'était écarté assez loin de là, et se donnait à cœur joie du bien d'autrui. Quand l'âne fut accommodé, Sancho vint lever Rossinante; mais ce ne fut pas sans peine pour l'un et pour l'autre. Sancho suait à grosses gouttes; et si le pauvre animal eût pu se plaindre, il eût encore fait leçon au maître et au valet. Enfin, après bien des efforts et des cris, Sancho mit don Quichotte de travers sur l'âne; et, ayant attaché Rossinante à la queue, il prit l'âne par le licou, et s'en alla du côté qu'il crut trouver le grand chemin. Au bout de trois quarts d'heure, la bonne fortune leur fit découvrir une hôtellerie que don Quichotte, en dépit de sa chétive apparence, ne manqua pas de prendre pour un château. L'écuyer soutenait opiniâtrement que ce n'était qu'une hôtellerie, et le chevalier que c'était un château; et la dispute dura si longtemps, qu'elle n'était pas finie quand ils se trouvèrent à la porte, où Sancho entra avec sa petite caravane, sans se mettre en peine de faire voir qu'il avait raison.

XI

De ce qui arriva à don Quichotte dans l'hôtellerie.

Le maître de l'hôtellerie, surpris de voir cet homme en travers sur un âne, ayant demandé à Sancho quel mal il avait, celui-ci répondit que ce n'était rien, qu'il était seulement tombé d'une montagne en bas, et qu'il avait les côtes tant soit peu rompues. La femme de l'hôte, contre l'ordinaire de celles de son métier, était une femme charitable et qui prenait part aux afflictions de son prochain : aussi n'eut-elle pas plus tôt vu don Quichotte, qu'elle pensa à le soulager, et se fit aider par une jeune fille qu'elle avait, qui n'était pas mal faite. Dans la même hôtellerie servait une jeune Asturienne qui avait le visage large, le derrière de la tête plat, le nez écrasé, un œil louche, et l'autre dont elle ne voyait guère; du reste elle était délibérée, et la souplesse du corps suppléait à ce qui lui manquait d'agrément. Pour la taille, elle avait environ trois pieds de haut, et les épaules lui chargeaient si fort le reste du corps, qu'elle avait bien de la peine à regarder en haut. Cette gentille servante aida à la fille de l'hôte à panser don Quichotte, et après cela elles lui dressèrent toutes deux un fort mauvais lit dans un endroit qui, selon toutes les apparences, n'avait jusque-là servi qu'à mettre de la paille. Dans ce même lieu, un peu plus loin que don Quichotte, un muletier s'était aussi fait un lit des bâts et des couvertures de ses mulets, mais qui avait pourtant bien de l'avantage sur celui de notre aventurier, composé seulement de trois ou quatre ais mal joints sur deux bancs inégaux, avec une manière de matelas qui n'était guère moins dure que les ais mêmes, et des draps qu'on eût plutôt pris pour du cuir que pour de la toile. Dans ce maudit lit fut couché don Quichotte, et aussitôt l'hôtesse et sa fille lui mirent des emplâtres depuis les pieds jusqu'à la tête, à la faveur d'une lampe que tenait l'agréable Maritorne, car c'est ainsi que s'appelait l'Asturienne.

L'hôtesse, le voyant meurtri en tant d'endroits : « Vraiment, dit-elle, ceci ressemble bien plutôt à des coups qu'à une chute. — Si ne sont-ce pourtant point des coups, dit Sancho; mais c'est que le rocher avait beaucoup de pointes, et chacune a fait sa meurtrissure. Au reste, madame, ajouta-t-il, gardez, s'il vous plaît, quelques étoupes; nous trouverons bien à les employer : car les reins me font aussi un peu de mal. — Vous êtes donc aussi tombé? reprit l'hôtesse. — Je ne suis point tombé, reprit Sancho, mais de la frayeur que j'ai eue de voir tomber mon maître, il m'a pris un tel je ne sais quoi par tout le corps, qu'il me sembla qu'on m'a donné mille coups de bâton. — Vraiment je ne m'en étonne point, dit la jeune fille, car il m'est souvent arrivé de songer que je tombais d'une tour en bas, et que jamais je ne pouvais arriver jusqu'à terre, et quand j'étais réveillée, je me trouvais aussi lasse et aussi rompue que si je fusse tombée tout de bon. — Voilà justement l'affaire, dit Sancho, et toute la différence qu'il y a c'est que, sans avoir rien songé, et qu'étant alors tout aussi éveillé que je suis à cette heure, je ne me trouve pourtant pas moins meurtri que mon maître. — Comment est-ce que vous l'appelez votre maître? dit alors Maritorne. — Don Quichotte de la Manche, répondit Sancho, chevalier errant, et des plus francs qu'on ait vus depuis longtemps. — Chevalier errant! reprit l'Asturienne; et qu'est-ce que cela? — Quoi, vous êtes si neuve dans le monde! reprit Sancho. Apprenez, ma chère sœur, qu'un chevalier errant est une chose qui se voit toujours à la veille d'être empereur, ou roué de coups de bâton; aujourd'hui la plus malheureuse créature qui vive, demain avec trois ou quatre royaumes à donner à son écuyer. — D'où vient donc, dit l'hôtesse, qu'étant écuyer d'un si grand seigneur, vous n'avez pas pour le moins quelque comté? car au moins on ne le dirait pas à votre mine. — Oh! cela ne va pas si vite, répondit Sancho; il n'y a pas plus d'un mois que nous cherchons les aventures, et nous n'en avons point encore trouvé de celles-là; outre que bien souvent on cherche une chose et l'on en trouve une autre. Mais, pour vous dire le vrai, si mon seigneur don Quichotte peut une fois guérir de ses blessures, et que je ne sois point estropié des miennes, je ne troquerais pas mes espérances contre le meilleur comté d'Espagne. » Don Quichotte qui écoutait attentivement cette conversation, crut qu'il était de la civilité d'y entrer, et, se levant le mieux qu'il put sur son séant, il prit aimablement la main de l'hôtesse, et lui dit : « Croyez-moi, ma belle dame, vous n'êtes pas malheureuse d'avoir eu occasion de me recevoir dans votre château. Je ne vous en dis pas davantage, parce qu'il ne sied jamais bien de se louer soi-même, mais mon fidèle écuyer vous apprendra qui je suis. Je vous dirai seulement que je conserverai la mémoire de vos bons offices le reste de ma vie, et que je ne perdrai jamais l'occasion de vous en témoigner ma reconnaissance. Plût au ciel, ajouta-t-il, regardant amoureusement la fille de l'hôtesse, que l'amour ne m'eût pas assujetti à ses lois, et que les yeux de la charmante ingrate à qui je pense n'eussent point triomphé de ma liberté! je la sacrifierais de bon cœur aux pieds de cette belle demoiselle. » L'hôtesse, sa fille et la bonne Maritorne tombaient des nues au discours de notre chevalier, qu'elles n'entendaient pas plus que s'il eût parlé grec, quoiqu'elles se doutassent pourtant bien que c'étaient des compliments et des offres; et, comme ce langage leur était tout nouveau, elles ne faisaient que se regarder l'une et l'autre, ou le regarder lui-même, comme un homme d'une espèce particulière. Elles lui firent pourtant quelques remerciments de ses offres en termes d'hôtellerie de campagne; et, après l'avoir salué fort humblement, elles se retirèrent. Mais auparavant, Maritorne prit soin de panser Sancho, qui n'en avait pas moins de besoin que son maître.

Le lendemain don Quichotte se réveilla encore tout étourdi, et, du même ton que son écuyer l'avait appelé le jour de devant, après le rude combat des voituriers, il l'appela à son tour en lui disant tristement : « Ami Sancho, dors-tu? ami Sancho. — Hé, comment diable dormirais-je? répondit Sancho. — Eh bien, ami Sancho, lève-toi, si tu peux, et va prier le gouverneur de ce château de me faire donner promptement un peu d'huile, de sel, de vin et de romarin, que je fasse mon baume : car, entre nous, je ne crois pas pouvoir m'en passer plus longtemps. » Sancho se leva, mais non sans crier plus d'une fois de la douleur qu'il sentait; et, allant à tâtons chercher l'hôte, il rencontra un archer qui logeait dans l'hôtellerie. « Monsieur, lui dit-il, qui que vous soyez, ayez, s'il vous plaît, la charité de nous donner du romarin, du vin, du sel et de l'huile : nous en avons besoin pour panser un des meilleurs chevaliers errants qui soient sur la terre, et qui a été dangereusement blessé. » A ce discours, l'archer prit Sancho à peu près pour ce qu'il était, mais il ne laissa pas d'appeler l'hôte, et de lui dire ce que cet homme demandait; et comme il commençait à faire jour, il ouvrit la porte de l'hôtellerie et alla s'habiller. L'hôte donna à Sancho tout ce qu'il voulut, et celui-ci le porta à son maître. Don Quichotte mit tout cela dans un même vaisseau, et l'ayant fait bouillir jusqu'à ce que la composition lui parût à son point, il demanda une bouteille pour la mettre; mais, comme il n'y en avait point dans l'hôtellerie, il fallut se servir d'un petit vaisseau de fer-blanc où l'on mettait de l'huile, dont l'hôte lui fit libéralement présent. Il dit ensuite sur le vaisseau plus de cent *Pater noster*, et autant d'*Ave Maria*, de *Salve* et de *Credo*, accompagnant chaque parole d'un signe de croix par forme de bénédiction. De toute cette pieuse cérémonie furent témoins Sancho Pança, l'archer et l'hôte. Cette admirable composition étant faite, don Quichotte voulut l'éprouver sur l'heure, et sans s'amuser à l'appliquer sur ses plaies, il en avala, en manière de potion vulnéraire, la valeur d'un bon verre. Mais à peine eut-il pris cette dose, qu'il commença à vomir de si grande force, qu'il ne lui en resta rien dans l'estomac; et les efforts qu'il fit lui ayant causé une médiocre sueur, il demanda qu'on le couvrît et qu'on le laissât reposer. Il dormit en effet trois heures, au bout desquelles il se trouva si soulagé, qu'il ne douta point que ce fût là véritablement le précieux baume de Fier-à-bras, et qu'avec ce secours il ne fût en état d'entreprendre, sans rien craindre, les plus périlleuses aventures.

Sancho Pança, qui trouva la guérison de son maître miraculeuse, le pria instamment de lui laisser prendre ce qui restait dans le pot; et don Quichotte le lui ayant donné, il le prit par les deux anses, et de la meilleure foi du monde, s'en mit une bonne partie dans le corps, c'est-à-dire autant à peu près que son maître. Il fallait qu'il n'eût pas l'estomac si délicat, car, avant que le remède fît son opération, le pauvre homme eut des nausées et des sueurs si violentes, et souffrit des angoisses si excessives, qu'il ne douta point que sa dernière heure ne fût venue; et, dans ce pitoyable état, il ne cessait de maudire le baume et le traître qui le lui avait donné. « Ami Sancho, lui dit gravement son maître, je suis le plus trompé du monde si tout ceci ne t'arrive parce tu n'es pas armé chevalier, et je tiens pour moi que le baume n'est bon qu'à ceux qui le sont. — Hé! de par tous les diables, répliqua Sancho, que vous ai-je donc fait, pour m'en avoir seulement laissé goûter? Il est, ma foi, bien temps de me donner cet avis quand je crève. » Dans ce temps-là le baume de Fier-à-bras fit son opération, et le pauvre écuyer vida tant d'ordures de tout côté, et avec si peu de relâche, qu'en un moment il mit son matelas de jonc et sa couverture en état de ne servir jamais à personne. Ces vomissements étaient accompagnés de tant et si étranges efforts, que tous les assistants désespéraient de sa vie; au bout d'une heure que dura cette bourrasque, au lieu de se sentir soulagé comme son maître, il se trouva si faible et si abattu, qu'à peine pouvait-il respirer. Mais don Quichotte qui, comme je l'ai dit, se sentait tout refait, ne voulut pas perdre un instant à se mettre en quête des aventures. Il se croyait redevable de tous les moments qu'il perdait à tout ce qu'il y avait de misérables dans le monde; et, par la confiance que lui donnait désormais son baume, il ne demandait que des dangers, et ne comptait plus pour rien les plus terribles blessures. Dans cette impatience, il dit à Sancho qu'il fallait partir. Aussitôt il sella lui-même Rossinante, mit le bât sur l'âne, et l'écuyer sur le bât, après lui avoir aidé à s'habiller; et puis, s'étant jeté à cheval, il se saisit d'une demi-pique qu'il vit dans un coin, d'assez bonne force pour lui servir de lance.

De près de vingt personnes qu'il y avait dans l'hôtellerie, il n'y en eut point qui ne le regardât avec étonnement, et particulièrement la fille de l'hôte, qui l'observait encore plus curieusement que les autres, comme n'ayant rien vu de semblable. Pour lui, qui l'interprétait plus favorablement, il avait aussi les yeux attachés sur elle, et de temps en temps faisait de grands soupirs, qu'il semblait arracher du fond de ses entrailles, mais dont il savait seul la raison, quoique ceux qui l'avaient vu si meurtri le soir d'auparavant s'imaginassent la deviner en l'imputant à la douleur de ses blessures. Aussitôt que nos deux héros furent à cheval, don Quichotte, s'arrêtant sur le pas de la porte, appela l'hôte, et, d'une voix grave et posée : « Seigneur châtelain, lui dit-il, je serais un ingrat si je ne me ressouvenais de toutes les courtoisies que j'ai reçues dans votre château. Si je puis reconnaître tant d'honnêtetés en vous vengeant de quelque outrage, vous savez bien que mon emploi est de secourir les faibles et de châtier les traîtres. Cherchez donc dans votre mémoire, et, si vous avez à vous plaindre de quelqu'un, vous n'avez qu'à dire : je vous promets, par l'ordre de chevalerie que j'ai reçu, que vous serez bientôt satisfait. » L'hôte répondit avec la même gravité : « Seigneur chevalier, je n'ai, Dieu merci, pas besoin que vous me vengiez de personne; et, quand on m'offense, je sais fort bien me venger moi-même. Toute la satisfaction que je vous demande, c'est que vous me payiez la dépense que vous avez faite cette nuit, et le foin et l'avoine que vos bêtes ont mangés, car on ne sort pas ainsi de l'hôtellerie. — Quoi! c'est ici une hôtellerie? répliqua don Quichotte. — Oui, sans doute, et des meilleures, dit l'hôte. — J'ai été bien trompé jusqu'à cette heure, continua le chevalier : en vérité je l'ai toujours prise pour un château, et pour un château d'importance. Mais, puisque c'est une hôtellerie, il faut que vous me pardonniez sur l'heure si je ne vous paie pas ma dépense ; je ne dois pas contrevenir à l'ordre des chevaliers errants, de qui je sais pourtant, sans avoir lu jusqu'ici le contraire, qu'ils n'ont jamais payé quoi que ce soit dans les hôtelleries, parce que la raison veut, aussi bien que la coutume, qu'on les régale partout gratuitement, en récompense des travaux incroyables qu'ils souffrent en cherchant des aventures de jour et de nuit, l'hiver et l'été, à pied et à cheval, mourant tantôt de faim et de soif, de froid et de chaud, et sans cesse exposés à toutes les incommodités qui se rencontrent sur la terre. — Ce sont là des fadaises de chevalerie dont je n'ai que faire, répliqua l'hôte ; payez-moi seulement ce que vous me devez, et laissons là ces contes : je ne donne pas ainsi mon bien. — Vous êtes un sot et un méchant hôte, dit don Quichotte ; » puis, baissant sa demi-pique et donnant des deux, il sortit de l'hôtellerie sans que personne l'en pût empêcher, et marcha quelque temps sans regarder si son écuyer le suivait.

L'hôte, voyant qu'il ne fallait rien espérer de don Quichotte, se voulut faire payer par Sancho ; mais il jura qu'il ne paierait pas plus que son maître, et qu'étant écuyer de chevalier errant, on ne lui pouvait pas contester le même privilége. L'hôte eut beau se mettre en colère et le menacer, s'il ne le payait, de se payer lui-même par ses mains d'une manière que l'écuyer s'en souviendrait longtemps, Sancho jura tout de nouveau, par l'ordre de la chevalerie qu'avait reçu son maître, qu'il ne donnerait pas un maravédis, quand on le devrait écorcher, et qu'il ne serait jamais dit que les écuyers à venir pussent reprocher à sa mémoire qu'un si beau droit, et si juste, se fût perdu par sa faute. Malheureusement pour l'infortuné Sancho, il y avait dans l'hôtellerie quatre laineurs de Ségovie et trois marchands d'aiguilles de Porto, tous bons compagnons et gens délibérés, qui, poussés d'un même esprit, s'approchèrent de lui et le descendirent de son âne, pendant qu'un d'eux allait quérir une couverture. Le pauvre Sancho fut mis dans le milieu, et, voyant que le dessous de la porte n'était pas assez haut pour leur dessein, ils passèrent dans la cour, où ils avaient de la hauteur de reste. Quatre des plus forts prirent chacun un coin de la couverture et commencèrent à faire sauter et resauter Sancho, jusqu'à douze et quinze pieds en l'air, avec le même plaisir que les cuisiniers se donnent des chiens qui dérobent leur viande. Les cris affreux que faisait le misérable berné allèrent jusqu'aux oreilles de son maître, qui crut d'abord que le ciel l'appelait à quelque nouvelle aventure ; mais, reconnaissant bientôt que ces hurlements venaient de son écuyer, il poussa de toute la vitesse de Rossinante vers l'hôtellerie, qu'il trouva fermée. Comme il en faisait le tour pour chercher quelque entrée, les murailles de la cour, qui n'étaient pas fort hautes, lui laissèrent voir Sancho montant et descendant par le vague de l'air avec tant de grâce et d'agilité, que, sans la colère où il était, il n'aurait

Deux drapiers et deux fripiers des plus forts saisirent chacun un coin de la couverture et firent sauter et resauter Sancho à 12 ou 15 pieds en l'air

pu s'empêcher d'en rire. Mais cette plaisanterie ne lui revenant pas dans l'humeur où il se trouvait, il essaya plusieurs fois de monter de dessus son cheval sur le haut de la muraille, et il l'aurait fait s'il n'eût été si froissé qu'il ne fut pas même en son pouvoir de mettre pied à terre. Tout ce qu'il put faire fut de dire, du haut de son cheval, tant d'injures aux berneurs, et de leur faire tant de défis, qu'il est impossible de les pouvoir écrire; mais pour tout cela, ces impitoyables railleurs ne laissèrent point leur ouvrage, et n'en rirent que plus fort; et le malheureux Sancho ne gagna rien non plus ni par prières, ni par menaces, que lorsque les berneurs, après s'être relâchés deux ou trois fois, le laissèrent de pure lassitude, et, l'enveloppant dans sa casaque, le remirent charitablement où ils l'avaient pris, c'est-à-dire sur son âne. La sensible Maritorne, qui n'avait pu voir sans douleur le cruel traitement qu'on faisait à Sancho, lui apporta sur l'heure un pot d'eau fraîche qu'elle venait de tirer du puits; et comme il le portait à sa bouche, il fut arrêté par la voix de son maître, qui lui criait de l'autre côté de la muraille : « Mon fils Sancho, ne bois point de cette eau; n'en bois point, mon enfant, ou tu es mort : n'ai-je pas ici le divin baume qui te va remettre en un moment? » Et en disant cela, il montrait le vaisseau de fer-blanc. Mais Sancho, tournant la tête à ses cris, et le regardant tant soit peu de travers : « Hé, monsieur, lui dit-il, avez-vous déjà oublié que je ne suis pas armé chevalier, ou voulez-vous que j'achève de vomir les boyaux qui me restent? Gardez votre breuvage pour tous les diables, et me laissez en patience. » En même temps il commença à boire; mais, comme il sentit à la première gorgée que ce n'était que de l'eau, il ne put passer outre et pria Maritorne de lui donner un peu de vin, ce qu'elle fit de bon cœur, et le paya même de son propre argent. Sancho, ayant bu, fut conduit honorablement jusqu'à la porte de l'hôtellerie, où, donnant des talons à son âne, il sortit fort content de n'avoir rien payé, quoique ce fût aux dépens de ses reins et de ses épaules, ses cautions ordinaires. Il est vrai que son bissac demeura pour les gages; mais la joie le transportait si fort, qu'il ne s'en aperçut pas.

XII

Conversation de don Quichotte et de Sancho Pança, et autres aventures dignes d'être racontées.

Sancho vint joindre son maître, qui, le voyant si abattu, qu'il n'avait pas la force de faire aller son âne, lui dit : « C'est à ce coup, ami Sancho, que je ne doute plus qu'il n'y ait de l'enchantement dans cette hôtellerie, ou château, je ne sais franchement lequel : car qui pouvaient être ceux qui se sont cruellement joués de toi, sinon des fantômes et des gens de l'autre monde? Mais afin que tu en sois aussi convaincu que moi, c'est que dans les temps que je considérais ce triste spectacle par dessus la muraille de la cour, il n'a jamais été en mon pouvoir d'y monter, ni seulement de descendre de cheval, parce qu'ils m'y tenaient enchanté. Et, pour dire vrai, ils n'ont pas mal fait de prendre cette précaution, car s'il m'avait été permis de faire l'un ou l'autre, fie-toi en moi : je t'aurais vengé de telle sorte, que ces garnements ne s'en seraient pas moqués; et, dans l'humeur où j'étais, j'aurais passé tout net par dessus les lois de la chevalerie, qui, comme je t'ai dit souvent, ne permettent pas qu'un chevalier tire l'épée contre ceux qui ne le sont pas, si ce n'est pour la défense de sa vie, et dans une extrême nécessité. — Je me serais bien vengé moi-même si j'avais pu, dit Sancho, chevalier ou non ; mais, ma foi, cela n'a pas dépendu de moi, quoique je jurerais pourtant bien que les fainéants et les traîtres qui se sont réjouis à mes dépens ne sont point des fantômes ni des hommes enchantés, comme vous dites, mais de vrais hommes en chair et en os comme nous; et je me ressouviens fort bien qu'ils avaient chacun leur nom. Il y en avait un nommé Pedro Martinez, un autre s'appelait Tenorio Hernandez, et j'ai bien entendu que l'hôte s'appelle Jean Palomeque le Gaucher. Des fantômes ne sont point baptisés, monsieur; n'allez donc point dire que c'est un enchantement qui vous a empêché de passer par dessus la muraille, ou de mettre pied à terre. Pour moi, ce que je vois ici clair comme le jour, c'est qu'à force d'aller chercher des aventures nous en trouverons à la fin qui nous donneront malencontre. Si Dieu ne nous aide, nous ne connaîtrons bientôt plus le pied droit d'avec le gauche. Voyez-vous, monsieur, ma foi, le meilleur et le plus sûr, selon mon petit entendement, serait de nous en retourner à notre village, à cette heure que voici le temps de la récolte : aussi bien ne la faisons-nous pas bonne dans le champ d'autrui; et franchement c'est toujours de mal en pis, et de fièvre en chaud-mal. — Ah! mon pauvre Sancho, interrompit don Quichotte, pour la centième fois, que tu es ignorant en fait de chevalerie! Tais-toi et prends patience; un jour viendra que tu seras convaincu par ta propre expérience des avantages de cette profession. Car enfin, dis-moi, y a-t-il quelque plaisir au monde qui égale celui de vaincre dans un combat et de triompher de son ennemi? aucun, sans doute. — Je le crois, répondit Sancho, encore que je n'en sache pourtant rien. Tout ce que je sais, c'est que, depuis que nous sommes chevaliers errants, au moins vous, car pour moi je ne mérite pas cet honneur, nous n'avons gagné de bataille que contre le Biscayen, et encore comment en sortîtes-vous? avec la moitié d'une oreille de moins, et votre salade fracassée. Depuis cela ce n'a été que coups de poing et coups de bâton pour vous et pour moi; si ce n'est que j'ai eu l'avantage d'être berné par dessus le marché, et encore par des gens enchantés, de qui je ne saurais me venger, pour goûter ce grand plaisir que vous dites qu'il y a dans la vengeance. — Voilà ma peine, dit don Quichotte, et ce doit être la tienne aussi; mais laisse-moi faire, je te réponds que j'aurai avant qu'il soit peu une épée faite par tel art, que celui qui la portera ne pourra jamais être enchanté de quelque enchantement que ce soit; et il pourrait bien arriver que la bonne fortune me mettrait entre les mains celle que portait Amadis quand il s'appelait le chevalier de l'Ardente Épée, et qui fut assurément la meilleure du monde : car, outre qu'elle avait cette vertu, elle coupait encore comme un rasoir, et ne trouvait point d'armes si fortes ni si enchantées qu'elle ne brisât comme du verre. — Je suis si chanceux, dit Sancho, que quand vous aurez une épée comme celle-là, elle n'aura de vertu que pour ceux qui sont armés chevaliers, non plus que le baume, et tout retombera sur le pauvre écuyer. — Ne crains pas cela, dit don Quichotte : le ciel te sera plus favorable. »

Nos aventuriers en étaient là quand don Quichotte aperçut de loin une épaisse nuée de poussière que le vent chassait de leur côté, et, se tournant en même temps vers son écuyer : « Ami Sancho, lui cria-t-il, voici le jour qui fera voir ce que me garde la bonne fortune. Voici le jour, te dis-je, où va paraître plus que jamais la force de mon bras, et où je vais faire des exploits dignes d'être écrits dans les livres de la renommée, pour servir d'instruction aux siècles à venir. Vois-tu là ce tourbillon de poussière : il s'élève de dessous les pieds d'une armée innombrable, et qui est presque composée de toutes les nations du monde. — A ce compte-là, dit Sancho, il doit y avoir deux armées, car, de cet autre côté, en voilà tout autant. » Don Quichotte se tourna prestement, et, voyant que Sancho disait vrai, il sentit une joie inexprimable, croyant fortement, car il ne croyait jamais pour un peu, que c'étaient deux grandes armées qui s'allaient donner bataille dans cette plaine. Ce bon gentilhomme avait naturellement du cœur, et il s'était tellement rempli l'imagination de combats, de défis, d'enchantements, et de toutes les impertinences que chantent les romans, qu'il ne faisait et ne pensait rien qui ne tendît de ce côtélà. Deux grands troupeaux de moutons qui venaient de deux endroits différents vers le chemin qu'il tenait faisaient ces nuages de poudre, et elle était si grande, qu'on n'en pouvait reconnaître la cause à moins que d'en être tout proche. Don Quichotte assurait néanmoins avec tant de certitude que c'étaient des gens de guerre, que Sancho vint à le croire, et lui dit : « Hé bien, monsieur, qu'avons-nous à faire là, nous autres? — Ce que nous avons à faire! répondit don Quichotte, à secourir ceux qui en auront besoin. Mais, afin que tu saches de quoi il s'agit, cette armée que tu vois venir à notre gauche est commandée par le grand empereur Alifanfaron, seigneur de l'île Taprobane, et celle que nous avons à la droite est l'armée de son ennemi, le roi des Garamantes, Pentapolin au bras retroussé, qu'on appelle ainsi parce qu'il combat toujours le bras nu. — Et pourquoi, dit Sancho, ces seigneurs-là se font-ils la guerre? — Ils sont devenus ennemis, répondit don Quichotte, parce que cet Alifanfaron est devenu amoureux de la fille de Pentapolin, qui est, à mon gré, une des plus belles personnes du monde, et chrétienne; et comme Alifanfaron est païen, le père ne la lui veut pas donner qu'il ne renonce auparavant à son faux Mahomet, et qu'il n'embrasse le christianisme. — Par ma barbe, dit Sancho, Pentapolin fait fort bien, et je lui aiderai de bon cœur en tout ce que je pourrai. — Tu ne feras en cela que ce que tu dois, répondit don Qui-

4

chotte : aussi bien en ces sortes d'occasions il n'est point nécessaire d'être armé chevalier. — Non! dit Sancho; ô parbleu, laissez-moi donc faire. Où mettrai-je mon âne, pour être assuré de le retrouver après le combat? car je ne crois pas que je m'y doive fourrer sur une pareille monture. — Tu as raison, dit don Quichotte, mais tu n'as qu'à le laisser aller à l'aventure, quand il devrait se perdre, car nous aurons tant de chevaux à choisir quand nous aurons vaincu, que Rossinante même court risque d'être changé pour un autre. Écoute cependant, je te veux apprendre qui sont les principaux chefs de ces deux armées, avant qu'elles se choquent. Afin que tu les puisses mieux connaître, montons sur cette petite éminence, d'où nous les découvrirons aisément. »

Ils montèrent, en disant cela, sur une hauteur, d'où ils auraient bien vu que c'étaient des troupeaux de moutons que notre chevalier prenait pour deux armées, si la poussière ne leur en eût ôté la vue; mais enfin don Quichotte, voyant dans son imagination mille choses qui ne pouvaient être ailleurs, commença à dire d'une voix élevée : « Ce chevalier que tu vois là aux armes dorées, et qui porte dans son écu un lion couronné, étendu aux pieds d'une jeune fille, est le valeureux Laurcalche, seigneur du Pont-d'Argent. Celui qui a ces armes à fleurs d'or, et qui porte trois couronnes d'argent en champ d'azur, est le redoutable Micocolembo, grand-duc de Quirocie. Cet autre qui marche à sa droite avec cette taille de géant, c'est l'intrépide Brandabarbaran de Boliche, seigneur des trois Arabies, armé, comme tu vois, d'un cuir de serpent, et qui a pour écu une porte qu'on dit être une de celles de ce temple que Samson renversa quand il se vengea de ses ennemis aux dépens de sa propre vie. Tourne maintenant les yeux, et tu verras à la tête de cette autre armée l'invincible vainqueur Timonel de Carcassonne, prince de la Nouvelle-Biscaye, qui porte des armes écartelées d'azur, de sinople, d'argent et d'or, et dans son écu un char d'or en champ de pourpre, avec ces trois lettres MIU, qui font la première syllabe du nom de sa maîtresse, qui est, à ce qu'on dit, l'incomparable fille du duc Alphenique d'Algarve. Cet autre qui fait plier les reins à cette puissante jument sauvage, et dont les armes sont blanches comme neige, avec l'écu de même couleur et sans devise, c'est un jeune chevalier français appelé Pierre Papin, seigneur des baronnies d'Utrique. Celui aux armes bleues qui pique le flanc de cette jument que tu vois si légère, c'est le puissant duc de Nervie, Espartafilando du Bocage, qui a dans son écu un champ semé d'asperges, avec cette devise espagnole : *Rastrea mi suerte* (de moi-même je renais). » Notre héros nomma encore je ne sais combien d'autres chevaliers de l'une et de l'autre de ces prétendues armées, leur donnant à tous sur-le-champ les armes, les couleurs et les devises que lui fournissait sa fertile folie; et, sans s'arrêter, il poursuivit de cette sorte : « Ce corps que tu vois là en tête est composé de diverses nations : ici sont ceux qui boivent les agréables eaux du Xanthe; là sont les montagnards qui cultivent les champs massiliens; ici ceux qui criblent le fin or de l'Arabie heureuse; là ceux qui jouissent des frais et célèbres rivages du Thermodon ; ceux qui pêchent le sable d'or du riche Pactole ; les Numides, inconstants et peu sûrs dans leurs promesses ; les Perses, sans pareils à tirer de l'arc ; les Mèdes et les Parthes, qui combattent en fuyant ; les Arabes, qui campent toujours sans avoir jamais de demeure arrêtée ; les Scythes, farouches et cruels ; les Éthiopiens, qui se percent les lèvres ; et mille autres nations que je vois et dont je connais les visages, mais dont je n'ai pas retenu le nom. De cet autre côté viennent ceux qui boivent le liquide cristal du Bétis, dont les bords sont couverts d'oliviers ; ceux qui se décrassent le teint dans les riches ondes du Tage ; ceux qui jouissent des salutaires eaux du divin Genil ; ceux qui cultivent les champs Tartésiens, si abondants en pâturages ; ceux qui mènent une vie si heureuse dans les délicieuses prairies du Xerès ; les riches Manchègues, couronnés de jaunes épis ; ces gens tout couverts de fer, et qui sont le reste du sang des anciens Goths ; ceux qui se baignent dans le Pisverga, fameux par la tranquillité de ses eaux ; ceux qui font paître leurs troupeaux dans les amples pâturages du tournoyant Guadiana ; ceux qui tremblent au pied des froides montagnes des Pyrénées, et dans les neiges de l'Apennin ; en un mot, tout ce que l'Europe enserre dans sa vaste étendue. »

C'est une chose inconcevable que la quantité de provinces et de nations qu'il nomma, en donnant à chacune ce qu'elle a de particulier, avec une présence d'esprit merveilleuse, et toujours suivant le style de ses inimitables livres. Sancho était tellement étonné de ce grand flux de paroles, qu'il n'avait pas le mot à dire. Il ouvrait seulement de grands yeux, et suivait de la tête la main de son maître, pour voir s'il pourrait découvrir les chevaliers et les géants qu'il lui montrait. Mais enfin, ne pouvant parvenir à rien voir : « Monsieur, lui dit-il à demi désespéré, je me donne au diable, si, homme, chevalier ou géant paraît, de tous ceux que vous avez nommés là ; du moins n'en vois-je pas la queue d'un. — Comment es-tu donc fait ? répondit don Quichotte ; est-ce que tu n'entends pas le hennissement des chevaux, le son des trompettes, le bruit des tambours et des timbales ? — Devant Dieu, si j'entends rien, dit Sancho, si ce n'est le bêlement de quelques moutons ! » Aussi était-ce la vérité, et les troupeaux étaient déjà assez proches pour être entendus. « Je vois bien, dit alors don Quichotte, que tu as plus peur que tu ne dis : car un des effets de la crainte, c'est de troubler les sens et de peindre les objets autrement qu'ils ne sont. Mais, si le courage te manque, tiens-toi à l'écart, et me laisse faire : c'est assez de moi pour porter la victoire où je porterai mon bras. » En disant cela, il donne des éperons à Rossinante, et, la lance en arrêt, fond comme un éclair du haut de la colline dans la campagne. Sancho lui criait à pleine tête qu'il s'arrêtât, et que c'étaient assurément des moutons ; il prenait le ciel à témoin, il se donnait à tous les diables, et tout cela inutilement. « Maudit soit celui qui m'a engendré ! disait-il. Hé ! quelle folie est donc ceci ? Seigneur, seigneur don Quichotte, vous vous trompez : il n'y a là ni géants, ni chevaliers, ni asperges, ni écu entier, ni demi ; et voulez-vous assommer plus de moutons que vous n'en sauriez payer ? » Don Quichotte ne s'arrêtait point pour cela, et, bien loin de l'écouter, il criait lui-même de toute sa force : « Courage, courage, chevaliers qui combattez sous les étendards du valeureux Pentapolin au bras retroussé! Suivez-moi seulement, et vous verrez que je l'aurai bientôt vengé du traître Alifanfaron de Taprobane. » En même temps il vole tout furieux au milieu de l'escadron des brebis, qu'il perce de tout côté et avec autant de courage et de vigueur que s'il eût eu affaire à ses plus cruels ennemis. Ceux qui conduisaient le troupeau se contentèrent d'abord de lui demander à qui il en avait, et que lui avaient fait ces pauvres bêtes; mais, voyant qu'ils ne gagnaient rien à crier, ils prirent leurs frondes, et commencèrent à saluer notre héros à coups de pierres un peu plus grosses que le poing, avec tant de diligence, qu'un coup n'attendait pas l'autre. Mais lui, méprisant cette manière de combattre, ne daignait pas s'en garder, et ne cessait de courir de tout côté, criant à haute voix : « Où es-tu, superbe Alifanfaron? A moi, à moi! Je t'attends ici seul pour éprouver tes forces et te punir de la guerre injuste que tu fais au valeureux Pentapolin! » De tant de pierres qui volaient autour de notre héros, une enfin l'atteignit dans les côtes, et lui en enfonça deux. Il se crut mort, ou du moins dangereusement blessé; mais, se souvenant de son excellent remède, il porte promptement le vaisseau de fer-blanc à sa bouche, et commence à avaler la précieuse liqueur. Mais, avant qu'il en ait pris ce qu'il jugeait nécessaire, une autre pierre lui vient fracasser le vaisseau dans la main, et chemin faisant lui emporte trois ou quatre dents de la bouche, et lui écrase presque tous les doigts. Ces deux coups furent si violents, que le bon chevalier en fut jeté par terre, où il demeura étendu; et les bergers, le croyant mort, rassemblèrent vite leurs troupeaux, et, ramassant les moutons qui étaient demeurés sur la place au nombre de sept ou huit, sans comprendre les blessés, s'éloignèrent en diligence.

Sancho cependant n'était pas parti de dessus la colline, d'où il contemplait les incompréhensibles folies de son maître, et, s'arrachant la barbe à pleines mains, il maudissait cent fois le jour et l'heure où sa mauvaise fortune le lui avait fait connaître. Mais le voyant par terre et les bergers retirés, il courut à lui, et, le trouvant en très mauvais état, quoiqu'il n'eût pourtant pas perdu le sentiment : « Ah! seigneur don Quichotte, lui dit-il, ne vous disais-je pas bien de revenir, et que c'étaient des moutons, et non pas une armée, que vous alliez attaquer? — Voilà, dit don Quichotte, comment le larron d'enchanteur qui m'en veut tourne et change toutes choses à sa fantaisie : car, mon pauvre Sancho, je te l'ai dit cent fois, ce n'est pas une affaire à ces joueurs de gobelets que de nous faire voir et croire tout ce qu'ils veulent; et le traître de nécroman, envieux de la gloire que j'allais acquérir, n'a pas manqué de métamorphoser ces escadrons d'ennemis et d'en faire des moutons, pour diminuer le prix de ma victoire. Mais veux-tu me faire un plaisir, et en même temps te désabuser une bonne fois? Monte sur ton âne, et suis de loin ce prétendu bétail : je gage qu'ils n'auront pas fait mille pas qu'ils reprendront leur première forme, et tu verras ces maîtres moutons devenir des hommes faits et parfaits, comme je te les ai dépeints d'abord. Mais non, n'y va pas pour l'heure, j'ai besoin de toi. Approche, et regarde combien il me manque de dents, car il me semble qu'il ne m'en est pas resté une dans la bouche. » Sancho s'approcha, et comme il y regardait de si près qu'il avait quasi le nez dedans, le baume achevait justement d'opérer dans l'estomac de don Quichotte, de sorte qu'avec la même impétuosité qu'aurait pu faire un coup d'arquebuse, il darda tout ce qu'il avait dans le corps aux yeux et dans la barbe du charitable écuyer. « Sainte Marie! s'écria Sancho, mon maître est blessé à mort; il rend le sang tout clair par la bouche. » Cependant, y regardant de plus près, la couleur, l'odeur et le goût lui firent connaître que ce n'était pas du sang, mais le baume qu'il lui avait vu boire, ce qui lui donna un si grand soulèvement de cœur, que, sans avoir le loisir de tourner seulement la tête, il vomit, à son tour, tout ce qu'il avait dans les entrailles au nez de son maître, et ils demeurèrent tous deux dans le plus joli état qu'on se puisse imaginer. Sancho courut promptement à son âne pour chercher du linge pour s'essuyer et de quoi panser son maître; mais, ne trouvant point le bissac, qu'il avait oublié dans l'hôtellerie, comme je l'ai dit, peu s'en fallut que la tête ne lui tournât. Il se donna de nouveau mille malédictions; il résolut dans son cœur de planter là son maître et de s'en retourner à son village, sans se soucier de la récompense de ses services, et du gouvernement de l'île.

Don Quichotte cependant se leva avec bien de la peine, et, mettant la main gauche dans sa bouche, comme pour étayer le reste de ses dents, qui étaient fort ébranlées, il prit de la droite la bride du fidèle Rossinante, qui ne l'avait pas abandonné d'un pas, tant il était de bonne amitié, et s'en alla du côté de Sancho, qu'il trouva demi-couché sur son âne, et la tête dans ses mains, comme un homme enseveli dans une profonde tristesse. « Ami Sancho, lui dit-il en le voyant en cet état, sais-tu bien que tu n'es pas plus homme qu'un autre si tu ne fais plus qu'un autre? Toutes ces bourrasques qui nous arrivent, ne sont-ce pas des signes évidents que le temps va devenir serein et nos affaires meilleures? Ne sais-tu pas que le bien et le mal ont leurs termes, et s'il est vrai que les choses violentes ne sont pas de durée, ne devons-nous pas croire infailliblement que nous touchons du doigt les faveurs de la bonne fortune? Cesse donc de t'affliger si excessivement des disgrâces qui m'arrivent, et dont même il ne tombe pas sur toi la moindre partie. — Comment donc! répondit Sancho; peut-être que celui qu'on berna hier était un autre que le fils de mon père? et le bissac que l'on m'a pris, avec tout ce qui était dedans, n'était peut-être pas à moi? — Quoi! tu as perdu le bissac? reprit brusquement don Quichotte. — Je ne sais pas s'il est perdu, dit Sancho, mais je ne le trouve point où j'avais accoutumé de le mettre. — Nous voilà donc réduits à jeûner aujourd'hui, répartit don Quichotte. — Assurément, dit Sancho, si nous ne trouvons dans les prés ces herbes que vous connaissez, et qui ordinairement suffisent aux chevaliers malencontreux comme vous. — Pour te dire la vérité, continua don Quichotte, j'aimerais mieux, à l'heure qu'il est, un quartier de pain bis et deux têtes de sardines que toutes les herbes que décrit Dioscoride, et même avec les commentaires de Mathiole. Mais cependant monte sur ton âne, mon fils Sancho, et me suis. Dieu, qui pourvoit à toutes choses, ne nous manquera pas, et surtout nous appliquant à le servir, comme nous faisons dans ce pénible exercice, lui qui n'oublie pas les moucherons de l'air, et qui prend soin des plus petits vermisseaux et des moindres insectes de la terre, qui fait luire son soleil sur les justes et sur les injustes, et qui répand sa rosée sur les méchants aussi bien que sur les bons. — Monsieur, interrompit Sancho, je crois, Dieu me pardonne, que vous seriez encore meilleur prédicateur que chevalier errant. — Il faut, dit don Quichotte, que les chevaliers errants sachent de tout, et il y en eut dans les siècles passés qui se mettaient aussi hardiment à faire un sermon, ou quelque autre discours, au milieu d'une armée, que s'ils avaient été gradués dans l'université de Paris, tant il est vrai que l'épée n'émousse point la plume, ni la plume l'épée ! — A la bonne heure, monsieur, dit Sancho, qu'il en soit tout ce qu'il vous plaira ; mais ôtons-nous d'ici, et cherchons à loger pour cette nuit ; et Dieu veuille que ce soit dans un endroit où il n'y ait ni berné ni berneurs, ni fantômes, ni Maures enchantés ! car, par ma foi, si j'en trouve, je dis adieu à la chevalerie, et j'en donne ma part à tous les diables. — Prie Dieu qu'il nous guide, mon fils, dit don Quichotte, et prends quel chemin tu voudras : je te laisse pour cette fois le soin de nous loger. Mais donne-moi un peu ta main, et tâte avec le doigt combien il me manque de dents dans la mâchoire d'en haut, du côté droit, car c'est là qu'est mon mal. »

Sancho lui mit les doigts dans la bouche, et, tâtant en haut et en bas, il lui demanda : « Combien de dents aviez-vous de ce côté-là, monsieur? — Quatre, répondit don Quichotte, sans compter l'œillère, toutes entières et bien saines. — Monsieur, reprit Sancho, prenez garde à ce que vous dites. — Je dis quatre, s'il n'y en avait même cinq, répondit don Quichotte, car on ne m'en a jamais arraché jusqu'à cette heure, et il ne m'en est encore point tombé. — Oh bien ! dit Sancho, vous avez justement deux dents et demie dans la mâchoire d'en bas ; et pour celle d'en haut, il n'y a ni dent ni demie, tout est ras comme la paume de la main. — Comment ! dit don Quichotte à cette triste nouvelle. Devant Dieu, j'aimerais mieux qu'on m'eût coupé un bras, pourvu que ce ne fût pas celui de l'épée ! Vois-tu, mon enfant, une bouche sans dents est proprement un moulin sans meule, et il n'y a point de dent qui ne vaille mieux qu'un diamant ; mais enfin qu'y ferions-nous ? c'est là notre partage, à nous qui faisons profession des austères lois de la chevalerie. Marche, ami, et me guide : j'irai le train que tu voudras. »

Sancho prit le devant et s'achemina du côté où il crut trouver à loger, sans s'écarter du grand chemin, qui paraissait fort battu en ce lieu-là. Et, comme ils allaient fort lentement, parce que don Quichotte sentait beaucoup de douleur, et que le mouvement du cheval l'augmentait encore, Sancho voulut l'entretenir pour charmer son mal ; et, entre autre choses, il lui dit ce qu'on verra dans le chapitre suivant, si l'on veut se donner la peine de le lire.

XIII

De l'agréable conversation que Sancho eut avec son maître et de divers événements admirables.

« Si je ne me trompe, monsieur, commença Sancho, cette foule de disgrâces qui nous sont arrivées depuis quelques jours ne sont autre chose que la punition du péché que vous avez commis contre l'ordre de votre chevalerie, en violant le serment que vous aviez fait de ne point manger de pain sur table, et tout ce qui s'ensuit, jusqu'à ce que vous eussiez gagné l'armet de ce Malendrin ou je ne sais comment, car j'ai oublié le nom du Maure. — C'est fort bien dit à toi, répondit don Quichotte; mais, pour ne pas mentir, cela m'avait échappé de la mémoire. Et toi tu peux croire aussi comme une chose indubitable que c'est pour avoir manqué de m'en faire souvenir que tu as eu l'aventure de la berne; mais enfin, pour moi, je réparerai ma faute, car dans l'ordre de chevalerie il y a accommodement pour tout. — Et moi, monsieur, reprit Sancho, est-ce que j'ai fait des serments qui m'engagent à quelque chose? — Cela n'y fait rien, dit don Quichotte : quoique tu n'aies pas juré, tu es participant, et il faut que tu en portes ta part, au moins comme complice : ainsi il sera bon, à tout hasard, que nous essayons d'y donner ordre. — Puisque cela est, dit Sancho, n'allez pas, s'il vous plaît, l'oublier comme vous aviez fait, car peut-être reprendrait-il fantaisie aux fantômes de se réjouir encore une fois à mes dépens, et peut-être bien aux vôtres, s'ils vous voyaient si incorrigible. »

Pendant cette conversation, la nuit surprit nos gens au milieu du chemin, sans qu'ils sussent où se mettre à couvert. Ce qu'il y avait encore de triste, c'est qu'ils mouraient de faim, et ils étaient, comme on dit, au bissac par la perte du leur. Pour les achever de peindre, il leur arriva une nouvelle aventure, ou du moins quelque chose qui en avait véritablement l'air. Il se fit nuit tout à fait, et ils ne laissaient pas de marcher, parce que Sancho s'imaginait qu'étant dans le grand chemin, ils n'avaient tout au plus qu'une lieue ou deux à faire pour trouver une hôtellerie. Pendant qu'ils allaient dans cette espérance, l'écuyer mourant de faim, le maître ayant grande envie de manger, et la nuit fort obscure, ils virent, à quelque distance d'eux, quantité de lumières qui paraissaient autant d'étoiles mouvantes. Peu s'en fallut que Sancho ne s'évanouît à cette vue, et don Quichotte même fut un peu surpris. L'un tira le licou de son âne, l'autre retint la bride de son cheval, et, s'arrêtant pour considérer ce que ce pouvait être, ils s'aperçurent que les lumières venaient droit à eux, et que, plus elles approchaient, plus elles devenaient grandes. La peur de Sancho en redoubla et les cheveux se dressèrent sur la tête de don Quichotte, qui, rappelant pourtant son courage : « Ami Sancho, dit-il, voici sans doute une très-grande et très-périlleuse aventure, et où j'aurai besoin de toute ma valeur. — Malheureux que je suis! répondit Sancho, si c'est encore ici une aventure de fantômes, comme elle en a bien la mine, où diantre sont les côtes qui pourront y suffire? — Fantômes tant qu'ils voudront, dit don Quichotte, je te réponds qu'il ne t'en coûtera pas un cheveu de la tête. S'ils te jouèrent un mauvais tour la dernière fois, c'est que je ne pus franchir les murailles de la cour; mais à présent nous sommes en rase campagne, et j'aurai la liberté de jouer de l'épée. — Et s'ils vous enchantent encore, comme ils firent, dit Sancho, que me servira-t-il que vous ayez le champ libre ou non? — Prends courage seulement, répliqua don Quichotte, et l'expérience va te faire voir quel est le mien. — Ainsi ferai-je, si Dieu le veut, répondit Sancho. » Et, se tirant tous deux un peu à l'écart, ils se mirent encore à considérer ce que deviendraient ces lumières, et peu à peu ils découvrirent comme un grand nombre d'hommes tout blancs.

Ce fut alors que Sancho perdit tout à fait courage et que les dents commencèrent à lui craquer, aussi fort qu'il tremblait. Le tremblement augmenta encore de beaucoup quand ils virent distinctement environ vingt hommes à cheval, qui paraissaient en chemise; ils portaient chacun une torche à la main, et semblaient murmurer quelque chose d'une voix basse et plaintive; après cela venait une litière de deuil, suivie de six cavaliers tout couverts de noir jusqu'aux pieds de leurs montures. Cet étrange spectacle, à une telle heure et dans un lieu si désert, aurait bien épouvanté un autre que Sancho, dont aussi toute la valeur fit naufrage en cette occasion; et l'on ne sait point trop bien ce qui fût arrivé au maître, si sa folie ne lui eût mis dans l'esprit que c'était absolument là une des aventures de ses livres. Il s'imagina qu'il y avait dans la litière quelque chevalier mort ou extrêmement blessé, dont la vengeance lui était réservée, et, sans consulter autre chose, il met la lance en arrêt et se plante au milieu du chemin par où cette troupe devait passer. Quand il les vit assez proches : « Demeurez là, leur cria-t-il à haute voix, qui que vous soyez, et me dites qui vous êtes, d'où vous venez, où vous allez, et ce que vous menez dans cette litière? Apparemment que vous avez fait outrage à quelqu'un, ou d'autres vous en ont fait, et il faut que je le sache, ou pour vous punir ou pour vous venger. — Nous sommes pressés, répondit un des cavaliers, l'hôtellerie est encore loin, et nous n'avons pas le temps de vous rendre compte de ce que vous demandez. » Il piqua en même temps la mule qu'il montait et voulut passer outre. Mais don Quichotte, irrité de cette réponse et saisissant les rênes de la mule : « Apprenez à vivre, lui dit-il, et répondez tout à l'heure à ce que je vous demande, ou préparez vous tous au combat. »

La mule était ombrageuse, et si forte, que, quand don Quichotte la prit par le frein, elle se cabra, et, mettant la croupe à terre, se renversa sur son maître fort rudement. Un garçon qui était à pied, ne pouvant faire autre chose, se mit à dire mille injures à notre chevalier, ce qui acheva de le mettre en colère; et, sans s'amuser davantage à faire des questions, il court de toute sa force sur un de ceux qui étaient couverts de deuil et le jette par terre en fort mau-

Le chevalier de la Manche courut de toute sa force sur un de ceux qui étaient couvert de deuil.

vais état; de celui-ci il passe à un autre, et c'est une chose étonnante que la vigueur et la promptitude dont il y allait; en sorte qu'il semblait qu'en ce moment il fût né des ailes à Rossinante, tant il avait de légèreté! Le métier de ces gens-là n'était pas d'être braves ni de porter des armes : aussi prirent-ils bientôt l'épouvante, et, s'enfuyant à travers champs avec leurs torches allumées, on les eût pris pour des masques qui font les fous dans une nuit de réjouissance. Les gens de deuil, aussi troublés pour le moins, et, de plus, embarrassés de leurs longs manteaux, ne pouvaient seulement se remuer. Aussi don Quichotte, frappant tout à son aise, demeura maître du champ de bataille à fort bon marché, toute cette troupe épouvantée le prenant pour le diable qui leur venait disputer un corps mort qui était dans la bière. Sancho cependant admirait la hardiesse de notre héros, et concluait, en raisonnant en lui-même, qu'il fallait bien que son maître fût tout ce qu'il disait.

Après cette belle expédition, don Quichotte apercevant celui sur qui la mule s'était renversée, à la lueur de sa torche qui brûlait encore, alla lui mettre la pointe de sa lance à la gorge, et lui dit de se rendre ou qu'il le tuerait. « Je ne suis que trop rendu, répondit l'autre, puisque je ne saurais me remuer, et que je crois avoir une jambe rompue. Je vous supplie, monsieur, si vous êtes chrétien, de ne pas me tuer; vous commettriez un sacrilége, car je suis bachelier et j'ai reçu les premiers ordres. — Hé! qui diable vous amène donc ici, dit don Quichotte, si vous êtes homme d'église? — Ma mauvaise fortune, répliqua-t-il, comme vous voyez. — Elle pourrait bien devenir encore plus mauvaise, reprit don Quichotte, si vous ne répondez tout à l'heure à tout ce que je vous ai demandé. — C'est ce qui ne sera pas difficile, répondit le bachelier, car je n'ai qu'à vous dire, monsieur, que je m'appelle Alonzo Lopez, natif d'Alcovendas; que je viens de Baça avec onze autres ecclésiastiques, qui sont ceux que vous venez de faire fuir; et que nous accompagnions le corps d'un gentilhomme mort depuis quelque temps à Baça, et qui a voulu être enterré à Ségovie, qui est le lieu de sa naissance. — Et qui l'a tué, ce gentilhomme? demanda don Quichotte. — Dieu, répondit le bachelier, par une fièvre maligne qu'il lui a envoyée. — Cela étant, répliqua notre chevalier, le Seigneur m'a délivré du soin de venger sa mort, comme j'aurais dû le faire si quelque autre l'avait tué; mais, puisque c'est Dieu, il n'y a qu'à se taire et plier les épaules, comme je ferais pour moi-même s'il m'en avait fait autant. Sachez maintenant à votre tour, monsieur le bachelier, que je suis un chevalier de la Manche appelé don Quichotte, et que ma profession est d'aller par le monde, redressant les torts et défaisant les injures. — Je ne vois pas, répondit le bachelier, comment vous pouvez appeler cela redresser les torts, après m'avoir mis, de droit que j'étais, en l'état où je suis, avec une jambe rompue, que je ne verrai peut-être jamais redressée : voilà l'injure que vous avez défaite, et pendant que vous cherchez les aventures, vous m'avez fait trouver la plus mauvaise du monde, à moi, qui ne pensais pas à vous. — Les choses de ce monde ne vont pas toujours comme on le souhaite, dit don Quichotte, et tout le mal que je vois en ceci, monsieur le bachelier, c'est que vous ne deviez point aller ainsi de nuit avec ces longs manteaux de deuil, ces surplis et ces torches allumées, murmurant entre les dents et ressemblant proprement à des gens de l'autre monde. Vous voyez bien que je n'ai pu m'empêcher de vous combattre en cet état-là, étant ce que je suis; et je l'aurais fait quand vous auriez été autant de diables, comme je croyais en effet que vous l'étiez à vos habits et à votre mine. — Enfin, dit le bachelier, puisque mon malheur l'a ainsi voulu, il faut s'en consoler; je vous supplie seulement, monsieur le chevalier errant, d'avoir la bonté de m'aider à me tirer de dessous cette mule, où j'ai une jambe engagée entre l'étrier et la selle. — Que ne l'avez-vous donc dit plus tôt? dit don Quichotte; attendiez-vous que je le devinasse? »

Il appela incontinent Sancho, qui ne se pressa pourtant pas de venir, parce qu'il était occupé à dévaliser un mulet chargé de vivres que menaient avec eux ces bons ecclésiastiques, et il fallut attendre qu'il eût fait de sa casaque une manière de sac, et qu'il l'eût chargée sur son âne, après l'avoir farcie de tout ce qu'il y put faire entrer. Il courut ensuite à son maître, à qui il dit : « Pardi! monsieur, je ne puis pas être au four et au moulin. » Don Quichotte lui dit d'aider le bachelier, ce qu'il fit; l'ayant mis sur sa mule, il lui rendit sa torche, et don Quichotte lui dit qu'il n'avait qu'à suivre sa compagnie, à laquelle il le pria de faire des excuses de sa part pour le traitement qu'il leur avait fait, et qu'il n'avait pu ni dû s'empêcher de leur faire. « Monsieur, lui dit aussi Sancho, si par hasard ces messieurs demandent quel est ce vaillant chevalier qui les a si bien ajustés, vous leur direz, s'il vous plaît, que c'est le fameux don Quichotte de la Manche, qui s'appelle autrement le chevalier de la Triste-Figure. » Le bachelier étant parti, don Quichotte demanda à Sancho ce qu'il voulait dire avec son chevalier de la Triste-Figure. « Puisque vous le voulez savoir, répondit Sancho, c'est que je vous ai quelque temps considéré à la lueur de la torche qu'avait ce pauvre diable, et à vous dire le vrai, vous m'avez paru si je ne sais comment fait, que je n'ai jamais rien vu de semblable; il faut que ce soit de travail et de lassitude, ou à cause des dents qui vous manquent. — Tu n'y es pas, dit don Quichotte, et je vois bien que le sage qui doit écrire mon histoire a jugé à propos que j'eusse un surnom comme tous les anciens chevaliers : car tel s'appelait le chevalier de l'Ardente-Epée, un autre de la Licorne, celui-ci des Demoiselles, celui-là du Phénix, un autre du Griffon, un autre de la Mort, et ils étaient connus sous ces noms-là par toute la terre. Ainsi, sans doute, c'est ce sage lui-même qui t'a inspiré le surnom de la Triste-Figure, que je prétends désormais porter. Et pour cela, je suis résolu de faire peindre dans mon écu quelque figure fort étrange. — Ma foi, monsieur, reprit Sancho, vous pouvez bien vous en épargner la dépense : vous n'avez seulement qu'à vous montrer; nos longs jeûnes et le pitoyable état de vos mâchoires vous font une si étrange mine, qu'il n'y a peinture qui en puisse approcher; et tous ceux qui vous verront vous donneront assez le nom de Triste-Figure, ce qui soit dit pourtant sans vous offenser. » Don Quichotte sourit de la plaisanterie de son écuyer, et résolut tout de bon de prendre le surnom qu'il lui avait donné et de faire peindre son écu à la première occasion qu'il en aurait.

Le bachelier s'en étant allé sans rien dire, don Quichotte eut envie de savoir si ce qui était dans la bière était le corps entier du gentilhomme, ou seulement les os; mais Sancho s'y opposa, en lui disant : « Monsieur, qu'il soit dit une fois, je vous en supplie, que vous êtes sorti de quelque aventure sans y laisser du poil; je n'en ai encore vu que celle-ci, n'allez point la gâter. Si ces gens viennent à reconnaître que c'est un seul chevalier qui les a si mal menés, ils retourneront peut-être et nous donneront bien des affaires. Mon âne est en bon état, nous voici proche de la montagne, la faim nous presse : qu'avons-nous plus à faire qu'à nous retirer bravement? Que le mort, comme on dit, s'en aille en terre, et celui qui se porte bien au cabaret. » En même temps il se mit à toucher son âne devant lui et pria son maître de le suivre; ce qu'il fit sans répliquer davantage, voyant bien que Sancho n'avait pas tort.

Après avoir marché quelque temps entre deux collines qu'ils ne distinguaient qu'à peine, ils se crurent un peu plus au large, et ils étaient en effet dans un grand vallon, où don Quichotte mit pied à terre; et là, étendus sur l'herbe fraîche et sans autre sauce que leur appétit, ils déjeunèrent, dînèrent, goûtèrent et soupèrent tout à la fois, de ce que Sancho avait trouvé en abondance dans les paniers des ecclésiastiques, qui, pour l'ordinaire, ne sont pas gens à s'oublier. Mais une disgrâce que Sancho trouva la pire de toutes, c'est qu'ils mouraient de soif et qu'ils n'avaient pas même une goutte d'eau pour se rafraîchir la bouche. Cependant, comme ils étaient dans un pré où l'herbe était très fraîche, il donna un conseil de bon sens à son maître, mais qui ne réussit pas si bien qu'il l'espérait, comme on le verra dans le chapitre suivant.

XIV

De la plus étonnante aventure qu'ait jamais eue chevalier errant.

Sancho, pressé de la soif, comme nous venons de voir, dit à son maître : « L'herbe sur laquelle nous sommes me paraît si fraîche et si drue, qu'il faut assurément qu'il y ait quelque ruisseau qui l'arrose : ainsi je crois qu'en cherchant un peu nous trouverons de quoi apaiser cette terrible soif qui nous tourmente, et qui me semble présentement plus difficile à souffrir que la faim. » Don Quichotte le crut, et prenant aussitôt Rossinante par la bride, et Sancho son âne par le licou, ils commencèrent à marcher en tâtonnant, parce que l'obscurité était si grande, qu'ils ne voyaient rien du tout. Mais ils n'eurent pas fait deux cents pas qu'ils entendirent un grand bruit, comme d'un tonnerre qui tomberait du haut d'une montagne. Ce bruit leur donna bien de la joie;

et, comme ils écoutaient de quel côté il pouvait venir, ils en entendirent un autre qui diminua fort le plaisir que le premier leur avait fait, surtout pour Sancho, qui naturellement n'était pas fort courageux. C'étaient de grands coups redoublés avec un cliquetis de fers et de chaînes, et cela, joint au bruit du torrent, faisait un si grand tintamarre, que tout autre que notre héros en eût été épouvanté. La nuit était fort obscure, et le hasard les conduisit sous de grands arbres, dont un vent frais, qui s'était élevé, agitait les feuilles et les branches; si bien que l'obscurité, le bruit de l'eau, le murmure des arbres et ces grands coups qui ne cessaient point, tout cela semblait fait pour donner de la terreur, d'autant plus qu'ils ne savaient où ils étaient et que le jour ne venait point. Mais l'intrépide don Quichotte, au lieu de s'épouvanter, se jeta légèrement sur Rossinante, et embrassant son écu : « Ami Sancho, lui dit-il, apprends que le ciel m'a fait naître pour ramener l'âge d'or en ce maudit siècle de fer : c'est pour moi que sont réservées les grandes actions et les périlleuses aventures; c'est moi, encore une fois, qui dois effacer la mémoire des chevaliers de la Table ronde, des douze pairs de France et des neuf preux, des Olivantes, des Bélianis, des chevaliers du Soleil, et de cette multitude innombrable de chevaliers errants du temps passé, en faisant de si grandes choses, qu'elles obscurciront tout ce qu'ils ont fait. Tu vois bien, cher et fidèle écuyer, quelle est l'obscurité de cette nuit, ce profond silence, le sourd et confus murmure de ces arbres, l'épouvantable bruit de cette eau que nous sommes venus chercher, qui semble tomber des montagnes de la lune, et ce continuel battement qui nous blesse les oreilles : la moindre de ces choses suffirait pour étonner le dieu Mars même, et combien plus des gens qui ne seraient pas accoutumés à de semblables aventures! Cependant ce ne sont que des aiguillons qui réveillent mon courage, et je sens que le cœur me bondit comme pour aller au-devant du péril, que je suis d'autant plus résolu à tenter, qu'il me parait plus grand et plus horrible. Serre donc les sangles à Rossinante et demeure en la garde de Dieu. Si tu ne me vois dans trois jours, tu peux t'en retourner au village, et de là tu me feras bien le plaisir d'aller au Toboso, où tu diras à mon incomparable Dulcinée que le chevalier, esclave de sa beauté, est mort pour avoir voulu entreprendre des choses qui le pussent rendre digne d'elle. »

Quand Sancho l'entendit parler de la sorte, il se prit à pleurer avec la plus grande tendresse du monde, et lui dit : « Je ne comprends pas, monsieur, pourquoi vous voulez tenter une aussi effroyable aventure. Il est nuit et personne ne nous voit; nous pouvons fort bien nous ôter du chemin et éviter le péril, quand nous ne devrions boire de trois jours. Et comme personne ne sera témoin de notre retraite, il n'y aura personne qui nous puisse accuser de poltronnerie. J'ai ouï dire souvent à notre curé, que vous connaissez bien, que celui qui cherche le péril ne manque point d'y périr : ainsi n'allez point tenter Dieu en entreprenant une aventure dont vous ne sauriez vous tirer sans miracle. Ne vous suffit-il pas, monsieur, que le ciel vous ait garanti d'être berné comme moi, et que vous veniez de sortir sain et sauf du combat que vous avez eu contre ceux qui accompagnaient ce mort? Mais si tout cela ne peut émouvoir votre cœur de roche, qu'il s'attendrisse au moins pour moi, et songez, monsieur, que vous ne m'aurez pas si tôt abandonné, que de belle peur je suis capable de donner mon âme à qui la voudra. Hé! ne vous souvenez-vous plus que j'ai quitté ma maison pour vous suivre, que j'ai laissé femme et enfants pour me donner à vous, et qu'outre l'honneur de vous servir, j'ai cru faire par là leur profit et le mien? Mais je vois bien présentement la vérité de ce qu'on dit : qui trop embrasse, mal étreint. Voilà toutes mes espérances à vau-l'eau, dans le temps que je croyais tenir cette malheureuse île que vous m'avez si souvent promise; et, pour toute récompense, vous voulez me laisser seul dans un lieu épouvantable, où il ne passe ni bêtes ni gens. Pour l'amour de Dieu, mon seigneur et mon cher maître, n'ayez pas cette cruauté; et si vous êtes résolu d'entreprendre cette maudite aventure, attendez au moins qu'il soit jour. Il n'y a pas plus de trois heures à attendre, selon ce que j'ai appris lorsque j'étais berger; car voilà la bouche de la petite Ourse au-dessus de la tête, et qui marque minuit dans la ligne du bras gauche. — Hé! mon pauvre Sancho, interrompit don Quichotte, comment peux-tu voir cette ligne et cette bouche, puisque la nuit est si obscure qu'il ne paraît pas une étoile dans tout le ciel? — Cela est vrai, répondit Sancho; mais la crainte a des yeux qui voient bien clair, et d'ailleurs il n'est pas malaisé de connaître qu'il n'y a pas loin d'ici au jour. — Qu'il vienne s'il peut ou ne revienne jamais, dit don Quichotte, il ne sera pas dit que les prières ni les larmes de personne m'aient empêché de faire le devoir de chevalier : ainsi, Sancho, tout ce que tu dis est inutile. Le ciel, qui m'a mis dans le cœur le dessein d'éprouver tout à l'heure cette terrible aventure, saura bien m'en tirer ou prendre soin de toi après ma mort. Tout ce que tu as à faire, c'est de bien sangler Rossinante et de m'attendre ici; je reviendrai bientôt, mort ou vif. »

Sancho, voyant la dernière résolution de son maître, et que ses larmes ni ses conseils ne serviraient de rien, prit le parti de jouer d'adresse et de l'obliger malgré lui d'attendre le jour; et pour cela, avant de serrer les sangles à Rossinante, il lui lia, sans faire semblant de rien, les jambes de derrière avec le licou de son âne, en sorte que, quand don Quichotte voulut partir, son cheval, au lieu d'aller en avant, ne faisait que sauter. « Eh bien, monsieur, dit Sancho, fort satisfait de son invention, vous voyez que le ciel est de mon côté : il ne veut pas que Rossinante parte de là; et si vous vous opiniâtrez à tourmenter ce pauvre animal, ce ne sera que regimber contre l'aiguillon, et mettre la fortune en mauvaise humeur. » Don Quichotte enrageait de tout son cœur; mais, voyant que plus il piquait moins il semblait que Rossinante eût envie de partir, il résolut enfin d'attendre le jour, ou que son cheval fût en humeur de marcher, sans qu'il lui vînt jamais dans l'esprit que ce pût être un tour de son écuyer. « Puisqu'il plaît à Rossinante, dit-il, il faut bien que j'attende, quelque regret que j'en aie. — Et qu'y a-t-il de si fâcheux? reprit Sancho. Je vous ferai des contes, et je m'engage de vous en fournir jusqu'au jour, si ce n'est que votre seigneurie veuille mettre pied à terre et dormir un peu sur l'herbe fraîche, à la manière des chevaliers errants : aussi bien vous en trouverez-vous plus frais et plus en état d'entreprendre cette endiablée aventure. — Moi dormir et mettre pied à terre! dit don Quichotte; est-ce que je suis de ces chevaliers qui reposent quand il est question de combattre? — Ne vous fâchez point, monsieur, je ne l'ai dit que pour rire, ajouta Sancho. » Et s'approchant en même temps tout auprès de son maître, il mit une main sur l'arçon de devant et l'autre sur celui de derrière, en sorte qu'il lui embrassait la cuisse gauche et s'y tenait comme collé, sans oser tant soit peu s'en détacher, tant il était épouvanté de ces grands coups qui ne cessaient point.

« Fais quelque conte, lui dit son maître, pour m'entretenir en attendant le jour. — Je le voudrais bien, répondit Sancho, si le bruit que j'entends ne m'importunait point; mais, ma foi, monsieur, j'ai un peu peur, il ne faut point que j'en mente. Avec tout cela, je vais tâcher de vous dire une histoire, et la meilleure peut-être que vous ayez jamais ouïe, si je la puis retrouver et qu'on me laisse conter en patience. Or, écoutez donc, je m'en vais commencer. Il y avait ce qu'il y avait : le bien qui vient soit pour tout le monde, et le mal pour celui qui va le chercher. Remarquez, je vous prie, monsieur, que les anciens ne commençaient pas leurs contes comme on fait aujourd'hui, mais par ce proverbe d'un certain Caton l'encenseur romain, qui dit que le mal est pour celui qui va le chercher; ce qui vient ici tout à propos pour avertir votre seigneurie de se tenir en paix, sans aller éveiller le chat qui dort, et que nous ferons bien de prendre une autre route, puisque personne ne nous force de continuer celle-ci, où l'on dirait que tous les diables nous attendent. — Poursuis seulement ton histoire, dit don Quichotte, et pour ce qui est du chemin que nous devons prendre, laisse-m'en le soin. — Je dis donc, reprit Sancho, qu'en un certain lieu de l'Estramadure il y avait un berger chevrier, c'est-à-dire, monsieur, qui gardait les chèvres, lequel berger ou chevrier, comme dit le conte, s'appelait Lopès Ruys, et ce berger Lopès Ruys était amoureux d'une bergère nommée la Toralva, laquelle bergère, nommée la Toralva, était fille d'un riche pasteur qui avait un fort grand troupeau, lequel riche pasteur qui avait un fort grand troupeau... — Si tu t'y prends de cette manière, interrompit don Quichotte, et que tu répètes toujours deux fois la même chose, tu n'auras pas fait dans deux jours; conte ton histoire en homme d'entendement, ou ne t'en mêle pas. — Toutes les nouvelles se content ainsi en nos quartiers, reprit Sancho, et je ne les sais point conter d'une autre façon; trouvez bon, monsieur, que je n'aille point faire de nouvelles coutumes. — Conte comme tu voudras, dit don Quichotte; puisque mon mauvais sort veut que je t'entende, tu n'as qu'à poursuivre. — Vous saurez donc, mon cher maître, continua Sancho, que ce berger, comme j'ai dit, était amoureux de la bergère Toralva, qui était une jeune créature toute ronde, malaisée à gouverner, et qui tenait de l'homme, car elle avait même un peu de barbe. Il m'est avis que je la vois à l'heure que je vous parle. Tant il y a donc que, les jours allant et venant, comme dit l'autre, le diable, qui ne dort point et se fourre partout, fit en sorte qu'ils eurent noise, et que l'amour du berger se changea en haine; et le sujet de cela, disaient les mauvaises langues, ce fut une bonne quantité de petites jalousies que la Toralva lui donnait, mais, dame, qui passaient la raillerie, entendez-vous. Depuis cela le chevrier l'a haïe si fort, qu'il ne la pouvait plus souffrir, et, pour ne la voir jamais, il lui vint une fantaisie de s'en aller si loin, qu'il n'en entendît parler de sa vie. Ainsi dit, ainsi fait; mais la Toralva, qui se vit méprisée de Lopès Ruys, vint à l'aimer tout aussitôt plus qu'elle n'avait jamais fait... — Voilà bien le naturel des femmes, interrompit encore don Quichotte : elles méprisent qui les aime, et elles aiment ceux qui les haïssent. Poursuis, Sancho. — Il arriva donc, continua Sancho, que le berger partit touchant ses chèvres devant lui, et s'achemina par les champs de l'Estramadure droit vers le royaume de Portugal. La Toralva, qui avait bon nez, en sentit quelque chose, et incontinent la voilà après lui à pied, ses souliers dans une main, un bourdon dans l'autre, et un petit sac au cou, où il y avait, à ce qu'on dit, un morceau de miroir et un demi-peigne, avec une petite boîte de fard à farder et d'autres brimborions pour s'enjoliver. Mais il y avait ce qu'il y avait, il ne m'importe pas à moi. En fin finale, le berger Lopès Ruys, avec son troupeau de chèvres, arriva sur le bord du Guadiana, dans le temps qu'il était si fort cru, qu'il était grand comme père et mère, et, dans l'endroit où le berger se trouva, il n'y avait ni bateau ni demi, ni personne pour le passer lui et son troupeau, ce dont il mourait d'angoisse, parce qu'il sentait la Toralva sur ses talons, et qu'elle l'aurait fait enrager avec ses pleurs et ses plaintes. Mais à la fin il regarda tant de tout côté, qu'il aperçut un pêcheur qui avait un petit bateau, mais si petit, qu'il n'y pouvait passer qu'un homme et une chèvre. Cependant il était si pressé, qu'il fit marché avec le pêcheur pour le passer lui et trois cents chèvres qu'il avait. Le pêcheur amène donc le bateau et passe une chèvre; il revient et en passe une autre; il revient encore et en passe une troisième. Au reste, monsieur, continua Sancho, comptez bien, s'il vous plaît, combien le pêcheur passe de chèvres : car je vous avertis que, s'il vous en échappe une seulement, le conte finira là tout net, et au diable le mot que j'en pourrai retrouver. Or, le rivage de l'autre côté était fort glissant et plein de boue, ce qui faisait que le pêcheur était fort longtemps à chaque voyage. Avec tout cela il allait toujours et passa encore une chèvre, et puis une autre, et encore une autre. — Que ne dis-tu tout d'un coup qu'il les passa toutes, dit don Quichotte, sans le faire aller et venir de cette manière? Tu n'achèveras d'un mois si tu continues. — Combien y en a-t-il de passées à cette heure? demanda Sancho. — Et qui diable le saurait? répondit don Quichotte : penses-tu que j'y aie pris garde? — Eh bien! voilà ce que j'avais dit, reprit Sancho; vous n'avez pas voulu compter, et voilà aussi mon conte achevé; il n'y a pas moyen de passer outre. — Hé! comment cela? dit don Quichotte; est-il si fort nécessaire de savoir par le menu le compte des chèvres qui sont passées, que si l'on en manque une, il faut que tu demeures? — Oui, monsieur, répondit Sancho; et dans le même temps que je vous ai demandé combien il y avait de chèvres passées, et que vous m'avez répondu que vous n'en saviez rien, dans le même moment j'ai perdu tout ce que j'avais à dire, et, par ma foi, c'est dommage, car c'était le meilleur. — De cette façon-là, dit don Quichotte, l'histoire est donc finie? — Finie comme ma mère, dit Sancho. — En vérité, Sancho, mon ami, continua notre chevalier, voilà bien le plus étrange conte et la plus bizarre manière de raconter que l'on puisse jamais imaginer; mais que pouvais-je attendre autre chose de ton esprit? Sans doute ce bruit continuel t'a troublé la cervelle? — Cela se pourrait bien être, répondit Sancho; mais, pour le conte, je sais bien qu'il finit là où l'on manque le compte des chèvres. — Qu'il finisse où il pourra, dit don Quichotte, voyons si Rossinante voudra marcher. » En disant cela, il donne des deux, et le cheval répond d'un saut, ne pouvant faire davantage, tant Sancho l'avait bien lié.

Cependant, soit que ce fût la fraîcheur de la nuit, ou que Sancho eût mangé en soupant quelque chose de laxatif, ou plutôt que ce fût la nature, qui opérait toujours admirablement en lui, il se sentit pressé d'un fardeau dont il était malaisé qu'un autre le soulageât, mais il avait si grand'peur, qu'il n'osait s'éloigner tant soit peu de son maître. Si fallait-il pourtant apporter le remède à un mal si pressant et que chaque instant redoublait : de sorte que, pour accorder toutes choses, il tira doucement la main droite dont il tenait l'arçon de derrière, et, se mettant à son aise le mieux qu'il put, il détacha franchement son aiguillette. Sancho, en étant parvenu jusque-là, crut avoir fait le plus difficile; mais, comme il voulut essayer le reste, il désespéra presque d'en venir à bout sans faire quelque bruit, et il commença à serrer les dents et les épaules, retenant son haleine autant qu'il pouvait avec tout cela. Mais il fut si malheureux qu'il ne put s'empêcher de faire un peu de bruit, dont le son était bien différent de celui qui les importunait depuis si longtemps. « Qu'est-ce que je viens d'entendre? dit brusquement don Quichotte. — Je ne sais, monsieur, répondit Sancho; vous verrez que ce sera encore une nouvelle diablerie, car les aventures ne commencent jamais pour un peu. » Le chevalier s'en étant heureusement tenu là, Sancho fut obligé de faire une nouvelle tentative, qui lui réussit si bien que, sans avoir fait le moindre bruit, il se trouva délivré du plus incommode fardeau qu'il eût porté de sa vie. Mais don Quichotte n'ayant pas le sens de l'odorat moins vif que celui de l'ouïe, et Sancho étant tout sur lui, certaines vapeurs qui montaient presque en ligne droite ne manquèrent pas de le faire apercevoir d'une partie de ce qui se passait. A peine en fut-il frappé qu'il courut au remède, et se serrant le nez avec les doigts : « Il me semble, dit-il, Sancho, que tu as grand'peur? — Aussi ai-je, répondit Sancho; mais, monsieur, pourquoi est-ce que vous vous en apercevez à cette heure plutôt qu'auparavant? — C'est, reprit notre chevalier, que tu ne sentais pas si fort que tu fais présentement, et ce n'est pas l'ambre que tu sens. — Peut-être bien, dit Sancho, mais ce n'est pas ma faute; pourquoi me tenez-vous à une telle heure dans un lieu comme celui-ci? — Retire-toi trois ou quatre pas, mon ami, reprit don Quichotte, et désormais prends un peu plus garde à toi et à ce que tu me dois; je vois bien que la trop grande liberté que je te donne te fait oublier ce que nous sommes l'un et l'autre. — Je gage, répliqua Sancho, que votre seigneurie s'imagine que j'ai fait quelque chose qui ne doit pas se faire? — Quoi qu'il en soit, dit don Quichotte, éloigne-toi, encore une fois. — Oh! qu'à cela ne tienne, dit Sancho; vous êtes le maître, mais nous verrons si vous en êtes mieux. »

Notre chevalier et son écuyer passèrent la nuit en de semblables discours; et celui-ci, voyant enfin que le jour allait paraître, releva ses chausses et délia tout doucement les jambes de Rossinante, qui leva aussitôt deux ou trois fois le devant, ce qui ne lui était pas ordinaire, et ce pauvre animal aurait même fait des courbettes, s'il en avait su faire, tant il était aise de se voir en liberté. Son maître, le sentant en état de marcher, en tira bon augure et crut que c'était le signal que sa bonne fortune lui donnait pour marcher à cette épouvantable aventure. Le jour achevait alors de paraître, et les objets se pouvant distinguer, don Quichotte vit qu'il était dans un bois de châtaigniers, mais sans voir d'où pouvait venir ce tintamarre qui continuait toujours. Il résolut donc d'en aller chercher la cause sans attendre davantage, et faisant sentir l'éperon à Rossinante pour achever de l'éveiller, il dit une seconde fois adieu à son écuyer en lui ordonnant, comme il avait déjà fait, de l'attendre trois jours et de ne point douter, s'il ne revenait dans ce temps-là, qu'il n'eût perdu la vie en éprouvant cette aventure. Il répéta encore ce que Sancho devait dire de sa part à Dulcinée, en ajoutant qu'à l'égard de la récompense de ses services, il ne s'en mît point en peine, parce qu'avant de partir de sa maison il y avait pourvu par un testament où il se trouverait mis à proportion des services qu'il aurait pu lui rendre. « Mais s'il plaît au ciel, continua-t-il, que je sorte sain et sauf de cette périlleuse affaire, et que les enchanteurs ne s'en mêlent point, fais état, mon enfant, que le moins que tu puisses attendre, c'est l'île que je t'ai promise. » Sancho ne put retenir ses pleurs au tendre adieu de son maître, et, fondant en larmes, il lui jura qu'il le suivrait dans cette entreprise, quand il n'en devrait jamais revenir. Une résolution si louable, et qui faisait bien voir qu'il n'était pas un écuyer ordinaire, attendrit son maître, qui, sans en faire semblant, pour ne pas témoigner la moindre faiblesse, marcha du côté où le bruit de l'eau et ces grands coups l'appelaient, et Sancho le suivit à pied, menant par le licou le fidèle compagnon de toutes ses aventures.

Après avoir marché quelque temps entre les châtaigniers, ils arrivèrent dans un pré bordé de rochers, du haut desquels tombait le torrent qu'ils avaient d'abord entendu. Au pied de ces rochers on voyait quelques cabanes mal bâties, et qui ressemblaient plutôt à des masures qu'à des maisons, d'où ils reconnurent que sortaient ces coups terribles qui duraient encore. Tant de bruit et si proche épouvanta Rossinante; mais notre chevalier, le flattant de la main et l'animant, s'approcha peu à peu de ces cabanes, se recommandant de tout son cœur à sa Dulcinée, et la suppliant de le favoriser de son secours dans cette effroyable entreprise, et quelquefois aussi il ne laissait pas de prier Dieu de ne le point oublier. Pour Sancho, il se tenait à côté de son maître, et de temps en temps il allongeait le cou, regardant entre les jambes de Rossinante s'il ne découvrirait point ce qui lui faisait tant de peur. Mais à peine eurent-ils fait encore cent pas, qu'ayant passé une pointe de rocher qui s'avançait un peu, ils virent pleinement et à découvert la cause de tout ce tintamarre, qui les tenait depuis tant de temps en de si étranges alarmes. C'étaient six maillets à foulon qui n'avaient pas cessé de battre depuis le jour précédent.

A cette vue don Quichotte demeura muet et pensa tomber de son haut. Sancho le regarda et le vit la tête basse et dans la consternation d'un homme outré de honte et de dépit. Don Quichotte regarda aussi Sancho, et voyant qu'il avait les deux joues enflées comme un homme qui étouffe d'envie de rire, il ne s'en put tenir lui-même, malgré tout son chagrin; de sorte que Sancho, ravi que son maître eût commencé, lâcha la bride et se mit à rire si démesurément, qu'il fut obligé de se serrer les côtés avec les poings pour n'en pas crever. Il cessa quatre fois, et quatre fois il reprit de la même force; mais ce qui acheva de faire perdre patience à don Quichotte, c'est que Sancho, le regardant entre les deux yeux, lui alla dire avec toute la gravité qu'il put : « Apprends, ami Sancho, que le ciel m'a fait naître pour ramener l'âge d'or en ce maudit siècle de fer; c'est pour moi que sont réservées les grandes actions et les périlleuses aventures. » Et tout de suite il s'en allait lui répéter les mêmes paroles que son maître avait dites la première fois qu'ils avaient entendu le bruit du moulin; mais notre chevalier, qui était trop en colère pour souffrir que son écuyer se moquât si librement de lui, lève sa lance et lui en donne deux si grands coups sur les épaules, que, s'ils fussent aussi bien tombés sur la tête, le pauvre écuyer n'aurait plus eu que faire de gages ni de récompenses.

Sancho, voyant que ses plaisanteries lui réussissaient mal, et craignant que son maître ne continuât, lui dit d'un ton fort contrit : « Hé! monsieur, me voulez-vous tuer? ne voyez-vous pas que je raille? — C'est parce que vous raillez que je ne raille pas, moi, dit don Quichotte. Venez un peu, monsieur le plaisant; si ç'avait aussi bien été une aventure réelle, comme ce n'était rien, est-ce que je n'ai pas fait paraître tout le courage qu'il fallait pour l'entreprendre et pour l'achever? Suis-je obligé, moi qui suis chevalier, de connaître tous les sons que j'entends, et de distinguer s'ils viennent d'un moulin à foulon ou d'autre chose, et surtout si je n'ai jamais vu de ces moulins, comme c'est la pure vérité? Cela vous appartient à vous, qui n'êtes qu'un chétif paysan, né et nourri à ces sortes de choses; mais faites, s'il vous plaît, que ces six maillets soient autant de géants, et donnez-les-moi l'un après l'autre ou tous ensemble, il ne m'importe, et, si je ne vous les livre tous sans tête, raillez alors tant que vous voudrez. — Monsieur, interrompit Sancho, en voilà assez, s'il vous plaît. J'avoue que je ne m'entends pas à railler et je le sens bien; mais en bonne foi, à cette heure que nous voilà d'accord (ainsi le ciel vous tire de toutes les aventures aussi heureusement que de celle-ci !), n'y a-t-il pas de quoi rire et de quoi faire un bon conte de la frayeur que nous avons eue? au moins moi, car pour vous je sais bien que la peur n'est pas de votre connaissance. — Je demeure d'accord, répondit don Quichotte, que ce qui nous vient d'arriver a quelque chose d'assez plaisant et qu'il y a matière de rire, mais non pas de le raconter, parce que tout le monde ne sait pas prendre les choses comme il faut, ni en faire bon usage. — Par ma foi, monsieur, reprit Sancho, on ne dira pas cela devant vous; vous savez prendre la lance comme il faut, et vous en servir de la bonne manière, si ce n'est pourtant que vous visez à la tête et donnez sur les épaules. Il est vrai que ce n'est pas votre faute, car si je n'eusse fait la cane, j'en tenais d'une belle façon. Mais passe, tout cela s'en ira à la première lessive, et, comme on dit, qui aime bien, bien châtie; outre qu'un bon maître n'a jamais manqué de donner des chausses à son valet quand il lui a dit une injure. Véritablement, je ne sais pas bien ce qu'il donne après des coups de bâton; mais je m'imagine que les chevaliers errants donnent pour le moins des îles ou quelque royaume en terre ferme. — Ecoute, dit don Quichotte, la chance pourrait à la fin si bien tourner, qu'il arriverait une partie de ce que tu viens de dire. Cependant pardonne-moi le passé; tu sais bien que l'homme n'est pas maître des premiers mouvements. Mais je t'avertis d'une chose, afin qu'à l'avenir tu ne t'émancipes pas à prendre de trop grandes libertés avec moi : c'est que dans tous les livres de chevalerie que j'ai lus, qui sont, sans vanité, en assez bon nombre, je n'ai jamais trouvé qu'aucun autre écuyer que toi ouvrît si hardiment la bouche devant son maître. Et, à dire vrai, nous avons tort tous deux, toi, de n'avoir pas assez de respect pour moi, et moi, de ne m'en pas faire assez rendre; car enfin, quoique Gandalin, écuyer d'Amadis, fût comte de l'Ile-Ferme, il se lit pourtant de lui qu'il ne parlait jamais à son maître que la toque à la main, la tête baissée et le corps à demi-courbé, à la manière des Turcs. Mais c'est bien pis de Gasabal, écuyer de don Galaor, qui fut si discret, que, pour instruire la postérité de son merveilleux silence, l'auteur ne le nomme qu'une seule fois dans toute cette longue et véritable histoire. Ce que je viens de dire te doit apprendre, Sancho, qu'il faut qu'il y ait de la différence entre le maître et le valet. Ainsi, encore une fois, vivons, je vous prie, un peu plus dans l'ordre à l'avenir, sans nous en faire avaler l'un à l'autre. Car, après tout, de quelque manière que cela arrive, ce sera toujours vous, comme on dit, qui serez le plus fort et qui porterez les coups. Les récompenses que je vous ai promises viendront en leur temps; et quand il faudrait s'en passer, les salaires au moins ne manqueront pas, comme je vous l'ai déjà dit. — Tout ce que vous dites est très-bien, mon seigneur, répliqua Sancho, et j'en remercie votre seigneurie; mais si, par hasard, le temps des récompenses n'arrivait jamais, et qu'il fallût s'en tenir aux salaires, apprenez-moi, de grâce, ce que gagnait bien un écuyer de chevalier errant, et s'ils faisaient marché à tant par mois ou bien à la journée. — Je ne crois pas, répondit don Quichotte, qu'on ait jamais vu ces sortes d'écuyers être à gages : on leur donnait toujours récompense; et si je t'ai autrement traité dans mon testament, c'est qu'on ne sait pas ce qui peut arriver, et que tu aurais peut-être de la peine à prouver ma chevalerie dans ce misérable temps; et il me fâcherait que pour si peu de chose mon âme fût en peine dans l'autre monde. Nous en avons assez d'autres, nous autres aventuriers; car, mon pauvre ami, je t'apprends qu'il n'y a pas de métier plus scabreux, de ce côté-là, que le nôtre. — Je n'en doute point, dit Sancho, surtout si la patience est une chose nécessaire, puisqu'il ne faut qu'une méchante raillerie pour faire sortir des gonds le plus fameux aventurier qui soit dans la Manche; mais tenez-vous pour assuré qu'à l'avenir j'aurai bien envie de rire quand je rirai de vos affaires, et que je n'en ouvrirai jamais la bouche que pour vous honorer comme mon maître et mon véritable seigneur. — C'est le moyen que tu vives longtemps et tranquillement sur la face de la terre, dit notre chevalier, parce qu'après les pères et les mères on doit respecter les maîtres comme s'ils avaient la même qualité. »

XV

De la conquête de l'armet de Mambrin.

Comme don Quichotte et son écuyer s'entretenaient de cette sorte, ils furent surpris d'une petite pluie dont Sancho eût bien voulu se mettre à couvert en entrant dans le moulin. Mais don Quichotte l'avait pris en telle aversion depuis que ce n'était qu'un moulin, qu'il n'y voulut jamais entrer. Il se mit donc en chemin sur la main droite; et, après avoir marché quelque temps, il découvrit un cavalier qui portait sur sa tête quelque chose de luisant, comme si c'eût été de l'or. A peine l'eut-il aperçu qu'il se tourna du côté de Sancho et lui dit : « Ami Sancho, sais-tu bien qu'il n'y a rien d'aussi vrai que les proverbes? aussi sont-ils autant de maximes tirées de l'expérience, et particulièrement celui qui dit que le diable n'est pas toujours à la porte d'un pauvre homme. Je dis ceci parce que si la dernière nuit nous avons été abusés par le bruit de ce maudit moulin, et si l'aventure que nous cherchions s'est évanouie, il s'en présente, à l'heure qu'il est, une infaillible et qui nous offre bien de la gloire à acquérir. Si je ne l'entreprends, ce sera ma faute; il n'y a ni bruit inconnu qui m'en fasse accroire, ni obscurité que j'en puisse accuser. En un mot, Sancho, voici, selon toutes les apparences, celui qui porte l'excellent armet de Mambrin; il vient droit à nous, et tu sais le serment que j'ai fait — Monsieur, répondit Sancho, prenez garde, s'il vous plaît, à ce que vous dites, et plus encore à ce que vous allez faire. Ne serait-ce point ici d'autres maillets à foulon, qui achèveraient de nous fouler l'entendement et peut-être les côtes? — Le diable t'emporte avec tes foulons! interrompit don Quichotte; quel rapport ont-ils avec un armet? — Je n'en sais rien, répondit Sancho; mais, ma foi, si j'osais parler comme autrefois, peut-être vous ferais-je voir par mes raisons que votre seigneurie peut bien se tromper. — Et comment veux-tu que je me trompe, misérable mécréant, qui doutes de tout? reprit notre héros; est-ce que tu ne vois pas ce chevalier qui vient droit à nous sur un cheval gris-pommelé, et qui porte en tête un armet d'or? — Ce que je vois et revois, répliqua l'écuyer, c'est un homme monté sur un âne gris-brun, et qui porte je ne sais quoi de luisant sur la tête. — Eh bien, dit don Quichotte, ce que tu vois là, c'est l'armet de Mambrin. Eloigne-toi de quelques pas et me laisse seul; tu verras que, sans perdre de temps en discours inutiles, j'achève cette aventure en un moment, et demeure maître de ce précieux armet que j'ai tant souhaité. — Pour me tenir à l'écart, répliqua Sancho, ce n'est pas une affaire; mais, encore une fois, Dieu veuille que ce ne soit pas ici une nouvelle espèce de foulons! — Je vous ai déjà dit, frère, reprit don Quichotte en fureur, que je ne voulais plus entendre parler de foules ni de foulons, et je jure par... que, si vous m'en rompez davantage la tête, je vous foulerai l'âme dans le corps d'une manière qu'il vous en souviendra. » Sancho se tut tout court, pour ne pas obliger son maître d'accomplir ce serment, car il l'avait fait bien plein et bien entier.

Cependant il est bon de savoir ce que c'était que cet armet, ce cheval et ce chevalier que voyait don Quichotte. Il y avait dans ce canton deux villages, dont l'un était si petit, qu'il n'y avait point de barbier; aussi le barbier du grand village, qui se mêlait aussi de chirurgie, servait pour tous les deux. Il était donc arrivé que, dans le petit, un homme malade avait eu besoin d'une saignée, et quelque autre de se faire faire la barbe; si bien que le barbier s'y acheminant, et se trouvant surpris de la pluie aussi bien que nos héros, il avait mis son bassin sur sa tête pour conserver un assez méchant chapeau; et, comme le bassin était de cuivre et tout neuf, on le voyait reluire d'une demi-lieue. Ce barbier montait un bel âne gris, comme avait fort bien remarqué Sancho, et tout cela faisait justement pour don Quichotte un chevalier sur un cheval gris-pommelé avec un armet d'or; car il accommodait toujours tout ce qu'il voyait aux extravagances de ses livres. Ainsi donc, voyant que le pauvre chevalier approchait, il courut contre lui à bride abattue et la lance basse, résolu de le percer de part en part. Et, sur le point de l'atteindre : « Défends-toi, lui cria-t-il, chétive créature, ou me rends tout à l'heure ce qui m'appartient avec tant de raison. » Le barbier, qui vit fondre si brusquement sur lui cette espèce de fantôme, sans savoir pourquoi, ne trouva d'autre moyen, pour éviter le coup, que de se laisser aller de son âne à terre, où il ne fut pas plutôt, que, se relevant prestement, il enfila la plaine avec plus de vitesse qu'un daim, sans se soucier de l'âne ni du bassin.

Don Quichotte, voyant que le bassin lui demeurait, n'en voulut pas davantage, et, se retournant vers son écuyer : « Ami, lui cria-t-il, le païen n'est pas bête. Il a fait comme le castor, à qui la nature apprend à se sauver des chas-

seurs en se coupant lui-même, ce qui les anime après lui. Ramasse cet armet.
— Par mon âme, dit Sancho en considérant ce prétendu armet, le bassin n'est pas mauvais; il vaut un écu comme un double. » Puis, l'ayant donné à son maître, celui-ci le mit incontinent sur sa tête, le tournant de tous côtés pour trouver l'enchâssure. Mais, comme il n'en pouvait venir à bout : « Parbleu, dit-il, le païen pour qui cette fameuse salade fut forgée devait avoir la tête bien grosse; mais, ce que j'y trouve de pire, c'est qu'il en manque la moitié. »

Sancho ne put entendre sans sourire qu'on appelât un bassin de barbier une salade, et il eût éclaté, si ses épaules ne se fussent encore ressenties de la colère de son maître. « De quoi ris-tu, Sancho? demanda notre chevalier. — Je ris, reprit Sancho, de la furieuse tête que devait avoir le maître de cette salade, qui ressemble à un bassin de barbier comme deux gouttes d'eau. — Sais-tu bien ce que je pense? reprit don Quichotte, c'est qu'assurément cet incomparable armet sera tombé par hasard entre les mains de quelqu'un qui n'en a pas connu la valeur, et, sans savoir ce qu'il faisait, il en aura fait fondre la moitié, voyant que c'était de l'or fin, et du reste a fait faire ceci, qui, comme tu dis, ne ressemble pas mal à un bassin de barbier. Mais qu'il en soit ce qu'il pourra; pour moi, qui en connais le prix, je me moque de cette métamorphose; je ferai fort bien raccommoder la salade au premier endroit où il y aura une forge, et je prétends qu'elle ne cédera en rien à celle que Vulcain forgea pour le dieu de la guerre. Cependant je la porterai telle qu'elle est; elle vaudra toujours mieux que rien et sera bonne, pour le moins, contre les coups de pierre. — Oui, dit Sancho, pourvu qu'elles ne soient pas tirées avec la fronde, comme celles qui volaient au combat des deux armées, qui vous accommodèrent si bien les mâchoires et rompirent le pot du précieux breuvage qui me pensa faire vomir l'âme. — Je ne me soucie guère de cette perte, dit don Quichotte, puisque je sais la recette du baume. — Je la sais bien aussi, répondit Sancho; mais, s'il m'arrive jamais de la faire, et encore moins d'en goûter, que j'en puisse crever tout-à-l'heure par avance! Véritablement, je ne crois pas me mettre en état d'en avoir besoin; je suis bien résolu d'employer mes cinq sens de nature à m'empêcher d'être jamais blessé, et je renonce aussi de bon cœur à blesser jamais personne. Pour ce qui est d'être berné encore une fois, je n'en dis rien, parce qu'il n'est pas aisé de prévoir de semblables accidents; et si par malheur j'y retombe, je n'y sache autre remède que de serrer les épaules, retenir mon haleine et me laisser aller les yeux fermés au gré du sort et de la couverture. — Tu n'es pas chrétien, Sancho, dit don Quichotte; jamais tu n'oublies une injure. Apprends qu'il n'est pas d'un cœur noble et généreux de s'amuser à de semblables bagatelles. De quel pied es-tu boiteux, quelle côte as-tu rompue, et quelle tête cassée, pour ne te ressouvenir jamais de cette plaisanterie qu'avec chagrin? car, après tout, ce ne fut proprement qu'un passe-temps; et, si je ne l'avais pris ainsi, j'y serais retourné et j'en aurais tiré une vengeance plus sanglante que celle que firent les Grecs de l'enlèvement de leur Hélène, qui, au reste, ajouta-t-il avec un grand soupir, n'aurait pas tant de réputation de beauté si elle était en ce temps-ci, ou que ma Dulcinée eût été du sien. — Oh bien, dit Sancho, que l'affaire passe donc pour plaisanterie, puisque aussi bien il n'y a pas moyen de s'en venger; je ne laisse pas de savoir ce qui en est, et je m'en souviendrai tant que j'aurai des reins. Mais laissons cela pour une autre fois, et dites-moi, s'il vous plaît, monsieur, ce que vous voulez que nous fassions de ce cheval gris-pommelé qui semble un âne gris-brun, qu'a laissé sans maître ce pauvre diable errant que vous avez renversé. De la manière qu'il a gagné au pied, il n'a pas envie de revenir, et, par ma barbe, le grison n'est pas mauvais. — Je n'ai pas coutume, répondit don Quichotte, de rien ôter à ceux que j'ai vaincus, et ce n'est pas l'usage de la chevalerie de les laisser aller à pied, si ce n'est que le vainqueur ait perdu son cheval dans le combat; car, en ce cas-là, il peut légitimement prendre celui du vaincu, comme conquis de bonne guerre. Ainsi, Sancho, laisse là ce cheval ou cet âne, comme tu voudras; celui qui l'a perdu ne manquera pas de le venir reprendre aussitôt que nous nous serons éloignés. — En bonne foi, dit Sancho, je voudrais pourtant bien emmener cette bête, ou du moins la troquer pour la mienne, qui ne me paraît pas du tout si bonne. Malepeste! monsieur, que les lois de votre chevalerie sont étroites, si elles ne permettent seulement pas de troquer un âne contre un âne! Au moins voudrais-je bien savoir s'il ne m'est pas permis de troquer le bât. — Je n'en suis pas trop assuré, répondit don Quichotte; et, dans le doute, je tiens, jusqu'à ce que je m'en sois mieux informé, que tu peux t'en accommoder, pourvu que tu en aies nécessairement besoin. — Aussi nécessairement que si c'était pour moi-même, répondit Sancho. » Et là-dessus, autorisé de la permission de son maître, il fit l'échange des harnais, ajustant bravement celui du barbier sur son âne, qui lui en parut une fois plus beau et meilleur.

Cela étant fait, ils déjeunèrent du reste de leur souper et burent de l'eau qui venait du moulin à foulon, sans que jamais don Quichotte pût se résoudre à regarder de ce côté-là, tant il était en colère de ce qui s'était passé. Ils montèrent à cheval après un léger repas; et, sans choisir aucun chemin, pour imiter mieux les chevaliers errants, ils se laissèrent conduire par Rossinante, que l'âne suivait toujours de la meilleure amitié du monde, et se trouvèrent insensiblement dans le grand chemin, où ils marchèrent à l'aventure, n'ayant point pour lors de dessein.

En allant ainsi tout doucement, Sancho dit à son maître : « Monsieur, voudriez-vous bien me permettre de raisonner un peu avec vous? Depuis que vous me l'avez défendu, il m'est pourri quatre ou cinq bonnes choses dans l'estomac, et j'en ai une présentement sur le bout de la langue que je voudrais bien qui ne fît pas si mauvaise fin. — Dis-la, Sancho, dit don Quichotte, mais en peu de paroles; les longs discours sont toujours ennuyeux. — Je vous dis donc, monsieur, qu'après avoir bien considéré la vie que nous faisons, je trouve que ce n'est pas une chose de grand profit que les aventures de forêts et de grands chemins, où les plus périlleuses que vous puissiez entreprendre et achever ne sont ni vues ni sues de personne, et tous vos bons desseins et vos vaillants exploits sont autant de bien perdu dont il ne vous revient ni profit ni honneur. Il me semble donc qu'il serait beaucoup plus à propos, sauf votre meilleur avis, que nous nous missions au service de quelque empereur ou de quelque autre grand prince qui eût guerre contre ses voisins, et où vous puissiez faire voir votre valeur et votre entendement ; car, au bout de quelque temps, il faudra bien par nécessité qu'on nous récompense, vous et moi, chacun selon son mérite, s'entend ; et vous ne manquerez pas non plus de gens qui prendront soin d'écrire tout ce que vous ferez, et de le faire savoir aux enfants de nos enfants. Je ne parle point de mes faits à moi, car je sais bien qu'il ne les faut pas mesurer à la même aune, et que le limaçon ne doit point sortir de sa coquille ; quoique pourtant, si c'était l'usage d'écrire les actions des écuyers errants, il serait peut-être mention de moi aussi bien que d'un autre. — Ce n'est pas mal dit à toi, dit don Quichotte ; mais, avant que d'en venir là, il faut aller ainsi par le monde, cherchant les aventures, comme pour faire ses preuves, afin que les grandes actions du chevalier portent son nom par toute la terre, et que, quand il arrivera chez quelque grand prince, sa réputation y étant déjà répandue, les enfants s'assemblent autour de lui aussitôt qu'il paraîtra, et crient en courant après lui : C'est le chevalier du Soleil, ou celui du Serpent, ou de quelque autre enseigne sous laquelle il sera connu pour avoir fait des choses incomparables. C'est celui-là, dira-t-on, qui a vaincu en combat singulier le géant Brocambruno l'indomptable, et celui qui a désenchanté le grand Mammelu de Perse du terrible enchantement où il était depuis près de neuf cents ans. Si bien qu'au bruit que feront les enfants et tout le peuple, en publiant les hauts faits du chevalier, le roi ne manquera pas de se mettre aux fenêtres de son palais, et, connaissant d'abord le nouveau venu à ses armes ou à la devise de son écu, il ordonnera tout à l'heure aux chevaliers de sa cour d'aller recevoir la fleur de la chevalerie qui arrive. Ce sera à qui obéira le plus promptement ; et le roi lui-même descendra la moitié des degrés de son palais et viendra embrasser étroitement le chevalier, en le baisant au visage ; puis, le prenant par la main, il le mènera à la chambre de la reine, où se trouvera l'infante, sa fille, qui doit être la plus belle et la plus parfaite personne du monde. Mais ce qui ne manquera pas d'arriver, c'est que, dans le même instant que l'infante et le chevalier jetteront les yeux l'un sur l'autre, ils s'admireront réciproquement, comme des personnes plus divines qu'humaines, et, sans savoir pourquoi ni comment, se trouveront embrasés d'amour l'un pour l'autre, et dans une inquiétude extrême de ne savoir comment se découvrir leurs peines. Ensuite, comme tu peux bien croire, on mènera le chevalier dans un des plus beaux appartements du palais, où l'on aura exprès tendu les plus riches meubles de la couronne ; et là, après l'avoir désarmé, on lui mettra sur les épaules un manteau d'écarlate tout couvert d'une riche broderie ; et s'il avait bon air étant armé, combien paraîtra-t-il galant et de bonne mine en habit de courtisan ! La nuit étant venue, il soupera avec toute la famille royale et aura toujours les yeux sur l'infante, mais d'une manière pourtant que personne n'y prendra garde, comme elle le regardera aussi à la dérobée et sans faire semblant de rien, parce que c'est, comme j'ai dit, la personne la plus sage qu'on puisse trouver.

» Le souper achevé, on sera bien surpris de voir entrer un petit nain tout contrefait, suivi d'une très-belle dame entre deux géants, avec une certaine aventure faite par un ancien sage, et si difficile à achever, que celui qui en aura l'avantage sera tenu pour le meilleur chevalier de la terre. Aussitôt le roi voudra que tous ceux de sa cour éprouvent l'aventure; mais, quand ils seraient cent fois autant, ils ne feraient qu'y perdre leur peine, il n'y aura que le nouveau venu qui puisse la mettre à fin; ce qui augmentera encore sa gloire. Et Dieu sait si l'infante en aura de la joie et ne se tiendra pas trop heureuse d'avoir mis ses pensées en si bon lieu. Le meilleur est, Sancho, mon ami, que ce roi ou ce prince soit en guerre avec un de ses voisins aussi puissant que lui; de sorte que le chevalier, après avoir séjourné quelques jours dans sa cour, lui demandera la permission de le servir dans cette guerre, ce que le roi lui accordera de bon cœur; et l'autre lui baisera les mains, pour le remercier de ce qu'il lui fait tant de grâce et de courtoisie. Cette même nuit il prendra congé de l'infante, sa souveraine, par une fenêtre grillée de son appartement, qui regarde dans le jardin, où il lui a déjà parlé plusieurs fois, tout cela par le moyen d'une demoiselle, médiatrice de leurs amours, en qui la princesse a une entière confiance. Il soupirera, elle s'évanouira; la demoiselle apportera vite de l'eau pour lui jeter au visage, et s'inquiétera fort, parce que le jour est tout proche, et qu'elle ne voudrait pas pour tous les biens du monde que l'honneur de sa maîtresse reçût la moindre tache. Enfin l'infante reviendra de son évanouissement et donnera, au travers de la grille, ses mains blanches au chevalier, qui les baisera mille et mille fois et les trempera de ses larmes. Ils conviendront ensuite de la manière dont ils se feront savoir des nouvelles l'un de l'autre, et la princesse priera le chevalier de revenir le plus tôt qu'il pourra; ce qu'il ne manquera pas de lui promettre avec de grands serments. Il lui baisera encore une fois les mains, et s'attendrira de telle sorte en lui disant adieu, qu'il s'en faudra peu qu'il n'en meure.

» De là il se retirera dans sa chambre et se jettera sur son lit, où il ne lui sera pas possible de fermer l'œil. Ainsi il sera debout au point du jour, pour aller prendre congé du roi et de la reine; après quoi il voudra aussi saluer l'infante, qui lui fera dire qu'elle est indisposée et ne peut le voir; et lui, qui ne doute pas que ce ne soit à cause de son départ, en est si touché, que peu s'en faut qu'il ne fasse connaître ce qu'il a dans le cœur. Cependant la demoiselle confidente remarque bien tout cela et va sur l'heure en rendre compte à sa maîtresse, qu'elle trouve toute en larmes, et qui lui dit que sa plus grande peine est de ne pas savoir qui est son chevalier, s'il est fils de roi ou non. Mais la confidente l'assure qu'on ne saurait avoir tant de courtoisie, d'honnêteté et de valeur, à moins que d'être d'une naissance illustre. Cela console un peu cette pauvre princesse, qui fait ce qu'elle peut pour se remettre, tant elle craint que le roi et la reine ne se doutent de quelque chose! Et au bout de quelques jours elle se laisse voir, et se promène à l'ordinaire.

» Cependant il y a déjà quelque temps que le chevalier est parti; il combat, il défait les ennemis du roi, il prend je ne sais combien de villes et gagne autant de batailles. Il retourne à la cour, et paraît devant sa maîtresse tout couvert de gloire; il la revoit à la fenêtre que tu sais, et enfin ils arrêtent ensemble qu'il la demandera en mariage pour la récompense de ses services. Le roi ne veut point entendre à ce mariage, parce qu'il ne sait pas la naissance du chevalier; mais avec tout cela, soit qu'il enlève l'infante ou autrement, tant il y a qu'ils se marient ensemble, et le roi même en a de la joie, et le tient à honneur, parce qu'on découvre que son gendre est fils d'un grand roi de je ne sais quel royaume : car je crois même qu'il ne doit pas être sur la carte. Le père meurt peu après; l'infante demeure héritière : voilà le chevalier roi. C'est alors qu'il pense à récompenser son écuyer et tous ceux qui peuvent avoir contribué à sa bonne fortune; et d'abord il marie son écuyer avec une demoiselle de l'infante, fille d'un duc des plus considérables du royaume.

— Eh là donc, s'écria Sancho, voilà ce que je demande, et vogue la galère! Par ma foi, monsieur, cela vous est aussi sûr que si vous le teniez déjà, si vous prenez le nom de chevalier de la Triste-Figure. — N'en doutez point, mon fils, répliqua don Quichotte, car voilà mot pour mot la route que tiennent les chevaliers errants, et c'est par là qu'il y en a tant qui se sont faits rois ou empereurs. Nous n'avons donc plus qu'à chercher quelque roi chrétien ou païen qui soit en guerre, et qui ait une belle fille. Mais nous aurons le temps d'y penser; et, comme je t'ai dit, il faut conquérir sa réputation avant d'aller se présenter à la cour de ce prince, afin d'être connu en arrivant. Aussi n'est-ce pas ce qui m'inquiète. Mais une autre chose, dont je ne sais pas bien le remède, c'est, entre toi et moi, que, quand j'aurai trouvé ce roi et cette infante, et que j'aurai acquis une réputation incroyable, je ne vois point comment il se pourra faire que je sois de race royale. Car le roi ne voudra jamais me donner sa fille qu'il ne soit entièrement assuré de cela, quand j'aurais fait des actions qui mériteraient cent fois davantage; et je crains bien que faute de si peu je ne vienne à perdre ce que la valeur de mon bras m'aura acquis. Pour gentilhomme, véritablement je le suis, et de race ancienne, et bien connue pour telle. Et que savons-nous même si le sage qui doit écrire mon histoire ne débrouillera point si bien ma généalogie que je ne me trouve cinq ou sixième petit-fils de roi? Car il faut que tu saches, Sancho, qu'il y a dans le monde deux sortes de races : les uns tirent leur origine de rois et de princes, mais peu à peu le temps et la mauvaise fortune les ont fait déchoir; les autres, étant descendus de gens de petite étoffe, ont toujours été en montant, jusqu'à devenir enfin de très-grands seigneurs, de manière que la différence qui se trouve entre eux, c'est que les uns ont été et ne sont plus, et les autres sont ce qu'ils n'étaient pas. Ainsi je ne jurerais pas que je ne fusse de ceux dont l'origine a été grande et fameuse, ce qui, venant à se bien avérer, contenterait sans doute le roi mon beau-père. Mais, quand cela ne serait pas, l'infante doit m'aimer si fort, que, malgré la résistance de son père, elle soit décidée à m'épouser, quand je serais fils d'un meneur d'eau. Et, si elle fait la scrupuleuse, je l'enlève et l'emmène où bon me semblera : et le temps ou la mort terminera les ennuis du beau-père. — Et par ma foi, monsieur, reprit Sancho, vous avez raison, il n'est que de se nantir d'abord, et, comme disent certains vauriens, à quoi bon demander de gré ce qu'on peut prendre de force ? Et après tout, il ne faut point demeurer entre deux selles le derrière par terre : je veux dire que, si le roi votre beau-père ne veut pas vous donner madame l'infante, ce sera fort bien fait, comme dit votre seigneurie, de la saisir et tout d'une main la déplacer. Tout le mal que j'y trouve, c'est qu'en attendant que la paix se fasse entre le beau-père et le gendre, et que vous jouissiez paisiblement du royaume, le pauvre écuyer court grand risque de n'avoir rien à mettre sous la dent, et de mourir de faim dans l'attente des récompenses, sur quoi on ne trouverait peut-être pas dix réales à emprunter, si ce n'est que la demoiselle, qui doit être ma femme, plie bagage avec l'infante, et que je ne me console avec elle jusqu'à ce que le ciel nous envoie mieux. Car, monsieur, je m'imagine que le seigneur chevalier peut bien marier tout-sur-le-champ la demoiselle avec son écuyer. — Et qui l'empêcherait ? dit don Quichotte. — Puisque ainsi est, dit Sancho, nous n'avons donc plus qu'à nous recommander à la fortune, et laisser rouler la boule. Je suis des vieux chrétiens : n'est-ce pas assez pour être comte ? — Il y a de reste, dit don Quichotte, et, quand tu ne le serais pas, cela ne fait rien à l'affaire : car, sitôt que je serai roi, je te puis anoblir sans que tu achètes la noblesse, ni que tu la tiennes à foi et hommage ; et, d'abord que tu seras comte, te voilà chevalier. Et qu'on en dise ce qu'on voudra, si faudra-t-il qu'on te traite de seigneurie. — Ho, ho! dit Sancho, pourquoi non? croit-on que je n'en vaudrais pas bien un autre? On pourrait bien s'y tromper, oui. Ho! qu'on sache que j'ai eu l'honneur d'être une fois en mes jours bedeau d'une confrérie, et tout le monde disait que j'étais de si belle prestance, et que j'avais si bonne mine avec la robe de bedeau, que je méritais d'être le marguillier. Que sera-ce donc, au prix, quand j'aurai sur le corps un manteau ducal, ou que je serai tout cousu d'or et de perles comme un comte étranger? Par mon âme, je veux qu'on me vienne voir de cent lieues. — Oh! pour cela, il te fera beau voir, dit don Quichotte ; mais il faudra que tu te fasses raser quelquefois ; car avec cette barbe épaisse et crasseuse on te reconnaîtra d'une lieue de loin, si tu n'y passes le rasoir au moins tous les deux jours. — Hé bien! est-ce là une affaire? reprit Sancho : il n'y a qu'à prendre un barbier à gages, qui demeurera dans ma maison, et qui, pour un besoin, viendra derrière moi, comme l'écuyer d'un grand. — Et comment sais-tu, demanda don Quichotte, que les grands mènent des écuyers après eux ? — Je m'en vais vous le dire, répondit Sancho. Il y a quelques années que je fus un mois à la cour, et je vis un jour un petit homme, qu'on disait être un grand seigneur, qui se promenait, et qu'un autre homme suivait à cheval pas à pas, s'arrêtant quand le seigneur s'arrêtait, et marchant quand il marchait, ni plus ni moins que s'il eût été son ombre. Je demandai à quelqu'un pourquoi celui-ci ne se joignait pas avec l'autre, sans aller toujours derrière; et l'on me dit qu'il était écuyer, et que c'est l'usage des grands de se faire suivre ainsi. Dame, depuis cela, je ne l'ai pas oublié, et j'en userai de même : car il faut bien faire les uns comme les autres. — Tu as raison, Sancho, dit don Quichotte, de vouloir mener ton barbier après toi; toutes les modes n'ont pas été inventées tout d'un coup, et tu seras le premier comte qui auras mis cela en usage. Il me semble même plus à propos de s'assurer d'un homme qui fait la barbe que de celui qui a soin de l'écurie. — Pour ce qui est du barbier, reposez-vous-en sur moi, dit Sancho, et que votre seigneurie songe seulement à devenir roi et à me faire comte, et après cela vous verrez. — Ainsi ferai-je, quand ce ne serait que pour l'amour de toi, répondit don Quichotte, qui, haussant en même temps les yeux, vit ce que nous dirons dans le chapitre suivant.

XVI

Comment don Quichotte donna la liberté à quantité de malheureux qu'on menait malgré eux où ils ne voulaient pas aller.

Le grand cid Hamet Benengeli, célèbre auteur arabe, rapporte, dans cette très-véritable histoire, qu'après la longue et admirable conversation que nous venons de voir, don Quichotte, levant les yeux, vit venir environ douze hommes à pied, qui paraissaient enfilés comme des grains de chapelet dans une longue chaîne qui les prenait par le cou, et ils avaient des menottes aux bras. Il y avait aussi avec eux deux hommes à cheval et deux autres à pied; les premiers avaient des arquebuses à rouet, les autres l'épée au côté et portaient chacun un dard ou pique de Biscaye. Dès que Sancho vit cette triste caravane : « Voilà, dit-il, la chaîne des forçats qu'on mène servir le roi aux galères. — Comment! s'écria don Quichotte, des forçats? Est-il possible que le roi fasse violence à quelqu'un? — Je ne dis pas cela, répondit Sancho; je dis que ce sont des gens qu'on a condamnés pour leurs crimes à servir le roi sur les galères. — Quoi qu'il en soit, dit don Quichotte, ces gens-là sont forcés et ne vont pas de leur gré? — Pour cela, je vous en réponds, dit Sancho. — Puisque ainsi est, reprit don Quichotte, voici qui me regarde, moi, dont la profession est d'empêcher les violences et de secourir tous les misérables. — Hé! ne savez-vous pas, monsieur, répartit Sancho, que le roi ni la justice ne font aucune violence à ces garnements, et qu'ils n'ont que ce qu'ils méritent? »

Cependant la chaîne arriva, et don Quichotte pria les gardes, avec beaucoup de civilité, de vouloir bien lui dire pour quel sujet on menait ainsi ces pauvres

Ils aperçurent une dizaine d'hommes à pied attachés à une longue chaîne qui les tenait au cou.

gens. « Monsieur, répondit un des cavaliers, ce sont des galériens qui vont servir sur les galères du roi ; je n'en sais pas plus, et je ne crois pas qu'il soit besoin que vous en sachiez davantage. — Vous m'obligeriez pourtant, répliqua don Quichotte, de me laisser apprendre de chacun en particulier quelle est la cause de sa disgrâce. » Il ajouta à cela tant de civilités, que l'autre garde à cheval lui dit : « Nous avons bien ici les sentences de ces misérables, mais il n'y a pas assez de temps pour les lire, et cela ne vaut pas la peine de défaire nos valises. Vous n'avez, monsieur, qu'à les interroger vous-même. » Avec cette permission, que don Quichotte aurait bien prise de lui-même si on la lui avait refusée, il s'approcha de la chaîne, et demanda au premier quel crime il avait fait pour être ainsi traité.

« C'est pour avoir été amoureux, répondit-il. — Quoi ! pour cela ? il n'y a rien davantage ? dit notre chevalier. Si l'on envoie les gens aux galères pour être amoureux, il y a longtemps que je devrais ramer.—Mes amours n'étaient pas comme vous pensez, dit le forçat : c'est que j'aimais si fort une corbeille pleine de linge, que je ne la pouvais abandonner, et je la tenais si embrassée, que, si la justice ne s'en était mêlée, elle serait encore entre mes bras. Je fus pris sur le fait ; il ne fut pas besoin de question : on me condamna ; j'eus les épaules mouchetées d'une centaine de coups de fouet, et, quand j'aurai été trois ans à faucher le grand pré, me voilà hors d'affaire. — Qu'appelez-vous faucher le grand pré ? demanda don Quichotte. — C'est ramer aux galères, en bon français, » répondit le forçat, qui était un jeune homme d'environ vingt-quatre ans, natif de Piédrahita, à ce qu'il dit.

Don Quichotte fit la même demande au second, qui était si triste qu'il ne répondait pas une parole ; mais le premier lui en épargna la peine, et dit : « Pour celui-ci, c'est un serin de Canarie qui va aux galères pour avoir trop chanté. — Comment, reprit don Quichotte, envoie-t-on aussi les musiciens aux galères ? — Oui, monsieur, répondit le galérien, parce qu'il n'y a rien de plus dangereux que de chanter dans l'angoisse. — Au contraire, dit don Quichotte, j'ai toujours ouï dire que qui chante son mal enchante. — C'est tout au rebours ici, reprit l'autre : qui chante une fois pleure toute sa vie. — J'avoue que je ne l'entends pas, dit don Quichotte. — Monsieur, dit alors un des gardes, entre ces bonnes gens, chanter dans l'angoisse veut dire confesser à la torture. On a donné la question à ce drôle, il a reconnu son crime, qui était d'avoir volé des bestiaux ; et, pour avoir confessé ou chanté, comme ils disent, il a été condamné à six ans de galères, outre deux cents coups de fouet qui lui ont été comptés sur-le-champ ; et si vous le voyez ainsi triste et honteux, c'est que les autres le traitent de misérable et ne lui donnent point de repos, pour n'avoir pas eu la résolution de souffrir et de nier, comme s'il était plus malaisé de dire non que oui ; et si un criminel n'était pas trop heureux d'avoir son absolution sur le bout de sa langue, quand il n'y a point de témoins contre lui. Et pour ce point là, franchement, je trouve qu'ils n'ont pas tout le tort. — Je le trouve aussi, dit don Quichotte. » Et passant au troisième : « Et vous,

dit-il, qu'avez-vous fait? » Celui-ci, sans se faire tirer l'oreille, dit gaîment :
« Je m'en vais aux galères pour cinq ans, faute de dix ducats. — Ah ! j'en
donne vingt de bon cœur pour vous en tirer, dit don Quichotte. — Ma foi, il
est un peu tard, reprit le galérien : c'est justement de la moutarde après dîner. Si j'avais eu en prison les vingt ducas que vous m'offrez, pour graisser la
patte du greffier et pour réveiller l'esprit de mon procureur, je serais à l'heure
qu'il est dans le Zocodouer de Tolède, et ne me verrais pas ainsi mené comme
un levrier d'attache ; mais patience, chaque chose à son temps. »

Don Quichotte passa au quatrième, qui était un vieillard tout gris, avec une
longue barbe blanche qui lui descendait sur la poitrine. Celui-ci se prit à pleurer quand on lui demanda qui l'avait mis là, et ne répondit pas un mot ; mais
celui qui suivait lui servit de trucheman : « Ce vénérable barbon, dit-il, va
servir le roi sur mer pour quatre ans, après avoir été promené en triomphe
par les rues, vêtu pompeusement. — Cela s'appelle, si je ne me trompe, dit
Sancho, avoir fait amende honorable, et avoir été mis au carcan. — Justement,
répondit le galérien, et c'est pour avoir été marchand de chair humaine, c'est
à dire, monsieur, que ce bonhomme était messager d'amour, et, par dessus
cela, il se mêlait aussi un peu de sortilége et de charmes. — Pour ceci, je n'ai
rien à dire, reprit don Quichotte. »

Après ceux-là venait un homme de bonne mine, de l'âge de trente ans, qui
avait un œil un peu louche, et était attaché différemment des autres. Il avait
une chaîne à un pied, qui venait en montant lui entourer tout le corps, avec
deux anneaux de fer qui lui entouraient le cou : l'un attaché à la chaîne, et
l'autre de ceux qu'on appelle *pied-d'ami*, qui font tenir la tête droite, d'où des-
cendaient deux branches qui allaient jusqu'à la ceinture, et tenaient deux menottes qui lui serraient les bras avec de gros cadenas : de telle sorte qu'il ne
pouvait porter les mains à la bouche, ni baisser la tête. Don Quichotte demanda
pourquoi celui-là était si mal traité au prix des autres. « Parce que lui seul,
répondit le garde, est plus criminel que tous les autres ensemble, et qu'il est
si hardi et si artificieux, que même en cet état-là, nous ne sommes pas assurés
qu'il ne nous échappe. — Hé ! quel sorte de crime a-t-il donc commis, répliqua
don Quichotte, s'il n'a point mérité la mort ? — Il est condamné aux galères
pour dix ans, reprit le garde ; ce qui est comme une mort civile. Mais il ne
faut que savoir que cet honnête homme est le fameux Ginès de Pasamonte, ou
autrement Ginesillo de Parapilla. — Monsieur le commissaire, interrompit le
forçat, allons bride en main, je vous prie, et n'épiloguons point sur nos noms
et nos surnoms : je m'appelle Ginès, et non pas Ginesillo, et Pasamonte est le
nom de ma famille, et non pas Parapilla, comme vous dites. Que chacun s'examine sans examiner les autres, et quand nous aurons fait le tour, ce sera bien
assez. — Je vous ferai parler plus bas d'un ton, larron à triple étage, répliqua
le commissaire. — Il paraît bien que les choses vont comme il plaît à Dieu,
répliqua Pasamonte ; mais quelqu'un apprendra un jour si je me nomme ou
non Ginesillo Parapilla. — Est-ce donc qu'on ne t'appelle pas ainsi, imposteur ?

dit le garde. — Hé, oui, oui! répondit Gines; mais je ferai en sorte qu'on ne m'y appellera plus, ou je mourrai à la peine. Seigneur chevalier, ajouta-t-il, si vous nous voulez donner quelque chose, faites-le promptement, et vous en allez, à la garde de Dieu : cette curiosité d'apprendre la vie des autres nous fatigue. Et si vous avez si grande envie de savoir la mienne, sachez que je suis Gines de Pasamonte, et qu'elle est écrite par les cinq doigts de cette main. — Il est vrai, dit le commissaire : lui-même a écrit son histoire, et aussi bien qu'on le puisse faire; mais il a laissé son livre en gage dans la prison pour deux cents réales. — Oui, dit Pasamonte, et il n'y demeurera pas : je le retirerai quand il y serait pour deux cents ducats. — Quoi! il est si bon que cela? dit don Quichotte. — Il est si bon, dit Pasamonte, que malheur pour *Lazarille de Tormes*, et pour tous les livres de cette espèce écrits ou à écrire! Tout ce que j'ai à vous dire, continua-t-il, c'est qu'il dit des vérités connues, agréables et plaisantes, de telle sorte qu'on ne saurait inventer des fables qui les vaillent. — Et quel titre porte le livre? demanda don Quichotte. — *La vie de Gines de Pasamonte*, répondit Gines. — Est-il achevé? dit don Quichotte. — Achevé, dit Gines, autant qu'il le peut être jusqu'à présent que je n'ai pas achevé de vivre. Il commence dès que je suis né, et continue jusqu'à la dernière fois que j'ai été aux galères. — Ce n'est donc pas ici la première fois? dit don Quichotte. — Non, par la grâce de Dieu, répondit Gines : j'ai eu l'honneur de servir le roi déjà quatre ans, et je sais ce que c'est que le biscuit et le gourdin, pour avoir souvent tâté de l'un et de l'autre. Au reste, il ne me fâche pas tant qu'on se pourrait imaginer d'aller encore aux galères, parce que j'y achèverai mon livre, où il y a beaucoup de choses à ajouter ; dans les galères d'Espagne on a plus de loisir qu'il n'en serait besoin, et il ne m'en faut pas beaucoup, parce que j'ai déjà dans l'esprit tout ce j'ai à écrire. — Tu me parais habile homme, dit don Quichotte. — Dites malheureux aussi, répondit Gines, car le malheur poursuit toujours les bons esprits. — Il poursuit les méchants, interrompit le commissaire. — Je vous ai déjà dit, monsieur le commissaire, que nous allions bride en main, répondit Gines : nos seigneurs ne vous ont pas donné le pouvoir de nous maltraiter, et ils ne nous ont mis entre vos mains que pour nous mener où le roi a besoin de nous; et après la mort... Après tout, les taches qui se sont faites à l'hôtellerie pourraient bien se laver à la première lessive. Que chacun se taise, ou parlons mieux une fois pour toutes, et marchons sans discourir davantage : il y a trop longtemps que ces fadaises durent. »

A ces mots, le commissaire leva la canne pour répondre aux menaces de Pasamonte ; mais don Quichotte, se mettant entr'eux, le pria de ne pas le maltraiter. « Encore est-il juste, dit-il, que celui qui a les bras si bien serrés ait pour le moins la langue libre. » Et de là se tournant vers les forçats : « Mes frères, leur dit-il, d'après tout ce que vous m'avez dit je vois clairement que, quoique la peine à laquelle on vous a condamnés soit le châtiment de vos fautes, vous ne la souffrez pas cependant sans chagrin ; que vous n'avez guère d'envie d'aller aux galères, et que c'est entièrement contre votre volonté que l'on vous y mène ; comme il se peut faire aussi que le peu de courage de l'un à la question, le manquement d'argent de l'autre, et le peu de faveur que trouvent des misérables auprès des juges, qui vont souvent vite en besogne, vous aient mis en l'état où vous êtes, et privés de la justice qu'on vous devait, tout cela réuni m'oblige de vous faire voir que le ciel ne m'a mis au monde et ne m'a fait embrasser la profession de chevalier errant que pour secourir les affligés, et délivrer les petits de l'oppression des grands. Mais comme il est de la prudence de faire les choses doucement et sans violence quand on le peut, je prie monsieur le commissaire et messieurs vos gardes de vous détacher, et vous laisser aller libres : il se trouvera assez d'autres gens pour servir le roi sur ses galères; pour dire le vrai, c'est une chose bien dure que de vouloir rendre esclaves des gens qui sont nés avec la liberté. Mais, messieurs les gardes, ajouta-t-il, je vous en prie, d'autant plus que ces pauvres gens ne vous ont point offensés, laissez-les aller faire pénitence, sans les forcer à en faire une où ils n'auront point de mérite. Il y a une justice au ciel qui prend assez soin de châtier les méchants quand ils ne se corrigent pas, et il n'est pas bienséant à des hommes qui ont de l'honneur d'être les bourreaux des autres hommes. Messieurs, je vous demande cela avec douceur et civilité, et, si vous me l'accordez, je vous en serai redevable : mais, si vous ne le faites pas de bonne grâce, cette lance et cette épée, la vigueur de mon bras, vous le feront faire par force

— Ha ! ha ! voici une bonne plaisanterie ! répond le commissaire : cela n'est pas mal imaginé de nous demander la liberté des forçats du roi, comme si nous avions le pouvoir de les délivrer, et que celui-ci eût l'autorité de nous le faire faire ! Allez, monsieur, allez, poursuivez votre chemin, et redressez le bassin que vous avez sur la tête, sans mettre votre nez où vous n'avez que faire. — Vous êtes un maraud et un insolent ! répondit don Quichotte. » Et en même temps il l'attaque avec tant de promptitude, que sans lui donner le loisir de se mettre en défense, il le renverse à terre, dangereusement blessé d'un coup de lance. Les gardes fort étonnés d'une chose si brusque, attaquèrent tous ensemble don Quichotte, les uns avec leurs épées, et les autres avec leurs dards, et ils lui auraient fait mal passer le temps, si les forçats, voyant une si belle occasion de recouvrer leur liberté, n'avaient essayé de s'en servir en s'efforçant de rompre leurs chaînes. La confusion fut si grande alors parmi les gardes, que, tantôt courant aux forçats, qui se détachaient, et tantôt à don Quichotte, qui ne leur donnait point de repos, ils ne purent rien faire de bon. Sancho cependant aidait Gines de Pasamonte, qui se voyant libre et débarrassé, se jeta sur le commissaire, et, lui ayant ôté l'épée et l'arquebuse, coucha en joue tantôt l'un, tantôt l'autre, sans tirer pourtant, témoignant tant de résolution, que, les autres forçats le secondant à coups de pierre, les gardes prirent la fuite et quittèrent le champ de bataille.

Sancho n'eut pas trop de joie de ce grand exploit, parce qu'il ne douta point que les gardes n'allassent à l'heure même informer la justice et demander main-forte pour revenir chercher les coupables. Dans cette appréhension, il dit à son maître qu'il était à propos de s'ôter du chemin, et de se cacher dans la montagne qui était tout proche : « car, dit-il, les diables d'archers ne manqueront point de faire sonner le tocsin, on nous enveloppera de tout côté, et il nous pourrait arriver pis que d'être bernés et roués de coups de bâton. — Cela est bien, dit don Quichotte, mais pour l'heure je sais ce qu'il faut faire. » Et, appelant en même temps les forçats, ils se rendirent tous auprès de lui, et se rangèrent à la ronde pour apprendre ce qu'il leur voulait. « C'est la vertu des honnêtes gens, leur dit-il, d'avoir de la reconnaissance des bienfaits qu'ils reçoivent, et l'ingratitude est le vice le plus noir de tous. Vous voyez, messieurs, ce que je viens de faire pour vous, et l'obligation que vous m'avez : je suis persuadé que je n'ai pas servi des ingrats, et c'est à vous de me faire voir ce que vous êtes. Je vous demande pour toute reconnaissance, que vous repreniez la chaîne que je vous ai ôtée, et qu'en cet état vous alliez dans la cité du Toboso vous présenter devant madame Dulcinée, et lui dire que c'est de la part de son esclave le chevalier de la Triste-Figure; et vous lui raconterez mot pour mot tout ce que j'ai fait en votre faveur, jusqu'à vous remettre en liberté. Après cela je vous laisse maîtres, et vous pourrez faire tout ce que vous voudrez. »

Gines de Pasamonte répondant pour tous, dit à don Quichotte. « Seigneur chevalier, notre libérateur, il nous est impossible de faire ce que vous ordonnez : car nous n'oserions nous montrer ensemble en l'état que vous dites, de crainte d'être aussitôt reconnus; au contraire, il faut que nous nous séparions, et que nous fassions si bien en nous déguisant, que nous ne retombions plus entre les mains de la Sainte-Hermandad, qui, sans doute, va mettre des gens à notre quête. Mais ce que votre seigneurie peut faire, et ce qui est juste, c'est de changer votre ordre, et de commuer le tribut que nous devons à madame Dulcinée du Toboso en une certaine quantité de prières que nous dirons à son intention. C'est une chose que nous pourrons accomplir sans risque, et aussi bien de nuit que de jour, en fuyant ou en reposant, dans la paix ou dans la guerre, mais, de penser que nous nous exposions encore une fois à manger la soupe d'Égypte, je veux dire à reprendre la chaîne, il n'y a pas d'apparence, et je ne pense pas que vous y ayez bien songé. — Et par le Dieu vivant, dit don Quichotte, enflammé de colère, don Ginesilio de Parapilla, ou qui que vous puissiez être, vous irez tout seul, et chargé de la chaîne et de tout le harnais que vous aviez sur votre noble corps. »

Pasamonte qui n'était pas né fort patient, et qui n'avait pas trop bonne opinion de la sagesse de don Quichotte, après l'action qu'il venait de faire, ne put souffrir de se voir traiter de la sorte : il fit signe des yeux à ses compagnons, qui s'écartèrent aussitôt les uns des autres, et firent pleuvoir tant de pierres sur don Quichotte, qu'il ne pouvait parvenir à se couvrir de sa rondache, ni faire aller Rossinante, qui ne se remuait pas plus que s'il eût été de bronze. Sancho se mit derrière son âne, et, par ce moyen, évita la tempête; mais son maître ne put si bien se garantir qu'il n'attrapât par les reins quatre ou cinq cailloux qui le jetèrent par terre. Pasamonte fondit aussitôt sur lui, et, prenant son bassin, lui en donna cinq ou six coups sur l'épaule, et autant contre une pierre où il le mit presque en pièces. Les forçats prirent un jupon ou casaque que don Quichotte portait par dessus ses armes, et lui auraient ôté jusqu'au bas de chausses, si les cuissards et les genouillères ne les en eussent empêchés. Pour ne pas laisser l'ouvrage imparfait, ils déchargèrent aussi Sancho de son manteau, et l'ayant mis presque nu comme la main, ils partagèrent entre eux les dépouilles du combat; puis chacun s'en alla de son côté, avec plus de soin d'éviter la Sainte-Hermandad que d'envie de connaître madame Dulcinée. L'âne, Rossinante, Sancho et don Quichotte, demeurèrent seuls sur le champ de bataille : l'âne, la tête basse, et secouant de temps en temps les oreilles, croyant sans doute que la pluie de cailloux durait encore ; Rossinante étendu près de son maître, et froissé de deux grands coups de pierre ; Sancho presque nu comme quand il vint au monde, et mourant de peur de tomber entre les mains de la Sainte-Hermandad ; et don Quichotte triste et tout irrité de se voir en si mauvais état, par l'ingratitude des brigands à qui il avait rendu un si bon office.

XVII

De ce qui arriva à don Quichotte dans la montagne Noire.

Don Quichotte, se voyant ainsi maltraité, dit à son écuyer : « J'ai toujours ouï dire, Sancho, que c'est écrire sur le sable que faire du bien à des méchants : si je t'avais cru, j'aurais évité ce déplaisir; mais enfin cela est fait, patience, et que l'expérience nous rende sages désormais. — En bonne foi, monsieur, vous vous rendrez sage comme je suis Turc, dit Sancho; mais, puisque vous me dites que, si vous m'eussiez cru, vous auriez évité ce déplaisir, croyez-moi à cette heure, et vous en éviterez un plus grand : car, en un mot comme en mille, je vous avertis que toutes vos chevaleries sont inutiles avec la Sainte-Hermandad, et qu'elle ne ferait pas plus de cas de tous les chevaliers errants du monde que d'un chien mort. Tenez, il me semble que j'entends déjà ses flèches qui me sifflent aux oreilles. — Tu es naturellement poltron, Sancho, dit don Quichotte; mais, afin que tu ne dises pas que je suis opiniâtre, et que je ne fais jamais ce que tu me conseilles, je veux bien t'en croire pour cette fois-ci, et m'éloigner de cette terrible Hermandad, que tu crains si fort; mais ce sera à une condition, c'est que, ni mort ni vif, tu ne diras jamais à personne que je me suis retiré, et que j'ai évité le danger par aucune crainte, mais seulement à ta prière, et pour te faire plaisir. Si tu dis autre chose, tu mentiras; et dès à présent comme dès lors, et pour lors comme dès à présent, je te démens, et dis que tu as menti et mentiras toutes les fois que tu le diras. — Monsieur, dit Sancho, se retirer n'est pas fuir ; mais attendre est encore moins sagesse quand le péril surpasse l'expérience et les forces, et il est de l'homme prudent de se garder aujourd'hui pour demain, sans aventurer tout à un seul coup ; écoutez, quoique rustique et lourdaud, je me suis toujours piqué de ce qu'on appelle gouvernement. Ainsi ne vous repentez point d'avoir pris mon conseil ; montez seulement sur Rossinante, si vous le pouvez, sinon je vous aiderai, et suivez-moi, je vous prie : le cœur me dit qu'il ne fait pas bon ici, et que nous avons plus besoin de nos pieds que de nos mains. »

Don Quichotte monta à cheval sans rien dire davantage, et Sancho prenant le devant, ils entrèrent dans la montagne Noire assez avant, le bon écuyer ayant grande envie de la traverser toute, d'aller jusqu'à Amoldovar-del-Campo, et de se cacher là quelques jours, pour ne pas tomber entre les mains de la justice. Ce qui le portait encore plus à cela, c'est qu'il avait sauvé de la bataille et des mains des forçats toutes les provisions qui étaient sur son âne ; ce qui fut véritablement une espèce de miracle.

Nos aventuriers arrivèrent cette nuit-là au milieu de la montagne Noire, et dans l'endroit le plus désert, où Sancho conseilla à son maître de passer quelques jours, au moins autant que dureraient leurs provisions. Ils commencèrent à s'établir pour cette nuit entre deux coteaux, sous des liéges, où ils se crurent en sûreté et à couvert de toute sorte d'insultes. Mais la fortune, qui gouverne et accommode toutes choses à sa fantaisie, voulut que Gines de Pasamonte, ce fameux scélérat que la vigueur et la folie de don Quichotte avaient tiré de la chaîne, craignant et fuyant la Sainte-Hermandad, songea à s'aller aussi cacher dans ces rochers, et arriva justement au même lieu où étaient don Quichotte et Sancho, qu'il reconnut à leurs paroles, et qu'il laissa s'endormir. Comme les méchants sont toujours ingrats et incivils, et que la nécessité fait songer à des choses dont on ne s'aviserait pas, Gines, qui n'était ni civil, ni bien intentionné, s'accommoda, pendant leur sommeil, de l'âne de Sancho, préférablement à Rossinante, qui lui parut si mince, qu'il ne crut pas pouvoir s'en défaire, ni par vente ni par échange ; et, avant qu'il fût jour, il s'éloigna si bien du maître et du valet, qu'ils ne pouvaient plus le rattraper.

Cependant l'aurore vint avec sa face riante réjouir et embellir la terre ; mais elle ne fit qu'attrister et enlaidir Sancho, qui pensa mourir de douleur quand il se vit sans son âne. Il fit des plaintes si tristes et des gémissements si pitoyables, que don Quichotte s'en éveilla, et l'entendit qui disait : « O cher fils de mes entrailles, qui as pris naissance en ma maison, agréable jouet de mes enfants, les délices de ma femme, l'envie de mes voisins, et le soulagement de mes travaux, enfin le nourricier de la moitié de ma personne, puisqu'avec quatre sous que tu me valais chaque jour tu fournissais la moitié de ma dépense ! »

Don Quichotte, devinant par ces lamentations le sujet de la douleur de Sancho, tâcha de le consoler avec des paroles tendres et de savants raisonnements sur les disgrâces de ce monde. Mais rien ne réussit si bien que quand il le pria de prendre patience, en lui promettant de lui donner une lettre de change de trois ânons à prendre sur cinq qu'il avait dans sa maison. Sancho s'apaisa, essuya ses larmes, arrêta ses soupirs et ses sanglots, et fit un grand remerciement à son maître de la faveur qu'il venait de lui faire.

Don Quichotte, que le soleil avait un peu remis, se réjouit de se voir au milieu de ces montagnes, ne doutant point que ce ne fût un lieu propre à trouver les aventures qu'il cherchait. Il rappelait dans sa mémoire les merveilleux événements qui étaient arrivés aux chevaliers errants en de semblables solitudes, et il était si enivré et si transporté de ces fadaises, qu'il ne se souvenait ni ne se souciait d'autre chose au monde. Sancho n'avait guère de souci non plus depuis qu'il se voyait en sûreté, et il ne songeait qu'aux restes qu'il avait sauvés. Il allait derrière son maître, portant le bissac qu'avait auparavant son âne, tirant de temps en temps quelques bribes et les avalant sans se soucier des aventures, et ne s'en imaginant point de plus belle que celle-là.

XVIII

Des choses étranges qui arrivèrent à don Quichotte dans la montagne Noire, et de la pénitence qu'il fit à l'imitation du Beau Ténébreux.

Ils marchèrent quelque temps sans rien dire, et Sancho était demi-mort d'envie de raisonner; mais il n'osait commencer, pour ne pas contrevenir aux ordres absolus de son maître. Voyant enfin que don Quichotte ne parlait pas, et ne pouvant souffrir un si long silence : « Mon seigneur, lui dit-il, je supplie votre seigneurie de me donner sa bénédiction et mon congé, que je m'en aille tout à l'heure retrouver ma femme et mes enfants, avec qui je pourrai au moins parler et contester quand j'en aurai envie : car enfin de prétendre que je vous suive par ces déserts de jour et de nuit, sans dire un seul mot, j'aimerais autant qu'on m'enterrât vif. Si Dieu voulait que les bêtes parlassent comme au temps d'Ésope, encore passe : je m'entretiendrais avec Rossinante de tout ce qui me viendrait dans la fantaisie. O ma foi, c'est une chose insupportable d'aller toujours chercher les aventures, et de ne trouver jamais que des gens qui nous bernent, et qui nous assomment à coups de poings et de pierres, et qu'il faille encore avoir la bouche cousue, comme si on était né muet. — Je l'entends, Sancho, répondit don Quichotte, tu ne saurais tenir longtemps ta langue captive : eh bien, je lui rends la liberté, à condition pourtant que ce ne sera que pour le temps que nous serons dans ces montagnes. Dis donc ce que tu voudras.

— En bonne foi, monsieur, dit Sancho, est-ce une bonne loi de chevalerie que nous courions par ces montagnes comme gens perdus, sans voir ni chemin ni sentier, cherchant qui achève de nous briser à vous la tête et à moi les côtes? — En voilà assez, encore une fois, répondit don Quichotte. Apprends que mon dessein est de faire en cette montagne une action qui me donnera de la réputation parmi les hommes, qui éternisera mon nom, et damera le pion à tous les chevaliers errants passés et à venir. — Est-elle bien périlleuse, monsieur, cette action-là? demanda Sancho. — Non, répondit don Quichotte ; pourtant la chose pourrait aller de telle façon que nous rencontrions hasard au lieu de chance ; mais cela dépend de la diligence. — De ma diligence, monsieur? dit Sancho. — Oui, mon ami, répondit don Quichotte, parce que si tu reviens promptement d'où je pense à t'envoyer, ma peine sera bientôt finie, et ma gloire commencera. Mais pourquoi te tenir davantage en suspens? Il faut que tu saches, fidèle écuyer, que le fameux Amadis de Gaule fut un des plus parfaits chevaliers errants du monde; que dis-je, un? il fut le seul, au moins il fut le premier, et le prince de tous ceux qu'il y a jamais eus jusqu'à lui. Et que les Bélianis ni les autres ne prétendent entrer en comparaison avec lui : il n'y en a pas un qui mérite d'être son écuyer. Le peintre qui veut se rendre fameux dans son art tâche toujours d'imiter les meilleurs originaux, et prend pour modèles les ouvrages des plus excellents peintres qu'il connaît ; ceci doit être une règle pour tous les arts et pour toutes les sciences qui servent d'ornement dans les républiques. De même celui qui veut acquérir la réputation de patient et de sage, doit imiter Ulysse qu'Homère nous représente comme l'image et le prototype de la sagesse et de la patience. Virgile nous donne, en la personne d'Énée, un exemple admirable de la piété d'un fils envers son père, et en même temps de la prudence d'un vaillant capitaine. Ils dépeignent ainsi leurs héros, non pas peut-être comme ils ont été, mais tels qu'ils devaient être. De même aussi, Amadis ayant été l'étoile et le soleil des vaillants et amoureux chevaliers, c'est lui que nous devons imiter, tous tant que nous sommes, qui combattons sous les étendards de l'amour et de la chevalerie errante. Cela étant ainsi, ami Sancho, le chevalier errant qui l'imitera le mieux approchera le plus de la perfection. Et une des choses en quoi le grand Amadis fit le plus éclater sa sagesse et sa valeur, sa fermeté et son amour, ce fut en se retirant sur la roche Pauvre, pour y faire pénitence sous le nom du Beau Ténébreux, nom convenant admirablement à la vie qu'il voulait faire et qu'il avait lui-même choisie. Et, comme il m'est beaucoup plus aisé de l'imiter en sa pénitence que de fendre des géants démesurés, couper des serpents, tuer des endriaques, mettre des armées en déroute, dissiper les flottes et défaire les enchantements, et que d'ailleurs ces lieux sauvages sont propres pour un tel dessein, je ne veux pas laisser perdre l'occasion qui s'offre si favorablement.

— Mais enfin, monsieur, dit Sancho, qu'est-ce donc que vous prétendez faire dans un lieu si désert? — Et ne t'ai-je pas dit, répondit don Quichotte, que je prétends imiter Amadis, faisant ici l'insensé, le désespéré, le furieux; imiter aussi en même temps le valeureux Roland dans les folies qu'il fit quand il sut qu'Angélique l'avait si lâchement oublié pour Médor? ce qui lui donna tant de chagrin, qu'il devint fou et arracha les arbres, troubla les eaux des fontaines, ravagea les troupeaux, tua les bergers, brûla leurs cabanes, déroba leurs juments, et fit cent mille autres extravagances dignes d'une éternelle mémoire. Et, quoique je ne sois pas résolu d'imiter exactement Roland, Orland ou Rotoland, car il avait tous ces noms-là, en toutes ses folies, je prétends pour le moins choisir les plus essentielles, et celles qui peuvent passer pour orthodoxes. Peut-être aussi que je me contenterai d'imiter seulement Amadis, qui, sans faire de folies éclatantes et pernicieuses, mais seulement des plaintes et des lamentations, acquit tant de réputation et de gloire, qu'on n'en peut avoir davantage. — Il me semble, monsieur, dit Sancho, que les chevaliers qui faisaient ces folies et ces pénitences en avaient quelque sujet; mais vous, monsieur, quelle raison avez-vous de devenir fou? Quelle dame vous a méprisé, et quelle preuve avez-vous que madame Dulcinée du Toboso ait fait des sottises avec maure ou chrétien? — Hé, justement, s'écria don Quichotte; par là je ferai voir à ma dame de quoi je suis capable dans l'occasion, puisque je fais bien ceci sans que rien m'y oblige. Mais, au reste, le long temps qu'il y a que je me suis éloigné de l'incomparable Dulcinée ne m'en donne-t-il pas assez de sujet? Et l'absence ne fait-elle pas craindre et sentir tous les maux? Ainsi donc, ami Sancho, ne perds point de temps à me vouloir détourner d'une si rare, si heureuse et si extraordinaire émulation, je suis fou, et fou je veux être, jusqu'à ce que tu sois de retour avec la réponse à une lettre que je veux que tu portes à madame Dulcinée. Si je la trouve digne de ma fidélité, je cesse au moment d'être fou et de faire pénitence : mais, si elle n'est pas satisfaisante, je demeurerai fou absolument. Ainsi, quoi que me réponde ma dame, je me tirerai toujours heureusement d'affaire, ou en jouissant en homme sage du bien que j'espère de ton retour, ou comme fou, ne sentant plus le mal que tu m'auras apporté. »

En achevant ce discours, ils se trouvèrent au pied d'une roche fort haute qui était détachée de toutes les autres, comme si on l'eût faite exprès. Un petit ruisseau coulait doucement par la pente, et venait en serpentant arroser un pré qui l'entourait. La fraîcheur et la verdure de l'herbe, et la quantité d'arbres sauvages, de plantes et de fleurs dont la roche était couverte, rendaient ce lieu le plus agréable du monde. Cet endroit-là plut extrêmement au chevalier de la Triste-Figure, qui, le choisissant pour faire sa pénitence, en prit possession en ces termes, comme s'il eût entièrement achevé de perdre la raison : « Voilà, ô ciel! s'écria-t-il, le lieu que je choisis pour pleurer le pitoyable état où vous m'avez réduit! Je veux que mes larmes augmentent les eaux de ce ruisseau, et que mes soupirs continuels agitent perpétuellement les feuilles et les branches de ces arbres, pour faire connaître à tout le monde le cruel tourment et l'épouvantable peine que souffre mon cœur. O vous! qui que vous soyez, dieux champêtres, habitants de ces déserts, écoutez les plaintes d'un malheureux amant, qu'une longue absence et une jalousie imaginaire ont amené dans ces tristes lieux, pour pleurer son mauvais sort, et se plaindre en liberté des rigueurs d'une belle ingrate en qui le ciel a rassemblé tous les attraits de la beauté humaine! O vous! nymphes, et vous, dryades, qui avez coutume d'habiter les montagnes sauvages, aidez-moi à plaindre mes malheurs, ou, pour le moins, ne vous lassez pas de les entendre ! O Dulcinée du Toboso ! soleil de mes jours et lune de mes nuits, gloire de mes peines, nord de mes voyages, étoile de mes aventures, ainsi le ciel t'en donne toujours d'heureuses, comme je le conjure d'avoir pitié du triste état où me réduit ta cruelle absence, et que ton cœur se rende favorable à la constance de ma foi ! O vous ! arbres solitaires et sombres, qui devez désormais me faire compagnie dans ma solitude, faites-moi connaître par le doux murmure de vos feuilles agitées, et par le branlement de vos branches, que ma présence ne vous est pas désagréable. Et toi, mon cher écuyer, aimable et fidèle compagnon de toutes mes aventures, considère attentivement tout ce que je vais faire, sans en oublier la moindre chose, afin de le raconter exactement à celle pour qui je le fais. O toi, Rossinante, qui m'as toujours inséparablement accompagné, et si utilement servi, non seulement dans la prospérité, mais tant que la fortune m'a été contraire ; toi qui as toujours partagé mon bonheur et mes disgrâces, pardonne-moi si, dans celle-ci, je choisis la solitude, et crois que ce n'est pas sans regret que je t'abandonne. »

En disant cela, il mit pied à terre, ôta promptement la selle et la bride à son cheval, et, lui donnant de la main sur la croupe, il lui dit en soupirant : « Celui qui a perdu la liberté te la donne. O cheval, aussi excellent pour tes grandes actions que malheureux dans ton sort, va-t'en où tu voudras ; tu portes écrit sur le front que jamais l'hippogriffe d'Astolphe, ni le renommé Frontin, qui coûta si cher à Bradamante, n'ont égalé ta légèreté et ta vigueur.

— Maudit soit, s'écria Sancho en cet endroit, et mille fois maudit celui qui m'a délivré du soin de débâter mon âne ! Les flatteries ne lui manqueraient pas, ni de belles paroles à sa louange ; mais pourtant, quand il serait ici, le pauvre grison ! pourquoi lui ôter le bât ? Qu'est-ce qu'il a à voir avec les folies des amoureux et des désespérés, puisque son maître, qui était moi, n'a jamais été ni l'un ni l'autre ! Mais dites donc, monsieur, si mon voyage et votre folie sont véritables, croyez-vous qu'il soit mal à propos de seller Rossinante, afin qu'il supplée au défaut de mon grison, et que mon voyage ne dure pas si long-temps ? car, s'il me faut aller à pied, je ne sais pas trop bien quand j'arriverai ni quand je serai de retour, parce que je suis un fort mauvais piéton. — Fais comme tu voudras, Sancho, répondit don Quichotte ; il me semble que tu n'as pas tort. Au reste, tu partiras dans trois jours ; je te retiens encore ce temps-là, afin que tu voies ce que je fais pour ma dame, et que tu puisses lui redire. — Et que puis-je voir davantage que ce que j'ai vu ? dit Sancho. — Vraiment, tu es bien loin de compte, répartit don Quichotte. Ne faut-il pas que je déchire mes habits, que je jette mes armes pièce à pièce, que je saute la tête en bas sur ces rochers, et que je fasse mille autres choses de cette nature qui te donneront de l'admiration ? — Pour l'amour de Dieu, monsieur, dit Sancho, prenez bien garde comment vous ferez ces sauts : vous pourriez donner de la tête en tel endroit, que dès le premier coup vous auriez achevé la pénitence. Et je serais d'avis, pour moi, si ces soubresauts sont si nécessaires, et que l'œuvre ne se puisse faire sans cela, que vous vous contentassiez, puisque cela est feint, et n'est qu'une imitation, de les faire dans l'eau ou sur des matelas, et je ne laisserai pas de dire à madame Dulcinée que vous les avez faits sur des roches pointues et dures comme du fer. — Je te remercie de ta bonne intention, ami Sancho, répondit don Quichotte ; mais il faut que tu saches que ceci n'est point une feinte, mais une chose très sérieuse, parce qu'autrement ce serait pécher contre les lois de la chevalerie, qui nous défendent de mentir, sous peine d'être déclarés indignes de l'ordre ; et faire une chose pour l'autre c'est mentir ; ainsi il faut que mes soubresauts soient réels, sans aucune supercherie. Cependant il sera bon que tu me laisses de la charpie pour mettre sur mes blessures, puisque nous avons perdu le baume. — Ça bien encore été pis de perdre l'âne, dit Sancho, puisqu'il portait le baume et la charpie ; mais je prie votre seigneurie de ne me pas parler jamais de ce vilain breuvage, qu'à l'entendre seulement nommer, je suis près de rendre tripes et boyaux. Je vous prie aussi de vous souvenir que les trois jours que vous aviez pris pour me faire voir vos folies sont passés, et que je les tiens pour vues sans appel. Je dirai des merveilles à madame, laissez-moi faire ; écrivez seulement, et me dépêchez, car je grille d'être revenu, pour vous tirer du purgatoire où je vais vous laisser. — Tu l'appelles purgatoire, Sancho ! dit don Quichotte ; dis enfer, et quelque chose de pis, s'il y en a dans le monde. — Et qui est en enfer n'a point de rétention, dit Sancho, à ce que j'ai ouï dire. — Que veux-tu dire par rétention ? je ne l'entends pas, dit don Quichotte. — Rétention, dit Sancho, c'est à dire que qui est une fois en enfer n'en saurait plus sortir ; ce qui n'arrivera pas de vous, ou je ne pourrai remuer les talons pour hâter Rossinante. Je prétends pourtant qu'il me rende, comme il me prend, devant madame Dulcinée du Toboso, à qui je dirai des choses si admirables de vos folies et de vos extravagances, car je pense que c'est tout un, que je la rendrai plus souple qu'un gant, fût-elle plus dure qu'un chêne. J'en tirerai une réponse douce comme du miel, avec laquelle je m'en viendrai par l'air, comme un sorcier, vous tirer de votre purgatoire, qui semble un enfer, mais qui ne l'est pas, puisqu'il y a espérance d'en sortir, et que l'on dit qu'on ne sort jamais de l'enfer quand on y a une fois mis le pied, ce qui est aussi, je crois, le sentiment de votre seigneurie. — C'est la vérité, dit don Quichotte ; mais comment ferons-nous pour écrire la lettre ? — Et le mandement des ânons ? ajouta Sancho. — Je ne l'oublierai pas, reprit don Quichotte ; et, puisque je n'ai point de papier, il faudra que j'écrive sur des feuilles d'arbre, ou sur des lames de cuivre ; mais je viens de me ressouvenir que j'ai des tablettes, qui seront toutes propres pour cela, et tu auras soin de faire transcrire le tout en belles lettres au premier bourg où tu trouveras un maître d'école, et, s'il n'y en a pas, le sacristain de la paroisse la transcrira bien ; mais donne-toi garde de le faire faire par un homme de chicane, car le diable même ne le lirait pas. — Oui, mais comment faire pour la signature ? répondit Sancho. — Jamais Amadis ne signait ses lettres, dit don Quichotte. — Bon pour cela, dit Sancho ; mais le mandement, il faut bien qu'il soit signé, et, s'il est transcrit, ils diront que le seing est faux, et me voilà sans ânons. — Le mandement sera aussi dans les tablettes, et je le signerai ; et, quand ma nièce verra mon nom, elle ne fera aucune difficulté. Pour ce qui est de la lettre d'amour, tu feras mettre au bas : Votre jusqu'à la mort, le chevalier de la Triste-Figure. Il ne faut point se soucier que l'écriture soit d'une autre main que la mienne, parce que, si je m'en souviens bien, Dulcinée ne sait ni lire ni écrire, et de sa vie n'a vu ni de mes lettres ni de mon écriture. Nos amours ont toujours été en idée et n'ont jamais passé les bornes d'un honnête regard, et encore ç'a été si peu souvent, que je puis bien jurer que, depuis douze ans qu'elle m'est plus chère que ma vie, je ne l'ai pas vue quatre fois, et peut-être même ne s'est-elle jamais aperçue que je la regardasse, tant Lorenzo Corchuelo, son père, et Alonzo Nogales la veillent de près. — Et oui, ma foi, s'écria Sancho, la fille de Lorenzo Corchuelo est madame Dulcinée du Toboso, autrement Aldonza Lorenzo ? — C'est elle-même, répondit don Quichotte, et celle qui mérite d'être maîtresse de toute la terre. — Ah ! je la connais bien, dit Sancho, et je sais qu'elle tire une barre aussi rudement que saurait faire le plus fort berger du village. Vive Dieu ! quelle créature ! qu'elle est droite et bien faite ! Jarni ! qu'elle est vigoureuse et de bonne complexion, et la bonne voix qu'elle a ! Un jour, elle était au haut du clocher de notre village, et elle se mit à appeler les valets de son père, qui étaient à plus d'une demi-lieue de là ; ils l'entendaient comme s'ils eussent été au pied de la tour. Ce qu'elle a de meilleur, c'est qu'elle n'est point dédaigneuse : elle joue avec tout le monde et se moque de tout. Oh ! vraiment, à l'heure qu'il est, seigneur chevalier de la Triste-Figure, vous pouvez bien faire pour elle tant de folies que vous voudrez, vous pouvez vous désespérer et vous pendre ; il n'y a personne qui ne dise que vous aurez bien fait, quand même le diable vous aurait emporté. Aldonza Lorenzo ! bon Dieu, je grille d'être en chemin pour la voir, car il y a déjà longtemps que je ne l'ai vue. Elle doit être bien changée à cette heure ! le soleil, le grand air, et aller tous les jours aux champs, cela gâte fort le visage des femmes. Il faut que je vous avoue, seigneur don Quichotte, que jusqu'ici j'ai vécu dans une grande ignorance. J'aurais juré que madame Dulcinée était quelque grande princesse, ou quelque autre dame d'importance qui méritât les riches présents que vous lui avez envoyés, comme celui du Biscayen et celui des forçats, et tant d'autres que je m'imagine, selon que vous avez remporté de différentes victoires dans le temps que je n'avais pas l'honneur d'être votre écuyer. Mais après avoir considéré que c'est la dame Aldonza Lorenzo, je dis la dame Dulcinée du Toboso, devant qui ceux que vous avez vaincus doivent aller fléchir le genou, je viens de penser qu'ils pourraient bien arriver dans le temps qu'elle peignerait du chanvre, ou qu'elle battrait du blé dans la grange ; et ces gens-là auraient grande honte de se jeter à genoux devant une créature si maussade ; elle-même se moquerait peut-être bien de votre présent.

— Je t'ai déjà dit plusieurs fois, Sancho, dit don Quichotte, que tu es un grand parleur, et, quoique lourdaud et d'un esprit grossier, tu te mêles de subtiliser et de dire des choses piquantes. Mais, mon cher ami, je suis bien aise de te faire voir que je suis encore plus sage que tu n'es sot ; et, au lieu de me fâcher de ce que tu dis, je t'apprendrai que, pour ce que je souhaite de Dulcinée du Toboso, elle est aussi bonne et plus que la plus grande princesse de la terre. Tous les poètes qui chantent les louanges des dames sous des noms qu'ils leur donnent à leur fantaisie, n'ont pas pour cela de véritables maîtresses. Crois-tu que les Philis, les Sylvie, les Diane et les Amaranthe, que l'on voit dans les livres et sur le théâtre, aient été des créatures en chair et en os, et les dames de ceux qui les ont vantées ? Non assurément : ce sont des imaginations de la plupart des poètes, qui pensent à s'exercer l'esprit et donner matière à leurs poésies, et faire croire qu'étant amoureux, ils sont aussi gens de mérite et d'importance. Il suffit donc pour moi qu'Aldonza Lorenzo soit belle et honnête. Pour ce qui est de sa naissance, je ne m'en mets pas en peine, et, sans l'examiner, j'en suis content comme si je savais qu'elle est une grande princesse. Je t'apprends, Sancho, si tu ne le sais pas, que les choses qui nous obligent le plus à aimer sont la beauté et la sagesse ; et elles se trouvent toutes deux si parfaitement en Dulcinée, qu'elle est, sans contestation, la plus belle et la plus sage du monde. En un mot, je m'imagine que cela est tout ainsi que je le dis, sans qu'il s'en faille la moindre chose. Je m'en fais une idée au gré de mes moindres souhaits, et je me la représente telle, que ni les Hélène, ni les Lucrèce, ni toutes les héroïnes des siècles passés, grecques, latines et barbares, n'en ont jamais approché. Qu'on en dise tout ce qu'on voudra, si les idiots ne l'approuvent pas, les honnêtes gens ne laisseront pas d'être de mon sentiment. — Monsieur, dit Sancho, vous avez raison en tout et partout, et je suis un âne ; mais pourquoi, diable, est-ce que ce nom-là me vient à la bouche ? Il ne faut pas parler de corde dans la maison d'un pendu. Cependant, monsieur, écrivez vos lettres et que je déménage. »

Don Quichotte tira les tablettes, et après s'être un peu écarté pour écrire, il appela Sancho, et lui dit qu'il voulait lui lire sa lettre, afin qu'il l'apprît par cœur, parce qu'elle pouvait se perdre en chemin, et qu'il avait tout à craindre de sa mauvaise fortune. « Vous ne savez pas, monsieur, dit Sancho, écrivez-la plutôt deux ou trois fois dans les tablettes ; car de penser que je la puisse mettre dans ma mémoire, c'est une folie ; je l'ai si mauvaise, que bien souvent je ne me souviens pas de mon nom. Avec tout cela pourtant, je vous prie de la lire : je serais bien aise de l'entendre. — Ecoute donc, dit don Quichotte :

« Celui qui est percé jusqu'au vif de la pointe trop aiguë de votre absence, et que l'amour a blessé dans la partie la plus sensible du cœur, vous souhaite la santé dont il ne jouit pas, très-agréable Dulcinée du Toboso. Si votre beauté me méprise, si votre vertu ne s'explique en ma faveur, et si vos dédains continuent, il est impossible que je résiste à tant de maux, quoique je sois assez accoutumé à la souffrance, parce que la force du mal est plus forte que ma force. Mon fidèle écuyer, Sancho, vous rendra un compte exact, belle ingrate et trop aimable ennemie, de l'état où je suis à cause de vous, et des tourments que je souffre. Si vous avez assez de compassion pour me secourir, vous ferez un acte de justice digne de vous et de moi ; et, en m'obligeant, vous sauverez un bien qui est à vous. Sinon, faites ce qu'il vous plaira ; en achevant de vivre, j'aurai satisfait à votre cruauté et à vos désirs.

» Celui qui est à vous jusqu'à la mort,

» Le chevalier de la Triste-Figure. »

— Par ma barbe ! s'écria Sancho, si ce n'est là la meilleure lettre que j'aie jamais vue ! Que vous dites bien tout ce que vous voulez, et que vous avez bien enchâssé là le chevalier de la Triste-Figure ! Par ma foi, je vous le dis, vous êtes le diable même, et il n'est rien au monde que vous ne sachiez. — Il faut tout savoir, répondit don Quichotte, dans la profession que je fais. — Or ça, reprit Sancho, écrivez donc de l'autre côté le mandement des trois ânons, et signez bien nettement afin qu'on connaisse que c'est votre écriture. — Je le veux bien, dit don Quichotte. » Et, après avoir écrit, il lut :

« Ma nièce, vous paierez, par cette première de change, trois ânons des cinq que j'ai laissés dans ma maison, à Sancho Pança, mon écuyer, valeur reçue de lui. Je vous en tiendrai compte en me rapportant la présente quittancée dudit Sancho. Fait au fond de la montagne Noire, le 26 d'août de la présente année. »

— Elle est fort bien comme cela, monsieur, dit Sancho ; vous n'avez qu'à signer. — Il ne faut point la signer, répondit don Quichotte : je m'en vais seulement la parapher, et cela suffirait pour trois cents ânes. — Je m'en fie bien à vous, dit Sancho. Je m'en vais seller Rossinante ; préparez-vous à me donner votre bénédiction, car je prétends partir tout à l'heure, sans m'amuser à voir les folies que vous voulez faire ; et je dirai que j'en ai tant vu que je suis sûr qu'on en sera content. — Je veux pour le moins, Sancho, que tu me voies tout nu, dit don Quichotte, et il est même nécessaire que je fasse devant toi une ou deux douzaines de folies, qui seront faites dans un instant, afin que, les ayant vu faire, tu puisses jurer, en sûreté de conscience, de toutes celles que tu voudras y ajouter, et je t'assure bien que tu n'en diras pas la moitié tant que j'en ferai. — Ho ! cela je le crois bien, répartit Sancho. Mais, monsieur, pour l'amour de Dieu, que je ne vous voie point nu ! vous me ferez pitié, et je ne pourrai m'empêcher de pleurer. J'ai déjà tant pleuré cette nuit mon pauvre âne, que j'aimais beaucoup, aussi bien que vous, que je n'ai pas besoin de m'y remettre. Mais, s'il faut absolument que je vous voie faire des folies, faites-les vite, et les premières qui vous viendront dans l'esprit, quoique, après tout, il n'en soit pas besoin pour moi, et, comme je vous ai dit, ce sera autant de pris sur mon voyage ; je n'en apporterai pas si tôt la réponse que vous demandez et que votre bonté mérite. Ma foi, madame Dulcinée peut bien se préparer à me la donner bonne : je jure Dieu que si elle ne répond pas comme de raison, je lui tirerai la réponse de l'estomac à beaux soufflets comptants et à grands coups de pied dans le ventre. Et oui ! oui ! je souffrirai qu'un chevalier errant, fameux comme vous, devienne fou, sans rime ni raison, pour une..... Qu'elle ne me le fasse pas dire, la bonne dame, et qu'elle aille seulement droit en besogne : car, par ma foi, il ne faut pas trop m'échauffer les oreilles. Ha ! elle a bien trouvé son homme ! vraiment je ne suis pas si facile qu'elle s'imagine, et elle me connaît mal, et fort mal : si elle me connaissait, elle verrait bien que je ne me mouche pas du pied. — En bonne foi, Sancho, dit don Quichotte, à ce qu'il me paraît, tu n'es guère plus sage que moi. — Je ne suis pas si fou, répliqua Sancho, mais je suis plus colère; mais laissons cela à part. De quoi vivrez-vous, monsieur, jusqu'à ce que je sois de retour ? — Que cela ne te mette pas en peine, dit don Quichotte : je suis résolu de ne manger autre chose que les herbes de ces prés et les fruits de ces arbres ; et la beauté de mon affaire consiste à mourir de faim en de semblables austérités. — A propos, monsieur, dit Sancho, savez-vous bien que j'appréhende fort de ne point retrouver cet endroit-ci quand je reviendrai, tant il est caché et difficile ! — Remarque-le bien, répondit don Quichotte : pour moi je ne m'éloignerai pas d'ici et je monterai de temps en temps sur le plus haut des rochers, afin que tu puisses me voir ou que je te découvre dans les chemins. Mais pour la plus grande sûreté, tu n'as qu'à couper des branches de genêt, et qu'à les répandre de six pas en six pas, jusqu'à ce que tu entres dans la plaine : cela te servira d'enseignes et de guides, à l'imitation du fil de Thésée, pour sortir du labyrinthe de Crète. — Je m'en vais le faire tout à l'heure, dit Sancho. » Et après avoir coupé sa charge de genêt, il vint recevoir la bénédiction de son seigneur, pleurant tendrement l'un et l'autre, et il monta sur Rossinante. « Ami Sancho, lui dit don Quichotte, je te recommande mon bon cheval ; aie soin de lui comme de ta propre personne. »

Sancho dit encore une fois adieu à son maître, et se mit en chemin, semant les branches de genêt comme il lui avait conseillé. Il n'était pas encore bien éloigné qu'il revint sur ses pas, et don Quichotte lui ayant demandé ce qu'il voulait : « Monsieur, répondit-il, il me semble que vous avez quelquefois raison, et vous avez fort bien dit qu'il faut que je sois témoin de quelqu'une de vos folies, afin que je puisse jurer sûrement que je vous en ai vu faire, encore que c'en soit bien une assez grande que le dessein de votre pénitence. — Ne te le disais-je pas bien, Sancho ? dit don Quichotte. Attends un peu ; dans un *Credo* j'en aurai fait une demi-douzaine. » Et, défaisant en même temps ses caleçons, il fit deux sauts en l'air, se donnant du talon contre le derrière, puis deux culbutes, la tête la première et les pieds en haut. Sancho, effrayé, tourna promptement bride pour n'en pas voir davantage, et s'en alla fort satisfait de pouvoir jurer sans scrupule que son maître était fou. Il faut le laisser cheminer jusqu'à son retour qui ne sera pas long.

Il fit deux culbutes la tête en bas et les pieds en haut. Sancho crut son maître mort et en fut si effrayé qu'il tourna promptement bride.

XIX

Continuation des prouesses amoureuses du galant chevalier de la Manche dans la montagne Noire.

Don Quichotte ayant fait toutes ses culbutes, et voyant Sancho parti, monta sur le haut d'un rocher, et là se mit à penser et à repenser sur une chose qu'il n'avait encore pu résoudre. Il avait de la peine à décider lequel était préférable, ou d'imiter Roland dans sa fureur, ou Amadis dans ses extravagances mélancoliques ; raisonnant en lui-même, il disait : « Si Roland fut un chevalier aussi fort et aussi vaillant que l'on dit, quelle merveille y a-t-il, puisqu'il était enchanté, et qu'on ne le pouvait blesser que sous la plante du pied, où il portait toujours des souliers à six semelles de fer, et si, malgré cela, ses ruses furent inutiles avec Bernard de Carpio, qui l'étouffa entre ses bras dans la plaine de Roncevaux ? Mais, sans toucher à sa vaillance, examinons sa folie, car il est incontestable qu'il perdit le jugement, quand il apprit l'infidélité d'Angélique. Si Roland ne douta donc point que sa dame lui eût fait une telle injure, je ne trouve pas qu'il fit si grand'chose en devenant fou. Mais moi, comment puis-je l'imiter valablement dans ses folies, si je n'en ai pas le même sujet? Car je ferais bien serment que madame Dulcinée du Toboso m'a toujours été fidèle. Par conséquent, je lui ferais un outrage manifeste en devenant fou du genre de folie de Roland le furieux. Je vois, d'un autre côté, qu'Amadis de Gaule, sans perdre l'esprit, et sans faire des folies d'éclat, a acquis autant de réputation que lui en amour : car, suivant son histoire, il n'eut d'autre raison de faire ce qu'il fit que parce qu'il se vit méprisé d'Oriane, qui lui avait défendu de paraître jamais devant elle jusqu'à ce qu'elle le rappelât. Ce fut là le véritable et unique sujet qu'il eut de se retirer sur la roche Pauvre avec un ermite, où il versa des larmes en abondance, jusqu'à ce que le ciel eut pitié de lui, et lui envoya du secours au plus fort de son affliction et de son âpre pénitence. Et cela étant, pourquoi me donné-je la peine de courir ainsi, de m'en prendre à ces arbres qui ne m'ont fait aucun mal, et de troubler l'eau de ces ruisseaux dont j'aurai bien affaire ? Vive, vive la mémoire d'Amadis ! qu'il soit imité de don Quichotte de la Manche en tout ce qu'il pourra, et qu'on dise de celui-ci ce qu'on dit de l'autre, que s'il n'a pas achevé de grandes choses, il mourait d'envie de les entreprendre. Et si je ne suis pas méprisé et rebuté de Dulcinée, ne suffit-il pas que je sois absent d'elle ? Courage donc, mettons la main à l'œuvre ; revenez dans ma mémoire, admirables actions d'Amadis, et inspirez-moi par où je dois commencer à l'imiter ! Mais je me souviens bien que la prière faisait la plus grande partie de ses occupations. Il en faut faire autant, ajouta-t-il, et l'imiter en tout et partout, puisque je suis l'Amadis de ce siècle, comme il a été celui du sien. »

Ce qui faisait de la peine à notre pénitent, c'est qu'il n'y avait point là d'ermite auprès de qui il pût trouver de la consolation. Cependant il s'entretenait de ses pensées, se promenant dans le pré, écrivant sur le sable et sur l'écorce des arbres des vers sur le triste état de sa vie, et à la louange de Dulcinée; mais par malheur on ne put trouver d'entiers, et qui se pussent bien lire, que ceux qui suivent :

    Beaux arbres, qui portez vos têtes dans les cieux,
    Et retirez chez vous cent familles errantes,
    Vous que mille couleurs ornent à qui mieux mieux,
        Aimables fleurs, herbes et plantes,
    Si mon séjour ici n'est point trop ennuyeux,
    Ecoutez d'un amant les plaintes affligeantes.

        Ne vous lassez pas d'écouter :
    Je suis ici venu tout exprès pour chanter
    De mes horribles maux la triste destinée.
    Vous aurez en revanche abondamment de l'eau,
    Car don Quichotte ici va pleurer comme un veau,
        De l'absence de Dulcinée
           Du Toboso.

    Voici le lieu choisi par un fidèle amant,
    Des plus loyaux amants le plus parfait modèle,
    Qui, pour plaindre à toute heure un inconnu tourment,
        Se cache des yeux de sa belle,
    Et là fut sans savoir ni pourquoi ni comment,
    Si ce n'est qu'il est fou par un excès de zèle.

        L'amour, ce dangereux matois,
    Le brûle à petit feu par dessous son harnois,
    Et le fait enrager comme une âme damnée.
    Ne sachant plus que faire en un si grand ennui,
    Don Quichotte crie et pleure à remplir tout un muid,
        De l'absence de Dulcinée
           Du Toboso.

    Pendant que pour la gloire il fait un grand effort,
    Au travers des rochers cherchant les aventures,
    Il maudit mille fois son ridicule sort,
        Ne trouvant que des pierres dures,
    Des ronces, des buissons, qui le piquent bien fort,
    Et, sans lui faire honneur, lui font mille blessures.

        L'amour le frappe à tour de bras,
    Non pas de son bandeau, car il ne flatte pas ;

> Mais d'une corde d'arc qui n'est pas étrennée,
> Il frappe par la tête, il émeut son cerveau,
> Et don Quichotte alors verse de pleurs un seau,
> De l'absence de Dulcinée
> Du Toboso.

Ces vers firent bien rire ceux qui les lurent, mais surtout l'addition du Toboso leur parut fort plaisante : car ils s'imaginèrent que don Quichotte en faisant ses vers, s'était figuré qu'on ne les entendrait pas s'il oubliait de mettre du Toboso après Dulcinée ; ce qui était vrai, à ce qu'il a avoué depuis. Il y avait encore quantité d'autres vers, comme j'ai déjà dit, mais on ne put jamais bien lire que ces trois stances. C'était là une des occupations de notre amoureux chevalier dans sa solitude, comme aussi de soupirer, d'appeler les faunes et les sylvains de ces bois, les nymphes des ruisseaux et des fontaines avec la plaintive Echo, les conjurant tous de l'écouter, de lui répondre et de lui donner de la consolation. Après il cherchait des herbes pour se nourrir, attendant avec impatience le retour de son écuyer, qui revint au bout de trois jours ; et pour peu qu'il eût tardé davantage, il aurait trouvé le chevalier de la Triste-Figure si défiguré, qu'il l'aurait regardé plus de trois fois sans le reconnaître. Laissons notre héros soupirer et faire des vers à son aise, pour voir ce que fit Sancho dans son ambassade.

A la sortie de ces montagnes il prit le chemin du Toboso, et, le jour suivant, il se trouva sur le midi près de l'hôtellerie où lui était arrivée la disgrâce de la berne. Il ne l'eut pas plutôt reconnue qu'il sentit certain frisson, et, s'imaginant se voir encore une fois en l'air, il était tenté de passer outre, quoiqu'il fût heure de dîner, et que le pauvre écuyer n'eût rien mangé déjà depuis longtemps. Cependant la nécessité le pressant, il avança jusqu'auprès de l'hôtellerie ; et, comme il doutait encore s'il entrerait ou non, il en sortit deux hommes qui crurent le reconnaître, et l'un dit à l'autre : « Monsieur le curé, n'est-ce pas là Sancho Pança, celui que la gouvernante dit que notre aventurier a emmené pour lui servir d'écuyer ? — C'est lui-même, répondit le curé, et voilà le cheval de don Quichotte. »

C'étaient justement le curé et le barbier de son village, ceux qui avaient fait la recherche et le procès de ses livres. Reconnaissant le cheval et le cavalier, ils s'en approchèrent ; et le curé, appelant Sancho par son nom, lui demanda où il avait laissé don Quichotte. Sancho résolut de cacher le lieu et l'état où il avait laissé son maître. « Messieurs, dit-il, mon maître est occupé en certain endroit dans une affaire de grande importance, que je n'oserais dire quand il irait de ma vie. — Non, non, Sancho Pança, mon ami, dit le barbier, on ne se défait pas si aisément de nous. Si vous ne nous dites où vous avez laissé le seigneur don Quichotte, nous croirons que vous l'avez tué pour lui voler son cheval. En un mot, dites-nous où est votre maître, ou vous viendrez en prison.

— Messieurs, messieurs, il ne faut point tant de menaces : je ne suis point homme qui tue ni qui vole ; je suis chrétien. Mon maître est au fond de la montagne, où il fait pénitence tant qu'il peut. » Et, sans s'arrêter, il leur dit tout de suite en quel état il l'avait laissé, et les aventures qui lui étaient arrivées ; et que pour lui, il allait de sa part porter une lettre à madame Dulcinée du Toboso, fille de Lorenzo Corchuelo, dont il était éperdûment amoureux.

Le curé et le barbier furent tout étonnés de ce que leur dit Sancho, et, bien qu'ils sussent assez la folie de don Quichotte, ils ne cessaient d'admirer qu'il y ajoutât tous les jours de nouvelles extravagances. Ils demandèrent à voir la lettre que don Quichotte écrivait à Dulcinée ; Sancho répondit qu'elle était écrite dans des tablettes, et qu'il avait ordre de son maître de la faire transcrire sur de beau papier au premier village qu'il rencontrerait. Sur ce que le curé lui promit de la transcrire lui-même en beaux caractères, il mit la main dans son sein pour chercher les tablettes ; mais il n'avait garde de les y trouver : il avait oublié de les prendre, ou, sans y penser, don Quichotte les avait gardées. Quand Sancho vit qu'il cherchait inutilement où il croyait les avoir mises, il lui prit une sueur froide, comme s'il eût été prêt de rendre l'âme. Il chercha encore deux ou trois fois, il visita tous ses habits, il regarda cent fois autour de lui, et, voyant que c'était en vain, il se porta les deux mains à la barbe, et s'en arracha la moitié, et tout d'un temps il se donna cinq ou six coups de poing dans le nez et autant dans les dents, et se mit tout en sang. Le curé et le barbier, qui n'avaient pu être assez prompts pour l'empêcher, lui demandèrent ce qu'il avait pour se traiter de la sorte. « Ce que j'ai ! répondit Sancho, je viens de perdre en un instant, et d'une main à l'autre, trois ânons, dont le moindre valait une métairie.— Comment cela ? dit le barbier.— J'ai perdu, répondit Sancho, les tablettes où étaient la lettre à madame Dulcinée, et une lettre de change signée de mon maître, par laquelle il mande à sa nièce de me donner trois ânons de quatre ou cinq qu'elle a entre ses mains. » Il raconta aussi la perte du sien, et là-dessus il voulait recommencer à se châtier ; mais le curé le consola en l'assurant qu'il lui ferait donner un autre mandement par son maître, et sur papier, comme c'était la coutume, parce que ceux qu'on écrivait sur des tablettes n'étaient pas en bonne forme. Sancho dit que, puisque cela était, il ne se souciait pas d'avoir perdu la lettre à Dulcinée, parce qu'il la savait presque par cœur, et qu'il la pourrait faire transcrire quand il voudrait. « Dites-nous ce qu'il y a, Sancho, dit le barbier, et nous la transcrirons dès ce soir. » Sancho s'arrêta un peu pour songer aux termes de la lettre ; il se gratta le derrière de la tête pour s'en ressouvenir ; il se mit sur un pied, puis sur l'autre, regarda le ciel, après cela la terre ; il se mit une main sur les yeux, se rongeant les ongles et les doigts de l'autre, et après avoir bien songé : « Je veux crever tout à l'heure, dit-il, monsieur le curé, si le diable ne s'en mêle : je ne saurais me souvenir de cette lettre, sinon qu'il y avait au commencement : *Haute et souterraine dame.* — Il faut qu'il y ait *souveraine*, dit le barbier, et non *souterraine?* — Oui, oui, justement, vous avez raison, s'écria Sancho. Mais attendez : il me semble qu'il y avait ensuite : Celui qui a les membres offensés de la vigueur de vos essences embrasse les mains de votre seigneurie, ingrate et maniable belle. Je ne sais ce qu'il disait après de santé et de maladie, qu'il envoyait, tant il y a qu'il discourait encore quelque chose de fort bon, et qu'il finissait par *Le vôtre jusqu'à la mort, le chevalier de la Triste-Figure.* »

La bonne mémoire de Sancho donna bien du plaisir à ces messieurs, qui l'en louèrent fort et le prièrent trois ou quatre fois de recommencer la lettre, afin qu'ils l'apprissent eux-mêmes par cœur. Il recommença donc trois ou quatre fois, et ajouta à cela tout ce qu'il savait de son maître depuis qu'ils cherchaient ensemble des aventures; mais il se donna bien de garde de dire un seul mot de son bernement dans l'hôtellerie. Il dit encore qu'au cas qu'il rapportât une bonne réponse de madame Dulcinée, don Quichotte était résolu de se mettre en chemin pour s'aller vite faire empereur ou pour le moins monarque, et qu'ils l'avaient ainsi arrêté entre eux : ce qui n'était pas une chose fort difficile à son maître, qui avait tant de force et de valeur; que, cela étant fait, il devait le marier, parce qu'il serait sans doute veuf, avec une demoiselle de l'impératrice, héritière d'un grand État en terre ferme, sans aucune île, parce qu'il en était déjà las. Sancho disait cela avec tant de repos d'esprit et si froidement, s'essuyant de temps en temps le nez et la barbe, que le curé et le barbier ne cessaient de l'admirer, tout étonnés de la dangereuse folie de don Quichotte, qui avait été assez forte pour brouiller en si peu de temps l'esprit de ce pauvre homme. Ils ne voulurent point perdre de temps à le désabuser, voyant qu'il n'y avait rien en tout cela qui fit tort à sa conscience.

Le curé lui dit donc qu'il priât seulement Dieu pour la santé de son maître, et qu'avec un peu de temps ce n'était pas une affaire que de devenir empereur, ou pour le moins archevêque, ou quelque autre chose de semblable. « Monsieur le curé, répondit Sancho, si les affaires allaient de telle sorte que monseigneur n'eût plus envie de se faire empereur, et qu'il se mit en fantaisie d'être archevêque, dites-moi, je vous prie, ce que les archevêques errants donnent à leurs écuyers? — Ils ont coutume, dit le curé, de leur donner un office de sacristain, ou quelque bénéfice simple, ou même une cure qui leur vaut beaucoup de revenu, sans compter le dedans de l'église, qui se monte pour le moins à autant. — Mais, pour cela, dit Sancho, il faudrait que l'écuyer ne fût pas marié, et qu'il sût pour le moins répondre à la messe. Si cela est, me voilà en beaux draps blancs : j'ai une femme, malheureux que je suis, et je ne sais pas seulement la première lettre de l'ABC. Eh! que sera-ce de moi! misérable, si mon maître se va mettre en tête de se faire archevêque? — Que cela ne vous inquiète pas, ami Sancho, dit le barbier : nous lui en parlerons, et monsieur le curé lui ordonnera, sous peine de péché, de se faire plutôt empereur qu'archevêque; car, outre qu'il sera plus facile, cela lui conviendra beaucoup mieux, parce qu'il a plus de valeur que de science. — C'est ce qu'il me semble aussi, dit Sancho, quoique, à vous dire le vrai, je ne crois pas qu'il y ait rien qu'il ne sache. Pour moi, je m'en vais prier Notre Seigneur de lui

7

donner ce qui lui sera le plus convenable et où il trouvera mieux le moyen de me donner de grandes récompenses. — Vous parlez en homme sage, dit le curé, et de cette manière vous agirez en bon chrétien. Mais ce qui presse le plus à présent, c'est de tirer votre maître de cette farouche et inutile pénitence ; et, pour y penser à loisir, aussi bien que pour dîner, car il en est l'heure, entrons dans l'hôtellerie. — Entrez-y, s'il vous plaît, vous autres messieurs, dit Sancho : pour moi j'attendrai bien dehors, et vous dirai tantôt pourquoi je n'y veux pas entrer; mais, je vous prie, envoyez-moi quelque chose de chaud à manger et de l'orge pour Rossinante. » Ils entrèrent, et bientôt le barbier lui apporta à dîner; et, retournant trouver le curé, après s'être bien consultés ensemble sur les moyens de faire réussir leur dessein, le curé dit qu'il en savait un infaillible.

« J'ai pensé, dit-il au barbier, qu'il faut que je me déguise en demoiselle errante, et que vous vous mettiez le mieux que vous pourrez pour me servir d'écuyer. En cet état je m'irai présenter devant don Quichotte, feignant d'être une demoiselle affligée qui cherche du secours, et je lui demanderai un don qu'il ne peut refuser de m'accorder, étant chevalier errant. Je l'engagerai à venir avec moi pour me venger d'une injure que m'a faite un chevalier discourtois et félon, le suppliant en même temps de ne point souhaiter de moi que je lève mon voile jusqu'à ce qu'il m'ait fait justice de ce mauvais chevalier. Vous êtes assuré que don Quichotte fera tout ce qu'on voudra en le prenant de la sorte : ainsi nous le tirerons de la solitude où il est, et l'emmènerons chez lui, où nous verrons à loisir s'il n'y a point de remède à sa folie. »

XX

Comment le curé et le barbier vinrent à bout de leur dessein, avec d'autres choses dignes d'être racontées.

Le barbier trouvant l'invention du curé admirable, ils voulurent l'exécuter sur l'heure. Ils demandèrent à l'hôtesse un habit de femme et des coiffes, dont le curé s'accommoda, laissant en gage une soutane toute neuve ; et le barbier se fit une grande barbe avec une queue de vache qui servait à l'hôte pour nettoyer son peigne. L'hôtesse leur demanda ce qu'ils voulaient faire de ces nippes; le curé lui ayant appris en peu de mots la folie de don Quichotte, et qu'ils avaient besoin de ce déguisement pour le tirer de la montagne, l'hôte et l'hôtesse devinèrent que c'était leur hôte du sacré baume et le maître de l'écuyer berné, et racontèrent tout ce qui s'était passé dans leur maison, sans oublier ce que Sancho avait si grande envie de cacher. Enfin l'hôtesse habilla le curé et en fit une si jolie demoiselle, qu'on ne pouvait rien voir de mieux. Elle lui mit une jupe de drap avec des bandes de velours noir d'un demi-pied de large, toutes découpées, et un corps de panne verte, garni de petites bandes de satin blanc, avec d'autres agréments à la mode, le tout de si bonne étoffe, qu'il s'était conservé depuis le temps de la seconde reine de Castille. Le curé ne voulut pas souffrir qu'on le coiffât en femme; il mit seulement un petit bonnet de toile piquée, dont il se servait la nuit, et le serra sur son front avec une jarretière de taffetas noir, se faisant de l'autre une espèce de masque dont il se couvrit la barbe et le visage. Par dessus son bonnet il mit son chapeau, qui était si grand, qu'il lui pouvait servir de parasol; et, se couvrant de son manteau, il monta sur sa mule à la mode des femmes. Le barbier étant aussi monté sur la sienne avec sa barbe de queue de vache qui lui venait jusqu'à la ceinture, ils prirent congé de l'hôte et de l'hôtesse, et de la bonne Maritorne, qui promit de dire un rosaire, quoique grande pécheresse, pour le succès d'une entreprise si chrétienne.

Ils n'étaient pas encore à cinquante pas, qu'il prit un scrupule au curé de s'être mis de la sorte. Il pensa que c'était une chose indécente à un prêtre de se déguiser en femme, quoique ce fût dans une bonne intention, et il dit au barbier: « Mon compère, changeons d'habit, je vous prie : il vaut mieux que vous soyez la demoiselle, et que je sois l'écuyer ; j'en profanerai moins ma dignité et mon caractère, à qui je dois plus qu'à don Quichotte. » Et il ajouta que, sans cet échange, il était absolument résolu de ne pas passer plus avant. Sancho arriva justement là-dessus, et ne put s'empêcher de rire en voyant ces agréables masques.

Le barbier ne fit aucune difficulté de se déguiser en femme; et, tout en se déshabillant, le curé l'instruisait de ce qu'il devait dire à don Quichotte pour l'obliger à abandonner sa pénitence, et à lui donner le secours qu'il lui demandait; le barbier répondit qu'il n'aurait pas été embarrassé à le faire de lui-même, étant assez savant dans le style de la chevalerie errante; mais il ne voulut point s'habiller avant qu'ils ne fussent plus près de la montagne. Pour le curé, il se mit la grande barbe sur l'heure, et ils commencèrent à marcher sous la conduite de Sancho.

Le jour suivant, ils arrivèrent où Sancho avait semé des branches pour retrouver son chemin ; et le reconnaissant, il leur dit qu'il était temps de se déguiser, s'ils croyaient que cela servît à tirer son maître de sa pénitence : car ils lui avaient dit leur dessein, en lui défendant de témoigner devant don Quichotte qu'il les reconnût, et l'avertissant que si par hasard il lui demandait, comme il n'y manquerait pas, s'il avait donné sa lettre à Dulcinée, il répondit que oui, mais que, ne sachant pas lire, elle avait répondu de bouche, et lui mandait, sous peine d'encourir sa disgrâce, qu'il se rendit incessamment auprès d'elle, et que c'était ce qu'elle souhaitait le plus. Ils ajoutèrent qu'avec cette réponse et ce qu'ils diraient de leur côté ils étaient assurés de lui faire changer de vie, et qu'il se mettrait aussitôt en chemin pour s'aller faire empereur ou monarque, sans qu'il y eût à craindre qu'il pensât à vouloir être archevêque. « Il est bon, ajouta Sancho, que j'aille un peu en avant chercher mon maître, et lui dire la réponse de sa dame, qui aura peut-être assez de vertu pour le tirer de là, sans que vous autres messieurs preniez tant de peine. » Et, après qu'ils lui eurent promis d'attendre son retour, il entra par une ouverture de la montagne, laissant le curé et le barbier au bord d'un petit ruisseau, où quelques arbres et les rochers faisaient une ombre fraîche et agréable, qu'ils trouvèrent d'autant plus commode qu'on était au mois d'août et environ sur les trois heures après midi, où, dans ces lieux, la chaleur est excessive.

Pendant qu'ils étaient là tous deux à prendre le frais, ils entendirent une voix qui, sans être accompagnée d'aucun instrument, leur parut très belle et leur causa beaucoup d'admiration. Ils ne pouvaient comprendre par quel hasard il se trouvait quelqu'un qui chantât si bien dans un lieu si sauvage : car, quoique les poètes fassent trouver au milieu des champs et des forêts des bergers qui ont les plus belles voix du monde, on sait assez que ce sont des fictions et non pas des vérités. Voici les vers que chantait l'inconnu :

<blockquote>
Pure et sainte amitié, rare présent des dieux,
Qui, lasse des mortels et de leur inconstance,
Ne nous laissant de toi qu'une vaine apparence,
As quitté ce séjour pour retourner aux cieux.

De là, quand il te plaît, tu répands à nos yeux
Des douceurs de la paix une riche abondance ;
Mais une fausse image, avec ta ressemblance,

Sous le voile du bien, désole tous ces lieux.
Descends pour quelque temps, amitié sainte et pure ;
Viens détruire ici bas la fourbe et l'imposture,
Qui sous ton sacré nom abusent des mortels.

Fais voir à découvert l'éclat de ton visage ;
Remets, avec la paix, la franchise en usage,
Et, dissipant l'erreur, rétablis tes autels.
</blockquote>

Le sonnet fut suivi de sanglots et de profonds soupirs, et le curé et le barbier, touchés de compassion et de curiosité, résolurent de savoir qui était cette personne si affligée. Ils n'allèrent pas loin qu'ils découvrirent, au détour d'une roche, un jeune homme d'une physionomie douce et triste, qui, les ayant aperçus, s'arrêta tout court, baissant la tête en homme qui rêve profondément, et sans lever les yeux pour les regarder.

Le curé et le barbier s'approchèrent de lui et le supplièrent de leur dire quelle pouvait être la cause d'une si grande douleur, l'assurant qu'ils n'avaient dessein que de lui donner de la consolation, et, s'ils pouvaient, du soulagement.

Le jeune homme, qui se nommait Cardenio, leur raconta aussitôt son histoire. Il y avait déjà quelque temps qu'il errait dans ces montagnes, et il était résolu à ne plus quitter ces lieux sauvages. Le désespoir de n'avoir pu épouser une jeune fille nommée Lucinde, l'avait rendu fou et quand, de temps en temps, il recouvrait sa raison, ce n'était que pour pleurer ses malheurs.

Comme le curé se préparait à le consoler, il en fut empêché par une voix qui faisait des plaintes, et qui disait les paroles suivantes : « Serait-il possible enfin que j'eusse trouvé un lieu qui pût me cacher aux yeux de tout le monde, et servir de sépulture à ce corps misérable, dont la charge m'est devenue si pesante ! Que je suis heureuse dans mes disgrâces, de trouver dans la solitude de ces montagnes le repos et la sûreté qu'on ne trouve point parmi les hommes, et de pouvoir, en liberté, me plaindre au ciel des malheurs dont je suis accablée ! Ciel impitoyable ! écoutez mes plaintes ; c'est à vous que je m'adresse : les hommes sont faibles et trompeurs, et vous seul pouvez me donner de la consolation et du soulagement, et m'inspirer ce que je dois faire. »

Le curé et sa compagnie, qui entendirent cette voix et reconnurent qu'ils n'en étaient pas éloignés, se levèrent pour voir quelle était cette autre personne affligée qui se plaignait de la sorte; et ils n'eurent pas fait vingt pas qu'ils aperçurent derrière un rocher, au pied d'un frêne, un jeune homme vêtu en paysan, dont ils ne purent voir le visage, parce qu'il baissait la tête sur ses pieds qu'il lavait dans un ruisseau. Ils s'approchèrent si doucement de lui, qu'il ne les entendit point, et ils eurent le loisir de remarquer qu'il avait les jambes admirablement bien faites, et d'une si grande blancheur qu'elles semblaient d'albâtre. Cela les surprit dans un homme vêtu de la sorte, et qui apparemment travaillait tous les jours à la terre; cela redoublant leur curiosité, elle obligea le curé, qui allait devant, de faire signe aux autres de le laisser ou de se cacher derrière le rocher; et de là, observant soigneusement le jeune garçon, ils virent qu'il portait un jupon gris-brun, avec une espèce d'écharpe de toile blanche qui le serrait par dessus, et des chausses brunes, et sur la tête un petit bonnet de même couleur. Après qu'il se fut lavé les pieds, il tira un linge dont il les essuya, et, ayant en même temps levé la tête, il fit voir un si beau visage, que Cardenio ne put s'empêcher de dire au curé que, puisque ce n'était point Lucinde, ce n'était pas une créature humaine.

Le jeune garçon ôta ensuite son bonnet, et, secouant deux ou trois fois la tête, il en tomba une grande quantité de cheveux dont la longueur et la beauté leur firent connaître que ce qu'ils avaient pris pour un laboureur était une jeune fille, et une des plus belles personnes du monde. Cardenio n'en fut pas moins surpris que les autres, et il avoua encore que, hors Lucinde, il n'avait jamais rien vu de comparable. Ils se levèrent pour l'aller voir de plus près, et pour apprendre qui elle était.

Au bruit qu'ils firent en se levant, la jeune fille tourna la tête, et, écartant ses cheveux qu'elle avait sur le visage, regarda du côté où elle avait entendu le bruit; mais, à peine eut-elle aperçu ces trois hommes que, sans songer à ramasser ses cheveux, ni qu'elle avait encore les pieds nus, elle prit seulement un petit paquet, et, se levant promptement, se mit à fuir de toute sa force; mais elle n'alla pas loin : ses pieds tendres et délicats ne pouvant souffrir la dureté des pierres, elle tomba ; et, ceux qu'elle fuyait étant accourus à son secours, le curé lui cria : « Arrêtez-vous, mademoiselle, vous n'avez rien à craindre, et nous n'avons d'autre intention que celle de vous rendre service. » En même temps, s'étant approché d'elle, il la prit par la main, et, la voyant étonnée et confuse, il tâcha de la rassurer en lui parlant en ces termes : « Vos cheveux, mademoiselle, nous ont découvert ce que votre déguisement nous cachait ; mais nous n'en sommes que plus disposés à vous rendre toutes sortes de services. Revenez donc de la surprise que nous vous avons causée, et dites-nous, je vous prie, de quelle manière il vous plaît que nous vous traitions ? Il y a apparence, ajouta-t-il, que c'est une raison bien grave qui vous oblige à prendre un habit si indigne de vous, et de venir demeurer, délicate comme vous êtes, dans un lieu si rude et si désert. Il n'est peut-être pas impossible de trouver du remède à vos maux, et il n'y en pas de si violents que la raison et le temps n'adoucissent. Si vous n'avez donc pas renoncé à la consolation et aux conseils des hommes, je vous supplie de nous apprendre le sujet de vos déplaisirs, et d'être persuadée que nous vous le demandons moins par curiosité que dans le dessein d'y chercher du remède, et de vous rendre tous les services dont nous sommes capables. »

Pendant que le curé parlait ainsi, cette belle fille était interdite, et les regardait tous sans rien dire, avec le même étonnement que si elle eût vu la chose du monde la plus surprenante. Mais enfin le curé lui ayant laissé le temps de se remettre, et fait de nouvelles offres de service, elle fit un grand soupir et raconta à son tour sa lamentable histoire.

Fille d'un des plus riches seigneurs de l'Andalousie, elle s'était éprise d'un prince appelé don Fernand, auquel elle avait uni sa destinée. Elle s'en croyait tendrement aimée, mais il la trompait et bientôt il la délaissa. Alors dans sa douleur, Dorothée (c'était son nom) quitta la maison paternelle. Après avoir longtemps, mais en vain, poursuivi l'infidèle, elle résolut de fuir à jamais le monde. Déguisée en berger, elle entra au service d'un paysan. « J'ai été, dit-elle, je ne sais combien de mois avec lui, allant tous les jours aux champs, et prenant toujours bien garde de ne me pas laisser reconnaître ; mais tous mes soins et toute mon industrie n'ont pas empêché qu'il ne découvrît ce que je suis. Je sortis alors de sa maison, il y a deux jours, et je vins chercher un asile sur ces rochers et dans l'épaisseur de ces bois, pour prier le ciel en sûreté, au milieu des soupirs et des larmes, de me donner du secours, ou tout au moins de terminer ici ma misérable vie, et d'y ensevelir la mémoire de mes disgrâces. »

LIVRE QUATRIÈME

XXI

Où l'on verra peut-être d'agréables choses.

Ceux qui venaient d'entendre l'histoire de Dorothée étaient charmés de son esprit et de sa bonne grâce; et ils n'avaient pas moins de compassion pour ses malheurs qu'ils les trouvaient surprenants et injustes. Le curé, que la piété intéressait dans le parti de cette belle fille, ne voulut pas attendre davantage à lui donner des conseils et de la consolation. Mais à peine avait-elle achevé de parler, qu'ils entendirent appeler, et ils reconnurent à la voix que c'était Sancho, qui, parce qu'il ne les trouvait pas au rendez-vous, se tuait de crier. Ils allèrent tous au devant de lui; et le curé lui ayant demandé où était don Quichotte, il répondit qu'il l'avait trouvé en chemise, pâle, défait, mourant de faim, et soupirant toujours pour sa dame Dulcinée; et qu'il avait eu beau lui répéter qu'elle lui commandait de sortir de là et de se rendre au Toboso, où elle l'attendait; il était résolu, disait-il, à ne point se présenter devant sa beauté jusqu'à ce qu'il eût fait des actions qui méritassent sa grâce. Cependant, si cela durait davantage, il courait risque de ne devenir jamais empereur, ni seulement archevêque, ce qui était le moins qu'il pût prétendre, et, pour l'amour de Dieu, il les suppliait de voir promptement ce qu'il y avait à faire pour tirer de là son pauvre maître.

« Ne vous mettez pas en peine, Sancho, dit le curé : nous l'en tirerons malgré lui. » Et, se tournant vers Cardenio et Dorothée, il leur raconta ce qu'ils avaient imaginé, lui et le barbier, pour la guérison de don Quichotte, ou, tout au moins, pour l'obliger de retourner dans sa maison. Dorothée s'offrit de faire la demoiselle affligée, disant qu'elle la ferait plus au naturel que le barbier, d'autant mieux qu'elle avait avec elle un habit de femme; qu'au reste il n'était pas besoin de l'instruire pour faire son personnage, parce qu'elle avait assez lu de livres de chevalerie pour en savoir le style, et comment les demoiselles aventurières demandaient des dons aux chevaliers errants. « A la bonne heure, madame, dit le curé, nous vous prenons au mot : il ne s'agit plus que de mettre la main à l'œuvre. » Sans aller plus loin, Dorothée tira aussitôt de son paquet une jupe de très-belle étoffe, et une riche simarre de brocart vert, avec un tour de perles et d'autres ajustements; et, après s'en être parée, elle leur parut à tous si éclatante et si belle, qu'ils ne cessaient de l'admirer.

Sancho Pança n'avait pas assez d'yeux pour la regarder, et il était comme en extase. « Qui est cette belle dame, demanda-t-il au curé; et qu'est-ce qu'elle cherche ici autour? — Qui est cette dame? répondit le curé : hé, ce n'est rien, ami Sancho; ce n'est seulement que l'héritière en ligne droite du grand royaume de Micomicon, qui vient prier votre maître de la venger d'une injure que lui a faite un malin géant; et au bruit que fait dans toute la Guinée la valeur du fameux don Quichotte, cette princesse n'a pas craint de faire ce grand voyage pour le venir chercher. — Bon cela, s'écria Sancho, elle est la bienvenue : voilà une heureuse requête et une meilleure trouvaille, si mon maître est assez chanceux pour assommer ce géant. Oui, par ma foi, il l'assommera s'il le rencontre : qui l'en empêcherait, à moins que ce ne soit un fantôme? car véritablement, il n'a aucun pouvoir sur ces gens-là. Mais, monsieur le curé, continua-t-il, je vous demande une chose : je vous prie que mon maître ne se mette point en tête de se faire archevêque. Je meurs de peur que vous ne le lui alliez conseiller. Faites qu'il se marie promptement avec cette princesse, afin qu'il ne soit plus en état de recevoir les ordres, et qu'il s'aille faire empereur. Franchement, j'ai bien raisonné là dessus, et je trouve que, pour mon compte, il n'est pas bon que mon maître soit archevêque, parce que je ne suis pas propre pour l'église, étant marié, et je ne puis penser à prendre des dispenses pour tenir des bénéfices, ayant femme et enfants. Comme vous voyez donc, monsieur le curé, le vrai bien est que mon maître se marie bientôt avec cette dame que je ne nomme point, parce que je n'en sais pas le nom. — Elle s'appelle, répondit le curé, la princesse Micomicona, car, son royaume s'appelant Micomicon, elle doit en porter le nom. — Il n'y a point de doute à cela, dit Sancho : j'ai vu quantité de gens qui prennent le nom du lieu de leur naissance, comme Pedro d'Alcala, Juan d'Ubeda, Diego de Valladolid, et je me doute bien qu'on pratique la même chose en Guinée. — Vous avez raison, Sancho, répondit le curé; et, pour ce qui regarde le mariage de votre maître, croyez que j'y ferai tout mon pouvoir. » Sancho demeura fort satisfait de la promesse du curé, et le curé encore plus étonné de voir la simplicité de Sancho, et comment il avait enchâssé dans son imagination les contagieuses folies de son maître.

Dorothée était déjà à cheval sur la mule du curé, et, le barbier ayant accommodé sa fausse barbe de queue de vache, ils dirent à Sancho de les mener où était don Quichotte, mais qu'il se donnât bien de garde de témoigner devant lui qu'il connût ni le curé ni le barbier, parce que, s'il venait à les reconnaître, il se douterait de ce qu'ils avaient à lui dire, et perdrait ainsi l'occasion de se faire empereur. Cardenio ne voulut point les accompagner, de crainte de troubler la fête ; et le curé, voyant qu'il n'y était point nécessaire pour lors, demeura aussi, après avoir donné quelques instructions à Dorothée, qui le pria de s'en reposer sur elle, et l'assura qu'elle suivrait exactement ce qu'elle avait lu dans les livres de chevalerie.

La princesse Micomicona, son écuyer et Sancho, ayant fait environ trois quarts de lieue, aperçurent don Quichotte entre des rochers, qui était tout habillé, mais non armé. Sitôt que Dorothée fut avertie que c'était lui, elle hâta son palefroi ; en arrivant auprès de don Quichotte, l'écuyer se jeta promptement à bas, et descendit sa maîtresse, qui se mit à genoux devant le chevalier, et, lui embrassant la cuisse, malgré les efforts qu'il faisait pour la relever, lui dit ces paroles : « Je ne me lèverai point d'ici, vaillant et invincible chevalier, jusqu'à ce que votre courtoisie m'ait octroyé un don qui retournera à votre gloire et à l'avantage de la plus malheureuse et la plus affligée demoiselle que le soleil ait jamais éclairée. Et, s'il est vrai que votre valeur et la force de votre bras répondent à ce qu'en publie la renommée, vous êtes obligé, par les lois de l'honneur et par la profession que vous faites, de secourir une misérable qui vient de l'extrémité de la terre, au bruit de vos grands faits, vous demander protection. — Je suis résolu, très-belle dame, répondit don Quichotte, de ne vous répondre pas une seule parole et de ne vous plus entendre que vous ne vous soyez relevée. — Je ne me lèverai point, illustre chevalier, répondit la princesse affligée, que vous ne m'ayez accordé le don que je vous demande. — Hé bien, je vous l'accorde, dit don Quichotte, à condition qu'il n'y ait rien contre le service de mon roi ou de ma patrie, et contre les intérêts de celle qui tient ma liberté enchaînée. — Je puis bien vous assurer, dit la dolente dame, qu'il n'y a rien qui regarde ceux que vous dites. »

Sancho, s'approchant alors de don Quichotte, lui dit à l'oreille : « Allez, allez, monsieur, vous pouvez bien lui accorder ce qu'elle demande : ce n'est qu'une bagatelle. Il est seulement question d'assommer un malotru de géant, et celle qui vous en prie est la princesse Micomicona, reine du grand royaume de Micomicon, en Éthiopie. — Ce sera ce qu'il pourra, répondit don Quichotte, je ferai ce que je dois et ce que ma conscience et les règles de ma profession demandent. » Et, se tournant du côté de la demoiselle : « Levez-vous, je vous prie, madame, lui dit-il : je vous accorde le don que votre grande beauté souhaite.

— Ce que je demande à votre valeur, chevalier sans pair, répartit Dorothée, c'est que votre magnanime personne vienne incessamment avec moi où je voudrai la mener, et que vous me promettiez de ne vous engager à aucune autre aventure jusqu'à ce que vous m'ayez vengée d'un traître qui, contre le droit de Dieu et celui des hommes, a usurpé mon royaume. — Je vous le promets, très-haute dame, répondit don Quichotte ; vous pouvez désormais prendre courage et chasser la tristesse qui vous accable. J'espère, avec l'aide du ciel et la force de mon bras, vous remettre bientôt en possession des États qui vous appartiennent, en dépit de tous les lâches brigands qui voudront s'y opposer.

Mettons promptement la main à l'œuvre : les bonnes actions ne doivent jamais être différées, et le retard accommode rarement les affaires. »

La dolente princesse fit tous ses efforts pour baiser les mains de l'obligeant chevalier ; mais lui, qui était civil et galant, n'y voulut jamais consentir. Il la fit lever, l'embrassa de bonne grâce, et dit en même temps à Sancho de lui donner ses armes. L'écuyer les alla prendre à un arbre où elles étaient pendues comme un trophée ; et quand don Quichotte se vit armé : « Allons, dit-il, allons donner du secours à cette grande princesse, et employons la valeur et la force que le ciel nous a données à la faire triompher de ses ennemis. » Le barbier, qui avait toujours été à genoux, prenant bien garde de rire, ni de laisser tomber sa barbe, de peur de découvrir le mystère, voyant avec quel empressement don Quichotte se préparait à partir, se leva, et, prenant la princesse par la main, pendant que don Quichotte la prenait de l'autre, ils la mirent tous deux sur la mule. Le chevalier monta aussitôt sur le superbe Rossinante, le barbier sur sa monture, et ils commencèrent à marcher.

Le pauvre Sancho les suivait à pied ; et, l'incommodité qu'il en recevait le faisant ressouvenir de la perte de son grison, il fit un grand soupir. Cependant il prenait son mal en patience, parce qu'il voyait son maître en chemin de devenir bientôt empereur, car il ne doutait point qu'il ne se mariât avec cette princesse, et qu'il ne fût pour le moins roi de Micomicon. Une seule pensée troublait le plaisir qu'il avait dans cette agréable imagination, c'était de voir que ce royaume était en terre de nègres, et que les gens que son maître lui donnerait à gouverner seraient Maures ; mais il trouva sur-le-champ un remède à cet inconvénient. « Et qu'importe, dit-il, que mes vassaux soient Maures ! c'est tant mieux. Il n'y aura qu'à les faire amener en Espagne, où je les vendrai fort bien, et j'en tirerai de bon argent comptant, dont je pourrai acheter quelque office, et vivre sans souci le reste de mes jours. Hé ! pourquoi non ? est-ce que je suis trop petit pour conduire mes affaires ? Faut-il bien tant de philosophie pour savoir vendre vingt ou trente mille esclaves ? et, par ma foi, j'en viendrai bien à bout, depuis le plus grand jusqu'au plus petit ; et, quand ils seraient plus noirs que le diable d'enfer, je les ferai bien devenir blancs et jaunes. Et non, non, approchez-vous seulement : vous verrez si je me mouche du pied. » Avec ces agréables pensées, Sancho marchait content, et charmait ainsi l'ennui du voyage.

Le curé et Cardenio regardaient tout ce qui se passait au travers des buissons, et ils étaient en peine comment ils feraient pour se joindre aux autres. Mais le curé, qui était inventif, trouva promptement un expédient : il tira des ciseaux de sa poche, et, après avoir fait la barbe à Cardenio, il lui fit prendre sa soutanelle et un manteau noir qu'il portait, et demeura avec son pourpoint et ses chausses. Avec ce nouveau vêtement, Cardenio était si changé, qu'il ne se serait pas reconnu lui-même. Cela étant fait, ils gagnèrent le grand chemin, et s'y trouvèrent encore avant les autres, tant les mules avaient de la peine à marcher dans ces lieux raboteux et difficiles. Ils n'attendirent pas longtemps, don Quichotte et sa compagnie sortirent de la montagne et le curé, jetant les yeux sur don Quichotte, se mit à le considérer attentivement, faisant comme un homme qui croyait le reconnaître. Après l'avoir bien examiné, il s'en alla à lui les bras ouverts et en criant : « Le miroir de la chevalerie, sois le bien trouvé, mon cher compatriote don Quichotte de la Manche, la fleur et la crème de la galanterie, le rempart des affligés, la quintescence des chevaliers errants ! » Et, en disant cela, il embrassait la jambe gauche de don Quichotte, qui, tout étonné de ce qu'il voyait faire à cet homme, le regardait avec attention, et le reconnaissant enfin, fut bien surpris de le voir là, et fit tout ce qu'il put pour se jeter à terre. Mais le curé l'en empêchant : « Hé ! monsieur le curé, dit-il, je vous en prie, il n'est pas juste que je sois à cheval pendant que votre révérence est à pied. — Je ne consentirai point que vous descendiez, répondit le curé. Que votre grandeur demeure à cheval, où elle fait tant de merveilles : ce sera assez pour moi de prendre la croupe d'une de ces mules, si ces messieurs le veulent bien souffrir. Je ne serai que trop bien, et j'aime mieux être de cette manière-là en votre compagnie que de me voir monté sur Pégase, ou sur la jument sauvage de ce fameux Maure Musarrache, qui est encore aujourd'hui enchanté sur la côte de Zuléma, auprès de la grande Compluto. — Vous avez raison, monsieur le curé, dit don Quichotte, et je ne m'en avisais pas. Je crois que madame la princesse aura bien la bonté, pour l'amour de moi, d'ordonner à son écuyer de vous donner la selle de sa mule et de se contenter de la croupe, si tant est que la mule soit accoutumée à porter de cette manière. — Elle y porte sans doute, répondit la princesse, et mon écuyer n'attendra pas mes ordres pour offrir sa selle ; il est assez civil de lui-même pour ne pas souffrir qu'un ecclésiastique aille à pied, le pouvant empêcher. — Assurément, dit le barbier. » Et, sautant en même temps à bas, il présenta la selle au curé, qui la prit sans se faire beaucoup prier. Par malheur la mule était de louage, c'est assez pour dire quinteuse et mutine ; et le barbier ne fut pas plutôt en croupe qu'elle leva brusquement le derrière, et, faisant quatre ou cinq ruades, elle ébranla si fort notre homme, qu'il ne put se tenir. Il s'en alla à bas assez rudement, et, dans ce désordre, reconnaissant qu'il avait perdu sa barbe, il ne trouva point d'autre remède que de se porter les deux mains au visage, et de crier de toute sa force qu'il s'était cassé les mâchoires.

« Vive Dieu ! s'écria don Quichotte, qui aperçut ce gros paquet de barbe sans les joues, et sans qu'il y eût de sang répandu : voilà la chose du monde la plus surprenante que cette barbe soit ainsi arrachée ! Quel prodige est ceci ? » Alors le curé, qui vit son invention en danger d'être découverte, alla promptement ramasser la barbe ; et, s'approchant de maître Nicolas, qui ne cessait de crier et de se plaindre, il lui prit la tête, qu'il joignit contre son estomac ; et, murmurant quelques paroles, qu'il dit être un charme qui avait la vertu de faire reprendre la barbe, comme on l'allait voir, il la lui attacha, et l'écuyer parut aussi sain et aussi barbu qu'auparavant. Don Quichotte, de plus en plus émerveillé, pria fort sérieusement le curé de lui apprendre le charme, quand il en aurait le loisir, ne doutant point que sa vertu ne s'étendît plus loin qu'à faire reprendre les barbes, puisqu'il était impossible qu'elles fussent ainsi arrachées tout d'un coup sans que la chair fût aussi emportée ; cependant, il n'y paraissait plus du tout.

Tout le désordre étant si bien réparé, il fut arrêté que le curé monterait tout seul sur la mule, et que Cardenio et le barbier se relaieraient, montant l'un après l'autre, jusqu'à ce qu'ils fussent arrivés à l'hôtellerie, qui était environ à deux lieues de là. Les cavaliers étant montés, c'est-à-dire le chevalier de la Triste-Figure, la princesse Micomicona et le curé, Cardenio, le barbier et Sancho allant à pied, don Quichotte dit à la princesse : « Que votre grandeur nous mène désormais où il lui plaira, madame : nous vous suivrons partout. » Et le curé, prenant la parole avant qu'elle répondît : « Vers quel royaume, dit-il, voulez-vous aller présentement, madame ? Je me doute que c'est vers celui de Micomicon. » Dorothée, qui avait de l'esprit, connut bien qu'il fallait dire oui. « C'est justement là, dit-elle, monsieur. — Puisque cela est, dit le curé, il faut passer au beau milieu de notre village, et de là prendre la route de Carthagène, où vous vous embarquerez ; et, si vous avez le vent bon, vous serez, avant qu'il soit neuf ans, aux Palus-Méotides, d'où il n'y a plus que cent journées jusqu'au royaume de Votre Altesse. — Il faut que vous vous trompiez, monsieur, dit-elle, car il n'y a pas encore deux ans que j'en suis partie, et sans avoir eu beau temps. Cependant il y a déjà quelque temps que je suis en Espagne, où je n'ai pas eu plutôt mis le pied que j'ai entendu parler du fameux don Quichotte, que je cherchais ; et j'en ai ouï dire des choses si grandes et si extraordinaires, que, quand ce n'eût pas été lui que je venais chercher, j'aurais dès là pris le dessein de me jeter entre ses mains et de confier tous mes intérêts à la valeur de son bras invincible. — Ha ! madame, c'est assez, dit don Quichotte : je vous supplie de ne point passer plus avant : je suis ennemi juré des flatteries, et, quoique vous me fassiez peut-être justice, je ne puis souffrir sans rougir un discours si obligeant et des louanges si excessives. Tout ce que je puis vous dire, madame, c'est que, vaillant ou non, je suis à vous jusqu'à la dernière goutte de mon sang, et le temps vous le fera voir. Cependant je vous supplie de trouver bon que j'apprenne de monsieur le curé ce qui l'amène ici seul, à pied, et ainsi vêtu à la légère ; je vous avoue que je suis surpris de le voir en cet état.

— Pour vous le dire en peu de mots, répondit le curé, il faut que vous sachiez, seigneur don Quichotte, que maître Nicolas, notre barbier, et moi, nous nous en allions à Séville pour y recevoir de l'argent qu'il y a déjà longtemps qu'un de mes parents m'envoie des Indes, et la somme n'est pas si peu considérable qu'il n'y ait pour le moins six mille écus. En passant ici autour, nous avons été attaqués par quatre voleurs, qui nous ont tout pris, et même jusqu'à la barbe ; de telle sorte que le barbier est contraint d'en porter une postiche. Ils ont aussi dévalisé ce jeune homme que vous voyez là, dit-il en montrant Cardenio, et on dit que ces brigands sont des forçats qu'un vaillant cavalier a tirés de la chaine malgré la résistance du commissaire des gardes. Il faut cependant que ce cavalier soit un fou et un étourdi, ou qu'il ne vaille pas mieux que les scélérats qu'il a délivrés, puisqu'il ne se fait point conscience de livrer les brebis à la fureur du loup; puisqu'il viole le droit des gens et le respect qui est dû au roi et à la justice, et se rend protecteur de ceux qui détruisent la sûreté publique; qu'il prive les galères de ceux qui les font mouvoir, et trouble le repos de la Sainte-Hermandad, que tous les honnêtes gens révèrent; puisqu'enfin il commet indiscrètement sa liberté et sa vie, et renonce avec impiété au salut de son âme. »

Sancho avait conté l'histoire des galériens au curé, et c'est pour cela que celui-ci en parlait si sévèrement, pour voir ce que dirait don Quichotte, qui changeait de couleur à chaque parole, et n'osait dire qu'il était le libérateur des scélérats. « Voilà, ajouta le curé, les honnêtes gens qui nous ont mis dans cet état. Dieu leur pardonne! et à celui qui a empêché qu'ils ne reçussent le juste châtiment de leurs crimes. »

XXII

Histoire de la princesse de Micomicon.

Le curé n'avait presque pas achevé de parler quand Sancho lui dit : « Par ma foi, monsieur le curé, c'est franchement mon maître qui fit ce bel exploit malgré tout ce que je lui pus dire, et quoique je l'avertisse bien que c'est un grand péché que de donner la liberté à des méchants qu'on châtie de leurs mauvaises actions. — Traître, s'écria don Quichotte, est-ce aux chevaliers errants à prendre connaissance si les enchaînés et les oppressés qu'ils rencontrent en chemin sont maltraités pour leurs fautes ou si on leur fait injustice? N'est-ce pas à eux de secourir les affligés et de considérer seulement leurs misères, sans s'informer de leurs actions? J'ai trouvé une troupe de malheureux enfilés comme des grains de chapelet, et j'ai fait pour les secourir ce que ma religion m'ordonne et ce que ma profession demande. Hé bien! qu'y a-t-il à dire à cela? Quiconque ne le trouve pas bon n'a qu'à me le témoigner, et je ferai voir à tout autre qu'à monsieur le curé, que j'honore et dont je respecte le caractère, qu'il ne sait rien du tout de la chevalerie errante, et je suis tout prêt à le lui prouver l'épée à la main, armé et à cheval, ou de toute autre manière. » Don Quichotte, en disant cela, s'affermit sur les étriers et baissa son morion, car, pour l'armet de Mambrin, il le portait pendu à l'arçon de la selle depuis que les forçats l'avaient si fort maltraité.

Dorothée, qui avait de l'esprit, et qui, d'ailleurs, connaissait le mal de don Quichotte et savait bien que tout le monde s'en moquait, hors Sancho Pança, qui n'était guère plus sage, voulut aussi prendre sa part de la plaisanterie.

Voyant donc la colère où était don Quichotte : « Seigneur chevalier, lui dit-elle, souvenez-vous, je vous prie, de la parole que vous m'avez donnée, et que vous ne pouvez entreprendre aucune aventure, quelque puissante qu'elle puisse être, que vous ne m'ayez rétablie dans mes États. Apaisez-vous donc de grâce, et croyez que si monsieur le curé eût su que c'est votre valeur qui a délivré les forçats, il se serait coupé mille fois la langue plutôt que de rien dire qui vous déplût. — Je vous l'assure, dit le curé, quand même ces marauds m'auraient arraché la moustache poil à poil. — Il suffit, madame, dit don Quichotte ; je n'en parlerai pas davantage, et je ne me mêlerai de rien jusqu'à ce que j'aie satisfait à ce que je vous ai promis. Mais je vous supplie en revanche de nous vouloir apprendre l'histoire de vos malheurs, s'il ne vous importe pas de les cacher ; qui sont les gens, et combien y en a-t-il de qui vous avez à vous plaindre et dont je vous dois venger ? — Je le veux de bon cœur, répondit Dorothée ; mais je crains bien de vous ennuyer en faisant le récit de tant de choses désagréables. — Non, non, madame, répartit don Quichotte ; au contraire, vous nous obligerez beaucoup. » En même temps Cardenio et le barbier se rangèrent à côté de la princesse pour entendre la fable qu'elle allait conter ; et Sancho, qui, dans cette occasion particulièrement, n'était pas moins fou que son maître, s'approcha aussi et écouta de toutes ses oreilles. Dorothée se rangea sur la mule le mieux qu'elle put pour parler à son aise ; et, après avoir, de la meilleure grâce du monde, toussé, craché et mouché, elle commença ainsi sa pitoyable histoire :

« Premièrement, messieurs, vous saurez que je m'appelle... » Elle s'arrêta là quelque temps, parce qu'elle ne se ressouvenait pas du nom que lui avait donné le curé ; mais lui, qui la vit embarrassée, accourant au secours : « Ce n'est pas une chose surprenante, madame, lui dit-il, que votre grandeur se trouble dans le récit de ses malheurs : c'est un effet ordinaire aux grands déplaisirs de brouiller l'imagination et la mémoire, et ceux de la princesse Micomicona ne doivent pas être médiocres, puisqu'elle traverse tant de terres et de mers pour y chercher du remède. — J'avoue, dit Dorothée, qu'il s'est tout d'un coup présenté à mon esprit une image si terrible de mes malheurs, que je n'ai plus su ce que je disais ; mais je me crois bien remise à présent, et j'espère que je n'aurai plus besoin de secours.

» Vous saurez donc, messieurs, que je suis l'héritière légitime du grand royaume de Micomicon, et que le roi mon père, qui s'appelait Tinacrio le Sage, et qui fut très-savant dans la magie, connut par sa science que la reine Xaramilla, ma mère, devait mourir avant lui, et que lui-même mourant bientôt après, je demeurerais orpheline. Cela ne l'aurait pas beaucoup affligé, étant une chose suivant l'ordre de la nature ; mais il connut en même temps, par les lumières infaillibles de son art, qu'un géant démesuré, seigneur d'une grande île qui est presque sur les confins de mon royaume, appelé Pandafilando de la Vue-Sombre, et ainsi nommé parce qu'il regarde toujours de travers comme s'il était louche, ce qu'il ne fait que par malice pour effrayer ceux qui le regardent; mon père, dis-je, connut que ce géant, sachant quand je n'aurais plus ni père ni mère, devait un jour entrer avec une grande armée dans mes États et m'en dépouiller entièrement, sans me laisser le moindre village pour me retirer; mais que je pourrais éviter cette disgrâce si je consentais à l'épouser, à quoi il voyait pourtant bien que je ne pourrais jamais me résoudre. Mon père avait raison de le penser : car je n'ai jamais voulu me marier avec ce géant, ni ne me marierai pour tous les biens du monde avec quelque autre géant que ce soit, quand il serait une fois plus grand et plus terrible. Mon père me dit aussi qu'après sa mort, quand je verrais que Pandafilando commencerait ses courses sur mes terres, je ne devais nullement songer à me mettre en défense, ce qui serait absolument ma perte; mais que sans résistance je devais lui laisser le royaume, si je voulais sauver ma vie et empêcher la ruine de mes pauvres sujets. Il me dit encore de choisir parmi eux les plus fidèles pour m'accompagner, et de passer en Espagne, où je trouverais un puissant protecteur dans la personne d'un fameux chevalier errant, connu par toute la terre pour sa valeur et sa force, et qui se nommait, si je m'en souviens bien, don Chicot, ou don Gigot...

— Dites don Quichotte, s'il vous plaît, madame, interrompit Sancho, autrement le chevalier de la Triste-Figure. — Vous avez raison, dit Dorothée : c'est don Quichotte. Mon père ajouta qu'il devait être grand et sec de visage, et qu'il aurait sur l'épaule gauche, ou tout auprès, un seing noir tout couvert d'une espèce de crin. »

Don Quichotte fit approcher Sancho, et lui dit : « Tiens, mon enfant, aide-moi promptement à me déshabiller, que je sache tout à l'heure si ce n'est pas de moi que ce sage roi voulait parler. — Pourquoi voulez-vous vous déshabiller, seigneur chevalier? dit Dorothée. — C'est pour voir si je n'ai pas le seing que vous dites, répondit don Quichotte. — Il ne faut point vous déshabiller pour cela, dit Sancho : je sais bien que vous avez une marque comme cela dans l'épine du dos, et que c'est signe de force.

— Il suffit, dit Dorothée : entre amis on n'y regarde pas de si près; et il n'importe pas que le seing soit à droite ou à gauche, puisque après tout, c'est la même chair. Enfin je vois que mon père rencontra bien en tout ce qu'il dit; et moi, j'ai encore mieux rencontré en m'adressant au seigneur don Quichotte, dont la taille et le visage s'accordent si bien avec ce que m'a dit mon père, et dont la réputation est si fort répandue non-seulement dans l'Espagne, mais encore dans toute la Manche, qu'à peine ai-je eu débarqué à Ossone, que j'en ai entendu dire merveilles; et dès lors le cœur me dit que c'était le chevalier que je cherchais.

— Mais comment se peut-il faire, madame, dit don Quichotte, que vous ayez débarqué à Ossone, où il n'y a point de port de mer? — Madame la princesse, interrompit le curé, veut dire qu'après avoir débarqué à Malaga, le premier endroit où elle apprit de vos nouvelles fut à Ossone. — C'est ce que je voulais dire, monsieur, répondit Dorothée. — Il y a grande apparence, madame, répartit le curé, et votre majesté n'a qu'à poursuivre quand il lui plaira.

— Je n'ai rien à dire davantage, reprit Dorothée, si ce n'est qu'enfin ma bonne fortune m'a fait rencontrer le seigneur don Quichotte, et que je me regarde déjà comme rétablie sur le trône de mes pères, puisqu'il a eu la courtoisie et la bonté de me promettre sa faveur et de venir avec moi où je voudrai le mener; et ce sera contre le traître Pandafilando de la Vue-Sombre, dont j'espère qu'il me vengera entièrement, en lui ôtant la vie, et le royaume dont il m'a si injustement dépouillée. J'oubliais de vous dire que le roi Tinacrio me laissa un papier écrit en lettres grecques ou arabes, que je ne sais point lire, par lequel il m'ordonnait que si, après que le chevalier m'aura rétablie dans mes États, il me demandait en mariage, j'y consentisse aussitôt et sans remise, et que je le misse tout d'un coup en possession de mon royaume et de ma personne.

— Eh bien, que t'en semble, ami Sancho? dit don Quichotte; entends-tu ce qui se passe? Combien de fois te l'ai-je dit? Regarde maintenant si nous avons des royaumes à notre disposition, et des filles de rois à épouser. — Hé là donc! dit Sancho, il y a longtemps que nous l'attendions. »

En disant cela, il fit deux sauts en l'air, se frappant le derrière avec les talons en signe de joie : et, s'allant mettre à genoux devant Dorothée, il la supplia de lui donner sa main à baiser, pour marque qu'il la recevait dès lors pour sa reine et sa maîtresse. Il eût fallu être aussi peu sage que le maître et le valet pour ne pas rire de la simplicité de l'un et de la folie de l'autre. Dorothée donna sa main à baiser à Sancho, et lui promit de le faire grand seigneur dans ses États sitôt qu'elle s'y verrait rétablie. Sancho la remercia, et lui fit un compliment si extravagant, qu'ils recommencèrent à rire; et ils n'auraient peut-être pas fini, s'ils n'eussent point eu d'autres affaires.

« Voilà, messieurs, reprit Dorothée, l'histoire de mes malheurs; il ne me reste plus rien à dire, si ce n'est que de tous ceux qui sortirent de mon royaume pour me suivre, il ne m'est resté que ce seul écuyer à grande barbe: tous les autres ont péri dans une grande tempête à la vue du port; et moi et mon écuyer nous nous sommes sauvés chacun sur une planche, par un miracle qui me fait croire que le ciel nous garde quelque bonne aventure. — Elle est déjà trouvée, très-haute dame, dit don Quichotte : je confirme le don que je vous ai accordé; je jure de nouveau de vous suivre jusqu'au bout du monde, et de ne me point séparer de vous que je n'en sois venu aux mains avec votre cruel et injuste ennemi, à qui je prétends, avec le secours du ciel et la valeur de mon bras, couper la superbe tête, fût-il aussi vaillant que Mars même; et, après vous avoir mise en possession de votre royaume, je vous laisserai en pleine liberté de disposer de votre personne : car tant que ma volonté sera assujettie aux lois de celle... Je n'en dis pas davantage : il m'est impossible de songer à me marier, non pas même avec le phénix. »

Sancho Pança, qui écoutait attentivement la réponse de son maître, fut si triste des dernières paroles qu'il venait de dire, qu'il ne put s'empêcher d'en témoigner son chagrin. « Par la mort de ma vie, dit-il, seigneur don Quichotte, il faut que vous ayez entièrement perdu l'esprit : hé ! comment est-il possible que vous doutiez encore si vous épouserez cette grande princesse ? Est-ce que vous pensez trouver de semblables fortunes à chaque bout de champ, ou que madame Dulcinée est peut-être plus belle ? Et oui, ma foi, elle n'est pas digne de déchausser les souliers de celle-ci ! Ha ! c'est bien par ce chemin-là que j'attraperai cette comté que j'attends il y a si longtemps, et que vous m'ayez tant promise ! Les perles se trouvent dans les vignes, attendez-vous-y. Mariez-vous, mariez-vous, de par tous les diables, et prenez-moi ce royaume qui vous tombe dans la main. Et, quand vous serez une fois roi, faites-moi vite comte ou marquis, et que le diable emporte tout le reste. »

Don Quichotte ne put souffrir les blasphèmes que Sancho venait de proférer contre sa dame Dulcinée; il leva sa lance sans en rien dire, et en déchargea de si grands coups sur la tête de l'indiscret écuyer, qu'il le jeta par terre; et sans Dorothée, qui lui cria de s'arrêter, il l'aurait assommé dans la colère où il était. « Pensez-vous, dit-il, misérable paysan, que je sois d'humeur à souffrir vos insolences, et que je vous pardonne à toute heure ? Ne savez-vous pas, bélitre, que c'est de la non pareille Dulcinée que j'emprunte ma valeur et ma force, et que sans elle je ne suis pas capable de venir à bout d'un enfant ? Dites-moi un peu, langue de vipère, qui pensez-vous qui a conquis ce royaume, qui a coupé la tête à ce géant, et qui vous a fait marquis, car je tiens cela pour fait, si ce n'est la valeur de Dulcinée même, qui s'est servie de mon bras pour faire ces grandes actions ? C'est elle qui combat en moi et qui remporte mes victoires, comme moi je vis et je respire en elle, et c'est d'elle que je tiens l'être et la vie. Lâche et méchant ! il faut que vous soyez bien ingrat : il n'y a qu'un moment que je vous ai élevé de la poussière au rang des plus grands seigneurs, et pour reconnaissance vous vous emportez à dire du mal de ceux qui vous font du bien ! »

Sancho n'était pas en si mauvais état qu'il n'entendît bien tout ce que son maître disait, mais il voulut être en lieu de sûreté pour y répondre. Il se leva donc le plus promptement qu'il put, et s'allant mettre derrière le palefroi de la princesse, il dit à don Quichotte : « Or çà, monsieur, dites-moi un peu, n'est-il pas vrai que, si vous ne vous mariez pas avec cette princesse, son royaume ne sera pas en notre disposition ? et cela étant, quelle récompense avez-vous à me donner ? C'est cela dont je me plains : voyez si j'ai tort. Et pourquoi faites-vous façon de vous marier avec cette reine, pendant que vous l'avez là comme si elle était tombée du ciel ? Pour ce qui est de la beauté, je n'en parle pas, et, pour dire la vérité, elles m'ont paru fort belles l'une et l'autre, encore que je n'aie jamais vu madame Dulcinée. — Comment, traître ! tu ne l'as jamais vue ! dit don Quichotte ; et ne m'apportes-tu pas tout à l'heure une réponse de sa part ? — Je dis que je ne l'ai pas assez vue, répondit Sancho, pour remarquer sa beauté en détail, mais en gros je l'ai trouvée fort belle. — A présent je te pardonne, dit don Quichotte ; pardonne-moi aussi ce petit déplaisir que je t'ai fait : les premiers mouvements ne dépendent point des hommes. — Je le sens bien, répondit Sancho, l'envie de parler est toujours en moi un premier mouvement auquel je ne saurais résister, et il faut que je dise une fois pour le moins ce qui me vient sur la langue. — Avec tout cela, Sancho, dit don Quichotte, prends bien garde à l'avenir de quelle manière tu parleras, car, après tout, tant va la cruche à l'eau..., je ne t'en dis pas davantage. — Eh bien, dit Sancho, Dieu voit au ciel comment tout se passe en ce monde; et il jugera entre nous qui fait le plus de mal, ou moi en ne parlant pas bien, ou votre seigneurie en ne faisant pas mieux. — C'est assez, dit Dorothée. Sancho, allez baiser la main de votre seigneur et maître, et lui demandez pardon, et souvenez-vous une autre fois de louer et de blâmer avec plus de retenue. Surtout, ne dites jamais de mal de cette dame du Toboso, que je ne connais point, mais que je voudrais servir de bon cœur, pour l'amour du fameux don Quichotte. Du reste, fiez-vous en moi que vous ne manquerez point de récompense. »

Sancho s'en alla la tête basse demander la main à son seigneur, qui la lui donna avec beaucoup de gravité; et, après qu'il l'eut baisée et reçu sa bénédiction, don Quichotte s'écarta un peu et lui dit de le suivre, parce qu'il avait des choses de grande importance à lui demander. Ils prirent tous deux le devant; et, quand don Quichotte se vit assez loin de la compagnie : « Ami Sancho, dit-il, je n'ai pas eu le loisir de t'entretenir depuis ton retour touchant ton ambassade; à présent que nous en avons un peu, raconte-moi, je te prie, exactement tout ce qui s'est passé, et informe-moi de toutes les particularités que je te vais demander. — Demandez tout ce que vous voudrez, monsieur, et vous allez être satisfait, sans qu'il y manque une obole; mais je vous supplie, une autre fois ne soyez pas si vindicatif. — Pourquoi dis-tu cela, Sancho? dit don Quichotte. — Je le dis, répondit Sancho, parce que ces deux coups de lance me viennent de la querelle que nous avons eue ensemble sur l'affaire des galériens, et non de ce que j'ai dit contre madame Dulcinée, que j'honore et révère comme une relique, encore qu'elle ne le mérite pas, mais parce que c'est un bien qui vous appartient. — Sancho, reprit don Quichotte, une fois pour toutes, laissons là ce discours; en un mot, il me chagrine, je te l'ai assez pardonné de fois, et tu sais bien qu'on dit : A nouveau péché, nouvelle pénitence. »

Comme ils en étaient là, ils virent venir dans le chemin, un homme monté sur un âne, qu'ils prirent d'abord pour un Bohémien. Mais Sancho, qui depuis la perte de son âne n'en voyait point que le cœur ne lui saignât, reconnut bientôt Gines de Pasamonte, comme ce l'était en effet. Ce compagnon s'était déguisé en Bohémien pour n'être pas reconnu, et pour vendre l'âne qu'il avait aussi déguisé; mais, comme le bon sang ne peut mentir, Sancho reconnut aussi bien la monture que le cavalier, et s'écria à pleine tête : « Ha! larron de Ginesillo, laisse-moi mon bien, mon repos et ma vie; rends-moi mon âne, mon plaisir et ma joie : fuis, brigand; décampe et lâche prise. »

Il ne fallait point tant de paroles à qui entend à demi-mot : dès la première, Ginès sauta à bas, et, avec un trot précipité qui approchait fort du galop, s'éloigna en un moment de ses ennemis, qui ne se mirent pas en peine de le poursuivre. Sancho, s'approchant en même temps de son âne et l'embrassant avec beaucoup de tendresse : « Hé bien ! lui dit-il, comment te portes-tu, mon enfant, grison de mon âme, mon cher compagnon, mon fidèle ami ? » Et en disant cela il le baisait et le caressait comme une personne qu'il aurait chèrement aimée. A tout cela l'âne ne savait que dire, et se laissait baiser et caresser sans répondre une seule parole. Toute la compagnie arrivant là dessus, chacun témoigna de la joie à Sancho de ce qu'il avait retrouvé son âne ; et don Quichotte, après l'avoir loué de son bon naturel, lui confirma encore la promesse qu'il lui avait faite des trois ânons.

Pendant que notre chevalier et son écuyer s'étaient écartés pour s'entretenir, le curé s'entretenait aussi avec Dorothée. « Vous m'avez paru, lui dit-il, madame, bien spirituelle et fort habile dans l'histoire que vous avez composée ; j'admire la facilité que vous avez à vous exprimer dans les termes de chevalerie, aussi bien que d'avoir su dire tant de choses en si peu de paroles. — Vraiment, répondit Dorothée, j'ai assez feuilleté les romans pour en savoir le style ; mais, franchement, je ne sais pas bien la carte, et j'ai été dire assez mal à propos que j'avais débarqué à Ossonne. — Cela n'a rien gâté, dit le curé, et le petit remède que j'y ai apporté a tout raccommodé. Mais n'admirez-vous pas, madame, la crédulité de ce pauvre gentilhomme, qui reçoit si facilement tous ces mensonges, et seulement parce qu'ils ressemblent aux extravagances qu'il a lues dans les romans? — Assurément, dit Cardenio, c'est une chose surprenante et inouïe, et je crois qu'on ne saurait forger de fables si déraisonnables et si éloignées de l'apparence qu'il n'y ajoutât foi. — Ce qu'il y a d'admirable en ceci, répartit le curé, c'est qu'ôté la simplicité de ce bon gentilhomme sur les matières de la chevalerie, il n'y a point de sujet dont il ne discoure sagement, et où il ne fasse voir qu'il a de l'entendement et le sens délicat, de telle sorte que, pourvu qu'on ne touche point l'autre corde, il n'y a qui que ce soit qui ne le prenne pour un homme d'esprit et de jugement. »

Cependant don Quichotte, s'étant encore séparé des autres avec son écuyer, renoua la conversation que Ginès avait interrompue. « Ami Sancho, dit-il, oublions, je te prie, tous nos démêlés, comme choses non avenues et indignes de gens de notre profession, et dis-moi où, quand et comment tu trouvas Dulcinée. Que faisait-elle? que lui dis-tu? qu'est-ce qu'elle te répondit? de quelle humeur te parut-elle quand elle reçut ma lettre, et qui est-ce qui te l'a transcrite? enfin dis-moi tout sans ajouter ni diminuer dans le dessein de me faire plaisir, car il est important que je sache au vrai comment les choses se sont passées. — Monsieur, répondit Sancho, s'il faut dire la vérité, personne ne m'a transcrit de lettre, car je n'en ai point emporté. — Tu as raison, dit don Quichotte : deux jours après ton départ, je trouvai les tablettes, et je fus fort en peine de ce que tu pourrais faire, mais je crus toujours que tu reviendrais les chercher. — Je l'aurais bien fait aussi, dit Sancho, si je n'eusse pas su la lettre par cœur; mais je l'avais apprise pendant que vous me la lisiez, et je la dis tout entière à un sacristain, qui l'écrivit, et la trouva si bonne, qu'il jura qu'il n'en avait jamais vu de meilleure en toute sa vie, quoiqu'il eût lu cent fois des billets d'enterrement et des excommunications. — Et t'en ressouviens-tu encore? dit don Quichotte. — Non, monsieur, répondit Sancho : car, quand je la vis une fois écrite, je me mis à l'oublier. Je me souviens seulement de cette longue et souterraine dame, et de la fin, qui est : Le vôtre jusqu'à la mort, le chevalier de la Triste-Figure; et puis, il y avait au milieu plus de trois cents âmes et vies, mes yeux et mon amour.

XXIII

Du plaisant dialogue de don Quichotte et de Sancho.

— Tout va bien jusqu'ici, dit don Quichotte; poursuis, Sancho : quand tu arrivas, que faisait cette reine de la beauté? Tu la trouvas sans doute enfilant des perles, ou brodant quelque riche écharpe avec l'or et la soie, pour le chevalier son esclave? — Je la trouvai, répondit Sancho, qui criblait deux boisseaux de blé dans une cour. — Mais ne t'aperçus-tu pas, dit don Quichotte, que chaque grain se convertissait en perle en touchant ses belles mains, et ne pris-tu pas bien garde que le blé était du pur froment? — Ce n'était que de l'orge mêlée avec de l'avoine, répondit Sancho. — Assurément, dit don Quichotte, étant sassée par ses belles mains, elle aura fait le plus beau et le meilleur pain du monde; mais passons outre. Quand tu lui rendis ma lettre, ne la baisa-t-elle pas? ne la mit-elle pas sur sa tête, et ne témoigna-t-elle pas une joie extrême? Que fit-elle, en un mot? — Le crible était plein de blé, répondit Sancho, quand je lui présentai la lettre, et elle le remuait de la bonne façon, si bien qu'elle me dit : Camarade, mettez votre lettre sur ce sac, car je ne saurais lire que je n'aie achevé de cribler tout ce que vous voyez là.

— Voilà une discrétion admirable, dit don Quichotte, car elle le faisait sans doute pour lire la lettre seule, afin que personne ne fût témoin de la joie qu'elle en recevrait Et, pendant qu'elle était ainsi attentive à son ouvrage, de quoi t'entretenait-elle? ne te demanda-t-elle rien de moi? que lui répondis-tu? Achève, ne me cache rien, et contente mon impatience. — Elle ne me demanda rien, répondit Sancho; mais moi je lui appris de quelle manière je vous avais laissé dans ces montagnes, faisant pénitence à son service, nu comme un vrai sauvage, ne mangeant point de pain sur nappe, ne vous peignant jamais la barbe, pleurant comme un veau et maudissant votre fortune. — Tu fis mal, dit don Quichotte, de dire que je maudissais ma fortune, parce qu'au contraire je la bénis, et la bénirai tous les jours de ma vie, pour m'avoir rendu digne d'aimer une si grande dame que Dulcinée du Toboso. — Ho, ho! pour cela, elle est fort grande, dit Sancho : en bonne foi, elle a un demi-pied de plus que moi. — Hé comment! Sancho, dit don Quichotte, t'es-tu mesuré avec elle pour en parler ainsi? — Je me mesurai avec elle, répondit Sancho, en lui aidant à mettre un sac de blé sur son âne : nous nous trouvâmes si près l'un de l'autre, que je vis bien qu'elle me surpassait de presque toute la tête.

— Mais n'est-il pas vrai, dit don Quichotte, que cette riche taille est accompagnée d'un million de grâces, tant de l'esprit que du corps? Au moins ne me nieras-tu pas une chose : quand tu t'approchas d'elle, ne sentis-tu pas une odeur merveilleuse, un agréable composé des plus excellents aromates, un je ne sais quoi de bon, qu'on ne saurait nommer, une vapeur délicieuse, une exhalaison qui t'embaumait, comme si tu avais été dans la boutique du plus fameux parfumeur? — Tout ce que je saurais vous dire, répondit Sancho, c'est que je sentis une certaine odeur aigre qui approchait de celle d'un homme, et c'est sans doute parce qu'elle était échauffée et qu'elle suait à grosses gouttes. — Ce ne peut être cela, dit don Quichotte; c'est que tu étais enrhumé, ou que tu te sentais toi-même : car je sais bien ce que doit sentir cette rose entre les épines, ce lis des champs, cet ambre dissous. — Je n'ai rien à dire à cela, répartit Sancho. Il est vrai qu'il sort bien souvent de moi l'odeur que je sentais, et que je m'imaginais qui sortait de la seigneurie de madame Dulcinée; mais il n'y a rien là de si étrange.

— Et bien, dit don Quichotte, elle nettoya son froment, et l'envoya au moulin; et que fit-elle en lisant ma lettre? — Votre lettre? répondit Sancho, elle ne la lut point, car elle dit qu'elle ne savait ni lire ni écrire; au contraire, elle la rompit en mille pièces, en disant qu'elle ne voulait pas que personne vît ses secrets, et qu'il suffisait de ce que je lui avais dit de bouche touchant l'amour que vous lui portez, et la pénitence que vous faisiez pour l'amour d'elle. En fin finale, elle me commanda de dire à votre seigneurie qu'elle lui baise bien fort les deux mains, et qu'elle a plus d'envie de vous voir que de vous écrire; qu'ainsi donc elle vous supplie, et vous commande bien humblement, qu'aussitôt la présente reçue vous sortiez de ces rochers, sans faire davantage de folies, et que vous vous mettiez incontinent en chemin pour vous rendre au Toboso, à moins que quelque affaire de grande importance ne vous en empêche, parce qu'elle meurt d'envie de vous revoir. Je lui demandai si le Biscayen de dernièrement l'avait été trouver : elle m'assura que oui, et que c'est un fort honnête homme. Je lui parlai aussi des forçats, mais elle me dit qu'elle n'en avait pas encore vu un.

— Tout va bien jusqu'à présent, dit don Quichotte; mais dis-moi, Sancho, quel présent te fit-elle quand tu pris congé d'elle, pour les bonnes nouvelles que tu lui avais portées? car c'est une ancienne coutume entre les chevaliers errants et leurs dames de donner quelque riche bague aux écuyers, aux demoiselles ou nains qui leur portent des nouvelles, pour récompenses de leurs messages. — Cela devrait bien être ainsi, répondit Sancho, et pour moi je n'en désapprouve point la coutume; mais, sans doute, cela ne se pratiquait qu'au temps passé : à présent on se contente seulement de donner un morceau de pain et un peu de fromage. Au moins voilà tout ce que madame Dulcinée me donna par-dessus la muraille de la cour, quand je pris congé d'elle, à telles enseignes que le fromage était bien moisi; mais, Dieu merci, tout fait ventre.

— Oh! elle est extrêmement libérale, dit don Quichotte, et, si elle ne te donna pas quelque diamant, c'est qu'elle n'en avait pas sur elle : mais ce qui est différé n'est pas perdu : je la verrai, et elle te satisfera. Sais-tu bien ce qui m'étonne, Sancho? c'est qu'on dirait que tu es allé et revenu par l'air, car tu n'as pas été plus de trois jours en ton voyage, et il y a trente bonnes lieues d'ici au Toboso. Cela me fait croire que le sage nécroman, qui prend soin de mes affaires, et qui ne veut pas qu'il y manque rien de la vraie chevalerie errante, t'a sans doute aidé à marcher, quoique tu ne t'en sois pas aperçu; car il y a tel sage parmi ces messieurs-là qui vous prend un chevalier errant tout endormi dans son lit, et celui-ci se trouve le lendemain, sans savoir comment, à deux ou trois mille lieues de l'endroit où il était couché le soir précédent; et si ce n'était cela, les chevaliers ne pourraient pas se secourir les uns les autres, comme ils le font à toute heure. Il arrivera quelquefois qu'un chevalier sera dans les montagnes d'Arménie, combattant un endriaque ou un autre monstre, ou quelque chevalier qui le serre de si près qu'il se trouve en danger de la vie; lorsqu'il y pense le moins il voit arriver sur un nuage, ou dans un chariot ardent, un chevalier de ses amis qu'il savait être auparavant en Angleterre, qui le délivre du péril où il est, et le soir même le chevalier se retrouvera chez lui soupant à son aise, et il y a quelquefois deux ou trois mille lieues d'Allemagne d'un lieu à l'autre. Tout cela se fait par la science et l'industrie de ces sages enchanteurs qui prennent soin des chevaliers errants et semblent les avoir adoptés. Ainsi je ne m'étonne plus, ami Sancho, si tu as mis si peu de temps en chemin; car tu as assurément été mené de la sorte. — Par ma foi, je le croirais bien, dit Sancho, car Rossinante allait comme l'âne d'un Bohémien, et on eût dit qu'il avait du vif argent dans les oreilles. — Doutes-tu, dit don Quichotte, qu'il ait eu du vif argent, et jusqu'à une légion de démons, qui sont des gens qui vont bien à pied et qui font cheminer les autres tant qu'ils veulent, sans sentir jamais la moindre lassitude?

» Mais revenons à nos affaires. Que crois-tu, Sancho, que je doive faire touchant l'ordre que me donne madame Dulcinée de l'aller trouver? car, quoique je sois obligé de lui obéir ponctuellement, et que j'en meure d'envie, je me suis cependant engagé avec cette princesse, et les lois de la chevalerie veulent que j'exécute ma parole, et que je préfère l'honneur à mon plaisir. D'un côté, je me sens pressé d'un ardent désir de voir ma dame; d'un autre côté, ma foi donnée et la gloire m'appellent, et tout cela m'embarrasse extrêmement. Mais je viens de trouver un moyen de satisfaire à l'un et à l'autre : je prétends, Sancho, m'en aller vite chercher le géant, en arrivant lui couper la tête, remettre aussitôt la princesse sur le trône et lui rendre ses États. Cela fait, je pars au même instant, et je m'en viendrai retrouver cette étoile brillante qui illumine mes sens, à qui je ferai des excuses si légitimes, qu'elle me saura gré de mon retard, parce qu'elle verra bien que tout ce que j'aurai fait doit retourner à sa gloire et à l'accroissement de sa réputation. Car tout l'honneur que j'ai jamais acquis, que j'acquiers tous les jours et que j'acquerrai à l'avenir, me vient de celui que j'ai d'être à elle et de la faveur qu'elle me donne.

— Aïe, dit Sancho, c'est toujours la même note ; et que diable, monsieur, est-ce que vous voulez faire tout ce chemin-là pour rien, et laisser perdre l'occasion d'un mariage qui vous apporte un royaume ? un royaume qui, à ce que j'ai ouï dire, a plus de vingt mille lieues de tour, qui regorge de toutes les choses nécessaires à la vie, et qui est plus grand que la Castille et le Portugal ensemble ? Ma foi, monsieur, vous devriez mourir de honte des choses que vous dites. Allez, prenez mon conseil, et mariez-vous au premier village où il y aura un curé ; sinon voici le nôtre, qui fera bien l'affaire. Voyez-vous, monsieur, je sais un peu ces choses-là, et franchement je suis assez vieux pour vous donner un conseil, et celui que je vous donne un autre le prendrait bien. N'avez-vous jamais ouï dire que le moineau dans la main vaut mieux que la grue qui vole ?

— Sancho, répondit don Quichotte, tu ne prends pas garde que ce qui fait que tu me conseilles tant de me marier, c'est afin que je sois vite roi pour te donner les récompenses que je t'ai promises ; mais je sais un moyen facile de te contenter : sans cela je mettrai dans mes conditions, avant d'entrer au combat, que, si je sors vainqueur, on me donnera une partie du royaume pour en disposer comme il me plaira ; et quand j'en serai une fois le maître, à qui penses-tu que je la donne, si ce n'est à toi ? — Vraiment je n'en doute pas, répondit Sancho ; mais monsieur, songez bien, je vous prie, à choisir le côté qui va vers la mer, afin que si je ne suis pas content de la demeure, je puisse embarquer mes Maures et en faire ce que j'ai dit tantôt. Oh bien, ne vous mettez donc pas en peine pour l'heure d'aller trouver madame Dulcinée, mais allez-moi assommer le géant, et finissons promptement cette affaire : je ne saurais m'ôter de la fantaisie qu'elle sera honorable et de grand profit. — Je te réponds, Sancho, dit don Quichotte, que je suivrai ton conseil, et que je ne pense pas à voir Dulcinée que je n'aie rétabli la princesse. Pour toi, qu'il te souvienne de ne rien dire à personne au monde, pas même à ceux qui viennent avec nous, de la conversation que nous venons d'avoir, parce que Dulcinée est si réservée qu'elle ne veut pas qu'on sache rien de ses secrets, et il serait de mauvaise grâce que je les eusse découverts. — Et si cela est, dit Sancho, à quoi pensez-vous, monsieur, quand vous envoyez à madame Dulcinée les gens que vous avez vaincus ? n'est-ce pas leur dire que vous en êtes amoureux, et est-ce bien garder le secret pour vous et pour elle que de forcer les gens de s'aller jeter à ses genoux, et lui dire que vous les envoyez là pour qu'elle en fasse à sa fantaisie ? — Que tu es ignorant ! que tu es simple ! s'écria don Quichotte ; et ne vois-tu pas que tout cela est à sa gloire ? Ne sais-tu pas encore qu'en matière de chevalerie c'est un grand avantage à une dame d'avoir plusieurs chevaliers errants qui la servent, sans que pour cela ils prétendent à d'autre récompense de leurs services que l'honneur de les lui rendre, et qu'elle daigne les recevoir pour ses chevaliers? — Je pense que vous vous moquez, monsieur, dit Sancho. C'est de cette manière-là que j'ai ouï prêcher qu'il faut aimer Dieu, seulement à cause de lui, et sans songer au paradis ni à l'enfer; et pour moi aussi je voudrais l'aimer et le servir, au hasard de ce qui pourrait en arriver. — Et qu'est-ce que ceci? dit don Quichotte : pour un paysan tu dis quelquefois des choses surprenantes; on dirait que tu as étudié. — Par ma foi si je ne sais pas lire, répondit Sancho, j'ai pourtant bien envie de l'apprendre un de ces jours, car je m'imagine que cela ne saurait nuire. »

En cet endroit-là maître Nicolas leur cria qu'ils arrêtassent, parce que la princesse voulait se rafraîchir au bord d'une fontaine. Cela fit grand plaisir à Sancho, qui était las de mentir : car, encore qu'il sût bien que sa Dulcinée était fille d'un laboureur du Toboso, il ne l'avait jamais vue. Cardenio avait pendant ce temps-là vêtu les habits que portait Dorothée quand ils la rencontrèrent, et, quoiqu'ils ne fussent pas des meilleurs, ils l'étaient beaucoup plus que ceux qu'il venait de quitter. Ils mirent donc tous pied à terre auprès de la fontaine, s'assirent sur l'herbe fraîche et firent un léger repas de ce que le curé avait apporté de l'hôtellerie.

Pendant qu'ils mangeaient, il passa dans le chemin un jeune garçon qui se mit à les considérer, et, un moment après, il s'approcha de don Quichotte, et lui embrassant la cuisse : « Hélas! monsieur, dit-il en pleurant, ne me reconnaissez-vous plus? ne vous souvient-il point d'André, que vous trouvâtes attaché à un chêne, et que vous détachâtes. » Don Quichotte le reconnut à ces paroles, et le prenant par la main, il se tourna vers la compagnie, et leur dit : « Vous voyez ici, messieurs, de quoi justifier l'importance et la nécessité des chevaliers errants, qui remédient aux désordres qui se font dans le monde. Il y a quelque temps que, passant auprès d'un bois, j'entendis des cris et des plaintes pitoyables; je courus aussitôt de ce côté-là pour satisfaire à mon inclination naturelle et à l'exercice dont je fais profession, et je trouvai ce jeune garçon en un étrange état. Je suis ravi qu'il vous en puisse rendre témoignage lui-même. Il était attaché à un chêne, nu de la ceinture en haut, et un paysan robuste et vigoureux le déchirait à coups d'étrivières. Je demandai au paysan pourquoi il le traitait avec tant de cruauté, et le rustre me répondit que c'était son valet, et qu'il le châtiait pour des friponneries et des négligences qui sentaient plus le larron que le paresseux. — Monsieur, répartit celui-ci, il me fouette parce que je demande mon salaire. — Le maître voulut me donner quelques excuses, dont je ne fus pas content. En un mot, je fis détacher le pauvre garçon, et je fis faire serment au paysan qu'il l'emmènerait chez lui et le paierait jusqu'à une obole. Tout cela n'est-il pas vrai, André mon ami? Te souvient-il avec quelle autorité je gourmandai le paysan, et avec combien d'humilité il me promit d'accomplir tout ce que je lui ordonnai? Réponds hardiment sans te troubler, afin que ces messieurs apprennent quel bien c'est dans le monde que la chevalerie errante.

— Tout ce qu'a dit votre seigneurie est véritable, répondit le jeune garçon ; mais l'affaire alla tout au contraire de ce que vous vous imaginez. — Comment ! répliqua don Quichotte, le paysan ne te paya-t-il pas sur l'heure ? — Non seulement il ne me paya pas, répondit André, mais sitôt qu'il vit que vous aviez traversé le bois, et que nous étions seuls, il me rattacha au chêne et me donna tant de coups, que je ressemblais à un chat écorché. Il accompagna même chaque coup de tant de plaisanteries, en se moquant de vous, que j'en aurais ri de bon cœur si c'eût été un autre que moi qui les eût reçus. Enfin il me mit en tel état, que j'ai toujours été depuis dans un hôpital, où j'ai eu bien de la peine à me remettre. Pour parler franchement, c'est à vous que je dois tout cela, monsieur le chevalier : car, si vous eussiez passé votre chemin sans mettre votre nez où l'on ne vous demandait pas, j'en eusse été quitte pour une vingtaine de coups, et puis mon maître m'eût payé ce qu'il me devait. Mais vous lui allâtes dire tant d'injures, et si mal à propos, que vous le mîtes en furie ; et, ne pouvant se venger sur vous, il s'en prit à mes épaules. — Le mal est, dit don Quichotte, que je m'en allai trop tôt : je ne devais point partir qu'il ne t'eût entièrement payé, car les paysans ne sont guère sujets à tenir leur parole, à moins d'y trouver leur compte. Mais tu te souviens bien, André, que je jurai que, s'il manquait de te satisfaire, je le saurais bien trouver, fût-il caché dans les entrailles de la terre ? — Cela est vrai, monsieur le chevalier, répondit André ; mais à quoi est-ce que cela sert ? — Tu verras tout à l'heure si cela sert à quelque chose, répondit don Quichotte ; » et, disant cela, il se leva brusquement, et ordonna à Sancho de brider Rossinante, qui, pendant que la compagnie dînait, paissait aussi de son côté.

Dorothée demanda à don Quichotte ce qu'il voulait faire. « Partir tout à l'heure, dit-il, pour aller châtier ce brutal de paysan, et lui faire payer jusqu'au dernier sou ce qu'il doit à ce pauvre garçon, en dépit de tous les paysans du monde qui voudraient s'y opposer. — Mais, seigneur chevalier, dit Dorothée, après la promesse que vous m'avez faite, vous ne pouvez entreprendre aucune aventure que vous n'ayez achevé la mienne ; remettez donc celle-là, je vous prie, jusqu'à ce que vous m'ayez rétablie dans mon royaume. — Cela est juste, madame, répondit don Quichotte, et il faut nécessairement qu'André attende mon retour ; mais je jure de nouveau de ne me reposer jamais que je ne l'aie vengé, et qu'il ne soit entièrement satisfait. — Je me fie comme je dois à ces juremens, dit André ; mais j'aimerais bien autant quelque pièce d'argent pour me rendre à Séville que toutes les vengeances du monde. Monsieur le chevalier, continua-t-il, faites-moi donner un morceau à manger, si vous en avez, et quelques sous pour mon voyage, et Dieu vous conserve, vous et tous les chevaliers errants du monde. »

Sancho tira un quartier de pain et un morceau de fromage, et les donnant à André : « Tenez, mon frère, lui dit-il, il est juste que chacun ait sa part de votre mauvaise aventure. — Et qu'est-ce qu'il vous en coûte à vous? dit André. — Ce pain et ce fromage que je vous donne, répondit Sancho. Dieu sait s'ils me feront faute : car, afin que vous le sachiez, André, mon ami, nous autres écuyers de chevaliers errants nous sommes toujours à la veille de mourir de faim et de soif, sans compter beaucoup d'autres accidents qu'on sent mieux qu'on ne les dit. »

André prit le pain et le fromage, et, voyant qu'on ne lui donnait rien autre chose, il baissa la tête et tourna le dos à la compagnie. Mais, en partant, il dit à don Quichotte : « Pour l'amour de Dieu, monsieur le chevalier, ne vous mêlez point une autre fois de me secourir quand vous me verriez mettre en pièces; laissez-moi avec ma mauvaise aventure : elle ne saurait être pire que celle que m'attirerait votre seigneurie, que je prie Dieu de confondre, aussi bien que tous les chevaliers errants qui naîtront d'ici au jugement! » Don Quichotte se levait pour châtier André; mais celui-ci s'était mis à courir si fort, qu'il eût été difficile de l'attraper; notre chevalier demeura donc dans sa place, pour n'avoir pas la honte d'avoir tenté une chose inutile, mais tellement en colère de la mauvaise plaisanterie d'André, que pas un de la compagnie n'osa rire, quelqu'envie qu'ils en eussent tous, pour ne pas l'irriter davantage.

XXIV

De ce qui arriva dans l'hôtellerie.

Le repas étant fini, ils montèrent à cheval, c'est-à-dire ceux qui en avaient; les autres allèrent à pied, et le lendemain ils arrivèrent à cette hôtellerie que Sancho ne pouvait regarder de bon œil. L'hôte, l'hôtesse, leur fille et Maritorne, qui reconnurent de loin don Quichotte et son écuyer, s'avancèrent au devant d'eux avec de grandes marques de joie. Notre chevalier les reçut, à son ordinaire, avec beaucoup de gravité, et leur dit de lui préparer un meilleur lit que la dernière fois. A quoi l'hôtesse répondit que, pourvu qu'il payât mieux, elle lui donnerait un lit de prince. Don Quichotte l'ayant promis, on lui en dressa un aussitôt dans le même endroit où il avait déjà couché, et il s'y alla jeter sur l'heure, car il était extrêmement fatigué et tout moulu des folies qu'il avait faites dans la montagne.

Cependant l'hôtesse, ayant reconnu le barbier, alla lui sauter au visage, et le prenant par la barbe postiche : « Par ma foi, dit-elle, vous ne vous en carrerez pas davantage; il est bien temps qu'elle me revienne : c'est une honte que le peigne de mon mari n'ait pas été nettoyé depuis que vous avez emporté sa queue. » L'hôtesse avait beau tirer, le barbier ne voulait point rendre la queue, si le curé ne lui eût dit qu'on n'avait plus besoin de ce déguisement, et qu'il pouvait dire à don Quichotte que, quand les forçats l'avaient volé, il s'en était venu toujours courant à l'hôtellerie, et que, si par hasard il demandait des nouvelles de l'écuyer de la princesse, on dirait qu'elle l'avait envoyé devant, pour assurer ses sujets qu'elle arriverait bientôt avec son libérateur. Après cela le barbier ne fit plus de difficulté de rendre la queue à l'hôtesse avec toutes les nippes qu'elle lui avait prêtées.

Tous ceux qui étaient dans l'hôtellerie trouvèrent Dorothée admirablement belle; et Cardenio, dans son habit de berger, leur parut aussi de fort belle taille et de très-bonne mine. L'hôte, sur la parole du curé et sur la bonne opinion qu'il eut de la compagnie, leur alla préparer un dîner assez raisonnable pour une hôtellerie d'Espagne. Don Quichotte dormait cependant de toute sa force, et ils ne voulurent pas l'éveiller, parce que le sommeil lui valait mieux que tout autre chose en l'état où il était.

Pendant le dîner, on ne parla presque que de l'étrange folie du pauvre chevalier et de la manière dont on l'avait trouvé. L'hôtesse, qui était présente avec tout ce qu'il y avait de gens dans l'hôtellerie, raconta, de son côté, ce qu'elle savait de notre héros, et, voyant que Sancho n'était point dans la chambre, elle fit aussi l'histoire de son bernement, qui fit bien rire toute la compagnie. Le curé, prenant de là occasion de déplorer le malheur de ce pauvre gentilhomme, en accusa les livres de chevalerie, et dit qu'il était dommage qu'ils lui eussent ainsi troublé le jugement. « Et comment cela peut-il être? interrompit l'hôte; est-ce qu'il y a une meilleure lecture au monde? J'ai là deux ou trois de ces livres avec d'autres papiers, et je puis bien jurer qu'ils m'ont donné la vie, et non-seulement à moi, mais encore à beaucoup d'autres : car, dans la saison où l'on coupe les blés, il vient céans quantité de moissonneurs les jours de fête, et comme il s'en trouve toujours quelqu'un qui sait lire, nous nous mettons vingt ou trente autour de lui, et nous nous divertissons si bien, qu'il ne peut finir de lire ni nous de l'entendre. Il ne faut point que j'en mente : quand j'entends parler de ces terribles coups que donnent les chevaliers errants, je meurs d'envie d'aller chercher les aventures, et je ne m'ennuierais pas d'entendre lire les jours et les nuits. — Pour moi, je ne m'y opposerais pas, dit l'hôtesse, car je n'ai jamais de meilleur temps dans la maison que quand vous êtes après votre lecture : au moins ne songez-vous pas à gronder quand vous y êtes attaché. — Et vous, que vous en semble, la belle jeune fille? dit alors le curé en s'adressant à la fille de l'hôtesse. — Je veux mourir, monsieur, si j'en sais rien, répondit-elle : je l'écoute comme les autres, et j'y prends quelquefois plaisir, encore que je ne l'entende pas, car je m'imagine que cela est tout à fait plaisant. Mais ces grands coups que dit mon père ne me divertissent point, et les lamentations que font ces pauvres chevaliers quand ils sont loin de leurs maîtresses me font si grande pitié, que je pleure bien souvent. — Je suis sûre, dit Dorothée, que vous en auriez encore plus de pitié si c'était pour vous qu'ils souffrissent, et que vous ne les laisseriez pas pleurer longtemps. — Vraiment, je ne sais ce que je ferais, répondit la jeune fille; mais il est vrai qu'il y a de ces demoiselles qui sont si cruelles, que messieurs les chevaliers les appellent lionnes, tigresses et mille autres vilenies. Je ne sais pas, pour moi, d'où sont ces demoiselles, qui laisseraient mourir un honnête homme, ou le verraient devenir fou plutôt que de l'assister. Et à quoi servent toutes ces façons? Si elles le font par sagesse, que ne se marient-elles avec ces messieurs, qui ne demandent pas mieux? — Taisez-vous, petite fille, dit l'hôtesse : vous en savez beaucoup trop ; il n'appartient pas aux filles de votre âge d'être si savantes et de tant babiller. — Mais, ma mère, répondit la jeune fille, ce monsieur m'interroge, il faut bien que je lui réponde. — Elle dit fort bien, reprit le curé, et je lui en sais bon gré ; cependant, ajouta-t-il en se tournant vers l'hôte, apportez-moi un peu vos livres, que je les voie. — Je vais les quérir, répondit l'hôte. » Et, étant sorti, il rentra un moment après, avec une vieille malle fermée d'un cadenas, d'où il tira trois grands livres et quelques papiers écrits à la main.

Le curé prit les livres : le premier qu'il ouvrit fut don Cirongilio de Thrace, l'autre don Félix Mars d'Hyrcanie, et le dernier l'histoire du grand et fameux capitaine Gonzalo Hernandez de Cordoue, avec la vie de Diego Garcia de Paredes. Sitôt que le curé eut vu le titre des deux premiers : « Compère, dit-il en regardant le barbier, il ne nous manque plus ici que la nièce et la servante de notre ami. — Nous n'en avons pas besoin, répondit le barbier : je les jetterai par la fenêtre aussi bien qu'un autre, et, sans aller plus loin, il y a assez bon feu dans la cheminée. — Comment, messieurs, dit l'hôte, vous voulez brûler mes livres? — Ces deux-ci seulement, répondit le curé, don Cirongilio et Félix Mars. — Est-ce donc, reprit-il, qu'ils sont hérétiques, que vous les condamnez d'abord au feu? Si vous avez si grande envie d'en faire brûler quelqu'un, je vous livre de bon cœur celui du grand capitaine et de Diego Garcia ; mais, pour ce qui est des autres, je laisserais plutôt brûler ma femme et mes enfants. — Mon patron, dit le curé, ces deux livres ne sont qu'un amas de mensonges et de sottises qui n'aboutissent à rien ; et cet autre est l'histoire véritable des actions de Gonzalo Hernandez de Cordoue, qui, par ses fameux exploits, mérita le surnom de grand capitaine ; et pour Diego Garcia de Paredes, c'était un chevalier d'importance de la ville de Truxillo, dans l'Estramadure, vaillant soldat, et d'une force si prodigieuse, que, d'un seul doigt, il arrêtait une meule de moulin au plus fort de sa furie. On dit de lui qu'étant une fois à l'entrée d'un pont avec une épée à deux mains, il empêcha le passage à toute une grande armée ; et il a fait tant d'autres choses dignes d'admiration, que si elles avaient été écrites par un autre que lui, ses actions auraient fait oublier celles d'Hector et d'Achille et de tous les héros du monde. — Mais regardez, dit l'hôte, la belle chose, pour s'en étonner, que d'arrêter une roue de moulin! Lisez pour plaisir Félix Mars d'Hyrcanie, qui, d'un seul revers, coupa cinq géants par le milieu du corps, comme il aurait fait de cinq raves, et qui, attaquant tout seul une des plus grandes armées qu'on ait jamais vues, en tua seize cent mille soldats armés depuis les pieds jusqu'à la tête. Mais que direz-vous de don Cirongilio de Thrace, qui avait tant de courage, comme vous verrez dans son histoire, qu'étant un jour sur je ne sais quelle rivière, d'où il vit sortir tout à coup un grand dragon de feu, il lui sauta aussitôt sur le corps, et lui serra si fort la gorge avec les deux mains, que le dragon ne pouvant plus respirer, plongea jusqu'au fond, sans que pour cela, le brave cavalier quittât jamais prise ? Et puis quand il fut en bas, il se trouva dans un grand palais où il y avait des jardins admirables, et le dragon se changea en un vieillard vénérable, qui lui conta des choses si merveilleuses, qu'on n'en a jamais vu de pareilles. Allez, allez, monsieur le curé, par ma foi, vous deviendriez fou de plaisir, si vous lisiez cette histoire; et nargue pour celle du grand capitaine, et pour ce Garcia de Paredes. »

Dorothée, se tournant alors vers Cardenio : « Que dites-vous de tout ceci ? lui dit-elle à demi-bas ; croyez-vous qu'il en manque beaucoup à notre hôte pour devenir un second don Quichotte ? — Je le trouve assez avancé pour cela, répondit Cardenio ; et je suis d'avis qu'on lui donne ses licences : de la manière dont il parle, il n'y a pas un mot dans les romans qu'il ne croie comme article de foi, et je défie tous les carmes déchaussés de l'en désabuser. — Mais, notre hôte, continuait cependant le curé, croyez-vous par votre foi qu'il y ait véritablement eu au monde un Cirongilio de Thrace et un Félix Mars d'Hyrcanie, et tant d'autres chevaliers de cette trempe ? Ne savez-vous pas que ce ne sont que des fables inventées par des gens qui ne savaient que faire, et qui n'avaient d'autre dessein que de se divertir ? Désabusez-vous une fois pour toutes, et apprenez qu'il n'y a pas un seul mot de vrai de tout ce qu'on dit des chevaliers errants. — A d'autres, à d'autres, monsieur le curé, répondit l'hôte. Oh ! vraiment, on ne me donne pas ainsi le change. Je ne suis pas trop fin, monsieur ; mais, afin que vous le sachiez, il y en a de plus bêtes, et vous vous lèverez de bon matin avant de me faire croire que les livres moulés ne contiennent que des mensonges et des rêveries, comme si messieurs du conseil royal étaient gens à souffrir qu'on imprimât tant de menteries qui ne seraient bonnes qu'à faire tourner la tête à ceux qui les liraient ! — Je vous ai déjà dit, notre ami, répliqua le curé, que tout cela n'est fait que pour amuser les gens sans occupation ; et de même que, dans les républiques bien policées, on souffre certains jeux, comme la paume, les échecs, le billard et d'autres, pour le divertissement de certaines gens qui ne peuvent travailler, ou qui ne le doivent pas, de même on permet d'imprimer ou de débiter ces sortes de livres, parce qu'il ne vient point à l'esprit qu'il y ait des gens assez simples pour s'imaginer que ce soient de véritables histoires. Si c'en était le moment, et si la compagnie le souhaitait, je dirais quelque chose touchant les romans, et de quelle manière ils doivent être composés pour être bons, et peut-être ce que j'en dirais ne serait pas inutile, ni même désagréable ; mais cela aura son temps ; et je ne désespère pas d'en parler un jour à ceux qui ont le pouvoir d'y mettre ordre. Cependant, notre hôte, croyez ce que je vous ai dit, et profitez-en, et Dieu veuille que vous ne clochiez pas du même pied que le seigneur don Quichotte ! — Oh ! pour cela, ne l'appréhendez pas, monsieur, répondit l'hôte. Je ne serai pas assez fou pour me faire chevalier errant ; je vois fort bien qu'ils ne sont pas en usage maintenant comme ils étaient autrefois. »

Sancho, qui se trouva présent à une partie de cette conversation, fut bien étonné d'entendre dire que la chevalerie errante n'était plus en usage, et que tous les romans n'étaient que folies et mensonges ; il en devint tout mélancolique et tout interdit, et résolut en lui-même d'attendre encore à quoi aboutirait le voyage de son maître, et, s'il ne réussissait pas aussi heureusement qu'il le souhaitait, de le planter là et de s'en aller retrouver sa femme et ses enfants.

XXV

Des choses admirables qui arrivèrent dans l'hôtellerie.

Tout-à-coup Sancho sortit tout épouvanté du galetas où était don Quichotte, criant à pleine tête : « Venez tous, venez vite secourir mon maître, que je viens de laisser dans la plus enragée bataille que j'aie jamais vue. Que je sois pendu si, du premier coup qu'il a donné à l'ennemi de mademoiselle la princesse de Micomicon, il ne lui a fait sauter la tête des épaules ! — Que dites-vous là, Sancho ? dit le curé ; vous n'êtes pas dans votre bon sens : le géant est à plus de deux mille lieues d'ici, et votre maître ne tue pas les gens de si loin. » Dans le même temps on entendit dans le galetas la voix de don Quichotte, qui criait de toute sa force : « Arrête, larron ! arrête, brigand ! Ah ! je te tiens à la fin, et ton cimeterre et toute ta force ne te serviront de rien. » Et cela était accompagné d'un bruit de coups d'épée qui retentissaient contre les murailles. « Eh ! allons donc, messieurs ! criait toujours Sancho, à quoi vous amusez-vous, que vous ne veniez séparer les combattants ? quoique je pense pourtant bien qu'il n'en a pas besoin, parce que le géant est déjà allé rendre compte de sa mauvaise vie à Dieu, et de là à tous les diables : car j'ai vu couler le sang comme une rivière, et la tête roulait par la place. Par ma foi, si elle n'est pas grosse comme un muid, au moins comme un éléphant, que je mente. — Vive Dieu ! s'écria l'hôte, qui était accouru au bruit avec les autres, si don Quichotte, ou don Diable, n'aura donné quelques coups d'estoc aux outres qui sont dans sa chambre ; et c'est le vin qui en sort que ce bonhomme a pris pour du sang. » Il entra aussitôt, suivi de toute la compagnie, dans le prétendu champ de bataille, où ils trouvèrent don Quichotte dans le plus terrible équipage du monde.

Il n'avait que sa chemise, et elle était si courte, qu'elle ne lui venait par devant que jusqu'à la moitié des cuisses, et il s'en fallait près d'un demi-pied qu'elle ne fût aussi longue par derrière ; ses jambes étaient longues, sèches, fort velues et très-crasseuses ; il portait sur la tête un bonnet si gras, qu'à peine pouvait-on reconnaître qu'il avait été rouge, et il avait la couverture de son lit au tour de son bras gauche, et dans la main droite l'épée nue, dont il frappait à tort et à travers, disant les mêmes choses et avec autant d'agitation que s'il eût effectivement combattu contre quelque redoutable ennemi. Ce qu'il y avait de plus admirable, c'est qu'on lui voyait les yeux fermés : il dormait en effet, et il songeait sans doute qu'il était aux mains avec le géant Pandafilando. Comme il avait l'imagination vive et remplie de cette aventure, dont il s'était chargé, il ne lui avait guère coûté, en dormant, de faire le voyage de Micomicon, où il croyait être aux prises avec son ennemi. Mais par malheur la plupart de ses coups étaient tombés sur des outres de vin qu'il y avait dans la chambre, en sorte qu'on y était presque à la nage.

L'hôte entra en telle fureur quand il vit ce désordre, qu'il se lança à corps perdu sur don Quichotte et l'accabla de gourmades ; et il eût bientôt mis fin à la guerre du géant, si Cardenio et le curé ne lui eussent ôté notre héros des mains. Cependant le pauvre gentilhomme ne s'éveillait point ; il aurait dormi jusqu'au lendemain, sans le barbier, qui lui jeta sur le corps un seau d'eau froide, ce qui l'éveilla, mais non pas si bien qu'il s'aperçût de l'état où il était. Aussi Dorothée, entrant dans ce moment, et voyant son défenseur si succinctement vêtu, retourna promptement sur ses pas et n'en voulut pas voir davantage.

Pendant tout ce tracas, Sancho n'avait cessé de chercher la tête du géant qu'il avait vue tomber par terre, et ne la pouvant trouver : « C'est maintenant, dit-il, que je vois bien que tout se fait par enchantement dans cette maison : le diable ne veut pas que je trouve cette tête, moi qui l'ai vu couper de mes yeux, et le sang qui ruisselait comme une fontaine. — Que veux-tu dire, ennemi de Dieu et des saints? s'écria l'hôte; ne vois-tu pas, traître, que la fontaine et le sang ne sont autre chose que mes outres, qui sont percées comme des cribles, et le vin dont cette chambre est noyée? Que je puisse voir bientôt couler en enfer celui qui m'a fait tout ce ravage ! — Ce ne sont pas là mes affaires, répartit Sancho; mais je sais bien que cette tête me vaudrait tout à l'heure un bon comté, et que faute de la trouver m'en voilà revenu comme si il était fondu dans la mer. »

L'hôte se désespérait de voir le flegme de l'écuyer, après le désordre que venait de causer le maître; il jurait que l'affaire ne se passerait pas comme l'autre fois, qu'ils s'en étaient allés sans payer, et que, malgré les priviléges de leur chevalerie, ils lui paieraient jusqu'au dernier sou les outres et le vin.

Le curé tenait pour lors don Quichotte par les mains, et le chevalier, croyant avoir achevé l'aventure et qu'il se trouvait auprès de la princesse Micomicona, se jeta à genoux devant lui, et lui dit : « Votre grandeur est maintenant en sûreté, belle princesse; vous n'avez plus à craindre le tyran qui vous persécutait; et pour moi, je suis quitte de ma parole, puisque, avec le secours du ciel et la faveur de celle pour qui je vis, mon bras vous remet en possession de vos États. — Eh bien, messieurs, que vous avais-je dit? s'écria alors Sancho; je sais bien que je ne suis pas ivre : voyez si mon maître ne s'est pas battu contre le géant; et par ma foi mon comté est sauvé. » Tout le monde riait à gorge déployée des folies du maître et du valet. Il n'y avait que l'hôte qui se donnait à tous les diables, et ne pouvait entendre raillerie.

Enfin le curé, Cardenio et le barbier obligèrent don Quichotte à se remettre au lit, où il demeura dans le plus grand repos du monde; mais ils eurent bien de la peine à venir à bout de l'hôte, qui était désespéré de la mort subite de ses outres. L'hôtesse, de son côté, jetait les hauts cris et s'arrachait les cheveux à pleines mains. « Malheur à nous! disait-elle; ce diable errant n'est entré dans ma maison que pour me ruiner, le traître : l'autre fois il m'emporta la dépense de lui et de son chien d'écuyer, d'un cheval et d'un âne, sous prétexte qu'ils sont chevaliers errants, et qu'il est écrit dans leurs diables de registres qu'ils ne doivent jamais débourser un sou. Que Dieu leur donne mauvaise aventure à tous tant qu'ils sont, et que l'ordre puisse en finir dès demain! Aujourd'hui, pour nous achever de peindre, ce beau chevalier est encore venu répandre toute notre provision de vin. Mort de ma vie! il n'en sera pas quitte à si bon marché qu'il pense : il me le paiera, ou je perdrai le nom que je porte. »

Pendant que l'hôtesse faisait ses plaintes, Maritorne tenait aussi sa partie, et criait de temps en temps : « Que le diable puisse emporter tous les chevaliers errants! » Il n'y avait que la fille de l'hôte qui ne disait mot et ne faisait que sourire. Enfin le curé apaisa tout, en promettant à l'hôte qu'il lui ferait payer ses outres et son vin, sans oublier la queue de vache dont sa femme avait aussi fait grand bruit. Dorothée, de son côté, consola Sancho qui restait à consoler, et l'assura que si le chevalier son maître avait coupé la tête au géant, elle lui donnerait le meilleur comté de son royaume dès qu'elle s'y verrait rétablie. Sancho, content de cette promesse, lui jura qu'il avait vu tomber la tête, aux enseignes, ajouta-t-il, qu'elle avait une barbe qui allait jusqu'à la ceinture; et que ce qui faisait qu'on ne la trouvait pas, c'est que tout se passait par enchantement dans l'hôtellerie, comme il l'avait lui-même éprouvé d'autres fois. Dorothée lui répartit qu'elle n'en doutait point, qu'il ne se mît en peine de rien, et que tout irait si bien à la fin qu'il en serait plus que satisfait. Comme Dorothée achevait de parler, l'hôte qui était sur le pas de la porte s'écria : « Voici une assez bonne troupe de gens; s'ils s'arrêtent ici nous gagnerons bien notre journée. — Quelles gens sont-ce? demanda Cardenio. — Ce sont quatre chevaliers? répondit l'hôte, avec le bouclier et la lance, ayant chacun un masque noir, et deux valets à pied. — Et sont-ils loin? demanda le curé. — Les voilà qui arrivent, répondit l'hôte. » Dorothée mit aussitôt un masque, et Cardenio, ne se trouvant pas en état de paraître, entra dans la chambre de don Quichotte. En même temps les cavaliers arrivèrent.

L'un d'eux n'était autre que don Fernand. Reconnaissant enfin la faute qu'il avait commise en abandonnant Dorothée, il s'était mis à sa poursuite avec quelques gentilshommes. Après de longues recherches il avait pénétré dans la montagne Noire, et les renseignements qu'on lui avait donnés lui faisaient enfin retrouver celle dont il venait implorer le pardon.

En entendant les douces paroles de don Fernand, Dorothée fut si heureuse du changement de sa fortune, qu'elle ne savait presque si ce n'était point un songe; et tous ceux qui étaient présents avaient un contentement incroyable de voir la joie et le repos succéder à tant de disgrâces.

La plus contente encore était l'hôtesse, à qui Cardenio et le curé avaient promis de payer tout le dégât qu'avait fait don Quichotte. Seul Sancho était triste et affligé, et, entrant tout mélancolique dans la chambre de don Quichotte, qui venait de s'éveiller : « Votre seigneurie, lui dit-il, peut dormir à son aise, sans vous embarrasser l'esprit du soin de remettre la princesse de Micomicon dans son royaume, ni de combattre des géants : tout cela est déjà fait et conclu. — Je le crois, dit don Quichotte, puisque je sors tout fraîchement d'avec ce géant, à qui j'ai livré le plus épouvantable combat qu'on ait vu depuis longtemps, et d'un seul revers je lui ai tranché la tête. Je t'assure que le sang courait par terre comme un torrent d'eau qui tombe du haut d'une montagne. — Dites plutôt, monsieur, comme un torrent de vin rouge, dit Sancho : car, si vous ne le savez, le géant était un grand cuir de bouc que vous avez percé, et le sang qui coulait, six mesures de vin qu'il avait dans le ventre; et pour la tête coupée, autant en emporte le vent. — Hé, qu'est-ce que tu dis là, Sancho? es-tu fou? répartit don Quichotte. — Levez-vous seulement, monsieur, répondit Sancho, vous verrez le bel exploit que vous avez fait, et de la besogne qui nous coûtera plus cher qu'au marché; la reine changée en une femme toute simple, qui s'appelle Dorothée, et bien d'autres choses qui vous étonneront. — Vraiment, je n'ai garde de m'en étonner, répliqua don Quichotte : est-ce que tu ne te souviens plus de l'autre fois que nous vînmes ici, et qu'il ne s'y passa rien qui ne se fît par enchantement? pourquoi ne veux-tu pas que ce soit aujourd'hui la même chose? — Je le croirais bien, dit Sancho, si je n'avais remarqué que mon bernement n'était pas une imagination : car je me souviens fort bien que l'hôte qui est ici présent tenait un des coins de la mante, et le traître me poussait plus vigoureusement que tous les autres, en riant de toute sa force. Or, pour moi, je tiens que, quand on reconnaît les gens, il n'y a point d'enchantement, et que c'est seulement une mauvaise aventure. — Eh bien, que ce soit ce qu'il pourra, dit don Quichotte; Dieu y remédiera. Mais cependant donne-moi mes habits, que je me lève, et que j'aille voir ces transformations dont tu me parles. »

Pendant que don Quichotte s'habillait, le curé apprenait à don Fernand et aux autres quel homme c'était, et l'artifice dont il avait fallu se servir pour le tirer de la roche Pauvre, où il s'était retiré à cause des prétendus mépris de sa dame; il leur raconta aussi toutes les aventures que Sancho lui avait apprises, dont ils rirent tous de bon cœur, sans cesser d'admirer une folie d'un genre si extraordinaire. Après qu'ils en eurent bien ri, le curé dit qu'il fallait chercher une nouvelle invention pour obliger don Quichotte de retourner chez lui, puisque le changement de condition de Dorothée empêchait qu'on achevât ce qu'on avait commencé, mais don Fernand voulut que Dorothée achevât ce qu'elle avait entrepris, et dit qu'il serait bien aise de contribuer à la guérison du pauvre gentilhomme, puisqu'ils n'étaient pas loin de sa maison.

Comme don Fernand parlait encore, don Quichotte parut armé de toutes pièces, l'armet de Mambrin en tête, quoique tout enfoncé, embrassant son écu et s'appuyant sur sa lance. Cette étrange figure surprit extrêmement don Fernand et ceux qui n'avaient point encore vu notre chevalier. Ils considérèrent quelque temps ce visage long d'une aune, sec et basané, le bizarre assemblage de ses armes, et cette contenance fière, et ils attendirent en silence ce que ce fantôme avait à leur dire. Don Quichotte, arrêtant ses yeux sur Dorothée, lui dit d'une voix grave et d'un ton sérieux :

« Madame, je viens d'apprendre par mon écuyer combien votre grandeur s'est ravalée, puisque de reine que vous étiez vous n'êtes plus qu'une simple dame. Si cela s'est fait par l'ordre du grand enchanteur le roi votre père, qui a craint que je ne fusse point capable de vous donner tout le secours nécessaire, je dis qu'il s'est trompé, et qu'il était bien peu savant dans les histoires de chevalerie; car s'il les eût lues et repassées aussi souvent et avec autant d'attention que je l'ai fait, il aurait vu qu'elles sont pleines d'événements beaucoup plus surprenants, et que quantité de chevaliers, sans vanité de moindre réputation que moi, ont achevé des aventures incomparablement plus difficiles. Ce n'est pas un aussi grand miracle que l'on pense que de venir à bout d'un géant, quelque force qu'il ait, et de quelque taille qu'il puisse être : il n'y a pas bien longtemps que je me suis éprouvé contre un de ces fiers-à-bras; mais je n'en dis pas davantage, car je ne prendrais pas plaisir qu'on vînt à m'accuser de mensonge. — Vous vous êtes éprouvé contre deux outres de vin, et non pas contre un géant, s'écria l'hôte. » Il en eût bien dit davantage si don Fernand ne l'eût fait taire. Don Quichotte poursuivit : « Je dis enfin, très-haute et déshéritée dame, que si ce n'est que pour la raison que je viens de dire que le roi votre père a fait cette métamorphose en votre personne, vous ne devez point craindre de vous mettre entre mes mains, car il n'y a point de danger sur la terre dont je ne vienne à bout avec cette épée; et c'est avec elle que, mettant à vos pieds la tête de votre redoutable ennemi, je vous rétablirai sur le trône de vos ancêtres et vous en rendrai paisible héritière. » Don Quichotte se tut pour attendre la réponse de la princesse; et Dorothée, sachant qu'elle faisait plaisir à don Fernand de poursuivre le projet qu'on avait entrepris, répondit sérieusement et d'un air de princesse : « Quiconque vous a dit que je suis transformée, vaillant chevalier de la Triste-Figure, ne vous a assurément pas dit la vérité, car je suis aujourd'hui ce que j'étais hier. Il est véritablement arrivé un changement agréable dans ma fortune; mais cela n'empêche pas que je ne sois ce que vous m'avez vue, et que je n'aie toujours la même envie de me servir de la valeur et de la force de votre bras invincible. Ainsi, seigneur chevalier, réparez s'il vous plaît l'honneur de mon père, et ne doutez plus que ce n'ait été un homme prudent et éclairé, puisqu'il a trouvé dans sa science un moyen de remédier à mes malheurs si facile et si sûr; en vérité,

Madame, à l'aide de ce glaive je mettrai à vos pieds la tête de votre superbe ennemi

c'est une chose si surprenante et si avantageuse pour moi que votre rencontre, que je suis persuadée que si vous n'aviez pas été au monde, je ne me serais jamais vue dans l'heureux état où je me trouve, et je crois que la plupart de ces messieurs sont de mon sentiment, étant témoins de ce qui m'est arrivé depuis que je vous ai rencontré. Mais enfin ce qui nous reste à faire, c'est que demain nous nous mettions en chemin; car pour aujourd'hui il est désormais tard, et nous n'avancerions guère. Pour ce qui est de l'événement, je le laisse entre les mains de Dieu et m'en fie à votre courage. »

Don Quichotte, voyant que Dorothée ne parlait plus, se tourna du côté de Sancho, et le regardant d'un œil courroucé : « Sancho, mon ami, lui dit-il, vous êtes le plus grand bélître et le plus franc maraud qu'il y ait dans toute l'Espagne. Dites-moi un peu, scélérat, ne venez-vous pas de me dire tout à l'heure que la princesse n'est plus qu'une simple demoiselle appelée Dorothée, et d'autres extravagances qui m'ont donné plus de confusion que je n'oserais le dire? Par le Dieu vivant, je ne sais qui me tient que je ne t'étrangle tout à l'heure, et que je ne te mette en tel état que tu serves d'exemple à tous les écuyers menteurs qui auront jamais l'honneur de suivre des chevaliers errants. — Mon seigneur, répondit Sancho, ne vous mettez point en colère : il se peut bien faire que je me sois trompé pour ce qui est du changement de mademoiselle la princesse Micomicona ; mais, pour ce qui est de la tête du géant, au moins des outres percées, et que le sang n'est que du vin rouge, ha! par ma foi, je ne me trompe point. Les outres sont encore couvertes de blessures au chevet de votre lit, et le vin rouge qui en est sorti a fait une rivière dans la chambre ; vous le verrez tout à l'heure, je veux dire quand l'hôte vous demandera le paiement du dégât que vous avez fait. Quant au reste, je me réjouis de toute mon âme de ce que la reine n'a point changé et j'y trouve mon compte comme un autre. — A présent, répliqua don Quichotte, je dis seulement que tu es un étourdi, Sancho ; pardonne-moi le reste, et n'en parlons plus. — C'est assez, seigneur chevalier, dit don Fernand. Madame la princesse veut qu'on remette le voyage à demain, parce qu'il est déjà tard. Ainsi il ne faut plus songer qu'à passer la nuit agréablement en attendant le jour, et nous accompagnerons tous le seigneur don Quichotte, pour être témoins des grandes et merveilleuses actions qu'il doit faire dans cette entreprise. — C'est moi qui aurai l'honneur de vous accompagner, répliqua don Quichotte; je suis extrêmement obligé à toute la compagnie de la bonne opinion qu'elle a de moi, et je tâcherai de ne pas la démentir, m'en dût-il coûter la vie, et, s'il se peut, davantage. »

En attendant, don Quichotte offrit de faire la garde du château, afin qu'il ne fût pas surpris par quelque géant, ou quelque autre brigand de cette nature, envieux du grand trésor de beauté qu'il enfermait : ceux qui le connaissaient l'en remercièrent, et il en sentit un vif plaisir. Il sortit donc de l'hôtellerie pour faire sentinelle, comme il l'avait promis.

Tout était en repos et en silence dans l'hôtellerie, hors la fille de l'hôtesse et Maritorne, qui, connaissant le faible de don Quichotte, songeaient à se donner du plaisir en lui jouant quelque tour, pendant que le chevalier, tout armé et à cheval, ne pensait qu'à faire une garde exacte.

Il n'y avait dans toute la maison d'autre fenêtre qui regardât sur la campagne qu'une ouverture dans la muraille, par où l'on jetait la paille pour l'écurie. De cet endroit, la fille de l'hôte et Maritorne aperçurent don Quichotte à cheval, appuyé languissamment sur sa lance et poussant de temps en temps de dolents et profonds soupirs, comme s'il eût été près de rendre l'âme. « O madame Dulcinée du Toboso ! disait-il d'une voix amoureuse et tendre ; dame souveraine de la beauté, comble de discrétion et de sagesse, trésor d'agréments et de grâces, sacré dépôt de toutes les vertus, exemplaire et prototype de tout ce qu'il y a d'honnête et d'utile, et de délectable au monde ! que penseriez-vous, à l'heure qu'il est, si vous voyiez cet esclave de votre beauté, qui s'expose pour vous seule à tant de périls et avec tant d'ardeur ? O toi, luminaire inconstant, déesse aux trois visages, apprends-moi des nouvelles de ma dame ! Je m'imagine qu'à l'heure qu'il est, tu la considères avec envie pendant qu'elle se promène dans quelque riche galerie d'un de ses magnifiques palais, ou qu'appuyée sur un balcon doré elle pense aux moyens de remettre le calme dans son âme agitée, comment elle doit finir mes inquiétudes et me rendre le repos, en un mot comment elle peut me rappeler d'une rigoureuse mort à une délicieuse vie, et, sans intéresser sa gloire, récompenser mon amour et mes services. Et toi, soleil ! qui sans doute précipites ta course non pas tant pour rendre le jour aux mortels que pour voir ce chef-d'œuvre des miracles, salue-la de ma part, je t'en prie, dès que tu la verras. »

Cependant le jour commençait à paraître, quand quatre archers à cheval, bien armés et en bon équipage, frappèrent à la porte de l'hôtellerie. Don Quichotte, pour faire le devoir d'une bonne sentinelle, leur cria aussitôt d'une voix fière et arrogante : « Chevaliers ou écuyers, ou qui que vous puissiez être, vous n'avez que faire de frapper à la porte de ce château : ne savez-vous pas qu'à l'heure qu'il est, ceux qui sont dedans reposent, et qu'on n'a coutume d'ouvrir les forteresses qu'après le soleil levé ? Retirez-vous, et attendez qu'il soit grand jour, et alors nous verrons si l'on peut vous ouvrir ou non. — Hé ! quel diable de forteresse ou de château est ceci, dit l'un des cavaliers, pour nous obliger à toutes ces cérémonies ? Si vous êtes l'hôte, faites-nous ouvrir promptement, car nous sommes pressés, et nous ne voulons que faire donner l'avoine à nos chevaux pour suivre notre chemin. — Chevaliers, repartit don Quichotte, est-ce que j'ai la mine d'un hôte ? — Je ne sais de quoi vous avez la mine, répondit l'autre, mais je sais bien que vous rêvez d'appeler ceci un château. — C'en est un, répliqua don Quichotte, et des meilleurs de toute la province ; et il y a telle personne dedans qui s'est vue le sceptre à la main et la couronne sur la tête. — J'en croirais bien quelque chose, répondit le cavalier, car je m'imagine que c'est une troupe de comédiens, qui se voient souvent rois sur le théâtre ; et il n'y a pas d'apparence qu'il y ait d'autre train dans un lieu si petit, et où l'on garde si bien le silence. — Vous savez bien ce que c'est que le monde, répartit don Quichotte, puisque vous ignorez les miracles de la chevalerie errante! »

Les cavaliers s'ennuyèrent enfin de la conversation, et commencèrent à frapper de si grande force, qu'ils éveillèrent tout le monde, et l'hôte vint ouvrir la porte : ils lui demandèrent s'il y avait place pour eux au logis, et sur sa réponse affirmative, ils entrèrent.

Don Quichotte, cependant, qui vit que les voyageurs ne faisaient pas grand cas de lui et qu'aucun d'eux ne daignait seulement le regarder, était dans une colère extrême, et, s'il n'eût craint de pécher contre les ordonnances de la chevalerie, après avoir donné sa parole, il les aurait attaqués tous quatre ensemble et les eût bien obligés de lui répondre; mais, ne pouvant pas commencer une entreprise jusqu'à ce qu'il eût remis la princesse de Micomicon sur le trône, il prit patience malgré lui, et se borna à regarder curieusement les nouveaux venus. Tout était donc tranquille, quand le diable, qui ne dort jamais, fit entrer dans l'hôtellerie le barbier à qui don Quichotte avait ôté l'armet de Mambrin, et Sancho Pança, le harnais de son âne. Le barbier mena son âne à l'écurie, et ayant reconnu Sancho, qui accommodait le bât du sien : « Ah! monsieur le larron, dit-il en se jetant sur lui, je vous tiens enfin, et il faut me rendre mon bassin, mon bât et l'équipage que vous m'avez volé. » Sancho, qui se vit attaqué à l'improviste, saisit d'une main le bât que lui disputait le barbier, et de l'autre lui donna un si grand coup de poing, qu'il lui mit les mâchoires tout en sang. Le barbier ne lâcha point prise, mais il se mit à crier de telle sorte, que tous ceux qui étaient dans l'hôtellerie accoururent au bruit. « Justice au nom du roi! disait-il, justice! Ce voleur de grands chemins me vent assassiner, parce que je reprends le bien qu'il m'a volé. — Vous avez menti par la gorge, répliqua Sancho : je ne suis point voleur de grands chemins, et c'est de bonne guerre que monseigneur don Quichotte a gagné ces dépouilles. » Don Quichotte était lui-même témoin de la valeur de Sancho, et il avait une joie incroyable de voir avec quelle vigueur le bon écuyer savait attaquer et se défendre; il le tint toujours depuis comme un homme de courage, et résolut de l'armer chevalier à la première occasion, ne doutant point que l'ordre n'en tirât beaucoup d'avantage.

Le barbier se défendait bien plus de la langue qu'à coups de poing, et entre autres choses : « Messieurs, s'écriait-il, ce bât est à moi comme ma vie est à Dieu, et je le reconnais comme si je l'avais mis au monde! Si ce n'est pas vrai, mon âne est là pour me démentir : qu'on le lui essaie, et s'il ne lui va pas, que je passe pour un infâme. Mais ce n'est pas tout : car le même jour qu'il me fut volé, on me prit encore un bassin en cuivre tout neuf, qui n'avait jamais servi, et qui valait, sans reproche, un bon écu. » En cet endroit don Quichotte prit la parole, et se mettant entre les deux combattants : « Messieurs, dit-il, je suis bien aise que vous voyiez vous-mêmes l'erreur de ce bon écuyer, qui appelle un bassin ce qui est, a été et sera toujours l'armet de Mambrin, et que je lui ôtai dans un combat singulier, m'en rendant le maître par une conquête légitime. Pour ce qui est du bât prétendu, je ne m'en mêle point. Tout ce que j'ai à vous dire là-dessus, c'est qu'après que j'eus vaincu ce poltron, Sancho, mon écuyer, me demanda la permission de prendre le harnais de son cheval pour le mettre sur le sien ; je le lui permis, et il s'en accommoda. Mais comment ce harnais s'est-il changé en bât, c'est ce que je ne sais point, si ce n'est que ces sortes de transformations se voient fort communément dans la chevalerie errante ; et, pour confirmer ce que je dis, Sancho, mon enfant, va quérir tout à l'heure l'armet que ce pauvre homme appelle un bassin. — En bonne foi, monsieur, dit Sancho, si nous n'avons pas de meilleure preuve, nous pourrions bien perdre notre procès : l'armet de Mambrin est aussi bien un bassin que le harnais de ce bonhomme est un bât. — Fais seulement ce que je t'ordonne, repartit don Quichotte : il n'est pas croyable que tout ce qui se fait dans ce château soit toujours conduit par enchantement. »

Sancho alla quérir le bassin, et don Quichotte le prenant : « Voyez, dit-il, messieurs, comment il est possible que cet écuyer ose soutenir que ce n'est pas là un armet ! Je jure, par l'ordre de chevalerie dont je fais profession, que c'est celui que je lui ai ôté sans y avoir ajouté ni retranché la moindre chose. — Oui, par ma foi ce l'est, ajouta Sancho, et depuis que mon maître l'a en sa possession il ne l'a porté qu'en une seule bataille, quand il délivra ces misérables forçats ; et, en bonne foi, bien lui prit d'avoir ce bassin d'armet, car il lui garantit le chef de bien des coups de pierres en cette diabolique rencontre. »

XXVI

Où il est question de l'armet de Mambrin et du bât de l'âne, avec d'autres aventures aussi véritablement arrivées.

« Eh bien ! messieurs, s'écria le barbier, quelle opinion avez-vous de ces honnêtes gens, qui ont l'effronterie de soutenir que c'est là un armet et non pas un bassin ? — A qui osera dire le contraire, dit don Quichotte, je ferai bien voir qu'il ment s'il est chevalier ; et, s'il n'est qu'écuyer, qu'il a menti et rementi mille fois. » Maître Nicolas, qui était là présent, voulut appuyer la folie de don Quichotte et pousser le jeu plus loin pour augmenter le divertissement de la compagnie, et s'adressant au barbier : « Monsieur le barbier, lui dit-il, ou qui que vous soyez, savez-vous bien que nous sommes de même métier vous et moi, qu'il y a plus de vingt ans que j'ai mes lettres d'examen, et que je connais fort bien tous les instruments de la barberie, du plus grand jusqu'au plus petit ? J'ai aussi été soldat en ma jeunesse, et je sais fort bien ce que c'est qu'un armet, un morion, une salade, et toutes les choses qui sont du métier de la guerre, et je vous soutiens, soit dit sans vous déplaire, que cette pièce, qui est entre les mains de monsieur le chevalier, est si éloignée d'être un bassin de barbier, qu'il n'y a pas plus de différence entre le blanc et le noir, et que c'est un armet qui n'est pas complet. — Non, assurément, répliqua don Quichotte, puisqu'il en manque la moitié, qui est la mentonnière. — Est-ce que quelqu'un en doute? dit le curé, qui voyait bien l'intention de maître Nicolas. » Cardenio, don Fernand et sa troupe assurèrent aussi la même chose. « Hé! Dieu me soit en aide, dit alors le barbier en soupirant, comment est-il possible que tant d'honnêtes gens prennent un bassin pour un armet? En vérité, il y aurait de quoi étonner la meilleure université avec toute sa science; et, puisque le bassin est un armet, ce bât pourra bien aussi être un harnais de cheval, comme monsieur vient de dire. — Pour moi, dit don Quichotte, il me semble que c'est un bât; mais je vous ai déjà dit que je ne me mêle point d'en décider, et, que ce soit bât ou harnais, il ne m'importe. — Seigneur don Quichotte, dit le curé, c'est à vous à régler ceci absolument; car, en matière de chevalerie, ces messieurs et moi vous cédons tout l'avantage, et nous nous en rapporterons à votre jugement. — Vous me faites trop d'honneur, répartit don Quichotte; mais il m'est arrivé des choses si étranges dans ce château, que je n'oserais rien affirmer de quoi que ce soit qui s'y rencontre : car je m'imagine que tout s'y fait par enchantement. J'ai déjà dit mon sentiment pour ce qui est de l'armet; mais je ne hasarderai point de décider si c'est là un bât d'âne ou un harnais de cheval : cela vous appartient, messieurs. Peut-être que, pour n'être pas armés chevaliers comme moi, les enchantements ne pourront rien sur vous, et vous jugerez plus sainement de tout ce qui se passe en ce château, les objets vous paraissant réellement ce qu'ils sont et non pas comme ils me paraissent. — Le seigneur don Quichotte dit fort bien, reprit don Fernand : c'est à nous à régler la contestation; et, pour y procéder avec ordre et dans les formes, je vais prendre le sentiment de chacun de ces messieurs en particulier, et ce sera la pluralité des voix qui en décidera. »

Tout ceci était une grande matière de divertissement pour ceux qui connaissaient l'humeur de don Quichotte; mais les autres le prenaient pour une grande folie. A tout cela le barbier se désespérait de voir son bassin se changer en armet, et il ne doutait pas que le bât de son âne n'eût bientôt une fortune pareille. Tous les autres riaient de voir don Fernand qui recueillait sérieusement les voix et faisait les mêmes grimaces que si c'eût été une affaire de grande importance. Après qu'il eut pris le sentiment de tous ceux qui connaissaient don Quichotte, il dit tout haut, en s'adressant au barbier : « Mon bon homme, je suis las de demander tant de fois la même chose et de voir que tous me répondent que c'est une folie de demander si c'est là un bât d'âne, étant si visible que c'est un harnais de cheval, et d'un cheval de conséquence. Prenez donc patience : car, en dépit de votre âne et de vous, c'est un harnais; vous avez mal contesté, et encore moins fourni de preuves. — Que je n'entre pas en paradis, dit le pauvre barbier, si vous ne vous trompez tous tant que vous êtes! et ainsi puisse paraître mon âme devant Dieu comme cela me paraît un bât!

Mais les lois vont... Je n'en dis pas davantage; après tout je ne suis point ivre et je n'ai pas déjeuné aujourd'hui, si je ne l'ai fait en dormant. » Les sottises que disait le barbier ne firent pas moins rire que les folies de don Quichotte, qui dit pour conclure : « Il ne reste donc plus rien à faire, sinon que chacun prenne son bien où il le trouve. » Et en même temps il se saisit du bassin, et Sancho s'empara du bât. Mais le diable n'aurait pas été content si tout ceci se fût passé en raillerie.

Un des voyageurs voulut se mêler de dire son avis, qu'on ne lui demandait pas. « Si ce n'est là, dit-il en faisant le fin, un tour fait à plaisir, comment diable se peut-il faire que tant de gens d'esprit prennent ainsi martre pour renard? Ce n'est assurément pas sans mystère que l'on conteste une chose si visible; mais, pour moi, je défie tous les hommes du monde de m'empêcher de croire que voilà un bassin de barbier, et que voici un bât d'âne. — Ne jurez pas, dit le curé, ce pourrait bien être celui d'une ânesse. — Comme vous voudrez, répartit l'autre; mais enfin c'est toujours un bât. » Un autre voyageur, c'était un archer comme ses compagnons, voulut aussi dire son mot. « Parbleu ! dit-il, la dispute est bonne! c'est un bât comme je suis un homme, et quiconque dit autre chose doit être ivre. — Et tu en as menti, répondit don Quichotte; » et haussant en même temps la lance qu'il ne quittait jamais, il lui en déchargea un si grand coup que, si l'archer ne se fût détourné, il l'aurait jeté à ses pieds. La lance se mit en pièces, et les autres archers, qui virent maltraiter leur compagnon commencèrent à faire grand bruit, demandant main forte pour la Sainte-Hermandad. A cette parole l'hôte, qui était de cette noble confrérie, entra vite dans sa maison, et revenant aussitôt avec sa verge et son épée, se rangea du côté des archers. Don Quichotte fut entouré; et le barbier qu'on avait tant joué, voyant toute l'hôtellerie en confusion et en trouble, voulut profiter de l'occasion et alla se saisir de son bât pendant que Sancho, qui ne s'en était pas éloigné, faisait la même chose.

Cependant don Quichotte mit l'épée à la main, et attaqua vigoureusement les archers; don Fernand et Cardenio se mirent de la partie; le curé se tuait de crier pour faire cesser le désordre, mais on ne pouvait l'entendre; l'hôtesse jetait les hauts cris, sa fille était toute en larmes, et Maritorne paraissait enragée; Dorothée témoignait une grande inquiétude, et ne savait à qui s'adresser; le barbier gourmait Sancho, et Sancho rouait le barbier de coups; don Fernand tenait sous lui un archer et le foulait aux pieds, et Cardenio frappait en gros, tantôt sur l'un, tantôt sur l'autre, pendant que l'hôte ne cessait de crier au secours de la Sainte-Hermandad ; de telle sorte qu'en toute l'hôtellerie ce n'étaient que cris, que pleurs, que hurlements, que gourmades, coups d'épée, coups de poing, que trouble et confusion.

Au milieu de ce chaos de querelles et de désordres, don Quichotte, qui avait la mémoire vive, se représenta la discorde qui se mit dans le camp d'Agramant, et, s'imaginant qu'il était au plus fort de la mêlée, il cria d'une voix qui étonna toute l'hôtellerie: « Que tous s'arrêtent, que tous remettent l'épée au fourreau, et que chacun m'écoute, s'il veut conserver sa vie. » Tous s'arrêtèrent à la voix de don Quichotte, et il continua ainsi : « Ne vous ai-je pas dit, messieurs, que ce château est enchanté, et que quelque légion de diables y fait sa demeure ? Pour confirmer ce que je vous dis, je veux que vous voyiez de vos propres yeux que la discorde du camp d'Agramant s'est fourrée parmi nous autres : voyez comme l'on combat là pour l'épée, ici pour un cheval, d'un autre côté pour l'aigle, ailleurs pour un armet; nous combattons tous sans nous entendre, et sans distinguer les amis d'avec les ennemis. Approchez donc, maître Nicolas, et vous, monsieur le curé ; que l'un représente le roi Agramant, et l'autre le roi Sobrin, et tâchez de nous mettre en paix; car, devant Dieu, c'est une chose trop honteuse que tant de gens de conséquence que nous sommes ici s'entretuent pour des choses de si peu d'importance. »

Les archers, qui n'entendaient rien aux rêveries de don Quichotte, et que Cardenio, don Fernand et ses compagnons avaient rudement étrillés, ne voulaient point cesser le combat ; pour le pauvre barbier, il ne demandait pas mieux, car son bât était rompu, et à peine lui restait-il un poil de barbe. Sancho s'était arrêté dès qu'il avait entendu la voix de son maître, et il prenait haleine en s'essuyant le visage ; les archers s'apaisèrent, voyant combien il importait peu de ne pas le faire. L'hôte seul ne pouvait réprimer sa colère ; il s'opiniâtrait à faire châtier ce fou, qui à tout moment mettait la division et le trouble dans sa maison. Enfin pourtant les querelles s'apaisèrent, ou du moins il y eut cessation d'armes : le bât demeura harnais, le bassin armet, et l'hôtellerie passa pour un château dans l'imagination de don Quichotte.

Les soins de Nicolas et du curé ayant rétabli la paix, tous redevinrent amis ou faisaient semblant.

Mais l'irréconciliable ennemi de la paix ne put souffrir de se voir arracher le fruit qu'il attendait d'une si grande semence de désordres ; et, par une seconde tentative, il fit tant qu'il suscita de nouveaux troubles. Les archers, voyant que ceux à qui ils avaient affaire étaient des gens de qualité, avec qui il n'y avait rien à gagner que des coups, se retirèrent doucement de la mêlée ; mais l'un d'eux, et justement celui qui avait été si mal mené par don Fernand, s'étant ressouvenu que, parmi des décrets de prise de corps qu'il avait contre quelques délinquants, il y en avait un contre un don Quichotte, que la Sainte-Hermandad ordonnait d'arrêter, pour avoir mis en liberté des forçats qu'on menait aux galères, voulut voir si les renseignements qu'il avait sur ce don Quichotte ne s'accordaient point avec celui qu'il avait devant les yeux : il tira donc un parchemin de sa poche, et, lisant assez mal, parce qu'il ne savait pas trop bien lire, à chaque mot il jetait les yeux sur don Quichotte et comparait les traits de son visage avec le signalement. Il reconnut enfin que c'était le même que marquait son décret ; et il n'en fut pas plus tôt assuré, que, tenant son parchemin de la main gauche, il porta l'autre au collet de don Quichotte et le saisit si fortement, qu'il lui ôtait la respiration, criant en même temps : « Main forte, messieurs, à la Sainte-Hermandad ! et afin que personne ne doute que ce soit tout de bon, voilà le décret qui ordonne de mettre la main sur ce voleur de grands chemins. » Le curé prit le parchemin et vit que l'archer disait vrai; mais le chevalier, qui se vit traiter en brigand par un tel maraud, entra dans une si furieuse colère, que les os lui craquaient par tout le corps; et, malgré la contrainte où le tenait l'archer, il lui porta les deux mains à la gorge et allait l'étrangler plutôt que de lâcher prise, si ses compagnons ne fussent venus au secours. L'hôte y accourut comme les autres, y étant obligé par le devoir de sa charge; l'hôtesse, qui vit son mari encore une fois dans la mêlée, recommença à crier de plus belle, pendant que sa fille et Maritorne, enchérissant sur le tout, imploraient en hurlant la faveur du ciel et le secours de tous ceux qui étaient dans l'hôtellerie. « Vive Dieu! s'écria Sancho, voyant ce nouveau désordre, mon maître a raison de dire que ce château est enchanté: tous les diables y sont déchaînés, et il n'y a pas moyen de vivre une heure en repos. » Don Fernand sépara don Quichotte et l'archer, au grand soulagement de tous les deux, qui s'étranglaient réciproquement. Pour cela les archers ne laissaient pas de demander leur prisonnier, qu'on leur aidât à le lier, et qu'on le remît entre leurs mains, parce qu'il y allait du service du roi et de la Sainte-Hermandad, au nom de qui ils demandaient incessamment du secours et de la protection pour s'assurer de cet insigne brigand et de ce détrousseur de passants.

Don Quichotte riait de ce discours et leur dit d'abord sans emportement: « Venez ici, misérables, canaille vile et abjecte! Appelez-vous détrousseur de passants celui qui rend la liberté à des gens enchaînés, qui délivre des prisonniers, secourt des malheureux, et prend la défense de ceux que l'on opprime? Gens infâmes, qui, pour la bassesse de votre courage et la faiblesse de votre entendement, ne méritez pas que le ciel vous communique la vertu qu'enferme en soi la chevalerie errante, ni qu'elle vous tire de l'erreur et de l'ignorance où vous croupissez, ne sachant pas que vous devez non seulement honorer la présence, mais encore l'ombre du moindre chevalier errant qui soit au monde! Venez ici, larrons, et non pas archers, voleurs de grands chemins, sous l'autorité de la Sainte-Hermandad, dites-moi un peu quel est l'étourdi qui a osé signer un décret contre un chevalier comme moi, l'ignorant qui ne sait pas que les chevaliers errants ne sont pas du gibier de la justice, qu'ils ne reconnaissent aucun tribunal ni aucun juge dans le monde, qu'ils n'ont point d'autres lois que leurs épées, et que leur volonté seule leur tient lieu d'édits, d'arrêts et d'ordonnances? Qui est l'impertinent, continua-t-il, qui ignore qu'il n'y a point de titre de noblesse qui donne tant de privilèges, de prérogatives et d'exemptions, qu'en acquiert un chevalier errant le jour où il est armé chevalier et où il se dévoue à cet illustre et pénible exercice? Quel chevalier errant a jamais payé tailles, ni gabelle? Quel tailleur leur a jamais demandé la façon d'un habit? Qui est le châtelain qui leur a jamais refusé l'entrée de son château, ou qui leur a fait payer aucune dépense? Où est le roi qui ne les a pas reçus à sa table, et la dame qui n'a pas été charmée de leur mérite? Et se trouvera-t-il enfin un chevalier errant dans tous les siècles passés, en celui-ci et à l'avenir, qui n'ait pas la force et le courage de donner lui seul quatre cents coups de bâton à quatre cents marauds d'archers qui seront assez fous pour l'attendre? »

XXVII

De la grande colère de don Quichotte et d'autres choses admirables.

Pendant que don Quichotte parlait de la sorte, le curé tâchait de persuader aux archers que c'était un homme qui avait perdu l'esprit comme ils le pouvaient juger eux-mêmes à ses actions et à ses paroles, et qu'il était inutile qu'ils passassent plus avant, parce que, quand ils l'auraient pris et emmené, on le lâcherait aussitôt comme fou. Le porteur du décret lui répondit que ce n'était point à lui à juger de la folie du personnage, mais seulement d'exécuter les ordres qu'il avait, et que, quand on l'aurait une fois pris, on le pouvait relâcher cinquante fois pour une, sans qu'il s'en mit en peine. « Vous ne l'emmènerez pourtant pas pour cette fois, dit le curé : je vois bien qu'il n'est pas d'humeur à y consentir. » En effet, le curé sut si bien dire, et don Quichotte fit tant d'extravagances, que les archers eussent été plus fous que lui s'ils n'eussent pas reconnu qu'il avait perdu le sens. Ils s'apaisèrent donc par nécessité et se mêlèrent eux-mêmes de réconcilier le barbier et Sancho, qui se regardaient toujours de travers et mouraient d'envie de recommencer. Ils jugèrent cette affaire comme étant membres de justice, et les parties déférèrent à leur jugement, avec quelque satisfaction de part et d'autre, car les bâts furent échangés, mais non les licous, ni les sangles; pour ce qui regardait l'armet de Mambrin, le curé donna huit réales au barbier, sans que don Quichotte s'en aperçût, lui faisant promettre qu'il n'en ferait jamais aucune poursuite.

L'hôte qui s'était aperçu du présent que le curé avait fait au barbier, voulut aussi se faire apaiser; et, pour faire voir qu'il était fort en colère, il demanda le prix de la dépense de don Quichotte, avec le prix de ses outres et de son vin, jurant qu'il ne laisserait sortir ni Rossinante, ni Sancho, ni l'âne, qu'il ne fût payé jusqu'au dernier sou. Le curé fit le prix de tout, et don Fernand le paya. Ainsi pour la seconde fois la paix fut faite, et au lieu de la discorde du camp d'Agramant, on vit régner le repos et la douceur de l'empire d'Auguste, comme le dit don Quichotte. Tout le monde demeura d'accord dans l'hôtellerie que c'était l'ouvrage de la prudence du curé et de la libéralité de don Fernand, et chacun leur en témoigna de la reconnaissance.

Don Quichotte, se voyant libre et débarrassé de toute querelle, tant des siennes que de celles de son écuyer, crut qu'il était à propos de continuer ce qu'on avait commencé, et d'aller achever cette grande aventure pour laquelle on l'avait choisi. Dans cette pensée, il alla se jeter à genoux devant Dorothée, et s'étant relevé, parce qu'elle ne voulut pas consentir qu'il lui parlât en cette position, il lui dit : « C'est un commun proverbe, très-haute et très-illustre dame, que la diligence est la mère de la bonne fortune. L'expérience a souvent fait voir en des rencontres importantes que les soins et la vigilance viennent à bout des choses les plus difficiles ; mais il n'y a point d'endroit où cette vérité paraisse mieux ni si souvent qu'à la guerre, où la vigilance à prévenir les desseins de l'ennemi nous en fait quelquefois triompher avant qu'il se soit mis en défense. Je vous dis ceci, très-excellente princesse, parce qu'il me semble que notre séjour dans ce château non seulement est désormais inutile, mais qu'il pourrait même nous être un jour fort désavantageux. Qui sait si Pandafilando n'aura point appris par des espions secrets que je suis sur le point de l'aller détruire, et que, se prévalant du temps que nous perdons, il ne se sera point fortifié dans quelque château où la force de mon bras infatigable, tous mes soins et toute mon adresse deviendront inutiles? Prévenons donc, comme je l'ai dit, ses desseins par notre diligence, et partons, s'il vous plaît, madame. »

Don Quichotte se tut, et attendit gravement la réponse de la princesse, qui, avec une contenance étudiée et des paroles accommodées à l'humeur du chevalier, lui répondit : « Je vous suis bien obligée, invincible chevalier, du désir ardent que vous faites paraître de vouloir me soulager dans mes déplaisirs, comme franc chevalier, à qui il appartient de secourir les orphelins et les affligés ; Dieu veuille que vos souhaits et les miens réussissent, afin que je puisse vous faire voir qu'il y a des femmes au monde qui ne manquent pas de reconnaissance ! Pour ce qui est de mon départ, je suis prête, et n'ai point d'autre volonté que la vôtre. Disposez donc de moi comme il vous plaira : celle qui a mis entre vos mains ses intérêts et la défense de sa personne a bien fait voir l'opinion qu'elle a de votre prudence, et qu'elle s'abandonne absolument à votre conduite. — Allons à la garde de Dieu, reprit don Quichotte ; et puisqu'une si grande princesse ne craint pas de s'abaisser devant moi, ne perdons point l'occasion de la relever, et rétablissons-la promptement sur son trône ; partons tout à l'heure, Madame, le péril est souvent dans le retardement, et cela ne me presse pas moins que le désir d'acquérir de la gloire. Et puisque le ciel n'a jamais rien créé, ni l'enfer jamais rien produit qui m'épouvante, selle Rossinante, Sancho ; prépare ton grison et le palefroi de la reine ; prenons congé du châtelain et de tous ces chevaliers, et partons promptement d'ici.

— Ha! monsieur, monsieur, dit Sancho en branlant la tête, il y a bien plus de mal au village qu'on ne pense ! soit dit pourtant sans offenser personne. — Et quel mal, traître, répondit don Quichotte, peut-il y avoir en aucun village, ni en toutes les villes du monde, qui soit à mon désavantage? — Si vous vous fâchez, monsieur, repartit Sancho, je m'en vais fermer la bouche, et vous ne saurez point ce que je me crois obligé de vous dire, étant votre écuyer. — Dis tout ce que tu voudras, répliqua don Quichotte, pourvu que tes paroles ne tendent point à m'effrayer : pour toi, si tu as quelque peur, tu dois songer à t'en guérir; mais, pour moi, je ne la connais point que sur le visage de mes ennemis. — Hé jarni! ce n'est point cela, dit Sancho, ni rien qui en approche; mais franchement cette dame qui se dit reine du grand royaume de Micomicon, ma foi, elle l'est tout de même que ma défunte mère, et si elle était ce qu'elle dit, elle n'irait pas à toute heure embrasser quelqu'un de la compagnie. »

Dorothée rougit des paroles de Sancho, parce qu'il était vrai que don Fernand l'embrassait quelquefois à la dérobée, et Sancho s'en était aperçu. Dorothée, un peu confuse, ne sut que répondre, ou ne voulut pas le faire. Et lui, continuant son discours : « Ce qui m'oblige de vous dire cela, monsieur, ajouta-t-il, c'est que, si, après que nous aurons bien couru et bien fatigué, et passé mille méchantes nuits et de plus mauvais jours, il faut qu'un autre vienne jouir du fruit de nos travaux, je n'ai que faire de me presser de seller Rossinante et le palefroi de la reine, ni vous de battre le buisson dont un autre prendra les oiseaux : car il sera bien meilleur que nous demeurions en repos; et courre le bon bord qui en aura envie. »

Qui m'aidera en cet endroit à représenter la colère de don Quichotte quand il entendit l'insolent discours de son écuyer? Elle fut si grande, que, jetant le feu par les yeux, et un regard plein de fureur sur le misérable Sancho, il lui dit d'un ton impétueux et en bégayant de rage : « Scélérat, brutal, impudent, téméraire et injurieux blasphémateur! as-tu bien l'effronterie de dire de semblables choses en ma présence et devant ces illustres dames! Comment oses-tu former dans ton imagination des pensées si détestables et un dessein si plein d'audace et de témérité! Sors de ma présence, monstre, cloaque de mensonges, magasin de fourberies, arsenal de malice, fourneau de méchancetés, triple organe d'extravagances scandaleuses, et perfide ennemi de l'honneur et du respect qu'on doit aux personnes royales; ne parais jamais devant moi, sous peine de mon indignation, et si tu ne veux que je t'anéantisse, après t'avoir fait souffrir tout ce que la fureur peut inventer d'effroyable. » En disant cela il fronçait les sourcils, il s'enflait les naseaux et les joues, portait de tout côté des yeux menaçants et frappait du pied droit de grands coups en terre, marques visibles de l'épouvantable colère qui échauffait ses entrailles.

A ce discours si terrible et cette furieuse contenance, le pauvre Sancho fut saisi de tant de frayeur et demeura si éperdu, qu'il eût voulu de bon cœur que la terre se fût ouverte pour l'engloutir; ne sachant que faire autre chose, il tourna doucement les épaules et s'éloigna de la présence de son maître. Mais la sage Dorothée, qui avait assez étudié don Quichotte pour le bien connaître, lui dit pour l'adoucir : « Ne vous fâchez point, seigneur chevalier de la Triste-Figure, pour les sottises que vient de dire votre bon écuyer, car peut-être ne les a-t-il pas dites sans raison, et l'on doit juger par la bonté de son naturel et de sa conscience qu'il n'a pas eu dessein de rendre de gaîté de cœur un témoignage désavantageux à la réputation de personne. Ainsi, il faut croire sans doute, comme vous l'avez déjà dit, que, tout se faisant par enchantement dans ce château, Sancho aura aussi vu par cette voie diabolique les choses qu'il a dites. — Par le Dieu tout-puissant créateur de l'univers, s'écria don Quichotte, votre grandeur l'a trouvé : quelque mauvaise vision a troublé ce misérable pécheur et lui aura fait voir des choses qu'il ne pouvait voir que par enchantement, car je connais assez la simplicité et l'innocence de ce malheureux pour être persuadé qu'en toute sa vie il ne voudrait pas rendre un faux témoignage. — Il faut que cela soit ainsi, dit don Fernand, et, par conséquent, votre seigneurie ne doit pas faire difficulté de lui pardonner et de le rappeler au giron de vos bonnes grâces, comme il était avant que ces visions lui eussent brouillé l'esprit. — Je lui pardonne, dit don Quichotte. » Et le curé allant aussitôt chercher Sancho, il vint humblement se prosterner aux pieds de son maître, à qui il demanda sa main pour la baiser.

Don Quichotte la lui donna avec sa bénédiction, en lui disant : « Tu ne douteras plus à présent, mon fils Sancho, de ce que je t'ai dit tant de fois, que l'enchantement conduit ici la plupart des choses. — Je n'en doute point, répondit Sancho, et j'en jurerai quand on voudra, car je vois bien que je parle moi-même par enchantement; mais il faut excepter mon bernement, qui fut réel et qui arriva dans les voies ordinaires. — Désabuse-toi de ceci comme du reste, dit don Quichotte : si cela avait été, je t'aurais vengé dès-lors, et je le ferais encore à cette heure; mais je ne puis à présent ni ne pus trouver pour lors de qui prendre vengeance. » Toute la compagnie voulut savoir ce que c'était que ce bernement, et l'hôte leur conta de point en point de quelle manière on s'était diverti de Sancho : ce qui les fit tous rire. Mais Sancho était sur le point d'éclater de colère, si son maître ne l'eût assuré de nouveau que ce n'était qu'un enchantement; à quoi il fit semblant de se rendre par des considérations politiques : car, après tout, sa folie n'a jamais été si loin qu'il pût croire que ce n'eût été qu'une illusion, et il ne doutait aucunement que ce ne fût une vérité constante et une malice inventée et exécutée par des hommes de chair et d'os.

Il y avait deux jours entiers que cette bonne compagnie était dans l'hôtellerie; et, jugeant tous qu'il était temps de se retirer, ils pensèrent aux moyens de faire retourner don Quichotte en sa maison, où le curé et maître Nicolas le barbier pourraient plus aisément travailler à raccommoder cette imagination détraquée, sans donner la peine à don Fernand et à Dorothée de faire le voyage, ainsi qu'on l'avait arrêté d'abord, sous le prétexte de remettre la princesse Micomicona dans son royaume. La meilleure invention qu'on trouva fut de faire marché avec un charretier qui passa là par hasard avec sa charrette, pour l'emmener de la manière suivante : ils firent une espèce de cage de grands bâtons entrelacés, assez grande pour tenir un homme passablement à son aise; et don Fernand, ses compagnons, avec les archers et l'hôte s'étant diversement déguisés, suivant l'avis du curé, qui conduisait l'affaire, ils entrèrent en grand silence dans la chambre où don Quichotte était allé se délasser de ses fatigues. Ils s'approchèrent doucement de lui pendant qu'il dormait d'un profond sommeil, bien éloigné de penser à une telle aventure, et lui lièrent si bien les pieds et les mains que, lorsqu'il s'éveilla, il ne put faire autre chose que de s'étonner de l'état où il se trouvait et de considérer la nouveauté des figures étranges qui l'environnaient. Il ne manqua pas aussitôt de croire ce que son extravagante imagination lui représentait à toute heure, que c'étaient là des fantômes de ce château enchanté et qu'il était enchanté lui-même, puisqu'il ne pouvait se défendre ni même remuer. Tout cela réussit comme l'avait pensé le curé.

De tous ceux qui étaient présents à ce mystère, le seul Sancho était en sa figure ordinaire et peut-être le seul en son bon sens; et quoiqu'il s'en fallût peu qu'il ne fût aussi fou que son maître, il ne laissa pas de reconnaître qui étaient ces figures contrefaites; mais il était tellement battu de l'oiseau, qu'il n'osa jamais ouvrir la bouche jusqu'à ce qu'il eût vu où tendait le tour qu'on faisait à don Quichotte qui, de son côté, attendait sans rien dire ce qui en pouvait arriver. On apporta la cage et on le mit dedans, et, après en avoir cloué les ais de telle sorte qu'il eût fallu bien des efforts pour la rompre, les fantômes la chargèrent sur leurs épaules, et au sortir de la chambre on entendit une voix forte et éclatante, autant que la put pousser maître Nicolas le barbier, qui dit :

« O chevalier de la Triste-Figure! ne t'étonne point de ta captivité, car il faut que ceci arrive, afin que l'entreprise où t'a engagé la grandeur de ton courage soit plus tôt achevée. On verra la fin de cette grande aventure quand le furieux lion de la Manche et la blanche colombe Tobosine seront liés par un heureux assemblage, après avoir humilié leurs têtes superbes sous le joug agréable d'un doux hyménée, d'où sortiront un jour les vaillants lionceaux qui porteront leurs errantes griffes sur les traces inimitables de leur inimitable père. Et toi, ô le plus noble et le plus soumis écuyer qui ait jamais ceint l'épée, porté barbe au menton et sentiment dans les narines! ne t'afflige ni te déconforte de voir ainsi enlever devant la lumière de tes yeux la fleur et la crème de la chevalerie errante : car, avant un certain nombre de lunes tu te verras, s'il plait à l'incomparable architecte de la nature, dans un degré si sublime et une telle élévation, que tu te chercheras toi-même sans te reconnaître, et tu jouiras alors en paix de l'infaillibilité absolue des promesses de ton seigneur. Je t'assure encore une fois, et de la part de Mantironiana, aussi véritable que Mélusine, que tes travaux herculéens ne demeureront point sans récompense, et que tu verras, en son temps, une fertile rosée de gages et de salaires. Va, divin écuyer, sur les vestiges du valeureux et enchanté chevalier; car il faut que tu l'accompagnes jusqu'à ce que vous vous arrêtiez tous deux au terme qu'a prescrit la destinée; et, parce qu'il ne m'est pas permis d'en dire davantage, adieu, je m'en retourne où il n'y a que Dieu seul qui le sache. »

Sur la fin de la prédiction le barbier renforça sa voix; et la diminuant tout d'un coup, et toujours d'un ton d'oracle, il les surprit tous si fort, que ceux même qui étaient avertis de la tromperie doutèrent presque si ce n'était point une vérité. Don Quichotte demeura tout consolé des promesses de l'oracle, en ayant aussitôt compris le sens, qui lui faisait espérer qu'il se verrait un jour uni par les sacrés nœuds d'un légitime mariage avec sa chère et bien-aimée Dulcinée du Toboso. Et croyant tout cela avec autant de foi que les livres de chevalerie, il fit un grand soupir, et d'une voix élevée et forte : « O toi ! s'écria-t-il, qui que tu sois qui m'as annoncé de si grandes choses, conjure de ma part le sage enchanteur qui conduit mes affaires, de ne pas me laisser périr dans cette prison où l'on m'emmène, jusqu'à ce que je voie l'heureux accomplissement des incomparables promesses que tu viens de me faire; et, pourvu que cela soit, je me ferai gloire des peines de ma captivité; et bien loin de regarder comme un rude champ de bataille le lieu dur et étroit où l'on me couche, je le considérerai comme une molle et délicieuse couche nuptiale. Quant aux soins que tu as pris de consoler mon écuyer Sancho Pança, je t'en remercie; et j'ai tant de confiance en sa fidélité et en son affection, que je suis persuadé qu'il ne m'abandonnera non plus dans ma mauvaise fortune que dans la prospérité, parce que, quand le bonheur ne me favoriserait pas assez pour lui pouvoir donner l'île que je lui ai promise ou quelque autre chose de même importance, il est toujours assuré de ses salaires : car j'ai eu soin de déclarer par mon testament ce que je veux qu'on lui donne; ce n'est véritablement pas digne de la grandeur de ses services, ni ne répond à mes intentions; mais c'est tout ce que je puis faire, selon ma fortune présente. »

Sancho Pança, tout attendri de la bonté de son maître, fit une grande révérence et lui baisa les deux mains, n'en pouvant pas prendre une seule de la manière qu'elles étaient attachées; et, au même instant, les fantômes mirent la cage dans la charrette qui était traînée par des bœufs.

XXVIII

Qui contient diverses choses.

Don Quichotte se considérant ainsi encagé : « J'ai bien lu, dit-il, des histoires de chevaliers errants : mais je n'ai encore jamais lu, ni vu, ni ouï dire en toute ma vie qu'on menât les chevaliers enchantés de la sorte, et avec la lenteur qui est ordinaire à ces lourds et paresseux animaux. On les enlève par l'air avec une rapidité incroyable, enveloppés dans quelque nue obscure, ou dans un chariot de feu, ou sur un hippogriffe ou quelque autre monstre semblable, mais que l'on me mène moi dans une charrette tirée par des bœufs, j'avoue que j'en meure de honte. Mais peut-être, après tout, que la chevalerie et les enchantements d'aujourd'hui ne suivent pas les lois anciennes; et il se pourrait faire aussi que, comme je suis nouveau chevalier dans le monde, et le premier de ce temps qui ait ressuscité l'exercice de la chevalerie, auparavant ensevelie dans l'oubli, on ait inventé, à cause de moi, de nouveaux genres d'enchantements et de nouvelles manières de mener les enchantés. Que t'en semble, ami Sancho? — Je ne sais ce qu'il m'en semble, répondit Sancho, car je n'ai pas tant lu que vous dans les écritures errantes; mais je jurerais pourtant bien que toutes ces visions qui nous environnent ne sont pas trop catholiques. — Catholiques! Père éternel! dit don Quichotte: eh! comment seraient-elles catholiques, si ce sont autant de démons qui ont pris des corps fantastiques pour me venir mettre en cet étrange état? Mais si tu veux en savoir la vérité par toi-même, touche-les seulement, Sancho, manie-les, et tu verras qu'ils n'ont qu'un corps d'air qui n'a seulement que l'apparence. — En bonne foi, monsieur, répartit Sancho, je les ai déjà bien maniés, et le diable, qui se donne là tant de peine est bien en chair, et je ne pense pas qu'il se nourrisse de vent; il a encore une autre propriété qui est bien différente de celle qu'on dit qu'ont les démons, qui sentent toujours le soufre à pleine bouche et d'autres méchantes odeurs, car il sent l'ambre et le musc d'une demi-lieue. » Sancho disait cela de don Fernand qui, étant grand seigneur et fort propre, était sans doute bien parfumé.

« Ne t'étonne point de cela, ami Sancho, dit don Quichotte: les diables en savent plus que tu ne penses; et, quand ils porteraient des odeurs sur eux, ils ne peuvent rien sentir, n'étant que des esprits; ou, s'ils sentent, ce ne peut être que quelque chose de puant et de détestable; et la raison de cela, c'est qu'en quelque endroit qu'ils aillent, ils traînent toujours leur enfer avec eux, sans avoir jamais de relâche dans leurs tourments; et la bonne odeur étant une chose qui réjouit les sens et fait du bien, ils ne sauraient sentir bon, puisqu'ils sont privés de toute sorte de délices. Quand tu t'imagines donc que ce démon sent l'ambre, ou tu te trompes, ou il veut te tromper, afin de t'empêcher de le connaître pour ce qu'il est. »

Pendant les discours du maître et du valet, don Fernand et Cardenio, craignant que don Quichotte ne découvrit la tromperie qu'on lui faisait, voulurent y mettre ordre en partant sur l'heure. Ils ordonnèrent donc à l'hôte d'aller promptement seller Rossinante et de mettre le bât sur l'âne de Sancho, et le curé fit marché avec les archers pour accompagner le chevalier enchanté jusqu'à son village. Cardenio attacha le bassin et la rondache à l'arçon de la selle de Rossinante, et le donna à mener à Sancho, qu'il fit monter sur son âne et prendre le devant, pendant que deux archers, armés de leurs harquebuses, marchaient à côté de la charrette.

Avant que les bœufs commençassent à tirer, l'hôtesse, sa fille et Maritorne sortirent pour prendre congé de don Quichotte, faisant semblant d'être fort affligées de sa disgrâce. « Ne pleurez point, mes illustres dames, leur dit-il, tous ces accidents sont attachés à l'exercice dont je fais profession, et, s'ils ne m'étaient point arrivés, je ne me croirais pas un fameux chevalier errant, parce que de semblables choses n'arrivent jamais aux chevaliers de peu d'importance et de réputation, qu'on laisse dans l'obscurité où ils s'ensevelissent eux-mêmes; ceci est le partage des chevaliers fameux, dont la valeur et la vertu donnent de la jalousie à plusieurs princes et aux autres chevaliers, qui, ne pouvant surpasser ni égaler leur mérite, entreprennent lâchement leur ruine. Avec tout cela, la vertu est d'elle-même si puissante, qu'en dépit de toute la magie qu'inventa Zoroastre, elle surmontera tous ces obstacles et ne répandra pas moins de lumière dans le monde que le soleil en fait briller au ciel. Pardonnez-moi, je vous prie, mes belles dames, si sans y penser je vous ai donné quelque sujet de déplaisir : vous pouvez bien croire que ç'a été malgré moi, et il ne m'est encore jamais arrivé d'en faire volontairement à personne. Au reste, je vous supplie de faire des vœux pour ma liberté, et je vous proteste que, si jamais je sors de cette prison, je me souviendrai des grâces que j'ai reçues dans votre château, les ayant profondément gravées dans ma mémoire, pour vous en témoigner ma reconnaissance par toute sorte de services. »

Pendant que le courtois chevalier faisait ses compliments aux dames du château, le curé et le barbier prirent congé de don Fernand et de ceux qui l'accompagnaient, ainsi que de Dorothée. Ils se promirent de se faire réciproquement savoir de leurs nouvelles, et don Fernand donna exprès au curé une voie sûre pour lui écrire, l'assurant qu'il ne saurait lui faire un plus grand plaisir que de l'avertir de tout ce que ferait don Quichotte.

Le curé et le barbier montèrent à cheval, le masque sur le visage, afin de n'être pas reconnus de don Quichotte, et se mirent derrière la charrette, qui était accompagnée, comme j'ai déjà dit, par deux archers qui marchaient aux deux côtés avec leurs arquebuses; Sancho suivait immédiatement après, monté sur son âne, et menant Rossinante par la bride. Cette illustre troupe allait d'un pas grave et majestueux, s'accommodant à la lenteur des bœufs qui tiraient la charrette. Pour don Quichotte, il était assis dans sa cage, appuyé contre les barreaux, les mains attachées et les pieds étendus, avec autant de quiétude et de silence que s'il eût été de pierre. Ils marchèrent en cet état environ dix lieues, jusqu'à ce qu'ils arrivèrent dans un vallon où le charretier voulut faire paître ses bœufs; mais, en ayant parlé au curé, le barbier dit qu'il fallait aller plus loin, parce que, derrière un coteau qu'ils voyaient devant eux, il y avait beaucoup plus d'herbe et de meilleure. Ils continuèrent donc leur chemin, et le curé ayant tourné la tête, vit six ou sept hommes à cheval qui venaient après eux en bon ordre, et qui les eurent bientôt joints, étant montés sur de bonnes mules de chanoines, et allant le train de gens qui se pressaient d'arriver à l'hôtellerie, qui était encore à une bonne lieue de là. Ils se saluèrent civilement les uns les autres, et un de ceux qui venaient d'arriver, qui était chanoine de Tolède et maître de toute la troupe, voyant cette procession si bien ordonnée et un homme renfermé dans une cage, ne put s'empêcher de demander pourquoi on menait un homme de cette manière, s'imaginant pourtant à voir les archers, que c'était quelque fameux brigand dont le châtiment appartenait à la Sainte-Hermandad. « Monsieur, répondit l'archer à qui le chanoine avait fait la demande, c'est à ce chevalier lui-même à vous ap-

Il est enchaîné dans cette charrette par la surprise et la violence des traîtres auxquels sa valeur et son courage inspirent de la jalousie.

prendre pourquoi on le conduit de la sorte, car nous, nous n'en savons rien.

— Seigneurs chevaliers, leur cria don Quichotte, qui avait entendu ce qu'on demandait, seriez-vous par hasard instruits et savants dans l'ordre de la chevalerie errante? dites-le-moi, parce que si cela était, je ne ferais pas difficulté de vous apprendre mes disgrâces; mais, si cela n'est pas, il est inutile que je me rompe la tête à vous dire des choses que vous ne comprendriez point. — En vérité, mon frère, répondit le chanoine, j'ai bien plus lu les livres de chevalerie que les recueils de Villapand; et s'il ne faut que cela, vous pouvez en toute assurance me communiquer tout ce que vous voudrez. — A la bonne heure, répliqua don Quichotte; mais rayons le mot de frère, et pour cause. Il faut donc que vous sachiez, seigneur chevalier, que je suis enchanté dans cette cage par l'envie et la fraude de maudits enchanteurs, la vertu étant toujours plus vivement persécutée par les méchants qu'elle n'est aimée et soutenue des gens de bien. Je suis chevalier errant, non pas de ceux que la renommée ne connaît point, et dont elle ne prend pas soin d'éterniser la mémoire, mais de ceux qui, en dépit de l'envie même, et malgré tout ce qu'il y a jamais eu de magiciens en Perse, de brachmanes dans les Indes et de gymnosophistes dans l'Ethiopie, gravent leurs noms et leurs exploits dans le temple de l'immortalité, pour servir, dans les siècles à venir, d'exemples, de règles et de modèles aux chevaliers errants qui voudront monter jusqu'au faîte de la gloire des armes.

— Le seigneur don Quichotte de la Manche a raison, dit le curé, qui s'était approché avec le barbier dès qu'il avait vu le chanoine en conversation avec don Quichotte, afin de répondre de telle sorte que le chevalier ne pût point deviner leur artifice; il est enchanté dans cette charrette, et non pas par sa faute, ni pour ses mauvaises actions, mais par surprise et l'injuste violence de ceux à qui sa valeur et sa vertu donnent de l'ombrage et de la jalousie. C'est là ce chevalier de la Triste-Figure dont vous aurez sans doute ouï parler; de qui les faits héroïques et les exploits seront gravés à perpétuité sur le marbre et le bronze, quelques efforts que fassent l'envie pour en ternir l'éclat, et la malice pour les ensevelir. »

Le chanoine et sa suite étaient tout étonnés d'entendre celui qui était libre tenir le même langage que le prisonnier, et ils ne savaient que penser de tout cela; mais Sancho Pança, qui s'était approché pour entendre ce que l'on disait, voulut éclaircir l'affaire, comme si l'embarras des autres lui eût fait de la peine. « Or bien, messieurs, dit-il, qu'on sache ou non ce que je vais dire, je le dirai pourtant, puisque ma conscience m'y oblige : la vérité est que monseigneur don Quichotte est enchanté tout comme ma mère; il est tout à fait dans son bon sens, ou je n'y suis pas; il boit et mange, et fait toutes ses nécessités comme les autres hommes, et tout comme il faisait avant qu'on le mît dans la geôle; et puisque cela est, pourquoi veut-on que je croie qu'il est enchanté? comme si je ne savais pas bien que ceux qui le sont ne mangent ni ne dorment, et ne parlent pas non plus? » Sancho, se tournant en même temps vers le curé : « Ah! monsieur le curé, monsieur le curé, continua-t-il, vous imaginez-vous que je ne vous connaisse point, et pensez-vous que je ne devine pas où tendent ces enchantements? Vous avez beau vous cacher le visage, je vous connais comme mon âne; avec toute votre mascarade, je ne laisse pas de découvrir vos tromperies. Allez, allez, monsieur, là où règne l'envie, la vertu n'y saurait vivre. Au diable soit la rencontre! Dieu me pardonne que, si ce n'était votre révérence, puisque révérence il y a, mon maître s'en allait épouser mademoiselle l'infante de Micomicon, et j'aurais pour le moins été comte, ce qui est la moindre chose que je puisse espérer de la bonté de monseigneur de la Triste-Figure et de la fidélité de mes services; mais je vois bien qu'il n'est que trop vrai, que la roue de la fortune va plus vite que celle d'un moulin, et que ceux qui étaient hier sur le pinacle sont aujourd'hui dans la boue. Ce qui me fâche seulement, c'est que mes enfants et ma femme me verront rentrer comme un palefrenier, quand ils croyaient me voir revenir gouverneur ou vice-roi de quelque île. Ce que je vous dis là, monsieur le curé, ce n'est pas pour en parler, mais vous devriez avoir conscience du tort que vous faites à mon maître; prenez garde que Dieu ne vous en fasse rendre compte dans ce monde ou dans l'autre, aussi bien que de tout le bien qu'on l'empêche de faire en lui ôtant le moyen de secourir les affligés, les veuves et les orphelins, et de châtier les brigands.

— Bon, bon, nous y voici, interrompit le barbier : quoi! Sancho, vous êtes donc aussi de la confrérie de votre maître? Vive Dieu! il me prend grande envie de vous enchanter, et de vous mettre en cage avec lui comme membre de la chevalerie. »

Cependant le curé avait pris le devant avec le chanoine et ses gens, à qui il apprenait le mystère de la cage et d'autres choses plaisantes sur le sujet de don Quichotte; il les informa de la condition du chevalier, de sa vie et de ses mœurs, racontant succinctement le commencement et la cause de ses rêveries extravagantes, et la suite de ses aventures jusqu'à celle de la cage, avec le dessein qu'il avait de le ramener chez lui, pour essayer si sa folie était capable de remèdes. Le chanoine et sa troupe n'écoutèrent pas sans admiration l'histoire de don Quichotte; et le curé l'ayant achevée :

« En vérité, monsieur, lui dit le chanoine, je trouve que les livres de chevalerie sont non seulement inutiles, mais encore très-préjudiciables à la république; et, quoique j'aie commencé de lire presque tous ceux qui sont imprimés, je n'ai pourtant jamais pu me résoudre à en achever aucun, parce qu'il me semble que c'est toujours la même chose, et qu'il n'y a pas plus à apprendre dans l'un que dans l'autre. Même ces ouvrages dont le but est de divertir, ne le font guère à mon sens: car ils ne sont remplis que de sottises, qui n'ont nulle vraisemblance. Qui peut croire, par exemple, qu'un chevalier triomphe lui seul, par la force de son bras, d'un million d'ennemis, et sans qu'il lui en coûte une goutte de sang? N'est-ce pas encore une chose admirable que la facilité que nous voyons dans une reine, ou l'héritière de quelque grand empire, à confier ses intérêts au premier chevalier qu'elle trouve ? Voilà cependant les beautés de ces livres. Quel esprit assez stupide et de si mauvais goût pourra se divertir à lire qu'une grande tour pleine de chevaliers vogue légèrement sur mer comme le vaisseau le plus léger le pourrait faire par un bon vent ; que le soir elle arrive en Lombardie, et le lendemain, à la pointe du jour, sur les terres du Prêtre-Jean, ou dans les Indes, ou dans d'autres royaumes que jamais Marc-Paul ni Ptolémée n'ont connus ? On dit que les auteurs de ces livres, les écrivant comme des mensonges, ne sont pas obligés d'y rechercher tant de finesse, ni d'affecter la vraisemblance ; comme si un mensonge pouvait être agréable et si ce n'était pas une règle, parmi les gens de bon sens, que les aventures, pour être plaisantes, doivent tenir du douteux et du vraisemblable ! Il me semble que les fables devraient être composées de manière qu'elles entrassent facilement dans l'esprit de ceux qui les lisent ; que les choses impossibles y parussent seulement difficiles, et les plus grandes aisées, et que, tenant l'esprit en suspens, elles le surprissent, l'émussent, le ravissent, et lui donnassent toujours autant de plaisir que d'admiration : ce qui est toute la perfection d'un livre, et ce qui ne se trouve jamais que dans la vraisemblance. »

Le curé, qui avait attentivement écouté le chanoine et l'avait trouvé homme de bon sens, lui dit qu'il était de son opinion, et que, par suite de l'aversion particulière qu'il avait pour les livres de chevalerie, il avait fait brûler tous ceux de don Quichotte, qui étaient en grand nombre. Il lui raconta de quelle manière il avait fait leur procès, et ce qu'avait pensé don Quichotte de la perte de sa bibliothèque : ce qui fit bien rire le chanoine et sa compagnie.

Pendant cet entretien du chanoine et du curé, le barbier s'approcha d'eux et dit au curé : « Voici le lieu que je vous ai dit qui était propre à se reposer, et où les bœufs trouveront de l'herbe fraîche. — Il me le semble, dit le curé. » Et il demanda en même temps au chanoine ce qu'il avait envie de faire. Le chanoine répondit qu'il serait bien aise de demeurer avec eux, tant pour jouir de la beauté d'une vallée qui s'offrait à leur vue, que de la conversation du curé, qui lui paraissait honnête homme, et pour apprendre aussi plus particulièrement l'histoire et les faits de don Quichotte. Il commanda aussitôt à un de ses gens d'aller à l'hôtellerie chercher à manger, afin de passer en cet endroit toute l'après-dînée.

Pendant tout cela, Sancho, voyant que le curé et le barbier, qui lui étaient suspects, ne l'empêchaient plus d'entretenir son maître, s'approcha de la cage, et lui dit : « Monsieur, pour la décharge de ma conscience, je veux vous dire ce qui se passe à l'égard de votre enchantement : ces deux hommes qui viennent avec nous, le masque sur le nez, sont le curé de notre paroisse et maître Nicolas, le barbier du village, et je me figure qu'ils ne vous emmènent de la sorte que par envie contre vous de ce que vos exploits leur jettent de la poudre aux yeux ; et j'en conclus que vous n'êtes pas plus enchanté que mon âne, mais seulement étourdi, et qu'on se moque de vous. Pour preuve de cela, il faut que je vous demande une chose ; et si vous me répondez comme je me l'imagine, je vous ferai toucher le fourbe au doigt et à l'œil, et vous avouerez qu'au lieu d'être enchanté, vous n'avez que la cervelle brouillée. — Demande ce que tu voudras, mon fils, répondit don Quichotte, et je te satisferai ponctuellement. Quant à ce que tu dis que ceux-là qui viennent avec nous sont le curé et le barbier nos compatriotes, il se peut bien faire qu'ils te paraissent tels ; mais qu'ils le soient effectivement, n'en crois rien, je t'en prie. Ce que tu dois penser, s'il est vrai que ces deux hommes te semblent ce que tu dis, c'est que ceux qui m'ont enchanté ont pris la ressemblance de mes amis, comme il leur est aisé de se transformer en ce qu'ils veulent, afin de t'abuser et aussi pour me troubler l'esprit, de crainte que je ne devine qui me fait ce mauvais tour. Effectivement je ne sais où j'en suis : d'un côté tu me dis que ce sont là le curé et le barbier de notre village, et d'un autre je me vois renfermé dans une prison, pendant que je suis bien sûr que toutes les forces humaines n'auraient pu venir à bout de le faire. Et que dois-je croire autre chose, si ce n'est que mon enchantement est plus fort et d'une toute autre sorte que tous ceux que j'ai lus dans les histoires infinies des chevaliers errants qui ont été enchantés ? Ne va donc point t'amuser à croire que ce sont là les gens que tu dis, car ce les sont comme je suis Turc ; et demande tout ce que tu voudras, je consens à répondre jusqu'à demain.

— Or sus, monseigneur, continua Sancho, vous ne pouvez pas nier ce qu'on dit communément, quand on voit une personne abbattue et languissante : Qu'est-ce qu'a un tel ! dit-on : il ne mange, ni ne boit, ni ne dort, et ne sait jamais ce qu'on lui demande ; on dirait qu'il est enchanté. Il faut donc croire que ceux qui ne boivent, ne mangent, ni ne dorment, et ne font point leurs fonctions naturelles, sont enchantés, mais non pas ceux qui boivent et qui mangent quand ils ont de quoi, et qui répondent à propos. — Tu dis vrai, Sancho, répondit don Quichotte ; mais ne t'ai-je pas dit aussi qu'il y a plusieurs sortes d'enchantements, et que peut-être la manière en a changé par succession de temps, et qu'aujourd'hui il faut que ce soit l'usage que les enchantés fassent tout ce que je fais ? Cela étant, on ne peut point tirer de justes conséquences, et il n'y a rien à dire contre l'usage ; enfin je tiens pour moi et m'imagine fortement que je suis enchanté, et cela suffit pour la décharge de ma conscience : car, sans cela, je me ferais grand scrupule de demeurer ainsi enseveli dans une lâche oisiveté, pendant que le monde est plein de misérables qui ont sans doute besoin de ma faveur et de mon aide. — Avec tout cela, monsieur, répliqua Sancho, je voudrais, pour plus grande sûreté, que vous essayiez de sortir de votre prison, à quoi je m'oblige à vous aider, et que vous tâchiez de monter sur Rossinante, qui me paraît aussi enchanté que vous, tant il est triste et mélancolique ! et cela fait, que nous allions encore une fois chercher les aventures. Si cela ne réussit point, nous avons assez de temps pour revenir à la cage, où je promets et je jure, foi de bon et loyal écuyer, de m'enfermer avec vous, s'il arrive que vous soyez assez malheureux et moi assez simple pour ne pouvoir venir à bout de ce que je pense. — Je consens à tout, ami Sancho, répondit don Quichotte, et, dès que tu verras l'occasion favorable, tu n'as qu'à mettre la main à l'œuvre : je ferai tout ce que tu voudras, et me laisserai absolument conduire ; mais tu verras, mon pauvre Sancho, que tu te trompes dans le jugement que tu fais de tout ceci. »

Le chevalier errant et le fidèle écuyer s'entretinrent de cette sorte jusqu'à ce qu'ils fussent arrivés où le curé, le chanoine et le barbier avaient mis pied à terre et les attendaient. Les bœufs détélés, on les laissa paître en liberté, et Sancho pria le curé de trouver bon que son maître sortit de la cage pour un peu de temps. Le curé entendit bien Sancho, et lui répondit qu'il le ferait de bon cœur, s'il ne craignait que son maître s'en allât si loin qu'on ne le revit jamais. « Je vous réponds de lui, repartit Sancho. — Et moi aussi, dit le chanoine, pourvu qu'il jure, foi de chevalier, qu'il ne s'éloignera de nous qu'autant que nous le voudrons. — Je le jure, dit don Quichotte, et d'autant plus que celui qui est enchanté n'a pas la liberté de faire ce qu'il veut, puisque celui qui l'enchante peut faire qu'il ne bouge d'un lieu de trois siècles entiers, et que, s'il s'était sauvé, il le ferait retourner plus vite que le vent. Ainsi messieurs, ajouta-t-il, vous pouvez sûrement me relâcher : car, franchement, la chose presse, et je ne réponds de rien. »

Sur sa parole, le chanoine le prit par la main, et le tira de la cage, ce dont le pauvre homme eut une joie extrême. La première chose qu'il fit fut de s'étendre deux ou trois fois ; incontinent après, il alla à Rossinante, et, lui donnant deux petits coups sur la croupe : « J'espère en Dieu, dit-il, miroir et fleur des plus excellents chevaux errants, que nous nous verrons bientôt tous deux dans l'état que nous souhaitons l'un et l'autre : toi sous ton cher maître, et moi sur tes reins vigoureux, faisant les merveilles pour lesquelles Dieu m'a mis au monde. » Don Quichotte, ayant dit cela, se retira à l'écart, et revint de là quelque temps après, se sentant beaucoup plus libre, et avec grande envie de voir l'effet des promesses de son fidèle écuyer.

Le chanoine ne pouvait se lasser de considérer notre chevalier ; il observait jusqu'à ses moindres mouvements, et était tout étonné de cette étrange folie qui lui laissait l'esprit libre sur toute sorte de sujets, et l'altérait si fort quand il s'agissait de chevalerie. Le malheur de ce pauvre gentilhomme lui fit compassion, et il voulut essayer de le guérir à force de raisonnements. Si bien que, la compagnie s'étant assise sur l'herbe, en attendant les provisions, il parla ainsi à don Quichotte : « Est-il bien possible, monsieur, que cette fade et impertinente lecture de romans vous ait troublé l'esprit au point que vous croyiez être enchanté, et d'autres choses de cette trempe, qui sont si éloignées de la raison ? Comment se peut-il trouver au monde un homme assez simple pour s'imaginer qu'il y ait jamais eu ce grand nombre d'Amadis, cette multitude infinie de chevaliers errants, tous ces empereurs de Trébisonde, et ces Félix Mars d'Hyrcanie, tant de palefrois, tant de demoiselles errantes, tant de monstres et de géants, tant d'aventures extraordinaires et impossibles, tous ces enchantements, ces défis, ces combats, ces rencontres étonnantes, tant de princesse amoureuses, tant d'écuyers comtes, et tant de dames vaillantes et guerrières, en un mot, tout ce fatras d'extravagances que racontent les livres de chevalerie? Pour moi, j'avoue franchement que, lorsque je les lis sans penser qu'ils sont pleins de mensonges, ils ne laissent pas de me donner quelque plaisir ; mais lorsque je viens à considérer que ce ne sont que des fables sans aucune vraisemblance, il n'y en a point que je ne jetasse au feu de bon cœur, comme des imposteurs qui abusent de la crédulité du vulgaire ignorant, et osent même jeter le trouble et le désordre dans l'esprit des gentilshommes les mieux sensés, comme ils ont fait pour vous, qu'ils ont réduit en tel état, qu'on est contraint de vous mettre en cage et de vous emmener dans une charrette à bœufs, ainsi qu'un lion ou un tigre qu'on promène de ville en ville. Hé! seigneur don Quichotte, ayez pitié de vous-même, rappelez votre raison, et servez-vous de cette prudence et de cet esprit admirables que le ciel vous a donnés. Si, après tout, votre inclination naturelle vous fait trouver tant de plaisir à lire de grands exploits de guerre et des actions prodigieuses, lisez-les dans les histoires véritables, où vous trouverez des miracles de valeur qui non seulement ne le cèdent point à la fable, mais qui surpassent encore tout ce qu'on a pu imaginer. N'est-ce pas une chose indigne d'avoir inventé tant de héros fabuleux, comme si la vertu nous était inconnue et qu'il fallût avoir recours au mensonge pour en donner quelque idée? Voulez-vous voir de grands hommes? la Grèce vous offre un Alexandre, Rome un César, Carthage un Annibal, le Portugal un Viriate; vous trouverez un Fernand Gonzalez dans Valence, un Cid, un Gonzalez Hermandez dans l'Andalousie, un Diego Garcia de Paredes dans l'Estramadure, dans Xérès un Garcy Perez de Vargas, un Garcilasso dans Tolède, et dans Séville un don Manuel de Léon, dont les histoires sont autant de preuves d'une vertu héroïque, qui donnent en même temps au lecteur de l'admiration et du plaisir, une noble émulation et de grands exemples à suivre. Voilà, seigneur don Quichotte, une lecture digne d'occuper un esprit comme le vôtre : là vous apprendrez l'histoire, le métier de la guerre, la conduite d'un grand capitaine et des prodiges de valeur qui, sans surpasser la nature, sont beaucoup au dessus des actions ordinaires. »

Don Quichotte écouta avec une attention extrême le discours du chanoine, et après l'avoir considéré quelque temps : « Si je ne me trompe, lui dit-il, mon gentilhomme, toute cette harangue ne tend qu'à me persuader qu'il n'y a point eu de chevaliers errants au monde ; que les livres de chevalerie sont faux, menteurs, inutiles et pernicieux à l'État; que j'ai mal fait de les lire, plus mal fait d'y ajouter foi, comme encore pis de les prendre pour le modèle de ma profession, et enfin que vous ne croyez pas qu'il y ait jamais eu d'Amadis, ni de Gaule, ni de Grèce, ni tant d'autres chevaliers dont nous avons les histoires. — C'est la pure vérité, répondit le chanoine. — Vous avez encore ajouté, répliqua don Quichotte, que ces livres m'avaient fait grand tort, puisqu'ils m'ont troublé le jugement et qu'ils sont cause qu'on m'a mis dans une cage; et qu'il me vaudrait aussi mieux de changer de lecture en choisissant des livres sérieux et véritables, et qui me soient en même temps agréables et utiles. — Tout cela est vrai, répondit le chanoine. — Et moi, dit don Quichotte, je trouve après y avoir bien pensé, que c'est vous qui êtes enchanté et sans jugement, puisque vous osez proférer tant de blasphèmes contre une chose si généralement reçue dans le monde et reconnue pour véritable, que celui qui la nie comme vous faites mérite le châtiment dont vous punissez ces livres quand ils vous ennuient : car enfin vouloir persuader qui que ce soit qu'il n'y a jamais eu au monde d'Amadis ni d'autres chevaliers errants dont les livres font mention, il vaudrait autant dire que le soleil n'a point de lumière, et que la terre n'est pas solide. Je voudrais bien, ajouta-t-il, qu'on me dît aussi que l'histoire de l'infante Florippe et de Guy de Bourgogne n'est pas véritable, et ce qui arriva à Fier-à-bras sur le pont de Mantible, du temps de Charlemagne. Si ce sont là des mensonges, il est donc faux qu'il y ait eu un Hector, un Achille, une guerre de Troie, douze pairs de France, et un Arthur, roi d'Angleterre, qui est encore aujourd'hui sous la figure d'un corbeau, et qu'on attend à toute heure dans son royaume. Que ne dit-on encore que l'histoire de Guérin Mesquin et celle de la dame de Saint-Grial sont fausses! Que les amours de don Tristan et de la reine Iseult sont apocryphes, et même celle de la belle Geneviève et de Lancelot! quoiqu'il reste dans le monde des gens qui se souviennent presque d'avoir vu la dame Quintagnone, qui eut le don de se connaître en vin mieux que le meilleur gourmet qui ait jamais été dans la Grande-Bretagne. Et cette histoire est si véritable, que je me souviens, moi qui vous parle, que ma grand'mère du côté de mon père me disait toujours, quand elle voyait de ces vénérables matrones à grand voile : Vois-tu bien, mon fils, en voici une qui ressemble à la dame Quintagnone : d'où j'infère qu'elle devait la connaître, ou qu'elle avait pour le moins vu son portrait. Il ne resterait plus que de contester l'histoire de Pierre de Provence et de la belle Magnelone, pendant qu'on voit aujourd'hui même, dans le magasin royal, la cheville du cheval de bois que montait ce chevalier, qui est plus grosse qu'un timon de charrette, à telles enseignes qu'elle est à côté de la selle de Babieça, cet excellent cheval du Cid. Vous avez aussi à Roncevaux le cor de Roland, qui n'est pas moins gros et grand qu'une solive, et par conséquent il y a eu douze pairs, un Pierre de Provence, un Cid, et d'autres chevaliers semblables, qu'on appelle aventuriers. Ne voudrait-on pas dire encore que Juan de Merlo, ce vaillant Portugais, n'était pas chevalier errant, qu'il ne se battit pas en Bourgogne contre le fameux Pierre, seigneur de Charny, et depuis à Bâle avec Henri de Remestan, et qu'il ne remporta pas l'honneur de ces deux rencontres? Il ne manque plus que cela, et de traiter de contes en l'air les défis et les aventures de Pedro Barba, et celles de Guitierres Quichada, duquel je descends en ligne droite par les mâles, qui se signalèrent par la défaite des enfants du comte de Saint-Pol. Je voudrais bien qu'on niât aussi que don Fernand de Guevara ait été chercher des aventures en Allemagne, où il combattit messire George, chevalier d'importance, de la maison du duc d'Autriche. Et qu'on dise enfin que ce ne sont que des fables que les joutes de Sucro de

Quinones du Pas, et celles de Louis de Falses contre don Gonzalez de Guzman, chevalier castillan, et mille autres glorieux faits d'armes des chevaliers chrétiens, de tous les endroits du monde, qui sont si véritables et si authentiques, que je ne crains pas de dire encore une fois qu'il faut avoir perdu la raison pour en douter seulement. »

Le chanoine fut tout étonné de voir ce mélange confus que faisait don Quichotte de l'histoire et de la fable, et de l'admirable connaissance qu'il avait de tout ce qu'on a écrit sur la chevalerie errante. « Je ne puis nier, seigneur don Quichotte, lui dit-il, qu'il n'y ait quelque chose de vrai en ce que vous venez de dire, et particulièrement touchant les chevaliers errants d'Espagne. Je vous accorde aussi qu'il y a eu douze pairs de France; mais, en vérité, je ne saurais croire tout ce qu'on a écrit le bon archevêque Turpin. Ce qu'il y a de vrai, c'est que ce furent des chevaliers choisis par les rois de France, et qu'on appela pairs parce qu'ils tenaient tous un même rang, et qu'ils étaient égaux en valeur et en naissance; ou, du moins, le devaient-ils être, car je ne voudrais pas juger que cela ait été pesé si également. C'était une espèce d'ordre à peu près comme celui de Saint-Jacques, ou de Calatrava en Espagne, où l'on suppose que ceux qui en sont doivent être vaillants et d'illustre race; et, de la même manière qu'on dit un chevalier de Saint-Jean ou d'Alcantara, on disait, en ce temps-là, un des douze pairs, parce qu'ils n'étaient que douze. Il est certain qu'il y a eu un Cid, ainsi qu'un Bernard de Carpio; mais qu'ils aient fait tout ce qu'on dit, je crois qu'on en peut douter sans scrupule. Quant à la cheville du cheval de Pierre de Provence, que vous dites qui se trouve avec la selle de Babieça dans le magasin des armes, je confesse mon ignorance et le défaut de ma vue, car je n'ai jamais remarqué cette cheville, toute grande qu'elle est, quoique j'aie bien vu la selle. — Elle y est pourtant, répliqua don Quichotte, à telles enseignes qu'on l'a mise dans un fourreau de cuir pour la conserver. — Cela peut être ainsi, repartit le chanoine; mais, en conscience, je ne me souviens pas de l'avoir vue; et, au reste, quand je vous accorderais qu'elle y est, je ne m'engage pas pour cela à croire les histoires de tous ces Amadis et de ce nombre infini de chevaliers. Et, tout de bon, c'est une chose étonnante qu'un honnête homme comme vous, plein d'esprit, et avec tant d'autres bonnes qualités, ait pu ajouter foi à toutes les impertinences de ces extravagants livres.

XXIX

De l'agréable dispute du chanoine et de don Quichotte.

— C'est une fort bonne chose, s'écria don Quichotte, que des livres imprimés sous bon privilége et avec approbation, qui sont reçus agréablement de tout le monde, aussi bien des gens de qualité que du peuple, et des savants que des ignorants, que ces livres, dis-je, ne soient que des mensonges. Pour l'amour de Dieu, monsieur, fermez la bouche pour jamais, plutôt que de prononcer un tel blasphème, et croyez que je vous le conseille en ami. Mais, dites-moi, en vérité n'auriez-vous pas un plaisir extrême si à l'heure qu'il est, il paraissait devant vous tout-à-coup un grand lac de poix bouillante, plein de lézards et de couleuvres, et d'autres monstres aussi dangereux qu'horribles, et que, du milieu de ses ondes épaisses et fumantes, il sortît une voix lamentable qui dit : « O chevalier ! qui que tu sois, qui considères ce lac épouvantable, si tu veux posséder le riche trésor qui est caché sous ses noires eaux, fais voir la grandeur de ton courage en te plongeant au milieu de ces ondes enflammées ; autrement tu es indigne de voir les merveilles incomparables qu'enferment les sept châteaux des sept fées, qui sont au-dessous de ces eaux obscures et profondes ? » et qu'au même temps que la voix cesse le chevalier, sans consulter davantage et sans faire de réflexions sur l'affreux péril où il s'expose, s'élance tout armé dans ce lac bouillant, se recommandant à Dieu et à sa dame. Lorsqu'il ne sait où il est ni ce qu'il va devenir, il se trouve dans une grande campagne pleine de fleurs, et mille fois plus belle à la vue que les Champs-Élysées ; le ciel lui paraît clair et serein, et il lui semble que le soleil brille d'une nouvelle lumière ; d'un côté une agréable forêt se présente à sa vue, et pendant que la beauté d'un million d'arbres différents et toujours verts charme ses yeux, un nombre infini de petits oiseaux peints de mille couleurs voltigent de branche en branche, et par un gazouillement enchantent ses oreilles ; dans un autre endroit il découvre un petit ruisseau dont les fraîches eaux, qui semblent du cristal liquide, roulent en serpentant de petits flots d'argent et de perles sur un sable d'or ; là il voit une riche fontaine de jaspe de diverses couleurs dont l'invention est toute nouvelle, et qui est ornée de statues si achevées, qu'il semble que l'art ait voulu travailler à l'envi de la nature ; ici il en trouve une autre d'un ouvrage grotesque, où les menues coquilles de moules, mêlées avec celles des limaçons dans une confusion concertée, et relevées par l'éclat d'un nombre infini de pierres brillantes, font une si agréable variété dans l'ouvrage, qui représente une grotte marine pleine de tritons et de sirènes, qu'en même temps que l'on doute si l'on est en sûreté parmi les monstres farouches qui sortent de tous les enfoncements, on ne peut se résoudre à sortir d'un lieu si admirable. D'un autre côté il voit s'élever subitement un magnifique palais, dont les murailles sont d'or massif, les créneaux de diamants, les portes de jacinthes, en un mot d'une si agréable structure que les rubis, les escarboucles, les perles et les émeraudes en étant la moindre matière, l'ouvrage est pourtant mille fois plus beau et incomparablement plus riche ; il voit sortir ensuite, par une des portes de ce château, quantité de demoiselles, et Dieu sait si elles sont belles ! dont les habits sont si magnifiques et si éclatants, qu'ils m'éblouissent à l'heure que je vous en parle ; et je n'aurais jamais fait si je voulais vous les dépeindre, et alors celle qui paraît être la maîtresse de toutes prend par la main ce hardi chevalier, et sans lui dire une seule parole, le mène dans le riche palais. Là on lui met sur les épaules un magnifique manteau qui vaut pour le moins une magnifique ville et encore plus. On le conduit dans une salle, où la richesse des meubles surpasse l'imagination : il y trouve la table couverte; on lui donne à laver dans un bassin d'or ciselé, enrichi de diamants, avec de l'essence d'ambre et des eaux distillées des herbes les plus odoriférantes; on le fait asseoir dans une chaise d'ivoire, et toutes les demoiselles le servent à l'envi dans un merveilleux silence. Qui peut dire les différentes viandes qu'on lui sert et leur délicatesse? Quelles paroles peuvent exprimer l'excellence de la musique qu'on lui donne pendant le repas, sans qu'il voie ni ceux qui chantent, ni ceux qui jouent des instruments? Le repas achevé, pendant que le chevalier étendu sur sa chaise se lave peut-être la bouche, vous voyez entrer à l'improviste une demoiselle incomparablement plus belle que toutes les autres, qui va s'asseoir auprès de lui et lui apprendre ce que c'est que ce château, et qu'elle y est enchantée, avec beaucoup d'autres choses qui ravissent le chevalier et qui donneront de l'admiration à tous ceux qui en liront l'histoire. Il n'est pas nécessaire que je m'étende davantage sur ce sujet; en voilà assez, ce me semble, pour faire voir que quelque endroit qu'on lise dans l'histoire des chevaliers errants, on y trouvera du plaisir et de l'étonnement. Mais, monsieur, croyez-moi, lisez vous-même ces livres, et vous verrez comme ils savent insensiblement charmer la mélancolie, qu'ils font naître la joie dans le cœur; si par hasard vous avez un mauvais naturel, ils sont capables de le corriger et de vous donner de meilleures inclinations. Pour moi, je puis bien vous assurer que, depuis que Dieu m'a fait chevalier errant, je suis vaillant, civil, affable, doux et complaisant, libéral et généreux, hardi, patient, infatigable, et que je supporte avec beaucoup de vigueur d'esprit et de corps le travail, la prison et les enchantements. Et, quoique vous me voyiez à l'heure qu'il est enfermé dans une cage comme un fou, je ne désespère pourtant pas de me voir dans peu de jours, par la force de mon bras et la faveur du ciel, roi de quelque grand royaume où je pourrai faire paraître la libéralité et la reconnaissance qui sont renfermées dans mon cœur. Car en vérité, monsieur, le pauvre ne saurait paraître libéral quand il le serait au souverain degré, et la gratitude, qui n'est que dans le désir seulement, est une vertu morte comme la foi sans les œuvres. C'est pour cela que je souhaiterais que la fortune m'offrît bientôt une occasion favorable de me faire empereur pour faire voir quel est mon cœur en enrichissant mes amis, et surtout ce pauvre écuyer que vous voyez là, qui est le meilleur homme du monde, et à qui je voudrais bien donner un comté qu'il y a longtemps que je lui promets, quoique cependant je me défie un peu de sa capacité pour s'y bien conduire.

— Monsieur, interrompit Sancho, qui entendit ce qu'on disait de lui, travaillez seulement à me donner ce comté, que vous me faites tant attendre, et je vous réponds que je le gouvernerai bien. En tout cas, on dit qu'il y a des gens dans le monde qui prennent à ferme les terres des seigneurs et les font valoir comme si c'était pour eux-mêmes, tandis que les seigneurs se donnent du bon temps, et mangent leur revenu sans se soucier de rien. Ma foi, j'en ferais bien autant : je ne trouve point cela si difficile. Hé! je ne m'amuserais pas à marchander; je vous mettrais bientôt le fermier en possession, et moi je mangerais mes rentes comme un prince. — Vous dites bien, compère Sancho, quant au revenu, dit le chanoine; mais en ce qui regarde l'administration de la justice, il ne faut pas être si indifférent : c'est là que le seigneur doit s'appliquer avec soin, et qu'il fait remarquer son jugement et son habileté, et surtout sa bonne intention, qui doit être répandue dans toutes ses actions et en être le principe et la fin : car, comme Dieu ne manque jamais de favoriser la bonne volonté, aussi renverse-t-il presque toujours les mauvais desseins. — Je n'entends point toutes ces philosophies, répondit Sancho, mais je voudrais avoir ce comté aussitôt que je saurais bien gouverner : j'ai autant de corps et d'âme qu'un autre, et je pense que je serais aussi roi dans mon État que chacun l'est dans le sien. Cela étant, je ferais ce que je voudrais; et, faisant ce que je voudrais, je ferais à ma fantaisie; et, faisant à ma fantaisie, je serais content; et, quand je serais content, je n'aurais plus rien à souhaiter; et, quand je n'aurais plus rien à souhaiter, que diable me faut-il davantage? Que le comté vienne seulement, et adieu jusqu'au revoir, comme un aveugle dit à l'autre. — Ces philosophies, répliqua le chanoine, ne sont pas si mauvaises que vous dites, Sancho : il y a bien quelque chose à dire sur le sujet des comtés. — Je ne sais pas ce qu'il y a dire, interrompit don Quichotte; mais, pour moi, je sais en ceci divers exemples de chevaliers de ma profession, qui, pour récompenser leurs écuyers, les ont faits seigneurs d'îles et de villes; et il s'est même trouvé, parmi les écuyers, des gens d'assez grand mérite pour avoir l'ambition de penser à se faire rois. Mais, sans aller plus loin, le grand et jamais assez loué Amadis de Gaule fit bien son écuyer comte de l'Île-Ferme; et, après cela, ne puis-je pas sans scrupule donner un comté à Sancho, puisqu'il est un des meilleurs écuyers de toute la chevalerie errante? »

Le chanoine était tout émerveillé des folies qu'enfilait don Quichotte; il admirait cette présence d'esprit avec laquelle il venait d'imaginer l'aventure du chevalier du lac, et la vive impression que les rêveries des romans avaient faite sur son imagination. Il n'était guère moins étonné de la simplicité de Sancho, qui demandait un comté avec tant d'empressement et qui croyait que son maître le lui pouvait donner comme une métairie.

XXX

De la rare aventure des pénitents que le chevalier acheva à la sueur de son corps.

Pendant que le chanoine faisait ses réflexions là-dessus, on entendit tout d'un coup le son d'une trompette, mais si triste et si lugubre, qu'il attira l'attention de tout le monde. Celui qui en fut le plus ému fut don Quichotte, qui, se mettant sur pied, tourna la tête du côté du bruit, et vit descendre, par la pente du coteau, plusieurs hommes vêtus de blanc, qui avaient l'air de pénitents ou de fantômes.

Comme il n'avait point plu cette année-là, on faisait, dans tous les endroits de cette contrée, des prières, des processions et des pénitences, pour implorer la bonté du ciel et le secours favorable des pluies ; et pour cela, les habitants d'un village là auprès venaient en procession à un dévot ermitage qui est sur le penchant de la montagne.

Don Quichotte ne vit pas plutôt l'étrange habillement des pénitents, que, sans se souvenir qu'il en avait vu cent fois en sa vie, il s'imagina que c'était quelque aventure, et que c'était à lui de l'entreprendre, comme le seul chevalier errant de la troupe. Une image couverte de deuil que portaient les pénitents le confirma dans cette rêverie : il crut que c'était quelque princesse que de félons et discourtois brigands emmenaient par force ; et dans cette pensée il court promptement à Rossinante, qui paissait, le bride et saute en selle ; et son écuyer lui ayant donné ses armes, il embrasse son écu, et dit à haute voix à tous ceux qui étaient présents : « C'est maintenant, illustre et valeureuse compagnie, que vous allez voir combien il importe au monde qu'il y ait des gens qui fassent profession de la chevalerie errante ; c'est à cette heure, dis-je, que vous verrez par mes actions, et par la liberté que je vais donner à cette dame captive, l'estime qu'on doit avoir pour les chevaliers errants. » En disant cela, il donne des talons à Rossinante, car d'éperons il n'en avait point, et au grand trot s'en va donner dans les pénitents, malgré tous les efforts du curé et du chanoine pour le retenir, et sans se soucier des hurlements de Sancho, qui criait de toute sa force : « Où diable courez-vous, seigneur don Quichotte ? Avez-vous le diable au corps pour aller ainsi contre la foi catholique ? et ne voyez-vous point que c'est une procession de pénitents, et que la dame qu'ils portent sur ce brancard est l'image de la Vierge ? Il faut, mort de ma vie ! que vous soyez enragé. Monsieur, monsieur, monsieur le chevalier mon maître, regardez bien ce que vous faites : on peut bien dire cette fois-ci que vous n'y prenez pas garde. » Sancho se tourmenta en vain, et toutes ses remontrances se perdirent en l'air. Son maître s'était mis si fort en tête de délivrer la dame en deuil, qu'il n'entendait pas une parole ; et, quand il les eût ouïes, il n'aurait pas retourné, non pas même pour le pape.

Il arriva donc à vingt pas de la procession ; et arrêtant Rossinante, qui en avait déjà besoin, il cria d'une voix furieuse et enrouée : « Demeurez-là, canailles, qui vous masquez sans doute parce que vous êtes des scélérats, et écoutez ce que je vais vous dire. » Les premiers qui s'arrêtèrent furent ceux qui portaient l'image ; et un prêtre, de quatre qui chantaient les litanies, voyant l'étrange mine de don Quichotte, la maigreur de Rossinante, et tout ce qu'il y avait de ridicule dans le cavalier : « Mon frère, lui répondit-il, si vous avez quelque chose à nous dire, faites vite, parce que ces pauvres gens se déchirent et nous n'avons pas le loisir d'entendre un long discours. — Je n'ai qu'une parole à dire, répartit don Quichotte : c'est que tout à l'heure vous mettiez en liberté cette belle dame, dont l'air triste et les larmes font assez connaître que vous lui avez fait quelque outrage, et que vous l'emmenez malgré elle. Pour moi, je suis venu au monde pour empêcher de semblables violences, je ne puis consentir à vous laisser aller que vous ne lui ayez rendu la liberté qu'elle souhaite. »

Il n'en fallut pas davantage pour faire connaître à tous ces gens que don Quichotte n'était guère sage, et ils ne purent s'empêcher de rire du discours qu'il venait de faire ; mais c'était mettre le feu aux étoupes : notre héros, se voyant méprisé, met l'épée à la main et court tout furieux au brancard. Un de ceux qui le portaient laisse la charge à ses compagnons, et, se jetant au devant de don Quichotte, il lui oppose une fourche dont il soutenait le brancard quand il se reposait, et qui est cassée en deux du premier coup qu'il donne ; mais de la moitié qui lui restait il frappe si rudement le chevalier sur l'épaule droite, que, l'écu ne se trouvant pas assez à propos pour le couvrir, ou assez bon pour parer la violence du coup, don Quichotte tombe par terre, les bras étendus, et sans mouvement. Sancho, qui avait toujours suivi son maître, arriva là-dessus tout essoufflé ; et, le voyant en si mauvais état, il cria au paysan qu'il s'arrêtât, parce que c'était un pauvre chevalier enchanté qui, en toute sa vie, n'avait fait de mal à personne. Ce ne furent pas les cris de Sancho qui arrêtèrent le paysan ; mais, comme il vit que don Quichotte ne remuait point, il crut l'avoir tué ; et retroussant son surplis pour être plus libre, il s'enfuit comme s'il eût eu le prévôt à ses trousses. Ceux de la compagnie de don Quichotte étant arrivés en même temps, les gens de la procession, qui les virent venir tout échauffés, et parmi eux des archers armés d'arquebuses, crurent qu'ils avaient besoin de se tenir sur leurs gardes ; ils se rangèrent vite en rond autour de l'image, et, relevant leurs voiles, les pénitents avec leurs disciplines, et les prêtres avec leurs chandeliers, attendirent l'assaut, dans la résolution de bien se défendre ; mais la fortune en disposa mieux qu'ils n'osaient espérer, et se rendit favorable aux deux partis. Pendant que Sancho, qui s'était jeté sur le corps de son maître, le croyant mort, faisait la plus triste lamentation du monde, le curé fut reconnu par celui de la procession, ce qui calma les esprits de part et d'autre ; et le curé ayant appris à son confrère ce que c'était que don Quichotte, ils allèrent aussitôt, suivis des pénitents et de tout le reste, voir en quel état était le pauvre gentilhomme.

Comme ils arrivaient, ils trouvèrent Sancho tout en larmes qui faisait cette manière d'oraison funèbre : « O fleur de la chevalerie, disait-il, qu'un seul coup de bâton assommé quand il en était moins de besoin ! ô l'honneur de ta race, la gloire et le monument de toute la Manche et du monde entier, que tu laisses orphelin par ta mort, et exposé à la rage des méchants qui vont le mettre sens dessus dessous, parce qu'il n'y aura plus personne qui châtie leurs brigandages ! ô libéral par dessus tous les Alexandres, qui, pour huit mois de service seulement, m'avais donné la meilleure île de toute la terre ! ô humble avec les superbes, et arrogant avec les humbles, hardi dans les périls, patient dans les affaires, amoureux sans sujet, imitateur des bons, fléau des méchants et ennemi de toute malice ; chevalier errant, ce qui est tout dire. »

Les plaintes et les gémissements de Sancho firent revivre don Quichotte, et, après un long et triste soupir, qui fut le premier signe de vie qu'il donna : « Celui qui est absent de vous, dit-il, incomparable Dulcinée, ne peut jamais être que misérable, et il n'y a point de malheur qu'il ne doive craindre. Aide-moi, cher Sancho, ajouta-t-il, à me remettre sur le chariot enchanté : je ne suis pas en état de résister à la vigueur de Rossinante, car j'ai l'épaule toute brisée. — Je le veux de bon cœur, mon cher maître, répondit Sancho ; allons, retournons à notre village, avec ces messieurs, qui sont tant de vos amis : nous penserons là à faire une sortie qui nous donne plus de gloire et de profit. — Tu dis fort bien, Sancho, repartit don Quichotte : il est de la prudence de laisser passer la mauvaise influence des astres. » Le chanoine, le curé et le barbier ne manquèrent pas de lui dire qu'il avait raison, et ils placèrent don Quichotte sur le chariot, comme il était auparavant. La procession se remit en ordre, et prit le chemin de l'hermitage ; les archers se retirèrent après avoir pris congé de la compagnie, se voyant désormais inutiles, et le curé les ayant payés ; le chanoine partit en même temps, et pria instamment le curé, en l'embrassant, de lui donner des nouvelles de tout ce qui arriverait à don Quichotte. Enfin ils se séparèrent tous, laissant seuls le curé, le barbier, don Quichotte et Sancho, avec le fameux Rossinante qui parmi tant de désordres, n'avait pas moins témoigné de patience que son maître. On accommoda le grand, le célèbre, l'invincible don Quichotte sur une botte de foin, dans la cage, et le charretier, ayant attelé ses bœufs, prit le chemin que lui ordonna le curé, si bien qu'aux pas lents de ces tardifs animaux ils arrivèrent au bout de six jours au village du pauvre gentilhomme, où, entrant en plein midi, et un jour de dimanche, où tout le monde était assemblé dans la place, ils ne manquèrent pas de spectateurs, qui reconnurent aussitôt leur compatriote.

Pendant qu'une foule de gens entourent le chariot, et qu'à l'envie les uns des autres ils s'empressent à demander à don Quichotte de ses nouvelles, et à ceux qui l'accompagnent pourquoi on le mène dans cet équipage, un petit garçon va avertir la nièce et la gouvernante de son arrivée, et leur dit que monsieur est venu dans une charrette à bœufs, couché sur du foin, si maigre et si décharné, qu'un squelette ne l'est pas davantage. Ce fut une chose pitoyable que d'entendre les cris de ces bonnes dames, les malédictions qu'elles donnèrent à ces diaboliques livres de chevalerie, et de les voir même recommencer quand elles virent entrer don Quichotte, qui était encore en plus mauvais état qu'on ne le leur avait dit.

Au bruit de la venue du gentilhomme, la femme de Sancho Pança, qui avait bien su que son mari l'avait suivi en qualité d'écuyer, vint des premières pour faire son compliment, et rencontrant d'abord Sancho : « Eh bien, dit-elle, mon mari, notre âne se porte-t-il bien ? — Il se porte mieux que son maître, répon-

Sancho. — Dieu soit loué, dit-elle, de la grâce qu'il m'a faite ! — Mais conte-moi donc à cette heure, mon ami, tout ce que tu as gagné dans ton écuyerie : où sont les cottes que tu m'apportes, et les souliers pour nos enfants ? — Je n'apporte rien de tout cela, femme, répondit Sancho, mais j'apporte d'autres choses qui sont de bien plus grande importance. — Ah ! tu me fais grand plaisir, dit la femme ; oh, montre-les moi, ces choses si importantes, mon ami ! j'ai grande envie de les voir pour me réjouir un peu le cœur, que j'ai toujours eu triste et abattu depuis que je n'ai plus vu ta face. — Je te les montrerai à la maison, femme, répondit Sancho ; aie patience pour le présent et espère que, s'il plaît à Dieu, nous irons encore dans un autre voyage chercher les aventures, et que tu me verras bientôt comte ou gouverneur d'une île, je dis d'une île ferme et des meilleures qui soient sur la terre, et non pas de ces îles à la douzaine. — Dieu le veuille ! mon mari, dit la femme : nous en avons bien besoin. Mais, qu'est-ce que cela, des îles ? — Le miel n'est point pour la gueule de l'âne, répondit Sancho ; tu le sauras quand il sera temps, ma femme, et tu t'émerveilleras de te voir dire : Votre seigneurie, par tous tes vassaux. — Qu'est-ce que tu dis-là, Sancho, de seigneurie et de vassaux ? repartit Juana Pança. » C'est ainsi que s'appelait la femme de Sancho, non pas qu'ils fussent parents, mais c'est la coutume de la Manche que les femmes prennent le nom de leurs maris. « Ne te presse pas tant de savoir tout cela, Juana, répondit Sancho : il y a plus d'une heure au jour. Qu'il te suffise que je te dis vrai, et bouche close. Apprends seulement en passant qu'il n'y a pas un plus grand plaisir au monde que d'être écuyer d'un chevalier errant qui va chercher les aventures. Véritablement, toutes celles qu'on trouve ne viennent pas toujours comme on voudrait bien, et de cent, il y en aura quatre-vingt-dix-neuf de travers. Je le sais par expérience, femme : j'en ai, Dieu merci, tâté, et tu peux bien m'en croire. Il y en a où j'ai été berné, et d'autres où l'on m'a roué de coups ; et pourtant, nonobstant tout cela, c'est une chose bien agréable d'aller chercher fortune en grimpant sur les montagnes, traversant des forêts, toujours à travers les buissons et les rochers. Je voudrais bien que tu eusses vu cela en visitant des châteaux et logeant dans les hôtelleries sans jamais payer son écot : au diable le sou qu'on y donne, quelque chère qu'on y fasse. »

Voilà la manière dont Sancho et sa femme s'entretenaient pendant que la nièce et la gouvernante déshabillaient don Quichotte et le couchaient dans son ancien lit, et que lui les regardait l'une et l'autre avec des yeux troubles, sans les reconnaître ni se reconnaître lui-même. Le curé recommanda fort à la nièce d'avoir grand soin de son oncle, et de prendre garde surtout qu'il ne fît encore une escapade, lui racontant la peine qu'on avait eue à le ramener à la maison. En cet endroit les deux sensibles dames recommencèrent à crier de plus belle ; elles fulminèrent de nouveau mille malédictions contre les livres de chevalerie. Enfin elles ne songèrent plus qu'à veiller soigneusement le bon gentilhomme, ayant continuellement la crainte de le reperdre sitôt qu'il serait en meilleure santé ; ce qui ne manqua pas d'arriver comme elles l'appréhendaient.

Mais, quelque soin qu'ait pris l'auteur de cette histoire à chercher les actes de la troisième sortie de don Quichotte, il n'en a jamais pu avoir une connaissance exacte, au moins par des écrits authentiques. La renommée seule a conservé, dans la mémoire des peuples de la Manche, que don Quichotte, étant sorti pour la troisième fois, alla à Saragosse, et qu'il s'y trouva dans un fameux tournoi où il fit des actions dignes de sa valeur et de l'excellence de son jugement. L'auteur n'a pu rien trouver non plus ni de ses autres aventures ni de la fin de sa vie, et n'en aurait jamais rien su s'il n'eût rencontré par bonheur un vieux médecin qui avait chez lui une caisse de plomb qu'il disait avoir été trouvée dans les fondations d'un ancien ermitage qu'on rebâtissait, dans laquelle on trouva certain parchemin où il y avait des vers espagnols en lettres gothiques, qui racontaient plusieurs faits de don Quichotte, et parlaient avantageusement de la beauté de Dulcinée du Toboso, de la vigueur de Rossinante et de la fidélité de Sancho Pança, avec d'autres choses fort particulières. Le fidèle et soigneux auteur de cette incroyable histoire rapporte ici tout ce qu'on en put lire, et ne souhaite autre chose du lecteur, pour récompense de la peine qu'il a prise à feuilleter tous les registres de la Manche, si ce n'est qu'il ajoute foi à son ouvrage autant que le font les honnêtes gens aux livres de chevalerie, qui ont aujourd'hui tant de crédit dans le monde. Il n'en demande pas davantage, et cela seul l'animera à prendre de nouveaux soins et à faire une recherche nouvelle pour trouver des choses peut-être aussi véritables et tout au moins aussi divertissantes.

DEUXIÈME PARTIE

LIVRE CINQUIÈME

I

Troisième sortie de don Quichotte.

Le curé et le barbier furent près d'un mois sans aller voir don Quichotte, de crainte de lui rappeler ses folies passées, et de lui faire naître l'envie de recommencer. Ils ne laissaient pourtant pas de visiter la nièce et la gouvernante, à qui ils recommandaient toujours d'avoir grand soin de distraire don Quichotte, et de lui donner à manger des viandes solides et de bon suc, pour lui fortifier le cerveau d'où apparemment venait tout son mal. Elles répondirent qu'elles en usaient ainsi, et qu'elles continueraient à l'avenir, d'autant plus qu'elles remarquaient que don Quichotte avait des moments où il semblait qu'il fût tout à fait dans son bon sens. Cette nouvelle donna bien de la joie au curé et au barbier, qui crurent que c'était un effet de l'enchantement qu'ils avaient imaginé, et que nous avons raconté dans le dernier chapitre de la première partie de cette grande et véritable histoire. Cependant, comme ils tenaient cette guérison comme impossible, ils résolurent d'aller voir don Quichotte, pour s'en assurer par eux-mêmes; et, après avoir arrêté ensemble qu'ils ne lui parleraient nullement de chevalerie, pour ne pas réveiller une passion qui s'assoupissait, ils entrèrent dans sa chambre, où ils le trouvèrent assis sur son lit, en camisole de frise verte, avec un bonnet rouge sur la tête, et le corps si sec et décharné, qu'il ressemblait à une momie. Le malade leur témoigna beaucoup de joie de leur visite, les en remercia civilement, et leur rendit compte, en homme d'esprit et de bon sens, de l'état où il se trouvait, et de tout ce qu'ils lui demandèrent. Après avoir parlé quelque temps de choses indifférentes, ils arrivèrent insensiblement aux affaires de l'État, parlèrent de la manière de bien gouverner, réformant tantôt une coutume, et tantôt corrigeant un abus et établissant de nouvelles lois, comme s'ils eussent été les plus habiles gens du monde. Sur tout cela don Quichotte parla avec beaucoup de sagesse, et fit voir tant de jugement, que le curé et le barbier ne doutèrent plus qu'il n'eût l'esprit sain et le sens rassis.

La nièce et la servante, qui se trouvèrent à cette conversation, versaient des larmes de joie et ne pouvaient se lasser de rendre grâces à Dieu de la guérison de ce bon gentilhomme. Mais le curé, tout étonné d'un si prompt changement, voulut voir si ce qui paraissait de bon sens en don Quichotte était capable de supporter toutes les épreuves, et, malgré la résolution qu'il avait prise de ne parler en aucune façon de matière de chevalerie, il dit qu'il y avait de grandes nouvelles à la cour, et, entre autres choses, que le Turc mettait sur pied une armée prodigieuse; qu'on ne savait point où devait fondre cet orage, mais que toute la chrétienté en était alarmée, et que le roi faisait pourvoir à la sûreté de Malte et des côtes de Naples et de Sicile. « Le roi en use en guerrier prudent, répondit don Quichotte, et cette précaution le met à couvert des surprises de l'ennemi; mais, si l'on prenait mon conseil, il y aurait bien une autre chose à faire, à laquelle je crois que le roi est bien éloigné de penser pour l'heure, et qui cependant serait bien aussi sûre que tout le reste. » À peine le curé eût-il entendu ainsi parler don Quichotte qu'il haussa les épaules, et dit en lui-même : « Pauvre gentilhomme, t'y revoilà encore, et je suis bien trompé si tu n'es pas plus fou que jamais. » Le barbier, qui en fit le même jugement que le curé, pria don Quichotte de vouloir leur apprendre quel pouvait être cet avis d'importance. « Et morbleu! répondit don Quichotte, qu'y a-t-il autre chose à faire en cette occasion, sinon que le roi fasse publier à son de trompe que tous les chevaliers errants de son royaume aient à se rendre à jour nommé à la cour? Et quand il n'en viendrait qu'une demi-douzaine, il pourrait bien y avoir tel parmi eux qui viendrait tout seul à bout de cette grande armée de Turcs, toute puissante qu'elle puisse être. Mais écoutez, messieurs, et suivez bien ce que je vais vous dire : croyez-vous que ce soit une chose si nouvelle qu'un chevalier errant ait défait seul une armée de vingt mille hommes aussi entièrement que s'ils n'avaient en tous ensemble qu'une seule tête? Eh! combien d'histoires sont pleines de ces prodiges! Vraiment, c'est dommage que le fameux don Belianis ne vive pas dans ce siècle, ou quelqu'un de cette multitude innombrable des descendants d'Amadis de Gaule : qu'il ferait beau de le voir aux mains avec ces mahométans! Croyez-moi, il n'en retournerait guère à Constantinople. Mais, patience, Dieu aura soin de son peuple et suscitera peut-être quelqu'un qui, s'il n'a pas autant de réputation que les chevaliers errants du temps passé, aura pour le moins autant de courage. Dieu m'entends, je n'en dis pas davantage.

— Que je meure, s'écria la nièce, si mon oncle n'a pas encore envie d'être chevalier errant! — Oui, oui, répondit don Quichotte, je suis chevalier errant et chevalier errant je mourrai. Et que le Turc descende ou monte tant qu'il voudra, et avec toute sa puissance, encore une fois, Dieu m'entend bien. En attendant, je serais bien aise de faire connaître à tout le monde l'erreur grossière où l'on est de ne pas penser à rétablir la chevalerie errante. Mais, après tout, je vois bien que ce misérable siècle est indigne d'un bien dont ont joui les siècles passés, où les chevaliers errants se chargeaient de la défense des royaumes, de la protection des demoiselles, de secourir les orphelins et les veuves, de châtier les superbes et de récompenser les bons. Les chevaliers d'aujourd'hui aiment bien mieux les vestes de brocard d'or et de soie que la cuirasse et les chemisettes de maille. Où s'en trouve-t-il à présent qui dorment au milieu des champs, armés de pied en cap, et exposés à toutes les rigueurs du chaud et du froid? où sont ceux qui, appuyés sur leurs lances et à cheval, affrontent le sommeil, la faim, la soif et toutes les autres nécessités de la vie? Où se trouvera-t-il aujourd'hui un chevalier qui, après avoir traversé des montagnes et des forêts, et se trouvant au bord de la mer où il ne voit qu'un petit esquif sans voiles, sans mâts, sans rames et sans matelots, se jette hardiment dedans ne consultant que son courage, quoiqu'il voie la mer irritée, dont les vagues écumantes tantôt l'élèvent jusqu'au ciel et tantôt le précipitent dans de profonds abîmes? Cependant le chevalier intrépide fait tête à l'orage et semble ne point connaître de péril; et lorsqu'il s'y attend le moins, il se trouve à trois mille lieues du lieu où il s'était embarqué, et, sautant à terre sur une côte inconnue, il y arrive et y fait des choses si grandes et si extraordinaires, qu'elles méritent d'être gravées sur le bronze pour servir de monument à sa gloire. La mollesse et une lâche oisiveté sont désormais des vertus à la mode, qui triomphent impunément du travail et de la vigilance. La véritable valeur n'a plus d'éclat ni de mérite, et l'ignorance et la paresse font mépriser l'exercice des armes, qui fut toujours le partage et l'ornement des chevaliers errants. Mais aussi, où en trouvererez-vous de plus honnêtes et de plus vaillants qu'Amadis de Gaule? Qui est plus courtois que Palmerin d'Olive? qui est-ce qui égale la douceur et la complaisance de Tirant-le-Blanc? Faites-moi voir un cavalier plus galant que Lisvant de Grèce, un homme plus couvert de blessures et qui frappe plus vigoureusement que don Belianis, et un guerrier plus intrépide que Périon de Gaule? Où trouverez-vous un chevalier aussi hardi que Félix Mars d'Hyrcanie, un cœur plus franc et plus sincère qu'Esplandan, un soldat plus déterminé que don Cirongilio de Thrace? En voyez-vous de plus fier et de plus brave que Rodomont, de plus prudent que le roi Sobrin, de plus entreprenant que Renaud, et de plus invincible que Roland? S'en trouve-t-il encore qui puissent entrer, pour la valeur et la courtoisie, en comparaison avec Roger, de qui les ducs de Ferrare tirent leur origine, comme le dit Turpin dans sa Cosmographie? Tous ces cavaliers, monsieur le curé, et un grand nombre d'autres que je pourrais vous dire, ont été chevaliers errants, la gloire et l'honneur de la chevalerie, et c'est d'eux, ou de leurs pareils, que je conseillerais au roi de se servir, s'il a envie de bien l'être et à peu de frais, et que le Turc s'en retourne plus vite qu'il ne sera venu. »

Comme il en était là, ils entendirent la nièce et la gouvernante, qui s'étaient retirées il y avait déjà quelque temps, faire de grands cris dans la cour, et ils coururent au bruit.

Le bruit qu'ils entendaient venait de ce que Sancho Pança frappait à la porte et faisait tous ses efforts pour entrer, demandant à voir son maître, et de ce que la nièce et la gouvernante s'y opposaient de toute leur force en criant : « Hé ! qu'est-ce donc que cherche ici ce fainéant ? Allez-vous-en chez vous, mon ami ; vous n'avez que faire céans ; c'est vous qui débauchez monsieur et qui lui faites ainsi courir les grands chemins. — Gouvernante de satan, répondit Sancho, vous vous trompez de plus de la moitié : c'est moi, de par tous les diables ! qu'on débauche et c'est moi qu'on fait courir, en me promettant plus de beurre que de pain ; c'est votre bon maître qui m'emmène par le monde sans rime ni raison, après m'avoir tiré de chez moi en m'enjôlant de ses belles paroles et en me promettant une île qui est encore à venir. — Que tes îles t'étouffent, chétif vaurien ! repartit la gouvernante. Que veux-tu dire avec tes îles ? est-ce quelque chose de bon à manger, dis, gouliafre ? — Non pas à manger, dit Sancho, mais à gouverner, et meilleur que quatre villes et toute une province. — Oh ! que ce soit ce qu'il pourra, répondit la gouvernante, tu n'entreras pourtant point ; va-t'en, va-t'en gouverner ta maison et labourer tes champs, grand paresseux, sans t'amuser à tes îles. »

Le curé et le barbier riaient de bon cœur de ce plaisant dialogue. Mais don Quichotte, craignant que Sancho se mutinât et qu'il allât dire des sottises qui ne seraient pas à son avantage, fit taire la gouvernante et la nièce, et ordonna qu'on le laissât entrer. Sancho entra donc, et le curé et le barbier prirent aussitôt congé de don Quichotte, désespérant de sa guérison, ou du moins de le voir jamais bien sage, puisqu'il était plus que jamais entêté de ses chevaleries. Quand ils furent sortis, le curé dit au barbier : « Vous verrez, compère, que, lorsque nous y penserons le moins, notre gentilhomme fera encore quelque escapade. — Oh ! j'en suis bien persuadé, dit le barbier ; mais je m'étonne encore moins de la folie du cavalier que de la simplicité de son écuyer, qui croit si franchement qu'il attrapera un jour une île. »

II

De la conversation qu'eut Sancho Pança avec Thérèse Pança, sa femme, etc.

Cependant don Quichotte et Sancho se renfermèrent et eurent ensemble une longue conversation qui, bien malheureusement, ne nous a pas été conservée; mais quand Sancho retourna chez lui, il était si gai et si content, que sa femme reconnut sa joie d'aussi loin qu'elle le vit paraître, et lui demanda avec empressement : « Eh qu'y a-t-il, mon ami, que tu me parais si joyeux? — Je le serais bien davantage, ma femme, si je n'étais pas si content, répondit Sancho. — Je ne t'entends point, mon mari : qu'est-ce que tu veux dire, que tu serais plus joyeux si tu n'étais pas si content? Encore que je sois bien sotte, je ne crois pas qu'on puisse se fâcher d'être content. — Il faut que tu saches, ma pauvre amie, répondit Sancho, que je suis joyeux parce que je retourne avec mon maître don Quichotte qui s'en va encore en voyage chercher les aventures, et moi je m'en vais avec lui parce que la nécessité m'y contraint; mais il me fâche de te quitter, Thérèse, aussi bien que mes enfants; et si Dieu m'avait donné le moyen de vivre à mon aise dans ma petite famille, sans courir ainsi les champs, j'aurais bien une plus grande joie que je n'ai, car je n'aurais pas le déplaisir de te quitter : n'ai-je donc pas raison, femme, de dire que je serais bien plus aise si je n'étais pas si content? — En bonne foi, dit Thérèse, depuis que vous êtes dans vos chevaleries, vous parlez si je ne sais comment, qu'il n'y a pas moyen de vous entendre. — Dieu m'entend, ma femme, répliqua Sancho, et cela suffit. Mais, ma mie, je t'avertis qu'il faut avoir grand soin du grison pendant ces trois jours, afin qu'il soit en bon état; double-lui son ordinaire; regarde s'il n'y a rien à faire au bât et à tout le harnais; car enfin ce n'est pas aux noces que nous allons : c'est courir le monde, avoir affaire à des géants, à des endriaques et des lutins; entendre des rugissements, des mugissements, des beuglements; et tout cela ne serait encore que des fleurettes, si nous ne trouvions point des Yangois et des Maures enchantés. Entends-tu, femme ? — Je me doute bien, répliqua Thérèse, que les écuyers errants ne mangent pas pour rien le pain de leurs maîtres, et je prierai Dieu qu'il vous garantisse des mauvaises aventures. — Vois-tu, ma femme, repartit Sancho, si je ne croyais pas me voir bientôt gouverneur de quelque île, je ne pense pas que je ne tombasse mort tout à l'heure, je dis tout à l'heure. — Non, pas cela, mon cher mari, dit Thérèse : vive la poule, encore qu'elle ait la pépie! Vivez seulement, et que tous les gouvernements du monde deviennent ce qu'ils pourront. Vous êtes né sans gouvernement, que je sache; sans gouvernement vous avez vécu jusqu'à cette heure : il faudra trouver moyen de s'en passer, si Dieu ne veut pas que vous en ayez. Combien y a-t-il de gens au monde qui vivent sans vernement! et pour cela ils ne laissent pas de vivre et d'être contents. La meilleure sauce de toutes, c'est la faim, et pourvu qu'elle ne manque point aux gens, ils mangent toujours avec appétit. Mais à propos, mon mari, si tu te vois avec un gouvernement, n'oublie pas ta femme et tes enfants. Sancho notre fils a déjà ses quinze ans passés, et il est bien temps qu'il aille à l'école, au moins si son oncle le prêtre veut le faire d'église. Pour marier Sancha votre fille, je ne pense pas qu'un mari lui fasse peur : si je ne me trompe, elle n'a pas moins d'envie d'être mariée que vous d'être gouverneur.

— Ecoute, ma femme, repartit Sancho, je te jure ma foi que, si je viens à être gouverneur, je marierai si bien notre fille, qu'elle sera appelée madame par tout le monde. — Oh! non pas, s'il vous plaît, mon mari, répondit Thérèse : mariez-la avec son égal; cela est bien plus sûr, et elle s'accommodera mieux avec des sabots et de la serge que des beaux souliers et des cottes de soie. Ma foi, si au lieu de Marion, on l'appelait madame, la pauvre sotte ne saurait comment se tenir, et ferait bien voir que ce n'est qu'une grosse paysanne. — Que tu es sotte! répliqua Sancho. Va, va, il ne faut qu'un an ou deux pour l'y accoutumer, et après cela tu verras si elle ne fera pas comme les autres. En tout cas, qu'elle soit madame, et qu'il en arrive tout ce qu'il pourra. — Mon Dieu! mon mari, ne songeons point à hausser notre état plus qu'il n'est : ne savez-vous pas bien ce que dit le proverbe, qu'il faut que chacun se mesure à son aune? Vraiment, ce serait une jolie chose que nous allassions marier notre fille avec quelque baron, qui, quand il lui en prendrait fantaisie, lui chanterait pouille, l'appelant paysanne, fille de meneurs de cochons. Non, non, mon ami, je n'ai point nourri votre fille pour cela; apportez-moi seulement de l'argent, et laissez moi faire. Nous avons ici Lope Tocho, fils de Juan Tocho, qui est bon garçon, et que nous connaissons. Je sais bien qu'il regarde la petite de bon œil; c'est son vrai fait; elle sera fort bien avec lui, qui est son égal, et nous les aurons toujours l'un et l'autre devant nous; au lieu que nous ne verrions ni notre gendre ni elle, si vous alliez la marier à la cour et dans vos grands palais, où personne ne l'entendra, ni elle n'entendra elle-même. — Viens ça, bête et femme opiniâtre, répliqua Sancho, pourquoi veux-tu, sans rime ni raison, m'empêcher de marier ma fille avec quelqu'un qui me donne de grands seigneurs pour héritiers? Mais écoute, Thérèse, sans nous fâcher; j'ai ouï dire à mon grand-père que qui ne sait pas se servir de la fortune quand elle vient, ne doit pas se plaindre quand elle s'en va; et ferions-nous bien, en vérité, à cette heure qu'elle frappe à la porte, de la lui fermer au nez? Laissons-nous conduire au vent, puisque nous l'avons en poupe, et prenons l'occasion au poil avant qu'elle tourne le dos. Mais dis-moi, ma femme, continua Sancho, où est-ce que le bât te blesse? Quand j'aurai attrapé un bon gouvernement qui nous tire de la boue et que je marierai notre fille à qui il me plaira, ne seras-tu pas bien aise de voir qu'on t'appelle toi-même madame Thérèse Pança et d'être assise à l'église sur des carreaux de velours, en dépit de toutes les demoiselles du village? Veux-tu être toujours dans un même état, sans croître ni diminuer, comme des figures de tapisserie? Eh! fi! fi! c'est se moquer; mais n'en parlons pas davantage : Marion sera comtesse, et quand tu en devrais crever, quelque chose que tu en dises.

— Mon mari, prenez bien garde à ce que vous dites, repartit Thérèse : j'ai bien peur que ces comtés ne soient la perdition de votre fille. Vous en ferez tout ce que vous voudrez; mais, duchesse ou princesse, je n'y donnerai jamais mon consentement. Voyez-vous, mon ami, j'ai toujours aimé l'égalité et je ne saurais souffrir toutes ces insuffisances. On m'a donné le nom de Thérèse au baptême sans y ajouter ni madame ni mademoiselle; mon père s'appelle Cascajo et moi je m'appelle Thérèse Pança, parce que je suis votre femme, car je devrais m'appeler Thérèse Cascajo; mais là où sont les rois, là sont les lois, tant y a que je suis bien contente de mon nom, et je ne veux point qu'on le grossisse davantage, de peur qu'il ne pèse trop, ni non plus donner à parler aux gens en m'habillant à la baronne ou à la gouverneuse! Vraiment, vraiment, ils ne manqueraient pas de dire aussitôt : Voyez, voyez comme elle fait la glorieuse, la gardeuse de pourceaux! Hier elle filait des étoupes et elle allait à la messe avec une serviette sur la tête; aujourd'hui la voilà qui marche avec le vertugadin, et comme elle est couverte de soie! elle fait la suffisante, comme si nous ne la connaissions pas. Si Dieu me garde mes cinq ou six sens de nature, je m'empêcherai bien de leur donner à jaser; par ma foi, je m'en empêcherai bien. Pour vous, mon ami, faites-vous gouverneur, ou baron, ou président, si vous voulez, mais notre fille et moi nous n'en ferons pas un pas davantage, ou je n'aurai pas de voix au chapitre. Allez, mon mari, allez à vos aventures avec votre seigneur don Quichotte et laissez-nous avec les nôtres. Dieu les rendra bonnes, s'il lui plaît. Mais, après tout, je ne sais pas où votre maître a pris le *don*; car son père ni son grand père ne l'ont jamais porté.

— Par ma foi, femme, répliqua Sancho, je crois que tu as un lutin dans le corps! Et où mille diables, prends-tu toutes les choses que tu viens d'enfiler? Qu'est-ce que tes Cascajo, tes vertugadins et tes présidents ont à voir avec ce que je te dis? Viens ici, ignorante et étourdie; je puis bien t'appeler ainsi, puisque tu n'entends point raison et que tu fuis ton bonheur. Si je te disais qu'il faut que ma fille se jette du haut d'une tour en bas ou qu'elle coure le monde, comme faisait l'infante Urraca, tu aurais raison de te fâcher; mais si dans trois pas et un saut je fais tant qu'on l'appelle madame, et si je la tire du chaume pour la faire asseoir sous un dais et sur plus de carreaux de velours que tous les Almoadas de Maroc n'en ont eu en tout leur lignage, pourquoi ne veux-tu pas être de mon avis? — Savez-vous pourquoi, mon mari? c'est à cause du proverbe qui dit : Ce qui te couvre te découvre. On ne jette les yeux qu'en passant sur les pauvres, et on les arrête sur les riches; si le riche était autrefois pauvre on ne fait que murmurer et en médire, et le pis est que, quand on a commencé, on ne finit point. — Ma pauvre Thérèse, répliqua Sancho, je m'en vais te dire des choses que tu n'as peut-être jamais ouï dire en toute ta vie, et je ne les prends point dans ma tête : ce sont les paroles du prédicateur qui prêchait le dernier carême en notre village. Il disait, si j'ai bonne mémoire, que les choses qu'on voit tous les jours devant les yeux entrent dans la tête et y demeurent bien mieux que les choses passées; de telle sorte que, quand nous voyons un homme en bon état, richement vêtu, et bien des valets, nous lui portons du respect malgré nous, quoique nous nous ressouvenions de l'avoir vu autrefois dans la pauvreté, parce qu'il n'est plus ce qu'il était, et que nous regardons seulement ce qu'il est; l'état où on le voit fait oublier l'état où on l'avait vu. Celui que le bonheur met au dessus des autres pour l'élever à quelque grande charge, s'il est d'ailleurs bon et libéral, ne mérite pas moins d'être aimé que ceux qui sont nobles de race, puisqu'il mérite de l'être; et il n'y a jamais que les envieux qui se ressouviennent du mauvais état où ils l'ont vu pour lui en faire des reproches. — Je ne vous entends point du tout, mon mari, dit Thérèse; faites tout ce que vous voudrez et ne me rompez point davantage la tête avec vos harangues et vos philosophies, et si vous êtes si résolu de faire ce que vous dites, emmenez votre fils Sancho avec vous, afin de lui apprendre de bonne heure à tenir un gouvernement : car il est bon que les enfants apprennent le métier de leurs pères.

— Quand je serai gouverneur, dit Sancho, je l'enverrai quérir par la poste, et je t'enverrai en même temps de l'argent : je n'en manquerai pas à l'heure, car il n'y a personne qui n'en prête bien aux gouverneurs. Fais-le habiller de sorte qu'on ne le prenne pas pour ce qu'il est, mais qu'il paraisse tel qu'il doit être. — Vous n'avez qu'à envoyer de l'argent, dit Thérèse, et je le ferai plus brave qu'un lapin. — Or ça, femme, dit Sancho, demeurons donc d'accord que notre fille sera comtesse ? — Jour de Dieu ! le jour que je la verrai comtesse, s'écria Thérèse, je voudrais la voir cent pieds sous terre. Mais, encore une fois, faites ce que vous aviserez ; vous autres hommes, vous êtes les maîtres, et les femmes ne sont que des servantes. » En même temps la pauvre femme se prit à pleurer à chaudes larmes, comme si elle eût porté sa fille en terre. Sancho l'apaisa en l'assurant que, quand il la ferait comtesse, ce serait pourtant le plus tard qu'il pourrait, et il alla aussitôt chez don Quichotte pour donner ordre au départ, qui eut lieu trois jours après.

III

De ce qui arriva à don Quichotte allant voir sa dame Dulcinée du Toboso.

Avant d'affronter les prodigieux combats qu'il méditait, don Quichotte voulut aller se jeter aux pieds de l'incomparable Dulcinée, et sortant de nuit pour que personne ne s'opposât à son projet, il se dirigea, suivi de son fidèle écuyer, vers la ville du Toboso.

Le grand don Quichotte et le bon Sancho, l'un sur le superbe Rossinante, et l'autre sur le fidèle grison, le bissac bien fourni de provisions, et la bourse raisonnablement garnie, ne faisaient que de se mettre en route quand Rossinante commença à hennir, et le grison à soupirer et à braire, ce que le chevalier et l'écuyer prirent pour un très-heureux présage ; et ils conçurent dès-lors une grande opinion de leur troisième sortie. Comme les braiments de l'âne furent beaucoup plus vigoureux et durèrent plus longtemps que les hennissements du cheval, Sancho conclut de là que cette sortie lui devait être beaucoup plus avantageuse qu'à son maître. « Ami Sancho, lui dit don Quichotte, plus nous marchons et plus la nuit s'avance, et elle sera bientôt si obscure, que nous ne pourrons découvrir le Toboso : je dois pourtant m'y rendre avant que de m'exposer à aucune aventure, pour prendre congé de l'incomparable Dulcinée, et m'assurer un heureux succès dans toutes nos entreprises : car, après tout, rien ne rend les chevaliers errants plus vaillants et plus heureux, que de se voir favorisés de leurs dames. — Je m'en doute bien, répondit Sancho, mais je crois que vous aurez bien de la peine à voir madame Dulcinée, et à lui parler, à moins que ce ne soit par-dessus les murailles de la cour, où je la vis la première fois, quand je lui portai votre lettre et des nouvelles des impertinences que vous faisiez dans la montagne Noire.

— Tu tu trompes bien grièvement, mon pauvre ami, dit don Quichotte, en prenant pour une cour entourée de murailles le lieu où tu vis cette nonpareille beauté, cet abrégé de toutes les grâces : c'était assurément quelque balcon doré, ou une des riches galeries de son magnifique palais. — Tout cela peut être, répliqua Sancho, mais pour moi, je m'imaginai pour lors que c'était une basse-cour, autant qu'il peut m'en souvenir. — Quoi qu'il en soit, dit don Quichotte, c'est là le but de mon voyage, et pourvu que je voie ma dame, il ne m'importe nullement que ce soit par-dessus une muraille ou par une fenêtre, ou au travers des treillis de son jardin, car de quelque endroit que le moindre rayon de sa beauté vienne frapper mes yeux, il éclairera mon entendement, et me fortifiera le cœur de telle sorte, que je demeurerai sans égal en valeur et en prudence. — Ma foi, seigneur, répartit Sancho, quand je vis le soleil de madame Dulcinée, il me semble qu'il n'était pas si lumineux qu'il en pût sortir des rayons ; mais c'était, sans doute, parce qu'elle criblait du blé, comme je vous ai dit une autre fois, et que la poussière formait comme un nuage qui l'obscurcissait. — Est-il possible, Sancho, dit don Quichotte, que tu n'ôteras jamais de ton esprit que madame Dulcinée criblait du blé, emploi si indigne des personnes de sa qualité et de son mérite? En vérité tu ne te souviens pas des vers de notre poëte, qui, nous peignant le travail et les ouvrages dont s'occupaient ces quatre nymphes que l'on vit sortir du milieu des ondes du Tage, les fait asseoir sur l'herbe, où elles achevèrent leurs riches toiles toutes d'or, de soie et de perles. Sans doute c'était aussi l'occupation de Dulcinée quand tu la vis ; mais quelque malin enchanteur, ennemi de sa gloire et de toutes les choses qui peuvent m'être agréables, t'aura troublé la vue, et par des transformations que ces sortes de gens font comme il leur plaît, il t'aura donné le change, et jeté dans l'erreur. O envie, poison mortel des plus éclatantes vertus et source inépuisable de maux infinis!

— Fort bien, seigneur, dit Sancho; mais je voudrais bien qu'il vous plût de m'expliquer une chose qui m'embarrasse, et qui vient de me tomber tout-à-l'heure dans l'esprit. — Hé bien! qu'est-ce, mon fils, répondit don Quichotte; dis tout ce que tu voudras, et je te répondrai tout ce que je saurai. — Eh bien! seigneur, reprit Sancho, dites-moi, je vous prie, tous les Césars, tous les Jules, et tous les vaillants chevaliers sont morts enfin; et où sont-ils à présent? — Ceux qui furent idolâtres, répondit don Quichotte, sont en enfer sans doute; et les chrétiens, s'ils ont bien vécu, sont en paradis ou en purgatoire. — Voilà qui va bien, dit Sancho, dites-moi donc à cette heure : sur les tombeaux où sont les corps de ces grands seigneurs, y a-t-il des lampes d'argent qui brûlent, et les murailles de leurs chapelles sont-elles couvertes de béquilles, de pieds, de jambes, de têtes et de bras de cire, ou de quoi sont-elles couvertes? — Les tombeaux des idolâtres, répondit don Quichotte, sont la plupart des temples magnifiques : on plaça sur les cendres de Jules César une pyramide d'une seule pierre d'une grandeur incroyable, qu'on appelle à Rome, l'aiguille de Saint-Pierre; un monument de fort grande étendue sert de sépulture à l'empereur Adrien : c'est ce qu'on a appelé longtemps *Moles Adriani*, et à présent le château Saint-Ange. La reine Artémise fit mettre le corps de Mausole, son mari, dans un sépulcre si grand, si magnifique, et dont l'ouvrage était si riche et si plein d'art, qu'il a été mis au nombre des sept merveilles du monde : mais jamais les superbes monuments des gentils n'ont été parés de draps mortuaires, ni de lampes, ni des autres objets qui se remarquent sur les tombeaux des saints. — Bon, nous y voilà, répliqua Sancho; et qu'est-ce qui est le plus admirable, seigneur, de ressusciter un mort ou de tuer un géant? — La réponse n'est pas difficile à faire, dit don Quichotte : assurément c'est de ressusciter un mort. — Ah! ma foi, je vous tiens, repartit Sancho : il faut donc croire que la gloire de ceux qui ressuscitent les morts, qui rendent la vue aux aveugles, et font marcher les boiteux, et devant les tombeaux de qui on voit les personnes dévotes et de bons religieux à genoux qui vénèrent leurs reliques, est bien plus grande en ce monde-ci et en l'autre, que celle de tous les empereurs et de tous les chevaliers errants qu'il y eut au monde. — J'en demeure d'accord, dit don Quichotte. — Ah! reprit Sancho, puis donc que les corps des saints ont le privilége d'avoir des chapelles pleines de lampes allumées, de bras et de jambes de cire, de peintures; que les rois et les évêques portent leurs reliques sur leurs épaules, et qu'ils les mettent dans leurs oratoires et sur les autels... — Hé bien, achève, interrompit don Quichotte; quelle conséquence veux-tu tirer de là? — Je veux dire, poursuivit Sancho, que nous n'avons qu'à nous faire saints, et nous en aurons bien plus tôt gagné cette bonne renommée que nous cherchons par monts et par vaux, et qui nous fuira peut-être. Hier ou avant-hier, on canonisa deux carmes déchaussés, et vous ne sauriez croire la presse qu'il y eut pour baiser les disciplines qu'ils ont portées, et pour faire toucher des chapelets à leurs reliques ; on considère bien autrement ces armes que l'épée de Roland, qui est dans l'arsenal du roi. Ainsi donc, seigneur don Quichotte, il vaut mieux être un bon petit frère de quelque ordre que ce soit, que d'être le plus vaillant chevalier errant du monde ; douze coups de discipline qu'on se donne bien à propos sont bien plus agréables à Dieu que deux mille coups de lances qui tombent sur des géants, des lutins ou des andriagues. — Sancho, répondit don Quichotte, tout ce que tu dis est véritable ; mais nous ne pouvons pas tous être moines, et l'on distingue plusieurs voies par où Dieu conduit ses serviteurs au ciel ; la chevalerie est une espèce de religion, et il y a dans le paradis quantité de chevaliers. — Je le crois, dit Sancho ; mais j'ai ouï dire qu'il y a bien plus de moines. — Cela est vrai, repartit don Quichotte, parce que le nombre des religieux est bien plus grand que celui des chevaliers. — Mais n'y a-t-il pas beaucoup de chevaliers errants? dit Sancho. — Il y en a beaucoup assurément, répondit don Quichotte, qui en prennent le nom, mais très-peu qui le méritent. »

Nos aventuriers passèrent la nuit et le jour suivant en de semblables entretiens, sans qu'il leur arrivât rien de considérable, ce qui déplaisait fort à don Quichotte. Enfin le jour d'après, vers le soir, ils découvrirent la fameuse ville du Toboso, et notre chevalier ne l'eut plus tôt aperçue, qu'il en eut une joie incroyable, au lieu que Sancho en devint tout chagrin et mélancolique, parce qu'il ne connaissait point la maison de Dulcinée, et que de sa vie il n'avait vu cette belle dame, non plus que don Quichotte, qui en mourait d'ennui, pendant que Sancho mourait de peur qu'il ne l'envoyât chez elle, ne sachant quelle défaite imaginer. Enfin, don Quichotte ne voulut entrer dans la ville que de nuit ; ils s'arrêtèrent cependant sous de grands chênes, à l'entrée du Toboso, et la nuit venue, ils entrèrent dans la ville.

Il était environ minuit quand don Quichotte et Sancho descendirent d'une colline, et entrèrent dans le Toboso. Le silence régnait partout, parce qu'il était l'heure de dormir, et qu'on s'en acquitte dans ce pays-là aussi bien qu'en aucun lieu du monde. La nuit était médiocrement obscure, et Sancho aurait bien voulu qu'elle l'eût été tout-à-fait, afin d'excuser son ignorance. On n'entendait par tout le village que hurlements de chiens qui étourdissaient don Quichotte, et faisaient grand'peur à Sancho : ici un âne brayait, là des pourceaux grognaient, et les chats faisaient un tintamarre épouvantable sur les toits. Ces sons différents confondus ensemble, et comme augmentés par le silence de la nuit, avaient je ne sais quoi d'effrayant et de lugubre, que notre chevalier prit pour un mauvais présage ; mais sans en rien témoigner, il dit à Sancho : « Sancho, mon fils, prends le chemin du palais de Dulcinée, peut-être trouverons-nous qu'elle n'est pas encore endormie. — Hé ! à quel diable de palais voulez-vous que je vous mène, répondit Sancho, puisque le lieu où je vis sa Grandeur n'était qu'une petit maison basse, des moins apparentes du village ? — C'est sans doute, repartit don Quichotte, qu'elle s'était pour lors retirée dans quelque petit appartement de son palais, où elle se divertissait avec ses filles, comme font d'ordinaire les grandes princesses.

— Seigneur, dit Sancho, puisqu'il faut absolument que la maison de madame Dulcinée soit un palais, de bonne foi est-ce l'heure de trouver la porte ouverte? et me conseilleriez-vous bien d'aller mettre tout le monde en alarme à force de frapper, pour nous la faire ouvrir? dirigeons-nous vers le cabaret, où l'on ouvre à toute heure. — Cherchons premièrement le palais, dit don Quichotte, et quand nous l'aurons trouvé je te dirai ce qu'il faut faire. Mais, Sancho, ne vois-je pas devant nous quelque chose de grand et sombre? il faut que ce soit là sans doute le palais de Dulcinée. — Eh bien, seigneur, menez-nous-y donc, répondit Sancho, il se pourrait que ce soit cela, quoique je le verrais de mes deux yeux et le toucherais de mes dix doigts, que je n'en croirais encore rien; mais vaille que vaille ! »

Don Quichotte prit le devant : et après avoir marché environ deux cents pas, il arriva au pied d'une grande tour, qu'il reconnut pour le clocher du village. « C'est l'église que nous avons rencontrée, Sancho, s'écria-t-il. — Je le vois bien, répondit Sancho, et Dieu veuille que nous n'ayons pas rencontré notre sépulture, car ce n'est point bon signe de se trouver ainsi la nuit dans des cimetières; mais si je m'en souviens bien, il me semble que je vous avais dit que la maison de cette dame est dans un cul-de-sac. — Impertinent, veux-tu me désespérer? repartit don Quichotte; et où as-tu jamais ouï dire que les maisons royales soient bâties en de tels endroits? — Seigneur, répondit Sancho, chaque pays a sa coutume, et peut-être que c'est la coutume de Toboso de bâtir les palais et les grands édifices dans les petites rues; laissez-moi faire, je vous en prie, je m'en vais chercher ici partout et peut-être que je retrouverai ce chien de palais dans quelque recoin. — Écoute, Sancho, s'écria don Quichotte, parlons avec respect de tout ce qui regarde madame Dulcinée, c'est le moyen de vivre en paix. — Je vous demande excuse, seigneur, répondit Sancho; mais comment diable voulez-vous que je trouve tout de suite une maison que je n'ai vue qu'une seule fois en ma vie, quand il fait noir comme dans un four, et que vous ne la pouvez trouver vous-même, vous qui devez l'avoir vue cent mille fois? — Tu m'irrites! dit don Quichotte; viens çà, manant et butor, ne t'ai-je pas dit cent fois que je n'ai jamais vu l'incomparable Dulcinée, que je n'ai jamais mis le pied dans son palais, et que je n'en suis épris que sur la grande réputation qu'elle a d'être la plus belle et la plus sage princesse du monde? — Ah! je vous entends à cette heure, répondit Sancho; et je vous dirai que puisque vous ne l'avez jamais vue, ma foi ni moi non plus. — Et comment cela peut-il être? répliqua don Quichotte : ne me dis-tu pas que tu l'avais vue, criblant du blé, quand tu me rapportas la réponse à la lettre que je lui écrivais? — Ne vous y fiez pas, répondit Sancho, car je vous déclare que je ne l'ai pas vue plus que vous : tout ce que je vous ai rapporté, ainsi que la visite, était par ouï dire. Car je ne sais pas plus ce que c'est que madame Dulcinée que de donner un coup de poing dans la lune. — Sancho, Sancho, dit don Quichotte, il y a temps de railler et temps où la raillerie vient fort mal à propos. Parce que je dis que je n'ai jamais vu madame Dulcinée, ni jamais parlé à elle, est-ce qu'il t'est permis d'en dire autant, quoique tu saches le contraire? »

Comme nos héros s'entretenaient de la sorte, ils virent venir vers eux un homme avec deux mules, et ils jugèrent, au bruit que faisait une charrue, que c'était un laboureur qui allait aux champs dès le matin; ce qui était vrai. Le laboureur s'en allait chantant cette romance :

> Vous y faites mal vos orges,
> Français, à Roncevaux.

« Sancho, dit don Quichotte, je meurs s'il nous arrive quelque chose de bon cette nuit : entends-tu ce que chante ce manant? — Oui, j'entends fort bien, répondit Sancho; mais qu'est-ce que cela fait à ce qui peut nous arriver? c'est comme s'il avait chanté : Appelle Robinette. » Le laboureur se trouva pour lors tout près d'eux, et don Quichotte lui dit : « Bonjour, mon ami, ne sauriez-vous m'apprendre où est ici le palais de la princesse Dulcinée ? — Seigneur, répondit le laboureur, je ne suis pas de ce pays, et il y a peu de temps que je demeure dans ce village, où je sers un riche laboureur; mais voilà vis-à-vis de vous la maison du curé et celle du sacristain de la paroisse : l'un ou l'autre vous pourra donner des nouvelles de cette princesse, parce qu'ils ont une liste de tous les habitants de Toboso. Je ne crois pourtant pas qu'il y ait ici aucune princesse, mais je puis me tromper : il y a beaucoup de dames, et chacune peut être princesse chez elle. — Celle que je demande est sans doute de ce nombre, dit don Quichotte. — Cela peut bien être, répondit le laboureur. Adieu, seigneur, ajouta-t-il, voilà le jour qui va venir; » et il toucha en même temps ses mules.

Sancho s'aperçut que son maître n'était pas trop content de cette réponse, et le voyant embarrassé : « Seigneur, lui dit-il, voici tantôt le jour, et il me semble qu'il ne convient guère que l'on nous trouve ainsi dans la rue. Si vous m'en croyez, nous sortirons de la ville et nous nous retirerons dans quelque bois ici proche; puis quand le jour sera venu je reviendrai ici, où je chercherai de rue en rue, et de porte en porte le palais de votre princesse; et par ma foi je serai bien maladroit si je ne le trouve. Quand je l'aurai trouvé, j'irai dire à votre Dulcinée que vous êtes ici près, et que vous la priez bien humblement que vous puissiez avoir l'honneur de la voir sans faire tort à son honneur. — En vérité, Sancho, dit don Quichotte, tu viens de dire mille sentences en trois paroles, et je m'en vais suivre ton conseil : allons, mon fils, allons chercher un lieu où je puisse me mettre à couvert, et tu viendras faire ton ambassade à cette reine de la beauté, de qui la discrétion et la courtoisie me font espérer des faveurs miraculeuses. » Sancho brûlait d'envie de faire sortir son maître du village, tant il avait peur qu'il ne découvrît la fourberie de la réponse qu'il lui avait autrefois portée à la montagne Noire de la part de Dulcinée; il commença donc à marcher le premier, et au bout d'une demi-lieue ayant rencontré un bois, don Quichotte s'y cacha pendant que son écuyer revint faire ambassade.

IV

Comment l'industrieux Sancho trouva moyen d'enchanter madame Dulcinée, avec d'autres événements ridicules et véritables.

Don Quichotte s'étant caché dans un bois planté de chênes, qui n'est pas loin de Toboso, ordonna à Sancho d'aller aussitôt à la ville, et de n'en point revenir qu'il n'eût parlé à sa dame, et qu'il ne l'eût suppliée de trouver bon que le chevalier esclave de sa beauté se présentât devant sa Grandeur et vînt recevoir ses ordres, afin de pouvoir espérer un heureux succès dans toutes ses entreprises. Sancho se chargea de bon cœur de la commission, et promit de lui rapporter une réponse aussi bonne que la première fois. « Va donc, mon fils, repartit don Quichotte, et prends garde de ne pas te troubler quand tu approcheras de cette éclatante lumière du soleil de beauté. Heureux écuyer! heureux sur tous les écuyers du monde, toi qui es choisi pour voir tout ce que la terre a de trésors renfermés en une personne! n'oublie pas, je te prie, de bien graver dans ta mémoire de quelle manière tu seras reçu de ma dame; aie soin de remarquer si elle change de couleur, si elle éprouve quelque émotion quand tu lui parleras de moi, si elle n'est point inquiète ou chagrine; et si tu la trouves debout, observe si elle ne se mettra point tantôt sur un pied, tantôt sur l'autre, et si elle ne répétera point deux ou trois fois sa réponse. Observe ses yeux, le ton de sa voix, toutes ses actions et tous ses mouvements, et en m'en faisant une peinture véridique, je pénétrerai les secrets de son cœur, et je saurai tout ce qu'il m'importe de savoir. Va, cher ami, le sort te donne une meilleure aventure que la mienne, et puisses-tu avoir un succès plus heureux que celui que je crains et que j'attends dans cette solitude! — J'irai et reviendrai promptement, répondit Sancho, remettez-vous seulement de vos frayeurs; je m'imagine à vous voir que vous avez le cœur bien serré; allons, seigneur, allons, courage; faisons contre notre mauvaise fortune bon cœur; il ne faut jamais s'étonner qu'on ne voie sa tête à ses pieds. Si je n'ai pas trouvé le palais de madame Dulcinée cette nuit, je le trouverai à cette heure qu'il est jour, et quand je l'aurai une fois trouvé, laissez-moi faire. — Va donc, mon enfant, va, dit don Quichotte, et Dieu veuille te faire réussir aussi heureusement pour ce qui me regarde, que tu es heureux toi-même à trouver des proverbes sur toutes sortes de matières. »

Ces paroles achevées, Sancho tourna les épaules, et piqua le grison. Don Quichotte demeura à cheval, se délassant sur les étriers, languissamment appuyé sur sa lance, et l'esprit tout plein d'imaginations tristes et confuses. Sancho Pança n'était pas moins confus que son maître, car il ne savait que faire pour le contenter au sujet de son ambassade : mais à peine eut-il passé le bois, que voyant qu'il ne pouvait être aperçu de don Quichotte, il mit pied à terre et s'asseyant au pied d'un arbre, il commença à se parler à lui-même de cette sorte :

« Sachons un peu, frère Sancho, où va maintenant votre seigneurie : allez-vous chercher quelque âne que vous ayez égaré? — Vraiment non, ce n'est point cela. — Et qu'allez-vous donc chercher? — Une princesse, et une princesse qui est plus belle apparemment, elle toute seule, que le soleil et la lune ensemble. — Et où pensez-vous la trouver, Sancho? — Dans la grande ville du Toboso. — A la bonne heure. Et de quelle part l'allez-vous chercher? — De la part du fameux chevalier don Quichotte de la Manche, celui qui redresse les torts et les griefs, donne à manger à ceux qui ont soif, et à boire à ceux qui ont faim. — Voilà qui va bien, Sancho, mon ami, et savez-vous la maison? — Pas précisément ; mais mon maître dit que c'est un grand château ou un palais royal. — Et avez-vous quelquefois vu cette dame? — Ni moi ni mon maître ne l'avons jamais vue. — Par votre foi, Sancho, si ceux du Toboso savaient que vous êtes là pour enlever leurs dames, et qu'ils pussent vous frotter les épaules avec de l'huile de cotret sans qu'il vous demeurât une seule place nette, croyez-vous qu'ils feraient si mal? — Ils n'auraient peut-être pas tout à fait tort. Mais s'ils savaient que je suis ambassadeur, et que je ne fais rien de ma tête, je ne crois pas qu'ils voulussent en user si impoliment. — Ne vous y fiez pas trop, mon pauvre Sancho; les gens de la Manche n'entendent point raillerie, et il ne faut pas leur échauffer les oreilles. S'ils vous découvrent une fois, vous n'avez qu'à vous bien tenir, et à songer à bien remuer les jambes. A qui vous jouez-vous donc, et qui diable vous amène ici? Qu'allez-vous chercher? à vous faire rouer de coups pour le plaisir des autres? C'est le diable qui vous tente, et qui voudrait déjà vous voir les côtes rompues. » Sancho s'étant entretenu de la sorte, réfléchit quelque temps, puis il reprit ainsi : « Mais ne dit-on pas qu'il y a remède à tout, fors à la mort? Il ne faut donc point se désespérer, ni jeter le manche après la cognée. J'ai remarqué en mille occasions que mon maître est un fou à lier, et franchement je ne pense pas lui en devoir beaucoup de reste : ne faut-il pas que je sois aussi fou que lui, puisque je m'amuse à le suivre? car suivant le proverbe : Dis-moi qui tu fréquentes, et je te dirai qui tu es. Mais enfin, étant fou comme il est, et d'une folie qui lui fait souvent prendre une chose pour une autre, des moulins pour des géants, des mules pour des dromadaires, et des troupeaux de moutons pour des armées, et mille autres choses semblables, il ne sera pas difficile de lui faire croire que la première paysanne qui se rencontrera dans les environs, est la dame Dulcinée. Je le jurerai; s'il jure que non, je jurerai encore plus fort que lui; s'il s'obstine, je m'obstinerai jusqu'au bout, sans jamais en démordre. Au moins ferai-je en sorte, à force de m'entêter, qu'il ne me fera plus faire de semblables messages, voyant le peu de satisfaction qu'il en tire; et peut-être même croira-t-il, et je le parierais, que quelque enchanteur de ceux qu'il dit qui lui en veulent, aura changé sa Dulcinée en paysanne pour le faire enrager. »

A cette pensée, Sancho se trouva l'esprit en repos, et crut qu'il se tirerait facilement d'affaire. Il s'arrêta là jusque vers le soir pour donner le change à don Quichotte, et tout lui réussit si heureusement, que lorsqu'il voulut monter sur son âne, il vit venir du côté du Toboso trois paysannes à cheval sur des baudets, apparemment sur des ânes, monture ordinaire des villageoises. Il ne les vit pas plus tôt paraître, qu'il alla au grand trot de son âne chercher don Quichotte, qui était encore dans la même posture où il l'avait laissé, soupirant, faisant des lamentations pitoyables.

« Hé bien, ami Sancho, qu'y a-t-il de nouveau? lui dit don Quichotte; faut-il marquer ce jour avec une pierre blanche ou une pierre noire? — Il faut le marquer avec une pierre rouge, répondit Sancho, comme les écriteaux qu'on veut qui soient lus de tout le monde. — Tu m'apportes donc de bonnes nouvelles, mon enfant? dit don Quichotte. — Si bonnes, répondit Sancho, que vous n'avez qu'à piquer des deux vers la plaine, pour aller au-devant de madame Dulcinée, qui vous vient voir avec deux de ses demoiselles. — Qu'est-ce que tu dis là, Sancho? repartit don Quichotte : dis-tu bien la vérité? ne m'abuse point, je te prie, et ne songe point à me donner de fausses joies pour charmer mes ennuis. — Et que gagnerais-je à vous tromper, répliqua Sancho, quand vous êtes sur le point de découvrir ce qu'il en est? Avancez seulement, et vous verrez venir la princesse vêtue et parée comme il lui appartient : elle et ses demoiselles ne sont qu'or et azur, ce ne sont que colliers de perles, diamants et rubis, des étoffes toutes d'or et d'argent, que je ne sais comment diable elles peuvent porter tout cela. Leurs cheveux tombent sur leurs épaules à grosses boucles, et on dirait que ce sont les rayons du soleil, dont le vent se joue; enfin, vous les allez voir dans un moment toutes trois, montées sur des cananées grasses à lard, et qui valent leur pesant d'or. — Il faut dire des haquenées, Sancho, dit don Quichotte. Si Dulcinée t'entendait parler de la sorte, elle ne nous prendrait pas pour ce que nous sommes. — La différence n'est pas si grande, répondit Sancho, mais, enfin, je n'ai jamais vu de dames si galantes, et particulièrement madame Dulcinée. — Allons, mon cher Sancho, allons, dit don Quichotte, je te donne pour étrennes d'une nouvelle si bonne et si peu attendue, toutes les dépouilles de la première aventure qui se présentera; et si ce don ne te suffit pas, je te promets les poulains que me donneront bientôt mes trois juments. — Je m'en tiens aux poulains, répondit Sancho, car il n'est pas trop sûr que les premières dépouilles soient bonnes. »

Tout en parlant de la sorte, ils commençaient d'entrer dans la plaine, et ils virent les trois paysannes assez près d'eux. Don Quichotte jeta les yeux sur le chemin du Toboso, et comme il n'y vit que ces trois créatures, il commença à se troubler, et demanda à Sancho s'il avait laissé la princesse hors de la ville. « Comment! hors de la ville? répondit Sancho : avez-vous les yeux derrière la tête, que vous ne voyez point que c'est elle qui vient là plus resplen-

Ô Reine et Duchesse de beauté! que votre hautesse daigne abaisser ses regards sur le pauvre chevalier son esclave.

dissante que le soleil d'été? — Je ne vois rien, Sancho, dit don Quichotte, que trois paysannes montées sur des ânes. — Comment, repartit Sancho, est-il possible que vous preniez pour des ânes trois haquenées plus blanches que la neige! ma foi, on dirait que vous n'y voyez goutte, ou que vous êtes encore enchanté. — En vérité, Sancho, mon ami, dit don Quichotte, tu ne vois pas plus clair que moi, pour ce coup : ce sont des ânes ou des ânesses, aussi assurément que je suis don Quichotte, et que tu es Sancho Pança; au moins il me le semble ainsi, et j'en ferais serment. — Allez, allez, seigneur, vous vous moquez, dit Sancho : ouvrez seulement les yeux, et venez faire la révérence à la princesse que voilà tout proche de nous. » En disant ces paroles il s'avança lui-même du côté des paysannes, et descendant de son grison, il arrêta un des ânes par le licou, puis, se jetant à genoux :

« O princesse! s'écria-t-il, reine et duchesse de la beauté, que votre Hautesse reçoive en grâce ce chétif chevalier, son esclave, qui est là froid comme un marbre, sans force et sans pouls, tant il est étourdi de se voir devant votre magnifique présence! Je suis Sancho Pança, son écuyer, à votre service, et lui est le misérable et vagabond chevalier don Quichotte de la Manche, qu'on appelle autrement le chevalier de la Triste-Figure. » Don Quichotte était à genoux auprès de Sancho, pendant qu'il faisait cette harangue; et voyant que celle qu'il traitait de princesse, n'était qu'une paysanne grossière, avec un visage boursouflé et le nez camus, il était dans une telle confusion qu'il n'osait ouvrir la bouche. Les villageoises étaient aussi tout étonnées de voir à genoux ces deux hommes si différents des autres, qui les empêchaient de passer; mais celle que Sancho avait arrêtée, prenant la parole : « Chevaliers, dit-elle avec une mine rechignée, vous devons-nous quelque chose pour nous arrêter? passez votre chemin et nous laissez aller, car nous sommes pressées.

— O grande princesse, répondit Sancho, dame souveraine du Toboso, comment votre cœur magnanime ne s'amollit-il point, en voyant aux pieds de votre sublime présence la colonne et l'arc-boutant de la chevalerie errante? — Oui-da, dit une des paysannes : voyez un peu comme ces beaux messieurs se moquent des filles de village; comme si nous n'avions pas le nez au milieu du visage comme tout le monde. A d'autres, seigneurs, à d'autres! allez chercher fortune ailleurs, et nous laissez passer notre chemin.

— Lève-toi, Sancho, lève-toi, dit tristement don Quichotte, je vois bien que ma mauvaise fortune ne se lasse pas de me persécuter, et qu'il n'y a plus de contentement à espérer pour moi dans ce monde. Et toi, soleil vivant de la beauté humaine, chef-d'œuvre des cieux, miracle de tous les siècles, unique remède de ce cœur affligé qui t'adore, quoique un enchanteur, ennemi de ma gloire, me poursuive, et voile pour moi ton incomparable beauté sous la forme d'une indigne paysanne, ne refuse pas, je te supplie, de me regarder avec bonté, si ce n'est que ce génie malfaisant m'ait aussi donné la figure d'un fantôme pour me rendre horrible à tes yeux. Tu vois, adorable princesse, quelle est ma soumission et mon zèle, et que, malgré l'artifice de mes ennemis, mon cœur ne laisse pas de te rendre les hommages qu'il doit à ta véritable beauté. — Et oui, ma foi, repartit la paysanne, nous sommes venues ici tout exprès pour entendre des balivernes. Laissez-nous passer; nous n'avons point de temps à perdre. » Sancho se leva enfin et lui fit place, ravi dans son cœur d'avoir si heureusement réussi dans le tour qu'il jouait à son maître.

A peine la prétendue Dulcinée se trouva-t-elle libre, qu'elle piqua son âne à grands coups d'aiguillon, et le fit courir de toute sa force à travers le pré. Mais le baudet, pressé et piqué plus qu'à l'ordinaire, fit de tels sauts et de telles ruades, qu'à la fin il jeta madame Dulcinée à terre. Ce que voyant don Quichotte, il courut aussitôt pour la relever, pendant que Sancho remettait le bât qui avait tourné sous le ventre de la bête. Le bât raccommodé et sanglé, don Quichotte voulut prendre sa dame enchantée pour la remettre sur l'âne, mais la belle, se relevant en même temps, et ayant reculé deux ou trois pas pour mieux sauter, mit les mains sur la croupe de sa monture, et d'un saut léger se trouva sur le bât, jambe de çà et jambe de là. « Vive saint Roch! s'écria lors Sancho, notre maîtresse est plus légère qu'un chevreuil; elle pourrait donner des leçons à tous les écuyers de Cordoue et du Mexique! Voyez comme elle fait courir sa haquenée sans éperons; et par ma foi, les autres donzelles ne lui en doivent point de reste : tout cela court comme le vent; regardez, seigneur, ne dirait-on pas que le diable les emporte? » Sancho disait vrai, les dames fuyaient à bride abattue et elles coururent plus d'une demi-lieue sans tourner la tête.

Don Quichotte les suivit des yeux tant qu'il put, et lorsqu'il les vit disparaître : « Sancho, dit-il, que t'en semble de la malice des enchanteurs? vois-tu combien ces malandrins m'en veulent, et avec quel artifice ils me privent du plaisir dont je devrais jouir enfin de voir l'incomparable Dulcinée! fut-il jamais un homme plus malheureux que moi, et ne suis-je point un exemple du malheur même? Mais, Sancho, tu ne sais pas encore jusqu'où va la malice de mes lâches ennemis. Les traîtres ne se sont pas contentés de transformer Dulcinée en une paysanne laide et grossière : ce n'était pas assez pour leur haine de me la faire voir sous une figure basse et indigne de sa qualité et de son mérite, ils lui ont encore ôté ce qui est si naturel aux grandes princesses, qui sont toujours pleines de fleurs et de parfums, je veux dire la bonne odeur; car lorsque je me suis approché de cette excellente dame pour la remettre sur sa haquenée, pour parler à ta manière, car pour moi je n'ai jamais vu qu'une bourrique, j'ai senti, dis-je, une odeur d'ail crû qui m'a fait soulever le cœur. — O canailles! s'écria Sancho, enchanteurs excommuniés, n'aurai-je jamais le plaisir de vous voir tous enfilés dans une même broche, et enfumés comme des harengs saurs! Vous en savez bien long, gens maudits, et vous en faites encore davantage. Il vous devrait suffire, veillaques, d'avoir changé les perles des yeux de ma maîtresse en des yeux de chèvre, et ses cheveux d'argent pur en queue de crins roux comme ceux d'une vache, et finalement d'avoir gâté toute sa corpulence, sans toucher encore à l'odeur, qu'elle avait plus suave que le baume;

au moins nous aurions découvert par là ce qui était caché sous cette vilaine figure. Ce n'est pourtant pas, s'il faut dire la vérité, que madame Dulcinée m'ait paru laide à moi ; au contraire, jamais je n'ai vu une plus belle personne, à telles enseignes qu'elle a un signe sur la lèvre du côté droit, d'où sortent sept ou huit poils roux de deux doigts de long, qui semblent être autant de filets d'or. — Je le crois, mon ami, dit don Quichotte, car la nature n'a rien mis en madame Dulcinée du Toboso qui ne soit de la dernière perfection ; aussi ces signes-là ne sont pas des défauts en elle, mais des étoiles brillantes et lumineuses qui relèvent davantage l'éclat de sa beauté. Mais dis-moi, Sancho, ce qui m'a paru un bât, était-ce une selle plate, ou une selle de femme ? — C'était une selle à la genette, répondit Sancho, avec une housse qui vaut la moitié d'un royaume, tant elle est riche. — Ah ! pourquoi n'ai-je rien vu de tout cela ? s'écria don Quichotte : oui, je l'ai dit, et le dirai toute ma vie, je suis le plus malheureux de tous les hommes. »

Le bon matois d'écuyer avait bien de la peine à s'empêcher de rire, voyant la crédulité et l'extravagance de son maître, et il se réjouissait dans son cœur de l'avoir si finement trompé. Enfin, après plusieurs discours de cette sorte, ils remontèrent à cheval, et prirent le chemin de Saragosse, où ils espéraient arriver assez tôt pour la fête solennelle qu'on fait tous les ans dans cette fameuse ville : mais il leur arriva tant de choses en chemin, et si surprenantes, que je crois faire un grand plaisir au lecteur de les lui apprendre.

V

De l'étrange aventure du char des officiers de la mort.

Don Quichotte était dans une mélancolie extrême, considérant le mauvais tour que lui avaient fait les enchanteurs en transformant sa dame en une laide paysanne, à quoi il ne trouvait point de remède. Ces tristes pensées l'occupaient si fort, qu'il en était tout hors de lui-même ; et il ne s'apercevait seulement pas que la bride de son cheval lui était échappée, et que Rossinante s'arrêtait à toute heure pour paître, mais Sancho le tira de cet assoupissement. « Monsieur, lui dit ce fidèle écuyer, la tristesse n'est pas pour les bêtes, elle n'est que pour les hommes ; mais si les hommes s'y laissent trop aller, ils deviennent bêtes. Remettez-vous donc, monsieur, et reprenez la bride de Rossinante ; réveillez-vous, et faites voir que vous êtes chevalier errant ! Hé que diable est-ce que ceci ? sommes-nous ici ou autre part ? Je n'ai jamais vu un découragement pareil ! Ne vaudrait-il pas mieux que le diable eût emporté autant de Dulcinées qu'il y en a au monde, que non pas un chevalier errant tombe malade ? Et vous vous laissez aller cependant comme si tout était perdu ! — Tais-toi, répondit don Quichotte, tais-toi, et ne profère point de blasphèmes contre la princesse Dulcinée. C'est moi qui suis coupable de sa disgrâce : elle ne serait point malheureuse si les enchanteurs ne portaient point envie à ma gloire et à mes plaisirs. — Par ma foi, reprit Sancho, il est vrai que cela est pitoyable, et je ne sais pas qui est le cœur de roche qui ne se fendrait en voyant cette pauvre dame faite comme elle est à cette heure. — Tu as raison de parler ainsi, dit don Quichotte, toi qui as vu sa beauté sans aucun nuage et dans tout son éclat, car le charme ne te troublait pas la vue comme à moi ; c'est pour moi seul qu'il est fait, et c'est moi seul qui en éprouve le dangereux artifice. Cependant, Sancho, si je m'en souviens bien, tu m'as fort mal dépeint la beauté de ma dame, car tu m'as dit qu'elle a des yeux de perles, et les yeux qui paraissent de perles ne siéent pas fort bien aux dames ; pour moi, je m'imagine que ceux de Dulcinée doivent être des turquoises ou des émeraudes de vieille roche, et que deux arcs célestes leur servent de sourcils. Réserve donc les perles pour les dents, et non pour les yeux, car assurément tu t'es trompé en prenant l'un pour l'autre. — Cela peut bien être, répondit Sancho, car j'ai été aussi troublé de sa grande beauté que vous l'avez pu être de sa laideur. Mais, monsieur, il faut recommander le tout à Dieu, lui qui sait tout ce qui doit arriver dans ce malheureux monde, où on a tant de peine à trouver quelque chose qui ne soit pas mêlé de malice et de trahison. Il n'y a qu'une chose qui me fâche, monsieur, parmi tout cela, c'est que, quand vous aurez vaincu quelque géant ou quelque chevalier, et que vous lui commanderez de s'aller présenter de votre part devant madame Dulcinée, où diable est-ce que le pauvre géant ou chevalier la prendra ? Je m'imagine le voir, le benêt, qui s'en va dans les rues du Toboso, la bouche béante, cherchant madame Dulcinée, qui lui passe six fois devant le nez sans qu'il la reconnaisse. — Peut-être, Sancho, répondit don Quichotte, que le charme ne s'étendra pas sur des géants ou des chevaliers vaincus. Mais nous en ferons l'expérience sur les deux ou trois premiers que je vaincrai, en leur ordonnant de venir me redire ce qui leur sera arrivé avec elle. — Vous avez raison, monsieur, dit Sancho, je trouve l'invention bonne ; et si nous découvrons que la beauté de madame Dulcinée n'est cachée que pour vous, il faudra dire, pour lors, que c'est vous qui êtes malheureux, et non pas elle. Mais, monsieur, tandis que votre maîtresse se porte bien, qu'avons-nous faire de nous attrister, nous autres ? Poussons toujours notre fortune du mieux que nous pourrons, en cherchant des aventures ; le temps remédiera à tout, lui qui est le meilleur médecin du monde, et qui guérit presque toute sorte de maladies. » Don Quichotte allait répondre, quand il aperçut dans le chemin un chariot chargé de tant de différents personnages, qu'il ne put s'empêcher d'y prendre garde. Celui qui servait de cocher était un démon hideux ; et comme le chariot était découvert, on voyait aisément tout ce qui était dedans. La première figure qui s'offrit aux yeux de don Quichotte, après le cocher, fut celle de la mort sous un visage d'homme, et il y avait, auprès d'elle, un ange avec de grandes ailes de diverses couleurs, et de l'autre côté un empereur avec une couronne qui paraissait d'or ; aux pieds de la mort était le dieu Cupidon avec son carquois, son arc et ses flèches, mais sans bandeau ; on voyait ensuite un chevalier armé de pied en cap, si ce n'est qu'au lieu de casque il portait un chapeau tout couvert de plumes ; et il y avait, outre cela, d'autres personnes diversement déguisées.

Ce spectacle ayant surpris notre chevalier, il en fut d'abord étonné ; et pour Sancho, il en eut toute la frayeur qu'on peut avoir. Mais une prompte joie succéda à la surprise dans l'esprit de don Quichotte, qui ne douta point que ce ne fût une occasion de quelque grande et nouvelle aventure. Dans ce sentiment, il s'avance, et, résolu de s'exposer à toute sorte de périls, il se campe au devant du chariot, et, d'une voix fière et menaçante, il s'écrie : « Charretier, cocher, ou diable ! il faut que tu me dises tout à l'heure qui tu es, où tu vas, et quels gens tu mènes dans ce chariot, qui a bien plus l'air de la barque de Caron que d'un chariot ordinaire ? — Monsieur, répondit doucement le diable en arrêtant son chariot, nous sommes des acteurs de la compagnie du mauvais ange ; nous avons ce matin, qui est l'octave de la Fête-Dieu, représenté la tragédie des États de la Mort derrière cette colline que vous voyez là, et nous la devons encore jouer ce soir dans ce village qui est devant nous ; et, parce qu'il n'y a pas loin, nous n'avons pas voulu quitter nos habits, pour ne point avoir la peine de les reprendre. Ce jeune homme représente la mort et cet autre un ange ; cette femme, qui est la femme de l'auteur de la comédie, est la reine ; en voilà un qui fait le personnage d'un empereur, et cet autre celui d'un soldat ; et moi, je suis le diable, à votre service, et un des principaux acteurs, car c'est moi qui ouvre la scène. Si vous avez autre chose à me demander, monsieur, ne craignez point, je répondrai à tout ponctuellement : comme je suis le diable, il n'y a rien que je ne sache. — Il ne faut point que j'en mente, répondit don Quichotte : foi de chevalier errant, d'abord que j'ai vu le chariot, j'aurais juré que c'était une grande aventure qui s'offrait, et je vois bien maintenant qu'il ne faut jamais se fier aux apparences, si l'on ne veut être trompé. Allez, mes amis, allez en paix célébrer votre fête, et si je vous suis utile à quelque chose, croyez que je suis à vous de tout mon cœur : toute ma vie, j'ai aimé la comédie et les masques, et, dès ma tendre jeunesse, ç'a toujours été ma passion. »

Comme ils en étaient là, il arriva un des acteurs, qui était demeuré derrière : il était tout couvert d'oripeaux, avec plusieurs rangs de sonnettes, et il portait, au bout d'un bâton, trois vessies de pourceau enflées. Ce drôle, en approchant de don Quichotte, commença à s'escrimer de son bâton, frappant de temps en temps la terre avec les vessies, et faisant à droite et à gauche de grands sauts qui faisaient résonner les sonnettes. Une si étrange figure, ce bruit et cette agitation firent peur à Rossinante : il prit le mors aux dents, et, malgré l'adresse de don Quichotte, il se mit à courir à travers champs, avec une légèreté qu'on n'aurait jamais attendue de lui. En même temps Sancho, qui vit son maître en hasard de tomber, sauta du grison à bas, et courut de toute sa force pour le secourir ; mais quand il arriva, don Quichotte avait déjà fait la culbute, aussi bien que Rossinante, à qui cela ne manquait jamais d'arriver.

Cependant Sancho ne fut pas plus tôt à bas, que le diable, voyant l'âne sans maître, sauta légèrement dessus, et, le pressant à grands coups de vessies, et encore plus de la frayeur que lui causait le bruit des sonnettes, il le fit courir comme un cerf vers le village où ils allaient jouer la comédie. Sancho regardait avec une douleur incroyable la chute de don Quichotte et la course de son grison, et ne savait auquel il devait courir le premier, mais enfin son bon naturel le détermina en faveur de son maître, quelque amitié qu'il eût pour son âne, et quoiqu'il mourût d'ennui des coups qu'il voyait pleuvoir sur sa croupe. Il alla donc vers don Quichotte, qui était tombé assez rudement, et lui ayant aidé à remonter sur Rossinante : « Monsieur, lui dit-il en soupirant, le diable emmène le grison. — Quel diable ? demanda don Quichotte. — Celui aux sonnettes, répondit Sancho. — Console-toi, Sancho, repartit don Quichotte : je te le ferai rendre, fût-il caché dans le fond des abîmes. Suis-moi seulement ; le chariot ne va pas trop vite, et les mules te récompenseront en attendant de la perte du grison. — Ah! monsieur il n'en est pas besoin, cria Sancho : le diable a abandonné le grison. Le voilà qui revient, le pauvre enfant ! Je savais bien qu'il viendrait me chercher si une fois il était en liberté. »

Sancho disait vrai : le diable et le grison avaient culbuté, comme à l'envi de don Quichotte et de Rossinante, et pendant que le diable s'en allait à pied au village, l'âne revenait vers son maître. « Quoi qu'il en soit, dit don Quichotte, il ne sera pas mal à propos de châtier l'insolence de ce démon, quand ce ne serait que pour l'exemple, et je vais le venger tout à l'heure du premier qui me tombera sous la main, fût-ce l'empereur même. — Monsieur, monsieur, répartit Sancho, laissons cela : par ma foi, la chose n'en vaut pas la peine. Il n'y a rien à gagner avec les charlatans : ce sont des gens qui trouvent toujours des amis. J'ai vu autrefois un comédien poursuivi pour deux meurtres, et il en sortit sans qu'il lui en coûtât une maille. Ne savez-vous pas bien que tout le monde aime ces gens-là, parce qu'ils donnent du plaisir et qu'ils font rire, et ceux-ci surtout, qui se disent de la troupe royale ? — Il ne sera pourtant pas dit, répliqua don Quichotte, que le diable m'ait échappé de la sorte, quand tout le genre humain voudrait s'en mêler et prendre sa protection. » En même temps il court après le chariot, qui était déjà bien près du village, criant à haute voix : « Arrêtez, arrêtez, forfantes, arrêtez ! que je vous apprenne comment il faut traiter les animaux qui servent de monture aux écuyers des chevaliers errants. » Don Quichotte cria si fort, que les comédiens l'entendirent fort bien. Jugeant de son intention par ses paroles, la mort incontinent se jeta à terre avec le diable qui servait de cocher, suivis de l'empereur et de l'ange ; il n'y eut pas jusqu'au dieu Cupidon et à la reine même qui ne voulurent être de la partie ; ils se chargèrent tous de pierre, et se retranchant derrière le chariot, attendirent don Quichotte, résolus de se bien défendre. Don Quichotte, qui les vit si bien armés et en si bonne contenance, retint la bride et pensa en lui-même par où il attaquerait ce bataillon avec moins de danger pour sa personne. Pendant qu'il se consultait sur ce qu'il avait à faire, Sancho arriva, et, le voyant tout près d'attaquer des gens si bien retranchés : « Monsieur, lui dit-il, voici une aventure qui ne me paraît point tant bonne à entreprendre : où diable sont les armes défensives contre les cailloux, à moins d'être sous une bonne cloche de bronze? N'en avez-vous pas assez tâté pour vous en repentir, et voulez-vous attaquer seul une armée où les empereurs combattent en personne, et qui est soutenue par de bons et de mauvais anges, sans compter que la mort est à leur tête? Mais, mon maître, pour parler plus franchement, considérez-vous bien que, parmi tous ces gens-là, il n'y a pas un seul chevalier errant? — En voilà assez, interrompit don Quichotte, tu l'as trouvé, et voilà justement ce qui me doit faire changer de résolution : je ne puis ni ne dois mettre l'épée à la main contre qui que ce soit qui n'ait reçu l'ordre de chevalerie. C'est donc là ton affaire, Sancho ; c'est à toi de prendre vengeance de l'outrage qu'on a fait au grison : je me tiendrai ici pour t'animer au combat et pour te donner des avis salutaires. — Ce n'est point bien fait, monsieur, repartit Sancho, de prendre vengeance de personne, et un bon chrétien doit tout oublier ; mais je ferai en sorte avec le grison qu'il ne sera point fâché ; et, comme il est pacifique aussi bien que moi, je suis assuré que je le contenterai mieux d'une mesure d'avoine qu'avec toutes les satisfactions du monde. — Si c'est là ta résolution, répliqua don Quichotte, bon et pacifique Sancho, Sancho chrétien, laissons là ces fantômes et allons chercher des aventures meilleures et plus importantes ; il me semble que ce pays-ci a l'air d'en produire en grand nombre et des plus surprenantes. » En disant cela, il se jeta sur Rossinante, et Sancho alla monter sur son âne. La mort de son côté, avec toute sa troupe, se remit dans le chariot, et ils continuèrent leur voyage. Voilà l'heureuse fin qu'eut la terrible et périlleuse aventure du chariot de la mort, grâce aux sages conseils de Sancho Pança. Nos héros eurent, le jour suivant, une autre aventure non moins étonnante que celle-ci, et qui mérite bien, elle seule, un nouveau chapitre.

VI

De l'étrange aventure qui arriva au valeureux don Quichotte avec le grand chevalier des Miroirs.

Don Quichotte et son écuyer, après avoir marché quelque temps, s'arrêtèrent sous de grands arbres, où ils soupèrent au frais des provisions que portait le grison. Pendant qu'ils mangeaient, Sancho dit à son maître : « Parlez donc, monsieur : n'aurais-je pas été joli garçon si j'avais choisi pour récompense les dépouilles de la première bataille, au lieu des poulains? Ma foi, monsieur, je le dirai toute ma vie, qui s'attend au hasard n'est pas trop assuré de dîner, et le moineau à la main vaut bien mieux que l'oie qui vole. — Cela peut être, répondit don Quichotte ; mais cependant, si tu m'avais laissé faire, tu n'aurais pas lieu de te plaindre des dépouilles, et, à l'heure qu'il est, tu te verrais entre les mains la couronne d'or de l'empereur et tous les beaux habits des gens de sa suite. — En bonne foi, monsieur, repartit Sancho, c'est quelque chose de bon pour le regretter que les couronnes des empereurs de comédie! Ils ne sont pas si fous que de les faire faire d'or, et c'est assez qu'elles soient de laiton ou d'oripeau. — Cela est vrai pour l'ordinaire, répliqua don Quichotte, et je ne jurerais pas aussi que tout ce qui nous a paru là fût bon; il y a apparence que c'étaient toutes choses fausses, car on n'y regarde pas de si près pour la comédie. Au reste, Sancho, je veux que tu l'aimes, la comédie, et que ceux qui la composent et ceux qui la représentent soient toujours de tes bons amis; car enfin ce sont des gens importants pour la république. La comédie est un miroir fidèle qui nous représente au vif les actions de la vie humaine, et rien au monde ne nous fait si bien voir ce que nous sommes et ce que nous devons être que ceux qui la représentent. As-tu jamais vu représenter quelque comédie, Sancho? — Oui-dà, monsieur, répondit-il, j'en ai vu. — L'un est empereur, dit don Quichotte, l'autre roi, un autre chevalier; celui-ci marchand, celui-là soldat; il y a un juge, un ecclésiastique, et d'autres différents personnages, suivant le sujet; et, la comédie achevée, ils demeurent tous égaux. Mon ami, la même chose arrive dans le cours de la vie : il y a des empereurs et des rois, des chevaliers, des juges, des soldats, et plus de différents personnages, sans comparaison, qu'on n'en voit sur le théâtre. Nous jouons chacun notre rôle pendant que nous y sommes, et, quand la mort est venue et nous a dépouillés des choses qui mettaient de la différence entre les uns et les autres, nous entrons tous égaux dans la sépulture. — Jour de ma vie! voilà qui est bien dit, s'écria Sancho, mais cela n'est pourtant pas si nouveau que je ne l'eusse bien déjà ouï dire; mais enfin cela est bon, aussi bien que ce qu'on dit des échecs : autant que le jeu dure, chaque pièce fait son métier, et, le jeu fini, elles sont toutes pêle-mêle dans une boite sans aucune différence, ce qui est justement comme ceux qu'on met dans le tombeau. — Il me semble, Sancho, dit don Quichotte, que tu deviens plus habile de jour en jour. — Assurément, dit Sancho, j'apprends tous les jours quelque chose avec vous : il faudrait que j'eusse la tête bien dure si je n'en profitais pas. Les terres sont bien stériles et bien sèches qui ne rapportent pas du fruit quand on les cultive et qu'on les fume : je veux dire, monsieur, que vos discours ont été le fumier que vous avez répandu sur la terre sèche et stérile de mon esprit, et le temps que j'ai été à votre service a été la cultivation, et tout cela me fera rapporter du fruit digne du bon labourage que vous avez fait dans mon entendement. » Don Quichotte sourit du bon raisonnement et des termes recherchés de Sancho; il lui parut qu'il en savait effectivement plus qu'à l'ordinaire, et il était tout surpris des choses qu'il lui entendait dire de temps en temps.

Ils passèrent une partie de la nuit en de semblables discours, jusqu'à ce qu'il prit envie à Sancho de fermer les contrevents de sa vue : c'était sa façon de parler quand il voulait dormir. Il ôta donc le bât et le licou au grison, et lui laissa la liberté de paître; pour Rossinante, il lui ôta simplement la bride, parce que don Quichotte lui avait expressément défendu de lui ôter jamais la selle tant qu'ils seraient en campagne ou qu'ils coucheraient à découvert; coutume ancienne si prudemment établie et si fidèlement observée par les chevaliers errants, qu'on ne trouve jamais rien de contraire dans leurs histoires. Enfin Sancho s'endormit au pied d'un chêne; et don Quichotte, appuyé contre un autre, sommeillait et rêvait par reprises, pendant que Rossinant et le grison se mirent à paître l'herbe fraîche.

Ce fut une chose admirable que l'amitié de ces deux animaux; ils prenaient plaisir à se gratter l'un l'autre, et quand ils étaient bien las de se gratter, Rossinante étendait le cou en croix sur celui du grison, en le faisant passer par delà près d'une bonne demi-aune; et puis, tous deux les yeux fichés en terre, ils auraient demeuré deux jours de cette manière, à moins qu'on ne les en tirât ou qu'ils ne fussent pressés de la faim. Il y en a qui disent que l'auteur n'avait pas fait scrupule de comparer leur amitié à celle de Nisus et d'Euryale, ou à celle de Pylade et d'Oreste : ce qui doit nous faire voir la grande opinion qu'il en avait, et en même temps combien il est indigne aux hommes de violer l'amitié qu'ils ont une fois jurée, pendant que les bêtes l'entretiennent fidèlement. Et il ne faut pas s'imaginer que l'auteur se soit fort éloigné de la raison en faisant comparaison de l'amitié des bêtes avec celle des hommes, puisque les hommes ont beaucoup de choses communes avec elles, et que c'est d'elles qu'ils ont appris beaucoup de choses importantes : c'est des cigognes que nous tenons l'usage du remède le plus ordinaire de la médecine; les grues sont un exemple de la vigilance; les fourmis, de la prévoyance et du ménage; les chiens, de la reconnaissance et de la fidélité; et il n'y a guère d'animal au monde qui ne soit l'exemple et la figure de quelque chose.

Nos aventuriers n'avaient pas été longtemps en repos que don Quichotte, éveillé par un bruit qu'il entendit derrière lui, se leva comme en sursaut, et, regardant du côté d'où venait le bruit, il entrevit deux hommes à cheval, dont l'un, se laissant couler de la selle en bas, dit à l'autre : « Mets pied à terre, mon ami, et ôte la bride à nos chevaux : il me semble que voici de l'herbe fraîche; et le silence et la solitude de ce lieu sont propres à entretenir mes amoureuses pensées. » Ayant dit cela, il s'étendit à terre et fit juger à don Quichotte, par le bruit de ses armes, que c'était un chevalier errant. Notre héros s'approcha aussitôt de Sancho qui dormait, et après l'avoir bien tiré par le bras pour l'éveiller : « Ami Sancho, lui dit-il tout bas, voici une aventure. — Dieu nous la donne bonne! répondit Sancho tout endormi; et où est-elle, monsieur, cette aventure? — Où elle est? répliqua don Quichotte : tourne les yeux et regarde, et tu verras là un chevalier étendu qui, si je ne me trompe, a quelque grand sujet de déplaisir, car il s'est laissé aller à terre comme s'il y fût tombé, et si fort que ses armes ont fait beaucoup de bruit. — Et pour cela, monsieur, répondit Sancho, où trouvez-vous que ce soit une aventure? — Je ne veux pas dire, repartit don Quichotte, que ce soit absolument une aventure, mais un commencement d'aventure, car c'est de cette manière-là qu'elles commencent; mais écoutons un peu, car il me semble que le chevalier accorde un luth ou une guitare, et, de la manière qu'il tousse, on dirait qu'il se prépare à chanter. — Ma foi, dit Sancho, vous avez raison, et il faut que ce soit un chevalier amoureux. — Crois-tu qu'il y en ait d'autres? dit don Quichotte : il n'y en a point qui ne le soient, mon ami; mais taisons-nous pour l'écouter : sa chanson nous apprendra le secret de son cœur, car de l'abondance du cœur la bouche parle. » En même temps le chevalier chanta la chanson qui suit :

> Il faut, aimable Iris, il faut vous satisfaire,
> Et ne parler jamais d'amour;
> Mon tourment a beau croître et s'aigrir chaque jour,
> Mon cœur qui sait aimer sait souffrir et se taire;
> Mais lorsque pour vous plaire il consent à mourir,
> Pardonnez à l'amour s'il m'échappe un soupir.

Le chevalier finit sa chanson par un profond soupir, et quelque temps après il proféra ces paroles d'une voix plaintive et dolente : « O la plus belle et la plus ingrate de toutes les femmes, sérénissime Cassildée de Vandalie! comment est-il possible que vous puissiez consentir que ce chevalier, esclave de votre beauté, consume sa vie à errer ainsi par le monde, exposé à des travaux infinis? N'est-ce point assez que ma valeur et mon bras aient fait confesser à tous les chevaliers de Navarre, à tous ceux de Léon, de l'Andalousie, de Castille, et enfin à tous ceux de la Manche, que vous êtes la plus belle du monde? — Il s'en faut quelque chose, dit don Quichotte à Sancho, car je suis de la Manche, et je n'ai jamais confessé ni ne confesserai de ma vie une chose si contraire et si préjudiciable à la beauté de madame Dulcinée. Comme tu vois, mon ami, il faut que ce chevalier rêve; mais écoutons, il en dira peut-être davantage. — En bonne foi je m'y attends bien, répondit Sancho : il me semble qu'il s'y prend d'une manière à ne pas finir de si tôt. » Le chevalier finit pourtant ses plaintes contre l'opinion de Sancho et de don Quichotte : car, comme il entendit qu'on parlait auprès de lui, il se leva et cria en même temps : « Qui va là? qui êtes-vous? Êtes-vous du nombre des contents ou de celui des affligés? — De celui des affligés, répondit don Quichotte. — Si cela est, repartit le chevalier, vous pouvez vous approcher et vous trouverez ici la tristesse et l'affliction mêmes. » Don Quichotte s'approcha, se voyant invité de la sorte; et le chevalier le prenant par la main : « Asseyez-vous là, lui dit-il, seigneur chevalier, car je vois bien que vous l'êtes, et l'heure et le lieu me font assez connaître que c'est de ceux qui font profession de la chevalerie errante. — Je suis chevalier, répondit don Quichotte, et de la profession que vous dites; et, bien que la tristesse et le souvenir de mes disgrâces continuelles m'occupent perpétuellement, je ne laisse pas d'avoir encore le cœur sensible aux malheurs d'autrui, et je compatis d'autant plus aux vôtres, seigneur chevalier, que j'ai remarqué dans vos plaintes qu'ils viennent de l'amour que vous avez pour une belle ingrate que vous venez de nommer. »

Pendant que nos chevaliers s'entretenaient ainsi, ils étaient assis à terre l'un auprès de l'autre, et dans la même tranquillité que s'ils n'eussent pas dû se casser la tête au lever de l'aurore. « Seigneur chevalier, dit le nouveau venu à don Quichotte, vous êtes amoureux par aventure? — Je le suis par infortune, répondit don Quichotte, quoique, après tout, les malheurs qui ne viennent que d'avoir choisi un trop noble sujet doivent plutôt passer pour des faveurs que pour des disgrâces. — Cela serait bon, dit le chevalier, si les mépris continuels d'une ingrate ne nous troublaient point la raison, et s'ils ne nous ôtaient pas toute espérance. — Pour moi, repartit don Quichotte, je n'ai jamais éprouvé le mépris de ma dame. — Non, assurément, interrompit Sancho, qui s'était approché, car notre maîtresse est tendre comme rosée et plus douce qu'un mouton. — Est-ce là votre écuyer? demanda le chevalier à don Quichotte. — Oui, répondit-il. — En vérité, répliqua l'autre, je n'avais encore point vu d'écuyer qui prît la liberté de parler quand son maître parle, et j'ai là le mien, qui, tout homme fait qu'il est, n'a jamais été assez hardi pour ouvrir la bouche en ma présence. — Oh! par ma foi, dit Sancho, ce n'est pas la première fois que j'ai parlé en présence d'aussi..., je ne veux rien dire, et Dieu m'entend bien. » En cet endroit, l'autre écuyer tira Sancho par le bras, et lui dit à l'oreille : « Mon frère, allons-nous-en tous deux quelque part où nous puissions parler à notre aise, et laissons ici nos maîtres s'entretenir de leurs amours : ils en ont bien pour le moins jusqu'à demain au jour. — Allons, dit Sancho, je serai bien aise de vous apprendre qui je suis, et de vous faire voir si c'est à moi qu'on peut reprocher d'être un discoureur. » Ils s'éloignèrent en même temps de leurs maîtres, et eurent une conversation pour le moins aussi plaisante que celle des chevaliers fut sérieuse.

VII

Suite de l'aventure du chevalier du Bois, avec le discours des écuyers.

Nous avons laissé les chevaliers et les écuyers séparés, ceux-ci se racontant leur vie, et les autres s'entretenant de leurs amours; et quoiqu'il fût dans l'ordre de rapporter le discours des maîtres avant celui des écuyers, néanmoins l'auteur ne s'est pas soucié de cette bienséance, et il dit que, les écuyers s'étant retirés à l'écart, celui du chevalier du Bois dit à Sancho : « C'est une étrange et pénible vie que celle que nous menons, monsieur, nous autres écuyers de chevaliers errants; et c'est nous qui pouvons bien dire que nous mangeons notre pain à la sueur de notre visage. — Nous pourrions bien dire aussi, répondit Sancho, que nous le mangeons à la froidure de notre corps, car il n'y a point de misérable qui souffre plus de froid et de chaud que les écuyers errants. Encore si nous avions notre soûl de pain, ce serait quelque consolation ; mais il y aura des jours entiers que nous n'aurons pas déjeuné à dix heures du soir, si ce n'est du vent qui souffle. — Avec tout cela, repartit l'écuyer du Bois, on ne laisse pas de souffrir ces incommodités, dans l'espérance d'être récompensé un jour : car il faut qu'un chevalier errant soit bien malheureux s'il n'a une fois en sa vie une île ou un comté à donner à son écuyer. — Pour moi, répliqua Sancho, j'ai déjà dit à mon maître que je me contente du gouvernement de quelque île, et il est si brave homme et si libéral, qu'il me l'a promis plusieurs fois. — Je n'ai pas de si grandes prétentions, repartit l'écuyer du Bois, et je me suis contenté, pour la récompense de tous mes services, d'une bonne chanoinie dont mon maître m'a donné les provisions. — Votre maître est donc chevalier d'église, dit Sancho, puisqu'il peut donner des bénéfices à ses écuyers? Pour le mien, il est séculier. Je me souviens pourtant que quelques-uns de ses amis, qui, à mon avis, n'étaient pas bien intentionnés, quoiqu'ils soient honnêtes gens d'ailleurs, lui conseillaient de se faire archevêque ; mais il ne voulut jamais, parce qu'il a le dessein de se faire empereur. Il ne faut point que j'en mente, j'avais grand'peur qu'il lui prît fantaisie de se faire d'église, parce que je ne me sens pas capable de tenir des bénéfices : car, voyez-vous bien, monsieur, encore que je ressemble à un homme, il faut tout vous dire, je ne suis qu'une bête pour être ecclésiastique. — Ne vous y trompez pas, monsieur, dit l'écuyer du Bois, les gouvernements d'îles ne sont pas si aisés à conduire que vous pourriez bien penser, et bien souvent on n'y trouve pas de l'eau à boire : il y en a de fort pauvres, d'autres bien mélancoliques, et les meilleures sont des charges bien pesantes que les gouverneurs se mettent sur les épaules, et on en voit à toute heure qui tombent sous le faix. Franchement, je pense que nous ferions bien mieux, nous autres qui faisons une si maudite profession, de nous retirer dans nos maisons et de nous divertir à des exercices plus doux, comme à la chasse et à la pêche : car enfin il n'y a si misérable écuyer qui n'ait toujours quelque méchant cheval et un couple de lévriers, quelque petit engin à pêcher, ou tout au moins une ligne, et avec cela on passe doucement le temps dans sa métairie. — J'ai de tout cela chez moi, répondit Sancho ; véritablement je n'ai pas de cheval, mais j'ai là un âne qui vaut, sans vanité, deux fois le cheval de mon maître. Je me donne au diable si je voudrais avoir troqué, quand il me donnerait encore quatre boisseaux d'avoine de retour. En bonne foi, monsieur, vous ne sauriez croire ce que vaut mon grison, et je ne vous en dis pas la moitié. Pour des lévriers, pardi je n'en manquerai pas : il y en a de reste dans notre village ; et la chasse est encore plus plaisante quand on la fait aux dépens d'autrui.

— Monsieur l'écuyer, dit celui du Bois, il faut que je vous l'avoue, j'ai résolu de laisser là cette sotte chevalerie et de me retirer chez moi pour vivre en repos et élever mes enfants ; car j'en ai, Dieu merci, trois qui ne sont pas des plus impertinents du village. — Quant à moi, j'en ai deux, reprit Sancho, qu'on pourrait sûrement présenter au pape même, surtout une jeune créature que je nourris pour être comtesse, s'il plaît à Dieu, encore que ma femme s'y oppose. Ah! je voudrais déjà les revoir, tant je les aime! et c'est pour cela que je prie Dieu tous les jours qu'il me tire de ce dangereux métier d'écuyer, où je me suis laissé aller encore une fois, dans l'espérance de trouver une bourse de cent écus d'or, comme fit un de mes voisins dans la montagne Noire. Par la mordi, depuis ce temps-là le diable me met à toute heure devant les yeux un sac de pistoles : il me semble que je le vois à l'heure que je vous parle, que je me jette à corps perdu dessus, que je le tiens entre mes bras, et que je l'emporte dans ma maison, que j'en achète des terres, et que je vis comme un prince ; et toutes les fois que j'ai cela dans l'imagination, je compte pour rien toutes les fatigues que je souffre au service de mon maître; cependant je vois bien qu'il a le cerveau mal timbré quoique je n'en fasse pas semblant. — C'est justement cela, dit l'écuyer du Bois, qui fait dire que la convoitise rompt le sac. Mais, s'il faut parler de nos maîtres, je ne crois pas qu'il y ait au monde un plus grand fou que le mien ; il est de ceux dont parle le proverbe qui dit que c'est pour les soucis d'autrui qu'il en coûte la vie à l'âne : car, pour remettre en bon sens un chevalier qui est devenu fou, il se rend fou lui-même, et il va chercher sans nécessité des choses dont il ne sera peut-être pas bon marchand quand il les aura trouvées. — Il est amoureux sans doute, votre maître ? dit Sancho. — Vraiment oui, il est amoureux, répondit l'écuyer, et d'une Cassildée de Vandalie, qui est bien la plus cruelle créature et la plus difficile à gouverner qu'on puisse trouver dans le monde. Mais ce n'est point cela qui embarrasse présentement mon maître : il a bien d'autres choses dans la tête, comme il le fera voir lui-même dans peu. — Il n'y a point de chemin si uni, repartit Sancho, où il n'y ait de quoi broncher : mais croyez que, s'il y a des maisons où il tombe quelques gouttes d'eau, il pleut toujours chez nous à verse, et, par ma foi, on n'y saurait fournir à sécher. Mais, monsieur l'écuyer, s'il est vrai, comme on dit, que les misérables se consolent quand il se trouve d'autres misérables, je me pourrai consoler avec vous, puisque vous servez un maître qui est aussi fou que le mien. — Il est fou véritablement, dit l'écuyer du Bois, mais vaillant, et plus méchant encore que vaillant ni que fou. — Le mien n'est point du tout méchant, dit Sancho : au contraire, il n'a pas plus de fiel qu'un pigeon ; il ne saurait faire de mal à personne ; il est si bon, qu'un enfant lui fera croire qu'il est nuit quand il est jour, et c'est cette bonté qui fait que je l'aime comme la prunelle de mes yeux, et que je ne saurais me résoudre à le quitter, malgré toutes ses extravagances. — Cela est bon, dit l'écuyer du Bois; mais, avec tout cela, quand un aveugle en conduit un autre, il y a un grand danger pour tous deux. Je pense que le meilleur et le plus sûr serait de nous retirer tout doucement vous et moi : aussi bien ceux qui cherchent les aventures ne les trouvent pas toujours comme ils les voudraient. »

En cet endroit de la conversation, l'écuyer du Bois, s'apercevant que Sancho crachotait souvent et avec peine : « Monsieur, lui dit-il, il me semble qu'à force de parler nous nous sommes desséché les poumons et la langue, et il n'y aurait pas grand mal de nous les rafraîchir. Mon cheval porte à l'arçon de la selle un remède pour de tels accidents, qui n'est assurément pas à mépriser; attendez-moi là un moment. » Il partit en même temps, et revint aussitôt avec une grande bouteille de cuir pleine de vin, et un pâté si grand, que Sancho crut qu'il était d'un chevreuil, quoique ce ne fût que d'un lièvre. « Comment, monsieur, dit Sancho en le déchargeant du pâté, est-ce donc là de vos provisions? — Et que vous imaginiez-vous donc? répondit l'autre; me preniez-vous pour un écuyer d'eau douce? Je ne vais jamais par chemin que je n'aie toujours une semblable valise en croupe. » Ils s'assirent à terre, et Sancho sans se faire prier davantage, se mit à manger de grand appétit, ne faisant que tordre et avaler. « Monsieur, s'écria-t-il, à voir les provisions que vous portez là avec vous, si vous n'êtes point venu ici par voie d'enchantement, au moins le dirait-on. Ma foi, vous êtes le plus brave écuyer que j'aie jamais vu, et vous mériteriez d'être celui d'un roi; non pas moi, misérable, qui, pour tout potage, n'ai dans mon bissac qu'un morceau de fromage aussi dur qu'une pierre, avec quelques ognons et deux ou trois douzaines de noix, grâce à la chicheté de mon maître, et à l'opinion qu'il a que les chevaliers errants se doivent contenter de fruits secs et des herbes de la campagne. — En bonne foi, mon frère, répliqua l'écuyer, je n'ai pas l'estomac fait pour des ognons et des racines. Que nos maîtres vivent tant qu'ils voudront selon les lois de leur étroite chevalerie, pour moi je ne saurais aller sans porter de la viande cuite, et cette petite bouteille que vous voyez là toujours pleine : c'est là ma fidèle compagne, c'est ma joie, c'est ma consolation; et je l'aime si chèrement, que je l'embrasse à toute heure. » En disant cela, il mit la bouteille entre les mains de Sancho, qui, l'ayant aussitôt portée à sa bouche, se mit à regarder fixement les étoiles, et fut près d'un quart d'heure en contemplation. Il acheva de boire enfin, et, penchant la tête d'un côté, il fit un grand soupir, comme pour reprendre haleine, et s'écria : « Oh! le drôle, comme il se laisse avaler! Dites-moi, monsieur, en bonne foi, n'est-ce pas là du vin de Ciudad-Real? — Vous êtes fin gourmet, sur ma vie, dit l'écuyer du Bois : oui, il en est, et de plus de quatre feuilles. — J'ai le nez bon, oui, repartit Sancho; voyez-vous, monsieur, pour connaître le vin, j'en défie tout le monde : je ne veux que le flairer, et je vous dirai tout aussitôt d'où il est, s'il est mûr, s'il est vert, s'il est de garde, et toutes ses bonnes ou mauvaises qualités. Et il ne faut pas s'étonner de cela : il y a dans ma race, du côté de mon père, les deux plus excellents gourmets qu'il y ait eu depuis longtemps dans la Manche, et vous allez le voir par cette petite histoire. On les appela un jour pour dire leur sentiment du vin qui était dans un tonneau. L'un en mit sur le bout de sa langue, et l'autre ne fit que le sentir; après cela, le premier dit que le vin sentait le fer, et l'autre assura qu'il sentait le cuir. Le maître de la maison jura que son vin était net, et qu'on n'y avait rien mis du tout qui pût lui donner cette odeur; mais les deux gourmets demeurèrent fermes dans leurs opinions. Quelque temps après, comme on eut vendu le vin, on voulut nettoyer le tonneau, et on trouva dedans une petite clef attachée à une aiguillette de cuir. Eh bien, monsieur, croyez-vous qu'un homme qui vient d'une telle race en puisse bien juger? — Assurément, répondit l'écuyer du Bois; mais à quoi vous sert cette connaissance dans le métier que vous faites! Monsieur, croyez moi, laissez là la chevalerie et les aventures pour ce qu'elles valent; et, puisque nous avons du pain chez nous, qu'avons-nous à faire d'en aller chercher ailleurs, où il n'y en a peut-être pas? Pour moi, je suivrai encore mon maître jusqu'à Saragosse, j'y suis résolu; mais passé cela, serviteur, et moi le vôtre. »

VIII

Suite de l'aventure du chevalier du Bois et de l'écuyer au grand nez.

Entre autres discours qu'eurent ensemble don Quichotte et le chevalier du Bois, l'histoire dit que le dernier dit à l'autre : « Enfin, monsieur, vous saurez que ma destinée et mon choix m'ont rendu amoureux de l'incomparable Cassildée de Vandalie. Je l'appelle incomparable, parce qu'il n'y a point de femme au monde qui puisse égaler sa beauté et son mérite; mais, s'il m'est permis de le dire, il n'y a point aussi de femme sur la terre qu'elle ne surpasse en ingratitude : quelque chose que j'aie pu faire pour Cassildée, et quelques offres que je lui aie faites, elle n'a jamais récompensé mes intentions et mes services qu'en me donnant de nouvelles manières de me signaler en diverses rencontres, et me faisant souffrir des travaux plus grands que ceux d'Hercule, sur l'espérance dont elle m'a toujours abusé, de me récompenser entièrement à la fin de chaque aventure qu'elle me fait entreprendre. Un jour elle m'envoya défier la Giralda, cette géante de Séville, qui amuse, sans sortir jamais d'un lieu est cependant toujours en action et fait bien voir qu'elle est la créature du monde la plus remuante et la plus légère. J'y allai, je la vis, je la vainquis et je fixai son mouvement, aidé du vent du nord qui souffla toute une semaine. Une autre fois, elle m'ordonna d'aller peser les furieux taureaux de Guisando, entreprise plus digne d'un crocheteur que d'un chevalier. Quelque temps après, elle me commanda de me précipiter du haut du mont Cabra dans ses plus profonds abimes, et d'observer soigneusement tout ce que nous cache cette grande obscurité, plus épaisse que les ténèbres d'Égypte, aventure téméraire, inouie, et dont on ne peut sortir sans miracle. J'arrêtai donc le mouvement de la Giralda, je pesai les taureaux de Guisando, et, après avoir mis au jour les secrets des abimes de Cabra, je trouvai Cassildée ingrate et dédaigneuse, et toutes mes espérances trahies. Enfin, il y a quelque temps qu'elle m'ordonna de courir par toutes les provinces d'Espagne, et de faire confesser par force, à tous les chevaliers errants qui y cherchent les aventures, qu'elle est seule digne de la couronne de la beauté, et que je suis le plus vaillant et le plus amoureux chevalier de l'univers.

Depuis ce commandement, j'ai déjà parcouru une grande partie de l'Espagne, et j'y ai vaincu tous les chevaliers qui ont été assez hardis pour me contredire. Mais la plus belle victoire que j'ai remportée, et celle dont je fais le plus de vanité, c'est d'avoir vaincu, en combat singulier, le grand et le fameux chevalier don Quichotte de la Manche, et de lui avoir fait confesser que Cassildée de Vandalie est incomparablement plus belle que Dulcinée du Toboso; victoire à jamais glorieuse pour moi et dans laquelle je puis me vanter d'avoir vaincu tous les chevaliers du monde, puisque le grand don Quichotte, dont je vous parle, les a tous vaincus. »

Don Quichotte eut besoin de toute sa patience pour s'empêcher de donner cent démentis au chevalier du Bois, et il ne se retint que pour lui faire confesser par sa propre bouche ou qu'il était un imposteur, ou qu'on l'avait abusé; si bien que, sans témoigner aucun emportement : « Seigneur chevalier, lui dit-il, je veux bien croire que vous ayez vaincu la plupart des chevaliers errants d'Espagne, et même tous ceux du monde si vous voulez; mais, pour ce qui est de don Quichotte de la Manche, j'en doute fort : vous vous êtes abusé, sans doute, et vous avez pris quelqu'autre pour lui, quoique cependant il y en ait bien peu qui lui ressemblent. — Comment, répliqua le chevalier, je me suis trompé! c'est que je ne connais pas don Quichotte peut-être! Allez, monsieur, je l'ai combattu, je l'ai vaincu et je l'ai vu soumis à ma discrétion; et, pour vous faire voir que je le connais, c'est un grand homme, sec, maigre de visage, mais robuste et nerveux, qui a le poil mêlé, le nez aquilin et un peu courbé et qui porte de grandes moustaches noires et abattues; il combat sous le nom du chevalier de la Triste-Figure et monte un fameux coursier qu'on appelle Rossinante; son écuyer se nomme Sancho Pança, et il a pour dame une Dulcinée du Toboso, autrefois Aldonza Lorenzo, dont il a changé le nom, comme j'ai fait de celui de Cassildée, que j'appelle Cassildée de Vandalie, parce qu'elle est Andalouse; et si ce n'est pas vous donner assez de renseignements pour vous justifier la vérité que j'ai dite, je porte une épée qui sait mettre les incrédules à la raison. — Doucement, seigneur chevalier, repartit don Quichotte, ne vous emportez pas, et écoutez ce que je vais vous dire. Il faut vous dire que le don Quichotte dont vous me parlez est un de mes meilleurs amis, et il l'est tant, que sa réputation ne m'est pas moins chère que la mienne propre. Aux marques que vous m'en avez données, je ne saurais douter que ce ne soit lui-même que vous ayez vaincu; mais aussi je sais, de science certaine, que cela ne peut être, de toute impossibilité, et je ne trouve point de jour dans une chose si obscure, si ce n'est que quelque enchanteur de ceux qui le persécutent, et un, entre autres, qui est son ennemi particulier, aura pris sa ressemblance et se sera laissé vaincre exprès pour lui faire perdre la réputation que ses fameux exploits lui ont si justement acquise par toute la terre habitable; et, pour vous confirmer cette vérité, je vous apprends qu'il n'y a que deux jours que des magiciens ont enchanté la belle Dulcinée du Toboso, et l'ont transformée en une vilaine et difforme paysanne. Si, après cela, il vous reste encore quelque doute, voici don Quichotte lui-même, qui vous fera voir, armé ou désarmé, à pied ou à cheval, en telle manière que vous voudrez, que vous êtes dans l'erreur. »

En disant cela, don Quichotte se leva brusquement et porta la main sur son épée, attendant la résolution du chevalier du Bois, qui lui répondit froidement : « Un bon payeur ne craint point de donner des gages : seigneur chevalier, celui qui a su vous vaincre transformé peut bien espérer de vous vaincre de tout autre manière; mais comme c'est le propre des brigands et des poltrons de combattre la nuit, et que les chevaliers errants ne doivent pas ensevelir leurs exploits dans l'obscurité, attendons le lever du soleil, et nous verrons pour lors à qui le dieu Mars sera favorable, à cette condition, seigneur chevalier, que le vaincu sera à la discrétion du vainqueur et sera obligé de faire tout ce qu'il lui ordonnera, pourvu que ce soit selon les règles de la chevalerie. — J'accepte la condition, répondit don Quichotte. » Et ils allèrent en même temps chercher les écuyers, qu'ils trouvèrent ronflant, et à qui ils ordonnèrent de tenir leurs chevaux prêts et en bon état, parce qu'au lever du soleil ils devaient faire un combat sanglant. Sancho fut tout étonné de cette nouvelle, et il craignit beaucoup pour son maître, après les prouesses qu'il avait ouï conter du chevalier du Bois à son écuyer. Cependant les deux écuyers allèrent reprendre leurs chevaux, et, chemin faisant, celui du Bois dit à Sancho : « Je crois que vous savez bien, monsieur, que ce n'est pas la coutume en Andalousie que les écuyers demeurent les bras croisés quand leurs maîtres se battent, et qu'ainsi nous n'avons qu'à nous préparer à jouer des couteaux. — Cette coutume, dit Sancho, est bonne pour ceux qui ne savent que faire et pour des désespérés; mais que ce soit la coutume des écuyers errants, je ne le pense pas; au moins n'en ai-je jamais ouï parler à mon maître, lui qui sait par cœur toutes les ordonnances de la chevalerie errante; et après tout, monsieur l'écuyer, quand il y aurait une ordonnance comme cela, il faut aussi qu'il y ait une peine pour les contrevenants, et j'aime mieux souffrir cette peine, qui, je pense, ne passe pas la valeur de deux livres de cire : en payant, quitte, et j'en aurai toujours meilleur marché que de me faire donner quelque méchant coup et me ruiner en emplâtres. Mais il y a bien plus, mon cher monsieur; c'est que je n'ai point d'épée, et n'en ai porté de ma vie, qu'il me souvienne. — Quant à cela, je sais un bon remède, repartit l'écuyer : j'ai ici deux sacs de toile de même grandeur; vous en prendrez un et moi l'autre et nous nous en donnerons jusqu'aux gardes à grands coups de sacs. — De cette manière-là j'y consens, dit Sancho : nos armes seront plus propres à ôter la poussière de nos habits qu'à nous faire des blessures. — Comment l'entendez-vous? répliqua l'écuyer. Je prétends que nous mettions une douzaine de cailloux dans les sacs, de crainte que le vent ne les emporte, et après cela nous nous battrons en toute sûreté. — Comme vous dites, repartit Sancho, c'est une chose bien douillette qu'une douzaine de cailloux! Si vous avez la tête de bronze, pour moi je l'ai de chair et d'os. Mais, en un mot comme en mille, monsieur l'écuyer, quand vous ne mettriez dans les sacs que du coton ou de la soie, je ne suis pas en humeur de me battre. Que nos maîtres combattent tant qu'ils voudront, s'ils en ont tant d'envie, pour nous, buvons : ma foi, c'est le plus court et le plus sûr. Le temps aura bien soin de nous ôter la vie sans que nous l'accourcissions de nous-mêmes. Il ne faut pas se presser de cueillir les prunes : elles tomberont de reste quand elles seront mûres. — Avec tout cela, répliqua l'écuyer, ne saurions-nous nous empêcher de combattre quelque demi-heure. — Non, non, monsieur, répondit Sancho, pas seulement une minute : il ne sera jamais dit que je sois assez ingrat pour quereller un homme avec qui je viens de boire et de manger, il faudrait ne savoir pas vivre. Et puis, qui diable peut se battre sans être en colère ? — Ah ! s'il n'y a que cela, dit l'écuyer, le remède est tout prêt : avant que nous commencions le combat, je m'approcherai tout doucement de vous, et avec cinq ou six coups de poing dans les dents et autant de coups de pied dans le ventre, je suis assuré de réveiller votre colère, fût-elle plus assoupie qu'un marmot. — Oh ! j'en sais encore un meilleur moyen, repartit Sancho : c'est que je prendrai un bon levier ; et, avant que vous ayez réveillé ma colère, j'endormirai si bien la vôtre, qu'elle ne pourra se réveiller que dans l'autre monde, où l'on sait bien si je suis homme à me laisser manier de la sorte. En un mot, je pense que le meilleur est de laisser dormir la colère de l'un et de l'autre, puisqu'on dit qu'il ne faut point éveiller le chat qui dort, et souvent tel va chercher de la laine qui revient sans poil. Dieu a béni la paix et maudit les querelles ; faisons-en autant. Si un chat aussi bien enfermé devient un lion, qu'est-ce que je pourrais devenir, moi qui suis homme ? — Voilà tout ce qu'on peut dire, interrompit l'écuyer du Bois. Il sera bientôt jour, et nous verrons ce qu'il y aura à faire. »

On entendait déjà de tout côté le gazouillement de mille petits oiseaux qui se réjouissaient sur les arbres de la naissance de l'aurore ; les herbes étaient déjà toutes couvertes de cette agréable rosée qu'elle répand à son lever, et qui semble autant de perles liquides ; les saules distillaient leur manne délicieuse, et les bois, les prés, les fontaines, les coteaux et les vallons reprenaient leurs premières beautés. Mais, pendant que toutes choses semblaient se réjouir de la naissance du jour, et que la lumière commençait à rendre la couleur aux objets, Sancho Pança ne put jouir tranquillement d'un bien qui enrichissait toute la nature. La première chose qui s'offrit à sa vue fut le nez de l'écuyer du Bois, dont la longueur et la grosseur démesurées lui firent tant de peur, qu'il pensa tomber à la renverse ; et véritablement l'auteur, qui n'aime pas à exagérer, dit qu'il était si prodigieux, qu'il faisait presque ombre à tout son corps ; outre cela, il avait une grosse bosse au milieu, et il en sortait comme sept ou huit autres nez tout parsemés de verrues verdâtres et violettes, sans compter qu'il descendait presque de trois doigts au-dessous de la bouche ; ce qui faisait un effet si terrible au visage de l'écuyer, qu'on n'aurait pu le regarder sans horreur. Cette hideuse vision épouvanta si fort le pauvre Sancho, qu'il lui prit un tremblement universel, et il se voua dans son cœur à toutes

Les deux Chevaliers tournèrent aussitôt bride pour se précipiter l'un sur l'autre.

les dévotions d'Espagne, pour être délivré de ce fantôme, et il résolut d'en souffrir cent gourmades plutôt que de songer à réveiller sa colère.

Cependant don Quichotte jeta les yeux sur son adversaire, qui avait déjà le casque en tête et la visière baissée, si bien qu'il ne put le voir au visage; mais il remarqua que c'était un homme fort et robuste, quoique de taille médiocre; il portait sur ses armes une casaque qui paraissait de brocart d'or, où l'on voyait éclater quantité de petites lunes ou de miroirs d'argent qui faisaient un fort bel effet; son casque était couvert de plumes jaunes, vertes et blanches; et sa lance, qui était appuyée contre un arbre, était grosse et longue, et ferrée par le bout d'un acier luisant d'un pied de long. Don Quichotte, ayant observé tout cela, jugea que le chevalier devait être doué d'une grande force; mais il en eut de la joie, bien loin de s'étonner, et, s'avançant d'un air libre vers le chevalier des Miroirs : « Seigneur chevalier, lui dit-il, si l'ardeur qui vous porte au combat n'altère point votre courtoisie, je vous prie de hausser la visière, afin que je voie si votre bonne mine et votre air répondent à la vigueur que promet la disposition de votre taille. — Seigneur chevalier, répondit celui des Miroirs, vous aurez du temps de reste pour m'examiner; je ne puis vous l'accorder pour l'heure, parce qu'il me semble que je fais tort à la beauté de Cassildée et à ma propre gloire autant que je diffère le combat, et à vous faire confesser des vérités importantes. — Au moins, répliqua don Quichotte, vous pouvez bien me dire, avant que nous soyons à cheval, si je suis ce don Quichotte que vous dites que vous avez vaincu. — A cela, dit le chevalier des Miroirs, j'ai à vous répondre qu'on ne peut pas avoir plus de ressemblance; mais, après ce que vous m'avez dit de la persécution que vous font les enchanteurs, je n'oserais jurer que vous soyez le même. — En voilà assez, dit don Quichotte; qu'on amène seulement nos chevaux, et je vous tirerai entièrement d'erreur en moins de temps que vous n'en auriez mis à hausser votre visière; et si Dieu, ma dame et mon bras ne me manquent, je verrai votre visage, et vous ferai voir si je suis ce don Quichotte qui se laisse vaincre si facilement. » Ils montèrent à cheval sans parler davantage, et en même temps ils tournèrent leurs chevaux pour prendre du champ; mais à peine s'étaient-ils éloignés de vingt pas que le chevalier des Miroirs appela don Quichotte, et ils se rapprochèrent. « Seigneur chevalier, dit le chevalier des Miroirs, vous vous souviendrez que les conditions de notre combat sont que le vaincu sera à la discrétion du vainqueur? — Je m'en souviens, répondit don Quichotte; mais aussi que le vainqueur n'imposera rien qui soit contre les lois de la chevalerie. — Cela est juste, repartit le chevalier des Miroirs. » En cet endroit ils allaient se séparer, quand don Quichotte jeta par hasard les yeux sur l'écuyer au grand nez. Pendant qu'il considérait cette effroyable figure, qu'il prenait pour un monstre, Sancho, qui se tenait derrière la croupe de Rossinante, et qui n'avait pas le courage de demeurer avec son affreux compagnon, voyant son maître sur le point de partir, lui dit à l'oreille : « Je vous supplie, monsieur, de m'aider à monter sur ce chêne, d'où je pourrai voir plus à mon aise le combat de vous et de ce chevalier, que je pense qui sera un des plus beaux du monde. — N'est-ce point plutôt, répondit don Quichotte, que tu seras bien aise de voir sans péril le combat des taureaux? — Il ne faut point que je mente, repartit Sancho, le nez de cet écuyer me fait peur, et je ne demeurerais pas seul avec lui pour tous les biens du monde. Comment diable est-ce que ce chevalier peut souffrir ce fantôme en sa compagnie? Je me doute pourtant bien que c'est l'enchanteur qui a soin de ses affaires; et tout cela, monsieur, ne me paraît point de bon présage. — J'avoue, dit don Quichotte, que voilà la plus effroyable chose que je vis de ma vie, et, si je n'étais ce que je suis, j'en serais épouvanté; mais quand ce serait Satan même, je lui ferais voir à qui il se joue. Allons, Sancho, viens que je t'aide à monter, et que j'aille apprendre à ce chevalier si je suis le véritable don Quichotte. »

Pendant que don Quichotte aidait Sancho à monter sur l'arbre, le chevalier des Miroirs s'était éloigné pour prendre du champ; et, croyant que don Quichotte avait fait la même chose, il tournait bride pour le venir rencontrer. Il courait de toute la force de son cheval, c'est-à-dire au petit trot, car le coursier n'était ni plus vigoureux ni de meilleure apparence que Rossinante; mais, comme il vit don Quichotte occupé à autre chose, il retint la bride et s'arrêta au milieu de la carrière, au grand plaisir de son cheval qui n'en pouvait déjà plus. Cependant don Quichotte, qui s'imagina que le chevalier venait contre lui comme un tonnerre, pressa vivement les flancs de Rossinante et l'anima de telle sorte, que l'histoire remarque qu'il prit enfin le galop, ce qu'on ne lui avait encore jamais vu faire. Avec cette furie extraordinaire, le chevalier arriva auprès de celui des Miroirs, qui ne cessait de talonner sa monture, lui enfonçant les éperons jusqu'au bouton sans pouvoir le faire remuer, ce qui mettait le pauvre chevalier tellement en désordre, qu'il ne put même jamais mettre la lance en arrêt; don Quichotte, sans prendre garde à l'état où il trouvait son ennemi, le frappa avec tant de force qu'il lui fit vider les arçons et l'envoya à terre sans aucun signe de vie. Sitôt que Sancho vit le chevalier par terre, il se laissa couler en bas de son arbre et courut promptement vers son maître qui, s'étant déjà jeté sur le chevalier des Miroirs, lui délaçait le casque pour voir s'il était mort, ou pour lui donner de l'air si par hasard il le trouvait vivant. Qui pourra dire l'étonnement de don Quichotte quand il vit le visage du chevalier des Miroirs? « Viens voir, Sancho, s'écria-t-il, viens voir ce que tu admireras et ce que tu ne pourras croire. Regarde, mon ami, quel est le pouvoir de la magie! Considère, admire quelle est la malice des enchanteurs et la force des enchantements! » Sancho s'approcha, et, reconnaissant que c'était un de ses voisins, le bachelier Samson Carrasco, il fit cent signes de croix et ne pensa jamais revenir de son étonnement. L'infortuné bachelier ne revenait pas non plus de son étourdissement, et Sancho, ne sachant s'il était mort ou non : « Monsieur, dit-il, mettez-moi à tout hasard votre épée deux ou trois fois dans la gorge de ce monsieur Carrasco : qui sait si vous ne tuerez point quelque enchanteur de vos ennemis? — Je pense que tu as raison, répondit don Quichotte : aussi bien plus de morts, plus d'ennemis. » Il allait en même temps exécuter le conseil de Sancho, quand l'écuyer du chevalier des Miroirs, qui n'avait plus son grand nez, courut à lui en criant de toute sa force : « Arrêtez, monsieur ! prenez bien garde à ce que vous faites : celui que vous voyez à vos pieds est le chevalier Carrasco, votre bon ami; c'est moi qui lui servais d'écuyer.

— A d'autres! dit Sancho, et où est le nez? — Le voici, répondit l'écuyer. » Il tira aussitôt de sa poche un nez de carton, de la même forme qu'il a été dépeint. Cependant Sancho, qui ne cessait de considérer l'écuyer dont il n'avait plus de peur, commença à lever les mains avec admiration, et tout d'un coup il s'écria : « Eh! sainte Vierge! n'est-ce pas là Thomas Cecial, mon compère? — Oui, oui, mon ami Sancho, c'est moi-même, répondit l'écuyer, et je vous dirai tout à l'heure par quelle aventure je me trouve ici; mais, en attendant, priez votre maître qu'il ne fasse point de mal au chevalier des Miroirs, car c'est assurément le pauvre Samson Carrasco, notre bon voisin. » Sur cela le bachelier revint à lui, et, au premier signe de vie qu'il donna, don Quichotte lui portant l'épée à la gorge : « Vous êtes mort, chevalier, lui cria-t-il, si vous ne confessez que Dulcinée du Toboso remporte le prix de la beauté sur votre Cassildée de Vandalie, et si vous ne promettez qu'au cas où vous guérissiez de vos blessures, vous irez au Toboso vous présenter de ma part devant ma dame, pour vous soumettre à tout ce qu'elle vous ordonnera; après quoi, si elle vous rend la liberté, vous viendrez me chercher à la trace de mes exploits pour me rendre compte de tout ce qui se sera passé entre elle et vous, qui sont toutes conditions naturelles et essentielles à l'ordre de la chevalerie errante. — Je confesse, dit l'infortuné chevalier, qu'un seul regard de madame Dulcinée vaut mieux que toutes les faveurs de Cassildée, et qu'elle-même encore; et je vous promets d'aller au Toboso, et de revenir vous rendre un compte exact de toutes choses. — Il faut que vous confessiez aussi, ajouta don Quichotte, que le chevalier que vous vainquîtes autrefois n'était ni ne pouvait nullement être don Quichotte de la Manche, mais seulement quelqu'un qui lui ressemblait; comme aussi je reconnais de ma part que vous n'êtes point le bachelier Samson Carrasco, quoique vous lui ressembliez entièrement, mais quelque autre à qui les enchanteurs mes ennemis ont donné la même forme, afin de modérer les mouvements impétueux de ma colère, et pour m'obliger d'user avec clémence de l'avantage de la victoire. — Je l'avoue et le confesse comme vous le souhaitez, répondit le chevalier; laissez-moi lever, je vous prie, car je me trouve fort incommodé de ma chute. » Don Quichotte lui aida avec Thomas Cecial, sur qui Sancho avait toujours les yeux fixement attachés, lui faisant mille questions différentes pour découvrir si c'était véritablement lui-même; et ne pouvant encore s'en fier à ce qu'il voyait, tant il trouvait la rencontre surprenante, et tant l'opinion qu'avait don Quichotte du pouvoir des enchanteurs s'était fortement imprimée dans son esprit! Enfin don Quichotte et Sancho demeurèrent dans leur erreur, et le chevalier des Miroirs, après avoir pris congé d'eux, s'en alla avec son écuyer chercher à se faire remettre les côtes. Un moment après don Quichotte continua son chemin vers Saragosse, où il faut le laisser aller, pour savoir au vrai qui étaient le chevalier des Miroirs et l'écuyer au grand nez.

Don Quichotte s'en allait triomphant et tout glorieux de la victoire qu'il avait remportée sur le chevalier des Miroirs, qu'il croyait le meilleur chevalier du monde; il ne pensait pas qu'il manquât désormais rien à sa gloire. D'ailleurs, se confiant à la parole que ce chevalier lui avait si solennellement donnée, et qu'il ne pouvait violer sans se déclarer lui-même indigne de la profession de la chevalerie, il s'attendait à apprendre bientôt des nouvelles de la princesse Dulcinée, et si son enchantement durait toujours. Mais don Quichotte pensait une chose, et le chevalier des Miroirs une autre : celui-ci ne songeait qu'à guérir promptement de sa chute pour être en état d'exécuter un nouveau dessein. Cependant l'auteur, qui ne veut pas qu'il reste le moindre doute dans l'esprit du lecteur, dit qu'après le départ de don Quichotte, le bachelier Samson Carrasco en ayant conféré avec le curé et le barbier, ils avaient conclu que le meilleur moyen pour guérir le pauvre chevalier de son étrange maladie était que Samson, se présentant à lui sur son chemin en chevalier errant, trouvât moyen de l'appeler au combat et de le vaincre, comme il n'était pas difficile, ayant auparavant mis dans les conditions du combat que le vaincu serait à la disposition du vainqueur; qu'après cela le bachelier, se servant de son avantage, ordonnerait à don Quichotte de retourner dans sa maison, et de n'en sortir de deux ans s'il ne le lui permettait, ce que don Quichotte accomplirait sans doute religieusement pour ne pas contrevenir aux lois de la chevalerie, et que peut-être pendant ce temps-là il oublierait ses imaginations extravagantes, ou eux-mêmes trouveraient moyen d'y remédier. Carrasco s'était chargé de bon cœur de l'entreprise; Thomas Cecial, compère et voisin de Sancho, et qui était un bon compagnon, s'offrit de lui servir d'écuyer. Carrasco s'équipa donc, comme nous avons vu, sous le nom du chevalier des Miroirs, et Cecial s'étant fait un faux nez pour n'être pas reconnu de Sancho, ils suivirent don Quichotte à la trace, et de si près, qu'ils pensèrent se trouver à l'aventure du char de la mort; et enfin ils le joignirent dans le bois où se passa le combat que nous venons de dire.

Thomas Cecial, voyant le malheureux succès de leur voyage et le disgracié Carrasco en si mauvais état : « En bonne foi, monsieur le bachelier, lui dit-il, nous avons bien ce que nous méritons : il n'est pas difficile de faire des entreprises, mais on n'en vient pas si aisément à bout. Don Quichotte est un fou, et nous nous croyons sages; cependant il s'en va sain et riant et nous nous en retournons tous deux tristes, et vous, de plus, bien frotté. Je voudrais bien savoir à cette heure quel est le plus fou à votre avis, ou de celui qui l'est parce qu'il ne peut s'en empêcher, ou de celui qui veut bien l'être. — La différence qu'il y a entre ces espèces de fous, répondit Samson, c'est que celui qui l'est par force le sera toujours, et que celui qui ne l'est que parce qu'il veut bien l'être cessera de l'être quand il voudra. — Puisque ainsi est, reprit Cecial, j'ai bien voulu être fou en vous servant d'écuyer; et, pour ne pas l'être davantage, je m'en vais reprendre le chemin de ma maison. — Vous êtes le maître, reprit Samson; mais de prétendre que j'en fasse autant avant d'avoir roué don Quichotte de coups, j'aimerais mieux ne mettre jamais les pieds dans le village. Ce n'est pas désormais le dessein de lui faire recouvrer le jugement, c'est pure vengeance. J'avoue que je suis si outré des douleurs qu'il me fait subir, que je ne saurais plus en avoir de compassion. »

Ils s'entretinrent de cette manière jusqu'à ce qu'ils arrivèrent à un village, où il se rencontra heureusement un médecin entre les mains de qui se mit Samson, et Thomas Cecial reprit le chemin de son village. Pendant que le bachelier se fait panser et songe à sa vengeance, allons retrouver don Quichotte.

IX

De la plus grande marque de courage qu'ait jamais donnée don Quichotte; combat contre les lions.

Don Quichotte s'en allait, comme nous avons dit, triomphant et se croyant le chevalier errant du monde le plus vaillant et le plus glorieux. Cette dernière victoire lui semblant un présage assuré de toutes les autres, il ne demandait que des aventures et des plus difficiles, les regardant déjà comme achevées, et il ne se souciait plus de la haine des enchanteurs, quand ils s'uniraient tous ensemble pour lui nuire, tant il avait de confiance en sa bonne fortune. Enfin il était si plein de joie et de vanité, qu'il ne se souvenait plus de cette multitude de coups de bâton qu'il avait reçus, non plus que du coup de pierre qui lui cassa la mâchoire, ni de l'ingratitude des forçats, ni de l'insolente témérité des Yangois, qui l'avaient accablé d'un déluge de coups. Il ne lui manquait, à ce qu'il se disait en lui-même, que de trouver un moyen de désenchanter la princesse Dulcinée : après quoi il ne croyait pas avoir sujet de porter envie à la gloire des plus heureux et des plus fameux chevaliers errants de tous les siècles passés.

Cependant, Sancho voyant des bergers qui gardaient un troupeau de moutons, alla vers eux pour leur demander du lait; il avait déjà acheté quelques petits fromages, et les allait manger, quand il s'entendit appeler; et se trouvant tout d'un coup pressé des cris de son maître et embarrassé de sa marchandise, qu'il ne voulait pourtant pas perdre après l'avoir payée, il la mit, à tout hasard, dans le casque de son maître, qu'il portait à l'arçon de sa selle, et revint au grand trot voir ce que voulait don Quichotte. « Ami, dit notre chevalier, donne-moi mon casque : ou je ne me connais pas en aventures, ou j'en découvre là une qu'il ne fait bon entreprendre que bien armé. » Sancho en entendant ainsi parler don Quichotte, jeta aussitôt la vue de tout côté, et ne voyant autre chose qu'un chariot avec des banderoles, il crut que ce devait être une voiture d'argent pour le trésor royal, et le dit à don Quichotte : mais lui qui ne se détrompait pas aisément, croyant toujours que tout ce qui lui arrivait était aventure, et plus qu'aventure, lui répondit seulement : « Mon enfant, un homme découvert est à demi vaincu ; je ne perds rien à me tenir sur mes gardes ; et je n'ai que trop d'expérience que j'ai des ennemis visibles et invisibles qui ne songent qu'à me surprendre ? » Et prenant en même temps le casque des mains de Sancho, avant qu'il eût le loisir d'en ôter les fromages, il se le mit incontinent sur la tête, et le petit lait commença à dégoutter de tous côtés sur ses yeux et sur sa barbe. « Que sera ceci, Sancho ? s'écria-t-il tout étonné : on dirait que ma tête se ramollit, ou que ma cervelle fond, et que je sue depuis la tête jusqu'aux pieds : en effet, je sue à grosses gouttes, mais ce n'est assurément pas de peur, et il faut sans doute que cette aventure soit terrible après un tel présage. Donne-moi de quoi m'essuyer, ajouta-t-il, car la sueur m'aveugle. » Sancho lui donna un mouchoir sans dire mot, remerciant Dieu en son cœur de ce qu'il ne devinait point ce que c'était. Don Quichotte s'essuya le visage, et, ayant ôté son casque pour s'essuyer aussi la tête, et voir ce qui le rafraîchissait ainsi à contre-temps, il vit cette marmelade blanche, qu'il porta aussitôt au nez : mais il ne l'eut pas plus tôt sentie, que, reconnaissant à peu près ce que c'était : « Par la vie de madame Dulcinée, s'écria-t-il, traître de gourmand, ce sont des fromages mous que tu as mis dans mon casque. — Monsieur, répondit froidement Sancho sans s'étonner, si ce sont des fromages, baillez-les-moi : je les mangerai, ou que le diable les mange lui-même, lui qui les y a mis ! Vraiment, monsieur, vous m'avez bien trouvé : est-ce que je suis homme à faire de ces coups-là ? Oh ! je n'ai pas si grande envie d'attraper des coups de gaule ! Ma foi, monsieur, il faut que j'aie des enchanteurs qui me persécutent aussi bien que les autres. Et pourquoi en serais-je exempt, étant membre de la chevalerie ? Vous verrez que ce sont eux qui ont mis ces ordures dans votre casque, pour vous mettre en colère, et me faire encore rouer de coups ; mais, pour cette fois-ci, je me moque de ces bons affronteurs : j'ai affaire à un bon maître, qui connaît bien toute leur malice, et qui sait bien que, si j'avais du fromage et du lait, j'aimerais mieux les mettre dans mon estomac que dans un casque. — Tout cela peut être, dit don Quichotte ; mais il faudra bien enfin que cela finisse. » Sancho le regardait et écoutait tout avec attention et ne cessait d'admirer tout ce qu'il voyait.

Cependant don Quichotte, après s'être bien essuyé le visage et la barbe, se mit le casque en tête, regarda si son épée tenait au fourreau, et s'affermissant sur les étriers, et branlant vigoureusement sa lance : « Vienne désormais tout ce qui pourra, dit-il, me voici en état de faire tête à Satan même ! » Sur cela, le chariot arriva avec un homme seulement, qui était assis sur le derrière, et le charretier monté sur une des mules. Don Quichotte se campa au devant, et cria à ces gens : « Où allez-vous, mes amis? Qu'est-ce que ce chariot? Qu'y a-t-il de dedans, et quelles banderoles sont-ce là? — Monsieur, répondit le charretier, le chariot est à moi; il y a dedans deux lions dans deux cages, que le gouverneur d'Oran envoie au roi notre sire; et voilà les armoiries royales pour faire connaître que cela lui appartient. — Et les lions sont-ils grands? demanda don Quichotte. — Vraiment oui, ils sont si grands, qu'il n'en est jamais venu de semblables d'Afrique, au moins en Espagne. C'est moi qui les garde, ajouta le charretier. J'en ai passé bien d'autres en ma vie, mais jamais de pareils ni rien d'approchant. Dans cette première cage est le lion, et la lionne dans l'autre; ils ont grand'faim à l'heure qu'il est, car d'aujourd'hui ils n'ont mangé : aussi, monsieur, nous n'avons pas besoin de tarder davantage, et nous allons continuer notre chemin, s'il vous plait de vous détourner. » Le charretier faisait mine de vouloir passer plus avant, quand don Quichotte, souriant un peu : « A moi des lionceaux, dit-il, des lionceaux à moi, et à l'heure qu'il est! Ah! il faut faire voir à ces messieurs qui les envoient si je suis homme qui s'épouvante pour des lions. Mettez pied à terre, bonhomme, et, puisque vous êtes le gouverneur des lions, ouvrez les cages, et me les faites sortir, que je leur fasse connaître, au milieu de cette campagne, quel est don Quichotte de la Manche, en dépit des enchanteurs qui me les envoient. — Ah! ah! dit alors Sancho en lui-même, il n'en faut plus douter à ce coup : notre chevalier fait bien voir à quoi s'en tenir. » Sancho s'approcha en même temps du charretier et lui dit : « Hé, monsieur, pour l'amour de Dieu, empêchez que mon maitre ne combatte ces lions : par ma foi, monsieur, ils nous vont tous mettre en pièces. — Eh! croyez-vous votre maitre assez fou, répondit le charretier pour vous faire craindre qu'il en vienne aux mains avec des lions? — Il n'est pas fou, dit Sancho, mais c'est un homme qui ne craint rien. — Allez, allez, repartit le charretier, je vous réponds de lui. » Et, s'approchant de don Quichotte, qui voulait à toute force qu'on ouvrît les cages : « Seigneur, lui dit Sancho, les chevaliers errants doivent entreprendre des aventures qu'ils puissent venir à bout, et non pas celles où ils voient bien qu'ils ne sauraient réussir : car la témérité est une brutalité farouche et inconsidérée, qui tient plus de la folie que de la véritable vaillance : d'ailleurs ce n'est pas contre vous que l'on envoie ces lions : c'est un présent que l'on fait au roi, et ce ne serait pas bien fait d'interrompre le voyage de ces gens, qui en doivent répondre. — Malheureux! répondit brusquement don Quichotte, mêlez-vous de vos perdrix et de vos filets, et laissez à chacun faire son métier : c'est ici le mien, et c'est à moi de savoir si les lions viennent contre moi ou non. » Et, se tournant promptement vers le gouverneur des lions : « Par le Dieu vivant! lui cria-t-il, si tu n'ouvres ces cages sur-le-champ, je te cloue tout à l'heure avec cette lance contre ton chariot! — Hé, monsieur! s'écria le charretier, voyant don Quichotte si résolu, pour l'amour de Dieu, souffrez que je détache mes mules, et que je m'enfuie avant qu'on ouvre aux lions, parce que, s'ils se jettent une fois sur ces pauvres animaux, me voilà à l'aumône pour le reste de ma vie ; car, devant Dieu, je n'ai d'autre bien que mes mules et ma charrette. — Misérable, répondit don Quichotte, qui manque de confiance, descends et t'ôtes du chemin, si tu en as si grande envie ; mais tu verras bientôt que tu n'avais pas besoin de prendre cette précaution. »

Le charretier ne se le fit pas dire deux fois : il se jeta à terre en grande hâte et détela ses mules ; et aussitôt le gouverneur des lions se prit à crier à haute voix : « Je vous prends à témoin, que c'est contre ma volonté et par force que j'ouvre la porte à ces lions, et que je proteste contre monsieur de tout le mal qui peut en arriver, comme aussi de la perte des frais de mon voyage. Je vous avertis aussi de vous mettre bien en sûreté avant que j'ouvre les cages ; car pour moi, je ne m'en mets pas en peine, et je suis bien assuré que les lions ne me feront point de mal. » Sancho voulut encore essayer de détourner son maître, et, les larmes aux yeux, il le supplia de ne point entreprendre cette aventure, disant que celle des moulins à vent et celle des foulons n'étaient que jeux d'enfant au prix, non plus que toutes celles qu'il avait entreprises en sa vie. « Prenez garde, monsieur, qu'il n'y ait point ici d'enchantement ni rien de semblable : mon cher maître, j'en ai vu une patte au travers des barreaux de la cage, et, par ma foi, à voir les ongles, il faut que le lion soit plus gros qu'un éléphant. — Oh ! la peur te le fera bientôt voir aussi gros qu'une montagne, répondit don Quichotte ; retire-toi, mon pauvre Sancho, tu perds ton temps, aussi bien que les autres ; qu'il te souvienne seulement, s'il arrive que je meure ici, de ce que nous arrêtâmes autrefois ensemble : tu iras trouver Dulcinée, et je ne t'en dis pas davantage. » Il ajouta à cela quelques paroles qui firent bien connaître que rien n'était capable de le retenir. Sancho et le muletier hâtèrent donc vigoureusement leurs montures du talon et de la voix, pendant que don Quichotte faisait mille menaces au gouverneur des lions. Le pauvre Sancho s'en allait accablé de douleur, pleurant la mort de son maître qu'il croyait déjà voir entre les griffes des lions ; il maudissait mille fois sa mauvaise fortune et l'heure où il s'était attaché au service d'un si grand fou ; et, en regrettant la perte de son temps et de ses récompenses, il ne laissait pas de talonner vivement le grison ; surtout quand il tournait la tête et qu'il jetait les yeux sur le chariot, il lui prenait un sursaut terrible, et il s'agitait de telle sorte sur son âne pour le hâter, qu'il avait bien de la peine à s'y tenir. Quand le garde des lions vit nos gens assez éloignés, il pria de nouveau don Quichotte de ne le point contraindre d'ouvrir à de si dangereux animaux, et voulut encore une fois lui remontrer la grandeur du péril ; mais notre chevalier ne fit que sourire, et lui dit seulement de se dépêcher. Pendant que le gouverneur des lions, qui n'agissait qu'avec répugnance, s'occupait lentement à ouvrir une des cages, don Quichotte se mit à penser s'il ne serait point meilleur de combattre à pied qu'à cheval ; considérant enfin que Rossinante pouvait s'épouvanter à la vue de ces fiers animaux, il se jeta promptement à terre, et, embrassant fortement son écu et l'épée à la main, il alla se camper devant le chariot, se recommandant à Dieu de tout son cœur et invoquant madame Dulcinée.

Il avança la tête toute entière hors de la cage et promena de coté et d'autre ses yeux étincelants d'une manière à épouvanter l'homme le plus intrépide

En cet endroit l'auteur de l'histoire ne peut s'empêcher de faire cette exclamation : « O brave, ô valeureux don Quichotte! l'honneur et la gloire de la Manche, et le vrai modèle des plus vaillants chevaliers errants ! avec quelles paroles pourrai-je raconter une action si étonnante ? quelle force leur donnerai-je pour faire croire aux siècles à venir une chose si incroyable, et où trouverai-je des louanges qui ne soient infiniment au-dessous de la grandeur de ton courage ? Toi seul, à pied, avec l'épée seule, et couvert d'un méchant écu, tu défies et tu attends deux lions monstrueux, et les plus farouches qu'aient jamais produits les forêts d'Afrique et les déserts de Libye ! Que tes exploits mêmes te servent de louange, héros incomparable, et qu'ils me servent de garants envers la postérité des merveilles inouïes que j'ai à lui apprendre dans la suite de cette véritable histoire ! »

Le conducteur des lions, voyant qu'il n'y avait plus moyen de s'en dédire, et ne voulant pas attirer sur lui la colère de don Quichotte, qu'il voyait en posture d'un homme impatient de combattre, ouvrit entièrement la cage du lion, qui parut d'une grandeur extraordinaire, avec le regard farouche et terrible. La première chose que fit cet animal fut de se retourner d'un côté sur l'autre; après, il commença à s'étendre, en allongeant les pattes et desserrant les griffes; puis il ouvrit la gueule, et, après avoir bâillé tout à son aise, il se passa un pied et demi de langue sur les yeux; après cet agréable prélude, il avança la tête tout entière hors de la cage, et avec des yeux ardents et un air capable d'épouvanter l'homme le plus hardi, il jeta fièrement la vue de côté et d'autre. Don Quichotte le considéra attentivement, et l'attendit toujours de pied ferme, mourant d'envie d'en venir aux prises, et s'assurant qu'il l'aurait bientôt mis en pièces ; mais le lion, plus sage que notre héros, et le méprisant peut-être, après avoir regardé de toute part, se recoucha tout doucement, et lui tourna le derrière. Ce que voyant don Quichotte, il commanda au maître du lion de le harceler à coups de bâton, et de le faire sortir à quelque prix que ce fût. « Ma foi, monsieur, non pas pour tout votre bien, répondit-il : je serais le premier qu'il mangerait si je l'avais mis en colère; il ne tient qu'à lui de sortir, ne m'en demandez pas davantage ; et franchement, puisqu'il n'est point sorti, il ne le fera pas de tout le jour. Mais, monsieur, n'êtes-vous pas content, et n'avez-vous pas assez fait voir votre vaillance ? Je le donnerais bien à dix autres à en faire autant. Vous avez défié l'ennemi, vous l'avez attendu : qu'est-ce qu'on peut faire davantage ? C'est lui qui est le vaincu, et vous le victorieux. — Tu as raison, dit don Quichotte, ferme la cage, mon ami, et donne-moi une attestation en bonne forme de tout ce que tu m'as vu faire, c'est-à-dire que tu as ouvert au lion, que je l'ai attendu, et qu'il n'est point sorti ; que je lui ai donné tout le temps qu'il fallait, et qu'au lieu de venir il s'est couché. J'ai fait tout ce que je devais de ma part, je ne suis pas obligé à davantage ; et nargue des enchanteurs et des enchantements, et vive la véritable chevalerie! Tu n'as donc qu'à fermer, comme je l'ai dit, pendant que je vais appeler nos fuyards, afin qu'ils apprennent la vérité de ta propre bouche. » Le gouverneur des lions ferma la cage, et don Quichotte, mettant son mouchoir au bout de sa lance, la leva en haut, pour faire signe aux fuyards de revenir. Sancho courait encore, aussi bien que le muletier; mais, comme il tournait de temps en temps la tête, il aperçut le signal, et s'écria en même temps : « Que je sois pendu si mon maître n'a défait ces monstres, puisqu'il nous appelle ! » A ce cri le muletier s'arrêta, et reconnaissant que c'était don Quichotte qui leur faisait signe, ils commencèrent peu à peu à se rassurer de leur frayeur, et, après avoir quelque temps cheminé au petit pas, ils entendirent clairement la voix de don Quichotte, auprès de qui ils se rendirent enfin. « Camarade, dit don Quichotte au muletier, attelle tes mules, et continue ton chemin ; et toi, Sancho, donne deux écus d'or à ces gens, en récompense de ce qu'ils ont bien voulu s'arrêter pour l'amour de moi.

— Les voilà de bon cœur, dit Sancho en les tirant de sa bourse. Mais que sont devenus les lions? ajouta-t-il ; sont-ils morts ou vivants? » Alors le gouverneur des lions, prenant la parole, commença à raconter comment toute l'action s'était passée, exagérant le mieux qu'il put, à sa manière, la valeur de don Quichotte, et attribuant la poltronnerie du lion à la frayeur qu'il lui avait faite. « Eh bien ! que t'en semble, Sancho ? dit don Quichotte, en se tournant vers lui : crois-tu qu'il y ait des enchanteurs à l'épreuve de ma vaillance ? Les enchanteurs pourraient peut-être bien me dérober la victoire, mais avec tout leur pouvoir ils ne sauraient diminuer mon courage. » Le charretier attela ses mules, et partit avec le conducteur des lions, qui dit à don Quichotte qu'il raconterait partout l'action qu'il venait de faire, et qu'il la dirait au roi même sitôt qu'il serait arrivé à la cour. « Si par hasard, repartit don Quichotte, sa majesté vous demande qui l'a faite, vous n'avez qu'à lui dire que c'est le chevalier des Lions, car désormais je veux porter ce nom, au lieu de chevalier de la Triste Figure, selon la coutume des anciens chevaliers errants, qui en changeaient à leur fantaisie. » Ils se séparèrent ainsi, et don Quichotte et Sancho poursuivirent leur chemin.

X

Des noces de Gamache et de ce que fit Basile.

Don Quichotte n'était pas fort éloigné qu'il rencontra quatre hommes, dont deux avaient l'air d'écoliers, et les autres de laboureurs ; tous quatre étaient montés sur des ânes. Il les salua, et, après avoir appris qu'ils suivaient le même chemin que lui, il leur témoigna qu'il serait bien aise qu'ils allassent de compagnie, les priant de marcher un peu plus lentement, parce que les ânes allaient trop vite pour son cheval ; et pour les obliger à l'attendre, il leur dit en peu de mots qu'il faisait profession de la chevalerie errante, et qu'il allait chercher des aventures par toutes les parties du monde ; que son nom était en son pays don Quichotte de la Manche, mais que, depuis peu, il se faisait appeler le chevalier des Lions. Cette manière de parler fut du grec pour les paysans ; mais les écoliers, qui l'entendirent assez, reconnurent par là que le chevalier avait le cerveau offensé ; néanmoins ils ne laissèrent pas de le regarder avec autant de respect que d'admiration, peut-être à cause de son âge et de son air fier et modeste. « Seigneur chevalier, lui dit un de ceux-ci, si vous n'avez point de dessein formé, non plus que ceux qui cherchent les aventures, il ne tiendra qu'à vous de vous trouver à des noces qui seront assurément les plus magnifiques qu'on ait vues il y a longtemps dans toute la Manche. — Il faut que ce soient les noces de quelque prince, répondit don Quichotte, de la façon que vous en parlez ? — Point du tout, répliqua l'écolier : ce sont celles d'un laboureur qui est le plus riche de toute la contrée, et d'une paysanne qui est une des plus belles filles qu'on ait jamais vues, et elles se doivent faire dans un pré, tout proche du village de l'accordée, qu'on appelle Quitterie la belle. Le galant se nomme Gamache le riche, et c'est un garçon d'environ vingt-deux ans ; et pour elle, elle en a tout au plus dix-huit. En un mot, ils sont bien l'un pour l'autre, quoiqu'il y en ait qui disent que la race de Quitterie est plus belle que celle de Gamache ; mais il ne faut pas prendre garde à cela, et le bien raccommode tout. Ce Gamache, qui est un garçon libéral, et qui ne veut rien épargner pour rendre la fête célèbre, a résolu de faire couvrir tout le pré de ramée, de telle sorte que le soleil n'y puisse pénétrer. On y doit faire toute sorte de jeux, jouer au ballon, lutter, jeter la barre, danser avec des castagnettes et le tambour de basque : car son village ne manque pas de gens qui en savent bien se servir, sans compter beaucoup d'autres danses qu'on y sait en perfection. Tout cela cependant, si je ne me trompe, ne sera pas le plus remarquable de la noce, et je m'imagine que Basile nous y fera voir des choses plus surprenantes. — Et qu'est-ce que ce Basile ? demanda don Quichotte. — Basile, répondit l'écolier, est un berger du même village que Quitterie, et qui a sa maison tout proche de la sienne. Ils se sont aimés tous deux dès leur enfance ; et lorsqu'ils commencèrent à devenir grands, le père de Quitterie, qui ne trouvait pas Basile assez riche pour sa fille, lui refusa peu à peu l'entrée de sa maison, et, pour lui ôter toute espérance, résolut de la marier avec Gamache, qui a beaucoup plus de bien que lui, quoiqu'à dire vrai il ne l'égale pas dans le reste : car Basile est le garçon du pays le mieux fait et le plus adroit. Il surpasse tous les autres à la course et à la lutte, et il n'y en a point qui jette si vigoureusement une barre, ni qui joue si bien au ballon ; il joue de la guitare à ravir ; il chante et danse tout de même, mais surtout il se sert d'une épée comme le meilleur maître d'escrime.

— Quand il n'aurait que cette seule qualité-là, dit don Quichotte, il mériterait non seulement d'être le mari de la belle Quitterie, mais encore de la reine Genièvre, si elle vivait aujourd'hui, en dépit de Lancelot et de tous ceux qui voudraient s'y opposer. — Ma foi, je suis de cet avis-là, s'écria Sancho, qui jusque-là n'avait rien dit; et c'est l'avis de ma femme que chacune se marie avec son égal; et, comme dit le proverbe, chaque brebis avec sa pareille : je veux dire que mon ami Basile, car je commence déjà à l'aimer, se mariera avec madame Quitterie. Dieu les bénisse l'un et l'autre et maudisse tous ceux qui empêchent le mariage des personnes qui s'aiment! — Si tous ceux qui s'aiment se mariaient ensemble, repartit don Quichotte, que deviendraient le pouvoir et l'autorité des pères? Ce serait une étrange chose que les enfants eussent la liberté de choisir suivant leurs caprices, et il arriverait souvent qu'une fille épouserait le valet de son père, ou le premier qui passerait dans la rue qu'elle trouverait à sa fantaisie, quoique ce ne fût peut-être qu'un fripon et un étourdi : car l'amour aveugle aisément les gens, et, quand on est surpris de cette passion, il ne reste plus assez de raison pour faire un bon choix. Et tu vois bien, mon pauvre Sancho, qu'il n'y a point d'occasion dans la vie où l'on ait si grand besoin de raison que quand il s'agit de faire un mariage.

— Tout ce que j'ai à vous dire sur ce sujet, répondit le bachelier, c'est que, dès que Basile eut appris qu'on mariait Quitterie avec Gamache, il tomba dans une mélancolie extrême, et au point qu'on dirait qu'elle lui a ôté le jugement. On ne l'a jamais vu rire depuis, ni rien dire de raisonnable; à peine il boit et mange, et ce n'est jamais que du fruit et de l'eau pure; et s'il lui arrive de dormir, ce qui est bien rare, c'est toujours en plein air et au milieu des champs, couché sur la terre comme une bête brute. Ceux qui l'observent disent que de temps en temps on lui voit lever les yeux au ciel, puis tout d'un coup les attacher fixement sur terre, comme s'il était en extase, et de telle sorte qu'il semble que ce soit une statue. Enfin le pauvre garçon est en tel état, que tout ce que nous sommes de gens qui le connaissons nous ne doutons pas que, sitôt que Quitterie aura donné sa main à Gamache, il n'expire sur l'heure. — Dieu y mettra la main, dit Sancho : quand il donne le mal, il donne aussi le remède. Qui est-ce qui sait ce qui doit arriver? Ma foi, personne. Il y a encore bien de l'heure d'ici à demain, et il ne faut qu'un moment pour faire tomber une maison qu'on a été longtemps à bâtir. Combien de fois a-t-on vu pleuvoir et faire soleil tout ensemble! Tel se couche sain qui se lève roide mort le lendemain. Et qui est-ce qui se peut vanter d'avoir mis un clou à la roue de fortune? qui est-il? ma foi, je lui donne un merle blanc. Entre le oui et le non d'une femme, je ne voudrais pas entreprendre d'y mettre la pointe d'une aiguille. Mais enfin que quelqu'un fasse en sorte que Quitterie aime de bon cœur Basile, et je lui donnerai un sac de bénédictions : car enfin, à ce que j'ai ouï dire, l'amour regarde à travers des lunettes qui font passer le cuivre pour de l'or, et des noyaux pour des perles. — Et où vas-tu t'enfourner, Sancho? interrompit don Quichotte. Quand tu as commencé à enfiler des proverbes ou des contes, tu ne finirais pas pour le pape; qu'il te puisse excommunier sur l'heure! Dis-moi un peu, animal, sais-tu ce que c'est que la roue de fortune et toute autre chose, pour te mêler d'en dire ton sentiment? — Si on ne m'entend pas, monsieur, répondit Sancho, il ne faut pas s'étonner que je passe pour un extravagant : mais qu'importe, je m'entends bien, et je suis bien assuré que je n'ai rien dit de mal en tout ce que je viens de dire. »

Il était déjà fort tard quand ils arrivèrent au village de la Quitterie, mais ils virent le village si bien éclairé, qu'ils ne s'apercevaient point de l'obscurité de la nuit. Ils ouirent aussi un son confus, mais agréable, de divers instruments, comme de flûtes, de hautbois, de tambours de basque, de fifres et de sonnettes; et, en entrant dans la ville, ils virent une infinité de chandelles qu'on avait pendues aux arbres, et dont la lumière était d'autant plus agréable qu'il ne faisait pas le moindre vent. Les joueurs d'instruments qu'on trouvait de tous côtés par troupes, les uns dansant, les autres jouant de leurs cornemuses et de leurs flageolets, réjouissaient toute l'assemblée. En effet, on eût dit que ce pré était le séjour de la joie et des plaisirs. En divers endroits, il y avait des gens occupés à dresser des échafauds pour placer une infinité de monde le jour de la fête, qui se devait faire le lendemain, jour dédié à la solennité des noces du riche Gamache, et apparemment aux funérailles du triste Basile. Don Quichotte ne voulut point entrer dans le village, quelques prières que lui en fissent le bachelier et les laboureurs; malgré toutes les instances de Sancho, il s'en défendit sur l'ancienne coutume des chevaliers errants, qui aimaient mieux dormir à découvert dans les forêts que sous des lambris dorés; et il s'écarta un peu du village, en dépit du pauvre écuyer.

Il n'y avait pas longtemps que la belle aurore paraissait sur l'horizon, quand le soleil de la Manche, l'inimitable don Quichotte, l'ennemi irréconciliable de la paresse, se leva sur pied et appela son écuyer; mais comme il le vit ronfler et enseveli dans un profond sommeil, il lui dit ces mots : « O le plus heureux d'entre tous ceux qui vivent sur la face de la terre, puisque, sans porter envie à qui que ce soit et sans être envié de personne, tu goûtes dans les bras du sommeil un repos tranquille, tu n'es pas persécuté par les enchanteurs, et les enchanteurs ne te donnent pas la moindre inquiétude. Tu dors sans être troublé d'aucune passion; tu n'as point de jalousie à craindre d'aucune dame, et tes dettes, ni les soins du lendemain n'interrompent pas ton sommeil. L'ambition ne traverse point ton repos ni celui de ta petite famille; tu ne te soucies point de la pompe et des vanités du monde, et tes désirs, renfermés dans de justes bornes, ne t'emportent jamais au-delà des choses nécessaires à l'entretien de la vie. Rien ne t'occupe davantage que les soins de ton grison, car je suis chargé de celui de ta personne, la nature et la coutume l'ayant ainsi ordonné à tous ceux qui ont des serviteurs. Le valet dort en paix pendant que le maître veille et se fatigue pour songer à le nourrir et à le récompenser. Si le ciel refuse la rosée qui engraisse la terre et si les champs demeurent stériles, c'est une affliction dont les valets ne se ressentent point; elle n'est que pour les maîtres, qui ne sont pas moins obligés d'entretenir ceux qui les servent pendant la famine que dans la plus grande abondance. » A tout cela Sancho, qui dormait et ronflait, ne répondait pas une parole, et il ne se serait pas éveillé si tôt, si don Quichotte ne l'eût poussé deux ou trois fois du bout de sa lance. Enfin Sancho ouvrit à demi les yeux, et portant lentement ses regards de côté et d'autre : « Il me semble, dit-il, que je sens, du côté de cette ramée, une odeur qui vaut bien celle du thym et du serpolet. Ah! que cela sent bon! Par ma foi, ce sont des carbonnades, et je gagerais par avance qu'il fera bon à ces noces. — Dépêche-toi, glouton, dépêche-toi, dit don Quichotte; allons voir ces noces dont tu as l'imagination si pleine, et voyons ce que fera le triste Basile. — Qu'il fasse ce qu'il voudra, repartit Sancho : puisqu'il est pauvre, pourquoi veut-il se mettre en tête d'épouser Quitterie? Ma foi, c'est bien fait pour lui! Veut-il prendre la lune avec les dents? Je suis d'avis, monsieur, que celui qui est pauvre demeure dans sa chaumine, sans s'aller fourrer parmi les riches. Je parierais ma tête, ce qui est la gageure d'un fou, que Gamache le couvrirait tout entier de pistoles; or, cela étant, conseilleriez-vous à Quitterie de renoncer aux bagues et aux robes que peut lui donner Gamache? Pour l'adresse de Basile, au diable soit-il, si toutes les danses du monde vous faisaient donner pour deux sous de vin au cabaret! Tant d'habileté et de bonne mine que vous voudrez, mais vous ne trouveriez pas un liard dessus. Ah! dame, quand celui qui est habile a de l'argent, il en vaut encore mieux : avec de l'argent, on achète des rentes, on bâtit des maisons, on vit content. — Eh! morbleu! Sancho, dit don Quichotte, ne finiras-tu jamais sans qu'on t'en avertisse? Je crois que qui te laisserait faire, quand tu as une fois commencé à parler, tu ne songerais plus à manger ni à dormir. — Si vous aviez de la mémoire, monsieur, répliqua Sancho, vous vous souviendriez que nous étions demeuré d'accord, avant notre dernière sortie, qu'il me serait permis de parler tant que je voudrais, pourvu que ce ne fût point contre le prochain ni contre ce qui vous appartient; et à l'heure qu'il est, vous exécutez mal nos conventions. — Je ne me souviens point de cela, répondit don Quichotte; et quand il serait vrai, je veux que tu te taises. Allons, j'entends déjà le son des instruments qui retentissent de toutes parts, et sans doute que les noces se feront ce matin à la fraîcheur pour éviter les chaleurs de l'après-diner. » Sancho sella promptement Rossinante, et, ayant mis le bât sur le grison, ils montèrent à cheval, et s'en allèrent, au petit pas, du côté de la ramée.

La première chose qui s'offrit en entrant aux yeux de Sancho, et qui le réjouit extrêmement, ce fut un bouvillon à qui un ormeau entier servait de broche, et dans le feu qui le devait rôtir, il n'y avait pas moins d'un bûcher de gros bois, à l'entour duquel bouillaient six grandes marmites, ou plutôt six cuves capables d'engloutir des moutons entiers. Un grand nombre de chapons, d'oisons et de poules étaient déjà tout prêts pour être ensevelis dans les marmites, et toute sorte d'oiseaux, tant gibier que de basse-cour, pendaient en nombre infini à des arbres où on les avait mis à l'air, dès le soir précédent, pour les mortifier. Sancho compta plus de soixante grands flacons pleins de vin, qui tenaient chacun, pour le moins, vingt pintes. Il y avait aussi de grands morceaux de pain blanc entassés les uns sur les autres, de la même façon qu'on voit des tas de moellons autour des carrières : d'un autre côté, des fromages en piles faisaient une espèce de fortification, qui fit dire à Sancho qu'il n'avait jamais

Emportez la viande et le poêlon personne n'y trouvera à redire.

vu de place ni mieux munie, ni plus digne d'être attaquée. Tout auprès, deux chaudières pleines d'huile et de saindoux servaient à faire des beignets et autres choses semblables, pendant qu'on prenait le sucre à pleins poëlons dans une caisse qui en était toute pleine. Il y avait plus de cinquante cuisiniers ou cuisinières, la joie peinte sur le visage, et travaillant tous proprement et avec diligence. Le corps vaste et creux du bouvillon enfermait une douzaine de cochons de lait qu'on y avait mis pour lui donner bon goût, et qui servaient comme de farce. Pour les épiceries de toutes sortes, elles n'étaient point là en cornets de papier, mais il y en avait un coffre plein. Enfin, les préparatifs de la noce, quoique rustiques, étaient en abondance, et il y en avait pour quatre villages. Sancho regardait tout cela avec admiration ; il prenait tout en amitié, et, presque enchanté de la nouveauté de ce spectacle, il souriait de temps en temps et se passait à tous moments la langue sur les lèvres. Les marmites le tentèrent les premières, et il eût de bon cœur pris soin de les écumer. Ensuite, il se trouvait attendri par les outres de vin, et les gâteaux et l'odeur des beignets le captivaient tout à fait ; ne pouvant enfin résister à la tentation, il aborda un des cuisiniers avec des termes de courtoisie et qui sentaient l'appétit, le priant de trouver bon qu'il trempât un morceau de pain dans une des marmites. « Eh ! mon pauvre frère, répondit le cuisinier, ce jour-ci n'est pas un jour de jeûne, grâce à la libéralité du riche Gamache ; approchez hardiment, et cherchez s'il n'y a point là quelque cuiller pour écumer une ou deux poules, et grand bien vous fasse ! vous ne trouverez pas qui vous le reproche. — Je ne vois pas de cuiller, dit Sancho presque en soupirant. — Voilà un grand malheur ! répondit le cuisinier : oh ! que vous êtes un pauvre homme, vous ne savez pas vous servir ! » Et prenant en même temps un grand poëlon neuf, il le fourra dans une marmite, et en tira une poule et un oison qu'il lui donna. « Tenez, mon enfant, lui dit-il, déjeunez de cette écume en attendant le dîner. — Grand merci, dit Sancho, mais je ne sais pas trop bien où mettre tout cela. — Vous voilà bien embarrassé, mon frère, répondit le cuisinier, emportez et la viande et le poëlon, et ne vous mettez pas en peine. »

Bientôt don Quichotte et Sancho entendirent plusieurs voix confuses, et un grand bruit qui venait de ce que des jeunes gens à cheval allaient, en courant et faisant des acclamations, au-devant des accordés, qui arrivaient accompagnés du curé, de leurs parents et des notables habitants du village et des lieux circonvoisins, tous en habits de fête, avec quantité de joueurs d'instruments. Sitôt que Sancho aperçut l'accordée : « En bonne foi, dit-il, elle n'est point vêtue en paysanne, celle-là : on dirait que c'est une princesse. Comment diable ! ce n'est que corail, et sa robe est d'un velours de dix poils, avec de bonnes bordures de satin. Mais regardez ses mains : dame, ce n'est pas là du jais ni de l'émail ; ce sont de bonnes bagues d'or, et du plus fin, avec des perles blanches comme du lait ; et il n'y en a mordi pas une qui ne vaille la prunelle de l'œil. Quels cheveux ! mais quels cheveux voilà ! Ma foi, s'ils ne sont point faux, je n'en ai jamais vu de si longs ni de si blonds en toute ma vie. Mais le malheur, c'est qu'elle n'est pas de belle taille peut-être, et elle n'a pas bonne mine : ne dirait-on pas que c'est une branche de palmier chargée de dattes, à la voir si pleine de joyaux depuis les pieds jusqu'à la tête! Sur mon âme, je n'ai jamais vu de créature de si bonne mine, et je ne crois pas qu'on la refusât à la banque de Bruxelles. »

Don Quichotte ne put s'empêcher de sourire des louanges que Sancho donnait en son patois à la beauté de l'accordée, et il avouait lui-même qu'après Dulcinée du Toboso il n'avait jamais rien vu de si beau qu'elle. La belle Quitterie paraissait un peu pâle, ce qui venait peut-être de ce qu'elle avait passé toute la nuit à s'ajuster, comme font les mariées, qui ne croient jamais avoir assez de temps pour se parer le jour de leurs noces. Toute cette troupe s'avançait vers une espèce de théâtre couvert de rameaux, qu'on avait dressé à côté d'un pré où les épousailles se devaient faire, et d'où l'on pouvait plus commodément voir les jeux et les danses. Dans le temps qu'ils arrivaient au pied du théâtre, on entendit derrière eux de grands cris, et une voix éclatante qui leur dit : « Attendez, attendez, vous êtes bien pressés. » Et, comme ils tournèrent la tête, ils virent que celui qui criait ainsi était un homme vêtu d'une longue jaquette noire, bordée de bandes cramoisies parsemées de flammes ; il avait sur la tête une couronne ou guirlande de cyprès, et dans la main un grand bâton ferré par un bout ; et comme il approcha plus près, tout le monde le reconnut pour Basile, et on commença à craindre quelque triste événement, le voyant dans un lieu où l'on ne croyait pas qu'il dût se trouver. Il arriva enfin tout essoufflé, et, sitôt qu'il fut devant les accordés, il ficha son bâton en terre, et pâle et tremblant, et les yeux attachés sur Quitterie, il lui dit d'une voix enrouée : « As-tu oublié, ingrate Quitterie, que tu m'avais donné ta foi, et que tu n'étais point en état de prendre un autre mari tant que je serais au monde? M'as-tu jamais trouvé infidèle, et peux-tu me reprocher qu'en attendant que je me visse en état de t'épouser, j'aie rien fait contre l'amitié que je te dois, ni que je t'aie fait quelque proposition qui pût t'offenser! Qui t'oblige donc à fausser ta parole, et pourquoi veux-tu donner à un autre un bien qui m'appartient, sans qu'il ait d'autre avantage sur moi que celui que le hasard peut donner à qui lui plaît? Mais qu'il en jouisse, puisque tu le souhaites : je vais le délivrer de tout ce qui lui faisait obstacle, et le rendre heureux aux dépens de ma vie. Vive, vive le riche Gamache avec l'ingrate Quitterie! et meure le triste Basile, que sa pauvreté rend indigne d'elle! » En achevant ces paroles, il tira une courte épée qui était cachée dans son bâton, et, ayant mis la poignée contre terre, il se jeta sur la pointe, qui sortit derrière son dos toute sanglante, et il demeura étendu et nageant dans son sang. Les amis de Basile accoururent à ce funeste spectacle, déplorant son malheur. Don Quichotte se jeta aussi à terre, et, courant à Basile, qu'il trouva encore en vie, il le prit entre ses bras, et se mit à lui parler. Ses amis, voyant qu'il n'était pas mort, voulaient tirer l'épée qu'il avait dans le corps, mais le curé n'y voulut pas consentir qu'il ne se fût confessé, disant qu'on ne pouvait arracher l'épée sans lui arracher en même temps la vie. Lors Basile, comme revenant à lui, dit d'une voix languissante et avec un soupir : « Cruelle Quitterie! au moins si tu voulais me donner ta main dans le triste état où je suis, la consolation de me voir à toi diminuerait les peines et la douleur que je sens. Fais cet effort... — Eh! mon enfant, interrompit le curé, il n'est plus temps de penser aux choses de ce monde; songez seulement à vous réconcilier avec Dieu, et à lui demander sérieusement pardon d'une résolution si désespérée. — J'avoue que je suis désespéré, repartit Basile. » Et il ajouta quelques paroles qui firent croire qu'il ne se confesserait point s'il n'obtenait de Quitterie la grâce qu'il lui demandait, disant que cela lui pourrait donner le temps de se reconnaître, et que peut-être il reprendrait ses forces, qu'il sentait diminuer. Ce qu'entendant don Quichotte, il dit à haute voix que la demande de Basile était juste et raisonnable, et d'autant plus aisée à accorder, que Gamache n'avait pas moins d'honneur à prendre Quitterie veuve d'un si honnête homme, que s'il la recevait des mains de son père. « Et à cela, ajouta-t-il, il n'y a qu'un oui à proférer, qui ne doit pas faire beaucoup de peine, puisque le lit nuptial de Basile et sa sépulture ne seront qu'une même chose. »

Gamache, qui voyait et entendait tout cela, se trouvait si embarrassé, qu'il ne savait que dire ni faire; mais les amis de Basile le prièrent tant de consentir que Quitterie donnât la main à leur ami mourant, quand ce ne serait que pour sauver son âme, qui serait en danger de se perdre par son désespoir, qu'ils le touchèrent et l'obligèrent enfin de dire que si Quitterie le voulait bien, il y consentait, puisque ce n'était que différer d'un instant l'accomplissement de ses propres désirs. En même temps ils s'approchèrent tous de Quitterie, et, les uns les larmes aux yeux, les autres avec des paroles obligeantes, et à force de supplications, tâchèrent de l'émouvoir, lui faisant connaître qu'elle ne se faisait nullement tort, et que c'était bien peu de chose que d'accorder cette dernière grâce à un homme qui n'en pouvait jouir qu'un moment. Mais Quitterie, tout étonnée et presque insensible, témoignait par son silence ou qu'elle ne voulait pas répondre, ou qu'elle ne savait à quoi se résoudre; et l'on n'en aurait peut-être pas tiré une parole si le curé ne lui eût dit qu'il fallait se déterminer, et que Basile ayant la mort sur les lèvres, il n'y avait point de temps à perdre. Alors la pauvre fille, toute tremblante, s'approcha lentement de Basile, qui, les yeux troublés et respirant à peine, murmurait entre ses dents le nom de Quitterie, et faisait craindre à tout le monde qu'il ne mourût désespéré. Enfin Quitterie, étant tout proche de lui, se baissa, et lui demanda sa main, mais seulement par signes, comme n'ayant pas la force de parler. Basile ouvrit les yeux, et, les tournant languissamment sur Quitterie : « Oh Quitterie, lui dit-il, quand t'avises-tu d'avoir de la pitié? lorsqu'elle m'est inutile, et que tu crois sans doute que c'est le dernier coup qui doit terminer ma vie, car enfin je n'ai qu'un moment à jouir de l'avantage d'être ton époux, et rien ne peut arrêter la douleur qui va me mettre au tombeau. Au moins, je te supplie, ne fais point cette action pour te délivrer seulement de l'importunité de ceux qui l'en prient et qui la trouvent juste; et en même temps que tu me demandes ma main, et que tu m'offres la tienne, ne songe point à m'abuser encore une fois; parle comme si tu n'étais point forcée, et dis-moi sincèrement que tu me reçois comme ton époux et de la même manière que nous nous étions donné une foi mutuelle, car ce serait une chose bien indigne que, dans le triste état où tu m'as réduit, tu feignisses encore avec moi après m'avoir toujours trouvé si fidèle et si sincère. » Il parla avec tant de peine et d'un ton si languissant, qu'il n'y avait personne qui ne crût qu'il allait expirer à chaque parole. Quitterie, s'efforçant apparemment pour rassurer Basile, et prenant un tout autre visage, où il paraissait pourtant encore un peu de confusion, prit de la main droite celle de ce malheureux amant, et lui dit : « Rien n'est capable de forcer ma volonté, Basile, et c'est aussi d'un esprit libre que je te donne ma main et que je reçois la tienne, s'il est vrai que tu me la donnes avec la même franchise et qu'il te reste assez de liberté d'esprit pour savoir ce que tu fais. — Oui, je te la donne sincèrement, répondit Basile, et avec l'esprit aussi sain et aussi entier que le ciel me l'a donné, et c'est de tout mon cœur que je te reçois pour ma femme. — Et moi, ajouta Quitterie, je te reçois pour époux : meurs désormais en paix. — Il me semble, dit Sancho, que ce jeune homme parle beaucoup pour être si blessé; il faudrait qu'on le laissât en repos, afin qu'il songeât au salut de son âme : car un homme qui a la mort sur les lèvres n'a pas trop de temps à perdre. » Cependant le curé, pour donner tout contentement à Basile, s'approcha de lui pendant qu'il tenait encore la main de Quitterie, et, tout attendri d'un si triste spectacle et les larmes aux yeux, il leur donna la bénédiction, priant Dieu qu'il reçût en paix l'âme du nouveau marié. Mais ce qu'il y eut d'admirable, c'est que Basile n'eut pas plutôt reçu la bénédiction nuptiale qu'il se leva promptement sur ses pieds, et se tira en même temps l'épée qu'il avait dans le corps. Tous les spectateurs demeurèrent dans une étrange admiration d'une chose si étonnante, et il y en eut d'assez simples qui commencèrent à crier : « Miracle! miracle! » Mais Basile s'écria d'une voix saine et plus forte que les autres : « Non pas miracle, mais adresse, mais industrie! »

Le curé, encore plus surpris que les autres, lui porta les deux mains sur sa plaie; et, après avoir tâté, il vit que l'épée ne lui avait nullement percé le corps, mais qu'elle était entrée dans un canon de fer-blanc qu'il avait accommodé avec tant d'artifice, comme il l'a dit depuis, que le sang ne pouvait s'y congeler; en un mot, le curé, Gamache et ses amis, reconnurent qu'on les avait joués. Pour la nouvelle mariée, elle n'en témoigna pas le moindre déplaisir; au contraire, voyant que l'on disait que le mariage était frauduleux et ne serait pas valable, elle dit qu'elle le confirmerait de nouveau : ce qui fit penser à tout le monde que la fourberie avait été concertée entre elle et Basile. Gamache et ses amis en furent si irrités, qu'ils en voulurent prendre vengeance sur l'heure, et, mettant l'épée à la main, ils attaquèrent Basile, en faveur de qui on vit dans un moment un grand nombre d'épées nues. Don Quichotte, voyant le désordre, monta sur son bon cheval, la lance au poing, et bien couvert de son écu, se jeta entre eux et se fit faire place, pendant que Sancho, qui a toujours mortellement haï les querelles, se retirait du côté des marmites, ne doutant point que ce ne fût un asile pour qui tout le monde aurait le même respect que lui. « Arrêtez! messieurs, arrêtez! cria don Quichotte : il ne faut pas songer à se venger des tromperies que fait faire l'amour, car l'amour et la guerre sont la même chose; et comme dans la guerre il est permis de se servir de ruses et de stratagèmes pour vaincre l'ennemi, les rivaux peuvent aussi les employer dans les différends qu'ils ont en amour et pour se supplanter l'un l'autre, pourvu qu'il n'en rejaillisse rien sur la personne aimée. Quitterie était à Basile, et Basile à Quitterie : le ciel l'avait ainsi ordonné. Gamache est riche, et il trouvera assez de femmes; pour Basile, que la fortune n'a pas mis en état de choisir, quoiqu'il ne soit pourtant pas à plaindre, il est injuste de vouloir lui ravir la sienne, d'autant plus que personne ne doit penser à séparer ce que le ciel a joint; et le premier qui sera assez hardi pour l'entreprendre, je lui déclare qu'il faudra auparavant m'arracher cette lance. » Sur cela, il commença à la remuer avec tant de vigueur et de force, qu'il jeta l'épouvante dans l'esprit de tous ceux qui le regardaient; et la colère de Gamache s'étant tout d'un coup changée en mépris pour Quitterie, il ne pensa plus qu'à l'ôter de sa mémoire, si bien qu'avec les conseils du curé, qui était un homme prudent, lui et tous ceux de son parti s'apaisèrent et remirent l'épée au fourreau, blâmant bien plus la légèreté de Quitterie que l'artifice de Basile. Après y avoir même bien pensé, Gamache, considérant que Quitterie, qui avait aimé Basile étant fille, pourrait bien l'aimer encore, étant mariée, trouva qu'il n'était pas trop malheureux de n'être point son mari; il se consola entièrement, et, pour faire voir qu'il n'avait aucun ressentiment de ce qui s'était passé, il voulut que la fête s'achevât comme s'il y eût toujours eu le même intérêt. Mais Basile, Quitterie et ceux de leur parti se retirèrent à la maison de Basile, qui malgré sa pauvreté, eut tout sujet de se réjouir de son bonheur, et de voir qu'il n'avait pas moins d'amis qu'en avait Gamache avec toutes ses richesses. Ils emmenèrent aussi avec eux don Quichotte, qui leur parut un homme de considération et de valeur, et qui n'eut pas de peine à se résoudre à suivre le parti de Basile. Pour ne pas mentir, Sancho ne suivit son maître qu'à regret : il ne pouvait se consoler d'être obligé d'abandonner les grands préparatifs du festin de Gamache, qui fut magnifique pour un festin de village, et dura jusqu'à la nuit. Il s'en allait triste et mélancolique sur son âne, le regardant fixement entre les deux oreilles, sans dire jamais une seule parole; et quoiqu'il ne pût pas avoir grand'faim, parce qu'il avait avalé presque toute son écume, l'abondance qu'il laissait derrière lui lui revenait toujours dans l'esprit, et il soupirait de temps en temps, se laissant conduire par le grison, qui suivait gaiement les pas de Rossinante.

XI

De la grande et inouïe aventure de la caverne de Montesinos.

Au bout de trois jours que nos aventuriers demeurèrent à faire bonne chère chez les nouveaux mariés, don Quichotte, qui se lassait déjà d'une vie oisive et si contraire à sa profession, pria le bachelier, avec qui il était venu, de lui donner un guide pour le mener sur le chemin de la caverne de Montesinos, où il mourait d'envie d'entrer, et de voir lui-même à découvert toutes les merveilles qu'on en contait dans le pays. Le bachelier lui dit qu'il lui donnerait un de ses cousins, qui était un garçon fort savant, et aimait extrêmement les livres de chevalerie, qui le mènerait de bon cœur jusqu'à l'entrée de la caverne, et lui enseignerait les sources du Ruidera, si fameux dans toute l'Espagne, et qu'il ne s'ennuierait pas dans la compagnie de ce jeune homme. Il envoya quérir aussitôt le cousin, qui vint sur-le-champ, monté sur une jument poulinière; et Sancho ayant amené Rossinante, et bien fourni son bissac, ils prirent tous congé de la compagnie et suivirent le chemin de la caverne de Montesinos. Comme ils marchaient, don Quichotte demanda à son guide quels étaient sa profession et son exercice. « Monsieur, répondit-il, je suis rhétoricien de profession, et il est peu de choses que je ne puisse enseigner. — En ce cas, dit Sancho, vous pourriez bien me dire quel est le premier homme qui s'est gratté la tête : pour moi, je m'imagine que c'est Adam, notre premier père. — Assurément, dit l'autre, car Adam avait une tête et des cheveux, et il y a apparence qu'étant le premier homme, il a senti le premier de la démangeaison. — C'est mon sentiment, dit Sancho; mais, monsieur, qui est-ce qui a volé le premier? — En vérité, mon compère, répondit le bachelier, je ne saurais bien résoudre cela pour l'heure, et il faut que je cherche auparavant. — Écoutez, monsieur, dit Sancho, je viens de le trouver; le premier voleur du monde fut Lucifer, car, quand il fut chassé du ciel, il s'en alla volant jusque dans les abîmes. — Vous avez raison, compère, dit le bachelier. »

Nos voyageurs passèrent la journée en de semblables plaisanteries; et la nuit étant venue, ils allèrent loger dans une métairie, d'où le savant guide dit à don Quichotte qu'il n'y avait pas plus de deux lieues jusqu'à la caverne de Montesinos, et qu'il fallait faire provision de cordes s'il avait envie de descendre jusqu'au fond. « Songes-y, Sancho, dit don Quichotte, car je suis résolu d'en voir le bout, quand elle devrait aller jusqu'aux antipodes. » Sancho acheta près de deux cents brasses de corde, et, le jour suivant, ils arrivèrent sur les deux heures après-midi à l'entrée de la caverne, dont la bouche est large et spacieuse, mais si pleine d'épines et de broussailles entrelacées, qu'elle en est presque toute couverte. Don Quichotte ne fut pas plus tôt arrivé, qu'il se jeta vite à terre, et les deux autres en ayant fait autant, ils l'attachèrent avec les

Il se laissa couler, vigoureusement soutenu par Sancho et le guide qui tenaient la corde.

cordes. Pendant qu'ils le liaient : « Monsieur, dit Sancho à son maître, avant de vous embarquer, prenez bien garde à ce que vous faites : que sait-on si vous n'allez point vous enterrer tout en vie ! J'ai vu cent fois en ma vie mettre rafraîchir des bouteilles dans un puits, dont il n'en revenait pas une qui ne fût estropiée ; et quel intérêt avez-vous d'aller voir ce qui se passe là bas dans un endroit qui n'a peut-être point de fond ? — Attache-moi seulement, mon pauvre ami, répondit don Quichotte : assurément cette entreprise m'est réservée. » Se voyant bien lié et prêt à descendre : « Ah ! nous avons fait une grande faute, dit-il, de n'avoir pas apporté une clochette pour vous avertir en cas de besoin ; mais il n'y a point de remède , me voilà entre les mains de la fortune, qui aura soin de me conduire. » Il se jeta alors à genoux, et, ayant fait une prière fort courte et tout bas, pour demander le secours du ciel dans une aventure aussi périlleuse, il se leva et dit à haute voix : « O reine de toutes mes actions et de mes plus secrètes pensées, illustre et nonpareille Dulcinée du Toboso, s'il est possible que les prières de ton chevalier aillent jusqu'à toi, je te prie par cette beauté incomparable dont tu m'as charmé, de ne pas me refuser ta protection et ta faveur dans une occasion où j'en ai tant besoin. Je vais me précipiter dans cet abîme par la seule ambition de faire quelque chose digne de ta grandeur, et pour faire connaître à tout le monde que ceux que tu favorises ne trouvent rien d'impossible. »

Ces paroles achevées, il s'approcha du bord de la caverne, et, voyant qu'il n'y avait pas moyen d'y entrer tant elle était couverte, il mit l'épée à la main et commença à couper les broussailles et les épines, mais il n'eut pas donné quatre ou cinq coups qu'il en sortit une infinité de corbeaux, de corneilles et de chauves-souris, et avec tant d'impétuosité qu'elles le renversèrent ; s'il eût été aussi superstitieux qu'il était bon chrétien et franc chevalier, il aurait pris ce prodige pour un mauvais augure et n'aurait pas tenté l'entreprise ; mais il se leva avec un courage intrépide, et, voyant qu'il ne sortait plus d'oiseaux, il se laissa couler à l'aide du guide et de Sancho, qui tenaient la corde. Sancho, le voyant descendre, lui donna sa bénédiction et faisant sur lui mille signes de croix : « Dieu te conduise, lui dit-il, avec Notre-Dame de Paris et la Sainte-Trinité de Gaëte, la fleur, la crème et l'écume des chevaliers errants ! Va en paix, la vaillance du monde, bras de fer et cœur d'acier ; Dieu te guide et te ramène sain et sauf de tous tes membres, et qu'il te fasse jouir encore une fois de la lumière que tu quittes sans sujet pour t'ensevelir dans cette obscurité. »

Pendant que Sancho et le guide faisaient chacun de leur côté de semblables prières, don Quichotte descendait, criant qu'on lâchât toujours la corde ; et, quand ils virent enfin qu'ils avaient lâché les deux cents brasses et qu'on n'entendait plus la voix, ils furent d'avis de retirer don Quichotte ; ils furent néanmoins près d'une demi-heure à attendre, et au bout de ce temps-là ils commencèrent à tirer la corde, mais avec beaucoup plus de facilité qu'ils ne l'avaient lâchée, ce qui leur fit croire que don Quichotte était tombé dans le fond de la caverne ;

et Sancho n'en doutant presque point, il pleurait à chaudes larmes, et tirait le plus vite qu'il pouvait pour s'éclairer davantage. Enfin, après avoir tiré près de cent soixante brasses ils sentirent la corde plus pesante, ce qui leur donna une joie extrême, et Sancho, regardant en bas, aperçut distinctement don Quichotte, à qui il dit : « Soyez le bien-venu, monsieur! nous croyions déjà que vous étiez demeuré pour les gages. » Mais don Quichotte ne répondit point; et, quand il fut tout en haut, ils virent qu'il avait les yeux fermés comme s'il eût été endormi. Ils le délièrent et l'étendirent à terre sans qu'il s'éveillât; mais enfin ils le tournèrent et le remuèrent tant qu'il revint un peu à lui, frottant ses yeux, et s'allongeant comme si on l'eût tiré d'un profond sommeil. Après avoir regardé de toute part comme un homme éperdu : « Ah! que vous m'avez fait grand tort, dit-il, mes amis! vous m'avez privé de la plus douce vie et de la plus agréable vue du monde. C'est à présent que j'achève de connaître que tous les plaisirs de cette vie passent comme un songe. O malheureux Montesinos! ô Durandard, lâchement blessé! ô infortunée Belerme! ô déplorable Guadiana, et vous, tristes et misérables filles de Ruidera, qui faites voir par vos eaux l'abondance de celles que vos beaux yeux ont versées! » Le guide et Sancho, tout étonnés d'entendre ces paroles, que don Quichotte proférait comme s'il eût été pénétré d'une profonde douleur, le supplièrent de leur en apprendre le sens et ce qu'il avait vu dans cet enfer. « N'appelez point ce lieu un enfer, répondit don Quichotte; ce nom le déshonore et ne lui convient nullement, comme vous verrez tout à l'heure. Cependant donnez-moi quelque chose à manger, je vous prie; je ne crois pas avoir jamais eu tant de faim. » Sancho lui mit vite le couvert sur l'herbe, c'est-à-dire un morceau de tapis que le guide mettait sur la selle de sa jument, et, ayant vidé leurs besaces, ils mangèrent tous trois avec beaucoup d'appétit, parce qu'ils n'avaient rien mangé de toute la journée. Le repas fini et la nappe levée, don Quichotte dit : « Ne vous levez point, mes enfants, mais écoutez avec attention ce que je vais vous dire. »

XII

Des choses admirables que l'intrépide don Quichotte avait vues dans la caverne de Montesinos.

Il était environ quatre heures après midi, et le soleil, caché sous des nuages épais, ne lançait que de faibles rayons qui n'empêchaient pas qu'on ne jouît de la fraîcheur du lieu. C'est ce qui avait fait arrêter là don Quichotte, qui commença ainsi à entretenir ses illustres auditeurs des merveilles inouïes de la caverne de Montesinos.

« A douze ou quinze brasses du fond de cette caverne on découvre, sur la main droite, une grande concavité large et spacieuse, qui ne reçoit la lumière que par des trous ou crevasses qui se communiquent successivement jusque-là depuis la superficie de la terre. J'ai eu tout le loisir de considérer cet endroit lorsque, m'ennuyant de me voir si longtemps pendu à cette corde, et las de descendre toujours sans savoir où j'allais, je me suis résolu d'y entrer pour prendre un peu de repos. Je vous ai crié dans ce temps-là que vous ne donnassiez plus de corde jusqu'à ce que je vous le dise; mais il faut que vous ne m'ayez pas ouï, si bien que, ramassant la corde qui coulait toujours, j'en ai fait un gros bourrelet et me suis assis dessus, songeant comment je pourrais faire pour descendre jusqu'au fond de cet abîme, n'ayant personne pour me soutenir. Je me suis insensiblement assoupi dans cette pensée; et quelque temps après, sans que je sache comment cela s'est fait, je me suis trouvé dans la plus belle et la plus délicieuse prairie que l'on puisse imaginer. Je me suis cent fois frotté les yeux, doutant si ce n'était point un songe ou si ma vue ne me trompait point; et, ne pouvant me contenter de cette épreuve, je me tâtais la tête et tout le corps pour voir si c'était bien moi-même, ou quelque fantôme qu'on eût mis à ma place; mais mes sens et les raisonnements que j'ai faits m'ont toujours assuré que c'était moi, et j'ai vu clairement que je n'en pouvais douter. En même temps s'est offert à ma vue un grand et magnifique palais avec des murailles de cristal, et j'ai vu sortir, par une des deux portes qui se sont subitement ouvertes, un vieillard vénérable qui est venu vers moi. Il avait un manteau qui traînait jusqu'à terre, et sur les épaules une manière de chaperon de docteur, de satin vert; il portait sur sa tête une toque noire, et sa barbe blanche lui passait la ceinture; pour toute arme il tenait dans la main un grand chapelet dont les grains étaient gros comme des noix, et les *pater* ne l'étaient pas moins que des œufs d'autruche. La gravité, la démarche et la mine agréable et sérieuse du vieillard, aussi bien que le reste, m'ont donné beaucoup d'admiration; mais j'ai été encore plus surpris lorsque, s'approchant de moi, il m'a étroitement embrassé et m'a dit : « Il y a très-longtemps, valeureux chevalier don Quichotte de la Manche, que nous t'attendons avec impatience, tout ce que nous sommes de gens enchantés dans cette solitude, afin que tu révèles au monde les prodigieuses merveilles qui sont enfermées dans la caverne de Montesinos, aventure réservée à ton courage invincible et digne de ta résolution. Suis-moi, illustre chevalier, que je te fasse voir les choses étonnantes qu'enferme ce palais transparent dont je suis le gouverneur perpétuel, car c'est moi qui suis le même Montesinos dont la caverne porte le nom. » Le vieillard ne m'a pas plus tôt appris qu'il était Montesinos, que je l'ai prié de me dire si c'est vrai ce que l'on en raconte ici haut, qu'avec une petite dague il avait tiré le cœur de la poitrine de son ami Durandart, et l'avait porté de sa part à Belerme, comme il l'en avait prié en mourant. Il m'a répondu que tout cela était véritable, si ce n'est qu'il ne s'était pas servi d'une dague, mais d'un poignard bien poli et pointu comme une lancette. — Ce poignard-là, interrompit Sancho, était sans doute de la façon de Ramon de Hoces de Séville? — Je ne sais, répondit don Quichotte; il n'y a pourtant pas d'apparence, car ce Ramon est de notre temps, et cette histoire arriva dans le temps de la bataille de Roncevaux ; mais enfin cela n'est de nulle importance. — Vous avez raison, seigneur chevalier, dit le guide, et je vous supplie de continuer votre histoire que j'écoute avec le plus grand plaisir du monde. — Je vous assure que je n'en ai pas moins à la raconter, répondit don Quichotte.

» Étant donc arrivé au palais de cristal, Montesinos me fit entrer dans une salle basse, toute d'albâtre et extrêmement fraîche ; il y avait là un sépulcre de marbre d'un travail admirable, sur lequel était étendu un chevalier en chair et en os, et non pas de marbre ou de bronze, comme on en voit partout ailleurs ; il avait la main droite, qui m'a paru velue et nerveuse, marque de la grande force du cavalier, sur l'endroit du cœur ; et comme je regardais cela avec beaucoup d'attention et d'étonnement : « Voilà mon ami Durandart, m'a dit Montesinos, la fleur et le miroir des braves et des amoureux chevaliers de son temps. Merlin, ce fameux magicien de France, que l'on dit fils du diable, et que pour moi je tiens plus savant que lui, le tient ici enchanté avec moi et quantité d'autres, tant hommes que femmes ; mais comment il nous a enchantés, et pourquoi, c'est ce que personne ne sait. Il le dira lui-même un de ces jours ; et, selon mon opinion, ce jour-là n'est pas loin ; mais ce qui m'étonne le plus, c'est que Durandart rendit le dernier soupir entre mes bras, et que, dès qu'il fut mort, je lui arrachai de mes propres mains le cœur, qui pesait, sans exagération, deux bonnes livres. Et quelle opinion doit-on avoir de la valeur et du courage de mon ami, puisque les naturalistes disent que la grosseur du cœur est une marque de courage ! Ce chevalier étant donc mort, comme je vous dis, comment se peut-il faire qu'il se plaigne et soupire de temps en temps tout de même que s'il était vivant ? »

» Comme Montesinos achevait ces paroles, le malheureux Durandart s'est écrié : « O mon cher cousin Montesinos, la dernière prière que je vous fis, ce fut de m'arracher le cœur sitôt que je serais mort, et de le porter à la belle Belerme. »

» En même temps Montesinos, mettant le genou en terre, et les yeux pleins de larmes, lui a répondu : « Seigneur Durandart, le plus cher de mes parents, j'ai accompli tout ce que vous m'ordonnâtes le funeste jour de votre perte : je vous tirai le cœur le mieux que je pus, sans qu'il en restât la moindre partie ; je l'essuyai promptement avec un mouchoir à dentelle, et je partis sur-le-champ pour m'en aller en France, après vous avoir rendu les derniers devoirs, où je versai tant de larmes, qu'il y en eut assez pour me laver les mains, que j'avais pleines de sang ; et, pour plus grandes enseignes, mon bon parent, mon cher ami, au premier endroit que je trouvai à la sortie de Roncevaux, je jetai un peu de sel sur votre cœur, de crainte qu'il ne se corrompît, et qu'il ne fût pas en état d'être présenté à madame Belerme, que le sage Merlin tient ici enchantée depuis plusieurs années aussi bien que vous et moi, avec Guadiana, votre écuyer, la dame Ruidera, ses sept filles et deux cousines, et encore plusieurs autres personnes de vos amis et de votre connaissance, et, quoiqu'il y ait déjà plus de cinq cents ans que nous sommes ici, il n'est cependant mort pas un de nous, et il ne manque que Ruidera, ses filles et ses cousines, dont les larmes touchèrent si fort Merlin, qu'il les métamorphosa par compassion en autant de fontaines, que ceux qui vivent là haut dans le pays de la Manche appellent les sources de Ruidera, dont il y en a sept qui appartiennent au roi d'Espagne, et deux à un saint ordre, qu'on appelle de Saint-Jean. Guadiana, votre écuyer, qui déplorait aussi continuellement votre malheur, fut changé en un fleuve appelé de son nom. Lorsqu'il commença à couler vers la superficie de la terre, et qu'il connut, en voyant le soleil de l'autre ciel, qu'il s'éloignait de vous, il en eut tant de regret qu'il s'engouffra dans les entrailles de la terre; mais comme il ne peut vaincre son cours naturel, il sort de temps en temps en quelques endroits, et paraît quelquefois aux yeux des hommes. Les sources que j'ai dites mêlent leurs eaux avec les siennes, aussi bien que beaucoup d'autres, et, grossissant son cours, elles l'accompagnent en pompe dans le royaume de Portugal; mais quelque part qu'il aille, il y porte toujours un air triste et mélancolique, négligeant même de recevoir dans ses eaux des poissons de bon goût, tant il craint de faire quelque chose qui ne s'accorde pas avec une douleur si juste que la sienne. Je vous ai déjà dit souvent, mon très-cher cousin, tout ce que je viens de vous dire là; et, comme vous ne me répondîtes point, je m'imagine que vous n'ajoutez point de foi à mes paroles, ce qui me donne un déplaisir extrême. Je veux maintenant vous apprendre une nouvelle qui pour le moins n'augmentera pas vos déplaisirs, si elle n'est pas propre à vous soulager : c'est que vous avez devant vous le chevalier dont le sage Merlin a prédit tant de merveilles, ce grand, ce fameux don Quichotte de la Manche, qui a non-seulement ressuscité la chevalerie errante, mais qui la fait revivre avec beaucoup plus d'éclat, et avec de nouveaux avantages, et de qui nous avons sujet d'espérer qu'il nous tirera du long enchantement où nous sommes retenus, puisque les grandes actions sont réservées aux grands hommes. — Quand cela ne serait point, repartit Durandart d'une voix faible et dolente, quand cela ne serait point, ô mon cher cousin, il faudrait prendre patience et mêler les cartes. »

»Ayant dit cela, il se retourna de l'autre côté et demeura dans le silence, sans proférer depuis une seule parole. Mais en même temps on a entendu de grands cris et de pitoyables gémissements qui m'ont obligé de tourner la tête, et j'ai vu, au travers des murailles de cristal, dans une autre salle, une procession de deux troupes de très-belles demoiselles, toutes de feu, avec des rubans blancs sur la tête; après elles venait une très-belle dame, dont l'air et la gravité faisaient bien connaître qu'elle était au-dessus des autres; elle était aussi vêtue de noir, avec un voile blanc, si long qu'il traînait jusqu'à terre, et son turban était une fois plus grand que ceux de ses compagnes; elle avait de grands sourcils, le nez un peu plat, la bouche grande, mais les lèvres jaunâtres et les dents extrêmement blanches, quoique rares et mal rangées; elle tenait dans ses mains un linge délié où était un cœur embaumé apparemment, tant il me parut sec et flétri. Montesinos me dit que toutes ces demoiselles étaient de la suite de Durandart et de Belerme, avec qui elles sont là enchantées, et que celle qui portait le cœur était Belerme, qui, quatre fois la semaine, fait cette procession avec ses filles, chantant tristement des hymnes lugubres sur le corps et le cœur de son malheureux cousin; et que, si Belerme ne m'avait pas semblé si belle et si charmante qu'on le publie, c'est à cause des ennuis qu'elle a de son enchantement, qui lui rendent les yeux aussi creux, et ternissent entièrement la beauté de son teint; et que sans la douleur continuelle qu'entretient et renouvelle perpétuellement le triste spectacle dont elle est toujours accompagnée, la grande Dulcinée du Toboso, si fameuse dans tout le monde, aurait bien de la peine à lui disputer la beauté et la bonne grâce.

» En voilà assez, seigneur Montesinos, lui ai-je répondu : trêve de comparaison. Belerme a sa beauté et ses avantages, et l'incomparable Dulcinée n'en cède à personne. — Je vous demande pardon, seigneur chevalier, me repartit Montesinos : j'avoue que je me suis un peu avancé en disant que madame Dulcinée avait de la peine à égaler le mérite de Belerme, et, après avoir appris, par le bruit qui s'en est répandu jusqu'ici même, que vous êtes le seigneur don Quichotte, le chevalier de cette illustre dame, je ne devais la comparer qu'avec le ciel ou à elle-même. » Cette soumission de Montesinos a apaisé le trouble de mon esprit, calmé entièrement les impétueux bouillons de ma colère. — Par la mordi, je m'étonne, dit Sancho, que vous n'ayez sauté sur le faux vieillard et que vous ne lui ayez rompu les côtes; il faut que vous soyez devenu bien patient dans l'autre monde ! Comment diable lui avez-vous laissé un poil de la barbe ? — Oh ! je n'avais garde, Sancho, répondit don Quichotte : il faut toujours respecter la vieillesse, particulièrement dans les chevaliers, et surtout en ceux qui sont enchantés ; et pour le reste, nous n'avons rien à nous reprocher l'un à l'autre dans toutes nos demandes et nos réponses. — Mais comment se peut-il faire, monsieur, interrompit le guide, qu'en si peu de temps que vous avez été là-bas vous ayez pu voir et dire tant de choses ? — Et combien y a-t-il que je suis entré dans la caverne ? demanda don Quichotte. — Environ cinq quarts d'heure, répondit Sancho. — Est-ce que tu te moques ! répliqua don Quichotte. Eh ! mon ami, comment cela peut-il être, puisque j'ai vu lever et coucher trois fois le soleil ? — Mon maître peut avoir raison, dit Sancho : car, comme tout ce qui lui arrive se fait par enchantements ; ce que nous avons pris pour une heure lui a pu paraître trois jours et trois nuits. — Cela est aussi vrai, répondit don Quichotte. — Et avez-vous mangé quelque chose, monsieur, pendant tout ce temps-là ? demanda le guide. — Rien du tout, répondit don Quichotte, et je n'en ai pas eu même la moindre envie. — Et les enchantés mangent-ils ? demanda le guide. — Ils ne boivent ni ne mangent, répondit don Quichotte, ni ne font rien de ce que font les autres, il n'y a que les ongles, la barbe et les cheveux qui ne laissent pas de croître. — Mais ne dorment-ils point, mon maître ? dit Sancho. — Pas plus cela que le reste, répondit don

Quichotte ; au moins dans les trois jours que j'ai été là, pas un d'eux n'a fermé l'œil. — Voilà justement ce que dit le proverbe, repartit Sancho : Dis-moi qui tu fréquentes, et je te dirai qui tu es. Vous allez avec des enchantés qui ne mangent ni ne dorment, il ne faut pas s'étonner que vous n'ayez ni dormi ni mangé tant que vous avez été avec eux. Mais, voulez-vous que je vous dise, monsieur, et je vous en demande pardon : de tout ce que vous avez dit là le diable emporte qui en croit rien. — Et pourquoi non ? dit le guide : est-ce que le seigneur don Quichotte est capable de dire des menteries ? et quand même cela serait, aurait-il eu le loisir d'inventer tant de mensonges ? — Ce n'est pas que je croie que mon maître mente, répondit Sancho. — Et qu'est-ce donc que tu crois ? dit don Quichotte. — Je crois, monsieur, répondit Sancho, que le seigneur Merlin ou les magiciens qui ont enchanté toute cette troupe de gens que vous dites vous ont fourré dans la tête par enchantement tout ce que vous nous avez conté et tout ce qui vous reste à dire, et de cela j'en ferais bien serment. — Cela ne serait pas impossible, mon ami, dit don Quichotte ; mais ce n'est pourtant pas vrai, car j'ai tout vu de mes propres yeux, et tout entendu de mes oreilles. Que diras-tu donc, Sancho, de ce que je vais te dire tout à l'heure, qu'entre mille autres merveilles étonnantes que me fit voir Montesinos, et que je te raconterai à loisir dans notre voyage, il me montra trois paysannes qui allaient dansant, sautant dans les prés, dont je reconnus que l'une était Dulcinée, et les autres ses deux compagnes, à qui nous parlâmes à la sortie du Toboso ? Je demandai à Montesinos s'il les connaissait ; il me dit que non, mais que ce devaient être quelques princesses enchantées qui étaient là il n'y avait pas longtemps, et qu'il ne fallait pas que je m'en étonnasse, parce qu'il y avait quantité d'autres dames, les unes enchantées sous différentes figures dès les siècles passés, et les autres seulement depuis peu, entre lesquelles il connaissait la reine Genièvre et la dame Quintagnone, celle qui versait du vin à Lancelot quand il revint d'Angleterre. »

Sancho pensa mourir de rire, quand il entendit don Quichotte parler ainsi ; car il savait la fausseté de l'enchantement de Dulcinée, dont il avait été luimême l'enchanteur. Et, achevant par là de connaître qu'il avait entièrement perdu l'esprit : « Monsieur, lui dit-il, mon cher maître, à la malheure avez-vous descendu dans l'autre monde, et plus malheureusement encore avez-vous rencontré le seigneur Montesinos, qui vous a renversé l'esprit ! Vous vous trouviez bien ici haut avec le jugement sain, comme Dieu vous l'avait donné, disant des sentences à tout bout de champ, et donnant de bons conseils à qui en voulait ; au lieu que vous dites à cette heure les plus grandes folies du monde. — Comme je te connais bien, Sancho, répondit don Quichotte, je ne me soucie guère de ce que tu dis. — Ma foi, ni moi de ce que vous dites, repartit Sancho : je consens que vous me battiez et que vous me tuiez, si vous voulez, pour ce que je viens de dire, si vous n'avez pas envie de vous corriger ! Mais, monsieur, sans rancune, en bonne foi, à quoi avez-vous reconnu madame Dulcinée ? que lui avez-vous dit, et que vous a-t-elle répondu ? — Je l'ai reconnue, dit don

Quichotte, parce qu'elle avait les mêmes habits que lorsque tu me la fis voir. Je lui ai parlé; mais, au lieu de me répondre, elle m'a tourné les épaules et s'est enfuie avec tant de vitesse, que je l'ai perdue de vue dans un instant; et comme j'ai voulu la suivre, Montesinos m'en a empêché en me disant que ce serait inutilement, et qu'il était alors temps que je retournasse en ce monde. Il m'a dit aussi que j'aurai un jour avis de son désenchantement, de celui de Durandard, de Belerme et de tous ceux qui sont enchantés avec eux. Mais ce qui m'a donné le plus de déplaisir de tout ce que que j'ai vu là bas, c'est que, pendant que Montesinos et moi parlions ensemble, une des compagnes de Dulcinée s'est approchée de moi, sans que je la visse venir, et, toute confuse et les yeux pleins de larmes, m'a dit d'une voix basse : « Dulcinée du Toboso, ma maîtresse, baise les mains de votre grandeur, et vous supplie de lui mander de vos nouvelles; et, comme elle est dans une grande nécessité, elle vous prie instamment de lui vouloir prêter douze réales sur ce cotillon de futaine que voilà, et elle vous donne sa parole de vous les rendre dans peu de temps. » J'avoue que j'ai été extrêmement surpris d'un tel message, et me tournant vers Montesinos : « Est-il possible, seigneur Montesinos, lui ai-je dit, que les enchantés de cette importance se trouvent en nécessité ? — Croyez-moi, m'a-t-il répondu, seigneur don Quichotte de la Manche, la nécessité se fourre partout ; elle s'étend de toute part, elle attaque toute sorte de gens et ne pardonne pas même aux personnes enchantées ; et puisque madame Dulcinée vous envoie demander douze réales, il faut qu'elle en ait grand besoin. Au reste, les gages sont bons, et je vous conseille de ne pas la refuser. — Je ne prendrai point de gages, lui ai-je dit, et je ne saurais donner douze réales non plus, car je n'en ai que quatre, qui étaient justement, Sancho, les quatre que tu m'avais données pour donner aux pauvres que nous pourrions trouver en chemin, et que j'ai en même temps données à cette demoiselle : Tenez, lui ai-je dit, je vous prie d'assurer votre maîtresse que j'ai un extrême déplaisir de l'état où elle se trouve, que je ne saurais avoir de joie et de repos tant que je serai privé du bien de la voir et de l'entretenir, et que je la supplie d'accorder la grâce de se laisser voir à son chevalier affligé, qu'elle sait qui l'aime éperdument. Vous lui direz encore que, lorsqu'elle y pensera le moins, elle entendra dire que j'ai fait un serment à l'imitation de celui du duc de Mantoue, qui, ayant trouvé au milieu de la montagne son cousin Baudouin près d'expirer, jura de ne manger pain sur nappe et autres choses de cette nature, jusqu'à ce qu'il l'eût vengé ; je jure aussi de ne prendre jamais de repos et de parcourir toutes les parties du monde, y en eût-il mille, avec plus d'exactitude que ne les parcourut l'infant don Pedro de Portugal, jusqu'à ce que j'aie désenchanté sa grandeur. — Vous devez bien cela à ma maîtresse, et encore davantage, a répondu la demoiselle. » Puis, ayant pris les quatre réales, au lieu de révérence, elle a fait une cabriole de plus de quinze pieds en l'air. — Eh ! sainte Marie ! s'écria Sancho, levant les mains par dessus sa tête, est-il possible que les enchanteurs et les enchantements aient eu assez de force pour gâter le meilleur esprit de la Manche !

Mon maître, mon cher maître, pour l'amour de Dieu, revenez à vous et ne vous amusez point à des folies qui vous troublent le jugement. — L'affection que tu as pour moi, mon pauvre Sancho, te fait parler de la sorte, dit don Quichotte ; et, comme tu n'as pas l'expérience des choses du monde, tu tiens pour impossibles toutes celles qui ne sont pas aisées à faire ; mais il viendra un autre temps, comme je l'ai dit, et je te conterai des choses si étonnantes de ce que j'ai vu là bas, que tu ne pourras plus douter de celles que je viens de dire. »

XIII

La barque enchantée.

Après avoir cheminé deux jours, nos aventuriers se trouvèrent sur les bords de l'Èbre. Ce fut un grand plaisir pour don Quichotte de voir ce beau fleuve ; il ne pouvait se lasser de considérer la beauté de ses rivages, l'abondance et la pureté de ses eaux, la tranquillité de son cours ; et cette agréable vue rappelant dans son esprit mille pensées, et en particulier ce qu'il avait vu dans la caverne de Montesinos, il se laissait aller à une douce et profonde rêverie.

En marchant de la sorte, il aperçut sur le bord de la rivière un petit batelet sans rames et sans voiles attaché à un tronc d'arbre ; il regarda de tous côtés, et ne voyant personne, il se jeta promptement à terre et dit à Sancho de descendre et d'attacher leurs montures à un saule qui était près de là. Sancho lui demanda pourquoi il descendait si brusquement de cheval et quel dessein il avait. « Il faut que tu saches, frère Sancho, répondit don Quichotte, que ce bateau n'est là que pour m'inviter à y entrer, afin d'aller secourir quelque chevalier ou quelque autre personne qui se trouve dans un extrême péril ; car voilà justement la manière des enchanteurs dans les livres de chevalerie. Lorsqu'un chevalier de leurs amis se trouve pressé et ne peut se tirer d'affaire que par les mains d'un autre chevalier, ou bien ils envoient à celui-ci un bateau dans lequel il traverse la mer, ou ils l'enlèvent dans une nuée, et en moins d'un instant il est transporté aux lieux où on a besoin de lui, quoiqu'il en fût séparé d'abord de deux ou trois mille lieues d'Allemagne. Voilà, te dis-je, pourquoi ce batelet se trouve ici, où je ne suis pas chevalier errant. Attache donc vite Rossinante et le grison et partons sans perdre de temps, car j'ai résolu de tenter l'aventure, quand tous les moines du monde me viendraient prier de n'en rien faire.

— Puisque vous êtes résolu à cette nouvelle folie, dit Sancho, il ne me reste qu'à baisser la tête et à vous obéir, suivant le proverbe qui dit : Fais ce que ton maître te commande, et assieds-toi à table auprès de lui. Toutefois pour l'acquit de ma conscience, je veux vous avertir que selon moi cette barque n'est point à des enchanteurs, mais à des gens qui pêchent sur cette rivière, où l'on prend les meilleures aloses du monde. » Sancho attachait cependant Rossinante et le grison et les recommandait de tout son cœur aux soins des enchanteurs, extrêmement affligé de les laisser ainsi seuls. En même temps don Quichotte sauta dans la barque, et Sancho l'ayant suivi, il coupa la corde et peu à peu la barque commença à s'éloigner du rivage. Sancho ne se vit pas plus tôt à vingt pas du bord qu'il commença à trembler, croyant qu'il s'allait perdre; mais rien ne lui fit tant de peine que d'entendre braire le grison et de voir que Rossinante se débattait pour se détacher. « Seigneur, dit-il, voilà Rossinante qui s'efforce de rompre son licou pour venir se jeter après nous, et mon âne se désespère de nous voir nous éloigner. O mes bons amis, continua-t-il en les regardant, prenez patience : s'il plaît à Dieu nous nous désabuserons de la folie qui nous entraîne, et nous vous rejoindrons bientôt. » Il se mit ensuite à pleurer avec tant de tristesse que don Quichotte, le regardant de travers, lui dit : « Que crains-tu, misérable, et qu'as-tu à pleurer? qui te poursuit? et que te manque-t-il quand tu te trouves au milieu de l'abondance? que dirais-tu donc si tu marchais pieds nus sur les rochers aigus et tranchants des monts Riphées ou sur les sables ardents des déserts de la Lybie, puisque tu pleures ainsi quand tu es assis à ton aise, et que sans aucune peine tu te laisses insensiblement aller au doux courant de ce fleuve! Mais, console-toi, nous allons bientôt entrer dans le vaste Océan, si nous n'y sommes déjà, car nous avons pour le moins fait sept ou huit cents lieues; et si j'avais ici un astrolabe pour prendre la hauteur du pôle, je te dirais au juste ce qu'il en est; autant que je puis en juger, nous avons passé ou nous sommes sur le point de passer la ligne équinoxiale, qui divise les deux pôles à égale distance. — Et quand nous aurons passé cette ligne, combien aurons-nous fait de chemin? demanda Sancho. — Beaucoup assurément, répondit don Quichotte : en arrivant à la ligne nous aurons parcouru la moitié du globe de la terre qui, selon le compte de Ptolémée, le meilleur de tous les cosmographes, a trois cent soixante degrés, à vingt-cinq lieues par degré, ce qui fait neuf mille lieues de tour. — Par ma foi, Seigneur, dit Sancho, ce monsieur-là compte je ne sais comment, il nous en fait bien accroire; en tout cas nous avons bien fait de laisser Rossinante et le grison, car ils n'auraient pas monté un de ces degrés en six ans. — Je vois bien que tu n'entends pas, Sancho, dit don Quichotte en souriant, et je t'expliquerai cela un de ces jours que nous en aurons le loisir; mais cependant faisons une expérience qui ne nous coûtera guère. Tous ceux qui se sont embarqués à Cadix pour aller aux Indes-Orientales ont remarqué, comme une chose infaillible, que certains animalcules qu'on a quelquefois sur soi, meurent quand on a passé la ligne. Cherche donc par plaisir, puisque nous sommes seuls ici, et si tu trouves quelque être vivant, il est assuré que nous n'avons point passé la ligne, sinon il faut croire que nous sommes par-delà.

— Le croie qui voudra, dit Sancho, mais je ne laisserai pas de faire ce que vous me commandez; car je vois fort bien de mes deux yeux que nous ne sommes pas éloignés du bord de la rivière de plus de quinze pas, à telles enseignes que voilà encore Rossinante et le grison au même lieu où je les ai attachés, et je gagerais bien ma femme et mes enfants, qu'à l'heure qu'il est notre bateau ne remue pas plus que cette butte que voilà devant nous. — Fais seulement la vérification que je t'ai dite, Sancho, reprit don Quichotte, et ne te mêle pas de raisonner : tu ne sais ce que c'est que colures, lignes parallèles, zodiaque, écliptique, pôles, solstices, équinoxe, planètes, signes, points, mesures et climats dont la sphère est composée; et si tu en avais la moindre connaissance, tu verrais clairement que nous avons coupé bien des parallèles et traversé bien des climats. Cherche donc, te dis-je, pour t'assurer toi-même, car pour moi je jurerais bien que tu es net comme la main. » Sancho obéit, et ayant porté tout doucement la main dans son sein, il commença à regarder fixement son maître : « Oh! ma foi, dit-il, seigneur, l'expérience est fausse, ou nous n'avons pas fait le chemin que vous dites; il s'en faut même de beaucoup. — Comment, repartit don Quichotte, as-tu trouvé quelque chose? — Ne vous dis-je pas que l'expérience est fausse, répondit Sancho; » et en même temps il secoua ses doigts dans la rivière.

Cependant la barque glissait insensiblement sans être poussée ni par les enchanteurs ni par aucune intelligence secrète, mais seulement emportée par le cours de l'eau, qui était pour lors fort calme et fort tranquille : mais cela n'empêchait pas don Quichotte de s'imaginer qu'ils allaient plus vite qu'une flèche décochée par la main d'un vigoureux archer. Bientôt apercevant un grand moulin au milieu de la rivière, il dit plein de joie à Sancho : « Ami, nous commençons à découvrir la ville ou le château qui renferme le cavalier, la reine ou la princesse à qui je dois donner du secours. — Hé! quel diable de château ou de ville voulez-vous dire, seigneur? répondit Sancho; ne voyez-vous pas que c'est un moulin? — Tais-toi, s'écria don Quichotte, quoique cela ressemble à un moulin, ce n'en est pas un pourtant. Ne t'ai-je pas dit cent fois que les enchanteurs changent, bouleversent et déguisent toutes choses comme il leur plaît? non pas néanmoins qu'ils les changent réellement et formellement en d'autres, mais ils font en sorte qu'elles paraissent changées, comme l'expérience ne me l'a fait que trop voir en la transformation de Dulcinée, l'unique refuge de toutes mes espérances. »

Cependant la barque étant entrée dans le milieu du courant commença à aller plus vite qu'elle n'avait fait jusque-là, et les meuniers voyant que l'eau allait l'entraîner sous les roues du moulin, sortirent promptement avec de longues perches, criant à pleine tête : « Hé, diable où allez-vous donc, vous autres? êtes-vous désespérés et voulez-vous vous noyer, ou vous faire mettre en pièces sous les roues du moulin? » Don Quichotte ayant considéré les meuniers qui, avec leur visage enfariné et leurs méchants habits couverts de poussière, ne ressemblaient pas mal à des fantômes : « Ne te disais-je pas bien Sancho, que nous étions sur le point d'arriver où je dois faire voir jusqu'où va la force et la vigueur de mon bras? Regarde combien de brigands viennent là pour s'opposer à ma valeur, combien il paraît là de lutins et de fantômes, et combien de créatures hideuses et difformes qui nous veulent épouvanter par leurs grimaces. Ah! nous le verrons tout à l'heure, félons insignes, s'écria-t-il. » Et se levant sur les pieds dans la barque, il menaça les meuniers, leur criant d'un ton fier : « Canaille maudite et mal avisée, mettez tout à l'heure en liberté ceux que vous retenez dans les prisons de ce château, de quelque qualité et condition qu'ils puissent être, car je suis don Quichotte de la Manche, autrement dit le chevalier des Lions, à qui le ciel a réservé la gloire de mettre fin à cette aventure. » Au même instant il tira l'épée et se mit à escrimer dans l'air comme s'il eût déjà été aux mains avec les ennemis, pendant que les meuniers, qui voyaient toutes ces folies sans rien y comprendre, opposaient leurs perches à la barque que le torrent emportait rapidement dans la direction du moulin.

Le pauvre Sancho était à genoux, priant dévotement le ciel qu'il les délivrât de ce péril manifeste; ce qui ne s'opéra effectivement que par une espèce de miracle, et par le secours des meuniers, qui firent tant à la fin, qu'ils détournèrent le bateau, mais non pas si adroitement qu'il ne chavirât avec toute sa charge. Bien en prit à don Quichotte de savoir nager comme un canard; toutefois le poids de ses armes l'emporta deux fois au fond de l'eau; mais il fit de tels efforts, qu'il revint toujours au-dessus. Cependant si les meuniers ne s'étaient jetés à la rivière pour l'en tirer, lui et Sancho, c'en était fait du maître et du valet. On les mit enfin à terre bien mouillés, et aussitôt Sancho, tout tremblant, levant les yeux et les mains au ciel, et faisant quantité de vœux, pria Dieu de tout son cœur de le délivrer à l'avenir des desseins téméraires et extravagants de son maître.

En même temps arrivèrent les pêcheurs qui, voyant leur barque en pièces, se jetèrent sur Sancho pour le dépouiller, et sommèrent don Quichotte de payer le bateau. Notre héros, sans s'émouvoir aucunement, leur répondit avec un grand flegme, qu'il paierait de bon cœur le bateau, mais à condition qu'on lui remettrait entre les mains les gens que l'on retenait injustement dans la forteresse. « Et de quelles gens et de quelle forteresse voulez-vous parler? lui dit un des meuniers : est-ce que vous voulez enlever les gens qui viennent moudre à nos moulins? — C'est folie, dit don Quichotte en branlant la tête, c'est parler aux rochers, que de vouloir faire entendre raison à de semblables canailles : il faut sans doute, continua-t-il, qu'il se soit rencontré ici deux fameux enchanteurs, dont l'un détruit ce que l'autre fait : l'un m'envoie la barque et l'autre la renverse. Dieu y remédiera, s'il lui plaît; voilà le train du monde, ce n'est qu'artifice et que contrariété de toutes parts. Mes chers amis, ajouta-t-il, tournant les yeux vers le moulin, qui que vous soyez, qui gémissez dans les prisons de ce château, pardonnez-moi si, pour mon malheur et le vôtre, je ne puis vous tirer de vos fers; il faut que cette aventure soit réservée à quelque autre chevalier. » Il convint ensuite du prix du bateau avec les pêcheurs, à qui Sancho donna cinquante réaux, soupirant cent fois en les comptant; et quand il eut achevé : « Nous voilà bien en fonds, dit-il; avec deux

Les meuniers sortirent avec de longues perches en criant : Ou allez vous hommes désespérés, avez vous envie de vous faire hacher sous les roues du moulin.

embarquements comme celui-là, nous pouvons bien dire : adieu paniers, vendanges sont faites. » Les meuniers et les pêcheurs ne cessaient d'admirer ces deux hommes, qu'ils trouvèrent extraordinaires, et ils ne pouvaient comprendre ni les paroles de don Quichotte, ni quel dessein il pouvait avoir eu; et les regardant tous deux comme des fous, ils les laissèrent et allèrent reprendre leurs occupations. Don Quichotte et Sancho retournèrent à leurs bêtes, qui ne l'étaient assurément guère plus qu'eux; et voilà le succès qu'eut l'aventure de la barque enchantée.

XIV

De ce qui arriva à don Quichotte avec une belle chasseresse.

Nos gens rejoignirent leurs montures tout chagrins et mélancoliques. Ils montèrent à cheval sans se rien dire, et s'éloignèrent peu à peu de la rivière, don Quichotte enseveli dans ses rêves accoutumés et Sancho dans la pensée de sa fortune qu'il voyait plus éloignée que jamais; car, tout simple qu'il était, il ne laissait pas de reconnaître que les desseins et les actions de son maître étaient, pour la plupart, autant de visions et de chimères, si bien qu'il ne cherchait que l'occasion de s'échapper et de se retirer chez lui; mais la fortune en ordonna autrement qu'il ne pensait, comme nous allons voir.

Il arriva donc que le jour suivant, vers le soir, don Quichotte, au sortir d'une forêt, aperçut au bout d'une verte prairie un assez grand nombre de personnes, qu'il reconnut en s'approchant pour des gens qui chassaient à l'oiseau; il s'approcha encore plus près, et il vit parmi eux une dame élégante, montée sur une haquenée blanche, dont la selle était garnie d'une étoffe verte et brodée en argent. Cette dame était aussi habillée de vert, et en équipage de chasse, mais si noble et si riche qu'on ne pouvait rien voir de plus magnifique et de plus agréable; elle avait un faucon sur le poing, ce qui fit croire à don Quichotte que c'était une grande dame et la maîtresse de tous ces chasseurs, comme elle l'était en effet. Il dit aussitôt à Sancho : « Va, mon fils, saluer de ma part la dame de la haquenée blanche, et lui dis que le chevalier des Lions baise les mains à son extrême beauté, et que si sa Grandeur le trouve bon, il ira les lui baiser lui-même, et la servir en tout ce qu'il plaira à sa Grandeur de lui commander; mais, Sancho, prends bien garde de quelle manière tu parleras, et ne va pas enfourner dans ton compliment cette foule ordinaire de proverbes dont tu regorges à toute heure. — Vous l'avez bien trouvé l'enfourneur, répondit Sancho, c'est bien à moi qu'il faut parler ainsi! c'est peut-être la première fois que je fais des ambassades à de grandes dames? — A l'exception de celle que tu fis à madame Dulcinée, répliqua don Quichotte, je n'en connais pas d'autre, au moins depuis que tu es à mon service. — C'est la seule, il est vrai, dit Sancho; mais un bon payeur ne craint pas de donner des gages, et dans une maison abondante la nappe est bientôt mise; je veux dire que ce n'est pas à moi qu'il faut donner des avertissements, car, Dieu merci, je sais un peu de tout. — Je le crois, Sancho, repartit don Quichotte; va donc à la bonne heure, et Dieu te conduise. »

Sancho partit comme un trait, au grand trot du grison, et étant arrivé auprès de la belle chasseresse, il s'alla jeter à genoux devant elle, et lui dit : « Belle et noble dame, le chevalier que vous voyez là, qui s'appelle le chevalier des Lions, est mon maître, et moi je suis son écuyer, qu'on nomme dans sa maison Sancho Pança. Ce chevalier des Lions, qui s'appelait il n'y a pas longtemps le chevalier de la Triste-Figure, envoie dire à votre Grandeur qu'il vous prie très-humblement de lui donner la permission de venir, sous votre bon plaisir et consentement, vous faire ses offres de service, et accomplir ses désirs, qui sont, à ce qu'il dit et comme je le crois, de servir éternellement votre haute fauconnerie et beauté; et si votre seigneurie lui accorde la permission qu'il demande, elle en recevra une grande faveur, et lui encore plus de contentement.

— En vérité, excellent écuyer, dit la dame, vous vous êtes acquitté de votre commission avec toutes les circonstances et toute la discrétion que demandent de pareilles ambassades. Levez-vous, je vous prie, il n'est pas juste que l'écuyer d'un chevalier tel que celui de la Triste-Figure, dont nous avons déjà une parfaite connaissance, demeure ainsi à genoux : levez-vous, mon ami, et allez dire à votre maître qu'il nous fera beaucoup d'honneur et de plaisir, au duc mon époux et à moi, s'il veut prendre la peine de venir à une maison de plaisance que nous avons ici près. » Sancho se leva, charmé de la courtoisie de cette dame, et ne se sentant presque pas de joie, tant de l'honneur qu'elle lui faisait, que d'apprendre qu'elle avait ouï parler du chevalier de la Triste-Figure, se doutant bien qu'elle ne l'appelait pas le chevalier des Lions, parce qu'il n'y avait pas longtemps qu'il avait pris ce nouveau surnom. « Dites-moi, bon écuyer, ajouta la duchesse, n'est-ce pas de votre maître qu'il circule une histoire intitulée *l'ingénieux chevalier don Quichotte de la Manche*, et n'est-ce pas lui qui a pour dame de ses pensées une certaine Dulcinée du Toboso? — C'est lui-même, madame, répondit Sancho, et cet écuyer dont il est parlé dans l'histoire, et qui se nomme Sancho Pança, c'est moi, à moins que l'on ne m'ait changé en nourrice, je veux dire à l'impression. — Je m'en réjouis extrêmement, dit la duchesse : allez, Pança, mon ami, et dites à votre maître que sa venue sur mes terres m'est des plus agréables, et qu'il ne pouvait rien m'arriver qui me donnât plus de joie. »

Sancho, avec une si favorable réponse, retourna tout joyeux vers son maître, à qui il raconta tout ce que cette dame lui avait dit, élevant jusqu'au ciel sa beauté, sa bonne mine et sa courtoisie. Don Quichotte, ravi de cet heureux commencement, s'ajusta de son mieux, s'affermit sur ses étriers, releva la visière de son casque, et animant Rossinante, il partit pour aller baiser les mains à la duchesse, qui, sitôt que Sancho l'eut quittée, avait fait appeler le duc pour lui conter l'ambassade qu'on venait de lui faire. Ils se préparaient donc tous deux à recevoir notre chevalier : et comme la première partie de cette histoire leur avait appris à le connaître, ils l'attendaient avec plaisir dans le dessein de le traiter selon son humeur, tout le temps qu'ils pourraient le garder, sans le contredire en quoi que ce soit, mais en observant toutes les cérémonies essentielles à la chevalerie errante, dont ils avaient feuilleté les histoires, et qu'ils prenaient même plaisir à lire souvent. Don Quichotte arriva la visière levée ; et comme il fit mine de vouloir mettre pied à terre, Sancho alla vite pour lui tenir l'étrier ; mais il prit si mal son temps, qu'en voulant descendre de son grison il s'embarrassa le pied dans la corde qui lui servait d'étrier, de telle sorte qu'il ne lui fut pas possible de se dégager, et il demeura pendu à cette corde, l'estomac et le visage par terre, tout près de don Quichotte. Notre chevalier croyant que Sancho lui tenait l'étrier, et ne s'étant pas aperçu qu'il venait de tomber, leva la jambe pour descendre, et entraînant avec lui la selle, qui devait être mal sanglée, il tomba rudement entre les jambes de Rossinante, crevant de dépit, et maudissant le pauvre écuyer qui n'avait pas encore pu venir à bout de se dépêtrer.

Les chasseurs, par l'ordre du duc, coururent au secours du maître et du valet, et les relevèrent ; puis don Quichotte, fort incommodé de sa chute, s'en alla, comme il put, en clochant, mettre un genou en terre devant leurs seigneuries. Mais le duc ne voulut point le souffrir dans cette position, il descendit de cheval, l'embrassa et lui dit : « J'ai bien du déplaisir, seigneur chevalier de la Triste-Figure, que votre première visite dans mes domaines vous soit ainsi désagréable ; mais le peu de soin des écuyers, est souvent cause de tels accidents. — L'avantage que j'ai de vous voir, grand prince, répondit don Quichotte, m'est si glorieux, qu'il ne m'importe pas à quel prix j'en jouis. Je me consolerais de ma disgrâce, quand elle m'aurait précipité dans le fond des abîmes, car la gloire de vous avoir vu m'en tirerait avec éclat. Mon maudit écuyer sait mieux délier sa langue pour dire des impertinences, qu'il ne sait attacher la selle sur un cheval ; mais de quelque manière que je me trouve, tombé ou relevé, à pied ou à cheval, je suis absolument à votre service, et le très-humble esclave de madame la duchesse, votre digne compagne, reine de la beauté, et princesse universelle de la courtoisie. — Ah ! de grâce, trêve de flatterie, seigneur don Quichotte de la Manche, dit le duc : tant que madame Dulcinée du Toboso vivra, on ne peut sans injustice louer d'autre beauté que la sienne. »

Sancho Pança, en cet endroit, n'attendit pas que son maître répondit, et prenant la parole : « On ne peut pas nier, dit-il, que Madame Dulcinée du Toboso ne soit fort belle, mais tout le monde ne sait pas où gît le lièvre. J'ai ouï dire à un bon prédicateur, que ce qu'on appelle nature, est comme un potier qui fait des pots d'argile : celui qui en fait un beau, en peut aussi faire deux, trois, et même cent ; aussi, madame la duchesse, en bonne foi, ne le cède en rien à Madame Dulcinée. » Don Quichotte se tournant alors vers la duchesse, lui dit : « Il faut que votre Grandeur s'imagine que jamais chevalier errant dans le monde n'a eu un écuyer plus grand parleur, ni plus plaisant que le mien, et il le fera bien voir si votre haute Excellence veut bien me garder quelques jours à son service. — Que Sancho soit plaisant, répondit la duchesse, je l'en estime davantage, c'est signe qu'il a de l'esprit; car les fines plaisanteries, comme vous le savez, seigneur don Quichotte, ne se trouvent point dans les esprits lourds et grossiers, et puisque le bon Sancho est plaisant, je le tiens désormais pour un homme d'esprit. — Ajoutez, s'il vous plaît, et pour grand bavard, repartit don Quichotte. — Tant mieux, dit le duc, un homme qui parle agréablement ne saurait trop parler; mais pour ne point perdre nous-mêmes le temps en paroles, marchons, et que le grand chevalier de la Triste-Figure nous fasse l'honneur de nous accompagner. — Vos altesses diront, s'il vous plaît, chevalier des Lions, dit Sancho, car il n'y a plus de Triste-Figure. — Des Lions soit, repartit le duc : hé bien! que le chevalier des Lions vienne donc, s'il lui plaît, à un château que j'ai ici près, où madame la duchesse et moi nous lui ferons le meilleur accueil que nous pourrons, comme nous avons accoutumé de faire à tous les chevaliers errants qui nous viennent voir. » Ils montèrent tous à cheval, et commencèrent à marcher, le duc et don Quichotte allant tous deux à côté de la duchesse, qui appela Sancho, et voulut qu'il fût auprès d'elle, parce qu'elle prenait beaucoup de plaisir à l'entendre parler. Notre écuyer ne s'en fit pas prier; il s'alla mêler avec eux, et sans façon prit part à la conversation, ce qui divertit extrêmement le duc et la duchesse, qui étaient ravis d'avoir trouvé les deux hommes les plus extraordinaires qu'on eût jamais vus.

On ne saurait croire la joie qu'avait Sancho de se voir en faveur auprès de la duchesse : car il ne doutait point qu'il ne trouvât chez elle l'abondance, et le compagnon aimant la bonne chère, il n'avait garde de perdre l'occasion de faire bombance quand elle se présentait. Avant qu'ils arrivassent au château, le duc avait pris les devants, et avait déjà averti tous ses gens de la manière dont il voulait qu'on traitât don Quichotte. Aussitôt que celui-ci parut, on vit sortir deux laquais ou valets de pied, vêtus de longues vestes de satin cramoisi, qui prirent le chevalier entre leurs bras, le descendirent de son cheval, et lui dirent que sa Grandeur pouvait aller offrir ses services à la duchesse. Don Quichotte y alla, et après de grands compliments, la duchesse ne voulut descendre qu'entre les bras de son mari, disant qu'elle ne pouvait consentir à charger un chevalier de cette importance d'un si inutile fardeau. Quand ils entrèrent dans une vaste cour d'honneur, deux belles demoiselles s'approchèrent de don Quichotte, et lui jetèrent sur les épaules un riche et long manteau d'écarlate. A l'instant toutes les galeries parurent remplies d'hommes et de femmes, qui crièrent de toute leur force : « Soit le bien-venu la crème et la fleur des chevaliers errants! » Alors on versa des eaux de senteur sur le duc, sur la duchesse et sur le chevalier. Don Quichotte était dans un ravissement incroyable, et pour la première fois de sa vie, il se crut bien réellement un chevalier errant, se voyant traité de la manière qu'il avait lu qu'on traitait les chevaliers errants dans les siècles passés.

Sancho ayant mis pied à terre, suivait la duchesse, et se tenant tout auprès d'elle, il entra dans le château avec les autres; mais sentant quelques remords d'avoir laissé le grison seul, il s'approcha d'une révérende matrone, qui était venue avec d'autres femmes au-devant de la duchesse, et lui dit à voix basse : « Madame Gonzalès, ou comme on appelle votre Grâce... — Je m'appelle Rodrigue de Grijalva, répondit-elle, que souhaitez-vous, mon ami ? — Allez-vous-en je vous prie, à la porte du château, dit Sancho; vous y trouverez mon âne, faites-moi le plaisir de le faire mettre à l'écurie, ou de l'y mettre vous-même, car le pauvre animal est peureux, et ne saurait demeurer seul. — Si le maître n'est pas mieux appris que le valet, nous voilà bien tombées, répondit la dame Rodrigue : allez, mon ami, allez chercher ailleurs des dames qui prennent soin de votre âne; car celles de cette maison ne sont pas accoutumées à ce métier-là. — Oh, oh, répliqua Sancho, vous voilà bien dégoûtée ! N'ai-je pas ouï dire à monseigneur don Quichotte, qui sait toutes les histoires, que quand Lancelot revint d'Angleterre, les princesses prenaient soin de lui, et les demoiselles de son cheval ; et, par ma foi, ma chère dame, pour ce qui est de mon âne, je ne le troquerais pas contre le bidet du seigneur Lancelot. — Frère, répliqua la duègne, si vous êtes bouffon, gardez ces bouffonneries pour ceux qui les trouvent bonnes, et qui vous les paient mieux que moi ; je ne vous en donnerais pas une figue. — Pourtant j'en prendrais bien de vous, répondit Sancho, et je parie qu'elles seraient bien mûres, car si vous jouiez sur le nombre de vos années, sans doute vous ne perdriez pas à soixante. — Impertinent, reprit la dame en colère, si je suis vieille ou non, ce n'est pas à toi que j'en rendrai compte ; voyez ce vilain paysan ! »

La dame Rodrigue parla si haut, que la duchesse l'entendit, et, lui voyant les yeux tout rouges de colère, lui demanda à qui elle en avait. « A qui j'en ai ? répondit-elle : c'est à ce malotru qui m'a priée fort incivilement de mettre son âne à l'écurie, en me disant que de plus grandes dames que moi pansaient le cheval d'un certain Lancelot; et par-dessus le marché, il m'appelle vieille. — Oh ! voilà ce qui me paraît le plus grave, s'écria la duchesse. » Puis se tournant vers Sancho : « Prenez garde, dit-elle, ami Sancho ; la dame Rodrigue est encore jeune, et elle porte ce voile et ce bandeau plutôt parce qu'elle est veuve et pour marquer son autorité, qu'à cause de son âge. — Qu'il m'en arrive mal, Madame, repartit Sancho, si je l'ai dit pour la fâcher ; mais j'ai tant d'amitié pour mon pauvre grison, que j'ai cru ne pouvoir mieux le recommander qu'à cette bonne dame. — Sancho, dit don Quichotte, en le regardant de travers, est-ce ainsi qu'on doit parler dans un lieu comme celui-ci ? — Seigneur, répondit Sancho, chacun parle de ses affaires quand il en sent le besoin : je me suis souvenu ici du grison, et j'en parle ici ; si je m'en étais souvenu dans l'écurie, j'en aurais parlé dans l'écurie. — Sancho a raison, interrompit le duc, et je ne vois pas qu'il soit à blâmer ; mais qu'il ne se mette pas en peine de son âne, on en aura soin comme de lui-même. »

Avec ces plaisanteries qui divertissaient tout le monde, excepté don Quichotte, ils montèrent au château, et on fit entrer notre chevalier dans un grand salon, richement paré de brocart d'or et d'argent, où il fut désarmé par six jeunes demoiselles, qui lui servirent de pages, toutes bien instruites par le duc et la duchesse de la manière dont elles devaient en user avec lui, afin qu'il crût toujours qu'on le traitait en chevalier errant. Don Quichotte désarmé demeura avec ses chausses étroites, et en camisole de chamois, maigre, sec et allongé, les joues creuses et les mâchoires serrées, enfin dans une attitude à faire éclater de rire les demoiselles, si le duc ne le leur eût expressément défendu. Puis don Quichotte ayant été conduit à sa chambre, s'habilla, prit son baudrier de veau marin et sa bonne épée, mit le manteau d'écarlate sur ses épaules, et sur sa tête une toque de satin vert, que lui avaient laissée les demoiselles ; et en cet équipage il rentra dans le salon, où il trouva les six demoiselles rangées en haie, pour le recevoir, ce qu'elles firent avec beaucoup de cérémonies et de révérences. En même temps arrivèrent douze pages avec le maître d'hôtel pour le mener où le duc et la duchesse l'attendaient à dîner. Il marcha au milieu d'eux en grande pompe, jusqu'à une autre salle où étaient un buffet magnifique et une table avec trois couverts seulement. Le duc et la duchesse allèrent le recevoir à la porte. Après bien des politesses de part et d'autre, le duc et la duchesse, et don Quichotte au milieu d'eux, s'approchèrent de la table. Il y eut encore de grandes cérémonies sur la première place ; mais enfin l'opiniâtreté du duc l'emporta sur l'honnêteté de don Quichotte, qui fut contraint de la prendre : le duc et la duchesse se placèrent à ses côtés.

Le dîner achevé, comme on commençait à desservir, entrèrent quatre demoiselles, dont l'une portait un bassin d'argent, l'autre une aiguière, la troisième deux très-belles serviettes, et la dernière avait les bras retroussés jusqu'aux coudes, et portait une boîte d'argent avec des savonnettes de senteur. La demoiselle qui avait les serviettes s'approcha de don Quichotte, et en mit une sur lui, qu'elle lui attacha derrière le cou : ensuite celle qui était chargée du bassin, après avoir fait une profonde révérence, le lui mit sous le menton, et demeura là, le tenant entre ses mains. Don Quichotte était tout surpris d'une cérémonie si extraordinaire ; mais, croyant sans doute que c'était l'usage du pays de laver la barbe au lieu des mains, il tendit le cou sans rien dire. En même temps on versa de l'eau dans le bassin, et celle qui tenait la savonnette se mit aussitôt à laver et à savonner, de toute sa force, non seulement la barbe du patient chevalier, mais tout le visage et les yeux mêmes, qu'il fut obligé de fermer. Le duc et la duchesse, qui n'étaient avertis de rien, se regardaient l'un l'autre, et attendaient comment finirait une si étrange lessive. Cependant la demoiselle barbière après avoir lavé son homme, lui avoir mis un doigt de savon sur le visage, feignit que l'eau manquait, et dit à sa compagne d'en aller quérir, et le seigneur don Quichotte demeura dans un état à faire mourir de rire, le cou long et chargé de poil avec de gros flocons d'écume, tout le visage de même, et les yeux fermés. Les demoiselles qui jouaient ce tour, tenaient les yeux baissés sans oser regarder le duc et la duchesse, qui, de leur côté, quoiqu'ils ne fussent pas trop contents de cette plaisanterie qu'ils n'avaient pas ordonnée, ne savaient pourtant s'ils devaient se fâcher, et avaient toutes les peines du monde à s'empêcher de rire, en voyant la ridicule figure du chevalier. Enfin l'eau étant venue, on acheva de laver don Quichotte, et celle qui tenait le linge l'essuya, et le sécha tout doucement et à loisir, comme si elle eût craint de blesser cette carcasse. Alors toutes quatre firent une grande révérence et allaient se retirer; mais le duc, craignant que don Quichotte ne s'imaginât qu'on se moquait de lui, appela la demoiselle qui portait le bassin : « Venez donc aussi me laver, dit-il, et surtout prenez garde que l'eau ne manque pas. » La jeune fille, comprit l'intention du duc, et fut le laver et savonner; après l'avoir essuyé, elles firent la révérence, et se retirèrent.

Sancho était demeuré là pour considérer cette cérémonie, et comme elle lui revenait assez : « Hé, morbleu! dit-il à demi-voix, si c'était aussi l'usage de ce pays de laver la barbe aux écuyers, par ma foi ce ne serait pas sans besoin, et je donnerais bien de bon cœur un demi-réal à qui m'y passerait le rasoir. — Que dites-vous là entre les dents, Sancho? demanda la duchesse. — Je dis, madame, répondit-il, que j'avais bien entendu dire que chez les princes on donnait à laver les mains après qu'on a ôté la nappe, mais non pas qu'on savonnât la barbe, et je vois bien qu'il fait bon vivre, on apprend toujours quelque chose; ce n'est pas qu'on ne dise bien aussi que celui qui vit longtemps, a bien à souffrir; mais une lessive comme celle-là fait plutôt du plaisir que du mal. — Ne vous mettez pas en peine, Sancho, mon ami, dit la duchesse, je vous ferai laver, et on vous donnera même une lessive, s'il est besoin. — Je ne serai pas fâché qu'on me lave, répondit Sancho, au moins pour l'heure; une autre fois nous verrons pour le reste.

— Maître d'hôtel, dit la duchesse, qu'on donne satisfaction au bon Sancho, et qu'on ne lui refuse rien de tout ce qu'il demandera. »

Sancho était enchanté des bontés que la duchesse avait pour lui. « Je vois bien, dit-il, que mon maître ne m'a pas trompé dans ce qu'il m'a raconté de la chevalerie errante. J'espère maintenant que toutes ses promesses finiront par s'accomplir, et que moi-même j'attraperai quelque jour ce bon gouvernement dû à mes nombreux services. Qui s'attache à bon arbre en reçoit bonne ombre. Je me suis attaché à la crème des chevaliers, et il y a bien des mois que je vais en sa compagnie : je deviendrai un autre lui-même, si le ciel le permet. Vive lui et vive moi! car les empires ne lui manqueront pas à commander, ni à moi les îles à gouverner. — Non, certainement, s'écria le duc; et moi, au nom du seigneur don Quichotte, je vous donne le gouvernement d'une île que je possède, et qui n'est pas des plus mauvaises. — Va te mettre à genoux, dit don Quichotte, et baise les pieds à son Excellence pour la grâce qu'elle te fait. » Sancho n'eut pas besoin qu'on le pressât pour obéir.

Le maître d'hôtel, à qui la duchesse avait recommandé Sancho, répondit qu'il serait en toute chose servi à souhait, et en même temps il l'emmena dîner. Le duc, la duchesse et don Quichotte demeurèrent seuls, et après s'être quelque temps entretenus, et toujours de matière de chevalerie, la duchesse pria le chevalier de vouloir faire le portrait et la description de madame Dulcinée, lui disant que de la manière dont on parlait de sa beauté, il fallait que ce fût la plus belle créature du monde, et même de toute la Manche. Don Quichotte fit un grand soupir et dit à la duchesse : « Pour vous satisfaire, madame, il faudrait que je pusse exposer à vos yeux le cœur de cet esclave de Dulcinée, où sa beauté est si vivement dépeinte, car ma langue ne pourra jamais suffire à exprimer ce que l'on a bien de la peine à s'imaginer; et comment pourrais-je venir à bout de vous faire une exacte peinture de la beauté de l'incomparable Dulcinée, qui suffirait pour occuper le pinceau de Parrhasius, de Timante et d'Appelles, le burin de Lysippe et le ciseau de Phydias, et tout l'art et toute l'adresse de tous les fameux peintres, sculpteurs et graveurs qui ont fleuri dans le monde? et ne serait-ce pas être téméraire, que d'entreprendre de louer un mérite et des avantages qui sont infiniment au-dessus de toute l'éloquence des plus célèbres orateurs?

— Cependant, seigneur don Quichotte, dit le duc, rien ne vous est impossible, et vous nous obligerez beaucoup de nous en donner pour le moins un premier trait. — Je le ferais de bon cœur, repartit don Quichotte, si la disgrâce qui lui est arrivée depuis peu n'en avait effacé ou confondu toutes les idées dans mon imagination; disgrâce si grande, qu'il y a désormais bien plus sujet de la plaindre que d'en tracer une agréable peinture. Je voulus il y a quelque temps lui aller baiser les mains, lui rendre mes respects et recevoir ses ordres; mais quel spectacle le ciel me réservait! je la trouvai enchantée, de princesse convertie en paysanne, sa beauté changée en une laideur difforme, sa bonne odeur en une puanteur excessive; je cherchais un ange, je trouvai un démon; je croyais trouver une princesse élégante, ce n'était plus qu'une paysanne rustique et grossière; au lieu d'une personne sage et modeste, qu'une effrontée, et enfin au lieu de Dulcinée du Toboso, une créature maussade et effroyable. — Ah! s'écria le duc, qui a pu être assez inhumain, assez cruel pour causer cette affliction à toute la terre, en dérobant la beauté qui en faisait toute la joie et l'ornement?

— Et qui serait-ce, repartit don Quichotte, si ce n'est quelqu'un des maudits enchanteurs qui me persécutent, un de ces magiciens perfides que l'enfer a vomis dans le monde pour obscurcir la gloire et les exploits des gens de mérite, et donner de l'éclat et du lustre aux actions des méchants! Les enchanteurs m'ont persécuté et me persécuteront sans relâche, jusqu'à ce qu'ils aient enseveli et moi et mes hauts faits dans l'abîme profond de l'oubli. Les traîtres ont bien su me percer par où j'étais le plus sensible; ils n'ignorent pas que priver un chevalier errant de sa dame, c'est le priver de la lumière, du soleil qui l'éclaire, de l'aliment qui entretient son esprit et sa vie, de l'appui qui le soutient et de la source féconde d'où il emprunte et tire toute sa vigueur et son courage. Je l'ai déjà dit et je le répète, un chevalier errant sans dame est comme un arbre sans sève, un édifice bâti sur le sable, et un corps privé de la chaleur et du mouvement qui l'animent. — Vous dites vrai, reprit la duchesse, mais s'il faut en croire l'histoire du seigneur don Quichotte, qui a paru depuis quelque temps et obtenu l'applaudissement général, votre seigneurie n'a jamais vu madame Dulcinée ; ce n'est qu'une dame fantastique, qui ne subsiste que dans votre imagination, et à laquelle vous attribuez les perfections et les avantages qu'il vous plaît. — Il y aurait beaucoup à dire là-dessus, répondit don Quichotte : Dieu sait s'il existe ou non une Dulcinée en ce monde, et si elle est réelle ou fantastique ; ce ne sont pas des choses dont il soit besoin d'approfondir entièrement le mystère. Quoi qu'il en soit, je la considère comme une dame qui a tous les avantages requis pour se faire estimer de tout l'univers, belle sans défaut, fière sans orgueil, enjouée avec modestie, agréable, spirituelle et courtoise, illustre enfin par sa naissance et parfaitement belle. — Il faut avouer, seigneur don Quichotte, poursuivit la duchesse, que vous avez un grand art de persuader. Pour moi, je me rends après ce que vous venez de dire, et je soutiendrai désormais partout qu'il existe une Dulcinée du Toboso, qu'elle est vivante, admirablement belle, d'une race illustre, digne, en un mot, des vœux et des services du chevalier des Lions, du grand don Quichotte de la Manche. Néanmoins il me reste toujours malgré moi une espèce de scrupule, et je ne saurais m'empêcher d'en vouloir quelque peu à Sancho ; car on lit, dans l'histoire en question, que ledit Sancho, quand il porta de votre part une lettre à madame Dulcinée, la trouva qui criblait une mesure d'avoine, ce qui, à dire vrai, peut bien faire douter de la grandeur de sa naissance.

— Madame, répondit don Quichotte, il faut savoir que les choses qui m'arrivent, au moins pour la plupart, sont toutes extraordinaires et contre l'usage de celles qui arrivent aux autres chevaliers errants, soit que cela provienne des décrets immuables de la destinée, soit qu'il faille l'attribuer à la malice et à l'envie de quelque enchanteur. C'est une chose avérée, que la plupart des fameux chevaliers errants ont été doués de quelques vertus secrètes, l'un de ne pouvoir être enchanté, l'autre d'avoir la chair impénétrable, comme Roland, l'un des douze pairs de France ; on dit qu'il ne pouvait être blessé que sous la plante du pied gauche, et seulement à l'aide d'une épingle, si bien que quand Bernard de Carpio le vainquit à Roncevaux, il ne put jamais venir à bout de lui ôter la vie avec son épée ; il fut obligé de l'étouffer entre ses bras, comme Hercule avait fait d'Anthée, ce monstrueux fils de la Terre. Il m'est permis d'inférer de là, que je pourrais bien avoir aussi quelque vertu particulière, non pas, il est vrai, celle d'être invulnérable, l'expérience m'a fait voir plusieurs fois que mes chairs sont tendres et trop faciles à pénétrer ; ni celle d'être à l'abri des enchantements, car je me suis vu dans une cage, où le monde entier n'aurait pas été capable de m'enfermer, si ce n'est par la puissance des enchantements. Cependant comme je me suis tiré de celui-là, je veux croire que nul autre ne saurait m'arrêter : aussi ces maudits enchanteurs, voyant qu'ils ne pouvaient exercer leur malice directement contre moi, s'en prennent à ce que j'aime le mieux, et songent à me faire perdre la vie en attaquant celle de Dulcinée, pour qui je vis et respire.

» Je ne doute point non plus que, lorsque mon écuyer lui porta mon message, ils la lui firent malicieusement voir sous la figure d'une laide paysanne, et occupée à un exercice aussi indigne d'elle, que celui de cribler du blé; mais j'ai déjà dit une autre fois que ce n'était ni froment ni orge, mais des perles orientales, et pour preuve, j'apprendrai à vos Excellences que, passant dernièrement au Toboso, je ne pus seulement pas trouver le palais de Dulcinée. Le jour suivant mon écuyer la vit plus belle que l'aurore et que le soleil même, tandis qu'à moi elle parut comme une maussade villageoise, sotte en ses discours et sans modestie ni discrétion, quoiqu'elle soit extrêmement spirituelle, la modestie et la discrétion même. Puis donc que je ne suis point enchanté, ni ne le puis plus être, comme je viens de le prouver, c'est elle qui est enchantée et métamorphosée; c'est sur elle que mes ennemis se sont vengés de moi, c'est à cause de moi qu'elle souffre; je veux donc renoncer à tous plaisirs, et me consumer en regrets et en larmes, jusqu'à ce que je l'aie remise en son premier état. Je suis bien aise d'avoir parlé ainsi, afin qu'on sache qu'il ne faut tenir aucun compte de ce que raconte Sancho, qu'il a vu madame Dulcinée criblant de l'avoine, car si les enchanteurs l'ont transformée pour moi, ils ont bien pu la transformer pour un autre. Dulcinée est illustre et vertueuse, et des plus nobles races de tout le Toboso, où il y en a beaucoup et de très-anciennes; et il n'est pas douteux qu'elle n'ait eu bonne part aux avantages du lieu de sa naissance, puisqu'elle le doit rendre fameux à jamais, comme Troie est aujourd'hui fameuse à cause d'Hélène, et Alexandrie à cause de Cléopâtre, mais à meilleur titre sans comparaison, et avec une réputation plus glorieuse.

» Je dois encore avertir vos Excellences que Sancho Pança est le plus plaisant écuyer qui ait jamais servi chevalier errant : il a quelquefois des naïvetés si subtiles, qu'on ne saurait bien juger si c'est ingénuité ou finesse; quelquefois aussi il a des malices qui font croire qu'il est méchant, et, tout d'un coup, des simplicités qui le feraient passer pour un lourdaud. Il doute de tout, et il croit tout; et souvent quand je m'imagine qu'il va s'embarrasser et se perdre dans ses raisonnements, il s'en tire avec une adresse qu'on n'attendait pas de lui. Enfin je ne le changerais pas pour tout autre écuyer, quand on me donnerait la meilleure citadelle en retour. Néanmoins, en y réfléchissant, je ne sais s'il est à propos de lui confier le gouvernement que vos Excellences ont bien voulu lui promettre; car les emplois d'importance ne sont pas pour toutes sortes de gens. Je ne laisse pas d'entrevoir en lui une certaine aptitude pour gouverner, et en lui aiguisant un peu l'esprit, je pense qu'il fera comme un autre, d'autant plus que nous voyons par expérience qu'il ne faut pas tant d'habileté ni de science pour être gouverneur; nous en avons une quantité qui savent à peine lire, et ne laissent pourtant pas de s'en tirer fort bien. L'important dans une telle charge est d'avoir l'intention droite; on ne manque pas de gens de conseil, et capables de vous diriger dans la voie qu'on doit suivre. Je veux surtout conseiller à Sancho de conserver ses droits, mais sans accabler ses sujets, et lui donner d'autres avis de cette nature que j'ai dans l'esprit, et qui lui seront utiles dans le gouvernement de son île. »

A ce moment, la conversation fut interrompue par un bruit qui se fit dans le château, et l'on vit arriver Sancho dans la salle où se tenait la compagnie, tout effrayé, une serviette grasse au cou, et suivi des marmitons de la cuisine; l'un deux portait un chaudron plein d'une eau si sale, qu'il était aisé de reconnaître que c'était de l'eau de vaisselle, et il poursuivait opiniâtrément Sancho, pour le lui mettre sous le menton, pendant qu'un autre semblait vouloir lui laver le visage. « Qu'est-ce donc que ceci, enfants? dit la duchesse; que voulez-vous à Sancho? ne considérez-vous point qu'il est élu gouverneur? — Ce seigneur ne veut pas être lavé, dit le marmiton, comme c'est la coutume, et comme l'ont été monseigneur le duc et le seigneur son maître.—Si, je le veux bien, repartit Sancho tout en colère, mais je voudrais que ce fût avec du linge plus blanc et de l'eau plus claire, et avec des mains un peu moins crasseuses; il n'y a point tant de différence entre mon maître et moi, qu'il faille me donner une lessive de diable, après qu'on l'a lavé avec de l'eau de rose : les coutumes des pays et des palais des princes ne sont bonnes qu'autant qu'elles ne fâchent personne, mais le lavage dont on use ici ne serait pas bon dans une basse-cour. Je n'ai point la barbe sale, et n'ai pas besoin de tels rafraîchissements; mort de ma vie! le premier qui me touchera un poil de la barbe, je lui donnerai un si grand coup de poing qu'il lui demeurera dans la tête; car ces savonnages ressemblent plutôt à une mauvaise farce qu'à des prévenances envers les hôtes. »

En voyant le courroux et en entendant les propos de Sancho, la duchesse mourait de rire; mais don Quichotte ne prenant pas plaisir à voir son écuyer joué de la sorte, et entouré de cette impertinente valetaille, fit une grande révérence à leurs Excellences, comme pour leur demander la liberté de parler, et dit aux marmitons d'une voix grave : « Holà, seigneurs chevaliers, en voilà assez; retirez-vous, et nous laissez en paix. Mon écuyer est aussi propre qu'un autre, et n'est pas ici pour vous servir de jouet ; croyez-moi, et retirez-vous encore une fois, car ni lui ni moi nous n'entendons raillerie. — Qu'ils viennent s'y frotter, ajouta Sancho, et vous verrez beau jeu! qu'on apporte un peigne et qu'on me râcle la barbe, et s'il s'y trouve quelque ordure, qu'on me l'arrache poil à poil. — Sancho a raison, dit la duchesse, et il l'aura toujours ; il est net et propre, et n'a pas besoin de se laver, et puisqu'enfin nos coutumes ne l'accommodent pas, il est le maître. Pour vous autres, vous êtes des mal appris, des vauriens, de traiter de la sorte des personnes de cette importance. On voit bien que vous ne sauriez vous empêcher de témoigner l'aversion que vous portez aux écuyers des chevaliers errants. »

Les marmitons et le maître d'hôtel même, qui était avec eux, crurent que la duchesse parlait sérieusement, et se retirèrent. Sancho, se voyant délivré de ce grave péril, s'alla mettre à genoux devant la duchesse, et lui dit : « Des grands seigneurs viennent les grandes faveurs, madame la duchesse, et je ne saurais jamais payer celle que je viens de recevoir de votre Excellence, qu'en me faisant armer chevalier errant pour demeurer toute ma vie à son très-humble service. Je suis laboureur, je m'appelle Sancho Pança, j'ai une femme et des enfants, et j'exerce maintenant la profession d'écuyer. Si en quelqu'une de ces choses il m'est possible d'être agréable à votre Grandeur, elle n'a qu'à parler, elle sera aussitôt servie qu'elle aura commandé.

— Il paraît bien, Sancho, répondit la duchesse, que vous avez puisé dans la source de la courtoisie même, et que vous avez été élevé dans le giron du seigneur don Quichotte, qui est la crème et la fleur des civilités et des cérémonies. Heureux le siècle qui possède un tel chevalier et un tel écuyer, dont l'un est la boussole de la chevalerie errante, et l'autre l'étoile de la fidélité écuyère ! Levez-vous, ami Sancho, et vous reposez sur moi ; je récompenserai bientôt toutes vos honnêtetés, en pressant le duc mon époux de vous donner promptement le gouvernement qu'il vous a promis. » La conversation terminée, don Quichotte s'alla reposer, et la duchesse dit à Sancho que s'il n'avait pas grande envie de dormir, il pouvait venir passer l'après-dîner avec elle dans une salle bien fraîche. Sancho répondit que bien qu'il eût coutume de dormir en été ses quatre ou cinq heures l'après-dîner, il s'en abstiendrait néanmoins autant qu'il pourrait pour l'amour d'elle, et afin d'obéir à ses commandements. Le duc sortit en même temps pour donner de nouveaux ordres aux gens de sa maison, sur la manière de traiter don Quichotte, sans s'éloigner en la moindre chose du style de la chevalerie errante.

LIVRE SIXIÈME

XV

De la conversation de la duchesse et de Sancho Pança.

Sancho ne pensa point à dormir cette après-dînée pour tenir parole à la duchesse, qu'il alla trouver dans la salle où elle l'attendait. Sitôt qu'il fut entré, la duchesse le pria de s'asseoir auprès d'elle, ce que Sancho refusa en homme qui savait vivre ; mais la duchesse lui dit qu'il devait s'asseoir comme gouverneur, qu'il parlerait en écuyer, et qu'en cette double qualité il méritait d'être sur le siége même du Cid Rui Dias, ce fameux guerrier. Sancho baissa la tête et obéit, et aussitôt toutes les dames et les filles d'honneur de la duchesse l'environnèrent et demeurèrent dans un grand silence. Ce fut la duchesse qui commença l'entretien. « A présent que nous sommes seuls, dit-elle, je voudrais bien que le seigneur gouverneur m'éclaircît des choses que j'ai trouvé difficiles à entendre dans l'histoire du grand don Quichotte de la Manche. Premièrement, il paraît que Sancho n'a jamais vu madame Dulcinée du Toboso, et qu'il ne lui porta point la lettre que le seigneur don Quichotte lui écrivait de la montagne Noire : cela étant, comment Sancho fut-il assez hardi pour feindre une réponse, et dire qu'il avait trouvé cette dame criblant de l'avoine ? ce qui est non seulement un mensonge, mais une atteinte fâcheuse à la gloire de l'incomparable Dulcinée, et une imposture indigne de la sincérité d'un véritable écuyer. »

A ce discours, Sancho se leva sans répondre une seule parole, et se mettant le doigt sur la bouche, il s'en alla pas à pas, regardant derrière les tapisseries, puis il vint se rasseoir. « Oh ! à cette heure, dit-il, madame, que j'ai vu que personne ne nous écoute, je suis prêt à répondre à ce que vous me demandez, et à tout ce qu'il vous plaira. Premièrement, je tiens monseigneur don Quichotte pour un fou achevé, quoiqu'il ne laisse pas de dire quelquefois des choses si bonnes, à mon avis, et à ce que disent ceux qui l'entendent, que le diable lui-même avec toute sa science, n'en pourrait pas dire de meilleures. Cependant je ne laisse pas de croire qu'il a l'esprit fêlé, et comme je me suis mis cela dans la tête, je lui en fais croire de toutes les façons, comme la réponse de la lettre, et puis ce que j'ai fait l'autre jour, qui n'est pas encore dans l'histoire, j'entends l'enchantement de madame Dulcinée, que je lui ai persuadé, quoique la bonne dame ne soit pas plus enchantée que ne l'est mon grison. » La duchesse pria Sancho de lui faire le récit de cet enchantement, et il raconta comment la chose s'était passée, sans oublier la moindre circonstance, ce qui divertissait fort la duchesse et ses femmes. « De ce que vient de me conter là le seigneur Sancho, dit la duchesse, il se forme un terrible scrupule dans mon esprit ; il me semble que j'entends à mes oreilles une voix qui me dit : Mais s'il est vrai que don Quichotte de la Manche soit un fou fieffé, comment Sancho Pança son écuyer, qui le connaît pour tel, ne cesse-t-il pas de le servir sur la foi de ses vaines promesses ? il faut sans doute que l'écuyer soit encore plus fou que son maître ; et dans cette supposition, feriez-vous bien, madame la duchesse, de donner un île à Sancho Pança ? car celui qui ne sait pas se gouverner, saura encore moins gouverner les autres.

— Pardi, madame la duchesse, cette voix n'a pas tout-à-fait tort, repartit Sancho, et vous pouvez lui dire de ma part que je sens bien qu'elle dit vrai. Si j'avais été sage, il y a déjà longtemps que j'aurais quitté mon maître ; mais il n'y a pas moyen de s'en dédire : là où la chèvre est attachée, il faut qu'elle broute. Puis, voulez-vous que je vous le dise ? nous sommes tous deux du même village, j'ai mangé de son pain, il est bon maître, et je l'aime ; il m'a donné ses poulains, et je lui suis fidèle ; ainsi il ne faut point espérer que jamais nous nous séparions, si ce n'est quand l'inévitable messagère viendra happer l'un ou l'autre. Alors véritablement bonsoir et bonne nuit ; il n'y a si bonne compagnie qui ne se sépare, comme dit le roi Dagobert à ses chiens ; mais si votre Grandeur ne trouve pas bon qu'on me donne le gouvernement que monseigneur le duc m'a promis, ce sera un gouvernement de moins : je ne l'avais point apporté avec moi, et peut-être que ma conscience n'en sera que mieux quand je ne l'aurai point. Tout sot que je suis, j'ai appris que ce fut par son malheur qu'il vint des ailes à la fourmi, et je m'imagine que Sancho écuyer ira bien aussi vite en paradis, que Sancho gouverneur. On mange d'aussi bon pain ici qu'en France, et la nuit tous les chats sont gris. Il faut qu'un homme soit bien malheureux pour n'avoir pas déjeuné à deux heures après-midi, et il n'y a personne qui ait l'estomac deux fois plus grand qu'un autre, et qu'on ne puisse, comme on dit, remplir de paille et de foin. C'est Dieu qui nourrit les petits oiseaux dans les champs, et six aunes de serge tiennent aussi chaud que six aunes de drap fin : quand il faut déguerpir de ce monde, le chemin n'est pas plus beau pour un prince que pour un homme de journée, et il ne faut pas plus de terre pour le corps d'un pape que pour celui de son sacristain, encore qu'il y ait quelque différence de l'un à l'autre. Quand on est entré dans la fosse, on se serre, on se ramasse, ou plutôt on nous fait serrer et ramasser malgré nous et malgré nos dents, et puis après, il n'y a qu'à tirer le rideau, car la pièce est finie. Je reviens donc à dire, madame la duchesse, que si votre seigneurie ne veut pas me donner une île, parce qu'elle croit que je suis un fou, je serai assez sage pour ne pas m'en soucier. J'ai ouï dire que tout ce qui reluit n'est pas or; j'ai ouï dire aussi qu'on avait été prendre le laboureur Bamba dans sa chaumière, pour le faire roi d'Espagne, et qu'on tira d'entre les plaisirs et la richesse le roi Rodrigue pour le donner à manger aux couleuvres, si la chanson ne ment point. — Et pourquoi mentirait-elle? reprit la dame Rodrigue; n'y a-t-il pas une romance qui dit qu'on mit le roi Rodrigue dans une fosse pleine de crapauds, de serpents et de lézards, si bien que deux jours après on l'entendait dire d'une voix dolente : Ils me déchirent! ils me dévorent! Cela étant, ce bon seigneur a sans doute raison d'aimer mieux être laboureur que roi, s'il faut que ceux-ci soient mangés de ces vilaines bêtes. »

La duchesse éclata de rire de la simplicité de la bonne dame Rodrigue, et elle dit à Sancho : « Ami Sancho, vous savez bien que quand un chevalier a une fois promis, il tient sa parole, lui en dût-il coûter la vie; et quoique monseigneur le duc n'aille point chercher les aventures, il est toutefois chevalier, et il accomplira assurément la promesse qu'il vous a faite, malgré l'envie et la malice du monde : prenez donc courage, Sancho, vous vous verrez bientôt en possession de votre gouvernement, logé comme un prince, et couvert de velours et de brocard; tout ce que je vous recommande, c'est de bien prendre garde comme vous gouvernerez vos vassaux qui sont tous gens de bien. — Oh! pour ce qui est de les bien gouverner, répondit Sancho, je n'ai pas besoin qu'on me le recommande, car je suis naturellement charitable; j'ai toujours eu pitié des pauvres, et je ne sais point prendre le levain à celui qui pétrit. Mais aussi, par ma foi, il ne faut pas se jouer à m'en faire avaler : je suis un vieux drille qui entends le jargon, et je sais un peu plus que mon pain manger. Quoi qu'on en dise, il n'est pas besoin de me chasser les mouches de devant les yeux, je les chasse bien moi-même. Ce n'est pas à moi à qui il faut apprendre où le soulier me blesse : je veux dire que les bons trouveront leur compte avec moi, mais, pour les méchants, qu'ils ne s'y frottent pas, car je veux qu'on aille droit en besogne; mais c'en est assez. Je m'imagine pour moi qu'en matière de gouvernement le tout est de bien enfourner, et il pourrait arriver qu'au bout de quinze jours j'entendrais mieux le gouvernement que je ne fais le labourage où j'ai été nourri.

— Vous dites fort bien, Sancho, repartit la duchesse, personne ne naît avec la science infuse, c'est avec des hommes et non avec des pierres qu'on fait des évêques et des papes. Mais pour retourner à l'enchantement de madame Dulcinée, je me persuade et tiens pour assurée que l'idée qu'eut Sancho de tromper son maître en lui faisant croire que Dulcinée était enchantée, ne fut autre chose qu'une malice des enchanteurs qui persécutent le grand don Quichotte; car je sais de très-bonne part que la paysanne qui sauta sur l'âne était la véritable Dulcinée du Toboso, et ainsi le bon Sancho, qui pensait être le trompeur, fut lui-même trompé. Car il est bon que vous sachiez, ami Sancho, que nous avons aussi des enchanteurs en ce pays-ci, qui nous informent très-exactement de tout ce qui se passe dans le monde. C'est eux qui nous ont appris que la paysanne en question est Dulcinée, qu'elle est enchantée, et que, lorsque nous y penserons le moins, elle se montrera dans l'état où elle était auparavant. Alors Sancho sortira de l'erreur où il est aujourd'hui.

— Par ma foi, madame, tout cela peut bien être, dit Sancho, et je commence à croire ce que mon maître raconte de la caverne de Montesinos, où il dit qu'il vit madame Dulcinée dans le même habit et dans le même état où je l'avais vue quand il me prit fantaisie de l'enchanter. Je vois bien à cette heure que ce dut être au rebours, et que je fus le premier trompé, comme dit votre Grandeur. Véritablement quand j'y songe, il me semble que je n'ai point assez d'esprit pour forger sur-le-champ tant de subtilités, et puis je ne crois point mon maître assez fou pour se laisser tromper de la sorte par un ignorant. Cependant, ma chère dame, il ne faudrait pas que votre Grâce me tienne pour malveillant, car un idiot comme moi n'est pas capable de se défendre de la malice des enchanteurs : je n'inventai ce tour-là que pour me délivrer des importunités de mon maître, et non pas pour l'offenser; si l'affaire a tourné autrement, Dieu sait qui en est la cause, et il en châtiera les coupables. — C'est bien dit, repartit la duchesse : mais à propos, seigneur Sancho, qu'est-ce que cette aventure de la caverne de Montesinos? je voudrais bien le savoir. » Sancho raconta tout ce qui s'était passé dans cette occasion, et la duchesse lui dit en même temps : « Voilà qui sert à confirmer ce que je viens de vous dire, ami Sancho; car puisque le véridique don Quichotte assure qu'il vit la même paysanne que Sancho avait trouvée à la sortie du Toboso, il est clair que c'est Dulcinée, et nos enchanteurs sont comme vous voyez fort soigneux de nous mander toutes les nouvelles.

— Après tout, répliqua encore Sancho, si madame Dulcinée est enchantée, tant pis pour elle : qu'est-ce que j'y ferais, moi? je n'irai pas prendre querelle avec tous les ennemis de mon maître, il en a trop, et je vois bien qu'ils ne seront pas aisés à gouverner. Tant il y a que celle que je vis était une paysanne : pour paysanne je la pris et pour paysanne je la laissai; et si cette paysanne est madame Dulcinée ou non, ce n'est point mon affaire, je n'ai point à en répondre. Sancho l'a dit, Sancho ne l'a pas dit, Sancho tourne, Sancho vire, comme si Sancho était un je ne sais qui, et que ce ne fût pas ce même Sancho Pança qui est couché tout de son long dans une histoire, et qui ne voudrait pas mentir pour tout l'or du monde. Qu'on ne vienne donc pas se prendre à moi de toutes ces aventures, je m'en lave les mains. Si je suis pauvre, ce n'est pas du bien d'autrui, mais bonne renommée vaut mieux que ceinture dorée : que le gouvernement m'arrive seulement et vous verrez merveille; celui qui a été bon écuyer sera encore meilleur gouverneur.

— En conscience, Sancho, s'écria la duchesse, vous êtes un homme incomparable : toutes vos paroles sont autant de sentences, et, comme nous disons d'ordinaire en ce pays, sous un méchant manteau il y a souvent un bon buveur.

— Par ma foi, madame la duchesse, répondit Sancho, de ma vie je n'ai bu par malice ; pour étancher la soif cela pourrait bien être, car je ne suis point hypocrite, je bois quand j'ai besoin et même pour peu qu'on m'en prie, parce que je ne sais point refuser et ne veux désobliger personne ; en vérité, il faut avoir le cœur bien dur pour ne pas faire raison à un ami quand il ne coûte que d'ouvrir la bouche ! Du reste, il ne faut point le reprocher aux écuyers des chevaliers errants ; ce n'est point eux qui font renchérir le jus de la treille : les pauvres diables qui sont toujours dans les bois, par les déserts, dans les forêts et sur les montagnes, boivent de l'eau plus qu'ils ne veulent, et ils donneraient quelquefois bien de l'argent sans trouver une goutte de vin. — Je le crois bien ainsi, répondit la duchesse ; mais il est tard, allez vous reposer, Sancho ; une autre fois nous en dirons davantage ; cependant je ferai en sorte qu'on vous donne ce gouvernement qu'on vous destine. »

Sancho baisa les mains de la duchesse, et après l'avoir remerciée il la supplia de commander qu'on eût soin de son grison, parce que c'était ce qu'il avait de plus cher au monde. « Qu'est-ce que ce grison ? demanda la duchesse. — C'est mon âne, madame, parlant par révérence, répondit Sancho ; je l'appelle toujours ainsi pour ne pas dire son autre nom. Je l'avais voulu recommander à cette bonne dame que voilà en entrant dans le château, mais elle s'offensa comme si je l'eusse appelée vieille ou laide ; on sait pourtant que c'est le fait des duègnes de panser les montures des chevaliers errants, plutôt que d'être dans un salon à rien faire. Ah ! certes, il faudrait que ces dames-là eussent à faire à un gentilhomme de notre village : comme il vous les eût menées ! — C'était quelque manant comme toi, interrompit la dame Rodrigue, et s'il eût été gentilhomme et bien élevé, il les aurait honorées et respectées. — En voilà assez, madame Rodrigue, dit la duchesse, n'en parlons pas davantage ; pour le seigneur Sancho, qu'il ne se mette pas en peine de son grison, je m'en charge. Du reste, Sancho, emmenez-le à votre gouvernement : vous le traiterez là à votre fantaisie ; il n'aura plus rien à faire qu'à engraisser. — Ne pensez pas railler, madame, répondit Sancho : ce n'est pas le premier âne que j'aie vu mener à un gouvernement, et il y en a plus de trois qui couchent entre deux draps ; mais le mien n'a point tant d'ambition, il se contente de l'écurie et de la paille. » La duchesse sourit de ce que dit Sancho, et, après lui avoir dit d'aller se reposer, elle alla raconter au duc la conversation qu'elle venait d'avoir. Ils concertèrent ensemble une aventure fameuse et qui eût entièrement l'air de la chevalerie errante, afin que le chevalier et son écuyer ne s'aperçussent aucunement de la tromperie, et assurément ce sont les meilleures aventures de toute cette histoire.

XVI

Des moyens qu'on trouva pour désenchanter Dulcinée.

Le duc et la duchesse, qui prenaient un extrême plaisir avec leurs hôtes, ne pensaient qu'à trouver de nouveaux moyens de s'en divertir. Ce que leur avait conté Sancho de la caverne de Montesinos leur en fournit un ample sujet; et la simplicité de Sancho, qui en était venu à croire que l'enchantement de Dulcinée était une chose effective, quoiqu'il en eût été lui-même l'inventeur, leur firent croire qu'ils réussiraient dans leur dessein. Au bout de six jours qu'ils employèrent à se préparer et à instruire leurs gens, ils menèrent don Quichotte et Sancho à la chasse du sanglier, avec un aussi grand nombre de chasseurs et autant d'équipages que l'aurait pu faire un grand prince. On porta dans la chambre de don Quichotte un habit de chasse pour lui, et Sancho eut aussi le sien d'un beau drap vert. Notre chevalier ne voulut point prendre celui qu'on lui offrait, disant que ceux qui étaient incessamment sous les armes ne devaient point se charger d'un porte-manteau; pour Sancho, il se chargea de bon cœur du sien dans l'intention d'en faire de l'argent à la première occasion. Tout étant donc prêt, don Quichotte s'arma, et Sancho, avec son habit vert et monté sur le grison, qu'il préféra à un bon cheval qu'on voulait lui donner, alla se mettre parmi les chasseurs. La duchesse étant sortie en même temps richement et galamment vêtue, don Quichotte prit de bonne grâce les rênes de sa haquenée, quoique le duc fît semblant d'avoir de la peine à le souffrir, et ils allèrent de cette sorte jusqu'au bois qui est entre deux grandes collines. Sitôt que le duc et la duchesse furent arrivés on tendit des filets, on découpla les chiens, on sépara les chasseurs en diverses troupes, et on commença la chasse avec de grandes huées et un terrible bruit de cors et de chiens. La duchesse descendit de cheval et, l'épieu à la main, se plaça dans l'endroit où les sangliers avaient coutume de passer; le duc et don Quichotte mirent aussi pied à terre et se tinrent aux côtés de la duchesse; Sancho se mit derrière eux sans descendre de dessus le grison, de crainte qu'il lui arrivât quelque accident.

A peine étaient-ils tous postés et rangés en haie avec une partie de leurs gens, qu'ils virent venir vers eux un sanglier effroyable pressé des chiens et poursuivi par les chasseurs. Aussi don Quichotte, embrassant fortement son écu, s'avança l'épée à la main pour le recevoir; le duc y courut aussi avec son épieu, et la duchesse les aurait devancés tous deux si le duc ne l'en eût empêchée. Pour le pauvre Sancho, il n'eut pas plus tôt vu le terrible animal avec ses longues défenses, la gueule fumante d'écume et les yeux étincelants, qu'il se jeta à bas et se mit à courir de toute sa force vers un chêne pour tâcher d'y monter; mais il fut si malheureux, qu'ayant grimpé jusqu'à la moitié et faisant ses efforts pour aller jusqu'au haut de l'arbre, une branche rompit sous lui, et en tombant il demeura accroché environ à un pied de terre. Quand il se vit en cet état et que son habit vert se déchirait, il se figura que le sanglier pourrait bien le blesser en passant, et il se prit à crier de telle sorte, que tous ceux qui l'entendaient crurent qu'il était dévoré par quelque bête sauvage. Enfin le sanglier demeura sur la place percé de plusieurs coups d'épieux, et don Quichotte, accourant aux cris de Sancho, le vit pendu la tête en bas, et auprès de lui le fidèle grison qui n'avait pas voulu l'abandonner dans cette fâcheuse aventure; il s'approcha et dégagea son pauvre écuyer qui, avec la joie d'être en sûreté, ne laissa pas d'avoir un déplaisir mortel de voir un grand trou à son habit de chasse, qu'il n'estimait pas moins qu'une métairie. Cependant on mit le sanglier sur un mulet, et l'ayant couvert de branches de romarin et de myrte, les chasseurs triomphants le firent porter devant eux dans une tente au milieu du bois, où on trouva une grande table somptueusement couverte et digne de la magnificence de celui qui donnait le plaisir de la chasse. Sancho, tout chagrin, s'approcha aussitôt de la duchesse et lui montrant son habit déchiré : « Si ç'avait été ici, dit-il, une chasse aux lièvres ou aux ramiers, je ne serais pas dans le bel état où me voilà. Je ne sais pas quel plaisir on prend à attendre une bête qui d'un coup de dent envoie son homme en l'autre monde. Je me souviendrai toute ma vie d'une chanson qui dit : Sois-tu mangé des ours comme fut Fabila !

— Ce fut un roi des Goths, dit don Quichotte, qui fut dévoré d'un ours en chassant aux bêtes sauvages. — C'est ce que je veux dire aussi, répondit Sancho. Pourquoi est-ce que les princes et les rois se vont mettre à toute heure en danger d'être dévorés, pour le plaisir de tuer un pauvre animal qui ne leur a jamais fait de tort? — Vous vous trompez, ami Sancho, dit le duc : l'exercice de la chasse des bêtes sauvages est bien plus convenable et plus nécessaire aux rois et aux princes que ne le sont tous les autres, parce que cette chasse-là a beaucoup de choses de la guerre; il y faut employer des ruses et des stratagèmes pour vaincre l'ennemi, sans courir de risque; on s'y expose au chaud et au froid, et on s'accoutume à le souffrir; on y dort sur la dure, on s'endurcit au travail; en un mot, c'est un exercice qu'on peut faire sans nuire à personne, et un plaisir qu'on partage avec beaucoup de gens. Et, ce qu'il y a de meilleur, c'est que cette chasse n'est pas pour tout le monde, non plus que la haute volerie, qui ne doit être que pour les princes et les grands seigneurs : aussi, ami Sancho, quand vous serez gouverneur, je vous conseille de vous occuper à la chasse, et vous verrez que cela n'est pas inutile. — Oh! pour cela, non pas, s'il vous plaît, monsieur le duc, répondit Sancho. Il ferait beau voir que des gens pressés et bien fatigués de chemin vinssent chercher monsieur le gouverneur, et qu'il fût à la campagne à se donner du bon temps! les affaires iraient beau train pardi! on en dirait de belles choses! Ma foi, monseigneur, la chasse est, à mon avis, plutôt pour des fainéants que pour des gouverneurs; et pour moi je ne pense qu'à jouer à la triomphe ou aux boules, les dimanches et les fêtes : car toutes ces choses-là ne s'accommodent ni avec mon humeur ni avec ma conscience. — A la bonne heure, Sancho, dit le duc; mais entre le dire et le faire il y a bien de la différence. — Qu'il y ait tout ce qui pourra, repartit Sancho, un bon payeur ne craint point de donner des gages; celui que Dieu aide fait encore mieux que celui qui se lève de bon matin; c'est le ventre qui fait aller les pieds, et non pas les pieds le ventre : je veux dire que, si le bon Dieu m'assiste, et que si je vais le droit chemin, avec bonne intention, je gouvernerai comme il faut et sans reproche. Et si l'on ne m'en croit pas, qu'on me mette les doigts dans la bouche, et on verra si je serre bien; et quand je serai une fois à même, qu'on me vienne faire des leçons, j'en défie les plus habiles. Ma foi, l'habit ne fait pas le moine, et, quand... — Maudit sois-tu de Dieu et de ses saints, maudit Sancho! interrompit don Quichotte. Est-il possible que je ne te verrai point raisonner un demi-quart d'heure sans dire une foule de proverbes? Je supplie vos Grandeurs d'imposer silence à cet étourdi, si vous ne voulez pas qu'il vous accable d'impertinences. — Les proverbes de Sancho, dit la duchesse, pour être nombreux, n'en sont pas moins agréables; et pour moi ils me divertissent extrêmement, qu'ils soient à propos ou non, outre qu'entre amis on n'y doit pas y regarder de si près. »

Ce fut en s'entretenant de la sorte qu'ils rentrèrent dans le bois pour aller voir s'il y avait quelque chose de pris aux filets. Dans cet exercice, la nuit les vint surprendre, et un peu plus obscure qu'elle n'a coutume de l'être en été, parce que le temps se trouva couvert; néanmoins elle en fut d'autant plus favorable aux intentions du duc et de la duchesse. Comme ils étaient là, tout d'un coup la forêt parut toute en feu, et l'on entendit aussitôt de tout côté un grand bruit de trompettes et autres instruments de guerre, et comme si plusieurs troupes de gens à cheval eussent passé par le bois. Cette grande lumière et ce bruit les surprirent tous; et leur étonnement fut encore augmenté par une infinité de ces instruments dont les Maures se servent dans les batailles : le son des trompettes et des clairons retentit de toute part, et les fifres, les hautbois et les tambours, mêlés confusément avec le reste, firent un si grand bruit, qu'il eût fallu être insensible pour n'en être pas ému. Le duc et la duchesse parurent fort surpris; don Quichotte ne fut pas sans émotion; le bon Sancho ne put s'empêcher de témoigner sa frayeur, et il n'y eut pas jusqu'à ceux qui savaient la chose qui ne fissent voir quelque étonnement. Le bruit cessa tout d'un coup; et un courrier qui avait l'air d'un diable passa brusquement devant la compagnie, sonnant d'un cornet à bouquin qui faisait un bruit épouvantable. « Holà! courrier, dit le duc, qui êtes-vous? à qui en voulez-vous? et qu'est-ce que ces troupes qui passent par le bois? — Je suis le diable! répondit le courrier d'une voix horrible; je cherche don Quichotte de la Manche, et les gens que vous entendez sont six troupes d'enchanteurs qui emmènent Dulcinée du Toboso enchantée sur un char de triomphe, et elle est accompagnée du brave cavalier Montesinos, qui vient apprendre à don Quichotte les moyens de la désenchanter. — Si vous étiez le diable, comme vous le dites, repartit le duc, vous auriez déjà reconnu le chevalier, puisque le voilà devant vous. — Sur mon Dieu et sur mon âme, je n'y prenais pas garde, répondit le diable : j'ai tant de choses dans la fantaisie, que j'oubliais la plus importante. — Hé! par ma foi, s'écria Sancho, il faut que ce diable soit homme de bien et bon catholique : s'il ne croyait rien, il ne jurerait pas de la sorte. A ce que je vois, il y a de bonnes gens partout, en enfer comme ailleurs. » En même temps le diable tout à cheval, et fixant les yeux sur don Quichotte : « A toi, dit-il, chevalier des Lions, que je te puisse voir bientôt entre leurs griffes! c'est à toi que je suis envoyé de la part du vaillant et malheureux Montesinos, pour te dire de l'attendre au même lieu que je t'aurai trouvé, parce qu'il amène avec lui une Dulcinée du Toboso, dont il sait les moyens de défaire l'enchantement : voilà le sujet de mon ambassade. Que les diables comme moi demeurent en ta compagnie, et les bons anges avec ces messieurs. » En disant cela il sonna de son épouvantable cor et disparut sans attendre de réponse. Les chasseurs parurent plus étonnés qu'auparavant, et, plus que tous, Sancho, stupéfait de voir qu'en dépit de ce qu'il en savait on voulait que Dulcinée fût enchantée; et don Quichotte, de ce que les visions qu'il avait eues dans la caverne de Montesinos se trouvaient véritables. Pendant que le chevalier roulait tout cela dans son imagination, le duc lui dit : « Êtes-vous résolu de les attendre, seigneur don Quichotte? — Pourquoi non? répondit-il, je les attends de pied ferme, quand tout l'enfer devrait venir m'attaquer. — Pour moi, dit Sancho, s'il vient encore un autre diable me corner aux oreilles, je demeurerai comme je suis Turc. »

Cependant, la nuit étant déjà avancée et fort obscure, on vit un nombre infini de lumières qui couraient par le bois, et l'on entendit aussitôt un bruit épouvantable, comme d'un chariot chargé de chaînes. A ce tintamarre s'en joignit un autre encore plus horrible : il sembla à tout le monde qu'en différents endroits du bois on donnait en même temps autant de batailles : d'un côté, on entendait le son épouvantable de l'artillerie, de l'autre, de la mousqueterie. Il semblait, à la voix des combattants, qu'ils fussent tout près; et, plus loin, ce n'étaient qu'instruments à la manière des Maures, qui ne cessaient de jouer, comme pour les animer au combat. En un mot, le bruit confus de tous ces différents instruments de guerre, les cris des combattants et le tintamarre des chariots, donnaient de la frayeur aux plus courageux, et don Quichotte lui-même eut besoin de toute son intrépidité pour n'être pas épouvanté. Sancho n'eut pas le loisir d'avoir de la résolution : car la peur le fit tomber évanoui aux pieds de la duchesse, et quelque chose qu'on lui fît, il fut assez longtemps à en revenir. Il commençait à ouvrir les yeux quand il arriva un de ces chariots qui faisaient tant de bruit, tiré par quatre grands bœufs tout couverts de drap noir, et portant à chaque corne une torche allumée. Au haut du char on voyait une espèce de trône, sur lequel était assis un vieillard vénérable, avec une barbe blanche comme neige, et si longue qu'elle lui tombait au-dessous de la ceinture; son habillement était une longue robe de boucassin noir, qui le couvrait entièrement. Le char était conduit par deux démons extrêmement noirs, et qui avaient des visages si effroyables, que Sancho fut sur le point de retomber en défaillance, et il ferma les yeux pour ne pas les voir davantage. Ce noir équipage étant arrivé devant le duc, le vieillard se leva de dessus son siége, et dit tout haut : « Je suis le sage Lirgande; » et aussitôt le char passa outre. Il fut suivi d'un autre char tout semblable, avec un vieillard vêtu comme le premier, qui dit d'une voix grave : « Je suis le sage Alquis, le grand ami d'Urgand la déconnue, » et passa comme l'autre. On vit ensuite arriver un troisième char de même forme, avec le même attelage et de semblables guides; mais celui qu'on voyait sur le trône était un homme robuste, et d'un air désagréable et sauvage, qui, se levant debout comme les autres, cria d'une voix enrouée : « Je suis l'enchanteur Archalaüs, ennemi mortel d'Amadis de Gaule et de toute sa race, » et cela dit, il suivit les autres. A quelques pas de là, les trois chars s'arrêtèrent, et le bruit importun des roues ayant cessé, on entendit une agréable musique, dont Sancho, tout réjoui, tira un bon présage. « Bon, madame, dit-il à la duchesse, dont il ne s'éloignait jamais d'un pas : là où est la musique il ne peut y avoir rien que de bon. — Non plus que là où est la lumière, ajouta la duchesse. — Madame, répliqua Sancho, la lumière vient quelquefois de la flamme, et la flamme peut faire un embrasement, et toutes ces lumières que nous voyons là sont capables de mettre le feu à la forêt, voire dans le monde ; mais la musique est toujours signe de réjouissance, et ne saurait nuire. — Nous le verrons bientôt, dit don Quichotte. »

XVII

Suite des moyens qu'on prit pour désenchanter Dulcinée, etc.

A mesure que la musique approchait, ils virent venir un char de triomphe attelé de six mules couvertes de blanc, et sur chacune une espèce de pénitent vêtu de la même couleur, et portant à la main un grand flambeau de cire allumée. Ce char était deux ou trois fois plus grand que les autres, et il y avait dessus douze autres pénitents blancs avec leurs torches allumées; sur le derrière était un trône fort élevé, où l'on voyait une nymphe habillée de gaze d'argent, si brillante de papillotes d'or, que la vue en était éblouie; un voile de soie lui couvrait le visage, mais de telle sorte qu'on ne laissait pas de voir au travers qu'elle était extrêmement belle, et tout au plus de l'âge de quinze à seize ans. Tout auprès d'elle, il y avait une figure vêtue d'une longue robe de frise noire, la tête couverte d'un voile de deuil, et qui semblait immobile. Sitôt que le char fut devant le duc, la musique cessa, et cette figure s'étant levée debout, elle ouvrit sa robe, rejeta son voile, et fit voir un squelette décharné, qui représentait la Mort avec tout ce qu'elle a de plus affreux. Sancho pensa en mourir de peur, et le duc et la compagnie en parurent effrayés. La Mort, d'un ton languissant, parla en ces termes :

   Je suis Merlin, à qui l'histoire
   A donné pour père un démon ;
   Fondant sur mon savoir profond
Ce mensonge odieux que le temps a fait croire,
Je règne absolument sur tous les magiciens ;
Je sais tous les secrets du fameux Zoroastres,
Je commande aux démons, et je lis dans les astres
Le destin des mortels et leurs maux et leurs biens.
Des chevaliers errants j'aimai toujours la gloire,
   Et leur fis toujours des faveurs
   Contre l'humeur des enchanteurs,
Qui seulement pour nuire exercent le grimoire.

   Dans la caverne de Léthé,
   Où mon âme était enfermée,
   Les tristes cris de Dulcinée
M'ont tiré du travail où j'étais arrêté.
J'ai su son changement de dame en paysanne ;
Que toute sa beauté n'était plus que laideur :
Pour comble de disgrâce et pour dernier malheur,
Qu'elle était enchantée auprès du Guadiane.
Touché de tant de maux, je pars vite, je cours,
   Je cherche partout du remède,
   J'appelle tout l'enfer à l'aide,
Et, couvert de ces os, je viens à son secours.

   O toi ! de la chevalerie
   L'honneur, la gloire et l'ornement,
   Qui, loin de dormir mollement,
Passes toutes les nuits au bois, à la prairie !
Chevalier sans pareil, indomptable héros,
Don Quichotte, en un mot, qui pleures cette dame !
Je viens exprès ici pour soulager ton âme,
T'apprendre les moyens de finir tous ses maux :
Trois mille et six cents coups donnés sur la chair nue
   De ton nonpareil écuyer
   Lui rendront son état premier :
C'est l'unique sujet de ma prompte venue.

« Et oui-dà? répliqua Sancho. Que le diable t'emporte avec ta manière de désenchanter! Et qu'est-ce que ma peau a à voir avec les enchantements! Oh! pardi, si le seigneur Merlin n'a point de meilleur moyen de délivrer madame Dulcinée, elle pourra bien s'en aller enchantée dans l'autre monde. — Si je vous prends, malotru, dit don Quichotte, je vous pendrai à un arbre nu comme la main, et je vous donnerai non seulement trois mille six cents coups de fouet, mais cinquante mille, et si bien appliqués, qu'il vous en cuira toute votre vie ; et ne me répliquez pas davantage, si vous ne voulez que je vous étrangle tout à l'heure. — Tout beau, tout beau, dit Merlin ; ce n'est pas ainsi qu'il s'y faut prendre : les coups de l'écuyer doivent être volontaires, et dans le temps qu'il voudra, car il n'y en a point de limité ; il dépend même de lui d'en être quitte pour la moitié, pourvu qu'il trouve bon que les coups soient donnés par une autre main, tant rude puisse-t-elle être! — Ni la mienne, ni une autre, ni pesante, ni légère, ni dure, ni molle, repartit Sancho. Est-ce que j'ai engendré madame Dulcinée du Toboso, qu'il faut que je fasse pénitence pour elle? Que monsieur don Quichotte ne se fouette-t-il? c'est son affaire, lui qui l'appelle à toute heure sa vie, son âme et son plaisir ; et c'est à lui à chercher tous les moyens nécessaires pour la désenchanter. Mais pourquoi me fouetter, moi qui n'y ai point d'intérêt ?» Sancho n'eut pas achevé de parler, que la nymphe qui était sur le trône se leva, ôta le voile qui lui couvrait le visage, et fit voir une beauté admirable. Puis, s'adressant à Sancho, elle lui dit d'un air plein de colère et de dépit : « O écuyer malencontreux, poltron, vrai cœur de poule, et entrailles de roche! si l'on souhaitait de toi, scélérat, que tu te jetasses du haut d'une tour en bas ; s'il était question, tigre sans pitié, de manger des crapauds et des couleuvres, et si l'on voulait, serpent venimeux, te persuader d'étrangler ta femme et tes enfants, il ne faudrait pas s'étonner de te voir si opiniâtre ; mais que trois mille et six cents coups de fouet te fassent peur, c'est une chose qui te devrait faire mourir de honte, et qui doit animer contre toi non seulement tous ceux qui t'écoutent, mais encore tous ceux qui l'apprendront. Contemple, misérable, contemple, bête farouche, regarde avec tes yeux de poltron la beauté des miens, plus brillants que les plus brillantes étoiles, et qui par de chaudes larmes minent insensiblement les campagnes fleuries de mes belles joues, qui étaient auparavant un paradis terrestre! Meurs de honte et de confusion, monstre malin et abominable, de voir une princesse de mon âge qui perd ses plus beaux jours et se consume sous la figure d'une désagréable paysanne, quoique je ne paraisse pas telle à présent, grâce à l'obligeant Merlin, qui a cru que les larmes d'une belle affligée seraient plus capables de t'attendrir. Rends-toi, rends-toi, monstre inflexible, et ne songe pas à épargner cette écorce ridée qui renferme ton cœur de marbre ; triomphe une fois en ta vie de cette inclination gloutonne qui ne te fait songer qu'à te farcir la panse, et remets dans le premier état la délicatesse de ma peau, la douceur de mon esprit et l'incomparable beauté de mon visage ; et si je ne suis pas capable d'adoucir ton humeur farouche, si tu ne me trouves pas assez misérable pour te faire pitié, aie pour le moins compassion de ce pauvre chevalier que le déplaisir consume, de ce bon maître qui t'aime si chèrement, et qui sèche sur pied dans l'incertitude de la réponse. » En cet endroit, les soupirs et les larmes empêchèrent la nymphe de continuer.

Don Quichotte se tournant vers le duc : « Sur mon âme, monseigneur, madame Dulcinée voit ce qui se passe dans mon cœur comme moi-même, et si je ne me réservais pour la venger de l'outrage qu'on lui a fait, je ne crois pas que je ne mourusse tout à l'heure de douleur. — Hé bien, Sancho! que dites-vous à tout cela? demanda la duchesse. — Grand merci, dit Sancho. Je voudrais bien savoir de notre maîtresse Dulcinée du Toboso où elle a appris à prier ainsi les gens. Elle vient pour me prier de me mettre le corps en lambeaux pour l'amour d'elle, et en même temps elle m'appelle bête farouche, tigre abominable, avec une enfilade d'injures que le diable ne souffrirait pas. J'ai la chair de bronze, peut-être, ou je gagne quelque chose à la désenchanter! Encore si elle venait avec une douzaine de chemises à la main, quelques coiffes de nuit ou seulement des escarpins, quoique je n'en mette pas, pardi, je ne saurais que dire; mais pour m'adoucir elle me dit un boisseau d'injures, et on dirait qu'elle me va dévisager. Ne sait-elle point encore qu'un âne chargé d'or n'en monte que plus légèrement sur la montagne, que les présents ramollissent les pierres, et qu'un tiens vaut mieux que deux tu l'auras, et qu'il ne faut pas craindre de donner un œuf pour avoir un bœuf? D'un autre côté, voilà monsieur mon maître qui, au lieu de me flatter, lui qui devrait être le premier à me soutenir, me menace de me pendre à un arbre, et de doubler la dose du seigneur Merlin. Pardi, celui-là est bon! Ces messieurs devraient bien considérer que ce n'est pas seulement un écuyer qu'on prie de se fouetter, mais un gouverneur : et encore faut-il regarder à qui on parle, et comment on prie. Qu'ils apprennent la civilité, et à prendre mieux leur temps : tous les jours ne se ressemblent pas, et les hommes ne sont pas toujours de bonne humeur. Ils me voient affligé de mon habit vert, qui est tout déchiré, et ils me viennent prier de me déchirer moi-même, quoique je n'en aie pas plus d'envie que de me faire Turc! — En vérité, ami Sancho, dit le duc, vous y faites un peu trop de façon; mais, en un mot comme en cent, ou il faut vous rendre, ou renoncer au gouvernement : vraiment ce serait une chose admirable que je donnasse à mes insulaires un gouverneur cruel et farouche, qui n'est touché ni des larmes des dames affligées, ni des prières et des conseils des plus sages enchanteurs! Encore une fois, Sancho, ou il faut qu'on vous fouette ou que vous vous fouettiez vous-même, ou vous ne serez point gouverneur. — Monseigneur, répondit Sancho, ne me donnerait-on pas deux jours pour y penser? — Nullement, repartit Merlin, il faut conclure cette affaire sur-le-champ, ou Dulcinée retournera sur l'heure à la caverne de Montesinos, changée en paysanne, ou elle sera enlevée en l'état où elle est dans les Champs-Élysées, en attendant que le nombre de coups de fouet soit accompli.

— Hé! allons, courage, Sancho, dit la duchesse. Il faut avoir un peu plus de reconnaissance du pain que vous avez mangé dans la maison du seigneur don Quichotte, que tout le monde considère, et que nous sommes tous obligés de servir à cause de son honnêteté et de ses grands exploits de chevalerie. La peur n'est que pour les misérables, et un bon cœur ne trouve rien de difficile. — Par ma foi, ma bonne madame, répondit Sancho, vous avez peut-être raison, mais je suis si troublé, que je ne sais ce que je fais, et un autre y serait embarrassé. Mais, seigneur Merlin, continua-t-il, le diable qui est venu ici en poste a dit à mon maître d'attendre le seigneur Montesinos, qui allait venir pour parler avec lui du désenchantement de madame Dulcinée; et jusqu'à cette heure, nous n'avons point encore vu Montesinos ni rien qui lui ressemble. — Ami Sancho, répondit Merlin, ce diable est un étourdi; c'est moi qui l'envoyais vers votre maître, et non pas Montesinos, qui n'est pas parti de sa caverne, où il attend la fin de son enchantement, qui n'est pas prête à venir. Mais, s'il vous doit de l'argent, ou si vous avez quelque chose à lui demander, je vous l'amènerai où vous voudrez. Pour l'heure, je vous conseille de vous résoudre à cette petite discipline que nous vous avons ordonnée; consentez : il ne faut que dire un mot pour obliger tout le monde, et croyez-moi : cette discipline vous sera utile pour l'âme et pour le corps ; pour l'âme, parce que vous ferez une action charitable ; et pour le corps, parce que je connais que vous êtes d'une complexion sanguine et chaude, et qu'il n'y a pas de danger de vous tirer un peu de sang. — Ah ! ah ! ma foi, celui-ci est bon, répliqua Sancho ; il n'y a pas assez de médecins au monde, il faut que les enchanteurs s'en mêlent ! Or ça donc, puisque tout le monde le juge à propos, encore que pour moi je ne le trouve pas de même, je suis content de me donner les trois mille six cents coups de fouet, mais à condition que je me les donnerai quand je voudrai, sans qu'on vienne me dire il faut que ce soit aujourd'hui ou demain, et je tâcherai de sortir promptement de cette affaire-là, afin que le monde jouisse bientôt de la beauté de madame Dulcinée, qui est effectivement plus belle que je n'avais pensé. Je veux encore mettre une autre condition dans mon marché, qui est que je ne serai point obligé de me fouetter jusqu'au sang, et que s'il y a des coups qui ne portent pas, on ne laissera pas de les compter; et encore, que, si je viens à me tromper de nombre, le seigneur Merlin y prendra garde, lui qui sait tout, et il me dira si je m'en suis trop donné ou non. — Il n'y aura rien à dire pour le plus, répondit Merlin, parce que, dès que le nombre sera complet, aussitôt madame Dulcinée sera désenchantée, et ira trouver le seigneur Sancho pour l'en remercier, et pour lui témoigner sa reconnaissance par des présents considérables. N'ayez donc point de scrupule pour le trop ou le moins : je le prends sur ma conscience; et Dieu ne permet pas que je trompe qui que ce soit, quand ce ne serait que d'une épingle. — Allons donc, dit Sancho, il faut que je consente moi-même à ma mauvaise aventure : je serais homme à me pendre pour faire plaisir aux autres. Hé bien! messieurs, j'accepte la pénitence ; aux conditions que j'ai dites, s'entend. »

Sancho n'eut pas plus tôt prononcé ces dernières paroles, que la musique recommença avec deux ou trois décharges d'artillerie, et don Quichotte alla se pendre au cou du pieux écuyer qu'il baisa cent fois au front et à la joue. Le duc et la duchesse, et le reste des chasseurs, lui témoignèrent la joie qu'ils avaient de ce qu'il s'était mis à la raison ; et le char commençant à marcher, la belle Dulcinée baissa la tête devant le duc et la duchesse, et fit une profonde révérence à son libérateur. Cependant l'aurore ayant déjà commencé à redorer les sommets des montagnes, le duc et la duchesse, fort satisfaits de leur chasse et d'avoir si heureusement réussi dans leur dessein, retournèrent au château, avec l'intention de continuer des plaisanteries qui les divertissaient si bien.

XVIII

De l'étrange et inouïe aventure de la dame Doloride, autrement la comtesse Trifaldi, avec une lettre que Sancho écrivit à sa femme.

L'intendant de la maison du duc était un homme fort plaisant, et qui avait de l'esprit et de l'imagination, et c'était lui qui avait inventé l'aventure ; il en avait composé les vers, dressé tout l'appareil, et avait lui-même représenté Merlin. Pour Dulcinée, c'était un jeune page qui avait aussi de l'esprit, et qui était très-beau garçon. Par l'ordre du duc, cet intendant composa une autre aventure d'un aussi étrange artifice que la première, et pour le moins aussi bien imaginée. Le jour suivant, la duchesse demanda à Sancho s'il avait commencé la pénitence qu'il devait faire pour le désenchantement de Dulcinée ; il répondit que oui, et qu'il s'était donné la nuit dernière, cinq coups de fouet sur le corps. La duchesse demanda avec quoi il s'était fouetté, il répondit que c'était avec la main. « Mais cela, dit la duchesse, c'est plutôt se chatouiller que se fouetter, et je ne sais si le sage Merlin en sera content ; je pense qu'il n'y aurait pas de mal à ce que Sancho se fît une discipline avec de bons chardons ou quelques cordelettes qui se fissent un peu mieux sentir ; car après tout, la liberté d'une personne de si grande conséquence que la princesse Dulcinée ne doit pas s'acheter à vil prix ; et enfin, je vous avertis, mon ami Sancho, que les œuvres de charité qu'on fait lâchement et par manière d'acquit n'ont aucun mérite. — Madame, répondit Sancho, que votre Excellence me donne elle-même une discipline à sa fantaisie, et je m'en servirai, pourvu qu'elle ne me fasse pas trop de mal, car je suis bien aise que votre Grandeur sache que, tout paysan que je suis, j'ai la peau fort délicate. Enfin il n'est pas juste que je me mette en morceaux pour le profit d'autrui. — Eh bien ! dit la duchesse, je vous donnerai demain une discipline qui s'accommodera avec la délicatesse de votre peau et dont vous n'aurez point sujet de vous plaindre ; mais, je vous prie, que cela se passe dans l'ordre, et qu'il n'y ait point de supercherie. — Oh ! madame, je vous en réponds, dit Sancho, quand ce ne serait qu'à cause de la bonté que vous avez de me le commander ; et si vous ne vous fiez pas à moi, pardi, je ferai la pénitence devant vous. Il faut aussi que votre Altesse sache, ajouta-t-il, que j'ai écrit une lettre à Thérèse Pança, ma femme, où je lui ai donné avis de tout ce qui m'est arrivé depuis que je suis parti d'auprès d'elle. Je l'ai ici sur moi, et il n'y a qu'à mettre le dessus. Mais je voudrais bien que votre discrétion eût l'honneur de la lire, parce qu'il me semble qu'elle est bien comme les gouverneurs doivent écrire. — Et qui l'a signée? demanda la duchesse. — Notre-Dame! répondit Sancho, qui est-ce qui l'aurait signée, si ce n'est moi ? — Vous l'avez donc écrite? dit la duchesse. — Holà! madame, je n'y pense seulement pas, répondit Sancho, car je ne sais ni lire ni écrire, encore que je sache faire mon seing. — Voyons, dit la duchesse, que je m'assure qu'elle est digne de votre entendement. » Sancho mit la main dans son sein et en tira la lettre, où la duchesse lut ces paroles.

LETTRE DE SANCHO PANÇA A THÉRÈSE PANÇA, SA FEMME.

« Bien m'a pris d'avoir bon dos, femme, car j'ai été bien étrillé, et si j'ai un bon gouvernement, il m'en coûte de bons coups ; tu n'entendras pas cela sur l'heure, ma Thérèse, mais une autre fois tu le sauras. Il faut que je t'apprenne, m'amour, que j'ai résolu que tu iras en carrosse. Voilà de quoi il s'agit à présent ; car, aller autrement, serait pour toi marcher à quatre pattes. En fin finale, tu es femme de gouverneur ; regarde à cette heure si quelqu'un te taillera des croupières. Je t'envoie un habit vert de chasse, que m'a donné madame la duchesse ; accommode-le de sorte qu'il y ait un corps et une jupe pour notre fille. Don Quichotte, mon maître, à ce que j'ai ouï dire en ce pays-ci, est un homme sage et plaisant, mais fou ; et, sans vanité, on tient que je ne lui en cède guère. Nous avons été à la caverne de Montesinos, et le sage Merlin a jeté les yeux sur moi pour désenchanter Dulcinée du Toboso, qui est celle qu'on appelle chez nous Aldonza Lorenzo. Avec trois mille six cents coups de fouet que je dois me donner, moins cinq que j'ai déjà par-devers moi, elle sera désenchantée comme la mère qui la mit au monde. Bouche close sur cela, femme, car les uns diraient que c'est du blanc, et les autres que c'est du noir. J'irai dans quelques jours à mon gouvernement, où j'ai grande envie de me voir pour amasser de l'argent, car on m'a dit que tous les nouveaux gouverneurs n'avaient point d'autre envie, et je te manderai s'il faut que tu viennes avec moi ou non. Le grison se porte à merveille et il se recommande à toi et à nos enfants. Je veux l'emmener avec moi, et je ne le laisserais pas quand on m'emmènerait pour être le Grand-Turc. Madame la duchesse te baise mille fois les mains ; baille-lui son change avec deux mille autres, puisqu'il n'y a point de marchandises à meilleur marché que les compliments, à ce que j'ai ouï dire à mon maître. Dieu n'a pas voulu que je trouvasse une bourse de cent écus ; ce n'a pas été faute de la chercher. Mais que cela ne te mette pas en peine, Thérèse : celui qui met le feu aux poudres est en sûreté, et le gouvernement pourvoira à tout. Il y a pourtant une chose qui m'embarrasse, c'est qu'on me dit que, si j'en tâte une fois, je me mangerai les doigts tant la sauce est friande ! mais je ne saurais qu'y faire, et les estropiés trouvent bien le moyen de serrer les aumônes. Tu vois bien, femme, que, de façon ou d'autre, tu ne peux manquer d'être riche et en fortune. Dieu te la donne bonne, comme il le peut, et qu'il me conserve moi pour te servir. Adieu. De ce château, le 20 juillet 1614.

» Ton mari, le gouverneur SANCHO PANÇA. »

« Il me semble, dit la duchesse en achevant de lire, que monsieur le gouverneur se trompe ici en deux choses : premièrement en ce qu'il dit, ou donne pour le moins à penser, qu'il n'a eu son gouvernement que pour les coups de fouet qu'il doit se donner, quoiqu'il sache bien cependant que quand monsieur le duc mon mari le lui donna, on ne songeait aux coups de fouet non plus que s'il n'y en avait jamais eu au monde ; et d'un autre côté il me paraît trop attaché à son intérêt, ce qui donne fort mauvaise opinion d'un homme, car on dit que la convoitise rompt le sac, et qu'un gouverneur avare fait étrangement la justice. — J'ai mis cela sans y penser, madame, répondit Sancho ; et si cette lettre ne vous plaît pas, il n'y a qu'à la déchirer et en faire une autre ; mais je pourrais bien faire qu'elle serait encore pire, si un autre que moi s'en mêle. — Oh non, non, repartit la duchesse : celle-ci est bonne, et je veux la faire voir à monsieur le duc. » La duchesse s'en alla en même temps à un jardin où ils devaient manger ce jour-là, et elle montra la lettre au duc, qui prit plaisir à se la faire lire deux ou trois fois. Après avoir dîné, ils s'entretinrent quelque temps avec Sancho, dont la conversation les divertissait merveilleusement ; et, lorsqu'on y pensait le moins, on entendit le son languissant d'une flûte, mêlé avec celui d'un tambour mal tendu, ce qui faisait une triste harmonie. Tous ceux qui étaient là furent fort étonnés, ou en firent semblant. Don Quichotte en parut tout pensif, et son écuyer courut promptement auprès de la duchesse, son refuge ordinaire. Comme ils étaient ainsi tous épouvantés de ce son mélancolique et lugubre, ils virent entrer dans le jardin deux hommes couverts de longs manteaux de deuil, avec des queues qui traînaient à terre ; ils battaient chacun un grand tambour couvert de noir, et à côté d'eux était un nègre qui jouait de la flûte ou du fifre. Ils étaient suivis d'un homme de taille de géant, aussi en habit de deuil, avec une soutane démesurément grande, sur laquelle il portait une écharpe ou baudrier où pendait un large cimeterre, dont le fourreau et la garniture étaient noircis comme le reste, et il avait sur le visage un voile de crêpe au travers duquel on voyait une barbe blanche comme de la neige, qui lui passait la ceinture ; sa démarche était grave et lente, et il semblait qu'il ajustât ses pas au son des tambours, tant il marchait posément. En un mot, on ne voyait rien en lui qui n'eût quelque chose de surprenant, et qui ne promît quelque étrange aventure. Ce grave personnage arriva enfin auprès du duc, devant qui, fléchissant les genoux, il commençait de haranguer ; mais le duc ne voulut jamais permettre qu'il lui parlât de la sorte. Il se leva donc, et, ayant manié deux ou trois fois sa longue et prodigieuse barbe, il tira de son large estomac une voix forte et éclatante, et dit au duc, en le regardant fixement : « Très-haut et très-puissant seigneur, je m'appelle Trifaldin de la Barbe-Blanche, et je suis écuyer de la comtesse Trifaldi, autrement la dame Doloride, de la part de qui je suis envoyé vers votre hautesse pour supplier votre magnificence de lui permettre de vous venir faire le récit de son infortune, qui est assurément la chose du monde la plus agréable, aussi bien que la plus inouïe ; mais j'ai charge de savoir auparavant si le grand, le valeureux et non jamais vaincu chevalier don Quichotte de la Manche n'est point dans votre château : c'est lui que ma maîtresse cherche, et c'est pour lui qu'elle est venue à pied et sans manger, depuis le royaume de Candaya jusque dans vos États, ce qu'on ne peut attribuer qu'au miracle ou à la force des enchantements, et elle attend, à la porte du château, que je lui porte de votre part la permission d'y entrer. » Il finit en toussant, et caressant sa longue barbe du haut jusqu'au bas, et attendit gravement la réponse du duc, qui fut telle :

« Il y a déjà longtemps, noble écuyer Trifaldin de la Barbe-Blanche, que nous savons la disgrâce de madame la comtesse Trifaldi, à qui les enchanteurs font prendre le nom de dame Doloride. Vous pouvez lui aller dire, admirable écuyer, qu'elle sera la bienvenue, et que nous possédons ici l'incomparable don Quichotte de la Manche, dont la générosité lui promet toute sorte de protection et de faveur. Dites-lui aussi, je vous prie, de ma part, que, si elle me juge capable de lui rendre service, elle compte sur moi, aussi bien que j'y suis obligé par la qualité de chevalier, qui nous ordonne particulièrement de secourir et protéger les veuves et affligées à qui on fait injure, et surtout les personnes d'importance comme elle. » Trifaldin, sa réponse reçue, mit un genou en terre, et, au triste son des tambours et de la flûte, il sortit du jardin avec sa démarche ordinaire, laissant toute la compagnie en admiration de la grandeur de sa taille, et de son air vénérable et modeste.

« Enfin, vaillant chevalier, dit le duc se tournant vers don Quichotte, les ténèbres de la malice et de l'envie ne sauraient obscurcir la lumière de la valeur et de la vertu : à peine y a-t-il six jours que vous êtes dans le château qu'on vous y vient chercher des pays les plus éloignés, et non en carrosse ni sur des chevaux, mais à pied et sans manger, tant ces pauvres affligés ont d'empressement de vous voir et de confiance en la valeur de votre bras et en la générosité de votre courage, grâce à la réputation que vos grands exploits vous ont acquise et au bruit qui s'en est répandu dans tous les endroits de la terre ! — Je voudrais bien, monsieur, répondit don Quichotte, qu'un bon religieux qui nous fit voir il y a quelques jours tant d'aversion pour les chevaliers errants, fût témoin de tout ce qui se passe, afin qu'il vît de ses propres yeux si ces chevaliers sont nécessaires au monde et le cas qu'on en fait : au moins verrait-il que des personnes extraordinairement affligées, que des gens accablés de malheurs et de disgrâces, ne vont point chercher de remèdes à leurs maux ni dans les monastères ni parmi les gens de lettres ; qu'ils ne s'adressent point à

Je m'appelle Trisaldin de la barbe blanche.

des chevaliers lâches et paresseux qui, contents du nom de chevaliers, n'en ont jamais fait la profession ni donné aucune marque de courage, et encore moins à des courtisans mous et efféminés, qui cherchent plutôt à conter les actions d'autrui qu'ils ne pensent à faire des actions qui méritent d'être racontées, et qu'on les consacre à l'éternité. Le vrai remède des affligés, le secours des malheureux, la protection des jeunes filles et la consolation des veuves, ne se trouve jamais si sûrement que parmi les chevaliers errants : aussi je rends au ciel des grâces infinies d'avoir eu la bonté de m'appeler à ce noble exercice, et je regarde comme d'heureuses aventures tout ce que j'y ai souffert de travaux et de fatigues, et tout ce qui m'y reste à souffrir. Que cette dame affligée vienne et demande ce qu'il lui plaira ; je tiens son remède tout prêt dans la force de mon bras et dans la résolution inébranlable du courage qui le guide. »

XIX

Suite de la fameuse aventure de la dame Doloride.

Le duc et la duchesse avaient une joie extrême de voir que leur dessein réussissait si bien auprès de don Quichotte, et de leur côté ils jouaient admirablement leur rôle. Cependant Sancho, qui observait tout ce qui se passait, et qui ne s'était pas bien trouvé de l'aventure précédente, ne savait ce qu'il devait penser de cette aventure. « Cette bonne duègne, dit-il, m'a bien la mine de venir encore brouiller mon gouvernement ! Par la mordi, je me souviendrai toujours d'un apothicaire de Tolède qui parlait comme un sansonnet ; il disait que partout où se fourrent les duègnes il n'y a rien de bon à gagner. Eh ! jarni, qu'il les connaissait bien ! aussi les haïssait-il, ma foi ! Et puisque toutes les duègnes sont déjà ennuyeuses et impertinentes, que faut-il attendre de ces affligées et de ces dolentes, comme on dit qu'est cette comtesse de Trifaldi ? — Tout beau, Sancho, dit don Quichotte : puisque cette dame vient de si loin pour me chercher, il faut qu'elle ne soit pas de celles que disait ton apothicaire, et d'autant moins qu'elle est comtesse. Quand les comtesses servent de suivantes, ce n'est qu'à des reines et à des impératrices, car elles sont elles-mêmes servies dans leurs maisons par d'autres suivantes. — Madame la duchesse, dit la dame Rodriguez, qui était là présente, a des suivantes qui pourraient être comtesses si la fortune avait voulu, mais les choses vont comme il plaît à Dieu. »

Ils n'en dirent pas davantage, car le son des tambours et du fifre fit connaître que la dame Doloride approchait.

Les noirs et tristes joueurs d'instruments étaient suivis de douze dames séparées en deux rangs et marchant deux à deux, toutes vêtues d'habits extrêmement larges, avec des voiles blancs de toile fine, si longs qu'on ne voyait que le bas de leurs robes. Après elle venait la comtesse Trifaldi, menée par Trifaldin de la Barbe-Blanche, son écuyer, et vêtue d'une frise noire toute cotonnée, avec une longue queue séparée en trois pointes à angles aigus, que portaient trois pages habillés de deuil. Cette queue fit croire à tout le monde que la comtesse Trifaldi avait pris son nom de cette invention nouvelle, parce que Trifaldi c'est comme qui dirait trois pointes. La comtesse et ses demoiselles marchaient comme en procession, et ayant tout le visage couvert avec des voiles noirs si épais qu'on n'en pouvait rien voir. Sitôt que cette noire troupe fut entrée, le duc, la duchesse et don Quichotte se levèrent, et la dame Doloride marcha vers le duc qui allait au-devant d'elle pour la recevoir. « J'ai honte de l'honneur que me font vos grandeurs, dit la comtesse se jetant à genoux, et je vous prie de ne pas passer plus avant, car je n'ai pas l'esprit assez libre pour répondre à tant de courtoisie, et j'ai entièrement perdu le jugement dans mes disgrâces. — Il faudrait que nous l'eussions absolument perdu, madame la comtesse, répondit le duc, pour ne pas connaître votre mérite, et on ne saurait vous rendre trop d'honneur. » En même temps il lui aida à se lever, et la fit asseoir auprès de la duchesse qui lui fit aussi de grands compliments. Don Quichotte regardait tout cela sans rien dire; pour Sancho, il mourait d'envie de voir le visage de la comtesse Trifaldi ou de quelques-unes de ses dames, et il faisait tout ce qu'il pouvait pour cela; mais il fallut qu'il s'en passât jusqu'à ce qu'il leur prît à elles-mêmes l'envie de se montrer. Les compliments finis de part et d'autre, la dame Doloride fit une profonde révérence et parla ainsi à la compagnie : « Je ne doute point, très-haut et puissantissime seigneur, très-belle et excellentissime dame, et très-sages et illustrissimes auditeurs que je ne trouve un accueil favorable dans la générosité de vos cœurs, puisque mon infortune est capable de dulcifier les marbres, de modifier les diamants et de tendrifier l'acier et le bronze des cœurs les plus endurcis; mais, avant que le récit de mes inconcevables aventures parvienne jusqu'à vos courtoises oreilles, je voudrais bien savoir si le magnanissime chevalier don Quichotte de la Manche et son illustrissime écuyer Pança ne sont point dans cette excellentissime compagnie.

— Pança, dit Sancho, prenant la parole, est ici en personnissime et monseigneur don Quichotte aussi : ainsi vous pouvez, très-honnêtissime dame, dire tout ce qu'il plaira à votre agréabilissime fantaisie, et vous nous trouverez diligentissimes à servir votre dolentissime beauté. — Madame, dit don Quichotte s'approchant de la dolente dame, si vous croyez trouver du remède à vos malheurs dans la valeur et la force de quelque chevalier errant, je vous offre ma force et ma valeur; et, telles qu'elles puissent être, je les consacre à votre service. Je suis don Quichotte de la Manche, dont la profession est de protéger et de défendre les malheureux; et il n'est pas besoin avec moi de prendre des détours ni de chercher d'artifice pour s'assurer de ma bienveillance : vous n'avez donc qu'à raconter librement vos disgrâces, et ceux qui vous écoutent ne vous refuseront pas les remèdes qu'ils peuvent vous donner et que la compassion leur demande. » A ces paroles la dame Doloride voulut se jeter aux pieds de don Quichotte, et s'y jeta en effet, s'opiniâtrant à les lui embrasser malgré la résistance du chevalier. « Je me jette à vos suavissimes pieds, s'écria-t-elle, invictissime chevalier, à ces pieds qui sont les bases et les fermissimes colonnes de la chevalerie errante; ces pieds que je ne saurais trop dignissimement révérer, puisque leurs pas doivent effectuer le remède de mes maux, irrémédiables par tout autre que votre sérénissime chevalerie. O vaillantissime chevalier errant! dont les exploits merveilleux obscurcissent les fables des Amadis, réduisent en fumée les hauts faits des Bélianis, et anéantissent les actions imaginaires des Esplandians! » De là se tournant vers Sancho et le prenant par la main : « Et toi, ajouta-t-elle, le plus loyal écuyer qui ait jamais suivi la magnanimité des chevaliers errants dans les siècles présents et à venir; écuyer dont la bonté a plus d'étendue que l'amplitude de la barbe de Trifaldin, mon écuyer, tu peux bien te dire heureusissime, puisqu'en servant le grand don Quichotte tu rends hommage à toute la valeur errante renfermée dans un seul chevalier. Je te conjure, noblissime écuyer, par la fidélité exorbitante de tes services, que tu sois un intercesseur bénévole auprès de ton maître, afin qu'il favorise cette amplissime comtesse, et ta très-humblissime servante. — Madame la comtesse, répondit Sancho, que ma bonté soit aussi grande que la barbe de votre écuyer, cela ne fait rien à l'affaire, et ce n'est pas de quoi je me soucie; mais, sans que vous vous amusiez à me dorer la pilule avec toutes vos prières que je ne mérite point, je ne laisserai pas de prier mon maître, que je sais qui m'aime bien, et surtout à cette heure que je sais qu'il a besoin de moi pour certaine chose, qu'il vous favorise et vous aide en tout ce qu'il pourra. Allez, ma chère madame, déchargez seulement votre cœur et apprenez-nous ce qui vous embarrasse, et vous verrez ce que nous savons faire. »

Le duc et la duchesse étaient ravis de voir que leur dessein réussissait si bien de tout côté, car don Quichotte et Sancho prenaient la chose le plus sérieusement du monde, et la dame Trifaldi faisait merveilles. La comtesse s'assit à la prière du duc, et après que tout le monde eut fait silence, elle commença ainsi son histoire, du même style à peu près qu'elle avait fait sa harangue : « La reine doña Maguncia, veuve du feu noble roi Archipiela, son seigneur et mari, demeura après sa mort maîtresse du fameux royaume de Candaya, qui est situé entre la grande Trapobane et la mer du Sud, à six milles lieues au-dessus du cap de Camorin; de ce mariage était issue l'infante Antonomasie, laquelle demeura sous ma charge, comme étant la plus ancienne et la première dame d'honneur de la reine Maguncia, sa mère. Après bien des soleils, c'est ainsi qu'on compte en notre pays, la petite Antonomasie se trouva avoir quatorze ans, et plus de beauté que la nature n'en a jamais départi à celles qu'elle a le plus gratifiées. Toute jeune qu'elle était, à cet âge-là elle ne laissait pas d'avoir le jugement fort mûr. Elle était aussi discrète que belle, et la plus belle du monde, et l'est assurément encore, si le Destin jaloux et les

Parques au cœur de bronze n'ont point coupé le fil délié de sa délicate vie; mais ils ne l'auront pas fait sans doute : les hauts cieux n'auront jamais consenti qu'on fît ce tort insigne à la mère du genre humain, que de couper les grappes toutes vertes de la plus belle vigne qui soit dans le contour de sa vaste étendue. De cette beauté non pareille, et dont ma langue grossière ne saurait jamais assez dignement célébrer les louanges, devinrent amoureux un nombre infini de princes, tant du pays qu'étrangers; et, parmi tous ces grands seigneurs, un simple chevalier de la cour osa lever les yeux jusqu'au neuvième ciel de cette beauté, porté sur les ailes rapides de son ambition démesurée, fondé sur les agréments de sa jeunesse et de sa galanterie, et se confiant en sa gentillesse, sa bonne mine, et la vivacité admirable de son esprit ; et, tout enflé de ses désirs exorbitants, il conçut et enfanta des espérances téméraires; et, sans mentir, je puis bien dire à vos excellences magnanimes que ce jeune chevalier avait des qualités merveilleuses, et non-seulement capables d'émouvoir le cœur d'une jeune fille, mais encore d'ébranler des montagnes. Il ne jouait pas de la guitare comme les autres hommes, il la faisait parler en toute langue; il faisait des vers comme Démosthène, et dansait comme Pythagore; et, en toute chose, on eût dit qu'il enchantait les yeux et les oreilles. La jeune princesse l'agréa pour époux, et quelques jours après, sa mère, qui voulait empêcher ce mariage, en mourut de douleur. Comme on célébrait ses funérailles, nous vîmes subitement apparaître au-dessus du catafalque le géant Malambrun, cousin germain de la défunte, monté sur un cheval de bois, lançant sur tous les assistants des regards farouches et plus perçants que des flèches acérées. Ce géant, qui n'est pas moins versé dans l'art de la nécromancie qu'il est cruel et vindicatif, était venu là pour venger la mort de la défunte reine-mère, sa cousine germaine, et sans avoir égard à la jeunesse d'Antonomasie et de don Clavijo (c'était le nom du chevalier époux de la reine), il les changea tous deux sur la sépulture de la reine : Antonomasie fut transformée en une guenon de bronze, et don Clavijo en un effroyable crocodile d'un métal inconnu, avec une colonne également de métal entre eux deux, sur laquelle se lit en lettres syriaques l'inscription suivante :

« Ces téméraires époux ne reprendront point leur forme première, que le valeureux Manchego ne se soit mesuré avec moi en combat singulier; car c'est à lui et à sa valeur incomparable que les immuables destins réservent une aventure si extraordinaire. »

» Ensuite il tira d'un long fourreau un démesuré cimeterre, et m'ayant prise aux cheveux, il fit mine de me vouloir couper la tête. Je demeurai toute troublée, je n'osai ni ne pus crier, et la frayeur me rendit presque immobile; néanmoins, faisant un effort sur moi-même, je lui dis d'une voix tremblante tant et de si pitoyables choses, qu'il suspendit ce rigoureux châtiment. Il fit amener devant lui toutes les dames du palais, qui sont les mêmes que voilà présentes; il dit qu'il ne voulait pas nous châtier d'une peine capitale, mais d'un long supplice, qui nous fût comme une mort civile et continuelle.

» Dans le même instant qu'il eut proféré la dernière de ces paroles, nous sentîmes toutes que les pores de notre visage se dilataient, puis une démangeaison aussi vive que si l'on nous eût piquées avec des pointes d'aiguilles. Il n'y en eut pas une à qui l'impatience n'y fit aussitôt porter la main, et nous y trouvâmes ce que vous allez voir tout à l'heure. » Alors la Doloride et ses compagnes écartèrent leurs voiles, et découvrirent des visages chargés d'épaisses barbes, les unes noires, les autres blanches, d'autres rousses et d'autres mélangées. A cette vue, le duc et la duchesse parurent fort étonnés, et don Quichotte et Sancho le furent extrêmement, aussi bien que les autres; et la Trifaldi continuant : « Voilà, dit-elle, de quelle manière nous supplicia ce barbare Malambrun, défigurant, avec ces crins rudes et inaccoutumés à notre sexe, la douceur et la beauté de nos visages; trop heureuses si, parmi tant de disgrâces, il nous eût fait voler la tête de dessus les épaules par le fil tranchant et acéré de son épouvantable cimeterre, plutôt que de nous rendre ainsi difformes et velues, car enfin, si vos excellences y font réflexion, où est-ce qu'une dame osera se présenter avec de la barbe? quelle opinion aura-t-on d'elle? que n'en diront point les mauvaises langues? qui sont le père et la mère qui voudront l'avouer? et qui sera assez charitable pour en avoir compassion? Et puisqu'une dame qui a la peau délicate, qui se martyrise le visage à force de drogues, de fard et de pommades, pour s'embellir le teint, a tant de peine à trouver quelqu'un qui l'aime, que sera-ce de celles qui sont velues comme des ours? Mes yeux! mes yeux! c'est à vous que je parle, comment est-il possible que vous n'ayez point de ressentiment de mes disgrâces, et que vous m'en laissiez faire le récit sans verser des pleurs? Mais j'ai tort de vous faire ce reproche : vous avez versé mille torrents de larmes, et il faut croire que vous manquez d'humeur, et non pas que vous êtes insensibles. O mes chères compagnes, que les astres qui ont présidé aux moments où nous fûmes formées versèrent sur nous de malignes influences! Que les pères qui nous ont engendrées connaissaient mal les heureux instants! et que les malheureuses mères qui nous mirent au monde en furent pressées à une heure fatale et dangereuse! » En achevant ces paroles la comtesse tomba comme évanouie.

XX

Suite de cette aventure, avec d'autres choses de même importance.

Comme Sancho vit ainsi tomber la dame Doloride : « Foi d'homme de bien, dit-il, et par la vie de tous les Panças, mes ancêtres, je n'ai de la vie ni vu ni ouï dire une aventure pareille, jamais mon maître ne m'en a conté de telle, et je ne pense même pas qu'il lui en ait jamais passé de semblable par la fantaisie. Eh! que mille satans t'entraînent dans le fond des abîmes, si cela n'est déjà fait, maudit enchanteur de Malambrun! Eh! n'as-tu point trouvé d'autre manière de punir ces créatures que de les rendre velues comme des barbets? Pardi, j'aurais mieux aimé leur fendre les naseaux, quand elles eussent dû parler du nez : au moins en seraient-elles quittes à cette heure, et je gagerais mon âne qu'elles n'ont pas de quoi payer un barbier. — C'est la pure vérité, monsieur, répondit une des dames, que nous n'avons pas un sou pour nous faire raser, et nous sommes contraintes la plupart d'user, par épargne, de certains emplâtres de poix que nous nous mettons sur le visage, et, en les tirant tout d'un coup, nous demeurons rasées comme la paume de la main. Ce n'est pas qu'il n'y ait au royaume de Candaya des femmes qui vont de maison en maison faire la barbe et les sourcils, et d'autres choses comme cela, dont les dames sont curieuses; mais nous autres, qui sommes dames d'honneur, n'avons jamais voulu nous servir de ces créatures, parce que la plupart n'ont point bonne renommée; et si le seigneur don Quichotte ne nous donne pas du secours, nous emporterons nos barbes au tombeau. — Je me laisserais plutôt arracher la mienne poil à poil par les Maures, repartit don Quichotte, que de manquer à vous soulager. » En cet endroit la comtesse Trifaldi reprit ses esprits et dit à don Quichotte : « L'agréable son de vos promesses, valeureux chevalier, a retenti jusqu'à mes oreilles au milieu de mon évanouissement et a rappelé mes sens et mes forces : je vous supplie donc de nouveau, glorieux et indomptable seigneur, que vos paroles se convertissent promptement en œuvres efficaces. — Il ne tiendra pas à moi, répondit don Quichotte; voyez à quoi je puis vous être utile, et vous me trouverez tout disposé à vous rendre service. — Votre magnanimité saura donc, invictissime chevalier, repartit la dame Doloride, que d'ici le royaume de Candaya il y a cinq mille lieues, peut-être une ou deux plus ou moins, à faire le chemin par terre; mais, si on va par l'air et en ligne droite, il n'y en a que trois mille deux cent vingt-sept. Le géant Malambrun me dit que, sitôt que ma bonne fortune m'aurait fait la faveur de me faire rencontrer le chevalier notre libérateur, il lui enverrait une agréable monture, beaucoup meilleure et pas si mutine que des mules de louage, puisque c'est le même cheval de bois sur lequel Pierre de Provence enleva la belle Maguelonne, animal paisible et que l'on gouverne avec une cheville qu'il a dans le front, mais qui vole par l'air avec tant de légèreté et de vitesse, qu'on dirait que c'est un démon d'enfer. Ce cheval, à ce que nous apprenons des traditions anciennes, est un ouvrage du sage Merlin, qui le prêta à Pierre de Provence son grand ami, et sur lequel il fit de grands voyages par l'air, laissant ceux qui le regardaient de la terre tout émerveillés; et le bon Merlin ne le prêtait qu'à ceux qu'il aimait ou à qui le payait mieux : aussi depuis le fameux Pierre jusqu'à présent, nous n'avons pas ouï dire que personne ait monté dessus. Malambrun, par la force de ses charmes, a trouvé moyen de l'avoir dans sa possession; il s'en sert dans tous les voyages qu'il fait, qui sont pour l'ordinaire par toutes les parties du monde : aujourd'hui il est ici, demain en France, et le lendemain il sera dans l'Amérique ou dans la Chine. Ce qu'il y a de meilleur, c'est que le cheval ne boit, ne mange, ni de dort, ni ne gâte jamais de fers ; et il va un amble si doux dans l'air, que celui qui est dessus peut porter une tasse pleine d'eau à la main sans en verser une seule goutte ; et c'est ce qui faisait que la belle Maguelonne aimait tant à s'y trouver en croupe.

— Pour ce qui est d'aller doucement, dit Sancho, vive mon grison ! Hors qu'il ne va point dans l'air, mais sur la terre, par ma foi, j'en défierais tous les ambles du monde. — Quant au cheval, continua la Doloride, si tant est que Malambrun consente à voir finir nos malheurs, nous l'aurons ici avant qu'il soit une demi-heure de nuit, car il me dit que la marque qu'il me donnerait que j'aurais trouvé le chevalier que je suis venue chercher, serait de me faire venir promptement le cheval partout où il en serait besoin. — Combien peuvent tenir de gens sur le cheval ? demanda Sancho. — Deux personnes, répondit la Doloride : l'une sur la selle et l'autre en croupe ; et d'ordinaire ces deux personnes sont le chevalier et l'écuyer. — Comment l'appelez-vous ce cheval ? demanda Sancho. — Son nom, répondit-elle, n'est pas comme celui du cheval de Bellérophon, qui s'appelait Pégase, ni comme celui d'Alexandre le Grand, qu'il nommait Bucéphale ; ni Bride-d'or, comme celui de Roland ; ni Bayard, comme celui de Renaud de Montauban ; ni Frontin non plus, comme le cheval de Roger ; encore moins Bootès, ni Pirithoüs, ainsi qu'on dit que s'appellent les chevaux du Soleil ; il ne s'appelle pas aussi Orélia, comme le cheval que montait le malheureux Rodrigue, le dernier roi des Goths, dans la bataille où il perdit son royaume et sa vie. — Je ne vous demande pas comme il ne s'appelle point, dit Sancho, car j'en sais là dessus autant qu'un autre, mais enfin je gagerais bien, puisqu'on ne lui a donné aucun des noms de ces beaux chevaux si connus dans le monde, qu'on ne lui aura pas donné non plus le nom de Rossinante, le cheval de mon maître, qui lui convient fort bien, et qui, sans vanité, ne le cède en rien à tous ceux qu'on vient de nommer. — Je le crois bien ainsi, repartit la comtesse ; néanmoins le nom de celui-ci est tout à fait convenable et significatif, car il s'appelle Chevillard le Léger, parce qu'il est de bois, et qu'il a une cheville au front, et à cause de la légèreté dont il marche. — Le nom me revient assez, dit Sancho, mais avec quoi le gouverne-t-on ? est-ce avec une bride ou un licou ? — Je vous ai déjà dit, répondit la Trifaldi, que c'est avec la cheville : le cavalier qui est dessus n'a qu'à la tourner de côté ou d'autre, et il le fait aller comme il veut, tantôt par l'air et tantôt rasant la terre, ou prenant un milieu entre deux, ce qui est ce que l'on doit chercher dans toutes les actions bien réglées — Je voudrais bien le voir, dit Sancho, mais non pas pour monter dessus, non, car de penser que je m'y mette ni en selle ni en croupe, ni debout, ni de travers, je suis votre serviteur. Il serait bon, oui, qu'un homme qui a prou de peine à se tenir à cheval sur son âne, avec un bât douillet comme de la soie, allât monter en croupe sur un chevron sans coussin ni tapis ! Oh que nenni, je vous remercie ; je ne vais point m'écorcher pour le plaisir des autres. Qui a de la barbe de trop se rase comme il entendra ; pour moi je ne pense pas accompagner mon maître dans ce voyage-là. Aussi bien ne lui suis-je pas nécessaire dans ce rasement de barbe, comme je le suis dans le désenchantement de madame Dulcinée. — Vraiment si fait, vous lui êtes nécessaire, repartit la Trifaldi, et si fort, qu'on ne peut rien faire sans vous. — A d'autres, à d'autres, dit Sancho : qu'est-ce que les écuyers ont à voir avec les aventures de leurs maîtres ? Ces messieurs en auront tout l'avantage, et nous toute la peine ; et oui, ma foi, cela n'est pas pourri. Encore si les faiseurs d'histoire disaient : Un tel chevalier a achevé une telle aventure, mais avec l'aide d'un tel, son écuyer, sans lequel il lui aurait été impossible d'en venir à bout, mais, oui, on n'a qu'à s'y attendre ! par la mordi, ils vous écrivent tout sec : *Don Paralipomenon des Trois-Étoiles acheva l'aventure des six lutins*, sans faire mention de l'écuyer, pas plus que s'il n'eût point été au monde, quoiqu'il fût présent, et qu'il suât à grosses gouttes, et qu'il y eût attrapé de bons horions. Encore une fois, mon maître peut s'en aller tout seul, s'il veut, et grand bien lui fasse ! Pour moi je ne lui porte point d'envie, et je demeurerai ici en compagnie de madame la duchesse. Et il pourrait bien arriver, quand il sera de retour, qu'il trouverait l'affaire de madame Dulcinée en meilleur chemin : car, toutes les fois que je n'aurai rien à faire, je prétends m'étriller d'importance.

— Ecoutez, mon ami Sancho, dit la duchesse, s'il faudra-t-il bien que vous accompagniez votre maître, s'il en est besoin, et nous vous en prierons tous : car après tout, ce serait fort mal fait que, pour de vaines frayeurs, on laissât le visage de ces dames en l'état où il est. — Voire, ma foi, répliqua Sancho, c'est grand dommage ! Si c'était une charité qu'on fît, encore passe : mais qu'on aille hasarder de se casser bras ou jambes pour tondre des duègnes, au diable qui en fera rien ! Qu'elles cherchent d'autres tondeux ; mais ce ne sera pas Sancho Pança, toujours : j'aimerais, mordi, mieux les voir toutes barbues comme un bouc, depuis la plus grande jusqu'à la plus petite, et depuis la plus mal chaussée jusqu'à la plus pimpante. — Vous en voulez bien aux suivantes, ami Sancho, dit la duchesse, et vous les épargnez encore moins que votre apothicaire de Tolède ! En vérité, vous avez tort : il y a telle suivante avec moi qui peut servir d'exemple à toutes les femmes du monde, quand ce ne serait que la dame Rodriguez, que voilà présente, et je n'en veux pas dire davantage. — Votre excellence peut dire ce qu'il lui plaira, dit la dame Rodriguez ; mais Dieu sait la vérité de tout. — Madame Rodriguez a raison, dit don Quichotte. Pour vous, madame la comtesse, et votre illustre compagnie, vous devez espérer que le ciel aura pitié de vos malheurs ; et ne doutez pas que Sancho ne fasse ce qui sera nécessaire quand je le lui ordonnerai. Je voudrais que Chevillard fût déjà venu, et me voir aux mains avec Malambrun : je lui apprendrais, au prix de sa tête, à persécuter des dames et à défier des chevaliers errants ! — Que le ciel, s'écria la Doloride, regarde avec des yeux bénins votre grandeur, valeureux chevalier, et que toutes les étoiles des régions célestes puissent verser sur votre valeur toute la force et toute la prospérité qu'elles renferment! Soyez le bouclier et le rempart des malheureuses dames d'honneur aujourd'hui déshonorées, de ces infortunées victimes du mépris des apothicaires, que les écuyers anathématisent, que les pages accablent d'injures et d'opprobres, et que l'injustice a mises en abomination devant tout le genre humain. Disgraciées suivantes que nous sommes, fussions-nous venues en ligne directe de mâle en mâle du sang d'Hector de Troie! Trouverons-nous une maîtresse qui ne nous traite avec mépris, quand toute leur fortune dépendrait de notre conduite? O géant Malambrun, tout enchanteur que tu sois, tu ne laisses pas d'être fidèle en tes promesses; envoie-nous promptement le non pareil Chevillard, afin que nous voyions dans peu la fin de nos disgrâces! car à présent, si les chaleurs nous surprennent avec tant de barbe, malheur sur nous et sur notre race! Qui, mille diables, Dieu me pardonne, y pourra résister? » La Trifaldi, en proférant ces tristes paroles, parut touchée d'une douleur si vive, qu'il n'y eut personne qui n'en fût attendri. Sancho en pleura tout de bon et résolut en son cœur d'accompagner son maître, dût-il le mener jusqu'aux antipodes, au cas que cela serait de quelque chose pour éclaircir, dit-il, les broussailles que les bonnes dames avaient sur le visage.

XXI

De l'arrivée de Chevillard, et de la fin de cette longue et terrible aventure.

La nuit arriva, et avec elle l'heure où le fameux Chevillard devait venir. Don Quichotte attendait sa venue avec une extrême impatience, et croyait que, puisque Malambrun tardait tant à l'envoyer, ou qu'il n'était pas le chevalier à qui cette aventure était réservée, ou que le géant évitait d'entrer avec lui en combat singulier. Mais, lorsqu'on y pensait le moins, voilà que tout d'un coup on vit entrer quatre sauvages tout couverts de lierre, et qui portaient sur leurs épaules un grand cheval de bois. Ils le posèrent à terre sur ses pieds, et un des sauvages dit aussitôt : « Que celui qui en aura le courage monte sur cette machine. — Pour moi, je n'y monte pas, dit Sancho : je n'en ai point le courage, et ne suis, Dieu merci, point chevalier. — Et que l'écuyer, s'il en a un, continua le sauvage, prenne la croupe, et que le chevalier s'assure, de la part de Malambrun, qu'il est à couvert de toute sorte d'embûches, et qu'il n'a que son cimeterre à craindre. Au reste, il n'y a qu'à tourner la cheville que ce cheval a au front, et il les portera de lui-même au lieu où les attend Malambrun; et afin que le vague de l'air et la longueur du chemin ne leur donnent point des étourdissements, il faut qu'ils tiennent les yeux bandés jusqu'à ce que le cheval hennisse : ce sera signe que le voyage est achevé. » Cela dit, les sauvages se retirèrent en gambadant par où ils étaient venus. La Doloride, considérant le cheval avec des larmes de joie, dit à don Quichotte : « Vaillant chevalier, la promesse de Malambrun est accomplie, le cheval est arrivé, nos barbes croissent, et nous supplions toutes ta valeur extrême, par ce que tu chéris le plus et par autant de poils que nous en avons au visage, que tu nous décharges de cette bourre importune qui nous défigure. Il n'y a qu'à monter toi et ton écuyer sur Chevillard : c'est en cela que consiste l'aventure. Montez donc, hardi et franc chevalier, écuyer obligeant et bénévole, et donnez un heureux commencement à un voyage dont la fin vous doit être aussi glorieuse qu'avantageuse pour nous. — Je le ferai de bon cœur, affligée comtesse, repartit don Quichotte, et sans m'amuser à prendre ni éperons ni coussin, tant j'ai d'impatience de vous donner du soulagement! — Pour moi, je n'en ferai rien, avec votre permission, madame la comtesse, dit Sancho; et si la tonsure ne se peut faire sans qu'il y ait un écuyer en croupe, mon maître n'a qu'à en prendre un autre, et ces bonnes dames à chercher un autre tondeux. Je ne suis point sorcier, pour m'en aller courir par l'air. Hé! qu'est-ce que diraient les habitants de mon île, s'ils savaient que leur gouverneur donne ainsi à tout vent! Mais celui-là est bon, oui! On dit qu'il y a trois ou quatre mille lieues d'ici à Candaya, et si le cheval se lasse en chemin, ou qu'il prenne quelque fantaisie au géant, nous serons des six ou sept ans à revenir; et puis il n'y aura ni île ni vassaux qui me reconnaissent. Il y a longtemps que j'ai ouï dire que le danger gît dans le retardement; et, quand on te donne la vache, cours-y vite avec la corde, que les pieds ne l'emmènent. Je baise les mains aux barbes de ces bonnes dames; Saint-Pierre est bien à Rome, et moi je suis bien ici, où l'on me fait un si bon traitement, et dont le seigneur a la bonté de me faire gouverneur d'une île. Il faudrait que je fusse bien fou de quitter cela pour des barbes. Et, que diable, est-ce un si grand malheur que d'en avoir? les bons ermites les portent jusqu'à la ceinture. — Ami Sancho, dit le duc, l'île que je vous ai promise se retrouvera toujours : elle n'est pas mouvante, et elle tient en terre par de profondes racines qui vont jusqu'aux abîmes, si bien qu'il ne faut pas craindre de la perdre; et puis vous savez aussi bien que moi que les dignités de ce monde ne s'acquièrent point sans quelque travail. Je vous prie donc, pour l'amour de moi, et en faveur du gouvernement que je vous donne, d'accompagner le seigneur don Quichotte dans cette mémorable aventure; et, soit que vous reveniez aussi promptement que vous le promet la vitesse de Chevillard, soit que la fortune contraire vous fasse revenir comme un pèlerin, à pied et mendiant de porte en porte, en quelque temps et à quelque heure que vous reveniez, vous retrouverez toujours votre île où vous l'aurez laissée, et vos insulaires aussi prêts à vous recevoir pour gouverneur qu'ils l'ont toujours été. Pour moi, je puis bien vous jurer que je ne changerai point de sentiment non plus, n'en doutez nullement, seigneur Sancho, car autrement ce serait mal reconnaître le dessein que j'ai de vous servir. — En voilà trop, monseigneur le duc, dit Sancho : je suis un pauvre écuyer qui n'ai pas la force de supporter le fardeau de tant de courtoisie. Que mon maître monte, qu'on me bouche les yeux, et qu'on me recommande à Dieu et à ses saints. Mais, monseigneur, je voudrais bien qu'on me dît si, quand nous serons là-haut, je ne puis pas bien me recommander moi-même à Notre Seigneur, et invoquer le secours des anges. — Vous le pouvez en toute sûreté, dit la Trifaldi : quoique Malambrun soit enchanteur, il ne laisse pas d'être chrétien, et il fait tous ses enchantements en homme prudent, et qui ne veut pas s'attirer de reproches. — Allons donc, dit Sancho, et le bon Dieu nous assiste et la bonne Notre-Dame-de-Lorette! — Depuis la mémorable aventure des foulons, dit don Quichotte, je n'ai jamais vu Sancho plus effrayé qu'il l'est à cette heure; et si je m'arrêtais aux présages comme beaucoup d'autres, je ne sais si je n'aurais point moi-même quelque peur de le voir si alarmé. Mais approche-toi, Sancho, que je te dise deux mots avec la permission de leurs Excellences. »

En disant cela, il le mena d'un autre côté du jardin entre de grands arbres, et lui prenant les mains : « Tu vois bien, ami Sancho, lui dit-il, le long voyage que nous avons à faire, et qu'il n'y a que Dieu qui sache quand nous en pourrons revenir, et les affaires que nous y trouverons. Je voudrais donc, mon enfant, que, sous prétexte d'aller prendre quelque chose dont tu as besoin, tu te retirasses dans ta chambre, et que tu te donnasses vite quatre ou cinq cents coups de fouet sur le corps, et tant de moins des trois mille six cents à quoi tu es obligé : ce sera toujours autant de fait, et une chose bien commencée est à demi achevée. — En voilà d'un autre! répondit Sancho : pardi, monsieur, il faut que vous soyez fou! Je vous demande pardon, il faut vous répondre : comme dit l'autre, vous me voyez en procès, et vous me demandez ma fille; et, mort non pas de diable, vous savez que je suis sur le point de monter un cheval de bois, assis sur sa croupe dure, et vous voulez que je m'aille écorcher le derrière par avance! vous rêvez, monsieur! Par ma foi, allons donner ordre à la tonsure de ces bonnes dames, puisque le diable nous y appelle, et au retour je vous promets, foi d'homme de bien, que nous aviserons au reste; mais n'en parlons point davantage pour l'heure. — Je m'en fie à ta parole, ami Sancho, repartit don Quichotte : je m'assure que tu la tiendras. — Oui, oui, dit Sancho, reposez-vous sur moi, et ne songeons point à entreprendre tant de besogne à la fois. » Ils retournèrent aussitôt vers la compagnie; et don Quichotte, sur le point de monter sur Chevillard : « Bouche-toi les yeux, dit-il à Sancho, et monte hardiment : il n'y a pas d'apparence que celui qui nous a envoyé chercher de si loin ait dessein de nous tromper pour le peu d'avantage qu'il y a à abuser des gens qui se fient en lui ; et, quand les choses iraient tout au rebours de ce que j'imagine, la seule gloire d'avoir entrepris cette aventure est assez grande pour n'avoir pas à craindre de la voir obscurcie par les ténèbres de l'envie. — Allons, monsieur, allons, répondit Sancho, il me semble que j'ai le cœur chargé de toute la bourre de ces pauvres dames. Montez donc vous-même, monsieur, continua-t-il, car, puisque je dois aller en croupe, il faut auparavant que vous vous mettiez en selle. — Tu n'as pas tout le tort, repartit don Quichotte. » Et, ayant tiré un mouchoir de sa poche, il pria la dame Doloride de le lui mettre sur les yeux ; mais il l'ôta brusquement lui-même, en disant : « Si je ne me trompe, j'ai lu dans Virgile, quand il parle du palladium de Troie, que c'était un cheval de bois que les Grecs offrirent à la déesse Pallas, et qu'il renfermait des chevaliers armés, qui furent depuis la ruine de cette ville, la plus importante de toute l'Asie ; cela me fait ressouvenir qu'il n'y a pas grand mal d'examiner ce que porte Chevillard dans ses entrailles. — Que cela ne vous arrête point, dit la Doloride : je vous en réponds. Je connais assez Malambrun pour savoir qu'il n'est ni malin, ni traître ; sur ma parole, et s'il vous en arrive du mal, je le prends sur moi. » Don Quichotte crut effectivement que ce serait faire tort à sa valeur que de prendre davantage de précautions, si bien qu'il monta, sans s'amuser à contester ; et comme, faute d'étriers, il tenait les jambes allongées et pendantes, il semblait proprement une figure de ces tapisseries de Flandre où l'on représente un triomphe romain. Sancho se prépara aussi à monter, mais ce fut si lentement, qu'il était bien aisé de juger qu'il ne le faisait qu'à contre-cœur.

Sitôt qu'il fut monté sur le cheval, dont il ne trouvait pas la croupe mollette, il commença à se remuer pour prendre ses aises ; mais il ne put jamais se mettre à son gré, et il pria le duc de lui faire donner un coussin, quand ce devrait être un de ceux de l'estrade de madame la duchesse, parce, dit-il, ce cheval a la mine de marcher fort dur. La Trifaldi répondit que Chevillard ne souffrirait rien de cette sorte sur lui ; et que, s'il voulait, il pouvait se mettre à la manière des femmes pour être mieux à l'aise, ce qu'il fit. Ensuite, on lui banda les yeux, et il dit adieu à la compagnie. Il ne fut pas un moment en cet état qu'il se découvrit ; et, regardant tristement tous ceux qui étaient dans le jardin, il les conjura, les larmes aux yeux, de dire un *Pater* et un *Ave* pour lui, afin de mériter que Dieu lui fît trouver de bonnes âmes qui les assistassent de leurs prières, si jamais ils se voyaient en pareil état. « Larron ! s'écria don Quichotte, es-tu, par aventure, au gibet pour faire de semblables demandes ? Poltron ! n'es-tu pas dans le lieu même où se vit autrefois la belle Maguelonne, et d'où elle descendit pour être reine de France, et non pas pour entrer dans le tombeau ? Et moi, qui te parle, ne suis-je point capable de te rassurer, puisqu'on m'a choisi pour remplir la même place qu'occupa le fameux Pierre de Provence ? Couvre-toi, couvre-toi les yeux, animal sans raison et sans courage, et qu'il ne t'arrive jamais de faire voir de semblables frayeurs, au moins en ma présence. — Qu'on me bouche les yeux, répondit Sancho ; et, puisqu'on ne veut pas que je me recommande à Dieu, ni qu'on prie pour moi, allons, à la malheure, et ne nous étonnons pas si quelque légion de diables nous jette entre les mains des mahométans. »

Nos aventuriers se couvrirent les yeux, et don Quichotte, voyant toutes choses en état, commença à tourner la cheville. A peine y eut-il mis la main, que toutes les suivantes et ceux qui étaient présents se mirent à crier : « Dieu te conduise, valeureux chevalier ! Dieu soit à ton aide, écuyer sans peur ! Puissions-nous bientôt jouir du plaisir de vous revoir ! ce qui ne saurait manquer, de la vitesse dont vous fendez l'air, et puisque nous vous perdons presque de vue. — Tiens-toi ferme, courageux Sancho ; tu ne fais que branler, prends garde de tomber : ta chute serait plus lourde que celle de ce jeune étourdi qui se mêla de vouloir mener les chevaux du soleil. » Sancho se serra contre son maître, et, l'embrassant par la ceinture : « Monsieur, lui dit-il, pourquoi disent-ils là bas que nous sommes si haut, puisque nous les entendons si aisément, et qu'on dirait qu'ils nous parlent aux oreilles ? — Ne t'arrête pas à cela, Sancho, répondit don Quichotte : comme ces manières d'aller sont toutes extraordinaires, tout ce qui s'y passe est de même, sans compter que la voix, ne trouvant aucun empêchement, peut facilement venir jusqu'à nous, l'air lui servant de véhicule ; mais ne me serre pas tant, je t'en prie, car tu me feras choir. En vérité, je ne comprends pas qui te tient, ni de quoi tu t'épouvantes : devant Dieu si j'ai monté de ma vie une monture plus douce ! je la sens si peu remuer, qu'il me semble qu'elle ne part pas d'un lieu. Défais-toi de ces vaines frayeurs, mon ami ; les choses vont comme elles doivent aller, et nous pouvons dire que nous avons le vent en poupe. — Aussi avons-nous, ma foi, repartit Sancho ; car je sens de ce côté-là une brise gaillarde qui souffle à merveille. » Il avait raison de le dire : quatre ou cinq hommes l'éventaient par derrière avec de grands soufflets, tant le duc et son intendant avaient bien disposé les choses pour rendre l'aventure parfaite. Don Quichotte ayant aussi senti le vent : « Sans doute, dit-il, Sancho, nous sommes déjà au-dessus de la moyenne région de l'air, où se forment la grêle, la pluie, les vents et le tonnerre ; si nous montons toujours de la même vitesse, nous serons bientôt dans la région du feu, et je ne sais pas trop bien comment modérer cette cheville, pour ne pas aller dans un lieu où nous serions bientôt embrasés. » En cet endroit, on commença à leur chauffer le visage avec des étoupes allumées et des matières aisées à s'enflammer et à s'éteindre, qu'on avait attachées à de longs roseaux, pour les tenir de loin, afin qu'ils n'entendissent pas le moindre bruit. « Je sois pendu, s'écria Sancho, qui sentit la chaleur, si nous ne sommes déjà où vous dites, ou pour le moins bien près ! j'ai déjà la barbe demi-grillée. Monsieur, je m'en vais me découvrir pour voir où nous sommes. — Donne-t'en bien de garde, dit don Quichotte : ne te souviens-tu pas de l'histoire du licencié Torralva, que les diables enlevèrent par l'air à cheval sur un roseau et les yeux bandés ? Il fut en douze heures à Rome, et descendit sur la tour de Nona, d'où il vit tout ce qui se passa à la mort du connétable de Bourbon ; et le lendemain, à la pointe du jour, il fut de retour à Madrid et raconta tout ce qu'il avait vu. Il dit aussi que, comme il était en l'air, le diable lui dit d'ouvrir les yeux : et il se vit si proche du corps de la lune, qu'il y pouvait toucher avec la main ; mais qu'il n'osa regarder en bas, de crainte que la tête ne lui tournât. Ainsi, mon ami, tu vois bien que la curiosité serait dangereuse. Contente-toi que celui qui s'est chargé de nous faire faire le voyage réponde de nous, et peut-être qu'à l'heure qu'il est nous sommes au-dessus du royaume de Candaya, où nous allons fondre comme le faucon fait sur le héron ; et encore qu'il ne nous semble pas qu'il y ait une demi-heure que nous sommes à cheval, crois-moi, mon ami, nous avons bien fait du chemin. — Je n'ai rien à vous dire, repartit Sancho ; mais je sais bien que si la dame Maguelonne ne s'ennuyait pas sur cette diable de croupe, il fallait qu'elle eût la chair bien dure. »

Le duc, la duchesse et leur compagnie ne perdaient pas un mot de ce beau dialogue, et riaient comme des fous ; pour achever une aventure si heureusement commencée, ils firent mettre le feu sous la queue du cheval, et le bon Chevillard, qui avait l'estomac plein de fusées et de pétards, s'enleva dans l'air avec grand bruit et retomba avec don Quichotte et Sancho, l'un et l'autre flambés comme des cochons. En ce temps-là, la Doloride et sa troupe barbue étaient déjà sorties du jardin, et tous ceux qui y restèrent demeurèrent comme pâmés, étendus par terre. Don Quichotte et Sancho se relevèrent tout étourdis de leur chute, et, ayant regardé de tout côté, ils furent étonnés de se voir encore dans le même jardin et de voir par terre tant de gens qui paraissaient sans mouvement ; mais ils furent bien plus surpris, quand ils aperçurent, dans un coin du jardin, une lance fichée en terre, où pendait, à deux cordons de soie verte, un parchemin, avec ces paroles en grosses lettres d'or :

« L'illustre et valeureux chevalier don Quichotte de la Manche a mis fin à l'aventure de la comtesse Trifaldi, autrement la dame Doloride, et de ses compagnes, seulement en l'entreprenant. Malambrun est content et satisfait : ces dames ont perdu leurs barbes, et le roi don Clavijo et la reine Antonomasie ont repris leur première forme ; et sitôt que l'écuyer aura accompli la pénitence des trois mille six cents coups, la blanche colombe se verra délivrée des gerfauts importuns qui la persécutent, et entre les bras de son bien-aimé gémisseur. Ainsi l'a ordonné le savant Merlin, protomagicien de tous les magiciens. »

Don Quichotte n'eut pas plus tôt lu ces paroles, qu'il comprit aisément ce qu'elles disaient du désenchantement de Dulcinée ; et après avoir rendu au ciel mille actions de grâces de l'aventure qu'il venait de finir avec si peu de péril, et de l'obligation que lui avaient ces pauvres dames barbues, qu'il ne voyait plus, il alla du côté où étaient étendus le duc et la duchesse, qui paraissaient encore évanouis : « Allons, monsieur, allons, dit-il, prenant le duc par la main, bon courage, bon courage : tout ceci n'est rien ; l'aventure est entièrement finie et il n'y a plus de danger, comme vous verrez par l'écriteau qu'on a mis au haut de cette lance. » Le duc, comme enseveli dans un profond sommeil, commença peu à peu à revenir, et la duchesse et tous ceux qui étaient par terre, faisant les mêmes grimaces, ouvrirent aussi les yeux. Ils feignirent si bien les uns et les autres de la surprise et de l'étonnement, qu'on aurait effectivement cru qu'il leur était arrivé quelque chose d'étrange. Le duc lut l'écriteau, les yeux encore demi-fermés et se les frottant à chaque mot ; et sitôt qu'il eut achevé de lire, il se jeta, les bras ouverts, au cou de don Quichotte, lui disant qu'il était le meilleur et le plus glorieux chevalier qu'il y eût jamais eu dans les siècles passés. Sancho cherchait des yeux la Doloride, pour voir quelle mine elle avait depuis qu'elle était sans barbe, et si elle était aussi belle qu'on le jugeait auparavant par les traits de son visage ; mais on lui dit que, sitôt que Chevillard avait fondu du haut de l'air sur la terre, tout en feu comme il était, la comtesse avait disparu avec toute sa troupe, et qu'elles n'avaient plus le moindre poil de barbe ni la moindre apparence d'en avoir jamais eu.

La duchesse demanda à Sancho comment il se trouvait de ce long voyage, et s'il ne lui était rien arrivé d'extraordinaire ; à quoi Sancho répondit : « Je me trouve assez bien, madame, Dieu merci, si ce n'est que je me suis un peu déhanché une épaule en tombant ; mais, pour nous autres, cela n'est rien. Pour le reste, il faut que je vous dise que je sentis que nous allions, comme si nous eussions volé, vers un endroit qui s'appelle, à ce que dit mon maître, la région du feu. Je voulus ôter mon bandeau, et mon maître, à qui je le dis, ne voulait pas ; mais moi, qui suis un peu curieux de ma nature, et qui veux toujours voir ce qu'il y a dans mon chemin, je haussai au-dessus du nez, mais tout doucement et sans que personne en vit rien, le mouchoir qui me bouchait les yeux, et puis je me mis à regarder la terre. Regardant si nous étions bien haut, elle ne me parut pas plus grosse qu'un grain de moutarde, et les hommes qui allaient dessus guère plus grands que des noisettes. — Ami Sancho, dit la duchesse, prenez-vous bien garde à ce que vous dites? De la manière que vous parlez, vous ne vîtes pas la terre, mais seulement les hommes qui étaient dessus ; et cela est bien clair, car, si la terre ne paraissait pas plus grosse qu'un grain de moutarde, et que chaque homme fût aussi gros qu'une noisette, un seul homme devait couvrir la terre tout entière. — Cela devait être ainsi, répondit Sancho ; mais avec tout cela, je la découvris par un petit endroit, et je la vis toute. — Mais, Sancho, repartit la duchesse, on ne saurait voir tout entier ce qu'on ne voit que par un petit côté. — Je n'entends point toutes ces visions et ces philosophies, répliqua Sancho ; mais il suffit que votre seigneurie sache que nous volions alors par enchantement, et par enchantement nous pouvions voir la terre et les hommes, de quelque côté que nous regardassions ; et, si vous ne croyez pas cela, vous croirez encore moins que, quand je baissai mon mouchoir pour regarder en haut, je me vis si proche du ciel, qu'il ne s'en fallait pas d'un pied que je n'y touchasse, et je puis bien jurer, madame, qu'il est extrêmement grand. — Comme toutes les choses qui m'arrivent se font par des voies extraordinaires, dit alors don Quichotte, il ne faut pas s'étonner de ce que rapporte Sancho. Pour moi, tout ce que je vous puis dire, c'est que je ne me découvris nullement, et je ne vis ni ciel, ni terre, ni mer, ni montagnes ; je m'aperçus seulement, lorsque nous eûmes passé par la moyenne région de l'air, que nous approchions fort de la région du feu ; mais que nous ayons été plus avant, j'ai de la peine à le croire, car la région du feu étant placée entre le ciel de la lune et la dernière région de l'air, nous ne pouvions arriver jusqu'au ciel des Pléïades sans être embrasés. »

Telle est l'aventure mémorable de la dame Doloride, qui divertit fort le duc et le reste des spectateurs, et leur a donné à rire tout le temps de leur vie, et à Sancho de quoi raconter tant qu'il a vécu.

XXII

Des conseils que don Quichotte donna à Sancho Pança touchant le gouvernement de l'île, etc.

Après l'heureux succès de l'aventure de Doloride, le duc et la duchesse, voyant comment il s'y fallait prendre pour réussir auprès de leurs hôtes, ne pensèrent plus qu'à inventer de nouveaux sujets de se divertir. Le jour suivant, leurs gens étant bien instruits de la manière qu'il fallait en user avec Sancho, le duc lui dit qu'il se préparât à aller prendre possession de son gouvernement, et que ses insulaires l'attendaient avec autant d'impatience que la terre sèche demande la rosée. Sancho se baissa jusqu'en terre et dit au duc : « Depuis que je suis descendu du ciel, monseigneur, et depuis que du plus haut de sa voûte j'ai considéré la terre et l'ai vue si petite, l'envie m'a presque passé d'être gouverneur : eh ! qu'est-ce qu'il y a de si grand à gouverner une partie d'un grain de moutarde ? quel honneur y a-t-il à commander à une demi-douzaine d'hommes gros comme le bout du doigt ? car il me semblait qu'il n'y en avait pas davantage sur toute la terre. Si votre excellence voulait me donner à gouverner une partie du ciel, quand elle ne serait que d'une demi-lieue de long, je l'aimerais mieux que toutes les îles du monde. — Mais, ami Sancho, répondit le duc, ne savez-vous pas bien que je ne saurais vous donner dans le ciel aussi grand que l'ongle, et qu'il n'y a que Dieu seul qui puisse faire de ces grâces ? Ce que je vous puis donner je vous le donne : c'est une île belle et droite comme un jonc, toute ronde et bien proportionnée, fertile et abondante comme les Champs-Élysées ; et, si vous usez bien des biens de la terre, vous pourrez acquérir ceux du ciel. — Bon, bon, monseigneur, répliqua Sancho : que l'île vienne seulement, et je m'efforcerai à gouverner si bien, qu'en dépit de tous les malandrins qui y trouveront à redire, j'aurai ma part au ciel. Et ce n'est point par avarice que je songe à quitter ma maison pour me voir dans les grandeurs, mais seulement pour voir ce que c'est que ces gouvernements dont le monde est si affamé. — En vérité, dit le duc, quand vous en aurez une fois goûté, ami Sancho, vous vous en lécherez les doigts tant il y a de plaisir à commander et à se faire obéir ; et ne doutez pas que, quand une fois le seigneur don Quichotte se verra empereur, ce qui ne peut manquer d'arriver bientôt de la manière qu'il s'y prend, il ne regrette tout le temps qu'il a manqué de l'être. — Monseigneur, répondit Sancho, il est toujours bien bon de commander comme vous dites, quand ce ne serait qu'un troupeau de moutons. — Je meure, Sancho, si vous ne savez de tout, repartit le duc, et j'espère que vous serez un fort bon gouverneur ; mais laissons cela et songeons au reste. Je vous avertis que c'est demain que l'on vous mène prendre possession de cette île : et ce soir on prépare votre équipage et toutes les choses nécessaires. — Qu'on m'habille et qu'on m'équipe comme on voudra, répondit Sancho, je n'en serai pas moins Sancho Pança. — Cela est vrai, dit le duc ; mais cependant il faut que les habits soient conformes aux conditions et à la dignité : il serait ridicule qu'un homme de justice fût vêtu comme un homme d'épée, et un soldat comme un prêtre. Pour vous, Sancho, il est à propos que votre habit tienne de l'homme de lettres et de l'officier de guerre, parce que dans l'île que je vous donne la science et la valeur sont également nécessaires. — Pour la science, reprit Sancho, je n'en ai pas à foison, et, sans faire le fin, je ne sais ni A ni B, mais je sais mon *Pater noster*, et c'est bien assez pour être bon gouverneur. Pour ce qui est des armes, je me servirai de celles qu'on me donnera jusqu'à tant qu'elles me tombent des mains, et Dieu nous aide s'il lui plaît. — Avec ces sentiments-là, dit le duc, il faut tout espérer de la conduite du bon Sancho. »

Don Quichotte arriva là-dessus, et, ayant appris que Sancho devait partir le lendemain, il le prit par la main, et avec la permission du duc, l'emmena avant son départ dans sa chambre pour lui donner quelques leçons sur la bonne manière de gouverner. Sitôt qu'ils furent entrés, don Quichotte ferma la porte et, ayant fait asseoir Sancho malgré lui, il lui débita d'un ton grave une foule de maximes sur la bonne manière d'exercer l'autorité.

Sancho écoutait attentivement son maître et tâchait de bien imprimer ses conseils en sa mémoire, dans le dessein de s'en servir pour faire sa charge avec honneur.

« Pour ce qui est de la manière dont tu dois gouverner ta maison et ta personne, poursuivit don Quichotte, la première chose dont je te prie, Sancho, c'est d'être propre, et que tu te fasses les ongles sans les laisser croître, comme font beaucoup de gens qui sont assez sots pour croire que c'est un ornement qui embellit leurs mains ; sale et désagréable usage qui tient de la bête plutôt que de l'homme. Ne parais point devant le monde débraillé et en désordre : cette manière d'aller sent le négligent et l'ivrogne, si elle n'est même la marque d'un esprit dissimulé, comme elle le faisait juger de Jules César.

» Examine avec prudence ce que tu peux tirer de ton gouvernement ; et s'il te met en état d'avoir des gens de livrée, habille-les proprement et à profit, sans rechercher la magnificence ni l'éclat, et emploie l'épargne que tu feras là-dessus à revêtir autant de pauvres : c'est-à-dire que, si tu as de quoi entretenir six pages, prends-en seulement trois et habille trois pauvres, et tu auras trois pages pour le ciel aussi bien que pour la terre, et que n'ont jamais ceux qui ne cherchent que la vaine gloire. Ne mange plus d'ail ni d'oignon, de crainte que par l'odeur on ne juge de ton habitude, et par l'habitude de ta première condition. Marche gravement et parle posément, non pas de sorte qu'il semble que tu t'écoutes toi-même, car l'affectation est désagréable en tout.

» Mange peu à dîner et encore moins le soir, car la santé du corps consiste à ne pas trop se charger l'estomac. Trempe ton vin et bois-en modérément : quiconque s'enivre est incapable de garder un secret ni de tenir sa parole. Ne témoigne jamais d'avidité en mangeant, surtout devant le monde.

» Donne-toi de garde aussi, Sancho, de mêler dans tes discours cette foule ordinaire de proverbes : car, quoique ces manières de parler soient bonnes, tu les tires souvent si fort par les cheveux qu'ils ont bien plus l'air d'extravagances que de maximes. — Pour cela, répondit Sancho, que Dieu y remédie! car j'en ai un million dans le ventre qui m'étouffent; encore faut-il bien que je prenne haleine. Mais, sitôt que je desserre les dents pour en dire un, il en sort une si grande foule qu'il n'y a pas moyen de les retenir. Je prendrai pourtant garde à l'avenir de n'en dire pas plus qu'il ne convient à la grandeur de ma charge, car dans une maison opulente le dîner est bientôt prêt, et celui qui étale ne brouille point. En sûreté est celui qui sonne le tocsin, et à donner et à prendre on peut aisément se méprendre, et qui achète ou vend en sa bourse le sent. — Eh! allons, Sancho, dit don Quichotte; courage, mon ami; enfile, enfile, personne ne t'en empêche; ma mère me châtie et moi je fouette la toupie. Je suis occupé à te corriger de la multitude de tes proverbes, et tu en récites une litanie qui conviennent au sujet comme je suis Maure. Un proverbe bien placé n'est pas désagréable; mais les dire ainsi à toute heure, sans rime ni raison, cela rend la conversation fade et ne fait qu'importuner.

» Quand tu iras à cheval tiens-toi ferme, la jambe tendue et le corps droit : c'est la manière des bons écuyers, et c'est ressembler aux femmes que de s'y tenir nonchalamment.

» Ne te laisse pas appesantir au sommeil et n'en prends que modérément : celui qui n'est point levé avec le soleil ne jouit point du jour; et je t'avertis, Sancho, que la diligence est mère de la bonne fortune, et jamais la paresse ne vient à bout de rien.

» Pour le dernier conseil que j'ai à te donner, je veux que tu l'imprimes fortement dans ta mémoire, et je crois qu'il ne te sera pas moins utile que les autres : c'est de ne point t'amuser à disputer sur la noblesse des familles, au moins pour les comparer les unes aux autres : car, comme elles ne sont jamais égales, tu te feras haïr de celui que tu auras ravalé, et l'autre ne te saura point gré de lui avoir rendu ce qui est à lui.

» Pour ton habillement tu dois toujours être bien propre, avec un manteau un peu long, sans rechercher l'éclat ni la magnificence. Il faut que tu prennes un air modeste et sérieux, particulièrement quand tu rendras la justice et dans toutes les occasions où il s'agira des devoirs de ta charge; dans toutes les autres sois affable, doux et civil, et fais-toi rendre le respect qui t'est dû, en inspirant pourtant plus d'amour que de crainte.

» Voilà, Sancho, les avis que j'ai à te donner; je t'en donnerai d'autres, suivant que le temps et les occasions le demanderont, pourvu que tu aies soin de m'informer de l'état où tu te trouveras.

— Tout ce que vous venez de me dire, monsieur, est fort bon, répondit Sancho : ce sont des choses profitables et pour cette vie et pour l'autre; mais à quoi est-ce que cela me servira, si je ne m'en ressouviens point? Il est vrai que pour ce qui est de me rogner les ongles et de me remarier si le cas y échet, cela ne me sortira point de l'esprit ; mais, pour tout ce bagage que vous m'avez dit, toutes ces autres subtilités, ma foi je m'en souviens et m'en souviendrai aussi bien que des neiges d'antan, si ce n'est que vous me les bâilliez par écrit, et je me les ferai lire par mon confesseur afin qu'il me les enchâsse dans la mémoire toutes les fois qu'il en sera besoin.

— Aïe ! s'écria don Quichotte : hé ! que c'est une chose terrible et malséante à un gouverneur de ne savoir ni lire ni écrire ! Sais-tu bien ce qu'on pense, Sancho, d'un homme qui ne sait pas lire, et d'un gaucher ? qu'ils viennent de gens misérables et de la dernière condition, ou qu'ils ont en eux-mêmes l'esprit si grossier, qu'ils ne se sont pas trouvés capables d'instruction. C'est un grand défaut que tu as là, mon pauvre ami, et je voudrais que tu apprisses pour le moins à signer. — Je sais bien mettre mon nom, repartit Sancho : quand je fus fait bedeau de la confrérie dans notre paroisse, j'ai appris à faire des marques comme celles qu'on met sur des ballots de marchandise, qu'on me dit qui signifiaient mon nom ; et puis ne ferais-je pas bien semblant d'avoir la main droite estropiée, et un autre signera pour moi ? car il y a remède à tout, fors à la mort ; et moi étant le maître, et ayant la force en main, ne ferai-je pas ce que je voudrai, aussi bien que font les juges, puisque je suis gouverneur, qui est plus que d'être juge ? Vraiment, vraiment, approchez-vous, qu'on la voie et qu'on la manie. Voulez-vous qu'on achète chat en poche ? Laissez-les faire seulement, ils viendront chercher de la laine et s'en iront sans poil. Quand Dieu veut du bien à un homme, il y paraît à sa maison. Les sottises que dit le riche passent dans le monde pour des sentences ; et moi étant riche, puisque je serai gouverneur et aussi libéral que j'ai envie de l'être, qui diable voudra ni osera me reprocher quelque chose ? Simon, faites-vous bête, et vous verrez que le loup vous mangera. Tu vaux autant que tu possèdes, disait ma grand'mère, et tu n'auras jamais raison d'un homme plus riche que toi. Il n'y en a pas de plus empêché que celui qui tient la queue de la poêle ; mais il tâte de la sauce quand il veut ; encore n'y a-t-il rien de tel que d'être à même. Sauce d'appétit est, ma foi, la meilleure, et chat échaudé... — Maudit sois-tu de Dieu et de ses saints, maroufle ! interrompit don Quichotte, et que mille démons puissent emporter toi et tes proverbes, et celui qui te les a appris ! — Par ma foi, monsieur mon maître, repartit Sancho, il ne faut pas grand chose pour vous fâcher. Et à qui diable fais-je tort en me servant de mon bien ? Je n'ai que des proverbes et encore des proverbes ; mais je ne les vole à personne, et en bonne foi j'en avais quatre tout prêts qui venaient là à propos, comme de la moutarde avec une andouille ; mais je me donnerai bien garde de les dire, car c'est Sancho qu'on appelle *bouche close*. — Oh ! parbleu, tu n'es pas ce Sancho-là, dit don Quichotte, mais Sancho le bavard et l'opiniâtre. Avec tout cela je voudrais bien savoir les quatre proverbes que tu avais à dire, et que tu dis qui viennent si à propos : car, j'ai beau songer, moi qui n'ai pas la mémoire mauvaise, je n'en trouve pas un seul. — Eh ! quels meilleurs proverbes voulez-vous, répondit Sancho, sinon : Ne mets point ton pouce entre deux mâchelières; et hors de ma maison, que demandez-vous à ma femme? A cela il n'y a que répondre; et que, si la cruche donne contre la pierre ou la pierre contre la cruche, tant pis pour la cruche. Pardi, je crois que ceux-là sont à propos : que personne ne se joue à son maître, ni avec celui qu'il envoie, parce qu'il sera châtié comme celui qui met son pouce entre deux dents mâchelières; et quand ce ne seraient point des mâchelières, n'importe, toutes dents sont bonnes. Quand le gouverneur commande, il n'y a pas à répliquer, non plus qu'à hors de chez moi, que voulez-vous à ma femme? Pour celui de la cruche et de la pierre, un aveugle y mordrait. Aussi faut-il que celui qui voit le fétu dans l'œil d'autrui voie la poutre qui est dans le sien, afin qu'on ne dise pas de lui : la pelle se moque du fourgon; et votre seigneurie sait de reste qu'un fat est plus habile dans sa maison qu'un sage dans celle d'autrui.

— Oh! non pas cela, Sancho, repartit don Quichotte : un fou n'est habile en quoi que ce soit, ni chez lui ni ailleurs, parce qu'où il n'y a plus de raison il ne se trouve plus de prudence. Mais laissons cela, mon ami. En un mot, si tu gouvernes mal, ce sera ta faute, et moi j'en aurai la honte; cependant j'ai la consolation de n'avoir rien négligé, et les conseils que je t'ai donnés en homme d'honneur et de conscience m'acquittent de mon devoir et de ma promesse. Dieu te conduise, Sancho, et sa providence te gouverne, et me délivre, moi, s'il lui plaît, de la crainte qui me reste, que tu ne mettes tout sens dessus dessous dans ton île, et que tu ne t'abîmes avec elle. — Monsieur, répondit Sancho, si vous ne me croyez pas capable de faire le devoir d'un bon gouverneur, je quitte les prétentions que j'y ai, sans aller plus loin. Je vivrai aussi bien Sancho tout simple, avec un morceau de pain et un oignon, que Sancho gouverneur avec des chapons et des coqs d'Inde : car à la mort, et quand on dort, tout est pareil, grands et petits, pauvres et riches; et si votre seigneurie s'en veut souvenir, c'est vous qui m'avez mis le gouvernement en tête, car moi je ne sais ce que c'est que d'île et de gouvernement. Et, après tout, si vous croyez que le diable doive emporter le gouverneur, j'aime mieux aller Sancho en paradis que gouverneur en enfer. — En vérité, Sancho, dit don Quichotte, les dernières paroles que tu viens de dire méritent toutes seules le gouvernement de cent îles : tu as un bon naturel, sans quoi il n'y a science qui profite. Va, recommande-toi à Dieu; et surtout aie l'intention droite en toutes les affaires qui se présenteront : car le Ciel ne manque jamais de favoriser les bons desseins. Et allons retrouver leurs Excellences, car je crois qu'on nous attend pour manger. »

XXIII

Comment Sancho prit possession de son île et comment il y gouverna.

Don Quichotte, après avoir dîné, écrivit les instructions qu'il avait données à Sancho, et les lui mit entre les mains, lui disant qu'il n'avait qu'à se les faire lire quand il voudrait. Mais à peine Sancho eut-il pris le papier qu'il le laissa tomber, et quelqu'un l'ayant ramassé, il fut aussitôt porté au duc et à la duchesse, qui ne cessèrent d'admirer et l'esprit et la folie de notre chevalier; et, pour continuer un jeu qui leur donnait tant de plaisir, ils envoyèrent, dès le même soir, Sancho avec une grande suite de gens et un bel équipage, à son île prétendue. Celui qui avait charge de l'accompagner était un intendant de leur maison, homme d'esprit et qui aimait à rire, le même qui avait fait la comtesse Trifaldi, et en avait imaginé l'aventure : si bien qu'avec ses idées plaisantes, et les instructions qu'il avait reçues du duc, il ne réussit pas moins agréablement dans celle-ci que dans l'autre. Cependant Sancho, ayant considéré l'intendant, s'aperçut qu'il ressemblait extrêmement à la Trifaldi, et dit à son maître : « Monsieur, il faut que vous m'avouiez une chose, c'est que le visage de l'intendant de monseigneur le duc est le même que celui de la Doloride. » Don Quichotte, regardant l'intendant, et après l'avoir bien considéré : « Je ne vois pas, dit-il, Sancho, ce que tu trouves là de si surprenant pour en parler comme tu fais : il y a de la ressemblance entre les visages de la Doloride et de l'intendant ; mais pour cela l'intendant n'est pas la dame Doloride, et cela implique contradiction. Mais ce n'est pas trop le temps de songer à s'en assurer à l'heure qu'il est : ce serait nous jeter dans un labyrinthe fort embrouillé. Crois seulement, mon ami, que nous avons bien besoin l'un et l'autre de prier sincèrement le Seigneur qu'il nous délivre tous deux des sorciers et des malins enchanteurs. — Monseigneur, répliqua Sancho, vous croyez peut-être que je me moque? ma foi, j'en suis bien loin : il n'y a pas longtemps que j'ai ouï parler cet intendant, et sur mon Dieu si je ne m'imaginais entendre la Doloride. Pour l'heure, je n'en dis pas davantage, mais j'y prendrai garde de près, et nous verrons si je ne découvrirai rien qui nous éclaircisse davantage. — C'est ce que tu dois faire, Sancho, dit don Quichotte, et me donner aussitôt avis de ce que tu auras pu découvrir, aussi bien que de tout ce qui t'arrivera dans ton gouvernement. »

Enfin l'heure du départ étant venue, Sancho sortit accompagné de quantité de gens, et vêtu en homme de justice, avec un long manteau de camelot fauve, une toque de la même couleur, et monté sur un mulet à la genette; il était suivi de son âne, magnifiquement caparaçonné, et paré d'un harnais de cheval d'une étoffe incarnat; il tournait de temps en temps la tête pour considérer le grison, si content de l'état où il le voyait, aussi bien que de celui où il était lui-même, qu'il n'aurait pas changé sa fortune pour l'empire d'Allemagne. En prenant congé du duc et de la duchesse, il leur baisa la main, et s'en alla tout triste embrasser les genoux de son maître, qui lui donna sa bénédiction les larmes aux yeux.

Après avoir quelque temps marché, il arriva enfin à une petite ville d'environ mille habitants, qui était une des meilleures de la dépendance du duc. On lui dit que c'était là l'île Barataria, parce que le lieu s'appelle Baratorio, ou à cause du peu que lui en coûtait le gouvernement, *barato* signifiant bon marché. Sitôt qu'il arriva aux portes de la ville, qui était fermée de bonnes murailles, les habitants vinrent le recevoir sous les armes, au son des cloches de la paroisse, et témoignant tous de la joie et une satisfaction générale. On le porta à l'église cathédrale du village, où, après avoir chanté le *Te Deum*, on lui présenta les clés de la ville. Il fut ainsi reçu pour gouverneur perpétuel de l'île Barataria, et tous lui prêtèrent le serment de fidélité. L'air, la mine, la barbe épaisse, la taille grosse et raccourcie, et l'équipage du nouveau gouverneur surprirent tous ceux qui ne savaient rien de l'affaire; et ceux même qui en avaient ouï parler ne furent guère moins surpris que les autres. Au sortir de l'église, on le mena au lieu où se rend la justice, et après qu'il se fut assis comme juge souverain, l'intendant du duc lui dit : « C'est ici, monseigneur, une coutume ancienne que le gouverneur qui vient prendre possession de l'île est obligé de répondre à une question difficile qu'on lui propose pour éprouver la bonté de son esprit; et par sa réponse le peuple juge s'il a lieu de se réjouir ou de s'affliger de sa venue. »

Pendant que l'intendant parlait, Sancho s'amusait à considérer quelque chose qu'on avait écrit en grosses lettres sur la muraille vis-à-vis de sa chaire; et comme il ne savait pas lire, il demanda ce que voulaient dire ces peintures qui étaient contre la muraille. « Monseigneur, lui répondit-on, on a marqué là le jour où vous êtes venu prendre possession de cette île, et il y a ainsi dans l'écriteau : « Aujourd'hui tel jour, à un tel mois de telle année, le seigneur don Sancho Pança a pris possession de cette île. Puisse-t-il en jouir de longues années en toutes prospérités! » — Et qui est celui qu'on appelle don Sancho Pança? demanda Sancho. — C'est votre seigneurie, monseigneur, répondit l'intendant, et jamais d'autre Pança n'a occupé la place où vous êtes. — Eh bien! je vous avertis, mon ami, dit Sancho, que je ne prends point le *don*, et qui que ce soit de ma race ne l'a jamais pris : je m'appelle Sancho Pança tout court. Pança s'appelait mon aïeul, et tous mes devanciers se sont appelés Pança, sans *don* ni seigneurie. Je m'assure qu'il y a dans cette île autant de *don* que de pierres; mais patience, et Dieu m'entend, et si ce gouvernement me dure seulement quatre jours, je prétends dissiper tous ces *don* comme autant de mouches importunes. Pour l'heure, qu'on fasse telle question qu'on voudra, monsieur l'intendant, et je répondrai le mieux qu'il me sera possible, sans me soucier que le peuple s'en réjouisse ou s'en attriste. »

Au même instant entrèrent deux hommes dans l'audience, l'un vêtu en paysan, et l'autre qu'on reconnut pour tailleur d'habits, aux ciseaux qu'il tenait à la main. « Monseigneur le gouverneur, dit le tailleur, moi et ce laboureur, venons devant votre seigneurie pour le fait que voici : ce bonhomme vint hier à ma boutique, car, sauf correction de vous et de la compagnie, je suis maître tailleur juré, puisqu'il plaît à Dieu; et, me mettant un morceau de drap entre les mains, il me dit : Monsieur, y aurait-il là assez d'étoffe pour me faire un capuchon? Je considérai le drap, et lui répondis que oui. Il s'imaginait, à ce que je m'imagine, et je pense que je m'imagine bien, que j'avais peut-être quelque envie de lui dérober une partie de son drap, fondé sur sa malice et sur la mauvaise opinion qu'on a des tailleurs, et il me dit que je regardasse s'il n'y avait pas de quoi en faire deux. Je vis bien la pensée du vieillard, et je lui répondis que oui; et lui, suivant toujours son idée, me demanda si on n'en pourrait point faire davantage; je dis toujours que oui, jusqu'à ce que nous convînmes que je lui en ferais cinq; et à cette heure que la besogne est faite et que j'en demande la façon, lui-même me demande que je lui paie son drap ou que je le lui rende. — Tout cela est-il ainsi, bonhomme? demanda Sancho. — Oui, monseigneur, répondit le paysan; mais ordonnez, je vous prie, qu'il montre les capuchons qu'il m'a faits. — Oh! de bon cœur, repartit le tailleur. » Il tira aussitôt la main qu'il avait cachée dessous son manteau, et fit voir cinq petits capuchons au bout de ses cinq doigts, en disant : « Voici les capuchons que le bonhomme m'a demandés, et, sur mon Dieu et sur ma conscience, si je n'y ai employé toute l'étoffe, et qu'on les fasse voir aux experts! » Tout le monde se prit à rire de voir ce nombre de capuchons, aussi bien que de la nouveauté du procès. Pour Sancho, il fut quelque temps à rêver, et il dit ensuite : « Il me semble que ce procès-là ne mérite pas qu'on l'examine bien longtemps, et il ne faut pas tant de façon : j'ordonne donc que le paysan perdra son drap, et le tailleur sa façon, et que les capuchons seront livrés aux prisonniers; et qu'on ne me réplique pas davantage! » Tous les assistants rirent de la sentence, et elle fut exécutée.

Après cela parurent deux vieillards, dont l'un avait une grosse canne à la main, sur laquelle il s'appuyait, et l'autre dit à Sancho : « Monseigneur, il y a quelque temps que je prêtai dix écus d'or à cet homme, en son besoin, à condition qu'il me les rendrait sitôt que je les demanderais. Il s'est passé plusieurs mois sans que je les aie demandés, pour ne pas l'embarrasser; mais, comme j'ai vu qu'il ne songeait point à me payer, je lui ai demandé mon argent plusieurs fois; et non seulement il ne me paie pas, mais il nie la dette et dit que je ne lui ai rien prêté, ou que, si je l'ai fait, il me l'a rendu; mais je n'ai point de témoins du prêt et il n'en a point du paiement, et je vous prie, monseigneur, de le faire jurer : je l'en croirai à son serment; et s'il jure, je les lui donne de bon cœur dès à présent et devant Dieu. — Que répondez-vous à cela, bonhomme? dit Sancho. — Monseigneur, répondit le vieillard, je confesse qu'il m'a prêté les dix écus d'or, et, puisqu'il s'en rapporte à mon serment, je suis tout prêt à jurer que je les lui ai bien et loyalement rendus. » Le gouverneur lui ordonna de lever la main, et le vieillard, donnant sa canne à l'autre, comme s'il en eût été embarrassé, mit la main sur la croix, comme c'est la coutume en Espagne, et dit : « J'avoue que j'ai reçu les dix écus d'or, mais je jure que je les ai remis entre les mains de ce bonhomme, et c'est parce qu'il ne s'en souvient pas, qu'il me les redemande de temps en temps. » Le grand gouverneur demanda au créancier s'il avait quelque chose à répondre à sa partie, et il répondit que, puisqu'il jurait, il fallait qu'il dît la vérité, et qu'il le reconnaissait pour homme de bien et bon chrétien, quoique assurément il ne se souvenait pas d'avoir été payé, mais que dorénavant il ne lui demanderait plus rien. Le débiteur reprit son bâton et sortit promptement de l'audience.

Sancho, remarquant que cet homme s'en allait sans rien dire et admirant la patience du demandeur, fit quelques réflexions en lui-même, et, tout d'un coup, se mordant le bout du doigt, il ordonna qu'on rappelât vite le vieillard qui s'en allait. On le ramena de suite, et sitôt qu'il parut : « Donnez-moi un peu votre canne, lui dit Sancho : j'en ai besoin. — La voilà, monseigneur, répondit le vieillard. » Sancho la prit, et, la donnant à l'autre vieillard : « Allez, bonhomme, lui dit-il, vous êtes payé maintenant. — Qui? moi? monseigneur, répondit le pauvre homme : est-ce que cette canne vaut dix écus d'or? — Oui, oui, répliqua le gouverneur, elle les vaut, ou je suis le plus grand sot qui vive, et on verra tout à l'heure si je m'entends en fait de gouvernement. Qu'on rompe la canne, ajouta-t-il. » La canne fut rompue, et il en sortit en même temps dix écus d'or. Il n'y eut pas un des assistants qui ne regardât M. le gouverneur comme un nouveau Salomon, et on lui demanda comment il avait reconnu que les écus d'or étaient dans la canne. C'est, dit-il, pour avoir vu que celui qui la portait l'avait mise, sans nécessité, entre les mains de sa partie pendant qu'il jurait et qu'il l'avait reprise aussitôt, et que cela lui avait fait croire qu'il n'aurait pas juré si affirmativement une chose que l'autre déniait, s'il n'avait ainsi été assuré de son affaire; et qu'il fallait aussi croire que les juges, tout ignorants qu'ils puissent être, sont guidés par la main de Dieu, outre qu'il avait ouï dire autrefois à son curé une chose semblable, et qu'il avait la mémoire si bonne, que, s'il n'oubliait point quelquefois les choses, il n'en perdrait jamais une. Les vieillards s'en allèrent, l'un bien content et l'autre confus; et celui qui avait charge d'écrire les paroles et les faits de Sancho ne savait plus, après l'avoir bien examiné, s'il en devait parler comme d'un fou ou d'un sage.

Le Médecin abaissa sa baguette et aussitôt le met disparût.

XXIV

Suite du gouvernement du grand Sancho Pança.

L'audience finie, on porta Sancho dans un magnifique palais, où il trouva le couvert mis dans une grande salle richement meublée. Sitôt qu'il fut entré, quantité de hautbois et d'autres instruments sonnèrent des airs de réjouissance, pendant qu'on servit le dîner; et quatre pages vinrent lui donner à laver, ce qu'il reçut avec une gravité de gouverneur. La musique cessa, et Sancho se mit à table seul, car il n'y avait qu'un couvert. Un homme qu'on reconnut bientôt après pour un médecin se vint mettre debout à côté lui, tenant à la main une petite baguette de baleine; et en même temps on leva une grande nappe qui couvrait quantité de plats chargés de fruits et de diverses sortes de viandes. Celui qui servait d'aumônier ayant fait la bénédiction, un page mit sur Sancho une serviette toute brodée et le maître d'hôtel plaça devant lui un plat de fruits. Le gouverneur y porta aussitôt la main; mais il n'en eut presque pas goûté que le médecin baissa sa baguette, et on l'ôta promptement. Le maître d'hôtel en mit en même temps un autre à la place; et comme le gouverneur en voulait goûter, la baguette porta dessus, et un page le desservit avec la même promptitude que l'autre. Sancho, fort étonné de cette cérémonie, et regardant tout le monde, demanda ce que c'était que cela, et si on ne dînait dans l'île qu'avec les yeux. « Monseigneur, répondit le médecin, on ne mange ici que selon la coutume des autres îles où il y a des gouverneurs. Je suis médecin, monseigneur, pour vous rendre service, et je suis gagé dans cette île pour être celui du gouverneur; c'est moi qui ai soin de sa santé, et beaucoup plus que de la mienne, étudiant pour cela jour et nuit, et tâchant de bien connaître son tempérament pour savoir comment je le dois traiter quand il tombe malade; et c'est principalement pour ce sujet que je me trouve toujours à ses repas, pour l'empêcher de manger les choses que je sais nuisibles à sa santé. C'est pourquoi j'ai fait ôter le plat de fruits, parce qu'il est trop humide, et l'autre de viande pour être extrêmement chaude et trop abondante en épiceries, qui sont corrosives et excitent la soif : car celui qui boit beaucoup consume et étouffe l'humidité radicale qui est le principe de la vie. — De cette façon, répliqua Sancho, il n'y a pas de danger que je mange de ces perdrix, qui ne sont que rôties. — Non pas, s'il vous plaît, monseigneur, repartit le médecin; Dieu vous en préserve, et moi de le souffrir. — Pourquoi? dit Sancho. — Parce que notre grand maître Hippocrate, la lumière de la médecine, dit dans ses aphorismes : *Omnis saturatio, mala perdicum autem pessima*, c'est-à-dire « que toute réplétion est mauvaise, et celle qui vient des perdrix est la pire de toutes. »

— Puisque c'est ainsi, dit Sancho, que monsieur le médecin voie donc de tout ce qu'il y a à manger ce qui m'est bon ou mauvais, et qu'après il me laisse faite, sans jouer ainsi de sa baguette sur les plats, car je meurs de faim, après tout; et n'en déplaise à la médecine, c'est me vouloir faire mourir que de m'empêcher de manger. — Votre Excellence a raison, répondit le médecin : aussi suis-je d'avis qu'on ôte ces lapereaux, parce que c'est une viande terrestre et mélancolique. Pour le veau de lait, s'il n'était point rôti et mariné, on en pourrait goûter, mais de cette sorte je ne le vous conseille pas. — Pour ce grand plat-là, dit Sancho, qui fume, et qui, si je ne me trompe, est un pot-pourri, il ne doit pas y avoir de danger : car, ces pots-pourris étant faits de toute sorte de viande, je ne saurais manquer d'en trouver quelqu'une qui soit bonne pour mon estomac? — *Absit*, dit le médecin; c'est une grande erreur que ces pots-pourris : il n'y a pas de plus dangereuse ni de plus grossière viande au monde. Il faut laisser cela aux chanoines, aux cordeliers et pour les noces des paysans, qui digéreraient des pierres; et, pour messieurs les gouverneurs, on ne leur doit servir que des viandes délicates et sans assaisonnement; et la raison en est que les médecines simples sont toujours meilleures que les composées : dans les simples on ne peut errer; dans les composées beaucoup, à cause de la quantité des choses qui les composent et qui en altèrent la qualité. Mais, pour l'heure, ce que doit manger son Excellence pour entretenir et corroborer sa santé, c'est une douzaine de cornets avec quelques légères lèches de coins, qui sont admirables pour la poitrine, et lui feront faire une digestion congruente. » Sancho, ayant écouté tout ce discours, et voyant que le médecin ne parlait plus, se renversa dans sa chaise, et considérant attentivement le docteur, il lui demanda comment il s'appelait, et où il avait fait ses études. « Monsieur, répondit-il, on m'appelle le docteur Pedro Recio de Aguero, et je suis natif d'un village qu'on nomme Tirteafuera, qui est entre Caraquel et Almodobar-del-Campo, en tirant sur la droite, et j'ai pris le bonnet de docteur dans l'université d'Ossuna. — J'en suis bien aise, dit Sancho; et regardant le médecin avec des yeux pleins de colère : Eh bien! monsieur le docteur Pedro Recio de mal Aguero, natif de Tirteafuera, entre Caraquel et Almodobar, videz-moi tout à l'heure de la chambre; sinon je jure que, si je prends une corde, je vous étranglerai sur-le-champ, avec tout autant de médecins qu'il y en a dans l'île, au moins de ceux que je connaîtrai pour ignorants : car, pour ceux qui sont savants et discrets, je les honore et les estime. Encore une fois! messire Pedro Recio, qu'on me décharge le plancher, ou je vous coiffe de ma chaise, et vous envoie exercer le métier dans l'autre monde. Et s'en plaigne qui voudra; j'aurai rendu un grand service en assommant un assassin de médecin, un bourreau de la république; et qu'on me donne à manger, ou qu'on reprenne le gouvernement : de tout métier qui ne nourrit pas son maître, je n'en passerais pas la porte. »

Le médecin épouvanté de la colère et des menaces du gouverneur, voulut effectivement gagner la porte; mais on entendit en même temps dans la rue le bruit d'un cornet de postillon, et le maître d'hôtel ayant regardé par la fenêtre : « C'est, dit-il, un courrier de monseigneur le duc; il faut qu'il y ait quelque affaire d'importance. » Le courrier entra tout suant et hors d'haleine, et, tirant un paquet de son sein, le présenta au gouverneur, qui le mit entre les mains de l'intendant et lui dit de voir à qui il s'adressait. L'intendant lut l'adresse qui disait ainsi : *A don Sancho Pança, gouverneur de l'île Barataria, en main propre, ou en celle de son secrétaire.* « Et qui est-ce qui est mon secrétaire? demanda Sancho. — C'est moi, monseigneur, répondit un jeune homme : je sais lire et écrire, et suis Biscayen, pour vous rendre service. — Avec cette queue, dit Sancho, vous pourriez être le secrétaire de l'empereur même ; ouvrez ce paquet, et voyez ce que c'est. » Le nouveau secrétaire lut la lettre, et dit que c'était une affaire à l'entretenir en secret. Sancho fit signe que tout le monde se retirât, hors l'intendant et le maître d'hôtel ; ce qui fut fait aussitôt, et le secrétaire lut tout haut ce qui suit :

« J'ai eu avis, seigneur don Sancho Pança, que quelques ennemis de votre île et des miens ont résolu de vous surprendre une de ces nuits ; il faut veiller et vous tenir sur vos gardes, pour n'être pas pris au dépourvu. J'ai encore appris par des espions sûrs que quatre hommes déguisés sont entrés dans votre ville pour vous poignarder, parce qu'ils craignent votre esprit et votre conduite. Faites donc faire bonne garde ; observez soigneusement tous ceux qui vous parlent, et ne mangez de rien de ce que l'on vous servira, crainte de supercherie. J'aurai soin de vous envoyer du secours s'il est nécessaire. Adieu ; je me remets à votre prudence de l'événement de toute cette affaire. Ce 16 d'août, sur les quatre heures du matin.   Votre ami LE DUC. »

Sancho, fort étonné de la nouvelle (et les autres ne le paraissaient pas moins), dit à l'intendant : « Ce qu'il faut faire, monsieur l'intendant, tout à l'heure et sans perdre de temps, c'est de mettre le docteur Recio en prison, les fers aux pieds et aux mains : car s'il y a à entreprendre sur ma vie, ce ne peut être que lui, qui a déjà assez fait voir qu'il me voulait faire mourir de faim. — Il me semble aussi, monseigneur, dit le maître d'hôtel, que vous ne devez rien manger de tout ce que voilà, car ce sont des présents faits par des religieuses, et d'ordinaire le diable est derrière la croix. — Vous n'avez pas tout à fait tort, répondit Sancho ; pour l'heure, qu'on me donne seulement un quartier de pain et un plat de raisin : on ne se sera pas avisé de les empoisonner, car, après tout, je ne puis me passer de manger ; et, puisqu'il faut se préparer à la bataille, il est bon de se nourrir : car c'est la panse qui soutient le cœur, et non pas le cœur la panse. Vous, secrétaire, faites réponse à monseigneur le duc, et mandez-lui qu'on fera tout ce qu'il ordonne, sans manquer à rien. N'oubliez pas de faire mes baise-mains à madame la duchesse, et de lui mander que je la prie de se souvenir d'envoyer, par un homme exprès, ma lettre et le paquet de hardes à Thérèse Pança, ma femme ; qu'elle me fera plaisir, et que je me donnerai l'honneur de lui écrire le mieux qu'il me sera possible. Fourrez encore dans votre lettre des baise-mains de ma part pour monseigneur don Quichotte de la Manche, afin qu'il voie que je ne suis pas un ingrat. Vous ajouterez tout ce que vous jugerez à propos, en habile secrétaire. Cependant, ajouta-t-il, qu'on desserve ces viandes, et qu'on me donne à manger, et on verra ensuite si je me soucie ni d'espions, ni d'enchanteurs, ni d'assassins. Le docteur Pedro Recio de Tirteafuera, que voilà présent, veut me faire mourir de faim et jure que c'est ma santé. Dieu la lui donne pareille, à lui et à tous les médecins de sa sorte ! »

Tous ceux qui connaissaient Sancho Pança étaient émerveillés de l'entendre parler si raisonnablement et ne savaient plus que penser, si ce n'est que les grands emplois et les charges importantes donnent quelquefois des lumières, comme elles accablent souvent les esprits. Le docteur Pedro Recio promit au gouverneur de lui faire donner un grand souper le soir, dût-il aller contre tous les aphorismes d'Hippocrate, et cela lui fit oublier toutes les préventions qu'il avait contre lui. Le soir venu, qui lui semblait ne devoir jamais venir, on lui servit un morceau de vache à l'oignon, avec deux pieds de veau, un peu plus gros qu'ils ne devaient être ; le bon gouverneur les regarda avec joie et les attaqua avec autant d'appétit que si c'eût été des perdrix ou des faisans, et au milieu du repas, se tournant vers Pedro Recio : « Comme vous voyez, monsieur le docteur, lui dit-il, il ne faut point se mettre en peine dorénavant de me faire servir des choses si délicates, parce que ce serait forcer mon estomac, qui n'y est pas accoutumé, et qui se trouve fort bien du bœuf, du lard, des navets et des oignons ; et si par aventure on lui donne d'autres viandes de cour, il les reçoit avec dégoût, et bien souvent il les rejette. Après tout, que personne ne s'avise de venir faire ici le moqueur, car enfin ou nous sommes ou nous ne sommes pas. Vivons et mangeons tous en paix, puisque, quand Dieu nous envoie le jour, c'est pour tout le monde. Pour moi je ferai en sorte de gouverner cette île sans faire tort à personne et sans rien prendre à qui que ce soit ; mais aussi je ne veux pas perdre mes droits, car il faut que tout le monde vive. Que chacun ait l'œil alerte et qu'on aille droit en besogne : autrement le diable est aux vaches, et si on me fâche, on trouvera à qui parler ; et si on ne m'en veut pas croire, qu'on l'essaie, on verra de quel bois je me chauffe.

— Monseigneur, dit le maître d'hôtel, votre seigneurie a raison en tout et partout, et je vous réponds aussi, au nom de tous les habitants de cette île, que vous serez servi et obéi ponctuellement, avec amour et respect : la douceur que vous leur faites voir dans ces commencements ne leur inspire point de pensées qui aillent contre votre service. — Je le crois, repartit Sancho, et ils seraient des extravagants s'ils en usaient autrement. Je vous dis donc encore une fois, sans que j'aie la peine de le redire davantage, que je prétends qu'on ait soin de moi et de mon grison : en un mot, voilà de quoi il s'agit, et de cette façon nous serons tous contents. Cependant, quand il sera temps de faire la ronde, qu'on m'en avertisse, parce que mon intention est de purger cette île de toute sorte de vagabonds et de fainéants : car vous savez, mes amis, que les gens oisifs et les batteurs de pavé sont aux États ce que sont aux abeilles les frelons, qui mangent et dissipent ce qu'elles amassent avec beaucoup de travail. Je prétends soulager les laboureurs et les gens de journée, conserver les priviléges des nobles, récompenser ceux qui font de bonnes actions, et que tout le monde ait du respect pour la religion et honore les gens d'église. Que dites-vous à cela mes amis ? Dis-je bien ou mal, et ne me rompé-je point la tête inutilement ? — Vous dites si bien, monseigneur le gouverneur, dit l'intendant, que je suis tout étonné de voir qu'un homme sans lettres et sans aucune science, car je crois que vous ne vous en piquez point, puisse dire de si excellentes choses et autant de sentences que de paroles ; et assurément ceux qui vous envoient ici et ceux que vous y trouvez ne s'y attendaient pas, quelque opinion qu'ils eussent de la bonté de votre esprit : aussi voit-on tous les jours des choses nouvelles. » Le gouverneur ayant, avec la permission du docteur Pedro Recio, soupé assez largement, sortit pour faire la ronde, accompagné de l'intendant, du secrétaire, du maître d'hôtel et de l'historien qui avait charge d'écrire ses hauts faits, de quelques huissiers, archers et autres, assez pour faire une compagnie raisonnable ; il marchait au milieu de tous avec le bâton de commandant à la main. Ils n'avaient pas encore visité deux rues qu'ils entendirent un cliquetis d'épées ; ils y coururent aussitôt et virent que c'étaient deux hommes qui se battaient ; reconnaissant que c'était la justice, ils s'arrêtèrent, et l'un des deux cria : « Est-ce qu'il faut souffrir qu'on vole ici publiquement et que l'on assassine au milieu des rues ? — Arrêtez-vous, homme de bien, dit Sancho, et contez-moi le sujet de la querelle : c'est moi qui suis votre gouverneur.

— Monseigneur le gouverneur, dit l'autre, je m'en vais vous le dire en deux mots : votre Excellence saura que ce gentilhomme vient de gagner dans une académie ici près plus de mille réaux ; j'en ai été témoin, et Dieu sait combien j'ai jugé de coups en sa faveur et contre ma conscience ! Il s'est levé avec son gain, et, quand j'espérais qu'il me donnerait quelques écus, comme c'est la coutume de faire un présent aux gens de condition qui se trouvent là pour juger les coups et empêcher les querelles, il a serré son argent, et est sorti sans me regarder. J'ai couru après lui, un peu en colère de son procédé, et avec des paroles civiles je l'ai prié de me donner cinq ou six écus, parce qu'il sait bien que je suis homme de qualité, sans office ni bénéfice, n'ayant jamais rien eu de père ni de mère ; et ce ladre-là ne m'a jamais offert plus de quatre réaux. Je vous en fais juge, monsieur le gouverneur, quelle honte et quelle vilenie ! Mais, en bonne foi, si vous n'étiez pas venu si tôt, je lui aurais bien fait rendre gorge, et lui aurais appris à se moquer d'un homme d'honneur. — Que répondez-vous à cela ? demanda Sancho à l'autre. » Il répondit que tout ce que son adversaire venait de dire était véritable, et qu'il n'avait pas voulu lui donner plus de quatre réaux, parce qu'il lui en donnait souvent, « outre que, ajouta-t-il, il me semble que ceux qui demandent doivent être civils et recevoir agréablement ce qu'on leur présente, sans marchander avec ceux qui ont gagné, à moins qu'ils ne sachent assurément qu'ils aient pipé. Et, pour faire voir que je ne suis ni pipeur, ni rien de tout ce que dit cet honnête homme, je n'en veux d'autres preuves, sinon que je ne lui ai rien voulu donner, car les pipeurs sont toujours tributaires de ceux qui les voient tromper, et qui n'en veulent rien dire. — Cela est vrai, dit l'intendant. Monseigneur, que plaît-il à votre excellence qu'on fasse de ces deux hommes? — Ce qu'il y a à faire, le voici, dit Sancho : vous, gagneur de bon ou de mauvais jeu, donnez tout à l'heure à votre ennemi cent réaux, et trente autres pour les prisonniers; et vous, qui n'avez ni office, ni bénéfice, et qui rôdez la nuit par cette île, et Dieu sait pourquoi, prenez ces cent réaux, et demain matin videz d'ici et n'y rentrez de dix ans, si vous ne voulez qu'il vous en coûte la vie, car je vous jure que, si je vous y trouve, je vous pendrai tout net à une belle potence, ou, pour le moins, le bourreau par mon ordre; et que personne ne me réplique, ou je lui donnerai sur les oreilles. » La sentence fut exécutée sur-le-champ, autant qu'elle put l'être, et le gouverneur continua de la sorte : «Ou je n'y aurai pas de pouvoir, ou j'ôterai tous ces brelans, et il ne sera pas dit qu'il y ait des maisons de désordre tant que je serai gouverneur.

— Pour cette académie-là, monsieur, dit le greffier, il serait malaisé de l'empêcher : c'est un homme de grande qualité qui donne à jouer, et qui perd assurément beaucoup plus d'argent dans l'année qu'il n'en tire de profit; mais, monsieur, vous aurez de quoi exercer votre pouvoir contre un tas de gens de moindre étoffe, qui donnent à jouer à tout venant et chez qui il se fait mille friponneries, car les filous ne sont pas assez hardis pour exercer leur métier chez les gens de qualité; et puisqu'enfin c'est une nécessité de souffrir le jeu, il vaut mieux que l'on joue chez les gens de condition que chez des affamés qui ne font ce commerce que pour vivre, et où il n'y a nulle sûreté. — Il y a bien à dire à tout cela, greffier, répliqua Sancho; mais nous y penserons à loisir. » Sur cela arriva un archer qui traînait un jeune homme. « Monseigneur, dit-il, ce jeune compagnon venait vers nous; mais, sitôt qu'il a aperçu que c'était la ronde, le drôle a enfilé la venelle et s'est mis à fuir de toute sa force; c'est donc quelque délinquant qui craint la justice. J'ai couru après lui, et, s'il n'était pas tombé, je ne l'aurais jamais attrapé. — Pourquoi fuyiez-vous, mon ami? demanda Sancho. — Monseigneur, répondit le jeune homme, pour éviter toutes les interrogations de la justice. — De quel métier êtes-vous, je vous prie? — Tisserand. — Et qu'est-ce que vous tissez? — Des fers de lance par-aventure. — Ah! ah! repartit Sancho, vous êtes donc un plaisant, et vous vous mêlez de bouffonner : j'en suis bien aise. Et où prend-on l'air en cette île? dit Sancho. — Là où il souffle, monseigneur. — C'est fort bien répondre pour un jeune homme, dit Sancho; je vois bien que vous en savez beaucoup. Imaginez-vous, monsieur le plaisant, que c'est moi qui suis l'air, que je vous souffle en poupe, et que je vous chasse vers la prison. Holà! qu'on me l'y mène tout à l'heure, et je l'empêcherai bien qu'il ne dorme cette nuit-là à l'air : aussi bien n'est-il déjà que trop éventé. — Pardi, monseigneur, dit le jeune homme, vous me ferez aussi bien dormir dans la prison comme je suis Turc. — Et pourquoi donc ne te ferais-je pas dormir en prison, insolent? repartit Sancho; est-ce que je n'ai pas le pouvoir de t'y faire mener et de t'en tirer quand il me plaira? — Ma foi, vous auriez cent fois plus de pouvoir que vous ne m'y feriez point dormir, répondit le jeune homme. — Comment, répliqua Sancho, on se moque ici de moi! Qu'on me l'entraîne en prison sur-le-champ, et qu'il voie de ses propres yeux si je suis le maître ou non; et si le geôlier est assez sot pour le laisser sortir, je le condamne à deux mille ducats d'amende. — Vous dites cela pour rire, monsieur, répondit le bouffon, et je défie tous les hommes du monde de me faire dormir cette nuit en prison, quand on devrait m'écorcher. — Es-tu le diable ? dit Sancho en colère, et as-tu quelque esprit familier qui te vienne ôter les fers que je vais te faire mettre? — Or çà, monsieur le gouverneur, dit le jeune homme, parlons par raison et venons au fait. Je suppose que votre seigneurie m'envoie en prison, qu'on me mette dans un cachot, les fers aux pieds et aux mains, et qu'on me garde à vue : avec tout cela si je ne veux pas dormir, et que je veuille passer toute la nuit les yeux ouverts, est-ce que tout votre pouvoir sera capable de me faire dormir? — Non assurément, dit le secrétaire, et le jeune homme a raison. — De sorte donc, ajouta Sancho, que vous ne vous empêcherez de dormir que pour suivre votre fantaisie et non pas pour contrevenir à ma volonté? — Très-assurément, monsieur, répondit-il, et je ne le pense pas autrement. — Allez-vous-en donc, à la bonne heure, dit Sancho, allez-vous-en chez vous dormir à votre aise : je ne prétends pas l'empêcher, mais je vous conseille à l'avenir de ne pas jouer avec la justice, car vous pourriez tomber entre les mains de quelqu'un qui n'entendrait pas raillerie et qui vous casserait la tête. » Le jeune homme se retira.

XXV

De la correspondance de Thérèse Pança avec la duchesse et Sancho.

La duchesse et le duc pensèrent encore à de nouveaux moyens de se divertir de leurs hôtes. On envoya pour cela un exprès à Thérèse Pança, femme de Sancho, avec une lettre de lui, une autre de la duchesse et une chaîne de corail dont elle lui faisait présent. On choisit un page qui avait de l'esprit. Il s'en alla, après avoir été bien instruit par le duc de ce qu'il avait à faire; et quand il fut à l'entrée du village, il demanda à des femmes qui lavaient du linge si elles pouvaient lui dire s'il n'y avait pas dans le village une femme appelée Thérèse Pança, femme d'un certain Sancho Pança, qui servait d'écuyer à un chevalier appelé don Quichotte de la Manche. A cette demande se leva une jeune fille qui lavait avec les autres, et elle dit au page : « Cette Thérèse Pança est ma mère, monsieur: ce Sancho c'est mon père et ce chevalier est notre maître. — Bon, dit le page; venez avec moi, la belle fille, et me faites parler à votre mère, car j'ai une lettre et un présent à lui donner de la part de votre père. — Je le veux de bon cœur, monsieur, répondit la jeune fille; » et laissant le linge qu'elle lavait à sa voisine, sans se chausser, tant elle avait hâte, elle marcha gaillardement devant le page en lui disant : « Venez, monsieur, venez, notre maison est à l'entrée du village, et notre mère y est. Elle est bien en peine, parce qu'il y a longtemps qu'elle n'a su des nouvelles de mon père. — Eh bien ! repartit le page, je lui en apporte de si bonnes qu'elles la consoleront bientôt. »

Enfin la petite Sancha fit tant par ses sauts, tantôt dansant, tantôt courant, qu'elle arriva à la maison ; et de si loin qu'elle crut pouvoir être entendue : « Sortez ! ma mère, sortez ! s'écria-t-elle : voici un monsieur qui apporte une lettre de mon père et d'autres choses qui vous réjouiront. » Au cri de sa fille Thérèse sortit avec sa quenouille, vêtue d'une cotte brune si courte qu'elle n'allait pas à la moitié de ses jambes. C'était une femme qui avait quelque quarante ans, mais robuste, agissante et d'une humeur gaillarde. « Qu'est-ce donc que cela, Sancha ? dit-elle à sa fille ; qui est ce monsieur ? — C'est le très-humble serviteur de madame Thérèse Pança, répondit le page. » En disant cela il se jeta à bas, et mettant un genou en terre devant madame Thérèse, il lui dit : « Que j'aie l'honneur de vous baiser la main, ma très-honorée dame, comme à l'unique et légitime épouse du seigneur don Sancho Pança, gouverneur souverain de l'île de Barataria. — Et fi ! fi ! monsieur, levez-vous, je vous en prie, dit Thérèse : je ne suis point une dame, mais une pauvre paysanne, fille d'un bûcheron, femme d'un écuyer errant, et non point d'un gouverneur. — Votre seigneurie, repartit le page, est la très-digne femme d'un très-digne gouverneur ; et pour preuve de cela, madame, lisez s'il vous plaît cette lettre et recevez ce présent. » Il lui donna en même temps une lettre et lui mit au cou la chaîne de corail dont les grains étaient garnis d'or. « Cette lettre, ajouta-t-il, est de M. le gouverneur, et cette autre que voici, avec la chaîne, c'est madame la duchesse qui vous l'envoie. »

Jamais Thérèse ne fut plus surprise ni sa fille plus joyeuse. « Par ma fi, dit la petite, vous verrez que M. don Quichotte, notre maître, a donné à mon père le gouvernement qu'il lui avait si souvent promis. — Vous avez raison, mademoiselle, répondit le page : c'est à la considération du seigneur don Quichotte que le seigneur Sancho est gouverneur de l'île de Barataria, comme vous verrez par cette lettre. — Lisez-la donc, mon gentilhomme, dit Thérèse : je sais bien filer mais je ne sais pas lire. — Vraiment, ni moi non plus, ajouta Sancha ; mais attendez, je trouverai bien qui la lira, ou M. le curé ou le bachelier Samson Carrasco, qui seront bien aises d'apprendre de si bonnes nouvelles de mon père. — Il n'est pas besoin de faire venir personne, dit le page : je ne sais point filer, mais je ne laisse pas de savoir lire et écrire. » Il la lut donc telle que Sancho l'avait fait voir à la duchesse, et prenant ce qu'elle écrivait à Thérèse, il lut ce que voici :

« Amie Thérèse, les bonnes qualités de Sancho, votre mari, et son grand esprit, m'ont obligée de demander, pour lui, à M. le duc, le gouvernement d'une île de plusieurs que nous avons. J'apprends qu'il gouverne comme s'il n'avait jamais fait autre chose, ce dont je suis fort contente, et M. le duc ne se lasse point de louer Dieu du bon choix qu'il a fait : car, comme vous le savez, madame Thérèse, il n'y a rien de si difficile au monde, que de trouver un bon gouverneur, et Dieu veuille me rendre aussi bonne que Sancho est bon! Ce page vous rendra de ma part une chaîne de corail dont les grains sont garnis d'or. Je voudrais, ma chère amie, que ce fût autant de perles orientales, mais qui te donne un os ne voudrait pas te voir morte. J'espère qu'il viendra un temps où nous nous connaîtrons davantage et que nous nous verrons. Je me recommande à la petite Sancha; dites-lui de ma part qu'elle se tienne en joie, et que je la marierai à un grand seigneur, lorsqu'elle y pensera le moins. On m'a dit ici que vous aviez dans vos quartiers une belle espèce de gland; envoyez-m'en deux douzaines : le présent me sera considérable, venant de vous; et écrivez-moi bien au long de votre santé, de l'état où vous êtes et de tout ce qui vous regarde, et si vous avez besoin de quelque chose, vous n'avez qu'à le dire, vous serez servie à point nommé. Dieu vous tienne en sa garde!

» Votre bonne amie, qui vous aime bien : LA DUCHESSE.

» De notre maison, un tel jour. »

« Eh! bon Dieu! s'écria Thérèse, la bonne dame que voilà, et qu'elle est humble! Je prie Dieu qu'on m'enterre avec de telles dames, et non pas avec celles de notre village, qui, parce qu'elles sont dames, ne veulent seulement pas que le vent les touche, et vont à l'église pimpantes comme si c'étaient des reines. Elles croiraient se faire grand tort si elles regardaient une paysanne, et voilà madame la duchesse qui m'appelle son amie, et me traite comme si j'étais sa pareille! Que je puisse la voir aussi haut élevée comme le plus haut clocher de la Manche! Pour ce qui est du gland qu'elle me demande, vous lui direz, monsieur, que je lui en enverrai un demi-boisseau, et elle verra elle-même s'il est beau et gros. Pour l'heure, Sancha, aie soin de monsieur, et qu'on traite son cheval comme lui-même. Cherche des œufs dans l'étable, coupe du lard, et traite-le comme un prince : sa mine et les nouvelles qu'il nous apporte méritent bien qu'on lui fasse faire bonne chère. En attendant, je m'en vais dire la joie que nous avons à nos voisines, à monsieur le curé et à monsieur le barbier, qui sont tous des amis de ton père. — Allez, ma mère, répondit la petite; je ferai tout ce qu'il faut. Mais dites donc, vous me baillerez la moitié de votre collier au moins, car je ne pense pas que madame la duchesse soit assez mal apprise pour l'envoyer à vous seule. — Il sera bien tout entier pour toi, ma fille, dit Thérèse; mais laisse-le-moi porter quelques jours, car cela me réjouit. — Vous vous réjouirez bien davantage, dit le page, quand je vous ferai voir le paquet que j'ai dans cette valise, qui est un habit d'étoffe verte que monsieur le gouverneur a porté seulement une fois à la chasse, et il l'envoie tout entier à mademoiselle Sancha. — Le bon Dieu bénisse mon père, dit la petite Sancha, et celui qui m'a apporté le présent! » Thérèse sortit incontinent de chez elle, le collier de corail au cou et les lettres à la main ; et rencontrant par hasard le curé et Samson Carrasco, elle se mit à danser et sauter, en disant : « En bonne foi, c'est à présent que nous n'avons plus de pauvres parents : nous avons notre part des gouvernements aussi bien que les autres ; et qu'elles y viennent à cette heure nous mépriser, les demoiselles de village : elles trouveront à qui parler ! — Quelles folies sont-ce donc que ceci ? Thérèse, dit le curé ; d'où vient cette grande joie, et quel papier avez-vous là ? — Il n'y a autre folie, répondit Thérèse, sinon que voilà des lettres de duchesse et de gouverneur, et le chapelet que j'ai au cou est de fin corail, les grains sont de bon or, et je suis gouverneuse. — Nous vous entendrons quand il plaira à Dieu, dit Carrasco ; mais pour l'heure, il n'y a pas moyen de deviner. — Vous l'allez voir tout à l'heure, repartit Thérèse ; lisez seulement ces lettres. »

Le curé les lut tout haut, et lui et Samson étaient encore plus étonnés qu'auparavant, et n'y pouvaient rien comprendre. Carrasco demanda qui avait apporté ces lettres. « Venez-vous-en à la maison, dit Thérèse, et vous verrez le messager qui est un jeune homme plus beau que le jour, et qui m'apporte bien d'autres présents. » Le curé prit le chapelet et le considéra trois ou quatre fois ; et, reconnaissant qu'il était de bon prix, il ne pouvait revenir de son étonnement : « Par l'habit que je porte, s'écria-t-il, je n'y comprends rien : le présent est bon et de conséquence ; et voici une duchesse qui demande du gland par sa lettre, comme si c'était une chose rare, et qu'elle n'en eût jamais vu ! — Effectivement, cela est bizarre, dit Carrasco ; mais allons voir le messager, nous apprendrons ce que cela veut dire. » Ils s'en allèrent avec Thérèse, qu'on eût dit que la joie avait rendue folle, aux plaisantes choses qu'elle leur disait. Ils virent en entrant le page qui criblait de l'avoine pour son cheval, et la petite Sancha qui coupait du jambon pour faire une omelette. Le page leur parut de bonne mine et en bon équipage, et, s'étant salués les uns et les autres, Carrasco lui demanda des nouvelles de don Quichotte et de Sancho, disant que les lettres qu'ils venaient de lire ne faisaient que les embarrasser, et qu'ils n'entendaient rien au gouvernement de Sancho, et surtout à cette île qu'on lui avait donnée, puisque toutes celles de la Méditerranée appartiennent au roi d'Espagne. « Messieurs, répondit le page, il n'y a rien de plus vrai que le seigneur Sancho est gouverneur ; mais que ce soit d'une île ou d'autre chose, je n'en dirai rien : en un mot, c'est une ville de plus de mille habitants. Pour ce qui est du gland que madame la duchesse demande à une paysanne, il ne faut point s'en étonner : elle n'est pas orgueilleuse, et je l'ai vue une fois emprunter un peigne d'une de ses voisines. Les dames d'Arragon, de quelque qualité qu'elles soient, ne font pas tant de façons que les dames de Castille, et elles vivent bien plus familièrement avec tout le monde. »

Comme ils discouraient ainsi, la petite Sancha arriva avec des œufs dans le devant de sa robe, et dit au page : « Dites-moi, monsieur, monsieur mon père a-t-il ses chausses attachées avec des aiguillettes, depuis qu'il est gouverneur ?

— Je n'y ai pas pris garde, répondit le page; mais il n'en faut pas douter. — Eh bon Dieu! continua Sancha, que je serais aise de voir mon père avec des chausses retroussées! Je l'ai toujours demandé à Dieu depuis que je suis au monde. — Allez, allez, vous l'y verrez bientôt, répondit le page; et si le gouvernement dure seulement deux mois, vous le verrez aussi marcher avec un parasol et des lunettes. » Le curé et le bachelier voyaient bien que le page se moquait de la mère et de la fille; mais ils ne savaient que juger, après la riche chaîne et l'habit de chasse que Thérèse leur avait déjà montrés. Cependant ils riaient de bon cœur de la simplicité de Sancha; mais ce fut bien pis quand Thérèse vint dire: « Or çà, monsieur le curé, ne savez-vous point ici quelqu'un qui aille à Madrid ou à Tolède, parce que je voudrais faire acheter un vertugadin à la mode pour moi; car en bonne foi je veux honorer le gouvernement de mon mari en tout ce que je pourrai, et, si je me fâche, je m'en irai à la cour, et j'aurai un carrosse comme les autres : une femme qui a son mari gouverneur est bien en état d'en avoir un. — Hé! plût à Dieu, ma mère, ajouta Sancha, que ce fût tout à l'heure, quand ceux qui me verraient dedans devraient dire : Regardez-la donc, la fille de ce paysan, comme elle s'étend dans ce carrosse! Mais qu'ils enragent s'ils veulent, et qu'ils en disent ce qu'ils voudront : je me moque de toutes leurs causeries, pourvu que j'aille à mon aise. N'ai-je pas raison, ma mère? — Vraiment oui, ma fille, répondit Thérèse, et mon mari me l'a toujours bien dit, que nous verrions venir le bon temps, jusqu'à me voir un jour comtesse. Cela ne fait encore que commencer à venir, mais il n'y a que de commencer; et comme j'ai ouï dire à ton père, qui sait plus de proverbes qu'un docteur : Si on te donne la vache, cours-y vite avec la corde; si on te donne un gouvernement, prends-le-moi tout à l'heure; et si on te donne un comté, ne le laisse pas échapper; ce qui est bon à prendre est bon à garder; et quand la fortune est à la porte, il faut lui ouvrir sans la faire attendre. Et qu'ils disent, s'ils veulent, quand ils me verront passer : Le lévrier s'est bien refait, j'ai vu qu'il avait le ventre bien plat. — Qu'on dise tout ce qu'on voudra, dit Sancha, que m'importe, pourvu que je dîne.

— En vérité, dit le curé, voyant ainsi parler la mère et la fille, je crois que toute cette race de Pança est venue au monde le ventre farci de proverbes : je n'en ai encore pas vu un seul qui n'en dise toujours une douzaine. — Il est vrai, dit le page, qu'ils ne coûtent guère à monsieur le gouverneur : il en entasse de toute sorte, tant de bond que de volée; et il n'y a rien qui divertisse davantage monsieur le duc et madame la duchesse. — Monsieur, dit Carrasco au page, dites-moi, je vous prie, sérieusement, ce que c'est que ce gouvernement de Sancho, et quelle duchesse il peut y avoir au monde qui écrive à sa femme et lui envoie des présents? car, quoique nous voyions les présents et les lettres, nous ne savons qu'en croire, si ce n'est que c'est de ces choses extraordinaires qui arrivent toujours au seigneur don Quichotte, et qu'il croit qui se font par enchantement. — Pour ce qui est de moi, messieurs, répondit le page, tout ce que je vous puis dire, c'est qu'on m'a sérieusement envoyé ici avec ces lettres et ces présents; que le seigneur Sancho Pança est effectivement gouverneur, et que monsieur le duc, mon maître, lui a donné ce gouvernement où il fait assurément des merveilles. S'il y a de l'enchantement à cela, c'est à vous à l'examiner : pour moi je n'en sais pas davantage. — Cela peut être ainsi, repartit Carrasco; mais vous permettrez bien d'en douter. — Tant qu'il vous plaira, dit le page : vous êtes le maître; mais je vous ai dit la vérité; et, si vous voulez venir avec moi, vous le verrez de vos propres yeux. — Moi, moi, j'irai, cria Sancha; prenez-moi en croupe sur votre monture, monsieur : je serais bien aise d'aller voir monsieur mon père. — Les filles des gouverneurs, repartit le page, ne doivent point aller ainsi seules, mais en carrosse ou en litière, avec quantité de gens qui les accompagnent. — Holà! vraiment oui, dit Sancha, j'irai aussi bien sur une jument que dans un carrosse : vraiment vous l'avez bien trouvée votre délicate ! — Tais-toi, petite, dit Thérèse à sa fille, tu ne sais ce que tu dis, et ce monsieur a raison. Il y a temps et temps : quand c'est le gouverneur, c'est mademoiselle; et qu'il t'en souvienne. — Madame Thérèse dit fort bien, ajouta le page; mais qu'on me donne, je vous prie, un morceau à manger, et que je m'en aille : car je prétends être de retour ce soir. — Monsieur, dit le curé, vous viendrez, s'il vous plaît, faire pénitence chez moi; madame Thérèse a plus de bonne volonté que de moyen de bien traiter un homme de votre sorte. » Le page le remercia d'abord; mais il se rendit à la fin, et le curé fut bien aise de le pouvoir tenir en particulier pour apprendre de véritables nouvelles de don Quichotte et de Sancho. Le bachelier Carrasco offrit à Thérèse d'écrire ses réponses; mais elle ne voulut point qu'il se mêlât de ses affaires, le connaissant pour un moqueur; et elle s'adressa à un enfant de chœur, qui écrivit les deux lettres, l'une pour la duchesse, et l'autre pour Sancho, qu'elle dicta elle-même.

Le soir même don Quichotte, le duc et la duchesse achevaient de dîner, quand entra le page qui avait porté le présent à Thérèse Pança. Le duc lui demanda avec empressement le succès de son voyage, et il répondit qu'il avait beaucoup de choses à dire, et qu'y en ayant qui méritaient le secret, il suppliait leurs excellences qu'il les en pût entretenir en particulier. Si bien que, le duc ayant fait sortir la plupart de ses gens, le page mit deux lettres entre les mains de la duchesse, une pour elle, et l'autre pour Sancho, avec cette suscription : *A mon mari Sancho Pança, gouverneur de l'île Barataria, à qui Dieu donne bonne vie et longue.* La duchesse ouvrit aussitôt sa lettre, et, voyant qu'elle pouvait être lue devant tout le monde, elle lut tout haut ce qui suit :

LETTRE DE THÉRÈSE PANÇA A LA DUCHESSE.

« Ma bonne dame, j'ai reçu avec un grand contentement la lettre que votre Grandeur m'a écrite, et en bonne foi je la souhaitais tant que rien plus. Le chapelet de corail est beau et bon, et l'habillement de chasse de mon mari ne l'empire point. Tout le village est en joie de ce que vous avez fait mon mari gouverneur, encore qu'ils en doutent pourtant, principalement M. le curé, maître Nicolas notre barbier, et le bachelier Samson Carrasco ; mais, pour moi, je ne me soucie guère qu'ils le croient ou qu'ils ne le croient pas, pourvu que cela soit comme je sais qu'il est. Je ne l'aurais pas cru non plus que les autres, s'il en faut dire la vérité, à moins de voir le collier de corail et l'habillement de chasse : car tous les habitants de ce village tiennent mon mari pour un benêt, et disent qu'un homme qui n'a jamais gouverné que des chèvres ne saurait bien gouverner autre chose ; mais qui Dieu aide est bien aidé. Il faut que je vous dise, ma chère dame, que j'ai résolu de m'en aller un de ces jours à la cour, en carrosse, pour faire enrager les envieux et leur fermer la bouche. Et je vous prie pour cela de mander à mon mari qu'il m'envoie promptement de l'argent, et en bonne quantité, parce que la dépense est grande à la cour : car un pain coûte une réale, et la viande plus de quatre sous la livre, suivant le taux ; et s'il ne faut pas que j'y aille, qu'il me le mande bientôt, car les pieds me démangent de me mettre en chemin, et mes voisines me disent que, si je m'en vais à la cour avec mes enfants et avec un bon train, on connaîtra mon mari par moi plutôt que moi par lui, parce que tout le monde demandera qui sont les dames du carrosse, et mon cocher répondra : La femme et la fille de Sancho Pança, gouverneur de l'île Barataria. De cette façon, mon mari sera connu, et moi estimée partout, et jusqu'à Rome. Je suis fâchée à mourir de ce que le gland n'a pas bien donné cette année dans notre village ; je vous en envoie pourtant environ un demi-boisseau, que j'ai ramassé moi-même un à un dans la montagne. Ce n'est pas ma faute s'il n'est pas gros comme des œufs d'autruche. Je vous prie que votre Grandeur ne s'oublie pas de m'écrire : je ne manquerai point de vous faire aussitôt réponse, et de vous donner avis de ma santé et de tout ce qui se passe dans le village. Sancho mon fils et la petite Sancha vous baisent les mains. Dieu vous conserve, ma bonne dame.

» Celle qui a plus d'envie de vous voir que de vous écrire, votre affectionnée servante,

» THÉRÈSE PANÇA, femme de Sancho, gouverneur. »

Cette lettre donna beaucoup de plaisir à la compagnie, et la duchesse ayant demandé à don Quichotte s'il croyait qu'il n'y eût point de mal d'ouvrir celle que Thérèse écrivait à son mari, il l'ouvrit aussitôt lui-même, et lut ce qui suit :

« J'ai reçu ta lettre, mon cher ami Sancho de mon âme, et je te promets qu'il ne s'en est pas fallu deux doigts que je n'en sois devenue folle de joie : vois-tu, mon enfant, quand j'entendis que tu étais gouverneur, je faillis tomber roide morte, tant j'étais transportée, car tu as bien ouï dire que la joie fait mourir aussi bien que la tristesse. Notre petite Sancha était si hors d'elle-même qu'elle ne pouvait se tenir en place. J'avais devant moi l'habillement que tu m'as envoyé et le collier de corail de madame la duchesse à mon cou, je tenais les lettres à la main, et le messager était présent, et, ce nonobstant, je m'imaginais que c'était un songe tout ce que je voyais et ce que je touchais : car qui aurait jamais cru qu'un gardeur de chèvres pût devenir gouverneur d'île ? Tu sais bien ce que disait ma défunte mère, et elle avait raison : Qui vit beaucoup voit beaucoup ; je le dis, mon ami, parce que j'espère de voir davantage si je vis plus longtemps, et je ne serai point contente que je ne te voie fermier ou receveur ; et encore qu'on dise que ce sont des offices qui appartiennent au diable, toujours font-ils venir l'eau au moulin. Madame la duchesse te dira que j'ai envie d'aller à la cour ; regarde si cela est à propos, et mande-moi ta volonté, car j'irai en carrosse pour ne point te faire de déshonneur. Le curé, le barbier, le bachelier et jusqu'au sacristain même, ne peuvent croire que tu sois gouverneur, et disent que tout cela est folie ou enchantement, comme tout ce qui arrive à ton maître, et Samson dit qu'il veut t'aller chercher, et t'ôter le gouvernement de la tête, et à M. don Quichotte la folie qu'il a dans la cervelle. Pour moi, je ne fais que m'en rire en considérant mon collier de corail, et je ne songe qu'à l'habit que je veux faire à notre fille de celui que tu m'as envoyé. J'envoie du gland à madame la duchesse, et je voudrais qu'il fût d'or. Toi, envoie-moi quelques colliers de perles, si on en porte dans ton île. Les nouvelles de ce village sont que la Berrueca a marié sa fille avec un peintre étranger qui était venu ici pour peindre tout ce qu'il rencontrerait. Messieurs les marguilliers lui ont demandé de peindre les armoiries du roi sur les portes de notre bourg ; il a demandé deux ducats pour la besogne ; ils les lui ont baillés par avance ; il a travaillé huit jours, et au bout de cela il n'en a pu venir à bout, et a dit pour excuse qu'il ne s'amusait point à peindre des babioles ; il a rendu l'argent, et puis il s'est marié en maître du métier. Il est vrai que depuis il a pris la bêche : il va toujours aux champs. Le fils de Pedro de Lobo veut se faire prêtre ; il porte déjà une soutane et la couronne. Minguilla l'a su, la petite fille de Mingo Silvato, et elle va le mettre en procès, parce qu'il lui a donné parole de l'épouser. Il n'y a point d'olives cette année, et l'on ne saurait trouver une goutte de vinaigre dans tout le village, quand on en donnerait dix sous. Notre petite travaille à faire du réseau, et elle a tous les jours deux carolus de reste, qu'elle met dans une bourse, pour aider à s'habiller le jour de ses noces ; mais, à cette heure que tu es gouverneur, elle n'a qu'à se reposer : tu ne la laisseras manquer de rien. La fontaine de la place ne vient plus, et le tonnerre a tombé sur la potence. Je voudrais qu'il en eût fait autant partout. J'attendrai sur ta réponse mon voyage à la cour. Dieu te donne bonne vie et longue, je veux dire autant qu'à moi, car je ne voudrais pas te laisser sans moi dans le monde.

» Ta femme, Thérèse Pança. »

Ces lettres divertirent fort le duc et sa compagnie. La duchesse alla se renfermer avec le page qui avait été voir Thérèse Pança, lui fit tout conter, jusqu'à la moindre circonstance, et elle en rit comme une folle. Mais il est temps de retourner à Sancho, la fleur de tous les gouverneurs.

LIVRE SEPTIÈME

XXVI

De la fin du gouvernement de Sancho Pança.

Notre gouverneur étant dans son lit, la septième nuit de son gouvernement, et, contre l'ordinaire des gouverneurs, plus rassasié de procès que de bonne chère, et plus fatigué de faire des statuts et ordonnances et de visiter la ville que de tout autre divertissement, pensait à se refaire de tant de fatigues par le sommeil, et commençait à fermer les yeux, quand il ouït un bruit épouvantable de cris et de cloches, qui lui firent croire que l'île s'abîmait. Il se mit en son séant sur son lit, et prêta l'oreille pour voir si, dans cette confusion, il ne démêlerait point ce que ce pouvait être; il ne le devina point, mais un nouveau bruit de trompettes et de tambours, se joignant à celui des cris et des cloches, augmenta de beaucoup sa frayeur et son étonnement. Il se leva comme en sursaut, et, courant tout en chemise à la porte de sa chambre, il vit venir, par une galerie, plus de vingt personnes avec des flambeaux allumés et l'épée à la main, qui crièrent : « Aux armes! aux armes! monsieur le gouverneur! les ennemis sont dans l'île, et nous sommes tous perdus si vous ne nous secourez de votre valeur et de votre prudence. » Avec ces cris ils abordèrent le gouverneur, et l'un d'eux le reconnaissant : « Armez-vous promptement, monseigneur, lui dit-il, ou vous êtes perdu, et tout ce qu'il y a de gens dans votre île. — A quoi bon m'armer? répondit Sancho : est-ce que je sais ce que c'est que des armes? Il faut garder cela pour monseigneur don Quichotte de la Manche, qui vous dépêchera les ennemis dans un tour de main; mais moi, qu'est-ce que je ferai là? de l'eau toute claire : car, ma foi, je n'y entends rien. — Ah! monsieur le gouverneur, repartit l'autre, eh! qu'est-ce que ceci? nous abandonnez-vous au besoin? Nous vous apportons des armes offensives et défensives; armez-vous, et mettez-vous à notre tête, comme notre chef et notre gouverneur. — Que l'on m'arme, à la bonne heure, dit Sancho. »

Aussitôt on lui mit deux boucliers sur sa chemise, l'un devant, l'autre derrière, lui passant les bras entre les deux, et les liant étroitement avec des courroies, de telle sorte que le pauvre homme demeura enchâssé, sans pouvoir se remuer, ni seulement plier les genoux pour marcher; on lui mit une lance à la main, sur laquelle il fut obligé de s'appuyer pour se tenir debout, tant il était gêné. L'ayant équipé de cette manière, ils le prièrent de se mettre à leur tête, et de les mener contre les ennemis, disant qu'ils étaient assurés de vaincre tant qu'ils l'auraient pour guide. « Et comment diable voulez-vous que je marche? répondit Sancho : je ne saurais seulement plier le jarret avec ces tables où vous m'avez emboîté; tout ce qu'il y a à faire, c'est de me porter à force de bras dans quelque endroit que je garderai avec cette lance ou avec mon corps. — Vous n'avez qu'à marcher, monsieur le gouverneur, dit un de la troupe; et c'est plutôt la peur que vos armes qui vous en empêchent. Mais dépêchez-vous : le bruit augmente et le danger redouble. » Ces reproches obligèrent le pauvre Sancho à tâcher de se remuer; mais au premier pas il tomba tout de son long, et il crut s'être mis en pièces. Il demeura par terre étendu, ressemblant proprement à une tortue avec ses écailles, ou comme une barque qui donne sur le sable. Pour le voir à terre, ses impitoyables moqueurs ne lui en firent pas plus de quartier; au contraire, ils éteignirent les flambeaux, et faisant un tintamarre de gens qui combattent, ils passèrent et repassèrent cent fois sur le corps du pauvre gouverneur, donnant de grands coups d'épée sur les boucliers, pendant que le misérable, se ramassant le mieux qu'il pouvait, pour éviter cet orage de coups, suait d'angoisse, et priait Dieu de tout son cœur de le délivrer de ce péril et du métier de gouverneur. Les uns bronchaient contre lui, les autres tombaient dessus. Un mauvais bouffon, se campant tout debout sur lui, y demeura quelque temps; et de là, comme du haut d'une tour, il faisait l'office de général, commandant à ses camarades, criant tantôt : « Qu'on coure là, les ennemis y donnent, » tantôt : « Qu'on garde le guichet, qu'on ferme la porte; rompez les échelles, vite, vite, de la poix et de la résine; qu'on apporte les boîtes, et les chaudrons pleins d'huile bouillante, et qu'on tende les chaînes. » Enfin il nommait tous les instruments de guerre et toutes les choses dont on se sert dans une ville assiégée, et tous se remuaient et criaient comme s'ils eussent été bien embarrassés.

Cependant le pauvre gouverneur, étendu par terre, foulé aux pieds et demi-mort de peur, disait dévotement en lui-même : « Eh! plût à Dieu que l'île fût déjà prise, et que je me visse ou roide mort, ou hors de cette horrible angoisse! » Le ciel eut pitié de lui, et lorsqu'il s'y attendait le moins, il entendit crier : « Victoire! victoire! courage, monsieur le gouverneur : les ennemis sont en fuite. — Et que faites-vous là, monseigneur? ajouta un autre : ne voulez-vous pas vous lever et venir jouir avec nous des fruits de la victoire? Encore est-il juste que vous preniez part au butin que votre bras invincible a fait sur les ennemis. — Levez-moi, dit dolemment le triste Sancho; » et quand on l'eut mis debout : « L'ennemi que j'ai tué, dit-il, qu'on me le cloue au front. Partagez entre vous les dépouilles; je n'y prétends rien; mais si j'ai ici un ami, qu'on me donne un doigt de vin, car le cœur me manque, et pour l'amour de

Dieu, essuyez-moi la sueur; je suis tout en eau. » On l'essuya, on lui donna du vin, il fut désarmé, et se voyant libre, il voulut s'asseoir sur son lit; mais il tomba comme évanoui, de la frayeur et de la fatigue qu'il avait eues. Les moqueurs, étonnés de cet accident, commençaient déjà à se repentir d'avoir poussé le jeu si avant; mais ils eurent bientôt lieu de se consoler, parce que le gouverneur reprit ses esprits. Il demanda quelle heure il était, et comme on lui répondit qu'il était jour, il commença, sans rien dire davantage, à prendre ses habits, laissant tous les assistants étonnés de la hâte qu'il avait, et ne sachant que croire de son silence; il s'habilla enfin, mais avec assez de peine, tant il était fatigué; et sans dire mot, il s'en alla vers l'écurie, suivi de ceux qui étaient présents; s'approchant du grison, il l'embrassa et lui dit, les larmes aux yeux : « Venez, vous, mon cher ami, mon fidèle compagnon, et le soulagement de mes travaux et de mes misères ! Quand nous marchions tous deux ensemble en bonne intelligence, je ne pensais à autre chose qu'à avoir soin de vous et de votre harnais, j'étais en joie et en paix; mais depuis que je vous ai laissé, et que j'ai mis le pied sur l'échelle de l'ambition et de l'orgueil, il ne m'est entré dans l'esprit que des soucis et de l'ennui; je n'ai souffert que travail et que misères. »

Pendant que Sancho entretenait ainsi son âne, il lui mettait le bât; et, étant enfin monté dessus, il s'adressa à l'intendant, au maître d'hôtel, à Pedro Recio, à tous ceux de la maison, et leur dit : « Adieu, messieurs, faites-moi ouvrir la porte, et laissez-moi retourner à mon ancienne liberté; laissez-moi aller chercher ma vie passée, pour me ressusciter de la mort que je souffre ici. Je ne suis point né pour être gouverneur, ni pour défendre les îles contre ceux qui veulent les attaquer; mon fait est de labourer, de tailler et de bêcher la vigne, et non pas de donner des lois, ni de défendre des royaumes et des provinces. Saint Pierre se trouve bien à Rome, cela veut dire que chacun doit demeurer chez soi et faire son métier : la faucille me sied mieux à la main que le bâton de gouverneur, et j'aime mieux une soupe à l'oignon que de me voir à la merci d'un impertinent de médecin qui me fait mourir de faim dans l'attente de me trouver quelque viande qui me soit propre. Je dors aussi bien à l'ombre d'un chêne en été, et l'hiver enveloppé dans une grosse couverture, qu'entre deux draps de Hollande, couverts de vos martes précieuses, dans un château de gouverneur. Adieu, messieurs, encore une fois; dites de ma part à monseigneur le duc que nu je naquis et nu je me trouve, et que je n'y prends ni n'y mets; je veux dire que je suis entré dans le gouvernement sans denier ni maille, et sans denier ni maille j'en sors, tout à rebours de ceux qui entrent dans les gouvernements. Bon jour et bonne nuit, messieurs; laissez-moi passer, que j'aille me faire panser, car je crois que j'ai toutes les côtes rompues, grâce aux ennemis qui m'ont passé plus de cinq cents fois sur le corps. — Vous ne nous ferez pas ce tort, s'il vous plaît, monseigneur le gouverneur, dit Pedro Recio. Je vous donnerai un breuvage contre ces douleurs, qui vous remettra aussitôt; et, pour ce qui est de vos repas, je vous laisserai manger tout ce qu'il vous plaira, sans vous contraindre en quoi que soit. — Vous y venez trop tard, monsieur le docteur, dit Sancho ; je vous remercie de vos breuvages, et vous m'empêcherez de m'en aller comme je suis Turc. Ce n'est pas moi qu'on attrape deux fois, et s'il me prend jamais envie d'être encore gouverneur, que je puisse mourir de faim dès le premier jour que je mettrai le pied dans le gouvernement! Vous ne connaissez pas les Pança, mon pauvre monsieur : ils sont tous têtus, et quand une fois ils disent non pair, il sera non pair, quand tout le monde en devrait crever. Allons, laissons dans cette écurie les ailes de fourmi qui m'ont porté dans l'air pour me faire manger aux hirondelles; allons et marchons tout doucement : quand les souliers de maroquin nous manqueront, au moins en aurons-nous de vache. Que chaque brebis cherche sa pareille et ne nous faisons plus bête pour que le loup nous mange. Laissez-moi passer une fois pour toutes, messieurs, il est déjà tard.

— Monsieur le gouverneur, dit l'intendant, nous vous laissons aller, puisque vous le voulez, quoique ce ne soit pas sans regret que nous consentons à perdre un homme de votre mérite, et dont le procédé est si bon ; mais vous savez bien que tout gouverneur qui se démet de sa charge est obligé de rendre compte de son administration : rendez, s'il vous plaît, le vôtre, et nous ne vous retenons plus. — Personne n'a le droit de me faire rendre compte, repartit Sancho, s'il n'en a le pouvoir de monsieur le duc ; je m'en vais le trouver, et c'est à lui que je le rendrai, sans compter qu'un homme qui sort nu fait assez voir qu'il n'a pas pillé. — En vérité, dit Pedro Recio, le seigneur Sancho a raison ; il faut le laisser aller : aussi bien monsieur le duc aura-t-il beaucoup de joie de le revoir. » Tous furent du même sentiment, et le laissèrent partir, lui offrant de l'accompagner et de lui fournir tout ce qui serait nécessaire pour faire commodément et agréablement son voyage. Sancho répondit à leurs offres qu'il ne voulait qu'un peu d'orge pour son âne, et pour lui du pain et du fromage, et que, le voyage étant si court, il n'avait pas besoin d'autre chose. Tous l'embrassèrent, et lui les embrassa tous en pleurant, les laissant aussi étonnés des marques de bon sens qu'il venait de donner que de la prompte résolution qu'il avait prise.

XXVII

Contenant des choses qui servent à cette histoire, et non à d'autres.

Sancho ne put arriver de jour au château du duc ; il en était encore à une demi-lieue quand la nuit le surprit. Comme c'était en été, il ne s'en mit pas en peine, et il se retira seulement à l'écart pour attendre le retour du jour ; mais, comme il marchait à tâtons pour chercher un lieu commode à passer la nuit, il fut si malheureux qu'il tomba avec le grison dans une fosse assez profonde qui était au pied de quelque vieille masure. Le pauvre homme ne sentit pas plutôt tomber son âne qu'il commença à se recommander à Dieu, croyant qu'il allait jusqu'au fond des abîmes ; néanmoins il en fut quitte à meilleur marché, et à trois toises de profondeur il se trouva sur la terre ferme et debout sur sa monture, sans s'être fait le moindre mal. Il se rassura un peu, après s'être tâté tout le corps ; il retint son haleine pour voir s'il n'avait aucune blessure, et se trouvant bien sain de tous ses membres, il ne pouvait se lasser de rendre grâce à Dieu de l'avoir préservé de ce danger, où il ne doutait pas qu'il ne dût se mettre en pièces. Il porta ses mains de tous les côtés de la fosse pour voir s'il n'y avait pas moyen d'en sortir sans le secours de personne ; mais il la trouva escarpée de toute part, et les murailles si droites, qu'il était impossible d'y grimper. Cependant le grison se plaignait douloureusement, et ce n'était pas sans raison, car il était en assez mauvais état.

« Hé ! mon Dieu ! s'écria alors Sancho, qu'il arrive d'accidents fâcheux à quoi on ne s'attend pas dans ce misérable monde ! Qui aurait dit que celui qui était hier assis sur le trône d'un gouverneur d'île, commandant à quantité de domestiques et de vassaux, dût se trouver aujourd'hui enseveli dans une fosse, sans avoir ni serviteurs ni vassaux qui le secourent ! Faudra-t-il, mon pauvre grison, que nous mourrions ici de faim, ou peut-être toi de tes blessures, et moi d'ennui ! Il n'y a qu'heur et malheur en ce monde, mon cher ami, et nous ne serons pas aussi heureux que monseigneur don Quichotte quand il descendit dans la caverne de Montesinos : il trouva d'abord la nappe mise, et fut mieux régalé que dans sa maison ; son lit était prêt, et il eut des visions agréables. Mais moi, que trouverai-je ici, sinon des couleuvres et des crapauds ? Misérable que je suis ! où est-ce que ma folie et mes sottes idées m'ont conduit ! Encore, si nous mourrions dans notre pays et parmi nos amis, nous aurions trouvé qui nous eût fermé les yeux à l'article de la mort, et on nous eût mis dans la sépulture. O mon enfant, mon cher compagnon, que tu es mal payé des bons services que tu m'as rendus ! mais pardonne-moi, car ce n'est point de ma faute. Prie la fortune, le mieux que tu pourras, qu'elle nous tire tous deux d'ici, et tu verras si je suis ingrat. » Sancho se plaignait de la sorte, et son âne l'écoutait sans lui répondre une seule parole, tant la pauvre bête se trouvait mal du rude saut qu'elle avait fait !

Le jour revint enfin, et Sancho reconnaissant visiblement qu'il ne pouvait sortir de la fosse sans que quelqu'un l'aidât, il commença à se lamenter et à crier de toute sa force pour appeler au secours ; mais ce fut inutilement, parce qu'il n'y avait point de maison près de là. Voyant donc qu'on ne l'entendait point, il acheva de croire qu'il était perdu, et il pensa mourir de déplaisir de voir son âne couché, les oreilles abattues, et faisant une fort triste mine. Il lui aida à se lever, mais ce fut avec bien de la peine, car il ne pouvait se soutenir ; et, ayant tiré un morceau de pain de son bissac, il le lui donna, en disant : *Tiens, mon enfant, avec le pain tous maux sont bons.* Pendant que le pauvre homme était dans cette inquiétude, regardant de toute part s'il n'y avait aucun remède à son malheur, il aperçut, au bas de la fosse, un trou assez grand pour passer un homme. Il s'y fourra vite à quatre pieds, et vit que l'espace était beaucoup plus grand en dedans, et qu'il allait toujours en s'élargissant. Ayant fait cette découverte, il retourna dans la fosse, et, avec une pierre, il creusa si bien et remua tant de terre, qu'il fit une ouverture à passer son grison; il le prit en même temps par le licou, le tirant après lui dans la caverne, pour voir s'il ne trouverait pas moyen d'en sortir. Tantôt il marchait dans l'obscurité, tantôt il revoyait la lumière, mais ce n'était jamais sans frayeur. « Hé ! mon Dieu, disait-il, que n'ai-je un peu de cœur ! Si c'était mon maître, il prendrait ceci pour la meilleure aventure du monde ; et moi, misérable, il m'est avis que la terre me va fondre à tout moment sous les pieds. » Avec ces lamentations, et après avoir fait, à ce qu'il crut, près d'une demi-lieue, il commença à découvrir tout à fait le jour, qui entrait par quelque endroit, et il espéra enfin de revoir encore une fois le monde.

Heureusement don Quichotte, sorti dès le grand matin, monté sur Rossinante, avait dirigé sa promenade de ce côté, et comme il passait près de la caverne, il entendit sortir du dedans une voix qui disait : « Hélas ! n'y aurait-il point là-haut quelque chrétien qui m'entende, ou quelque chevalier charitable qui ait pitié d'un misérable pécheur enterré tout vif, d'un malheureux gouverneur qui n'a pas su se gouverner. » Don Quichotte crut reconnaître la voix de Sancho Pança, et pour s'en assurer mieux, il cria de toute sa force : « Qui est là-bas, et qui se plaint de la sorte ? — Et qui est-il peut-il être, répondit-on, sinon le malheureux Sancho Pança, que Dieu, pour ses péchés et pour sa mauvaise fortune, fit gouverneur de l'île de Barataria, ce Sancho, ci-devant écuyer du fameux chevalier don Quichotte de la Manche ? »

Ces paroles redoublèrent l'étonnement de don Quichotte, et il lui vint en pensée que Sancho devait être mort, et que son âme faisait là son purgatoire. « Je te conjure, cria-t-il dans cette imagination, de me dire qui tu es; et si tu es une âme en peine, apprends-moi ce que tu souhaites que je fasse pour te soulager, car ma profession étant de secourir en ce monde tous les affligés, je puis aussi secourir ceux de l'autre monde, qui ne sauraient s'aider eux-mêmes. — Vous êtes donc, à ce qu'il paraît, répondit-on, monseigneur don Quichotte de la Manche ? Le son de la voix me prouve que c'est lui, sans aucun doute. — Oui, je suis don Quichotte, répliqua le chevalier, et celui qui fait profession de soulager les vivants et les morts. Dis-moi donc qui tu es toi-même, j'en suis en peine ; car si tu es Sancho, mon écuyer, et que tu sois mort, pourvu que tu ne sois pas au pouvoir des démons, mais que la miséricorde de Dieu te retienne en purgatoire, notre mère la sainte Église a des suffrages et des remèdes suffisants pour faire finir tes peines, et de ma part j'y emploierai tout ce qui dépend de moi. Achève donc de me dire qui tu es et déclare-le sincèrement. — Je jure par tout ce que vous voudrez, seigneur don Quichotte, répondit la voix, et je fais serment que je suis Sancho Pança, votre écuyer, et que je ne suis point encore mort depuis que je suis au monde ; mais, qu'après avoir quitté mon gouvernement pour des raisons qui seraient trop longues à vous dire, je tombai, l'autre nuit, dans cette caverne, où je suis encore avec le grison, que voilà pour me démentir. »

On eût dit en même temps que l'âne entendait Sancho et voulait lui rendre témoignage : il se mit à braire de toute sa force et fit retentir tous les lieux d'alentour. « Je n'en veux pas d'autre témoignage, repartit don Quichotte : tu es Sancho. Attends, mon pauvre ami, je m'en vais au château, qui n'est pas loin d'ici, et j'amènerai des gens pour te retirer. — Allez vite, je vous prie, monsieur, dit Sancho, et revenez promptement, car je suis au désespoir de me voir ici enterré, et je me meurs de peur et d'ennui. » Don Quichotte alla conter l'accident du pauvre Sancho au duc et à la duchesse, qui connaissaient bien cette caverne, qu'on voyait là de tout temps ; mais ils furent surpris d'apprendre qu'il avait quitté le gouvernement sans qu'on leur en eût donné avis. Enfin on alla avec des cordes et des échelles, et à force de gens et de travail, on tira Sancho et le grison, qui furent ravis de revoir la lumière. Un jeune écolier, qui se trouva présent, voyant Sancho, dont il n'avait jamais ouï parler : « Il serait bon, dit-il, que tous les mauvais gouverneurs sortissent de leurs gouvernements comme ce malheureux sort de cet abîme, pâle et mourant de faim, et, si je ne me trompe, fort mal dans ses affaires.

— Monsieur le médisant, repartit Sancho, il y a environ huit jours que j'entrai dans l'île qu'on m'avait donnée à gouverner, et durant ce temps-là je n'ai pas mangé une seul fois mon soûl de pain ; j'ai été persécuté par des médecins, les ennemis m'ont foulé aux pieds, et je n'ai pas eu le loisir de piller ni de voler ; et, puisque cela est, je ne méritais point d'en sortir de la sorte et par une porte qui ressemble à celle de l'enfer. Mais l'homme propose et Dieu dispose, et quand Dieu fait quelque chose il sait bien pourquoi. Il faut prendre le temps comme il vient et personne ne peut dire : Je ferai ou je ne ferai pas, car on pense qu'il y a des lardons, et ce sont des chevilles ; mais c'est assez, et Dieu m'entend. — Ne te fâche point, mon ami, dit don Quichotte ; laisse parler le monde sans t'en mettre en peine ; repose-toi seulement sur ta bonne conscience et qu'on dise ce qu'on voudra. Qui voudrait attacher les langues des médisants n'aurait jamais fait, et l'on mettrait aussitôt des portes aux champs. Si un gouverneur est riche on dit qu'il a volé ; s'il est pauvre que c'est un fou ou un mauvais ménager. — Ah ! pour l'heure, répondit Sancho, ils peuvent bien dire que je suis un fou, mais non pas un larron. »

Avec ces discours ils arrivèrent au château environnés de quantité de gens, et trouvèrent le duc et la duchesse qui les attendaient dans une galerie. Sancho ne voulut point monter qu'il n'eût mis son grison à l'écurie ; après cela il alla saluer leurs excellences, à qui il dit le genou en terre : « Messieurs, j'ai été pour gouverner votre île Barataria, parce que vos grandeurs l'ont voulu, et non pas que je l'eusse mérité. J'y ai entré nu et nu j'en sors : je n'y ai perdu ni gagné, et si j'ai gouverné bien ou mal, voilà des témoins qui en peuvent dire la vérité. J'ai éclairci des difficultés et jugé des procès et toujours mourant de faim, grâce à l'illustre docteur Pedro Recio, naturel de Tirteafuera, assassin de l'île et des gouverneurs. Les ennemis nous attaquèrent de nuit; et après nous avoir bien tenus en presse, ceux de l'île crièrent que nous étions victorieux par la force de mon bras; et Dieu le leur rende comme ils disent la vérité. Pendant ce temps-là j'ai songé aux peines et aux fatigues qui se trouvent dans les gouvernements, et j'ai trouvé au bout du compte que mes épaules ne sont pas assez fortes pour la charge, que le fardeau est trop pesant pour mes reins, et que je ne suis pas du bois dont on fait les gouverneurs : aussi, avant que le gouvernement me perdît, j'ai mieux aimé perdre le gouvernement; et hier, de bon matin, je laissai l'île où je l'avais trouvée avec les mêmes maisons et les mêmes rues, sans y avoir changé une obole. Je n'ai rien emprunté de personne, n'ai fait de profit sur quoi que ce soit, et, quoique j'eusse songé à faire des ordonnances profitables, je n'en ai pourtant fait aucune, de peur qu'on ne les gardât pas : car en ce cas c'était tout un que de les faire ou de ne pas les faire. Je sortis donc bravement sans autre compagnie que mon grison; nous tombâmes tous deux dans une fosse, lui dessous et moi dessus, et après avoir marché là-dedans toute la nuit j'ai tant fait, que ce matin à la clarté du jour j'ai découvert une sortie, mais non pas si aisée que je n'y fusse bien demeuré jusqu'à la fin du monde, sans le secours de monseigneur don Quichotte. Voici donc, monseigneur le duc et madame la duchesse, votre gouverneur Sancho Pança qui, en dix jours qu'il a gouverné, a appris à mépriser le gouvernement, et non seulement d'une île, mais encore de tout le monde. Et cela étant, je baise très-humblement les pieds de vos excellences, et avec votre permission je repasse au service de monseigneur don Quichotte, avec qui je mange au moins mon soûl de pain, quoique souvent à la sueur de mon corps; mais enfin je mange, et pour moi, pourvu que je sois plein, je suis aussi content que si j'avais mangé trente coqs d'Inde. »

Sancho finit sa harangue au grand plaisir de don Quichotte, qui mourait de peur qu'il n'allât dire mille extravagances. Le duc embrassa Sancho, lui disant qu'il avait un extrême déplaisir de ce qu'il quittait si tôt son gouvernement, mais qu'il ferait en sorte qu'on lui donnerait quelque autre emploi dans ses États, dont il tirerait plus de profit et avec moins de peine. La duchesse l'embrassa aussi et ordonna qu'on eût soin de lui faire faire bonne chère; et Sancho, ravi de ce bon accueil, lui dit fort galamment qu'il aimait mieux toutes les bonnes grâces de sa grandeur que toutes les îles de la terre et tous les gouvernements du monde.

XXVIII

Comment don Quichotte prit congé du duc, et comment il rencontra aventures sur aventures.

Cependant don Quichotte finit par s'ennuyer de la vie oisive qu'il menait dans ce château, et qu'il trouvait si opposée à la profession de la chevalerie errante. Un jour donc il demanda au duc et à la duchesse la permission de prendre congé d'eux. Ils la lui donnèrent, mais en témoignant un grand déplaisir. La duchesse donna à Sancho la lettre de sa femme, et la lui ayant fait lire : « Qui est-ce qui aurait jamais cru, dit-il la larme à l'œil, que les espérances que mon gouvernement donnait à ma femme s'en iraient en fumée, et que je me verrais encore une fois en quête de misérables aventures avec mon maître? Mais il faut se consoler de tout, et encore suis-je bien aise de voir que Thérèse a fait son devoir en envoyant du gland à madame la duchesse. Si elle ne l'eût pas fait je ne l'aurais jamais regardée de bon œil; et encore que le présent soit petit, il fait toujours voir que nous ne sommes point ingrats : car enfin à petit mercier petit panier. Si je n'ai rien perdu je n'ai rien gagné; et, hors la barbe et les dents, me voilà comme ma mère m'a mis au monde. »

Don Quichotte voulut partir de grand matin; et, au lever du soleil, il quitta, non sans émotion, le château, dont les galeries étaient pleines de gens. Sancho le suivait sur le grison avec sa valise et son bissac, l'esprit plus content qu'on ne croyait, parce que l'intendant du duc lui avait donné deux cents écus d'or pour fournir aux frais de leur voyage, ce que don Quichotte ne savait point encore.

Don Quichotte, se voyant en campagne, tâchait de renouveler en son cœur une vive ardeur de chercher les aventures, et d'exercer plus que jamais la profession de la chevalerie. « La liberté, dit-il à Sancho, est le plus grand présent que le ciel ait fait aux hommes; et tous les trésors qui sont dans les entrailles de la terre, et tous ceux qu'enferme la mer dans ses vastes et profonds abîmes, n'ont rien qui lui soit comparable. On hasarde sa vie pour la liberté aussi bien que pour l'honneur, et la servitude est le plus grand de tous les maux. Tu es témoin, ami Sancho, des délices et de l'abondance qui se trouvent dans ce château dont nous venons de sortir, et qu'il y a là de quoi flatter les plus difficiles; mais, pour moi, je t'avoue qu'au milieu de ces banquets somptueux, avec l'excellence et la délicatesse de tous ces breuvages exquis, je m'imaginais être resserré dans les bornes étroites de la faim. Cette abondance de toutes les choses était pour moi comme une indigence de tout; je ne trouvais que de l'amertume dans l'assaisonnement de tant de viandes; j'étais dans une inquiétude perpétuelle sur des lits si mous; et la volupté, qui se mêlait partout, m'était insupportable : car, après tout, je ne jouissais point de ces choses avec la même liberté que si elles eussent été à moi; et l'obligation qu'on a de se ressentir d'un bienfait est un lien serré de mille nœuds qui ne laissent jamais l'âme libre. Heureux celui à qui le Ciel a donné du pain, et qui n'est point obligé d'en témoigner de la reconnaissance à d'autres qu'au Ciel même! — Avec tout cela, monsieur, interrompit Sancho, nous ne saurions pas nous empêcher d'avoir obligation des deux cents écus d'or que m'a donnés l'intendant de monseigneur le duc, et que je porte ici dans une bourse au devant de l'estomac, comme une relique contre la nécessité, et un cataplasme qui préserve des accidents qu'on rencontre à toute heure : car pour un château où l'on fasse bonne chère, on trouvera cent hôtelleries où l'on sera roué de coups. »

Pendant qu'ils discouraient, ils se trouvèrent insensiblement dans une forêt qui s'écartait du chemin, et don Quichotte, sans y prendre garde, se sentit enveloppé dans des filets de fil vert, qui étaient tendus entre des arbres. « Sancho, dit-il, si je ne me trompe, voici une des plus nouvelles aventures qu'on puisse imaginer ; je jugerais que les enchanteurs qui me poursuivent ont résolu de m'empêtrer dans ces filets et d'arrêter mon voyage; mais ils se tromperont avec toutes leurs ruses; et quand ces filets seraient, aussi bien qu'ils ne le sont pas, tissus avec de durs diamants, je les romprais avec la même facilité que s'ils n'étaient que de faibles joncs ou d'étoupes. » En disant cela, il allait tout rompre et passer outre, quand il vit sortir de l'épaisseur du bois deux bergères ayant des habits de brocart d'or et très-riches; elles avaient les cheveux pendants en mille boucles avec des guirlandes entrelacées de laurier, de myrte et de quantité de fleurs, et elles ne paraissaient pas avoir plus de quinze à seize ans. Cette vision de don Quichotte et des bergères, si peu attendue des deux côtés, surprit également les uns et les autres et les retint quelque temps dans le silence. Enfin une des bergères le rompit en disant à don Quichotte : « Arrêtez-vous, seigneur chevalier, et ne rompez point ces filets que nous n'avons fait tendre que pour nous divertir, et non pas pour vous tendre quelque piège; et comme je m'imagine bien que vous voudriez savoir quel est notre dessein et qui nous sommes, je m'en vais vous le dire en peu de paroles.

» Dans notre village, à deux lieues d'ici, il y a quantité de gentilshommes riches. On a fait une partie entre plusieurs personnes de la même famille pour venir se divertir en cet endroit, qui est un des plus agréables de tous ces environs, représentant entre nous une nouvelle Arcadie pastorale, les jeunes gens vêtus en bergers, et les demoiselles en bergères. Nous avons pour cela appris des vers de pastorales, les uns de Garcilasso, et les autres de ce grand Camoëns, poëte portugais, qui les a composés en sa langue. Nous ne sommes ici que d'hier; nous avons fait dresser des tentes sous les arbres, au bord d'un ruisseau qui arrose tous les prés d'alentour; et la nuit passée on a tendu ces filets pour prendre de petits oiseaux qu'on fait donner dedans à force de

Ce sont les restes de ce Chrysostôme si recommandable par son esprit et son héroïsme en amitié.

crier. Si vous voulez, monsieur, être des nôtres, vous serez le bien venu, et vous êtes assuré que toute la compagnie en aura de la joie aussi bien que nous, car la mélancolie n'entre point ici. — En vérité, ma belle demoiselle, répondit don Quichotte, je loue extrêmement le dessein que vous avez de passer le temps si innocemment, et je vous rends mille actions de grâces de vos obligeantes offres. Si vous me jugez capable de vous rendre quelques services, vous n'avez qu'à commander avec assurance d'être promptement et exactement servie, car ma profession est de fuir l'ingratitude et de faire du bien à tout le monde, et particulièrement aux personnes de votre sexe, de votre qualité et de votre grand mérite; et je ne crains pas de vous dire que si ces filets, qui n'occupent qu'un petit espace, étaient répandus sur toute la surface de la terre, j'irais me faire un passage en de nouveaux mondes, plutôt que de rompre l'instrument de vos plaisirs. Vous n'en douterez peut-être pas quand vous saurez que celui qui vous parle est don Quichotte de la Manche, si jamais ce nom est parvenu à vos oreilles. — Eh! mon Dieu! ma chère sœur, s'écria l'autre bergère, eh! quelle bonne fortune! Vois-tu bien ce monsieur-là? c'est le plus vaillant, le plus amoureux et le plus honnête cavalier qui soit au monde, si l'histoire qui court de sa vie ne ment point. Je l'ai lue, et je gage que ce bonhomme qui est là avec lui est Sancho Pança, son écuyer, le plus plaisant homme qu'on puisse voir. — Vous ne vous trompez pas, mademoiselle, répondit Sancho : c'est moi-même qui suis ce plaisant et cet écuyer que vous dites, et ce monsieur est mon maître, le même don Quichotte de la Manche qui est historié dans un livre. — Est-il vrai, ma chère amie? dit l'autre bergère. Ah! vraiment, il faut les prier de demeurer avec nous; toute la compagnie sera ravie de les voir. J'en avais déjà ouï dire tout ce que tu m'as dit, et on dit encore que monsieur le chevalier est le plus fidèle et le plus amoureux du monde, et que sa maîtresse est une madame Dulcinée du Toboso, qu'ils disent être la plus belle de toute l'Espagne. — On a raison de le dire, ajouta don Quichotte, si toutefois votre beauté ne lui en dispute point l'avantage; mais, mes belles demoiselles, ne perdez point de temps à me vouloir retenir, parce que les devoirs précis auxquels ma profession m'engage ne me permettent pas de reposer en aucun endroit. »

Sur cela, arriva le frère d'une de ces demoiselles, vêtu aussi en berger, galamment et richement comme elles; et sa sœur lui ayant appris que celui qu'il voyait là était le valeureux don Quichotte de la Manche, avec Sancho son écuyer, dont il avait déjà lu l'histoire, le jeune berger fit un grand compliment à don Quichotte, et le pria avec tant d'instances de les vouloir accompagner à leur tente, que le chevalier ne put le refuser. En même temps on entendit des cris, et mille oiseaux différents, trompés par la couleur des filets, tombèrent dans le péril qu'ils croyaient éviter. Cela fit assembler tous les chasseurs en cet endroit et il y accourut plus de cinquante personnes diversement habillées en bergers et en bergères, qui, ravies de savoir que c'étaient là don Quichotte et Sancho, dont l'histoire courait déjà partout, les emmenèrent aussitôt vers les tentes, où le dîner était prêt et servi. On força monsieur le chevalier de prendre la place d'honneur, ce qu'il ne fît qu'avec beaucoup de répugnance et de modestie; et, tant que dura le dîner, il n'y avait personne qui n'eût les yeux sur lui, et qui ne fût plein d'admiration. Après qu'on eut desservi, don Quichotte regardant honnêtement toute l'assemblée, dit à haute voix et d'un ton grave : « Le plus grand péché de tous, à mon sens, est l'ingratitude, malgré le sentiment de plusieurs, qui disent que c'est l'orgueil ; mais j'ai cela pour moi qu'on dit que l'enfer est plein d'ingrats, et on ne le dit pas des autres. Depuis que j'ai l'usage de la raison, j'ai toujours évité de me noircir de ce crime, et, lorsque je ne puis reconnaître les biens qu'on m'a faits par d'autres biens, je paie autant que je puis de bonne volonté ; et, pour marquer mon ressentiment, je les publie devant tout le monde : car quiconque publie un bienfait reçu, témoigne qu'il ne tient pas à lui qu'il ne le récompense. Messieurs, vous m'avez fait toutes les honnêtetés possibles et le meilleur accueil du monde ; et ne pouvant vous témoigner une reconnaissance égale à tant de biens, je vous offre ce que je possède, qui est que je veux soutenir deux jours entiers, au milieu du chemin qui va à Saragosse, que ces bergères déguisées sont les plus belles et les plus courtoises demoiselles de l'univers, excepté pourtant l'incomparable Dulcinée du Toboso, l'unique dame de mes pensées ; ce qui soit dit sans offenser personne. »

Don Quichotte se tut, ayant fait ce beau discours ; et Sancho, prenant la parole avant que personne eût eu le loisir de répondre : « Est-il possible, s'écriat-il, qu'il se trouve au monde des gens assez hardis pour dire que mon maître est fou? Dites-moi, messieurs et mesdames, y a-t-il curé de village, si savant et si habile qu'il soit, qui puisse mieux parler que vient de le faire monseigneur don Quichotte, ni chevalier errant avec toutes ses rodomontades qui ose offrir ce qu'il a offert ? » Don Quichotte se retourna brusquement vers Sancho, et le regardant avec des yeux pleins d'indignation et de colère : « Serait-il possible, ô Sancho ! lui dit-il, qu'il y eût qui que ce soit sur terre qui fût assez fou pour nier que vous êtes un étourdi et un sot plein de malice ? Qui est-ce qui vous fait assez hardi, monsieur l'impertinent, pour vous mêler de mes affaires, et vous faire rechercher si je suis fou ou sage ? En voilà assez, et vous m'entendez bien ; allez-vous-en seulement seller Rossinante, et j'irai effectuer ce que j'ai promis ; et, comme j'ai la raison de mon côté, comptez pour vaincus tous ceux qui auront l'audace de soutenir le contraire. » Ayant dit cela, il se leva de table en furie, laissant les assistants tout émerveillés, et sans savoir presque que juger de sa folie ou de sa sagesse. Ils le prièrent de ne vouloir point pousser le défi plus avant, disant qu'ils savaient assez qu'il n'était pas ingrat, sans qu'il leur en donnât de semblables preuves, et que, pour sa réputation, il n'avait pas besoin de signaler davantage sa valeur, après ce qu'en disait son histoire. Cela ne détourna point don Quichotte de son dessein : il monta sur Rossinante, et embrassant son écu, et la lance au poing, il alla se camper au milieu du grand chemin, suivi de toute la troupe des bergers, qui voulurent voir quel serait le succès d'un dessein si téméraire. S'étant donc campé dans le chemin, comme j'ai dit, il poussa dans l'air les paroles suivantes : « O vous autres passants, qui que vous soyez, chevaliers errants, écuyers, gens de pied et de cheval, qui passez ou qui devez passer ces deux jours-ci par ce chemin, sachez que don Quichotte de la Manche, chevalier errant, est ici pour soutenir que les nymphes qui habitent ces prairies et ces bocages surpassent en beauté et en courtoisie toutes les beautés de la terre, excepté la maîtresse de mon âme, Dulcinée du Toboso, et quiconque voudra dire le contraire, il n'a qu'à venir : je suis ici pour l'attendre. » Deux fois il répéta les mêmes paroles, et il ne fut entendu d'aucun chevalier errant.

Cependant la fortune, qui voulait favoriser ses desseins, fit passer, de là à quelque temps, un grand nombre de gens à cheval, marchant tous en troupe et en grande hâte, et la plupart portant des lances. Ceux qui étaient avec don Quichotte ne les eurent pas plutôt aperçus qu'ils s'écartèrent un peu, jugeant qu'il y avait quelque danger à demeurer dans le chemin. Le seul don Quichotte les attendit de pied ferme avec un courage intrépide, et Sancho se mit derrière lui, se couvrant de Rossinante. Les cavaliers arrivèrent, et celui qui était à la tête se mit à crier à don Quichotte : « Eh ! que diable ne t'ôtes-tu du chemin, misérable ! veux-tu que ces taureaux te mettent en pièces ? — Canailles, répondit don Quichotte, vraiment vous avez bien trouvé celui qui s'épouvante pour des taureaux ! Confessez, méchants, confessez que ce que j'ai publié ici est véritable, ou préparez-vous à me combattre. » Cet homme n'eut pas le loisir de répliquer ni don Quichotte de s'ôter du chemin, ce qu'il ne voulait pas non plus, qu'une grande troupe de taureaux et de bœufs, avec ceux qui les conduisaient, heurtèrent notre cavalier et son écuyer, renversèrent homme et cheval et leur passèrent sur le ventre, les laissant moulus et froissés, comme on peut se l'imaginer Don Quichotte se leva brusquement, mais tout étourdi de la chute, et, bronchant de pas en pas, commença à courir après le troupeau téméraire, criant de toute sa force : « Arrêtez, canailles, attendez : c'est un seul chevalier qui vous défie, et qui n'est pas d'humeur à faire pont d'or à l'ennemi qui fuit. » Don Quichotte ne fut pas entendu, ou personne ne fit cas de ses menaces, et, le troupeau s'éloignant toujours, le chevalier las et froissé, et encore plus fâché de perdre sa vengeance, fut contraint, malgré lui, de s'asseoir par terre, en attendant Sancho, qui arriva bientôt avec Rossinante et le grison, tous deux si foulés, qu'ils avaient bien de la peine à se soutenir. Nos aventuriers montèrent à cheval, et, tout honteux, ils suivirent leur chemin, sans prendre congé des bergers de la nouvelle Arcadie.

XXIX

De ce qui arriva à don Quichotte, et que l'on peut véritablement appeler aventure.

Une fontaine d'eau claire et fraîche, qui coulait dans un agréable bocage, fut un puissant remède à la lassitude de nos aventuriers. Ils descendirent au bord, et, après avoir ôté la bride au grison et à Rossinante, ils secouèrent la poussière dont ils étaient pleins, se lavèrent les mains et le visage et se rafraîchirent la bouche. Cela fait Sancho, le plus vaillant des écuyers, visita promptement le bissac, et en ayant tiré les provisions, il les mit devant son maître. Don Quichotte était si las qu'il ne songeait pas à manger, et Sancho, qui était civil, n'osait toucher aux viandes que son maître n'eût commencé; mais, le voyant perdu dans ses imaginations, la faim lui fit oublier toute considération, et il se mit à manger comme s'il ne l'eût fait de quinze jours. « Mange, ami Sancho, lui dit don Quichotte, mange; jouis du plaisir de vivre, que tu goûtes mieux que moi, et laisse-moi mourir dans la rigueur de mes disgrâces. Je suis né, Sancho, pour vivre en mourant, et toi pour mourir en mangeant; et, pour te faire voir la vérité de ce que je dis, considère-moi fameux dans l'histoire qu'on a imprimée de ma vie, plus fameux que mes exploits, honnête dans mes actions, considéré des princes, aimé et chéri de toutes les dames; et avec tout cela, lorsque j'avais sujet d'attendre des palmes, des lauriers, et les triomphes que méritent ma valeur et mes hauts faits, je me vois terrassé et foulé aux pieds des animaux immondes, et en état d'être méprisé par tous ceux qui sauront mon aventure. Crois-tu, mon ami, que l'aigreur d'une si terrible pensée ne soit pas bien capable d'agacer les dents, d'ôter le goût et d'assoupir les sens et les membres? Je t'assure, mon enfant, que je n'ai pas le courage de porter la main à la bouche: aussi suis-je résolu à me laisser mourir de faim, ce qui est la mort de toutes la plus cruelle. -- Vous êtes donc bien éloigné, repartit Sancho, qui ne cessait toujours d'avaler, du proverbe qui dit: Meure la poule pourvu qu'elle meure soûle. Pour moi, je ne suis pas si sot que de me faire mourir moi-même, et je prétends faire comme le cordonnier qui étend le cuir avec les dents, et je pousserai ma vie en mangeant jusqu'à la fin. Ma foi, mon maître, il n'y a pire folie que celle de se désespérer, et personne ne s'en est encore bien trouvé. Croyez-moi, mangez seulement, et après avoir mangé dormez deux heures sur l'herbe fraîche et le ventre au soleil; et quand vous vous réveillerez si vous n'êtes pas mieux dites mal de moi. » Don Quichotte se rendit aux discours de Sancho, connaissant lui-même que la philosophie naturelle vaut bien tous les autres raisonnements, et il lui dit: « Sancho, mon fils, si tu voulais faire pour moi ce que je vais te dire, tu raccourcirais de beaucoup mes ennuis: pendant que, pour suivre tes conseils et me reposer, je m'en vais un peu dormir, éloigne-toi d'ici et donne-toi trois ou quatre cents coups de fouet avec la bride de Rossinante, sur et tant moins des trois mille six cents que tu dois te donner pour le désenchantement de Dulcinée : car, en vérité, il y a de la honte que cette pauvre dame demeure plus longtemps en l'état où elle est, et par ta pure négligence. — Cela vaut bien la peine qu'on y pense, répondit Sancho. Dormons auparavant tous deux, et après nous verrons de quoi il est question. Croyez-vous que ce soit une chose bien raisonnable qu'un homme se fouette ainsi de sang-froid, et surtout quand les coups doivent tomber sur un corps mal nourri? Que madame Dulcinée prenne patience : un de ces jours qu'elle y pensera le moins, elle me verra percé comme un crible de coups de fouet. Jusqu'à la mort tout est vie, je veux dire qu'il n'y a rien de perdu pour attendre, et je n'oublierai pas ce que j'ai promis. » Don Quichotte remercia Sancho, et ils s'étendirent tous deux sur l'herbe, laissant à Rossinante et au grison la liberté de paître et de faire tout ce qu'ils voudraient.

Il était déjà tard quand nos aventuriers se réveillèrent, et ils se pressèrent de monter à cheval pour arriver de bonne heure à une hôtellerie, qui leur semblait éloignée d'une lieue ou environ; je dis hôtellerie, parce que don Quichotte la nomma ainsi lui-même, contre sa coutume d'appeler toutes les hôtelleries des châteaux; ce qui donna bien de la joie à Sancho. Étant arrivés, ils demandèrent à l'hôte s'il y avait place pour eux. Il leur répondit que oui, et qu'ils trouveraient toutes leurs commodités aussi bien qu'en hôtellerie d'Espagne. Ils mirent pied à terre; et Sancho, ayant serré les hardes dans une chambre dont l'hôte lui donna la clef, alla mettre Rossinante et le grison à l'écurie, et revint chercher son maître, qu'il trouva assis sur un puits. L'heure de souper étant venue, don Quichotte monta à sa chambre, et Sancho, demeurant avec l'hôte, lui demanda ce qu'il avait pour souper. « Vous n'avez qu'à dire, répondit l'hôte, en chair et en poisson, vous serez servi à bouche que veux-tu; jamais les levrauts, les lapereaux, les perdrix et les cailles, la venaison ni la viande de lait, ne manquent ici. — Il ne faut pas tant de choses, repartit Sancho : deux bons poulets tout au plus feront notre affaire, et il y en aura de reste, car mon maître est délicat et mange peu, et moi je ne suis pas le plus grand mangeur du monde. — Pour les poulets, répondit l'hôte, il n'y en a plus : le milan les a tous mangés. — Eh bien! monsieur l'hôte, répondit Sancho, faites-moi donc une poularde qui soit grasse et tendre. — Une poularde! dit l'hôte en frappant du pied, par ma foi j'en envoyai hier vendre plus de cinquante à la ville; mais, hors des poulardes, voyez ce qu'il vous faut. —Vous avez bien quelque morceau de veau ou de chevreau? demanda Sancho. — Il n'y en a point céans pour l'heure, répondit l'hôte : ce matin on a mangé le dernier morceau; mais je vous assure que, la semaine qui vient, il y en aura de reste. — Courage, dit Sancho, c'est bien ce qu'il nous faut : je gage que toutes ces grandes provisions aboutiront à du lard et des œufs. — Cela est fort bien imaginé, s'écria l'hôte : je dis à monsieur que je n'ai point de poules, et il veut que j'aie des œufs! Voyez, monsieur, s'il y a autre chose qui vous accommode, et laissons là toutes ces délicatesses. — Finissons, monsieur l'hôte, dit Sancho, et dites-nous vite ce que vous avez pour souper, sans nous faire tant languir. — Voulez-vous savoir ce que j'ai? répondit l'hôte : j'ai deux pieds de bœuf tout prêts, avec de l'oignon et de la moutarde, qui sont un manger de prince. — Des pieds de bœuf! dit Sancho, je les retiens pour moi : que personne n'y touche ; je les paierai mieux qu'un autre : il n'y a rien au monde que j'aime tant. — Je vous les garderai, répondit l'hôte, parce que mes hôtes, qui sont des gens de condition, ont ici leur cuisinier, leur sommelier, et bien des provisions. — Pour la condition, dit Sancho, j'ai un maître qui n'en cède rien à personne ; mais son office ne veut pas qu'il ait ni de cuisiniers ni tant de train : nous mangeons franchement dans le milieu d'un pré, et bien souvent des noisettes et des nèfles. » Ce discours finit là ; et, quoique l'hôte eût demandé à Sancho quel office avait son maître, il s'en alla sans répondre. L'heure du souper venue, l'hôte porta le ragoût, tout tel qu'il était, dans la chambre de don Quichotte ; ils se mirent à manger tous les deux, puis allèrent se reposer.

La matinée était fraîche et promettait une belle journée, et don Quichotte partit de l'hôtellerie après s'être informé du plus droit chemin de Barcelone car maintenant ce n'était plus à Saragosse qu'il voulait aller : il avait changé d'idée. Il marcha six jours sans qu'il lui arrivât rien de considérable ; mais, le septième, vers le soir, la nuit le surprit sous des arbres épais, où ils furent contraints de s'arrêter, ne connaissant plus le chemin. Ils mirent pied à terre, et s'appuyant chacun contre le tronc d'un arbre, ils résolurent d'y attendre le jour. Sancho, qui avait, ce jour-là, un peu bu, s'endormit aussitôt ; mais don Quichotte, que ses visions tenaient toujours éveillé, ne put jamais fermer les yeux ; au contraire, il repassait cent choses dans sa fantaisie, et son imagination le portait en cent lieux différents : tantôt il se représentait la caverne de Montesinos, et Dulcinée convertie en paysanne et sautant sur son âne, et tantôt il croyait entendre les paroles du sage Merlin, qui lui apprenait comment il fallait s'y prendre pour la désenchanter. Dans cette pensée, il se désespérait de la lenteur de Sancho, qui s'était donné, à ce qu'il disait, seulement cinq coups de fouet, ce qui ne valait pas la peine d'être compté sur le grand nombre de coups qu'il avait à se donner. Cette pensée lui donna tant d'ennui, qu'il songea à y mettre ordre tout sur-le-champ. « Si Alexandre le Grand, disait-il, coupa le nœud gordien, en disant qu'*autant valait couper que délier*, et ne laissa pas pour cela d'être maître de toute l'Asie, pourquoi ne réussirais-je pas aussi, pour le désenchantement de Dulcinée, si je fouettais moi-même Sancho, malgré qu'il en ait ? car si la vertu du remède consiste en ce que Sancho reçoive les trois mille et tant de coups de fouet, que m'importe à moi qu'il se les donne lui-même, ou qu'un autre les lui donne, puisque toute l'importance est qu'il les reçoive ? »

Là dessus prenant sa résolution, et se munissant des étrivières qu'il prit à la selle de Rossinante, il s'approcha doucement de Sancho, et commença à lui défaire l'aiguillette de ses chausses. Sancho, s'éveillant en sursaut : « Qui est là? cria-t-il; qui est-ce qui détache mes chausses? — C'est moi, répondit don Quichotte, qui viens réparer tes manquements, et chercher du remède à mes souffrances; je viens te fouetter, Sancho, et te décharger en partie de la dette à laquelle tu t'es obligé. Misérable! Dulcinée périt, tu vis sans inquiétude, et je meurs de désespoir et d'ennui. Détache-toi donc de bonne volonté, car la mienne est de te donner pour le moins deux mille coups de fouet pendant que nous sommes en cette solitude. — Non pas cela, dit Sancho; laissez-moi en patience, je vous en prie, ou par ma foi, je crierai si fort, que les sourds nous entendront. Les coups auxquels je suis obligé doivent être volontaires, et non pas forcés; et, à l'heure qu'il est, je n'ai nulle envie d'être fouetté. Qu'il vous suffise que je vous donne parole de m'étriller sitôt que la fantaisie m'en prendra; mais il faut la laisser venir. — Oh! que je n'ai garde de m'en fier à toi, mon ami! répondit don Quichotte : tu es dur de cœur et tu crains trop pour ta peau. » En disant cela, il s'efforçait de lui abattre ses chausses. Ce que voyant Sancho, il se leva debout, et ayant saisi son maître, il lui donna la jambette et le renversa sous lui; puis, lui mettant un genou sur l'estomac, il lui prit les deux mains, le tenant en état de ne pouvoir remuer, ni seulement prendre haleine. « Comment, traître, s'écria don Quichotte, contre ton maître, contre ton seigneur naturel, contre celui qui te donne du pain? — Je ne trahis point mon roi, répondit Sancho, je n'en change point; je ne fais que me secourir moi-même, qui suis mon propre maître et mon vrai roi. Que votre seigneurie me promette de me laisser en paix, et de ne point songer à me fouetter pour l'heure, et je vous laisserai aller. » Don Quichotte promit avec serment, et jura par la vie de Dulcinée, qu'il ne passerait pas outre, et que désormais il s'en remettrait à sa bonne foi.

Sancho se leva, et alla chercher à dormir dans un autre endroit assez loin de son maître. Comme il fut dessous un arbre, il sentit que quelque chose lui touchait la tête; il y porta les mains, et trouva deux pieds avec des souliers et des chausses. La frayeur le prit, il alla sous un autre, et il lui arriva la même chose : « A moi, seigneur don Quichotte, à moi! cria-t-il, au secours! » Don Quichotte y alla, et lui demanda ce qu'il avait à crier. « Ces arbres sont pleins de pieds et de jambes d'hommes, répondit Sancho. » Don Quichotte y tâta, et, devinant aussitôt ce que ce pouvait être : « Tu n'as que faire d'avoir peur, dit-il à Sancho : ces pieds et jambes d'hommes, ce sont sans doute quelques bandits qu'on a pendus à ces arbres, car voici l'endroit où l'on a coutume d'en faire justice quand on les attrape, et on les attache par ci par là, vingt à vingt, et trente à trente, et cela me fait croire que nous sommes tout auprès de Barcelone : » ce qui était vrai en effet. De là à quelque temps, le jour commençant à poindre, ils aperçurent les arbres presque tout chargés de corps de bandits. Cet affreux spectacle les surprit; mais ce fut bien pis quand ils virent fondre sur eux tout à coup une cinquantaine de semblables marauds, qui sortirent d'entre les arbres et leur crièrent en catalan de demeurer et d'attendre leur capitaine. Don Quichotte se trouvant à pied et son cheval débridé, sa lance loin de lui, en un mot sans aucune défense, qu'aurait-il pu faire? Aussi il ne fit que baisser la tête, se réservant pour une meilleure occasion. Les bandits déchargèrent le grison de tout ce qu'il portait, et ne laissèrent rien ni dans le bissac ni dans la valise; et bien prit à Sancho d'avoir sur lui les écus d'or qu'il avait du duc, et tout l'argent de son maître, qu'il portait dans une ceinture sous sa chemise; encore ces honnêtes gens l'auraient-ils bien trouvé, l'eût-il caché dans la moelle des os, si en même temps leur capitaine n'était arrivé.

C'était un homme d'environ trente-cinq ans, vigoureux, de bonne taille et de bonne mine, la couleur un peu brune, et avec un regard assuré, où il y avait je ne sais quoi d'honnête et d'engageant; il avait une cotte de maille et quatre pistolets à sa ceinture, de ceux qu'on appelle en ce pays-là *poitrinaux*, qui sont comme de petites arquebuses, et montait un puissant cheval. Comme il vit en arrivant que ses écuyers (c'est ainsi qu'ils appellent ceux qui font ce noble métier) allaient dépouiller Sancho, il leur dit de n'en rien faire, et ils le laissèrent aussitôt; et c'est de cette sorte que la ceinture fut sauvée. Le capitaine, étonné de voir une lance contre un arbre et un écu par terre, et don Quichotte armé de pied en cap, comme il était, avec une mine triste et mélancolique, s'approcha de lui et lui dit : « Rassurez-vous, monseigneur : vous n'êtes pas tombé entre les mains d'un ennemi dangereux, mais en celles de Roque Guinard, qui ne sait pas maltraiter ceux qui ne l'ont jamais désobligé. — Mon déplaisir, répondit don Quichotte, ne vient pas d'être en ton pouvoir, ô valeureux Roque, dont la renommée ne trouve point de bornes sur la terre, mais de ce que tes soldats m'ont pris au dépourvu et en désordre, étant obligé par les lois de la chevalerie errante, dont je fais profession, d'être dans une continuelle vigilance, et de me servir toujours de sentinelle à moi-même : car, afin que tu le saches, brave Roque, s'ils m'avaient trouvé à cheval, la lance et l'écu au poing, ils n'en seraient pas venus si facilement à bout. Tu sais bien quelle est dans le monde la réputation de don Quichotte de la Manche. » Il ne fallut que cela pour faire connaître à Roque Guinard quelle était la maladie de don Quichotte; il en avait souvent ouï parler, mais il ne croyait pas que ce qu'on disait fût véritable, ne pouvant se persuader que de semblables imaginations pussent entrer dans l'esprit d'un homme. Il fut ravi de l'avoir rencontré et de pouvoir juger par lui-même si l'original répondait aux copies. « Vaillant chevalier, lui dit-il, consolez-vous, et n'interprétez point à disgrâce l'état où vous vous trouvez. Ce n'est pas ici une chute, mais peut-être une crise qui rétablira votre fortune abattue et languissante : c'est par des voies inconnues aux hommes que Dieu fait ses miracles, et qu'il relève les humbles et enrichit les pauvres. »

Don Quichotte fit des remerciments dignes de lui et du grand Roque, qui fit rendre à Sancho tout ce que lui avaient pris ses gens.

Don Quichotte, qui ne laissait jamais échapper une bonne occasion, tâcha, par un sage discours, de leur faire quitter une manière de vie si périlleuse pour le corps et l'âme; mais comme c'étaient la plupart des Gascons, nation grossière et farouche, ils ne faisaient pas de cas de ce qu'il leur disait et se moquaient de lui. Sur cela, arriva un bandit de ceux qui allaient épier sur le grand chemin les gens qui passaient pour en venir rendre compte au capitaine. «Monsieur, dit-il, il y a une grande troupe de gens ici près qui va à Barcelone. — Et as-tu remarqué, demanda Roque, si ce sont ceux que nous cherchons, ou ceux qui nous cherchent? — C'est de ceux que nous cherchons, repartit le bandit. — A cheval, enfants, dit Roque, et qu'on me les amène tous ici, sans qu'il en échappe un seul. » Tous les bandits partirent; Roque, don Quichotte et Sancho, étant demeurés seuls, Roque dit à don Quichotte : « Cette manière de vie paraît, sans doute, bien étrange au seigneur don Quichotte, et je ne m'en étonne pas : ce sont toujours aventures nouvelles, et toujours nouveaux événements, et tous périlleux; j'avoue moi-même qu'il n'y a pas une vie plus inquiète et plus désordonnée que celle que nous faisons. Pour moi, ajouta-t-il, je m'y trouve engagé par certains motifs de vengeance qui me troublent la fantaisie, et dont je ne saurais revenir. Je suis naturellement d'une humeur douce et pitoyable; mais, comme je vous le dis, le désir de me venger d'une offense qu'on m'a faite renverse toutes mes bonnes résolutions, et me retient dans ce malheureux métier malgré mon inclination naturelle; et comme un abime en attire un autre, et que les péchés sont enchaînés, non seulement je songe à me venger, mais j'entreprends encore la vengeance des autres. Avec tout cela j'espère que la miséricorde de Dieu, qui a pitié de la faiblesse des hommes, ne me laissera pas périr dans ce désordre, et j'attends que sa bonté m'en retire, n'ayant pas la force de le faire moi-même. » Don Quichotte fut bien étonné du discours de Roque : il ne croyait pas que parmi des gens de sac et de corde il pût se trouver un homme qui eût de si bons sentiments; et, ravi de trouver occasion de signaler sa piété, il lui répondit : « Seigneur Roque, c'est un grand point pour la santé que de connaître la maladie et de voir le malade disposé à prendre les remèdes nécessaires. Vous êtes malade, vous connaissez votre mal; ayez recours à Dieu, qui est un médecin infaillible : il ne manquera pas de vous donner des remèdes qui vous guériront à la fin, remèdes qui agiront d'autant plus sûrement qu'ils trouvent une bonne nature et une bonne disposition. Un pécheur éclairé est bien plus près de s'amender qu'un idiot, parce que, discernant mieux le bien d'avec le mal, il a honte de ses propres vices; au lieu que l'autre, aveuglé de son ignorance, n'agit que par instinct et ne craint pas de s'abandonner à ses passions, dont il ne connaît pas le danger. Courage donc, seigneur Roque. Vous avez de l'esprit et de la prudence : servez-vous de vos lumières et espérez l'entière guérison de votre âme. Mais voulez-vous avancer facilement dans le chemin du salut? quittez votre manière de vivre et venez avec moi : je vous enseignerai le métier de chevalier errant. C'est un abime de travaux et de mauvaises aventures, que vous n'aurez qu'à offrir à Dieu et les souffrir par pénitence, et vous voilà dans le ciel. » Roque sourit du conseil de don Quichotte.

En ce moment les bandits arrivèrent avec leur prise : deux cavaliers assez bien montés, deux pèlerins à pied et un coche où il y avait des femmes avec sept ou huit valets, tant à pied qu'à cheval, qui l'accompagnaient, et encore deux valets montés sur des mules, et qui étaient aux deux cavaliers. Les bandits environnèrent cette troupe de gens, gardant de part et d'autre un grand silence, en attendant que le grand Roque parlât. Il demanda aux deux cavaliers qui ils étaient et où ils allaient. « Monsieur, répondit un d'eux, nous sommes deux capitaines d'infanterie ; nos compagnies sont à Naples, et nous allons nous embarquer à Barcelone, où on dit qu'il y a quatre galères qui ont ordre de passer en Sicile. Nous avons environ deux ou trois cents écus, avec quoi nous nous croyions assez riches : car, comme vous savez, le métier ne nous met guère en état de thésauriser. — Et vous autres? demanda Roque aux pèlerins. — Monseigneur, répondirent-ils, nous nous allons embarquer pour passer à Rome, et nous avons entre nous deux cent soixante réales. » Roque demanda pareillement quels étaient les gens du coche ; et un des cavaliers qui l'accompagnaient lui dit que c'était la senora dona Guiomar de Quinones, femme du régent de la vicairie de Naples, avec mademoiselle sa fille, une autre demoiselle et une gouvernante ; qu'ils étaient six qui la suivaient, trois à cheval et trois à pied, et que leur argent allait à six cents écus. « De sorte donc, dit Roque, que nous avons déjà ici neuf cents écus et soixante réales. Et moi j'ai soixante soldats : comptez, messieurs, ce qui peut vous revenir à chacun, car pour moi je ne sais pas trop bien compter. » A ces mots les bandits s'écrièrent : « Vive le grand Roque Guinard, en dépit de tous les ladres qui songent à le perdre ! » Les capitaines tenaient la tête baissée et faisaient bien voir à leur contenance qu'ils déploraient leur argent. Madame la régente et sa compagnie n'avaient guère plus de joie, et les pauvres pèlerins n'avaient nullement envie de rire.

Roque les laissa un moment dans cette affliction ; et, se tournant vers les capitaines : « Seigneurs capitaines, leur dit-il, de courtoisie prêtez-moi soixante écus ; et madame la régente m'en donnera, s'il lui plaît, quatre-vingts. C'est afin de contenter mes soldats, car chacun vit de son métier. Après cela je vous laisse aller librement où il vous plaira, avec un sauf-conduit que je vous donnerai, pour empêcher que les troupes que j'ai ici autour ne vous fasse d'insulte : car mon intention n'est pas qu'on maltraite ni les gens de guerre ni les femmes, et particulièrement celles qui sont de qualité. » Les capitaines firent à Roque des remercîments infinis de sa courtoisie et de sa libéralité, élevant jusqu'au ciel la générosité qu'il avait de leur rendre leur bien. Madame Guiomar voulait se jeter en bas du coche, pour lui embrasser les genoux, mais il ne voulut pas le souffrir ; au contraire, il lui demanda cent fois pardon du tort que son métier et la nécessité de s'entretenir bien avec ses soldats l'obligeaient de lui faire. La régente et les capitaines donnèrent ce qu'on leur demandait, et les pauvres

Vous avez devant vous Roque Guinard, qui n'a jamais maltraité ceux qui ne l'ont pas désobligé.

pèlerins allaient donner tout leur argent, voyant qu'on ne parlait point de modération pour eux. Mais Roque leur dit d'attendre, et s'adressant à ses gens : « De ces quarante écus, leur dit-il, il vous en revient deux à chacun : des vingt qui restent, donnez-en dix à ces pèlerins, et les autres à ce bon écuyer, afin qu'il ait sujet de se louer de cette aventure. » Puis, se faisant en même temps donner du papier et de l'encre, il écrivit un sauf-conduit, par lequel il ordonnait à ses lieutenants de laisser passer toute la compagnie, qui s'en alla bien contente, admirant tous les procédés du grand Roque, sa courtoisie et sa bonne mine, et le traitant plutôt de galant homme que de corsaire. Un des bandits, qui ne s'accommodait pas de l'humeur obligeante de son capitaine : « Pardi, dit-il en son catalan, notre capitaine serait meilleur pour être moine que bandit ; mais si dorénavant il a envie de se montrer libéral, que ce soit de son argent, non pas du nôtre. » Le malheureux ne parla pas si bas que Roque ne l'entendît. Il tira son épée et lui fendit presque la tête, en disant : « C'est ainsi que je châtie les insolents et les parleurs. » Pas un n'osa remuer, tant il savait se faire craindre et obéir ! Après cela, Roque se retira un peu à l'écart pour écrire à un de ses amis à Barcelone, et lui donner avis qu'il avait avec lui le fameux don Quichotte de la Manche, cet illustre chevalier errant, dont on parlait tant en Espagne, l'assurant que c'était un homme fort plaisant, et qui avait beaucoup d'esprit ; et que, dans quatre jours, à la fête de Saint-Jean-Baptiste, il le mènerait sur la place de Barcelone, armé de pied en cap, et monté sur le superbe Rossinante, avec Sancho, son écuyer, monté sur son grison ; qu'il le priait d'en avertir les Niarros, ses amis, à qui il en voulait donner le plaisir, et qu'il eût bien souhaité que ses ennemis, les Cadells, n'en eussent point leur part ; mais qu'il voyait bien que cela était impossible, parce que les extravagances du maître et les bouffonneries du valet étaient trop grandes pour ne pas attirer et divertir tout le monde. La lettre fut portée par un bandit déguisé en paysan, qui la rendit à son adresse.

XXX

De ce qui arriva à don Quichotte à son entrée dans Barcelone, avec d'autres choses qui semblent plus vraies que raisonnables.

Don Quichotte demeura trois jours entiers avec Roque, et pendant ce temps-là, il y vit toujours choses nouvelles. Ils n'étaient jamais au même endroit : ils dînaient dans un lieu et soupaient dans l'autre. Quelquefois ils fuyaient sans savoir pourquoi, et quelquefois ils s'arrêtaient avec aussi peu de sujet ; toujours alertes et toujours en alarmes, tantôt dormant à cheval, et tantôt couchés à terre, mais d'un sommeil perpétuellement interrompu, changeant à toute heure de place ; il y avait incessamment des espions en campagne, et les sentinelles faisaient bonne garde, compassant toujours la mèche sur le bassinet, quoiqu'ils n'eussent pourtant guère d'arquebuses, et ils portaient tous des pistolets de ceinture. Roque passait la nuit loin de ses soldats, et sans qu'ils sussent où il était, mais dans une inquiétude continuelle, n'osant s'en fier qu'à lui-même, à cause des recherches du vice-roi de Barcelone, qui avait mis sa tête à prix, et craignant que ses gens mêmes n'entreprissent sur sa vie, ou ne le livrassent à la justice. Enfin, Roque, don Quichotte et Sancho, accompagnés de six bandits, et marchant par des chemins détournés et des sentiers couverts, s'en allèrent à Barcelone, où ils arrivèrent de nuit, et se trouvèrent sur le port la veille de la Saint-Jean. Il y eut de grands complimens entre don Quichotte et Roque, et de grands remercîments de la part de Sancho pour les dix écus qu'il en avait eus; après quoi Roque s'en retourna, les ayant embrassés, et don Quichotte attendit à cheval la venue du jour.

Peu à peu la blanche aurore recommença à paraître sur les balcons de l'orient, distillant ses perles liquides sur les herbes et les fleurs; et, après avoir fait ses présents ordinaires, reprenant insensiblement un visage plus vermeil, elle fit place au soleil, qui vint dorer et embellir tous les objets de la nature. En même temps on entendit un son confus et agréable de hautbois, de trompettes, de tambours, de fifres, et d'autres instruments de guerre et de réjouissance. Don Quichotte et Sancho, jetant la vue de toute part, découvrirent la mer, qu'ils n'avaient jamais vue. Elle leur parut fort grande, et beaucoup plus large que le lac de Ruidera, qu'ils avaient vu dans la Manche; ils virent les galères qui étaient au port, et ce fut un agréable spectacle pour eux, après qu'on eut abattu les tentes, de les voir couvertes de mille banderolles de diverses couleurs, qui flottaient au vent, et de temps en temps balayaient la mer, pendant qu'au dedans le bruit qui sortait des clairons, des hautbois et des trompettes, faisait retentir l'air et tous les lieux d'alentour d'un son agréable et terrible. Les galères commencèrent à se mouvoir, faisant une espèce d'escarmouche; et un nombre infini de cavaliers, sortant de la ville, avec des livrées galantes, et montés avantageusement, maniaient leurs chevaux de concert, ajustant leurs pas aux différents mouvements des galères, qui déchargeaient en même temps leur artillerie, à laquelle celle de la ville répondait. Tout était en joie et tout en inspirait, la mer calme, et le jour le plus beau du monde, et un petit vent frais rafraîchissait l'air et dissipait la fumée et la poussière que faisaient les canonnades. Sancho admirait tout ce qu'il voyait, ne pouvant comprendre comment les galères avaient tant de pieds, et comment ces pieds pouvaient faire mouvoir si vite de si grosses machines; il regardait tout avec étonnement et ne pouvait fournir à baisser de temps en temps la tête à chaque coup qu'on tirait.

Cependant une troupe de cavaliers, vêtus de livrées, arrivèrent au galop et avec des cris de joie, tout auprès de don Quichotte, qui était encore en admiration; et l'un d'eux, qui était celui à qui Roque avait écrit, commença à crier à haute voix: « Le miroir, le nord et l'étoile de la chevalerie errante, soit

On jeta à la mer un esquif couvert de tapis et à peine le chevalier y fût-il entré qu'il se fit une décharge de toute l'artillerie de la capitane.

le bienvenu, le grand, le valeureux et l'inimitable don Quichotte, le vrai chevalier de la Manche, dont le grand cid Hamet Benengeli, la fleur des historiens, nous a donné un fidèle portrait, et non pas le faux, le feint et l'apocryphe chevalier, qui a usurpé ce glorieux nom pour autoriser ses fables et ses impertinences. » Don Quichotte ne répondit rien, et n'en eut pas le loisir, parce que les cavaliers, avec tous ceux qui les suivaient, l'entourèrent en caracolant et se mêlant cent fois les uns avec les autres, et faisant autant de différentes figures, au son des instruments et en signe d'allégresse. Ce que voyant notre chevalier, il dit à Sancho : « Ceux-ci nous ont reconnus, mon ami ; je parierais bien qu'ils ont lu notre histoire, et celle que s'est mêlé d'écrire depuis peu l'Aragonais. » Le cavalier qui avait déjà parlé à don Quichotte s'approcha plus près de lui, et lui dit : « Faites-nous l'honneur de venir avec nous, seigneur don Quichotte : il n'y a ici que de vos serviteurs et des amis intimes de Roque Guinard. — Si les courtoisies, répondit don Quichotte, engendrent des courtoisies, la vôtre, seigneur cavalier, doit être fille ou proche parente de celle du grand Roque. Allons où il vous plaira : je vous suivrai partout, et particulièrement si vous voulez me faire l'honneur de m'employer à votre service. » Le cavalier fit à don Quichotte un compliment non moins obligeant ni moins étudié que le sien, et, lui et ses amis l'enfermant au milieu d'eux, ils prirent le chemin de la ville, au son des tambours et des hautbois. On eût dit que les enchanteurs attendaient notre chevalier à l'entrée de la ville. Deux jeunes fripons, poussés de je ne sais quel esprit, eurent la hardiesse de percer jusqu'à lui, au travers de cette troupe de cavaliers qui l'environnaient, et mirent sous la queue de Rossinante et du grison un gros paquet de chardons. Les pauvres bêtes, tourmentées de ces nouveaux aiguillons, serrèrent la queue, et en souffrirent davantage, de sorte que, ne pouvant se délivrer de ce tourment, elles se mirent à sauter et à ruer de toute leur force, et jetèrent enfin leurs maîtres par terre. Don Quichotte, tout honteux et plus en colère qu'il n'en faisait semblant, se leva, et délivra Rossinante ; Sancho en fit autant à son grison, pendant que les cavaliers se mettaient en devoir de châtier l'insolente canaille qui avait causé le désordre ; mais il n'y eut pas moyen d'en attraper aucun : ils se perdirent tous deux dans la foule. Enfin don Quichotte et Sancho remontèrent à cheval, et le cavalier ami de Roque, qui était un des plus riches de Barcelone, les mena chez lui, où nous les laisserons pour l'heure.

XXXI

De l'aventure qui donna le plus de déplaisir à don Quichotte.

L'hôte de don Quichotte s'appelait don Antonio Moreno, cavalier riche et plein d'esprit, et qui aimait le plaisir en galant homme. Comme il vit don Quichotte en sa maison, il songea à se divertir de ses folies sans lui faire de déplaisir, parce que la raillerie doit avoir ses bornes, et que le jeu qui offense n'est plus une raillerie. La première chose dont il s'avisa, ce fut de le faire désarmer, et de l'exposer, avec cet habit que nous avons vu, sur un balcon qui répondait sur une des principales rues de la ville, où tout le peuple s'arrêtait comme pour regarder un singe. Ensuite les cavaliers de livrée firent des courses et des jeux devant lui, comme si c'eût été pour lui seul, et non à cause de la fête, qu'ils se fussent mis en dépense. Sancho était fort joyeux et tirait de bons présages de ce qu'il voyait.

Mais un matin que don Quichotte était allé voir la mer, et se promenait sur le rivage, armé de toutes pièces, ses armes, à ce qu'il disait toujours, étant toute sa parure, aussi bien que le combat son repos, il vit venir un cavalier, armé comme lui de pied en cap, avec un écu où était peinte une lune éclatante. Le cavalier s'approcha assez près pour se faire entendre, et adressant ses paroles à don Quichotte, il cria à haute voix : « Illustre chevalier, valeureux don Quichotte de la Manche! je suis le chevalier de la Blanche Lune, dont les exploits inouïs seront, sans doute, parvenus jusqu'à tes oreilles. Je viens ici pour te combattre et pour éprouver mes forces contre les tiennes, avec dessein de te faire avouer que ma dame, quelle qu'elle puisse être, est incomparablement plus belle que ta Dulcinée du Toboso. Si tu veux confesser cette vérité, tu évites sûrement la mort et tu me délivres de la peine que je prendrais à te la donner; et si tu as envie de combattre, je ne te demande autre chose, après t'avoir vaincu, si ce n'est que tu cesses de porter les armes durant l'espace d'un an, que tu te retires dans ta maison dans un repos utile à ta santé et à tes affaires; et s'il arrive par hasard que tu me vainques, ma tête est à ta discrétion. »

Don Quichotte, fort étonné de l'arrogance du chevalier de la Blanche Lune et du sujet de son défi, lui répondit d'un air fier et sévère : « Chevalier de la Blanche Lune, dont les exploits ne sont point jusqu'ici venus à ma connaissance, je jurerais bien que vous n'avez jamais vu l'illustre Dulcinée; car, si vous l'aviez vue, vous avoueriez vous-même qu'il n'y a jamais eu de beauté qui puisse entrer en comparaison avec la sienne : ainsi donc, sans vous dire que vous mentez, mais seulement que vous vous trompez, j'accepte le défi aux conditions que vous avez dites, et la main à l'œuvre, afin que le jour ne se passe point sans décider l'affaire. Prenez donc du champ ce que vous voudrez, j'en vais faire autant, et le succès fera voir qui sait le mieux se servir de la lance. » Le vice-roi arrivait justement dans le temps que don Quichotte tournait son cheval. Comme il vit que les deux chevaliers retournaient pour se rencontrer, il se mit entre eux, et leur demanda ce qui les obligeait à en venir si brusquement au combat. Le chevalier de la Blanche Lune redit, en peu de mots, ce qui s'était passé entre lui et don Quichotte. Aussitôt, le vice-roi se retira en disant : « Le champ est libre, et Dieu vous conserve! » Alors don Quichotte se recommandant de tout son cœur à Dieu et à sa dame Dulcinée, prit un peu plus de champ qu'auparavant. Le chevalier de la Blanche Lune était monté sur un cheval plus vif et plus vigoureux que Rossinante, si bien qu'il rencontra don Quichotte avec tant de force que, sans se servir de la lance, il envoya rudement homme et cheval par terre, et tous deux en fort mauvais état. Il se jeta aussitôt sur don Quichotte, et, lui mettant la pointe de la lance dans la visière, il lui dit : « Vous êtes vaincu, chevalier, et il vous en coûtera la vie, si vous ne demeurez d'accord des conditions de notre combat. » Don Quichotte, étourdi et froissé de sa chute, sans avoir la force de lever sa visière, répondit d'une voix faible et sourde, comme si elle fût sortie du tombeau : « Dulcinée du Toboso est la plus belle personne du monde, et moi je suis le plus malheureux de tous les chevaliers de la terre; et il ne serait pas juste que mon malheur démentît une vérité si généralement reconnue : pousse la lance, chevalier, et m'ôte la vie, puisque tu m'as déjà ôté l'honneur. — Non, non, répliqua celui de la Blanche Lune, que la réputation de la beauté de Mme Dulcinée du Toboso demeure en son entier; je serai content, pourvu que le grand don Quichotte se retire chez lui pendant un an, ainsi que nous en sommes convenus avant le combat. » Don Quichotte répondit à son vainqueur que, pourvu qu'il ne lui demandât rien contre les intérêts et la gloire de Dulcinée, il l'accomplirait ponctuellement en véritable chevalier; de quoi le chevalier de la Blanche Lune s'étant contenté, il tourna bride, et, saluant le vice-roi, il s'en alla au petit galop vers la ville.

On releva don Quichotte; on lui ôta le casque, et on le trouva pâle et abattu, avec une sueur froide, comme s'il eût été près de rendre l'âme. Pour Rossinante, il était en tel état qu'il n'y eut pas moyen, pour l'heure, de le faire lever. Le vice-roi fit emporter don Quichotte dans une chaise à bras, et s'en alla aussitôt, avec grande impatience de savoir quel était le chevalier de la Blanche Lune.

XXXII

Quel était le chevalier de la Blanche Lune, et autres aventures.

Don Antonio Moreno suivit le chevalier de la Blanche Lune, et il entra avec lui dans une maison. Il le salua d'abord sans lui rien dire autre chose, attendant l'occasion de l'entretenir; mais le chevalier, voyant que don Antonio ne le quittait point : « Monsieur, lui dit-il, je vois bien ce qui vous amène : c'est pour savoir qui je suis. Je m'appelle le bachelier Samson Carrasco, et je suis du même village que don Quichotte de la Manche. La folie de ce pauvre gentilhomme, qui fait compassion à tous ceux qui le connaissent, m'a fait encore plus de pitié qu'aux autres; et, m'étant persuadé que sa guérison dépend de se tenir en repos et en paix dans sa maison, je me suis mis en tête de l'y ramener; enfin je l'ai vaincu; et, comme il est fort exact à garder religieusement les lois de la chevalerie errante, je suis persuadé qu'il accomplira ponctuellement les conditions de notre combat, puisqu'il m'en a donné sa parole. Voilà, monsieur, tout ce que vous vouliez savoir. Je vous supplie que don Quichotte n'en ait nulle connaissance, afin que mes soins et ma peine ne soient pas perdus, et que le pauvre homme puisse recouvrer l'esprit, qu'il a excellent s'il n'était point troublé par les rêveries de son extravagante chevalerie. — Ah! monsieur, repartit don Antonio, je ne saurais vous pardonner le tort que vous faites à tout le monde en lui volant le plus agréable fou qu'on ait jamais vu. Cependant je vous promets que je ne dirai rien, quand ce ne serait que pour voir si je me tromperai dans l'opinion que j'ai que les soins du seigneur Carrasco ne réussiront pas comme il se l'imagine. — Monsieur, repartit Carrasco, l'affaire est en bon train, et j'espère qu'elle réussira. »

Don Antonio alla rendre compte au vice-roi de ce que lui avait dit Carrasco; le vice-roi ne put s'empêcher d'avoir quelque regret de ce que la retraite de don Quichotte allait priver tout le monde de ses folies.

Don Quichotte fut six jours au lit, fort incommodé de sa chute. Sancho se tenait toujours auprès de lui, tâchant de le consoler, et il lui disait, entre autres choses : « Allons, monsieur, courage; il faut se réjouir plutôt que de s'affliger : n'êtes-vous pas bien heureux d'être tombé si lourdement, sans vous casser la tête! Croyez-m'en, mon cher maître, allons-nous-en bravement chez nous, sans nous amuser à chercher les aventures en des lieux que nous ne connaissons point. Après tout, il se trouve que c'est moi qui perds le plus, encore que vous soyez le plus foulé : en quittant mon gouvernement, j'avais bien quitté l'envie d'être jamais gouverneur, mais non pas l'envie d'être comte; et cependant m'en voilà revenu, si vous n'êtes point roi, comme apparemment vous ne le sauriez être si vous quittez vos chevaleries. — Mon pauvre ami, répondit don Quichotte, il n'y a rien de désespéré, puisque ma retraite n'est que pour un an; après cela rien ne peut m'empêcher de reprendre l'exercice des armes, et je ne manquerai pas de royaumes à conquérir ni de comtés à te donner. — Dieu le veuille! répliqua Sancho : une bonne espérance vaut toujours mieux qu'une mauvaise possession. » Tout cela ne satisfaisait pas don Quichotte, et un beau matin il se mit en chemin, désarmé, et simplement en habit de voyage; et Sancho le suivait à pied, parce que le grison était chargé des armes de son maître.

XXXIII

De la résolution que prit don Quichotte de se faire berger.

Au sortir de Barcelone, don Quichotte, regardant tristement le lieu où il avait été battu : « C'est là, dit-il, que fut Troie; c'est là que mon malheur, et non pas ma faute, enleva toute la gloire que j'avais acquise; c'est là que la fortune me fit sentir son inconstance et éprouver ses caprices; c'est là que s'est obscurci l'éclat de mes grandes actions, et que ma valeur a fait naufrage; c'est là enfin que ma réputation est tombée pour ne se relever jamais. Quand j'étais chevalier errant, vaillant et hardi, mon bras et mes actions rendaient témoignage de ma valeur, et à présent que je suis un écuyer démonté, mon obéissance et l'accomplissement feront voir que je suis homme de parole. Marche donc seulement, ami Sancho, et allons chez nous accomplir notre année de bannissement : là nous prendrons de nouvelles forces pour reprendre ensuite avec plus d'éclat l'exercice des armes. — Monsieur, répondit Sancho, ce n'est point une chose si plaisante que d'aller à pied, que cela me donne envie de faire de grandes journées : attachons vos armes à quelque arbre, et quand je serai sur le dos du grison, que je ne toucherai plus des pieds à terre, nous irons tant vite que vous voudrez; mais, ma foi, tant que je marcherai à pied, il ne faut pas me presser, s'il vous plaît. — Tu as fort bien dit, Sancho, dit don Quichotte; que mes armes demeurent ici en trophée, et nous graverons sur l'écorce des arbres ce qui était écrit au bas du trophée des armes de Roland :

> Que nul ne soit si téméraire
> Que de toucher ces armes-ci,
> S'il ne veut se résoudre aussi
> D'avoir avec Roland à démêler l'affaire.

— Cela fera à merveille, monsieur, répondit Sancho; et, n'était la faute que nous pourrait faire Rossinante par les chemins, je serais bien d'avis qu'on le pendît aussi avec les armes. — Je ne prétends pas qu'on le pende, ni lui ni les armes, repartit don Quichotte, afin qu'on ne puisse dire : Bon service, mauvaise récompense. — C'est fort bien dit, monsieur, répliqua Sancho; car, selon le dire des sages, la faute de l'âne ne doit point tomber sur le bât; et, puisque c'est vous qui avez le tort, châtiez-vous vous-même, et ne vous en prenez point à vos pauvres armes, qui sont déjà toutes rompues de vous avoir bien servi, ni au malheureux Rossinante, qui n'a pas besoin davantage de fatigue, et encore moins à mes pauvres pieds, en les faisant marcher plus que de raison. » Don Quichotte se coucha au pied d'un arbre, et là mille réflexions, et toutes fâcheuses, comme autant de mouches piquantes, venaient l'assaillir en foule et ne lui donnaient pas le loisir de respirer. Pendant qu'il était en ce triste état, il lui vint à la pensée de dire à Sancho qu'il faisait grand tort à Dulcinée, en remettant toujours les coups qu'il devait se donner pour la tirer de peine : « Et, sans mentir, mon ami, ajouta-t-il, tu crains si fort pour ta peau, que je voudrais la voir mangée des loups, puisque tu aimes mieux la garder pour les vers que de la rendre utile à cette pauvre dame. — Monsieur, répondit Sancho, s'il en faut dire la vérité, je ne saurais croire que ces coups de fouet puissent servir au désenchantement de personne. C'est tout comme qui dirait : Vous avez mal à la tête, frottez-vous les jambes. Mais, à bien ou à mal, je me les donnerai pour vous contenter, sitôt que l'envie m'en prendra et que j'en trouverai l'occasion. — Dieu le veuille, dit don Quichotte. »

En parlant de la sorte, ils se trouvèrent à l'endroit où ils avaient été si bien foulés sous les pieds des taureaux ; et don Quichotte, s'en ressouvenant, dit à Sancho : « Voilà le pré où nous rencontrâmes, il y a quelque temps, ces bergers galants et ces agréables bergères qui voulaient renouveler l'Arcadie pastorale, dessein aussi nouveau que judicieux. Si tu m'en veux croire, Sancho, nous nous ferons aussi bergers, j'achèterai des moutons et toutes les choses nécessaires pour un semblable exercice, et, me faisant appeler le berger Quichotis, et toi Pancino, nous irons par les bois et les prés, chantant et jouant de la musette, faisant des complaintes ; tantôt buvant le cristal liquide des fontaines, et tantôt les eaux pures des ruisseaux ou celles des fleuves ; les chênes verts et les hêtres nous donneront libéralement de leurs fruits ; nous trouverons des retraites dans le creux des liéges, et de l'ombre sous les tilleuls ; les roses nous embaumeront de leurs parfums ; les prés, couverts de mille fleurs différentes, nous prêteront une agréable et molle couche ; l'air pur et serein, des rafraîchissements délicieux ; la lune et les étoiles, une lumière tempérée ; nous trouverons du plaisir à chanter et du soulagement à nous plaindre ; Apollon nous inspirera des vers et l'amour des sentiments : ainsi nous nous ferons une destinée digne d'envie, et nous nous rendrons fameux, non seulement dans notre siècle, mais encore dans la mémoire des hommes.

— Par ma foi, monsieur, je suis enchanté de cette manière de vivre, dit Sancho ; et il faut que Carrasco et maître Nicolas le barbier ne s'en soient jamais avisés. Je m'en vais parier qu'ils seront ravis de venir avec nous ; et je ne jurerais pas que la fantaisie n'en prît à monsieur le curé, car il est brave homme et aime bien la joie. — Tu dis fort bien, Sancho, repartit don Quichotte ; et si le bachelier Samson veut être de la partie, comme il n'y manquera pas, il pourra s'appeler le berger Samsonimo, ou le berger Carrascou ; maître Nicolas, Nicoloso, à l'imitation de l'ancien Boscan, qui s'appelait Nemoroso ; pour le curé, je ne sais pas bien quel nom nous lui donnerons, si ce n'est quelqu'un qui dérive du sien, l'appelant le berger Curiambro. Quant aux bergères que nous avons à aimer, les noms ne seront pas difficiles à trouver, nous serons à même. Puisque le nom de Dulcinée convient aussi bien à une bergère qu'à une princesse, je n'ai que faire de me travailler à lui en chercher un autre; et toi, Sancho, tu donneras à la tienne le nom que tu voudras. — Je n'ai pas envie, répondit Sancho, de lui en donner un autre que celui de Thérésona, qui s'accorde bien à sa taille ronde et au nom qu'elle porte, puisqu'elle s'appelle Thérèse, outre qu'en la nommant dans les vers que je ferai pour elle, tout le monde la reconnaîtra, et on verra aussi que je suis fidèle, puisque je ne vais point moudre au moulin des autres. Pour le curé, monsieur, il ne faudra point qu'il ait de bergère, afin de donner bon exemple; et si le bachelier en veut avoir une, à lui permis. — Hé bon Dieu! s'écria don Quichotte, quelle vie nous allons mener, ami Sancho! que de flageolets, que de cornemuses, que de hautbois et de tambours de basque, que de sonnettes et de violons! et puis nous ferons de la poésie. Moi, je me plaindrai de l'absence; toi tu te vanteras de ta persévérance et de ta fidélité : le berger Carrascon se plaindra des mépris de sa bergère, et le berger Curiambro dira tout ce qu'il voudra; et de cette sorte la chose ira à merveille. — Monsieur, dit Sancho, je suis si malheureux que je ne verrai jamais l'heure où nous devons commencer une telle vie. Bon Dieu! que je ferai de jolies cuillers de bois, si je me vois une fois berger! Que de crème, que de fromages, que de cailles, que de guirlandes pour moi et pour ma bergère! que de houlettes, que de bâtons enjolivés! Hé! qu'est-ce qui me manquera de toutes les drôleries que savent faire les bergers? La petite Sancha, ma fille, viendra aux champs nous apporter à dîner. » Il allait continuer cette rêverie, lorsque don Quichotte l'interrompit : « Le jour finit, lui dit-il; éloignons-nous du grand chemin et cherchons quelque endroit où passer la nuit : nous verrons demain ce que Dieu nous garde. » Ils s'écartèrent donc, et soupèrent tard et assez mal, au grand déplaisir de Sancho.

XXXIV

Aventure de nuit, qui fut plus sensible à Sancho qu'à don Quichotte.

La nuit était un peu obscure, quoique la lune fût pourtant au ciel; mais elle était dans un endroit où on ne pouvait presque pas la voir. Don Quichotte se laissa d'abord aller au premier sommeil; mais il ne passa pas plus avant, au contraire de Sancho, qui avait toujours coutume de dormir tout d'une pièce depuis le soir jusqu'au matin. Don Quichotte se réveilla de bonne heure, et il dit à Sancho, après l'avoir bien appelé : « Je t'admire, Sancho; on dirait que tu es de marbre ou de bronze. Tu dors pendant que je veille, tu chantes quand je pleure; je suis faible et abattu, faute de donner à la nature les aliments nécessaires, et toi tu manges à toute heure, et la graisse t'ôte presque la respiration. Il est d'un serviteur affectionné de prendre part aux déplaisirs de son maître, de ressentir ses peines et de lui donner du soulagement. Cette nuit est la plus belle du monde, et le silence qui règne ici autour et la douceur du temps méritent bien qu'on se prive du sommeil pour profiter des beautés de la solitude : lève-toi donc, je t'en conjure, et, par pitié pour Dulcinée et pour moi, donne-toi quatre ou cinq cents coups de fouet de ceux que tu es obligé de te donner pour le désenchantement de cette pauvre dame ; et quand tu auras fait, nous passerons le reste de la nuit à chanter, moi, les maux que me fait souffrir l'absence, et toi la loyauté, commençant ainsi dès aujourd'hui la vie des bergers, que nous devons mener dans notre village. — Monsieur, répondit Sancho, je ne suis pas chartreux pour me lever comme cela au milieu de la nuit et me donner la discipline ; et, par ma foi, vous êtes bon de dire qu'après cela nous chanterons toute la nuit : croyez-vous qu'un homme qui a été bien étrillé ait grande envie de rire! Laissez-moi dormir, je vous en prie, et ne me pressez point de me fouetter : autrement je ferai un bon serment de n'y songer de ma vie. — O cœur endurci ! s'écria don Quichotte, écuyer ingrat! amitié et faveur mal employées! Est-ce là la récompense de t'avoir fait gouverneur et de t'avoir mis au point d'être à toute heure comte ou marquis, ou quelque autre chose de semblable, ce qui ne peut manquer d'arriver aussitôt que j'aurai accompli mon exil? — Quand je dors, répliqua Sancho, je n'espère rien et ne crains rien, et béni soit celui qui a inventé le dormir, manteau qui couvre tous les soucis des hommes, viande qui ôte la faim, breuvage qui apaise la soif, feu qui garantit du froid, froid qui rafraîchit l'ardeur du chaud, finalement monnaie générale pour acheter tous les plaisirs du monde! C'est une bonne chose que le sommeil, monsieur, et je n'y sache rien de mal que ce que j'ai ouï dire qu'il ressemble à la mort. »

Comme Sancho achevait de parler, ils entendirent un bruit sourd qui remplissait toute cette vallée. Don Quichotte se leva brusquement et mit l'épée à la main ; et Sancho se coula vite sous son grison, se faisant un rempart à droite et à gauche du paquet des armes de son maître et du bât de l'âne ; ce bruit annonçait des marchands qui menaient à une foire plus de six cents pourceaux, dont les grognements étaient si grands, que don Quichotte et Sancho en étaient assourdis, sans deviner ce que ce pouvait être. Les pourceaux non plus ne s'aperçurent point que don Quichotte et Sancho étaient dans leur chemin, ou n'en firent pas semblant ; et, sans aucun respect pour la chevalerie errante, ils leur passèrent sur le corps, confondant pêle-mêle le chevalier et l'écuyer, Rossinante et le grison, le bât et les armes. Sancho se leva bien en colère, et demanda à don Quichotte son épée pour apprendre, dit-il, à messieurs les pourceaux, car il avait reconnu ce que c'était, si c'est ainsi qu'on traite les chevaliers errants. « Laisse-les aller, mon ami, répondit don Quichotte : il est juste qu'un chevalier errant vaincu soit mangé des mouches et foulé aux pieds par des pourceaux. — Je n'ai rien à dire à cela, monsieur, dit Sancho : mais est-il juste que les écuyers des chevaliers vaincus meurent de faim et soient mangés des poux? Si nous étions, nous autres écuyers, les enfants des chevaliers que nous servons, ou leurs proches parents, je ne m'étonnerais pas que nous fussions châtiés de leurs fautes, même jusqu'à la quatrième génération, mais qu'est-ce que les Panças ont à voir avec les Quichottes? Mais prenons courage; encore ne faut-il pas jeter le manche après la cognée; tâchons de dormir le reste de la nuit : il sera jour demain, et nous verrons de quoi il sera question. — Dors, Sancho, dors, toi qui es né pour dormir, répondit don Quichotte; pour moi, qui suis né pour veiller, je vais songer à mes malheurs, et tâcher de les soulager en chantant des vers que j'ai faits la nuit dernière, quoique je ne t'en aie rien dit. — A mon avis, dit Sancho, les malheurs qui n'empêchent pas de faire des chansons ne doivent pas être bien grands; mais, monsieur, chantez tant qu'il vous plaira, pour moi je dormirai tant que je pourrai, et n'appréhendez pas que je vous trouble. » En disant cela, il s'étendit par terre et dormit d'un profond sommeil, sans songer à rien du monde. Don Quichotte, appuyé contre un hêtre, se mit à chanter des vers, en s'accompagnant de soupirs et de larmes.

Cependant le jour parut, et les rayons du soleil donnant dans les yeux de Sancho, il commença à s'allonger, et, s'étant bien tourné d'un côté sur l'autre, il s'éveilla tout à fait. La première chose qu'il vit, ce fut le désordre qu'avaient fait les pourceaux dans son équipage, et ses premières paroles furent une terrible malédiction sur eux et sur ceux qui les menaient. Enfin ils montèrent à cheval et continuèrent leur chemin; et, après avoir bien marché, ils virent sur le soir venir huit ou dix hommes à cheval, et cinq ou six autres à pied. Don Quichotte sentit quelque émotion à la vue de ces gens-là, et Sancho en fut épouvanté, parce qu'avec les autres armes ils portaient tous des lances et des boucliers, et semblaient avoir quelque dessein. « Ah! Sancho, dit don Quichotte, s'il m'était permis de me servir de mes armes, et que ma parole ne me liât pas les mains, que cet escadron ne me ferait guère de peur, et que je prendrais de plaisir à exercer ma valeur et la force de mon bras, quoique pourtant il se peut faire que ce soit toute autre chose que ce que je pense! » Cependant les gens à cheval arrivèrent, et tous, la lance au poing et sans rien dire, environnèrent don Quichotte et lui mirent la pointe de la lance dans l'estomac et dans les reins, le menaçant de le faire mourir. Un des gens de pied, le doigt sur la bouche, pour lui faire signe qu'il se donnât de garde de dire un mot, prit Rossinante par la bride, et le tira du chemin; et ses compagnons, entourant Sancho, firent marcher le grison du côté où l'on emmenait don Quichotte. Il prit deux ou trois fois envie au pauvre chevalier de demander ce qu'on lui voulait et où on le menait; mais sitôt qu'il pensait remuer les lèvres, ses sévères gardes, d'un œil menaçant, et faisant briller la lance, lui fermaient la bouche. Sancho n'en était pas quitte à si bon marché : pour peu qu'il fît mine de vouloir parler, on le piquait avec un aiguillon, et en même temps son âne, comme si on eût craint qu'il eût la même envie. La nuit vint, ils doublèrent le pas, et la frayeur augmenta dans le cœur de nos aventuriers, surtout quand ils s'entendirent crier : « Marchez, Troglodites, taisez-vous, barbares; souffrez, anthropophages; fermez les yeux et la bouche, Scythes, Polyphèmes meurtriers, lions enragés, tigres dévorants, » et d'autres noms semblables dont on leur étourdissait les oreilles. « Aïe ! dit Sancho en lui-même, avec grand' peur qu'on l'entendît, que tous ces noms-là ne sonnent rien de bon ! Le mauvais vent qui souffle ! Tous les maux nous viennent d'un coup, comme les coups de bâton sur les chiens; et plût à Dieu que cette aventure finît par des coups de bâton ! mais elle commence trop mal pour finir si doucement. » Don Quichotte était tout troublé de l'état où il se trouvait. Après avoir marché près d'une heure en ce triste équipage, ils arrivèrent environ à une heure de la nuit à la porte d'un château que don Quichotte reconnut pour celui du duc, où il avait demeuré quelques jours auparavant. Ils entrèrent dans la principale cour du château, et tout ce qu'ils y virent augmenta leur étonnement et redoubla leur frayeur.

XXXV

De la plus étrange aventure qui soit arrivée à don Quichotte et la plus surprenante de toute cette grande histoire.

Les gens de cheval mirent pied à terre, et eux et les gens de pied, firent descendre don Quichotte et Sancho de leurs chevaux, et les firent entrer dans la cour, où il y avait tout autour cent flambeaux allumés, et sur les galeries plus de cinq cents lampes, qui ne donnaient pas moins de lumière qu'aurait pu faire le plus beau jour. Au milieu de la cour était un tombeau haut de sept à huit pieds, couvert d'un grand dais de velours noir, autour duquel brûlaient plus de cinq cents cierges de cire blanche dans des chandeliers d'argent; et on voyait sur le tombeau le corps d'une jeune fille, mais avec tant de restes de beauté, qu'elle effaçait tout ce qu'on trouve d'affreux dans la mort. Sa tête, appuyée sur un carreau de brocart, était couronnée d'une guirlande de diverses fleurs; et dans ses mains, qui étaient croisées sur sa poitrine, elle tenait une branche de palmier. En un des coins de la cour était un théâtre, où on voyait deux hommes assis avec des couronnes sur la tête et le sceptre à la main, et de la même manière qu'on représente Minos et Rhadamante; et ce fut là que ceux qui avaient pris don Quichotte et Sancho les menèrent, les faisant asseoir sur des siéges qui étaient à un des côtés du théâtre, et leur recommandant le silence avec un air farouche. Mais il n'était pas besoin de menaces : nos aventuriers étaient si étonnés, qu'ils ne savaient que dire. En même temps montèrent sur le théâtre deux personnes d'importance, à qui don Quichotte et Sancho firent de profondes révérences, les reconnaissant pour le duc et la duchesse chez qui ils avaient demeuré. L'un et l'autre les saluèrent de la tête et prirent leurs places sur des siéges fort riches, tout proche de ceux qui portaient des couronnes. Notre chevalier regardait tout cela avec admiration et ne savait pas trop bien qu'en penser, voyant même que le corps qu'on avait mis sur le tombeau était celui d'une des suivantes de la duchesse, la belle Altisidore. On jeta sur Sancho une robe de boucassin noir, toute semée de flammes, et on lui mit sur la tête un bonnet fait comme une mitre, à la manière de ce qu'on donne par ignominie à ceux qu'on envoie au supplice; et celui qui l'ajusta de la sorte lui dit à l'oreille que s'il desserrait les dents pour dire un mot, on l'étranglerait. Sancho se regardait de la tête aux pieds et se voyait tout en flammes; mais, comme il ne se sentait point brûler, il ne s'en mettait pas en peine. Il ôta le bonnet, et le vit tout peint de diables; il le remit sur sa tête, et dit en lui-même : « Encore est-ce quelque chose que ces flammes ne me brûlent point, et que ces diables ne m'emportent pas! » Don Quichotte considérait aussi Sancho, et, malgré toute sa frayeur, il ne put s'empêcher de sourire de le voir ainsi équipé. Pendant que tout le monde était attentif et dans le silence, on entendit de dessous le tombeau un concert agréable de flûtes douces, qui jouèrent quelque temps des airs amoureux et tendres; puis tout d'un coup on vit paraître à la tête du tombeau d'Altisidore un jeune homme extrêmement beau et vêtu à la romaine, qui, accordant une très-belle voix avec une harpe dont il jouait lui-même, chanta les malheurs et les grâces d'Altisidore.

« Altisidore, dit Minos, n'est pas morte, comme le pense le vulgaire, elle vit encore dans les cent bouches de la Renommée, et elle revivra sitôt que Sancho Pança l'aura rappelée à la lumière par la peine qu'il doit souffrir. Ainsi donc, ô Rhadamante! toi qui juges avec moi dans les antres obscurs du Léthé, puisque tu sais ce qui est arrêté dans les décrets immuables des destinées pour faire revivre cette aimable personne, déclare-le promptement, afin de ne pas différer davantage le bien que nous attendons de son retour. » A peine Minos eut-il parlé de la sorte, que Rhadamante, se levant sur ses pieds : « Accourez tous, s'écria-t-il, domestiques de cette maison, grands et petits, forts et faibles, hommes et femmes, et venez, les uns après les autres, donner sur le visage de Sancho vingt-quatre croquignoles, et sur ses bras et ses reins douze pincements et six piqûres d'épingles : car c'est de là que dépend la résurrection d'Altisidore. — Par la jarni! cria Sancho se soucier de rompre le silence, je me laisserai aussi bien manier ainsi comme je suis Maure. Mort de ma vie! je voudrais bien savoir ce que ma peau a à voir avec la résurrection de cette demoiselle! Dulcinée est enchantée, il faut que la désenchante à coups de fouet; celle-ci meurt du mal que Dieu lui envoie, et il faut que je me meurtrisse le visage à coups de croquignoles et que je me perce le corps comme un crible pour la faire revenir. — A d'autres, de par tous les diables ! à d'autres; c'est bien à moi qu'on vend des coquilles! souffre et tais-toi, puisqu'on ne te demande pas des choses impossibles. Tu seras soufflété, tu te verras égratigné, et tu gémiras sous les poignantes piqûres des aiguilles. Sus donc, ministres de mes commandements, qu'on exécute la sentence. » On vit aussitôt paraître dans la cour six duègnes, marchant comme en procession, l'une après l'autre, quatre d'entre elles portant des lunettes, et toutes la main droite levée, avec le poignet découvert, pour la faire voir plus longue. Sancho ne les eut pas plutôt aperçues, qu'il se prit à mugir comme un taureau. « Je me laisserai, dit-il, manier par qui voudra, je souffrirai que tout le monde mette la main sur moi; mais, pour les duègnes, je n'y saurais consentir. Qu'on me déchire le visage, qu'on me perce le corps à coups de dague, qu'on me tenaille les bras avec des tenailles rouges, je le souffrirai comme je pourrai; mais que des duègnes me touchent, je n'en ferai rien, quand tous les diables d'enfer devraient m'emporter. — Hé! prends patience, mon enfant, dit don Quichotte, je t'en prie, et rends grâce au ciel de t'avoir donné la vertu de désenchanter les enchantées et de ressusciter les morts. » Les duègnes étaient déjà tout proche de Sancho, et lui, se rendant aux paroles de son maître, tendit le visage; la première lui appliqua une vigoureuse croquignole sur la joue, et fit une grande révérence. « Eh, mordi! point tant de civilité, madame la duègne, dit Sancho, et rognez-vous un peu plus les ongles. » Enfin toutes les duègnes lui en donnèrent autant avec les mêmes cérémonies, et il fut pincé par tous les gens de la maison.

Mais ce qui lui fit perdre patience, ce furent les coups d'aiguille. Au premier qu'il sentit, il se leva brusquement de son siége, et, prenant une torche allumée qu'il trouva auprès de lui, il commença à frapper les duègnes et les autres bourreaux, criant de toute sa force : « Hors d'ici, ministres de Satan! croyez-vous que je sois de fer pour souffrir le martyre. » A ces mots, Altisidore se tourna sur un côté, ce que voyant les assistants, ils s'écrièrent presque tous en même temps : « Altisidore est en vie! Altisidore est en vie! » Rhadamante ordonna à Sancho de s'apaiser, puisque ce qu'on souhaitait était fait. Comme don Quichotte vit remuer Altisidore, il alla se jeter aux genoux de Sancho, et l'embrassant tendrement : « Eh! mon enfant, lui dit-il, le bon moment que voici! Si tu voulais te donner quelques coups de fouet, de ceux qu'on t'a ordonnés pour le désenchantement de Dulcinée! Voici justement l'instant que ta vertu est en état d'opérer; donne-moi cette satisfaction, et travaille pour ta propre gloire. — Savez-vous bien, monsieur, répondit Sancho, que soie sur soie n'est pas bon à faire doublure? Est-ce que ce n'est pas assez d'être soufflet, pincé et égratigné, qu'il faille encore que je me fouette? Non, non, monsieur : il n'y a autre chose à faire, sinon de prendre une meule de moulin, me l'attacher au cou, et me jeter dans un puits. Allez, allez, vous devriez mourir de honte de me parler de cela à l'heure qu'il est; et par ma foi, vous ferez tant que je ferai serment de ne guérir jamais personne, quand il ne m'en devrait coûter qu'un poil de barbe. Pardi, voilà un beau don que j'ai apporté du ventre de ma mère : je guéris les autres, et je deviens plus malade qu'eux. Je voudrais bien que tous les médecins en eussent de pareil! » Altisidore avait déjà entièrement repris ses esprits; et, dans le moment qu'elle s'était mise sur son séant, on entendit de toute part le son des hautbois et des musettes et un nombre infini de voix qui criaient : « Altisidore est vivante! Altisidore est ressuscitée! » Le duc et la duchesse, Minos et Rhadamante se levèrent, et tous ensemble, avec don

Quichotte et Sancho, allèrent vers Altisidore, et lui aidèrent à descendre. Elle fit une profonde révérence au duc, à la duchesse et aux juges infernaux. « Oh toi, dit-elle, se tournant vers Sancho, ô le plus pitoyable écuyer de tout l'univers, je te rends grâce de la vie dont je jouis; reçois en récompense six de mes chemises que je veux te donner pour t'en faire six autres. » Sancho lui baisa les mains pour la remercier, le genou par terre et le bonnet à la main. Et comme le duc dit qu'on lui rendît son manteau et son chapeau, et qu'on lui ôtât la robe semée de flammes, il le supplia très humblement de permettre qu'il emportât chez lui la robe et le bonnet, en mémoire d'une chose si extraordinaire. Après cette aventure, on mena don Quichotte et Sancho dans leurs chambres.

XXXVI

Où Sancho se met en devoir de désenchanter Dulcinée.

Notre chevalier quitta le château de grand matin, partagé entre la joie et la tristesse : la tristesse, parce qu'il se voyait vaincu, et la joie pour avoir reconnu la vertu de Sancho dans la résurrection d'Altisidore. Sancho ne s'en allait pas trop content, parce qu'Altisidore ne lui avait point donné les chemises qu'elle lui avait promises, et, en pensant à cela, il dit à son maître : « Par ma foi, monsieur, je suis un médecin bien malheureux ! La plupart tuent leurs malades, ils ne laissent pas d'être bien payés de leur peine, aussi si jamais on m'amène d'autre malade, il faudra me graisser la main avant que je le guérisse, car le moine vit de ce qu'il chante, et je ne saurais croire que Dieu m'a donné la vertu que j'ai pour mourir de faim. — Tu as raison, Sancho, répondit don Quichotte. Pour moi, je puis bien t'assurer que si tu avais souhaité quelque récompense pour les coups que tu as à te donner pour désenchanter Dulcinée, je te l'aurais déjà donnée si bonne que tu serais content. Je ne sais pourtant pas trop bien si l'on peut, sans scrupule, promettre ici des récompenses, et je ne serais pas bien aise que cela empêchât l'effet du remède; mais nous en pouvons faire l'épreuve. Regarde, Sancho, combien tu demandes, et te fouette tout à l'heure, et après cela tu te paieras par tes mains de l'argent que tu as à moi. » A ces paroles, Sancho ouvrit les yeux et les oreilles, et résolut tout de bon de se fouetter, puisqu'il y avait quelque chose à gagner. « Allons, monsieur, dit-il, il faut vous donner contentement, l'amour que j'ai pour ma femme et mes enfants me fait songer à leur profit, encore que ce soit aux dépens de ma peau. Or çà, combien me donnerez-vous pour chaque coup de fouet? — Si la récompense, répondit don Quichotte, devait être égale à la qualité et à la grandeur du remède, le trésor de Venise et les mines du Potose ne seraient pas assez riches pour te récompenser. Fais toi-même le prix, et compte à combien cela peut aller. — Il y a, répartit Sancho, trois mille trois cents et tant de coups, dont je m'en suis donné cinq; que cela passe pour ce qui est au-delà des trois mille trois cents, et comptons sur les trois mille trois cents qui restent. Il me faut un sou marqué pour chacun, et je n'en rabattrais pas un liard pour le pape. Ce sont donc trois mille trois cents sous marqués, qui font trois mille cinq cents fois six blancs, qui font sept cent cinquante pièces de cinq sous, et les trois cents que je n'ai pas comptés font trois cents sous marqués, qui font cent-cinquante fois six blancs, qui font septante-cinq pièces de cinq sous, et les septante-cinq pièces de cinq sous, jointes avec les sept cent cinquante, font huit cent vingt-cinq, qui font justement, attendez, 200... 206... 1. 5 sous. Je retiendrai cela sur l'argent que j'ai à nous, et je m'en irai content comme un roi, quoique véritablement bien fouetté; mais on ne prend pas les carpes sans appâter. — O mon cher ami Sancho! s'écria don Quichotte, ô mon aimable Sancho! Hé! que nous serons obligés, Dulcinée et moi, à te chérir tout le reste de notre vie, si cette pauvre dame se revoit jamais en l'état où elle était! Sa disgrâce aura été heureuse, et ma défaite sera un glorieux triomphe. Regarde, mon fils, quand tu veux commencer. Afin de te donner du courage et que tu finisses plus vite, je te donne encore deux pistoles. — Quand? répliqua Sancho : ma foi, dès cette nuit; faites seulement en sorte que nous couchions dehors, et vous verrez si je sais étriller. »

La nuit vint que don Quichotte souhaitait avec tant d'impatience. Enfin ils entrèrent dans un bois qui était un peu éloigné du chemin, et, après avoir ôté la selle et le bât à Rossinante et au grison, pour les laisser paître, ils s'étendirent sur l'herbe et soupèrent de ce qui se trouva dans le bissac. Sancho, ayant raisonnablement soupé, et voyant qu'il n'y avait plus rien de reste, voulut tenir parole à son maître : il prit le licou de Rossinante et une sangle du bât de son âne, et se retira dans le bois, à quelque vingt pas de don Quichotte. « Mon enfant, lui dit son maître, je te voyant aller d'un air si délibéré, prends garde, je te prie, de ne point te mettre en pièces; fais que les coups s'attendent l'un l'autre, et ne te presse pas tant que l'haleine ne te manque au milieu de la carrière; je veux dire que tu ne te charges pas si fort qu'il t'en coûte la vie avant que la pénitence soit achevée : et, de peur que le remède ne devienne inutile, pour avoir donné la dose ou trop forte ou trop faible, je vais me tenir ici près, et compter les coups sur mon rosaire. Courage, mon ami! le Ciel favorise tes bonnes intentions, et les rende efficaces! — Le bon payeur ne craint point de donner des gages, dit Sancho, et je m'en vais me fouetter de manière que, sauf de me tuer, il ne laissera pas de m'en cuire, car je m'imagine que c'est en cela que doit être la vertu du remède. » Il se dépouilla aussitôt de la ceinture en haut, et commença à s'étriller, et don Quichotte à compter les coups. Sancho ne s'en était encore donné que sept ou huit, qu'il commença à s'ennuyer, et, trouvant la charge trop pesante pour le prix : « Ma foi, dit-il, monsieur, j'en appelle comme d'abus, et ces coups-là valent six blancs comme un double. — Continue, ami Sancho, et ne perds point courage, lui dit don Quichotte : qu'à cela ne tienne, je double le prix, et de bon cœur. — A la bonne heure donc, dit Sancho : que les coups de fouet tombent à présent comme grêle. » Mais le pendard ne s'en donna plus sur les épaules, et il se mit à fouetter les arbres de toute sa force, faisant de temps en temps de grands soupirs, comme s'il eût été près de rendre l'âme. Don Quichotte, qui était naturellement sensible, craignant que Sancho ne se tuât, aux rudes coups qu'il se donnait, et aussi que par son imprudence le remède demeurât sans effet : « Arrête, mon ami, lui cria-t-il. Comme diable tu y vas! C'est assez pour cette fois; la médecine me paraît un peu forte, il sera bon d'en faire à deux fois, et Zamora ne fut pas pris dans une heure. Si j'ai bien compté, voilà plus de mille coups que tu t'es donnés, il suffit pour l'heure : l'âne, comme l'on dit, souffre bien la charge, mais non pas la surcharge. — Non, non, monsieur, répondit Sancho, on ne dira jamais de moi : Il est payé par avance, et il a les bras rompus. Éloignez-vous un peu, et que je m'en donne encore un millier, et en deux venues comme cela l'affaire sera vidée, et il y en aura même de reste. — Puisque tu te trouves en si bonne disposition, dit don Quichotte, fais à ton aise; je vais m'écarter. »

Sancho retourna à sa tâche, et avec tant de courage, qu'il n'y avait déjà plus d'arbre autour de lui à qui il restât de l'écorce; et, comme s'il eût pris une nouvelle vigueur, il s'écria, en donnant un coup de toute sa force contre un chêne : « C'est ici que mourra Sancho, et tous ceux qui sont avec lui. » Don Quichotte courut vite au bruit de ce coup, et, se saisissant du fouet de Sancho : « A Dieu ne plaise, mon fils, dit-il, que pour m'obliger il t'en coûte la vie : elle est trop nécessaire à ta pauvre famille. Que Dulcinée attende un peu; pour moi je m'entretiendrai d'espérance jusqu'à ce que tu aies repris de nouvelles forces, et dans peu nous serons tous contents. — Puisque votre seigneurie le veut ainsi, répondit Sancho, à la bonne heure : jetez-moi donc, s'il vous plaît, votre manteau sur les épaules, car je suis tout en eau, et je pourrais me refroidir, comme il arrive à tous les nouveaux pénitents. » Don Quichotte lui donna bonnement son manteau, lui demeurant en pourpoint, et le compagnon dormit jusqu'au soleil levé. Ils se levèrent aussitôt, et partirent; et, ayant marché trois heures, ils s'arrêtèrent à une hôtellerie. On les fit coucher dans la même chambre : comme ils étaient au lit, don Quichotte parlant à son écuyer : « Ah çà! dis-moi, Sancho, si tu as envie d'achever ta pénitence cette nuit, et si tu veux que ce soit en pleine campagne ou à couvert? — Pardi, monsieur, répondit Sancho, pour les coups que je songe à me donner, il ne m'importe pas où je me les donne, cela m'est égal; j'aimerais pourtant mieux que ce fût dans un bois, car j'aime naturellement les arbres, et il me semble qu'ils me donnent du soulagement. — Non, non, ami Sancho, dit don Quichotte, il faut que tu reprennes tes forces; gardons cela pour notre village, où nous arriverons au plus tard après demain. — Comme il vous plaira, monsieur, vous êtes le maître, mais pour moi, si j'en étais cru, je voudrais expédier cette affaire et battre le fer pendant qu'il est chaud : il fait bon moudre quand la meule vient d'être piquée. Un *tiens* vaut mieux que deux *tu auras*, et le moineau à la main vaut bien la grue qui vole. — Halte-là, de par tous les diables! interrompit don Quichotte; te voilà encore dans tes proverbes. Que ne parles-tu simplement et sans raffiner, comme je t'ai dit plusieurs fois! Tu verras toi-même combien cela est plus commode, et pour toi et pour les autres. — Je ne sais quelle malédiction j'ai là, repartit Sancho, que je ne saurais raisonner sans dire des proverbes, ni dire un proverbe qui ne me semble une raison. Mais je me corrigerai si je puis : qui pèche et s'amende à Dieu se recommande. »

Don Quichotte demeura là tout le jour. Le soleil couché, ils partirent et passèrent encore la nuit dans un bois, pour donner moyen à Sancho de continuer sa pénitence, ce que le bon matois d'écuyer fit aux dépens des arbres, conservant si bien sa peau, qu'il n'eut pas la moindre égratignure. Il sembla que le soleil s'était levé plus tôt qu'à l'ordinaire, comme s'il eût été jaloux de l'avantage qu'avait la nuit d'assister à ce grand sacrifice; cependant il n'eut pas le plaisir d'en être le spectateur, mais seulement de l'interrompre. Nos aventuriers continuèrent leur chemin sitôt qu'ils virent le jour. Tout ce jour là et la nuit suivante se passèrent sans qu'il leur arrivât rien de considérable, si ce n'est que Sancho acheva sa pénitence, de quoi don Quichotte ne se sentait pas de joie, et il attendit le jour avec impatience pour voir s'il ne trouverait point en chemin Dulcinée désenchantée. Le jour venu, ils partirent, et don Quichotte ne voyait passer aucune femme qu'il n'allât vite voir si ce n'était point elle, tenant pour infaillibles les promesses du grand Merlin. Après avoir marché quelque temps, ils se trouvèrent au haut d'une colline d'où ils découvrirent leur village; et, sitôt que Sancho le reconnut, il se jeta à genoux, criant avec transport: « Ouvre les yeux, ma chère patrie! et vois Sancho ton fils qui s'en revient sinon bien riche, au moins bien fouetté! Ouvre les bras, et reçois ton fils don Quichotte, qui s'en revient vaincu par le bonheur d'un autre, mais qui revient vainqueur de lui-même, ce qui est, à ce qu'il m'a dit, la plus grande victoire du monde. Nous avons eu prou de mal l'un et l'autre, parce qu'on ne trouve pas toujours ce qu'on cherche; j'ai pourtant un petit peu d'argent, car, si j'ai été bien étrillé, je n'ai pas été mal payé. — Laisse là ces folies, Sancho, dit don Quichotte, et prenons un autre esprit dans le lieu de notre naissance, où nous devons penser sérieusement à commencer l'exercice de la vie pastorale. » En disant cela, ils descendirent de la colline; et peu après, ils arrivèrent à leur village.

Le Licencié Pérez et le Bachelier Samson Cavasco, apercevant leur ami, vinrent aussitôt à sa rencontre.

XXXVII

De ce que vit don Quichotte en arrivant dans son village, et qu'il imputa à mauvais présage.

A l'entrée du village don Quichotte vit deux petits garçons qui se disputaient, et l'un disait à l'autre : « Oh! que tu ne la tiens pas, Périquillo! tu ne la verras de ta vie. — Entends-tu, ami Sancho, dit don Quichotte, ce que dit cet enfant? tu ne la verras de ta vie. — Et qu'importe, répondit Sancho, que ce petit garçon ait dit cela? — Eh! ne vois-tu pas, répliqua don Quichotte, que cela signifie que je ne verrai de ma vie Dulcinée? »

Le curé et le bachelier Carrasco étaient dans un pré à l'entrée du village, où ils disaient leur bréviaire; ils aperçurent don Quichotte et vinrent aussitôt à lui les bras ouverts. Don Quichotte descendit de cheval, les embrassa, et ils s'en allèrent avec lui à sa maison. Sancho avait mis sur son grison, par dessus le paquet des armes de son maître, la robe semée de flammes qu'on lui avait donnée chez le duc, et lui avait couvert la tête de la mitre peinte de diables, ce qui faisait le plus étrange effet et la plus nouvelle transformation qu'on se puisse imaginer; si bien que les petits enfants du village s'en étant aperçus, accouraient de tout côté criant les uns aux autres : « Eh! venez! venez vite! venez voir l'âne de Sancho Pança, qui est plus galant qu'une mariée, et la monture de monsieur don Quichotte qui est plus maigre qu'un hareng saur. » Don Quichotte, accompagné du curé et du bachelier, et entouré de cette canaille, entra dans sa maison, et trouva sa nièce et sa gouvernante qui l'attendaient à la porte, ayant été averties de sa venue. La femme de Sancho Pança en avait aussi appris la nouvelle, et on la vit arriver tout échevelée et nu-jambes, et tenant la petite Sancha. Elle regarda son mari, et ne le voyant pas en l'état où elle s'imaginait que devai   e un gouverneur : « Eh, Notre-Dame! lui dit-elle, est-ce ainsi que tu t'en revie   mon mari, à beau pied et las comme un chien? Tu as bien plutôt la mine d'un gueux que d'un gouverneur. — Ah! Thérèse, répondit Sancho : on ne trouve pas du lard partout où il y a des chevilles. Allons-nous-en au logis et je te conterai merveilles. J'ai de l'argent, ce qui est le principal, et de l'argent que j'ai gagné par mon industrie et sans faire tort à personne. — Ah! tu apportes de l'argent, mon mari? tant mieux; et qu'il soit gagné comme il pourra vous n'en avez point amené la mode. » Sancha se jeta au cou de son père, en lui demandant s'il ne lui avait rien apporté; puis, la mère et la fille le prenant chacune sous le bras et tirant le grison par le licou, ils s'en allèrent chez eux laissant don Quichotte avec sa compagnie.

Don Quichotte ne fut pas plutôt entré chez lui que, sans attendre davantage, il tira le curé et le bachelier à part, et leur ayant conté en deux mots sa défaite par le chevalier de la Blanche Lune, et l'obligation où il se trouvait de

Le Licencié Pérez et le Bachelier Samson Cavasco, apercevant leur ami, vinrent aussitôt à sa rencontre.

ne porter les armes d'un an, ce qu'il prétendait accomplir au pied de la lettre, il ajouta qu'il avait résolu de se faire berger pendant son exil, et d'aller dans les bois et les prés entretenir ses pensées amoureuses, et qu'ils les priaient, s'ils n'avaient rien de meilleur à faire, de le vouloir accompagner dans un genre de vie si tranquille et si agréable; qu'il se chargeait d'en faire toute la dépense et d'acheter des brebis ce qu'il en fallait pour les uns et les autres; au reste, que le plus important de l'affaire était fait, parce qu'il leur avait déjà trouvé des noms qui leur convenaient admirablement. Le curé demanda ce que c'était que leurs noms, et il répondit que pour lui il s'appelait le berger Quicholis, monsieur le curé le berger Curiambro, et le sieur bachelier le berger Samsonino ou Carrascon, et Sancho le berger Pancino. Ils furent tout étonnés de la nouvelle folie du pauvre chevalier; cependant ils firent semblant d'approuver son dessein, afin qu'il ne leur échappât plus, espérant qu'une année de repos et une vie paisible le guériraient entièrement. Ils s'offrirent donc d'être ses compagnons; et Samson Carrasco lui dit encore qu'étant, au sentiment de tout le monde, un poëte célèbre, il composerait à toute heure des chansons pastorales et des vers galants pour les désennuyer dans ces lieux champêtres. « Et ce que nous avons le plus besoin de faire, ajouta-t-il, c'est que chacun de nous choisisse vite le nom de la bergère qu'il veut célébrer dans ses ouvrages, et après cela qu'il n'y ait pas un arbre, si dur qu'il puisse être, où nous ne gravions leurs noms, comme c'était la coutume des bergers amoureux. — Cela sera à merveille, dit don Quichotte. Pour moi je n'ai pas besoin de feindre le nom d'une bergère, puisque je sers déjà la non pareille Dulcinée du Toboso, la gloire de ces rivages, l'ornement de nos prairies, la fleur de la beauté, la source de la bonne grâce, et en un mot un sujet digne de toutes les louanges de l'univers, à quelque point qu'on les puisse porter. — Il faut demeurer d'accord de tous ces avantages, repartit le curé. Pour nous autres, nous chercherons ici autour quelques petites bergerettes qui, sans aller jusqu'à ce degré de perfection, ne laissent pas d'être passables. — Quand nous n'en trouverions pas, dit Carrasco, nous n'avons qu'à prendre les noms de celles qu'on trouve dans les livres, ou Philis, ou Amadis, ou Diane, ou Galatée. Nous pourrons les choisir selon notre goût. » Le curé loua encore une fois don Quichotte du dessein qu'il avait, et lui et le bachelier lui ayant fait de nouvelles offres de l'accompagner tout le temps qu'il voudrait, ils se retirèrent en le priant de songer à sa santé et de ne rien s'épargner.

La nièce et la gouvernante avaient écouté toute cette conversation, et sitôt qu'elles virent que don Quichotte était seul, elles entrèrent dans sa chambre et la nièce lui dit : « Qu'est-ce donc que ceci, mon oncle? Quand nous croyions que vous vous retiriez dans votre maison pour vivre en paix, vous vous allez encore jeter en de nouveaux labyrinthes en vous faisant un petit berger? Vraiment voilà un métier bien digne de vous! Allez, allez, mon oncle, le blé est déjà trop dur pour faire des chalumeaux. — Eh! vraiment oui, ajouta la gouvernante, vous êtes bien en état de passer tout le jour aux champs dans le grand chaud de l'été et dans le froid de l'hiver! Cela est bon aux paysans qui sont robustes et nourris à cela dès leur naissance; et, mal pour mal, il vaudrait encore mieux être chevalier errant que berger. Mais voyez-vous, monsieur, prenez mon conseil, je vous le donne à jeun et je ne suis plus un enfant : faites valoir votre bien tout doucement; prenez soin de votre maison et de vos affaires, priez Dieu et donnez l'aumône; et s'il vous en mésarrive, je le prends sur moi. — Bon, bon, mes amies, voilà qui est bien, répondit don Quichotte; mais je sais bien ce qu'il me faut. Faites-moi seulement un lit que je me couche : il me semble que je ne me trouve pas trop bien; et soyez assurées que, chevalier ou berger, je ne vous manquerai jamais, vous le verrez par les effets. » Les bonnes filles le mirent au lit et lui donnèrent à manger, ne songeant qu'à le divertir et à lui faire faire bonne chère.

Don Quichotte tomba effectivement malade, soit que ce fût du déplaisir de se voir vaincu, soit que cela vînt des fatigues qu'il s'était données dans ses courses : apparemment tout y contribua. Sancho fut toujours au chevet de son lit, tant que la fièvre dura. Le curé et le bachelier y allèrent aussi tous les jours, et, croyant que l'ennui de ne point voir Dulcinée désenchantée faisait tout son mal, ils faisaient tout ce qu'ils pouvaient pour le consoler et le réjouir. Le bachelier lui disait qu'il fallait prendre courage, et qu'il n'attendait que le retour de sa santé pour commencer l'exercice pastoral, ayant déjà composé une églogue qui damait le pion à toutes celles de Sanazar, et ayant acheté d'un berger de Quintanar deux dogues pour garder le troupeau, dont l'un s'appelait Barcino et l'autre Butron. Tout cela ne remettait point don Quichotte en bonne humeur; ce que voyant Sancho : « Eh! qu'est-ce que ceci, lui dit-il, mon cher maître? A cette heure que nous avons nouvelles du désenchantement de madame Dulcinée, voulez-vous demeurer au lit? Ne vous allez pas laisser mourir, non : tout le monde vous en prie, et il n'y a rien qui presse. Ce n'est pas un si grand mal que d'avoir été vaincu qu'il faille se désespérer. Et que serait-ce si tout le monde faisait comme vous? la moitié du monde serait prou embarrassée à enterrer l'autre. Après tout, vous n'êtes ni estropié ni contrefait, et vous serez toujours en état d'avoir votre revanche. Allons, sortez-moi de ce lit. Nous voilà sur le point d'être bergers et de passer la vie à chanter comme des chanoines, et vous êtes triste comme un ermite. Faites comme moi : je prends le temps comme il vient et je me console de tout, parce que jusqu'à la mort tout est vie. Prenez mon conseil, mon maître, vivez le plus longtemps que vous pourrez; car la plus grande folie du monde c'est de se laisser mourir et sans savoir pourquoi, et vous ne me sauriez montrer un seul homme qui se soit bien trouvé d'être mort de mélancolie. Allons donc, encore une fois, laissez là le lit et la maladie, et nous en allons par les champs, jouant du flageolet et faisant des chansons; peut-être trouverons-nous en notre chemin Dulcinée désenchantée. Après cela je ne donnerais pas de tous les chagrins du monde un rouble; mais, si c'est que vous mourriez du déplaisir d'avoir été vaincu, jetez-en la faute sur moi, en disant que vous êtes tombé parce que j'avais mal sanglé Rossinante. Et puis n'est-ce pas la coutume dans vos livres de chevalerie que les chevaliers se renversent ainsi les uns les autres? On ne voit autre chose à tout bout de champ. Eh! mordi, il y a bien de quoi s'étonner! un âne qui a quatre pieds tombe bien! — Sancho a raison, ajouta Carrasco : il ne faut pas se décourager, et il n'y a encore rien de perdu. » Ils eurent beau dire tous, don Quichotte n'en fut ni moins rêveur ni moins malade; mais il guérit enfin, et retourna dans son bon sens jusqu'à être consulté et admiré de tous ses voisins, si bien qu'on eût dit qu'il n'était devenu fou que pour faire voir que les livres de chevalerie sont de pures impertinences, et combien il est dangereux de s'attacher à les lire [1].

[1] Ce chapitre, qui termine la seconde partie de la traduction de *don Quichotte*, est l'avant-dernier de l'ouvrage original. Dans l'espagnol, un XXXVIIIe et dernier chapitre nous apprend la mort du héros, et finit le livre. Le traducteur a supprimé ce chapitre, et, en modifiant la fin du précédent, s'est ainsi ménagé l'addition d'une troisième partie qui n'appartient point à Cervantes. Elle est empruntée à plusieurs suites de *don Quichotte* écrites par Avellaneda et autres continuateurs.

TROISIÈME PARTIE

LIVRE HUITIÈME

I

Ce qui donna occasion à don Quichotte de retomber dans ses visions touchant la chevalerie.

La fièvre, qui ôte si souvent la raison aux malades, l'ayant par miracle rendue à don Quichotte, il eut une douleur extrême de toutes les extravagances qu'il avait faites; mais, quoiqu'elles se dissipassent à mesure qu'elles se présentaient à sa mémoire, elles lui donnaient une confusion qui augmentait incessamment son mal, et l'ennui et la fièvre le portèrent en peu de temps au bord du tombeau. Les soins de la nièce et de la gouvernante, assistées des conseils du barbier, vinrent enfin à bout de la fièvre; et le curé et Samson Carrasco s'appliquant en même temps à lui guérir l'esprit, il revint en parfaite santé de toute manière. Quand il eut repris ses forces, il ne songea plus qu'à chercher des occupations qui le détournassent des visions chimériques qui l'avaient fait passer pour ridicule; et, pour ôter de son chemin toute pierre d'achoppement, il donna son casque et ses armes à Sancho Pança pour les jeter dans le plus profond de la rivière. Il demanda ce qu'étaient devenus ses livres, pour les faire brûler; et apprenant du curé que l'affaire était déjà faite, il ne voulut plus souffrir chez lui que ceux qui traitaient de l'histoire, ou qui pouvaient l'instruire à la piété.

Sa maison ainsi purgée, aussi bien que son imagination, il s'appliqua à faire un jardin, et de temps en temps à la pêche ou à la chasse.

Il passait la plus grande partie du jour à s'entretenir avec son curé, qui, outre qu'il était savant et de bonne conversation, lui témoignait en toutes choses une affection véritable. Il ne s'accommodait pas si bien du bachelier Carrasco, parce qu'il lui paraissait d'une humeur un peu libre, et qu'il aimait trop la raillerie. Tous les jours que le curé n'avait point d'affaires, il mangeait chez le seigneur Quichada (c'est le nom que portait don Quichotte tant qu'il fut dans son bon sens) et il y portait quelquefois de ce qu'il avait chez lui. Maître Nicolas le barbier était souvent de la partie, plus rarement Carrasco; mais Sancho y était toujours. Paresseux de son naturel, il vivait en noble de campagne, accompagnant son maître à la chasse et à la pêche, et toujours sur son âne, avec l'habit vert que lui avait donné la duchesse. Pour lui, il n'avait du tout rien perdu de sa bonne humeur. La maladie de don Quichotte et ses entretiens sérieux avec le curé n'avaient changé en lui que les espérances de se voir un jour grand seigneur par les miracles inouïs de la chevalerie errante; du reste, il était toujours plein de proverbes et aussi fou que jamais.

Pendant que le seigneur Quichada menait une vie si douce dans sa maison, et que ses amis étaient ravis de le voir dans un état si éloigné de celui où on l'avait vu, un jour, ayant été surpris d'une grosse pluie à la chasse, il retourna le soir chez lui avec un peu de fièvre, qui se trouva beaucoup augmentée le lendemain. Six jours se passèrent sans qu'il lui arrivât d'autre accident; mais la fièvre redoubla le septième, et sur le milieu du jour une compagnie de cuirassiers passant au-dessous de ses fenêtres, et le capitaine faisant faire une décharge de toutes les carabines pour saluer, dit-il, la maison de don Quichotte, dont il avait lu l'histoire, cela lui troubla un peu la tête. Malgré le curé et la nièce, il se leva en robe de chambre et se mit à la fenêtre pour voir ce que c'était; et, considérant tant de gens armés, dont la plupart avaient le casque en tête, cela rappela dans la sienne tout ce que ses propres soins et ceux de ses amis lui avaient fait oublier. Il se recoucha pourtant sans rien dire, mais sur le soir la fièvre augmenta, et au milieu de son accès il dit que vraiment on lui en faisait bien accroire en disant qu'il n'y avait plus de chevaliers errants au monde. Cette seule parole alarma tellement la gouvernante et la nièce qui étaient présentes, qu'elles envoyèrent sur-le-champ quérir le curé et le barbier, en leur mandant que tout était perdu. Sitôt qu'ils furent entrés, elles leur racontèrent ce qui était arrivé à don Quichotte depuis qu'ils étaient sortis, et ce qu'elles lui avaient ouï dire. Le barbier courut vite chercher une confection propre pour le mal, mais il n'était pas de retour que le malade était déjà dans une espèce de frénésie. Il ne laissa pas de lui donner de son remède, qu'il lui fit prendre à la prière du curé, et demeura dans sa chambre. Don Quichotte passa la nuit sans être agité de ces furieux symptômes qui arrivent d'ordinaire aux frénétiques, mais il eut des rêveries perpétuelles, et il ne parlait que d'armes, de chevaux, de combats singuliers et de combats de barrière, s'écriant de temps en temps : « Voilà un beau coup de lance! Le chevalier aux armes vertes emportera le prix du tournoi; » et d'autres choses pareilles. La gouvernante faisait force doléances et la nièce ne cessait de pleurer.

Sancho n'ouvrait pas la bouche : il était plus consterné que les autres, et il ne se remuait que pour faire ce que lui ordonnait le barbier. Enfin la fièvre diminua un peu, et don Quichotte commença à dormir, si bien qu'à force de consommés et avec les remèdes du barbier, après avoir gardé le lit trois semaines, il se trouva assez fort pour se lever et se promener par la chambre, mais toujours rêvant, sans rien dire à personne. Il guérit parfaitement de la fièvre; mais son imagination demeura incurable, et il ne conserva de raison que ce qu'il lui en fallait pour cacher son dessein.

II

Conversation d'importance de don Quichotte et de Sancho.

Un matin, don Quichotte se trouvant plus fort, envoya quérir Sancho, et, lui ayant demandé si le temps était propre pour la chasse, il répondit qu'il était beau à merveille, qu'il n'y avait qu'à boire deux coups de chaque main et s'en aller. Ils déjeunèrent et partirent; et, comme ils étaient en chemin, don Quichotte dit à Sancho : « Mon fils, mène-nous en quelque lieu écarté, afin qu'on ne nous vienne point interrompre. — Ah! ah! monsieur, s'écria Sancho, vous m'appelez encore comme quand nous étions chevaliers errants. — C'est, mon ami, que je ne t'en aime pas moins que je t'aimais pour lors, dit don Quichotte. — Je vous remercie, monsieur, repartit Sancho; mais cependant je n'ai pas ouï parler depuis des trois ânons que vous m'aviez donnés par votre lettre de change. — Tu n'as rien perdu pour attendre, dit don Quichotte, car ils sont toujours à toi, et tu les auras en état de te rendre service, sans que tu aies le soin de les nourrir. — Monsieur, dit Sancho, j'aurais bien une chose à vous dire, mais je n'ose, parce qu'il me semble que le temps en est passé, et je crains que vous ne vous fâchiez. — Si la chose est bonne, répondit don Quichotte, il est toujours temps de la dire, et tu peux toujours me dire tout ce que tu voudras, pourvu que nous ne soyons que nous deux. — Eh, mordi, monsieur, voilà ce que je demande, dit Sancho, car je ne veux point vous parler devant mademoiselle votre nièce, et encore moins devant la gouvernante qui m'a reproché plus de cent fois que c'était moi qui vous avais débauché; et, si ce n'était l'affection que je vous porte, il y a plus de six mois que je ne mettrais pas les pieds dans la maison. Mais, au bout du compte, vous êtes bon comme le bon jour, et j'ai mangé votre pain; je ne saurais vous fausser compagnie; et qu'elles en disent ce qu'elles voudront, je ne changerai pas pour elles. Je suis tout d'une pièce : qui me voit une fois, c'est comme s'il m'avait vu cent ans.

— C'est assez, dit don Quichotte; mais qu'avais-tu à me dire? — Je veux vous dire, monsieur, dit Sancho, qu'il y a bien plus d'un an que vous gardez la maison, que vous marchez sans armes, comme vous l'avez promis au chevalier de la Blanche Lune, et que vos ennemis diront peut-être que c'est la peur qui vous empêche de sortir. — Pour mes ennemis, répondit don Quichotte, ils peuvent calomnier ma réputation par d'autres impostures, mais pour cela ils n'oseraient le dire : j'ai assez fait voir que je ne m'effraie pas aisément; et quant à ma retraite, outre que c'était une loi de notre combat, c'est une chose assez libre, et je ne serais pas le premier chevalier qui aurait mis les armes au croc. Mais est-ce qu'on en parle dans le monde, Sancho, ou si c'est de toi-même que tu le dis? — Par ma foi, monsieur, il n'en faut point mentir, dit Sancho, je le dis de moi-même : depuis que j'ai goûté des chevaleries, je ne saurais me mettre à d'autre métier. Que diable est-ce que nous faisons ici, que de nous rouiller le corps et l'âme? Vous mangez votre bien, et moi le mien; et à toujours prendre et ne rien mettre, tout s'en ira à la fin. — Mais, dit don Quichotte, que dirait ta femme? Crois-tu qu'elle fût d'humeur à te laisser aller? — Oh! par ma foi, monsieur, ce n'est pas là ce qui me met en peine. Allez, allez, la bonne pièce ne demande pas mieux que de voir mes talons. Il y a plus de deux mois qu'elle me reproche que je lui avais promis de la faire aller en carrosse et de la mener à la cour, et qu'au bout du compte elle va encore laver la lessive et ne porte que des sabots. Elle dit aussi que notre fille est grande, et que, si je ne vais bientôt lui gagner son mariage, elle la mariera à qui voudra. Enfin, monsieur, si vous voulez partir, je suis tout prêt ; le grison se porte à merveille, il est gras à lard, et il est si aise d'avoir un bât neuf, qu'il voudrait déjà être en campagne. Pour moi, j'ai mon paquet prêt, avec un sac de cuir pour mettre nos provisions : cela sera plus honnête qu'un bissac. J'ai aussi fait faire des bottines, pour avoir mieux l'air d'un écuyer, et j'ai un sabre qu'a laissé un de ces carabiniers de l'autre jour. Pour ma fidélité, monsieur, vous savez ce qui en est : plût à Dieu que j'eusse autant de courage! Avec tout cela, monsieur, savez-vous bien que je ne suis plus si poltron depuis que j'ai vu qu'on ne meurt pas de tous les coups qu'on attrape, et qu'après avoir été roué de coups de pieux, foulé aux pieds par des bœufs et autres volatiles, berné, piqué, nasardé et reçu tant d'autres immondices, me voilà encore debout sans être estropié ni contrefait? Je me suis fait à la fatigue, et me moque de tout, hors véritablement de la berne et des coups d'épée.

— S'il n'y avait que cela à vaincre en toi, dit don Quichotte, il ne serait peut-être pas impossible d'en venir à bout. Pour les coups d'épée, il ne faudrait que se pourvoir de mon baume. — Ah mordi! s'écria brusquement Sancho, nous revoilà au baume de Fier-à-Bras : il n'en faudrait pas davantage pour me faire renoncer aux chevaleries. Est-ce que vous ne vous souvenez plus que j'ai pensé en crever? — Oui, je m'en souviens, répondit don Quichotte; mais ce qui n'est pas bon dans un temps peut l'être dans un autre. Te souviens-tu bien toi-même que je te dis que cela venait de ce que tu n'étais pas armé chevalier? car effectivement je m'en trouvais bien, moi qui l'étais. — Il m'en souvient du reste, monsieur, reprit Sancho; et il m'en souviendra toute ma vie. — Oui, en t'armant chevalier, le baume te serait aussi bon qu'à un autre. — Il ne vous fut pas toujours bon, répliqua Sancho, et je n'en veux d'autre exemple que l'affaire des Yangois, où nous fûmes si longtemps sans pouvoir nous relever, vous, Rossinante et moi. Ah çà, poursuivit Sancho, si j'étais chevalier, ne pourrais-je pas me mettre à table avec les ducs et les duchesses, tout au moins avec les princes et les présidents ? — Assurément, répondit don Quichotte, et avec les rois mêmes : qui pourrait t'en empêcher ? — Et quand je vous verrais dans le combat, dit Sancho, ne pourrais-je pas aller par derrière passer mon épée à travers le corps de votre ennemi ? — Si la partie, reprit don Quichotte, n'était pas égale, je veux dire que j'eusse plus d'un homme à combattre, tu pourrais t'en mettre ; mais il ne faudrait pas venir par derrière : cela ne serait pas de bonne grâce. — Ma foi, cela serait toujours plus sûr, dit Sancho ; et puis qui le saurait pour me le reprocher ? — Enfin, cela n'est pas de bonne grâce, repartit don Quichotte : la chevalerie étant la profession du monde la plus noble, il faut aussi que tout y soit noble, et que ce caractère se répande sur toutes les actions des chevaliers. — Et si j'avais donc envie d'être chevalier, demanda Sancho, qui est-ce qui m'armerait ? car j'ai ouï dire que celui qui vous a armé est mort ; et c'est bien dommage, car c'était le meilleur hôte qui fût sur toute la route, et le drôle faisait bien ses affaires. — Un hôte ! reprit don Quichotte ; et où as-tu pris cela, Sancho ? — Ma foi, monsieur, c'est Samson Carrasco qui me l'a dit une fois que je dînais avec lui, et il disait que l'hôte le lui avait dit à lui-même, et qu'il l'avait aussi lu dans l'histoire. — Sancho, dit don Quichotte, je te prie, une fois pour toutes, de te défier du bachelier Carrasco : c'est un railleur ; et, sans que je respecte son caractère, je l'aurais prié de ne me mêler jamais dans ses discours. En un mot, c'est une fausseté que ce qu'il t'a dit, et, pour t'en convaincre, c'est que celui qui m'arma savait parfaitement le métier de la chevalerie et toutes les règles contenues dans le cérémonial de l'ordre, sans compter qu'il ne me demandait rien pour ma dépense, et que sa maison n'avait nul air d'une hôtellerie ; mais enfin, mort ou non, je suis reconnu dans le monde pour chevalier errant ; cela suffit, et en cette qualité, je puis bien en armer dix mille autres. — C'est donc comme une chandelle, dit Sancho, qui, quand elle est allumée, en peut allumer cent mille. Et qu'est-ce, monsieur, demanda-t-il, qui fait voir qu'on est chevalier ? Porte-t-on ses titres sur soi ? — On n'a ni titres, ni lettres, ni provisions, répondit don Quichotte : ce sont les actions du chevalier qui font voir qu'il l'est, et on l'en croit sur sa parole et à sa manière de vivre. Il en est comme des grands d'Espagne : quand le roi dit à quelqu'un : Couvrez-vous, dès-là il est grand, il parle au roi la tête couverte, et il a d'autres honneurs dans la maison royale, sans qu'il lui faille d'autre titre. — Mais, monsieur, dit Sancho, qui m'empêchera de dire que je suis chevalier errant, encore que je n'ai point été armé ? cela ne regarde personne. — Cela regarde tout l'ordre, répondit don Quichotte, et tu blesserais ta conscience si, sur ce mensonge, tu entrais en combat singulier avec un véritable chevalier. — Eh bien ! il n'y faudra pas entrer, dit Sancho, cela n'est pas si difficile. — Non, il y a bien d'autres choses, répondit don Quichotte : il faut toujours qu'un chevalier errant soit prêt à mourir pour sa religion, pour sa patrie et pour les intérêts de son prince, pour sa dame ; qu'il donne du secours à tous ceux qui sont opprimés ; qu'il prenne la défense des veuves ; qu'il soit le bouclier des orphelins et le rempart des demoiselles ; qu'il ne soit point délicat en son manger ; qu'il couche sur la dure, à l'air, au chaud, au froid, le jour et la nuit ; qu'il soit presque incessamment à cheval, toujours prêt à s'exposer à toutes sortes d'aventures sur terre et sur mer, sans que rien l'épouvante ; qu'il sache tout, hors les langues qu'il n'est pas, je crois, nécessaire d'apprendre, parce que tous les chevaliers s'entendent. Aussi ai-je lu cent fois que des chevaliers du fond de l'Asie et de l'Afrique venaient faire des défis, le cor à la bouche, aux chevaliers de Charlemagne, sans aucun truchement, et sans qu'on en perdît une seule parole : ce qui est une grande marque des soins que la Providence prend de l'ordre.

III

Suite de la conversation où Sancho fait le détail des qualités qu'il dit avoir propres pour parvenir à la dignité de chevalier errant.

— Par la mordi, monsieur, en voilà bien, s'écria Sancho : il faudrait faire fondre et refondre cinq cents fois toute ma race, depuis dix mille ans, avant que d'en pouvoir faire un chevalier. M'en voilà revenu, s'il faut être si savant, il faut que le limaçon rentre dans sa coquille, et se contenter d'être écuyer : j'en aurai moins d'honneur, mais ce sera toujours quelque horion de sauvé. — Il ne faut pas se décourager, dit don Quichotte, il y a des accommodements pour toutes choses : tous les chevaliers errants n'ont pas au souverain degré toutes les perfections que je viens de dire ; ils doivent tâcher de les avoir, et, quand ils ont celles qui sont essentielles, comme d'être honnête, civil, vaillant, libéral et infatigable, on ne regarde pas de si près au reste. Mais supposons que je voulusse t'armer chevalier, quelles qualités as-tu de celles que je te viens de dire ? — Pour premier *item*, monsieur, dit Sancho, je suis des vieux chrétiens, et je ne changerais pas ma religion pour celle du grand-turc, ni de tous les rois du Pérou, quand ils me donneraient cent ducats de retour. Je sais mon *Pater*, mon *Credo* et n'en veut point savoir davantage, car on dit que les plus savants ne sont pas les meilleurs. Pour ce qui est de mourir pour la foi et pour mon pays, pour mon roi, pour ma dame, je tiens qu'il vaut encore mieux vivre pour eux, parce qu'on est en état de leur rendre service, et quand on est mort tout est mort, et, comme on dit d'ordinaire, que le vivant coure au pain, et le mort à la sépulture. Et, par ma foi, si j'étais mort dès notre première course, dont Dieu me sauve et garde, ma dame, je veux dire Thérèse, car je n'en ai encore point d'autre que je sache, n'aurait pas attrapé de bons écus d'or qui lui ont aidé à remplir sa cruche, pour vous montrer qu'il n'est rien tel que de vivre. Pour ce qui est de secourir les malheureux, je tirai encore hier l'âne de Tocho d'une mare où il pensa se noyer, et sans moi la veuve du meunier serait tombée sous la roue du moulin. Quoique ce ne soit pas grand'chose que d'une femme et d'un âne, ce sont toujours deux créatures; et si ç'avait aussi bien été un cheval et un homme, j'en aurais autant fait. Je n'ai jamais servi de bouclier aux orphelins, car je ne sais ce que c'est; mais, sans reproche, j'ai pris chez nous le fils du défunt frère de ma femme, qui est demeuré sans père ni mère depuis qu'ils sont morts, et toujours pèche qui en prend un. Quant au boire et au manger, il ne faut pas me le reprocher : je ne fais pas toujours bonne chère, c'est selon que je me trouve, et quand j'en ai ma suffisance je me repose, et si vos chevaliers, qui sont si sobres, en voulaient dire la vérité, ils aimeraient autant trouver un bon coq d'Inde que des noix ou des oignons. Ma foi, monsieur, nous sommes sur cela les uns comme les autres : nous prenons ce que nous trouvons, et je dis comme eux, ou eux comme moi : Dieu nous garde de pis et nous donne mieux. Enfin, pour la fatigue, je m'y suis accoutumé de reste, tant que nous avons été à chercher les aventures, et vous vous souvenez bien que nous ne les avons pas trouvées faites au moule. Pour ce qui est d'être vaillant et libéral, Dieu y remédie! ni l'un ni l'autre ne dépendent de moi. Qu'on me fasse riche, je serai libéral, et je sais bien que je donnerais toute ma famille, femme et enfants, pour un double.

— Tu portes la libéralité un peu loin, interrompit don Quichotte, et cela serait suspect à tout autre que moi, qui connais ton bon naturel. — Ma foi, monsieur, je suis ce que je suis, repartit Sancho; je ne suis pas ce que les autres pensent; et, si j'avais un peu de courage, je ne me changerais pas pour un autre. Mais, monsieur, qu'est-ce donc que du courage? car j'en ai peut-être encore que je n'en sache rien. — Le courage, Sancho, dit don Quichotte, est un mouvement du cœur qui nous empêche de considérer le péril, c'est-à-dire qui nous porte hardiment vers un lieu dangereux, sans examiner les risques qu'il y a de s'y rendre; il y a bien des sortes de courages, selon les diverses rencontres. — Et n'a-t-on point de courage qu'à manier une épée? demanda Sancho. — Oh que si! répondit don Quichotte : il y a du courage à ne se point épouvanter, en quelque état qu'on se trouve; il y en a à souffrir les injures, à affronter les supplices, et cela regarde la morale. On attribue aussi du courage aux animaux : le lion passe pour le plus courageux, et il fait de sa queue, des dents et des ongles, ce que nous faisons d'une épée; un taureau a du courage, et se bat vigoureusement à coups de pied, à coups de cornes, et ne craint même pas d'attaquer le lion. — Ah! nous y voilà, dit Sancho : je me doutais mordi bien que j'ai un peu de courage. Je ne suis déjà point trop patient, et, pour me gourmer à coups de poing et à coups de pied, j'en défierais bien un autre; mais il faut que je sois en colère. Pour ce qui est d'escrimer à coups d'épée, je ne sais pas ce qui en arriverait; il n'y a que trois jours que je maniais celle du sergent, je la tournai et virai plus de quatre fois d'un bout à l'autre, et je n'avais pas plus de peur que j'en ai à cette heure; et puis je m'imagine que le courage est comme l'esprit, qui ne vient pas tout d'un coup : Paris ne fut pas fait dans un jour; goutte à goutte l'eau creuse la pierre; il y a vingt-quatre heures au jour, et douze mois font une année; il n'est pas donné à tout le monde de tout savoir, et bon cheval et méchant homme ne s'amendent pas pour aller à Rome; maille à maille se fait l'aubergeon, et on ne prend pas toutes sortes d'oiseaux à la pipée. — En voilà bien assez, s'écria don Quichotte; il y en a même de trop, et, si tu veux me faire plaisir, tu retrancheras pour le moins la moitié de tes proverbes. — Ecoutez donc, monsieur, repartit Sancho, il y a plus d'un an que nous n'avons rien dit; encore faut-il avoir patience : est-ce que vous voulez que je crève faute de dire des proverbes? — Non, non, Sancho, non, répondit don Quichotte; mais, à propos, nous ne songeons point à notre chasse. — Pardi, monsieur, vous avez raison, dit Sancho; mais, quand je vous en parlai il y a quelques jours, ce n'était que pour vous parler de ce que nous venons de dire. Tout ce qu'il y a à craindre, c'est que cette créature, j'entends la gouvernante, ne manquera pas de dire que nous sommes bien l'un pour l'autre, et que j'ai encore envie de vous débaucher; et, afin de lui fermer la bouche, je m'en vais tendre mes gluaux au dessous de ce buisson : en nous promenant une demi-heure, ils s'y prendra peut-être quelque oiseau, car en voilà une belle volée qui rode dans le champ. »

Il alla en même temps mettre de petites verges engluées sur un fumier, et sema au-dessous une poignée d'avoine, après quoi il retourna à don Quichotte. Ils eurent encore quelques discours sur le même sujet, sans que don Quichotte s'ouvrît entièrement, mais aussi sans rebuter Sancho; et comme ils virent des oiseaux qui se débattaient : « Ils sont pris s'ils ne s'envolent, » cria Sancho. Il alla lever les gluaux, prit dix ou douze moineaux et quelques chardonnerets. Et s'en retournant, don Quichotte avertit Sancho de se donner bien de garde de parler de la conversation qu'ils avaient eue ensemble, lui promettant qu'ils en reparleraient une autre fois plus amplement. Ils mangèrent leur chasse avec le barbier, qui venait voir si son malade allait toujours de mieux en mieux. Don Quichotte parut moins rêveur qu'à l'ordinaire, et le barbier lui conseillant de se divertir, il le pria encore à dîner le lendemain avec le curé, qu'il lui dit d'avertir. Il était tard, ils se séparèrent, et Sancho s'en alla bien content d'avoir parlé son soûl, et de ce que sa proposition n'avait pas été trop mal reçue.

IV

Conditions auxquelles Sancho consent d'être fait chevalier par son maître.

Il se leva le lendemain de grand matin, et trouva don Quichotte à l'église; étant sorti avec lui pour se promener sur le bord d'un ruisseau qui fait un des plus beaux endroits de la Manche, il lui dit : « Or çà, monseigneur, il faut chasser le loup hors du bois; mais est-il permis de parler franchement? — Dis tout ce que tu voudras, répondit don Quichotte. — A la bonne heure, dit Sancho. Si vous n'êtes pas de mon avis, quitte pour n'en parler jamais : écoutez donc attentivement. — J'écoute, dit don Quichotte. — Mais au moins vous ne vous fâcherez pas? je vous demande votre parole. — Eh non, non, repartit don Quichotte, mais s'il se peut, point de proverbes. — Pour des proverbes, dit Sancho, je vous en réponds : qui donne ce qu'il a, donne autant qu'un autre ; on ne saurait tirer d'un sac que ce qu'on y a mis. Il y a longtemps que vous avez envie de me faire chevalier errant, et que vous me dites toujours que ce doit être le but d'un écuyer, et la plus grande gloire qu'il puisse espérer en ce monde et en l'autre. Je m'en suis défendu tant que j'ai pu : premièrement parce que je ne suis point glorieux ni personne de ma race, quoique pourtant des vieux chrétiens; secondement, parce que je vois bien que le métier n'est pas sans péril, et qu'on y attrape plus de horions que de pistoles; troisièmement, parce que je ne suis ni noble, ni riche, ni vaillant, et que cela paraît nécessaire. Mais j'ai considéré qu'il est temps que je m'adonne à quelque métier, et que, si j'attends plus tard, je ne serai propre à rien qu'à vivre de mes rentes, et ma pauvre famille en patira. Si j'avais su le latin, j'aurais bien mieux aimé être archevêque, quitte pour laisser là ma femme, ou la garder pour être ma gouvernante, et son fils pour mon laquais. Mais enfin, qui ne peut ne peut; puisqu'il y a des lois, il faut les suivre. J'ai aussi passé et repassé dans ma tête qu'avec beaucoup de bruit et un petit peu de finesse on ne laisse pas de passer pour brave, et qu'il n'y a si chétif qui ne trouve encore pis que lui. J'ai songé que pour la fatigue j'y suis déjà fait, Dieu merci à vous; je me passe de boire et de manger quand je n'en ai point; je dors sur l'herbe, et plût à Dieu n'être jamais pis! Avec un bon jour et une bonne nuit chez quelque duc ou quelque roi, on se récompense de quinze mauvais jours. A cette heure, le métier me charme, parce qu'on va à cheval, et qu'on ne paie rien dans les hôtelleries : au moins n'est-ce point la bourse qui en patit, et qui a bon dos porte bien la charge. Je dis donc, monseigneur, que, si votre seigneurie me veut donner caution contre les enchanteurs et la berne, je serai chevalier errant quand vous voudrez, à condition aussi que, pour la première année, vous ne m'abandonnerez pas d'un pas, afin de m'instruire et de me défendre dans les occasions.

— Sancho, s'écria don Quichotte plein de joie, je m'étais toujours bien douté que mes leçons ne pouvaient manquer de faire un bon effet dans un esprit aussi bon que le tien; je n'attendais pas moins de ta docilité et de ton bon naturel, qui te tourne toujours du côté le plus raisonnable. Nous verrons demain, mon fils, à prendre nos mesures pour t'enrôler sous les glorieux étendards de la milice errante. Cependant il est à propos de te donner quelques instructions pour t'apprendre à marcher dans cette noble mais si glissante carrière. Écoute : la gloire qu'on acquiert dans la chevalerie n'est pas cette sotte gloire dont la plupart des gens sont bouffis; ce n'est pas cette vanité qui nous fait mépriser les autres en nous remplissant d'estime pour nous-mêmes : c'est un noble orgueil qui nous porte à toutes les actions vertueuses, qui nous élève l'âme et nous aiguillonne incessamment à acquérir de la réputation, une généreuse envie de surpasser tous les autres par des actions distinguées. Pour le péril, s'il n'y en avait point, il n'y aurait point de gloire. A propos de gloire, mon enfant, je ne t'ai jamais dit que ce soit la plus grande gloire qu'on puisse espérer dans l'autre monde, mais seulement que c'est un degré qui nous mène à la gloire éternelle. — Ne faisons point de chicane pour un mot, mon maître, dit Sancho : cela n'en vaut la peine. — Passe, répliqua don Quichotte. Pour ce qui est d'être riche, je t'ai fait assez comprendre qu'il n'est pas nécessaire, non plus que d'être noble. Je n'ai jamais vu qu'on fît de preuves de noblesse : aussi est-ce le mérite qui anoblit. D'ailleurs tu es des vieux chrétiens, et tu as déjà porté les armes; et, ce qui est plus considérable, c'est que des gens plus inconnus que toi se sont bien souvent trouvés fils de rois. Véritablement, pour vaillant, il faut l'être : c'est ce qui fait le chevalier errant; c'est son essence, sa substance et sa forme; et je réponds de toi, parce que tu as de l'honneur. — Dites parce que je suis mutin, monsieur, car il me semble qu'il n'y a pas si loin de l'un à l'autre : un homme qui n'est point souffrant ne laisse point manger son pain; et puis je n'ai pas besoin d'être la moitié si brave qu'un autre, car je n'ai point de dame, et c'est cette engeance qui fait la moitié des querelles. — Ah! pour une dame, Sancho, il faut en avoir une : je t'ai déjà dit plusieurs fois qu'un chevalier errant sans dame est un corps sans âme; que c'est... — Eh bien! interrompit Sancho, j'en aurai une en l'air comme vous. — Qu'appelles-tu une dame en l'air? demanda don Quichotte. — Une dame en l'air, répondit Sancho, c'est-à-dire une dame de fantaisie comme la vôtre, que vous n'avez jamais vue, et qui ne vous connaît pas non plus. S'il ne faut qu'avoir une dame comme cela, que je ne voie point et que je ne connaisse pas, j'en aurai une de bon cœur, et cent, s'il le faut, parce qu'elles ne font pas grande dépense. — Il faut nécessairement, dit don Quichotte, que le chevalier errant ait une dame, qui soit dame de ses pensées, au nom de qui il entreprenne toute chose, et à qui il se recommande dans le combat. — Et oui, dit Sancho, cela serait bon si elle était toujours là quand je combattrai; mais à trente ou quarante lieues, comment pourra-t-elle m'entendre? Ne vaut-il pas bien mieux que je m'adresse à Dieu, qui est toujours présent? — Assurément, répondit don Quichotte, il faut toujours implorer le secours du ciel préférablement à tout; mais il est de l'essence du chevalier errant de se recommander à sa dame, et tout ce qu'il y a eu de chevaliers au monde en ont usé de la sorte, témoin Amadis, Esplandian, le chevalier du Soleil, et le reste.

— Il y a une autre chose qui m'embarrasse, dit Sancho : c'est que vous m'avez dit autrefois qu'il faut un cheval. Où en prendrai-je un? — J'en ai chez moi, répondit don Quichotte : tu pourras choisir, et je te promets de te donner le premier que je gagnerai dans le combat. — Vous me fîtes la même promesse, dit Sancho, dans nos premières courses, et je vous répondis comme alors, à tout hasard : Voyons nos poulains. Aussi bien y ai-je part, car je n'ai point vu la queue d'un de ceux que vous m'aviez donnés. — Et pourquoi cela? demanda don Quichotte. — Pour la raison, je ne la sais pas, dit Sancho, mais je sais bien que je n'ai pas eu un poulain. Mon grison servira à porter nos provisions, et il me suivra comme un barbet parce qu'il m'aime. — Mais, dit don Quichotte, je n'ai point lu que les chevaliers fissent mener des provisions : non pas que je croie cela absolument contraire aux bonnes mœurs, mais il ne faut point faire de coutumes nouvelles. — Je vous tiens, monsieur, cria Sancho : ne vous souvenez-vous plus des chevaliers errants d'église que vous étrillâtes si bien, et qui avaient des mulets si bien fournis? Mon maître, l'église ne fait rien qu'à propos, et il fait bon la suivre; et puis, une marque que les chevaliers errants ont des montures qui les suivent : vous m'avez parlé souvent d'un don Lelène de Dace, qui était quelquefois battu comme un autre, et après avoir perdu son cheval il prenait son luth pour se désennuyer; et où diantre le prenait-il, si ce n'est qu'un autre cheval le portât? Et puis où mettraient-ils leur baume et mille autres ingrédiens dont ils ont affaire à toute heure? Mon maître, la défiance est mère de la sûreté. » Don Quichotte assura qu'il pourvoirait à tout, et qu'après dîner ils régleraient ensemble le jour et le lieu pour armer Sancho chevalier.

V

La veille des armes faite par Sancho.

Nos aventuriers convinrent d'aller le lendemain à une métairie de don Quichotte, pour y faire la cérémonie sans être observés de personne. Ils s'y rendirent en effet.

D'abord qu'ils furent arrivés don Quichotte entretint son fermier sur bien des choses et en tira quelque argent pendant que Sancho, trouvant sous sa main une perche droite et légère, résolut de s'en faire une lance, et commença par lui faire une pointe, ajoutant au bout une petite banderole, pour avoir un peu plus l'air de quelque chose de guerre. Le fermier les pria de boire un coup, et Sancho en but trois par complaisance; après quoi don Quichotte l'ayant mené dans la cour, il le laissa en disant qu'il devait être seul, ce qui ne lui plut pas trop, car il n'était pas sans frayeur. Après avoir rôdé quelque temps d'un air martial autour d'un fumier où il avait mis les armes de son maître, pour faire la veille des armes dans les formes, il commença à s'ennuyer, et il allait se coucher sur le fumier pour dormir quand il entendit du bruit tout près de lui, et sentit quelque chose de gros et d'animé qui lui passa entre les jambes et le jeta à la renverse. Il cria bien épouvanté, et voyant que personne ne venait au secours et que cela était tout près de lui, il fit de nécessité vertu, croyant que ce pouvait être un enchantement. Il se releva, ramassa sa perche, et la brandissant comme un Rodomont, il porta un grand coup à tout hasard, et elle entra de sorte qu'il ne pouvait la retirer. Il entendit aussitôt un gémissement et quelque chose de lourd qui tombait par terre. Alors, plein de gloire et s'applaudissant en lui-même, il fit tant d'efforts qu'il retira sa perche, n'osant pourtant tâter à quoi elle tenait, et il se remit à faire la veille des armes avec plus de précaution. Dans ce temps-là don Quichotte, qui s'était allé jeter sur la paille pour dormir, eut envie de voir si Sancho veillait exactement. Il alla pour l'observer; mais la nuit étant fort obscure, il ne pouvait le voir de loin; et comme il n'en entendait pas le moindre bruit, il s'avança et se trouva proche de lui. « Qui va là ? cria Sancho rassuré par l'exploit qu'il venait de faire, qui va là ? » Don Quichotte ne répondit rien et avança pour voir ce qu'il ferait, et si ce n'était point la peur qui le faisait crier. Quand il fut à sa portée, Sancho lui poussa la lance dans le ventre, criant : « Thérèse, puisque je n'en ai point d'autre, secoure ton chevalier en cette noire aventure. » Bien prit à don Quichotte que la perche rencontrât son baudrier de buffle : sans cela il n'était pas bien dans ses affaires. Ravi de la vigueur de son écuyer, il alla à lui pour l'embrasser; mais Sancho, troublé de frayeur et de colère, sans savoir ce qu'il faisait, lui déchargea un grand coup sur l'épaule et qui porta bien à plomb. « Eh que fais-tu, ami Sancho ? dit don Quichotte; c'est moi. » Sancho ne distingua point la voix de son maître dans l'état où il était, ou il n'en fit pas semblant; il lui porta un autre coup en disant : « Eh, qui serais-tu, si tu n'étais toi ? » Don Quichotte, réduit à se faire connaître, mit l'épée à la main, et avançant sur Sancho : « Quoi, dit-il, tu ne connais pas ton maître ? tu ne connais pas don Quichotte ? — A d'autres, répondit Sancho : c'est une ruse d'enchanteurs. » En disant cela le brillant de l'épée nue l'épouvanta et le fit reculer, et il alla tomber dans une mare, criant qu'il rendait les armes.

Au bruit que faisaient nos aventuriers le fermier, s'étant éveillé, accourut avec de la chandelle, et les chiens, qui se mêlèrent de la partie, voulaient tout dévorer. La scène éclairée fit voir un affreux tableau : un gros pourceau étendu mort et nageant dans le sang, don Quichotte l'épée à la main et les yeux menaçants, et le pauvre Sancho tout de son long dans un cloaque puant et infect, dont il n'osait sortir. « Qu'as-tu donc, ami Sancho? demanda don Quichotte. Tu viens de faire merveilles et tu rends les armes après avoir vaincu? » Sancho le reconnut et répondit à don Quichotte : « Je les rends à mon maître et non pas à d'autres. — Tu ne dois les rendre à personne, répondit don Quichotte, et je suis désormais si satisfait de ta valeur et de ton affection, que je te regarde comme un autre moi-même. » Le fermier déplorait cependant son pourceau, dont il jurait qu'il avait refusé deux pistoles. « Allez, allez, dit Sancho, ce pourceau-là n'est pas le vôtre. Si vous saviez la peine qu'il m'a donnée, vous verriez bien que ce n'est pas un pourceau de chair et d'os, mais que c'est un enchanteur; et si vous doutez, ajouta-t-il, voyez pour plaisir dans l'étable si vous n'y trouverez pas le vôtre. » Le fermier alla à l'étable qu'il vit tout ouverte, et n'y trouvant point son pourceau, il cria qu'il était ruiné. Don Quichotte l'apaisa en lui disant qu'il le paierait, et que cependant il pouvait le saler. « Ma foi, dit Sancho, ce sera un bon manger ! Et ne voyez-vous pas, encore une fois, que c'est un vieux enchanteur, qui n'est bon ni à rôtir ni à bouillir? on ne l'aura pas plutôt mis au pot qu'il s'en ira en fumée. » Sur cela il raconta l'aventure qui lui était arrivée, exagérant un peu l'histoire, et dit que c'était bien un enchanteur, à telles enseignes qu'il s'appelait don Grougnard, à ce qu'il avait dit lui-même en mourant, en lui demandant pardon d'avoir voulu l'empêcher d'être chevalier.

Le jour parut et finit la veille des armes. Don Quichotte, enchanté de ce qu'il avait vu de Sancho et de ce qu'il venait de dire, jugea qu'il serait un des plus fameux chevaliers errants du siècle, et qu'il l'emporterait sur la plupart de ceux que la fable avait chantés. Il l'emmena pour se reposer un peu, et il demanda au fermier s'il n'y avait point de chapelle chez lui. « Je n'en ai point trouvé et n'en ai point fait bâtir, répondit le fermier, mais l'église n'est pas loin d'ici. — Il ne faut point tant de mystère, dit Sancho : le plus fort est fait; et puis voilà le grand patron d'Espagne, dit-il en montrant une image de saint Jacques; il ne faut que le porter à l'étable avec deux chandelles, et la cérémonie sera tout aussi bonne, d'autant mieux que votre seigneurie n'y a pas apporté plus de façon quand vous vous fîtes passer chevalier. » Don Quichotte approuva ce que disait Sancho; et ils l'allèrent exécuter comme nous le verrons dans le chapitre suivant.

VI

Sancho armé chevalier.

Ils allèrent donc à l'étable avec deux chandelles allumées et l'image de saint Jacques. Là Sancho se mit à genoux, et, après une courte prière, don Quichotte, faute de cérémonial, l'interrogeait de mémoire, et lui demandait pourquoi il voulait être chevalier, et s'il avait les qualités requises. « Ma foi, monsieur, je n'en sais rien, répondit Sancho ; peut-être à la malheure, Dieu le sache. — Mais n'est-ce pas, repartit don Quichotte, qui l'interrogeait gravement comme s'il eût été question de lui donner des licences de théologie, n'est-ce pas pour servir Dieu, en servant la religion, protégeant les veuves et les orphelins, prenant la défense des affligés, poursuivant la tyrannie ? — Et pardi cela s'entend ! répondit Sancho, et à bon entendeur salut. — Ne promettez-vous pas, répondit don Quichotte, d'être fidèle à l'église, à l'état, à l'ordre de la chevalerie ? — Quand je ne le promettrais pas, répondit Sancho, n'y suis-je pas engagé, et ne me le ferait-on pas bien faire par force ? Là où sont les rois, là sont les lois ; et là où la chèvre est attachée, il faut qu'elle broute. — Ne promettez-vous pas, demanda don Quichotte, d'accomplir en tout et partout le devoir à quoi vous oblige l'ordre, d'en suivre les statuts, d'en révérer les maximes, et de renoncer à toutes choses plutôt qu'à la profession que vous allez embrasser ? — Je ne connais point tous ces devoirs, répondit Sancho, mais je m'y oblige sur votre parole ; qui a terme ne doit rien. Pour les statuts, je ne sais ce que c'est. S'ils ne vont pas plus vite que moi, je tâcherai de les attraper ; mais qui va pas à pas dans le droit chemin va plus vite que celui qui court et qui s'en écarte. Pour ce qui est de renoncer à tout plutôt qu'à la profession que vous me dites, ma foi, monsieur, je n'irai pas renoncer à l'église, ni à ma femme, ni à mes enfants, non plus qu'à mon profit, car la charité commence par soi-même, et ce que j'ai dans ma main vaut mieux pour moi que ce qui est dehors ; et si je ne croyais pas trouver mon profit, je ne pense pas que je m'y allasse fourrer : est bien fou qui s'oublie, et ce n'est pas pour se brûler qu'on met les doigts dans la sauce. — C'est assez, dit don Quichotte. Mets-toi en prière, et achevons. — J'en meurs d'envie, répondit Sancho qui s'ennuyait. Allons : aussi bien les mains me démangent ; je voudrais déjà être en campagne. »

Il marmotta quelque chose, et don Quichotte, voulant tirer son épée pour lui donner un coup sur l'épaule, il trouva qu'elle tenait au fourreau ; il tira avec force deux ou trois fois ; et, pendant qu'il faisait ses efforts, Sancho, ne sachant ce qui pouvait l'arrêter, tourna la tête pour voir ce que c'était. Il fut si malheureux, que dans ce temps-là don Quichotte achevait de tirer son épée, et dans l'effort qu'il fit et dont il ne fut pas le maître, il en donna un grand coup par les mâchoires du pauvre Sancho, qui commença à verser un ruisseau de sang par le nez et par la bouche. « Ah ! s'écria Sancho, je suis mort ! Au diantre soient la chevalerie, les chevaliers et tout l'ordre ! que Belzébut les puisse emporter au fond des enfers, et qu'il n'en soit jamais parlé ! » Il se leva en furie en faisant cette imprécation, et, comme don Quichotte avait encore l'épée à la main, Sancho s'enfuit, craignant qu'il ne voulût le châtier des blasphèmes énormes qu'il venait de dire ; mais don Quichotte ne songeait qu'à l'apaiser. Il l'appela deux ou trois fois, en remettant l'épée au fourreau ; et Sancho, que cet objet ne tenait plus en respect, lui demanda brusquement s'il voulait achever de lui casser les mâchoires. « Hé non, mon fils, il s'en faut bien, répondit don Quichotte ; approche, mon enfant : je te demande pardon, mais je t'assure que je n'ai point de tort. — Oh! mort de ma vie! s'écria Sancho, c'est moi qui l'ai, je le sais bien, et on peut me le pardonner, car je m'en repens de reste; mais je ne pense pas qu'on m'y rattrape. — Mon fils, repartit don Quichotte, tu te dégoûtes de peu de chose. Tu m'as vu brisé, sortant des mains des enchanteurs, foulé aux pieds par des animaux immondes, les mâchoires fracassées, et tu ne peux souffrir la moindre égratignure. — Eh! ventre de moi, dit Sancho, vous me faites enrager : est-ce que je n'en ai point eu ma part? et aujourd'hui que je n'ai pas encore un pied dans la chevalerie, si je suis roué de coups, que sera-ce donc quand j'y aurai les deux pieds et la tête! Est-ce que vous croyez que je change de vie comme de chemise? — C'est un malheur, mon ami, dont je suis bien fâché, répliqua don Quichotte; je voudrais qu'il fût tombé sur moi. Mais il faut s'en consoler, et nous sommes en trop beau chemin pour en demeurer là. Cependant, tiens, fais tes aumônes, afin que Dieu bénisse notre ouvrage. » En même temps il lui donna quatre écus d'or et l'embrassa, ce qui manquait à la cérémonie. Sancho, un peu refait par la libéralité de son maître, se trouva de meilleure humeur. « Parlez donc, monsieur, dit-il : la gouvernante enragera de bon cœur quand elle apprendra que je suis chevalier; mais je ne m'en soucie guère : il y aura plus d'une duchesse qui s'en réjouira. — Il est temps de s'en aller, dit don Quichotte; retournons chez moi disposer toute chose pour nous mettre aux champs. » Ils partirent, et arrivèrent au bout de deux heures.

VII

Don Quichotte et Sancho prennent jour pour aller derechef chercher les aventures. Leur départ.

Don Quichotte et Sancho s'étant juré réciproquement le secret, et de ne s'abandonner qu'au dernier soupir, ils allèrent voir l'écurie, où ils trouvèrent, avec Rossinante, une jument tant soit peu ensellée, c'est à dire la côte plate, et qui dans son temps ne se serait pas changée pour une autre : ils étaient en bon état, et heureusement avec de bons fers. Don Quichotte retint son cheval pour lui, et de son consentement Sancho se saisit de la jument, qu'il nomma Flanquine. Ils étaient en peine où prendre des armes ; mais Sancho dit à son maître qu'il n'avait pas voulu jeter les siennes dans la rivière, par scrupule de traiter ainsi des objets qui lui avaient fait tant d'honneur ; et que le cuirassier qui avait laissé son épée chez lui y avait aussi laissé son casque et sa cuirasse, parce qu'il avait déserté. Ils conclurent donc qu'il y en avait assez pour eux deux, et qu'à la première ville ils se pourvoiraient de lances. Sancho dit encore à son maître qu'il lui demandait congé pour trois ou quatre jours, afin d'aller voir ses amis, et de leur recommander sa famille en cas de mauvaise aventure.

« Je te les donne, dit don Quichotte. » Sancho alla aussitôt chez lui, bâta le grison, monta dessus, et s'en alla à la plus proche ville, où il fit faire une espèce de casque, une cuirasse, et un corselet de fer-blanc ; et trouvant dans un autre lieu une vieille lance, et le fer d'une autre, il acheta le tout, le mit dans un sac, remonta sur le grison, et, arrivant de nuit au bout de deux jours, il alla dire à don Quichotte, qui était chez le curé, qu'il ferait beau le lendemain pour la chasse, ce qui était entre eux le mot du guet. Quand il entra, ils étaient encore à table, parce que le curé donnait à souper à don Quichotte, à son neveu, au barbier et à deux curés de ses voisins, et que son neveu devait partir le lendemain. Cela arriva heureusement pour Sancho, qui en avait grand besoin. Le souper étant fini, ils prirent congé les uns des autres. Don Quichotte embrassa cent fois le cavalier, le cajolant sur son métier et sur son esprit, et lui disant qu'ils se reverraient encore. « Pourquoi non ? dit Sancho : les hommes se rencontrent, mais non pas les montagnes. » Ils sortirent, et Sancho accompagna son maître chez lui.

Le grand don Quichotte, l'honneur de la Manche, sous le nom de chevalier des Lions, foulant les reins de l'indomptable Rossinante, et don Sancho Pança montant Flanquine, qui tout orgueilleuse d'une si noble charge, n'avait pas fait scrupule d'abandonner sa famille, don Quichotte, dis-je, et Sancho, s'étant levés dès les deux heures du matin, sortirent, vers le mois de mai, le pot en tête, armés de fortes cuirasses, avec la lance et l'épée, et prirent le grand chemin de la Sierra, où ils ne doutaient point qu'ils ne dussent trouver bien des aventures. Ils s'entretenaient l'un l'autre, des priviléges et des merveilles surprenantes de la chevalerie errante. Mais Sancho qui n'avait jamais endossé le harnais, ne cessait de se remuer, embarrassé de ses armes. « Qu'y a-t-il, lui demanda don Quichotte, que tu te trémousses tant ? — Monsieur, répondit Sancho, ce casque est bien froid : il me gèle la tête dans l'endroit où je suis chauve. — Cela ne durera pas longtemps, repartit don Quichotte ; mets ton mouchoir dessous : c'est que tu n'y es pas encore accoutumé. Et les armes ? — Elles m'étouffent, monsieur, répondit Sancho. — Attends, attends, dit don Quichotte. » Il lui desserra les courroies, et Sancho, s'étant mis un mouchoir entre le casque et la tête, et se sentant tout allégé : « Il n'en faut pas mentir, dit-il, mon maître, à l'heure qu'il est je ne voudrais pas être ailleurs, et je jugerais bien que nous aurons bonne aventure. — Il faut toujours l'espérer, dit don Quichotte, et se consoler si elles arrivent mauvaises, car n'est pas marchand qui toujours gagne. »

Ils avaient environ fait une lieue et demie, quand il crut voir de loin deux cavaliers qui venaient à leur rencontre. « Il faut se tenir prêt, dit don Quichotte : ceci m'a la mine d'aventure. » Quelque temps après, Sancho remarqua que c'étaient deux hommes de pied qui touchaient quelques animaux devant eux ; et se rassurant sur ce qu'il les prit pour des voituriers, il n'en fit pas semblant, et dit à don Quichotte : « Monsieur, vous m'avez déjà cent fois fait voir que vous m'aimiez ; je veux aussi que vous m'estimiez : donnez-moi, je vous prie, cette aventure. — Je te la donne, répondit don Quichotte, s'approchant de lui pour l'embrasser. Va, je t'estime déjà, et à tel point que je me tiendrai toujours à l'écart, pour être seulement témoin du combat. » En même temps Sancho part au grand trot de sa jument, et quand il fut près de ces hommes : « Qu'avez-vous là, dit-il, voleurs? qu'on me les montre? — Monsieur, répondirent ces gens, bien étonnés d'une si étrange figure, ce sont des autruches, et nous ne sommes point des voleurs. — Des autruches? dit Sancho, qui n'en avait jamais vu : sont-elles de la maison d'Autriche? Si cela est, je les respecte; sinon je sais bien ce que j'ai à faire. — Elles ne sont pas de la maison, monsieur, répondirent-ils, mais elles sont pour la maison : c'est le gouverneur d'Arache qui les envoie d'Afrique, pour les mettre dans la ménagerie du roi notre seigneur, comme une chose curieuse. — Que je les envisage, dit Sancho. — Nous sommes pressés, monsieur, dirent-ils; elles n'ont pas déjeuné et nous avons huit lieues à faire aujourd'hui. — Est-ce que j'ai déjeuné, moi? repartit Sancho en colère. Tant mieux, tant mieux, la partie sera égale; nous combattrons tous à jeun. » En disant cela, il commença à brandir sa lance, et les pauvres gens découvrirent aussitôt les autruches. On n'en avait jamais vu de si belles en Espagne; elles étaient d'une grandeur prodigieuse, surtout le mâle qui avait l'air furieux. Ce fut à lui que Sancho s'adressa. « A moi, dit-il, des autruches! » tâchant toujours d'imiter don Quichotte dans tout ce qu'il lui avait vu faire; « à moi! Oh! je sais bien qui me les envoie, et je vais les lui renvoyer plus vite que la poste. » En même temps il met la lance en arrêt, invoque sa dame, la première venue, et, donnant des deux, il court sur le mâle, qui l'attendit de pied ferme avec de grands sifflements. Sancho n'était pas encore trop adroit, ou le cou de l'autruche était trop mince; quoi qu'il en soit, il manqua son coup, et, ébranlé par le grand effort qu'il venait de faire, son casque, qui n'était pas bien attaché, tomba; l'autruche, qui vit sa tête nue, lui donna un si grand coup de bec dans l'endroit où il était chauve, que le malheureux chevalier alla par terre tout en sang et presque sans mouvement. Ce dangereux animal lui donna quantité de coups de pied, dont il l'aurait brisé, s'ils n'eussent tous porté sur la cuirasse, mais Sancho ne laissa pas d'en essuyer trois ou quatre, dont il se sentit assez longtemps.

Sancho, fatigué de tant de coups, revint de son étourdissement en croyant qu'on lui voulait faire rendre les armes. « Je te les rends, dit-il, chevalier, et me confesse vaincu : je suis tout prêt à m'aller présenter devant ta dame, si tu en as une : c'est à toi de commander, et à moi d'obéir. » Les conducteurs des autruches, voyant l'acharnement du mâle sur Sancho, faisaient tous leurs efforts pour le reprendre, et ils en vinrent pourtant à bout; mais, en quittant sa proie, il lâcha un rude coup de pied dans le ventre de Sancho, qui, s'imaginant qu'il lui demandait son nom : « Chevalier, dit-il, je m'appelle Sancho, chevalier de Malencontre. » Dans ce temps-là, don Quichotte, qui n'avait point voulu donner de secours à Sancho, tant qu'il n'avait vu qu'un chevalier contre lui, les voyant remuer tout d'un coup, et croyant qu'ils voulaient l'achever pendant qu'il était à terre, fondit sur eux la lance en arrêt, et allait faire un terrible carnage, quand il vit que c'étaient des gens de pied et sans armes. Il leur demanda qui avait jeté ce chevalier par terre. Ils lui en firent l'histoire tout tremblants, disant qu'ils en étaient très-fâchés, et qu'ils tueraient eux-mêmes les autruches, si elles n'étaient point pour le roi. Don Quichotte leur donna congé, et alla tâcher de relever Sancho, ce qu'il ne trouva pas fort facile. Il avait la tête toute en sang; et, quand il voulut le remuer, il le trouva si pesant, qu'il n'en put venir à bout. « Qu'y a-t-il, ami Sancho? lui demanda don Quichotte. — Ce qu'il y a, chevalier, répondit Sancho, l'esprit si troublé qu'il ne reconnaissait pas son maître, si vous êtes chrétien, sauvez le roi : les Africains ont gagné la bataille, il n'y a plus rien à la lance, je suis blessé à mort. — Bon courage, bon courage! lui cria don Quichotte : les Sarrasins s'enfuient; lève-toi seulement, et tu verras que nous sommes maîtres du champ de bataille. » Sancho, sans savoir encore qui lui parlait, essaya de se lever, mais il n'y eut pas moyen. « Chevalier, dit-il, je te prie d'une chose : va-t-en trouver la duchesse, celle qui était autrefois la princesse de Micomicon, et lui dis de ma part que je meurs son esclave. — Vous n'êtes pas mort, chevalier, lui dit don Quichotte, et il en coûtera la vie à plus de dix mille Sarrasins avant que ce malheur vous arrive. — Je suis mort, chevalier, repartit Sancho, et il y a plus de deux heures : je n'en faisais pas semblant pour ne pas décourager les chrétiens; mais il n'est plus besoin de le cacher. Enterre-moi promptement, et prends mes armes et mon cheval ; c'est tout ce que j'ai à te donner pour l'heure. »

Sancho parlait si sérieusement, que don Quichotte ne savait presque que croire. Il visita sa blessure, qui n'avait fait qu'entamer la chair; et, lui criant encore : « Courage, courage, mon ami Sancho; bon courage, mon cher fils; la blessure n'est pas mortelle; lève-toi seulement, et allons au premier château, et je te réponds que ce ne sera pas grand'chose demain. » Sancho reconnut la voix de don Quichotte, et lui dit : « Que sont devenus les ennemis, seigneur don Quichotte? — Ils sont bien loin, si tant est qu'il en reste, répondit don Quichotte. — J'en ai bien tué, dit Sancho; mais ils me l'ont bien rendu. » En même temps il fit quelques efforts pour se lever; mais il était si moulu, qu'à peine pouvait-il se remuer d'un côté sur l'autre, et le sang qui lui coulait sur le visage lui faisant croire que ses blessures étaient sans remède : « Me voilà par terre, mon maître, et la terre me redemande : il vaut autant me mettre ici qu'ailleurs. Je vous recommande ma femme et mes enfants; faites-en un gouverneur et l'autre comtesse, et mettez la mère en religion si vous ne voulez point vous marier avec elle. J'ai de l'argent sur moi pour les habiller de deuil; le reste servira à les mener à la cour, pour demander récompense de mes services. » Don Quichotte, les larmes aux yeux, consolait le pauvre Sancho le mieux qu'il pouvait, et il lui promit d'exécuter ses dernières volontés à la lettre. Dans le temps que nos aventuriers s'entretenaient si tristement, il passa deux paysans que don Quichotte pria de lui aider à relever le chevalier pendant qu'il tenait sa jument. Ils le prirent, l'un par les pieds, l'autre par la tête et le mirent en selle avec bien de la peine; mais il ne pouvait se tenir, et il fallut l'attacher avec des cordes : si bien que don Quichotte, touchant la jument devant lui, semblait mener un criminel. Ils marchèrent quelque temps en cet état, Sancho faisant des plaintes, des cris et quelquefois des hurlements, selon les différentes secousses; et, ayant aperçu sur la gauche une maison neuve et de bon air, ils en prirent le chemin; et nous allons voir dans l'autre chapitre ce que c'était.

VIII

Don Quichotte et Sancho arrivent à la maison de Basile sans la connaître, et Sancho s'y fait panser de ses blessures.

Nos aventuriers, qui n'allaient qu'au petit pas, à cause des blessures de Sancho, arrivèrent au bout d'un quart d'heure à une maison agréable sur le bord d'un ruisseau. Ils la prirent l'un et l'autre pour un château magnifique, tant elle avait bon air; et, trouvant à la porte un paysan avec un bâton à deux bouts à la main, ils ne doutèrent pas que ce ne fût un des gardes de la forteresse qui était en sentinelle. « Camarade, dit don Quichotte, le seigneur du château est-il là? — Si c'est le maître de la maison que vous demandez, monsieur, répondit le paysan, il va venir tout à l'heure. Il est ici près à la chasse; mais sa femme est au logis. » Don Quichotte entra dans la cour, et une servante, qui vit de si étranges figures, s'enfuit en criant aux voleurs. « Voici, dit languissamment le pauvre Sancho, où nous trouverons qui achèvera de nous rompre les côtes. — Non, non, mon fils, répondit don Quichotte : je me porte bien, Dieu merci, et, fussent-ils cinq cents, il n'y a rien à craindre. — Dieu le veuille! repartit Sancho; mais pour ce qui me reste de sain, je le donnerais bien pour un double. » Aux cris de la servante, la maîtresse descendit dans la cour, et, regardant ces deux hommes si bizarrement équipés, et dont elle fut d'abord effrayée, elle crut les reconnaître, et particulièrement don Quichotte. « Seigneur, lui dit-elle, si je ne me trompe, vous êtes le chevalier de la Manche, et l'homme du monde à qui mon mari et moi avons le plus d'obligation? — Madame, répondit don Quichotte, je suis le chevalier de la Manche, mais je ne sais si j'ai jamais été assez heureux pour vous rendre quelque service. — Oui, oui, monsieur, dit Sancho, qui l'avait bien considérée : c'est madame Quitterie, chez qui nous fûmes si bien reçus dans nos premières courses. » Don Quichotte mit promptement pied à terre, et, la saluant fort respectueusement, il lui dit qu'il se trouvait trop heureux de revoir encore une fois en sa vie une personne pour qui il avait tant d'estime. On délia Sancho, et, à l'aide d'un homme de bonne mine qui entra dans la cour, le fusil sur l'épaule, on le mit à terre, et on le porta sur un lit, parce qu'on le vit blessé et qu'il ne s'aidait point du tout. « Je vous prie, dit-il, madame, qu'on ait grand soin de Flanquine : c'est ma jument, que je ne troquerais pas contre le cheval Bayard, car elle m'a rendu de si grands services dans toutes mes aventures, que sans elle il n'y aurait plus de Sancho Pança. » On le lui promit, et don Quichotte, reconnaissant celui qui avait aidé à porter Sancho, s'en alla à lui les bras ouverts : « Quoi! c'est vous, lui dit-il, seigneur Basile, la fleur et la crème des amants? — C'est moi-même, monseigneur, répondit Basile, qui ne saurais assez me louer de ma bonne fortune de revoir ici l'incomparable don Quichotte, l'honneur de la Manche, la terreur des brigands, le nouveau Thésée qui purge les grands chemins, les forêts et les montagnes, et par qui nous vivons ici dans la même tranquillité qu'on vivait dans les premiers siècles. »

Don Quichotte l'embrassa de nouveau en faveur des éloges, et Basile lui demanda ce qu'avait Sancho, qu'il était tout sanglant et apparemment tout brisé. Sancho lui répondit lui-même qu'il avait eu affaire à des enchanteurs qui se changeaient en monstres pour le combattre, de rage de ce qu'il était armé chevalier, mais qu'il en avait chassé plus d'une centaine, de manière qu'ils étaient déjà dans l'autre monde, où ils rendaient compte de leur mauvaise vie. Basile, qui, ayant trouvé en chemin les meneurs d'autruches, avait appris toute l'histoire, dit à Sancho : « Il n'y a rien qui n'y paraisse, seigneur don Sancho : j'ai trouvé sur mon chemin la terre jonchée de Mahométans. Il y a apparence que ce sont des Maures d'Afrique qui voulaient encore attenter sur l'Espagne. — Justement, dit Sancho, c'est cela et il y en a un qui a dix pieds de haut, qui m'a donné un si grand coup de massue sur le haut de la tête, dans le même temps que je n'avais pas de casque, que je ne crois pas en revenir, et bien leur en prendra ; et quand le Sarrasin m'a vu par terre, il m'a moulu de coups. — Vous êtes donc tombé? demanda Basile. — C'est la faute de mon cheval, qui ne m'a pas bien soutenu, repartit Sancho, car il n'est pas encore bien dressé; mais, si Dieu me prête vie, j'en viendrai à bout. Cependant, seigneur Basile, n'avez-vous point de baume? demanda-t-il : j'en ai grand besoin; mais je vous prie que ce ne soit point du baume de Fier-à-Bras : il n'est pas bon pour les coups de massue. — Je sais ce qu'il vous faut, dit-il, seigneur chevalier, et voilà justement maître Chrysostôme, le chirurgien, qui entre. »

En effet, celui du village, qui venait chercher Basile, entrait en même temps dans la chambre. Il s'approcha de Sancho et visita la plaie qu'il avait à la tête; après l'avoir légèrement sondée et bien fait crier Sancho : « Il n'y a point, dit-il, de fracture ni de déperdition de substance : il n'y a simplement que solution de continuité; cependant, ajouta-t-il, il faut prévoir tous les accidents. » En disant cela, il lui mit le bout d'un mouchoir dans la bouche et lui dit de serrer, et, le tirant aussitôt deux ou trois fois, Sancho serrait si fort les dents, qu'il lui en pensa arracher une demi-douzaine. Le pauvre aventurier cria, et le chirurgien, branlant la tête, dit qu'il n'y aurait pas grand mal de trépaner tant soit peu le malade à tout hasard.

« Eh! monsieur, s'écria Sancho qui avait vu trépaner, j'ai la cervelle assez éventée ; cherchons quelque autre remède. — Mon voisin, dit Basile au chirurgien, les chevaliers errants ne se traitent pas comme les autres, et j'ai une herbe dans mon jardin qui le guérira dans vingt-quatre heures. — Si c'est de l'herbe à la reine, répondit le chirurgien, j'en réponds : j'en ai fait mille cures comme une ; mais il faut préalablement mettre la phlébotomie en usage. — Je m'y oppose, dit don Quichotte. Je n'ai encore jamais vu faire de saignée à pas un chevalier errant, et dans toutes les histoires d'Amadis, d'Esplandian, du chevalier du Soleil et des chevaliers de la Table-Ronde, vous n'en trouverez pas un seul exemple, ou il est apocryphe : ils ne se servaient que de simples, et bien souvent laissaient faire la nature. » Le chirurgien, à qui les mains démangeaient, n'en voulut pas démordre, et, à quelque prix que ce fût, concluait à éventer la veine, craignant qu'il n'y eût du sang extravasé ; mais Basile l'ayant pris par la main pour aller chercher de l'herbe à la reine, lui apprit chemin faisant ce que c'étaient que nos aventuriers, et qu'ils n'étaient pas faits comme les autres hommes. Ils revinrent avec une poignée de nicotiane, qu'ils firent piler dans un mortier, et, jetant le jus dans de la poix résine et de la cire neuve qu'on mit sur le feu, ils firent un onguent qui, pour la blessure, valait tous les baumes du monde. Pendant qu'on préparait un emplâtre, Sancho demanda s'il y avait grand danger qu'il prît une goutte de vin, se trouvant bien faible du sang qu'il avait perdu. « Oui-dà, dit le chirurgien, c'est le plus excellent des cordiaques, pourvu que vous n'ayez point de fièvre, s'entend. » Il tâta le pouls de Sancho ; mais le bon chevalier, qui avait peur qu'il ne le trouvât ému, et que cela l'empêchât de boire, tendit le bras couvert de la manche, et le chirurgien n'y prenant pas garde, ou ne s'en souciant guère, dit qu'il avait plutôt de la faiblesse que de la fièvre, et qu'il était à propos de le corroborer. On lui versa du vin dans un grand verre, et, quand Sancho vit qu'il était plein, il le retira, et le porta à sa bouche d'un air qui fit bien espérer de sa guérison ; il l'avala sans en laisser une goutte. « C'est du Ciudal-Réal, dit-il, se passant la langue sur les lèvres. Si on donnait toujours de pareils bouillons aux malades, il en réchapperait plus des trois quarts. » Cependant Sancho n'eut pas plus tôt bu ce bon trait, que se trouvant tout ranimé, il en sentit aussi plus vivement tous les coups de pied de l'autruche, et commença à se plaindre vigoureusement que tout le corps lui faisait mal. On lui mit l'emplâtre sur la tête, et on le désarma pour le reste de ses blessures. On le frotta d'eau-de-vie ; mais comme il n'y en avait qu'une chopine, et qu'il en eût fallu quatre pintes, on fit bouillir des herbes avec de la lie de vin, et on lui donna une charge comme à un cheval fondu. Il demanda encore une goutte de vin, qu'on lui servit comme l'autre et dans le même verre ; il engloutit le tout, et s'endormit dans un bon lit qu'on lui avait préparé, plaçant ses chausses sous son chevet, crainte de mauvaise aventure. Don Quichotte, le maître de la maison et le chirurgien, allèrent se mettre à table dans une autre chambre, où l'on avait préparé le dîner.

IX

Don Quichotte perd Rossinante. De quelle manière il lui est rendu.

Quelques jours se passèrent ainsi à la ferme pendant que Sancho Pança, bien hébergé, bien nourri et dormant tout son soûl, se guérissait rapidement de ses terribles blessures. Il avait repris toute sa gaîté et charmait son hôte et le chirurgien par ses bons mots et ses proverbes. Don Quichotte qui ne rêvait qu'aventures, et qu'indignait ce lâche repos, résolut de tenter quelque grand coup qui lui fît honneur, et il annonça que le lendemain il serait à cheval de grand matin.

Le soleil était à peine levé, qu'il était déjà en campagne. Arrivé dans un carrefour, il vit venir un dévot ermite qui retournait à son ermitage après avoir fait une bonne quête. « Qu'avez-vous là, mon frère? lui demanda-t-il, voyant une besace bien enflée. — Monsieur, répondit-il, ce sont les provisions de la semaine. — Vous êtes donc plusieurs? ajouta don Quichotte. — Je n'ai que moi, dit l'ermite ; mais quand il en reste, il ne moisit point. En vérité, monsieur, il ne faut point me le reprocher : notre vie est comme celle des chevaliers errants, nous ne vivons qu'à la sueur de notre corps, et il est bien souvent soleil couché que je n'ai pas déjeuné. — Vous avez raison, frère, dit don Quichotte, et je sais bien qu'en dire : je suis levé dès trois heures, j'ai bien sué, bien fatigué, et je suis à jeun. — Monsieur, dit l'ermite, que honte ne vous fasse point dommage, le vin n'est pas mauvais, la bouteille a la panse large, et elle souffrira douze atteintes qu'il n'y paraîtra pas. » Don Quichotte accepta l'offre ; ils se mirent dans un champ, sous un arbre, et l'ermite étala tout ce qu'il y avait dans la besace qui servit de nappe. Il avait un pied de bœuf tout cuit, un grand morceau de chevreau, et il tira de sa poche une boîte double, où il y avait d'un côté du sel, et de l'autre du poivre ; et, servant encore un pain de cinq ou six livres, ils se mirent à manger, et de bon appétit. « Pourquoi vous êtes-vous fait ermite? demanda don Quichotte. — C'est là une grande histoire, répondit-il : il y en aurait bien pour cinq semaines. — Non pas à raconter? dit don Quichotte. — A raconter, dit l'ermite ; mais en gros, et sans rapporter les circonstances, je vous dirai qu'après avoir servi quinze ans, on me préféra un nouveau-venu pour en faire un colonel ; je l'appelai en duel, nous nous battîmes, je le tuai, on me mit au conseil de guerre ; je fus condamné à perdre la tête, et, étant sur l'échafaud, quand on me délia les mains pour m'ôter mon pourpoint, je demandai vite une croix d'airain que le confesseur tenait ; il me la donna, et moi j'en desserrai un si grand coup par les mâchoires de l'exécuteur, que je l'étendis à mes pieds ; je me jetai en bas de l'échafaud, et prenant le premier chapeau que je pus attraper, je me sauvai dans la foule, résolu de me faire ermite par dévotion, de peur d'être reconnu.

Et vous, monsieur, demanda l'ermite à son tour, qu'est-ce que votre histoire? » Don Quichotte la lui raconta, puis il ajouta qu'il s'était fait chevalier errant pour secourir les malheureux, protéger les veuves et tous les affligés, ainsi qu'il avait coutume de faire. « Vous avez là entrepris bien de la besogne! dit le bon ermite. Et le métier donne-t-il bien? — On trouve quelque aventure, répondit don Quichotte; mais elles ne sont pas si fréquentes que je les ai vues du temps d'Amadis et du chevalier du Soleil : à peine voyons-nous à présent un tournoi en cinquante ans; mais nous nettoyons les grands chemins de brigands, et il y a toujours de quoi occuper un chevalier. — Je voudrais bien vous voir en besogne, dit l'ermite; à votre air et à votre taille, je crois que cela va beau train. — Plût à Dieu, repartit don Quichotte, que la fortune m'offrît tout à l'heure matière à me signaler et à vous divertir! »

En achevant ces dernières paroles, il aperçut trois hommes à pied qui, quand ils furent proches de lui, lui demandèrent l'aumône. Ils étaient demi-nus, les cheveux en désordre, l'air farouche, le teint pâle, et aux bras et aux jambes il paraissait des marques qu'ils avaient porté des chaînes. « N'êtes-vous point, leur demanda don Quichotte, des chevaliers errants que Ramire tenait esclaves dans ses prisons? — Non, dit l'un deux : nous sommes bien errants, mais non pas chevaliers, et nous ne connaissons pas Ramire. — Où demeurez-vous? demanda don Quichotte. — Où nous ne pouvons passer, répondit le même. — Où allez-vous? continua-t-il. — Nous ne saurions le dire que demain, répondit-il. — Et pourquoi, maître jaseur? demanda don Quichotte. — Parce que nous ne savons pas l'avenir, répondit l'esclave. — D'où venez-vous donc? dit don Quichotte : peut-être saurez-vous le passé. — Le passé est bien loin, dit l'esclave; et, comme nous ne l'avons pu suivre, nous ne savons ce qu'il est devenu. » Pendant que don Quichotte faisait ses interrogations, le dévot ermite avait serré les restes dans sa besace, et, l'ayant mise sur ses épaules, s'était approché de Rossinante. Don Quichotte, qui l'avait aperçu, crut qu'il voulait le retenir en cas d'aventure, et le laissa faire; puis, s'adressant à l'esclave, tout en colère : « Sais-tu bien, pied-plat, que je n'entends pas raillerie? — Je crie pourtant assez haut, répondit l'autre : est-ce que vous êtes sourd, ou que vous n'entendez pas la langue? — Attends, attends, répliqua don Quichotte, je vais t'apprendre à bouffonner. » Il se lança sur lui l'épée à la main, et l'esclave, lui rompant la mesure, lui donna la peine de se retourner cinq ou six fois avec une extrême fatigue du poids de ses armes, et se mit à faire cinq ou six cabrioles. Les deux autres se joignant à lui, des pierres à la main, dirent à don Quichotte de laisser le chemin libre aux passants, et qu'ils étaient au monde pour le purger des chevaliers errants, qui ne faisaient que du mal sur la terre. Don Quichotte était enragé de se voir traiter ainsi par des misérables, et, voyant qu'il n'en pouvait venir à bout, parce qu'ils étaient plus ingambes que lui : « Allez, allez, canailles, nous nous retrouverons, et j'aurai le plaisir de vous renverser tous trois de ma main. — Vous aurez la peine de nous chercher à pied, lui dirent-ils, et vous n'êtes pas assez bon piéton pour nous attraper. »

Ce mot, qui semblait dit au hasard, fut un oracle : le dévot ermite, qui disait son chapelet pendant la dispute, monta sur Rossinante quand il la vit finie ; et, saluant don Quichotte de la tête : « Adieu, seigneur chevalier, lui dit-il. Vous ne songez pas à payer votre écot : je vais me payer par mes mains, et répandre partout la gloire que vous venez d'acquérir. » Il piqua en même temps, et fit trouver des ailes à Rossinante, laissant don Quichotte dans une peine extrême de la bizarrerie de cette aventure, et les trois autres continuèrent ainsi leur chemin.

Don Quichotte avait une grande impatience de savoir ce que ce pouvait être que cette impertinente aventure ; mais, sans quereller personne, il cherchait dans sa tête à le découvrir. « Que veut dire ceci ? pensait-il en lui-même, quelle bizarrerie ! trois marauds indignes d'exercer mon épée, se jouent de moi en face ; des gens nus me tiennent tête à coups de pierres, et loin de redouter ce cimeterre, la terreur et l'effroi de tant de nations, comme si c'était un jeu concerté entre eux, ils répondent à mes menaces par des sauts et des cabrioles. La chevalerie doit-elle souffrir de pareilles insultes ? »

La vérité est que le chirurgien ayant averti un certain aventurier que don Quichotte était en campagne, celui-ci voulant se divertir, avait concerté la partie avec ses camarades les plus madrés, qu'il fit déguiser. Ils s'étaient mis sur une hauteur d'où ils observaient don Quichotte, et prenant le temps où il passe peu de personnes par ce chemin, ils lui jouèrent le tour que nous venons de voir, prenant bien garde d'éviter les coups de don Quichotte, et ne voulant lui faire d'autre mal que de se moquer de lui, ce qui leur réussit parfaitement.

Pour revenir au disgracié chevalier, il s'en alla tout triste, mais d'une tristesse mêlée de fureur, menaçant en lui-même les enchanteurs qu'ils ne s'en retourneraient pas une autre fois en riant, et se plaignant de la fortune, de ce que, étant chevalier errant de si bonne foi, et qui suivait à la lettre les règles de sa profession, elle lui préparait des aventures si ridicules. Il arriva chez Basile, la mine basse et bien fatigué. Sancho, qui était debout à la porte, lui demanda ce qu'il avait, et où était Rossinante. Don Quichotte ne répondit que d'un soupir, et le bon écuyer, jugeant qu'il lui était arrivé quelque chose de terrible, et qu'il en avait coûté la vie à Rossinante, se prit à faire des doléances incomparables. « Qu'y a-t-il donc, mon cher maître ? dit-il en pleurant ; où es-tu Rossinante, trop fidèle compagnon de toutes nos malencontres ? qu'as-tu trouvé de si farouche qui n'ait respecté ni ton âge, ni ta profession, ni tes services ? Quoi ! ajouta-t-il, après tant de victoires où tu as eu si bonne part, je te verrai peut-être, comme de misérables restes de chevalerie, écorché comme une mazette, et dévoré par des loups et d'autres animaux immondes, qui n'auraient osé te regarder vivant entre les deux yeux ! — Ne te désole pas, Sancho, dit don Quichotte : Rossinante se porte bien et moi aussi ; mais il a changé de maître. — Tant pis, s'écria Sancho : il vaudrait mieux que vous eussiez changé de cheval. »

Aux cris de Sancho, Basile, Quitterie et Chrysostome coururent à la porte, et, après avoir salué don Quichotte, et lui eux, il leur dit d'un air triste : « Il ne faut point de lauriers aujourd'hui, mais des cyprès. — Et qui est mort, monsieur le chevalier? demanda Chrysostome. — Ma gloire, répondit don Quichotte. — Elle n'est pas morte, ou je me trompe, repartit Chrysostome : elle se portait trop bien hier pour mourir de mort subite. — Si elle n'est pas morte, elle est bien flétrie, dit don Quichotte. — Nous la ferons revenir, dit Basile, qui savait déjà ce qui s'était passé. Pour l'amour de Dieu, monseigneur le chevalier, ne vous affligez point : vous nous feriez tous mourir. Êtes-vous blessé? — Non, dit don Quichotte, pour le corps; les traîtres n'ont pas eu l'avantage de me tirer du sang, mais profondément blessé dans l'âme. — Puisque votre seigneurie se porte bien, dit Quitterie, tout y est encore; et puisque vous n'êtes point blessé, c'est signe que vos ennemis n'ont pas eu grand avantage. » Chrysostome lui dit encore : « Seigneur chevalier, et votre cheval? — C'est cet affront, dit don Quichotte, que je ne saurais digérer, non pas pour le cheval, quoique je l'aimasse beaucoup, mais j'ai été joué, j'ai été trahi sous ombre d'hospitalité, et je ne sais à qui j'ai eu affaire, ni de qui prendre vengeance. » Sur cela il fit le récit de ses aventures, dont tout le monde parut fort étonné. « A propos, monseigneur, dit le chirurgien, voilà une lettre qu'on a apportée tantôt pour vous. — Et qui? demanda don Quichotte. — Un petit homme à pied, fort vilain, noir de visage, bossu et contrefait. — Un nain, n'est-ce pas? dit don Quichotte. — Oui, répondit Chrysostome, et il ne me l'a pas plus tôt eu mise entre les mains, qu'il a disparu. — Je connais cette nation-là, dit don Quichotte. Avait-il un cor? — Oui, dit Quitterie, mais il n'en a point sonné. — Voyons de quoi il est question, dit don Quichotte. » Il ouvrit la lettre, et trouva ces mots :

« Quoique vous soyez le plus grand ennemi des enchanteurs, et moi celui des chevaliers errants, je veux pourtant bien vivre avec vous, à condition que vous épargnerez les gens que je protége. Pensez-y : vous ne vous serez pas plutôt déterminé, que j'en serai informé. Si c'est en bien, je jure, comme chrétien, de ne vous persécuter jamais; si c'est en mal, je vous déclare une guerre immortelle, et j'en fais serment sur l'Alcoran, en présence de Mahomet et de Merlin, archi-enchanteur. Je vous renvoie par courtoisie le cheval que je vous ai pris par souplesse. A Dieu, ou au diable !

» Parafaragaramus. »

« Comment! dit don Quichotte, il me renvoie mon cheval, et le nain est venu à pied! qu'est-ce que cela veut dire? — On n'a point amené de cheval ici, dit Basile; nous avons toujours été dans la cour, monsieur Chrysostome et moi, nous l'aurions bien vu. » Il appela un valet, et demanda si on avait amené un cheval. « Non, monsieur, répondit le valet, et vous avez la clef de l'écurie. » Ils y allèrent tous ensemble; et, à peine don Quichotte y fut-il entré, que Rossinante commença à hennir. « Le pauvre enfant, dit Sancho, que je te baise! Vraiment, tu es d'un bon naturel, mon ami. Pardi, ces messieurs les enchanteurs en savent bien long, continua-t-il; mais encore celui-ci est-il honnête homme : il ne veut que rire, et je pense qu'il est bon de faire connaissance avec lui. » Don Quichotte alla à Rossinante, qu'il trouva uni et lisse comme s'il fût sorti d'une boîte, avec les crins tressés et noués de quantité de rubans verts et jaunes. « Et pardi, dit Sancho, cet enchanteur-là est galant. »

Comme on vit don Quichotte un peu revenu de sa tristesse, Basile lui dit : « Monseigneur, songeons à nous divertir : nous avons ici bonne compagnie qui vous attend avec impatience, et que vous ne serez pas fâché de voir. — Et en bonne foi, monseigneur, lui dit Sancho, qu'est-ce que vous avez à vous affliger? Je viens d'examiner vos aventures, et je m'y connais un peu : ce sont des enchanteurs qui ont voulu rire; ils ne le font pas souvent. Je vous conseille d'en rire aussi, car cela est bouffon après tout. » On se mit à table, et le souper ne fut pas un des moindres qu'eût faits don Quichotte. Sancho l'égaya beaucoup par sa bonne humeur.

X

Des plus curieux, et très important pour l'éclaircissement de l'histoire.

Sancho mourait d'envie de dormir, et il avait déjà conseillé à don Quichotte d'en faire autant; mais notre chevalier, qui ne lui avait presque pas parlé depuis deux jours : « Nous voici seuls, lui dit-il, Sancho : raisonnons un peu ensemble. » Le mot de raisonner flatta Sancho. « Je le veux bien, répondit-il, monsieur : aussi bien l'esprit se rouille quand on n'en graisse pas les ressorts. Eh bien! de quoi s'agit-il? — Tu sais ce qui se passa hier, dit don Quichotte, et tu as vu la lettre de l'enchanteur. Que me conseilles-tu? — J'y ai pensé, repartit Sancho, il me semble qu'il faudrait s'accommoder avec cet enchanteur; il est honnête homme et de bonne humeur, et il nous pourra bien servir, quand ce ne serait que pour nous donner avis de ceux qui nous en veulent; et, si j'étais en votre place, je lui écrirais tout-à-l'heure que vous voulez bien vivre avec lui. Je lui porterai votre lettre, nous boirons tous deux ensemble, et, si je ne le vous rends pas plus souple qu'un gant, dites que je suis un sot. — Tu vas bien vite en besogne, repartit don Quichotte. Et quand je t'aurai donné une lettre où la porteras-tu? — Où je la porterai? repartit Sancho; et dame, je la porterai... Ah! vous avez raison, voilà à quoi je n'avais pas bien songé. Mais ne dit-il pas que, sitôt que vous serez résolu en vous-même d'être de ses amis ou non, il en sera informé? — Oui, dit don Quichotte. — Il ne faut donc point lui écrire? dit Sancho : aussi bien ce n'est qu'un oui ou un non à deviner; et les enchanteurs en devinent bien d'autres, puisqu'ils ont écrit tous les discours que nous avions eus ensemble, encore qu'il n'y eût que nous. Comment l'appelez-vous celui-là? demanda-t-il : je ne m'en souviens pas. — Il s'appelle Parafaragaramus, répondit don Quichotte. — Eh! mort de ma vie, voilà un nom d'une aune, reprit Sancho; à ce nom-là, il faut que l'enchanteur ait vingt pieds de haut. — La force des enchanteurs n'est pas dans leur taille, dit don Quichotte; elle est dans leur charme; tu le vois bien toi-même, puisque le nain de celui-là, qui ne doit pas avoir plus de trois pieds, a bien porté invisiblement Rossinante dans l'écurie. — Qu'appelez-vous invisiblement, monsieur? dit Sancho. — C'est-à-dire sans qu'on le vît, répondit don Quichotte. — Il l'avait peut-être sous sa casaque, dit Sancho, ou dans ses poches : c'est à cause de cela qu'on ne le voyait pas. — Tu es fou, dit don Quichotte : et comment veux-tu qu'un homme de trois pieds cache un cheval dans ses poches? — Par la mordi, vous y voilà, repartit Sancho; et vous voulez bien que deux cent mille hommes soient devenus des moutons dans cette grande bataille où il ne pensa pas vous demeurer une dent dans la gueule. Les enchanteurs en savent bien d'autres, et vous ne savez trop qu'en dire. — Tu as raison, et pour cela je te le passe, dit don Quichotte; mais, avec tout l'esprit que tu as, il te reste toujours des mots qui sentent la lie : est-ce qu'on dit la gueule, en parlant d'un honnête homme? on dit la bouche : la gueule est pour le chien ou pour l'âne, Sancho. — Grand merci, dit Sancho; me voilà payé, demeurons quittes. Aussi bien il est minuit comme un double, et il faut se mettre en campagne de bon matin. Dormons un peu, voulez-vous? Nous ne trouverons pas toujours de bons lits : prenons le bon temps par avance. — A la bonne heure, dit don Quichotte; dépêche-toi donc de dormir : nous moisissons ici dans la bonne chère et les plaisirs, et le courage s'amollit faute d'exercice. — Je vais me dépêcher, monsieur, dit Sancho, et mettre les morceaux en double. »

Sancho fit comme les gloutons, qui, dévorant trop avidement, s'étouffent d'abord et ne peuvent plus manger. Il avait si grande envie de dormir, qu'il n'attendit pas que son maître fût au lit pour se jeter dans le sien; mais comme en le faisant il avait par hasard renfermé son casque sous la couverture, dans l'endroit qui répondait justement sur son estomac, il eut une espèce de cauchemar qui l'empêcha de fermer les yeux; c'est-à-dire il s'endormit d'abord, mais avec de mauvais songes qui le réveillèrent en sursaut, et, sentant toujours le même poids sur lui, il en fut tout effrayé, et, jusqu'à ce qu'il se fût levé, il n'eut qu'un sommeil inquiet qui le fatigua plus qu'il ne le délassa. Don Quichotte dormit quatre heures de suite, et aurait peut-être continué, si Sancho voyant le jour, ne l'eût appelé à pleine tête. « Qu'y a-t-il? mon fils, demanda don Quichotte. — Ce qu'il y a, dit-il : le soleil qui nous appelle. Je ne sais ce qu'il a ce matin : il crie comme un fou. Il faut qu'il ait pris un chemin rude : il fouette comme un enragé, et aïe, aïe; par la mordi, il fait un sabbat.. — Comment! dit don Quichotte, le soleil est debout, et le chevalier des Lions est encore étendu sur la plume! quelle honte! » Il se jeta vite par terre, s'habilla et s'arma dans un moment, et courut à l'écurie où il sella Rossinante, qu'il trouva mangeant. « Courage, lui dit don Quichotte : il faut manger pour avoir des forces. »

Sancho arriva aussi, ayant bien eu de la peine à trouver son casque; il était dans un équipage magnifique, avec l'armure neuve qu'il avait fait faire de fer-blanc, et que don Quichotte n'avait pas encore vue, et sur la crête de l'armet une belle plume blanche d'un petit enfant de Quitterie, avec un nœud de ruban qu'elle lui avait donné. « Qui va là? cria don Quichotte. Que demandes-tu, chevalier? — Je n'aime pas les familiarités, répondit Sancho, qui voulut se donner du plaisir : ne parle point, ou parle mieux. — Vous êtes délicat, repartit don Quichotte. Eh bien! que voulez-vous donc, monsieur le chevalier? dit-il. — Je veux, répondit Sancho, que tu me rendes sur-le-champ l'épée que tu portes, et qui est celle de Roland, qu'il m'avait laissée par testament. — Nous l'allons voir tout à l'heure, répliqua don Quichotte; mais prenons la campagne : il n'y a que les palfreniers qui se battent dans l'écurie. » Il tira aussitôt Rossinante, se mit en selle, et sortit pour attirer son adversaire. Sancho riait en accommodant Flanquine; il monta dessus, courant à don Quichotte la visière baissée. « Chevalier, dit-il, écartons-nous, afin qu'on ne croie pas que nous nous battons pour nous faire séparer. — C'est bien dit, répondit don Quichotte, » et, admirant Sancho qui avait pris le devant, il le crut un chevalier d'importance, à sa taille et à son air, sans prendre garde à sa jument ni à la valise qu'elle avait sur la croupe. Au bout de cent pas ils trouvèrent une esplanade toute propre pour le combat; et Sancho, revenant sur don Quichotte, lui demanda comment il s'appelait. « Mon nom est écrit sur mon épée, répondit fièrement don Quichotte, et quand tu l'auras prise, elle te l'apprendra. — Chevalier, dit Sancho, je fais serment de n'en point venir au combat que je ne sache ton nom ou que je te voie au visage : car il n'y a pas longtemps que j'ai pensé tuer le chevalier que j'aime le plus, faute de le reconnaître. — Pour le visage, j'y consens, dit don Quichotte, et je suis bien sûr que tu ne le reconnaîtras pas. » En même temps il haussa la visière. « Je crois t'avoir vu ailleurs, dit Sancho. » Et haussant aussi la visière : « Et moi, me reconnais-tu? demanda-t-il. » Don Quichotte le regarda par deux fois, comme un homme tout étonné, et Sancho ajouta : « Je suis plus courtois que vous, chevalier; je vous dirai aussi mon nom : je m'appelle Sancho Pança. » Don Quichotte le reconnut et l'embrassa, ravi de la plaisanterie qu'il lui avait faite, et de le voir en si bon équipage; et, ayant appris ce que c'était que cette armure neuve, ils continuèrent leur chemin.

A peine avaient-ils fait une lieue qu'ils rencontrèrent une espèce de plaine tout environnée de coteaux. « Voici, dit don Quichotte, un beau lieu pour les aventures. — Et encore plus pour les voleurs, dit Sancho. — C'est toujours aventures, repartit don Quichotte. — Eh bien! va pour aventures, répliqua Sancho. » Et il piqua des deux; mais sa jument, qui n'avait rien fait depuis deux jours, était en haleine, il n'en était pas le maître : il alla passer sur un gros troupeau de moutons, qu'il bouleversa en en estropiant trois ou quatre. Les bergers qui le gardaient le poursuivirent à coups de pierres, dont une porta sur sa bottine et l'autre sur son bras; et, le reste portant sur la jument, elle s'enfuit dans un bois, où une branche sèche, donnant rudement sur le casque du pauvre Sancho et le prenant au défaut de ses armes, l'enleva de la selle et lui fit grand mal. De la douleur qu'il sentit, il abandonna la lance et la bride; et Flanquine, continuant son chemin tout épouvantée, le laissa pendu à la branche dans une posture fort incommode.

Il se mit à pousser les hauts cris, et bien lui prit que don Quichotte eût piqué après lui, voyant que les bergers le poursuivaient : ces rustres, le prenant à leur avantage, l'auraient assommé. Don Quichotte arriva en même temps qu'eux; et, les ayant écartés à coups d'épée, il demanda à Sancho ce qu'il avait. « Ce que j'ai? dit Sancho : eh! ne le voyez-vous point? — Et qui t'a mis là, mon enfant? repartit don Quichotte. — Enfin m'y voilà, dit Sancho désolé de ce qu'il souffrait et des demandes de son maître : qu'importe qui m'y a mis? Je suis bien en état de faire des histoires! — Attends, mon ami, attends, répliqua don Quichotte, il y a remède à tout, fors à la mort. » Il était bien empêché comment s'y prendre pour dépendre le pauvre écuyer. Pendant qu'il y pensait, la bonne fortune amena un bûcheron avec une serpe à la main, à qui don Quichotte dit de couper la branche. Le bûcheron ne voulut pas d'abord, disant que c'était bien fait de pendre les bandits, et qu'il n'y en avait que trop. Le pauvre Sancho souffrait mort et passion durant ces contestations. « Eh! mon camarade, dit-il au bûcheron, je ne suis ni bandit ni gibier de justice : je suis un pauvre chevalier qui punis moi-même les bandits. — Ah! bon cela, dit le bûcheron. » Il donna cinq ou six coups de serpe, et coupa la branche; et Sancho, appuyé sur la lance de don Quichotte pendant qu'il le soutenait, coula assez doucement à terre, c'est-à-dire comme un sac de blé, mais triste, dolent et fatigué comme s'il eût eu l'estrapade. Don Quichotte donna de quoi boire au bûcheron, qui, voyant la plume de Sancho et remarquant la beauté de ses armes, dit que c'eût été grand dommage qu'un si beau chevalier fût mort au gibet, et il s'en alla chercher la jument de Sancho, qu'il eût été longtemps à retrouver, si Rossinante, en hennissant, ne l'eût rappelée. Don Quichotte s'approcha de Sancho, qui était assis à terre au pied d'un arbre, la tête entre ses mains. « Eh bien! mon enfant, comment vas-tu? lui demanda-t-il. — Assez bien pour l'esprit, répondit-il, car je viens de prendre une bonne résolution. — Et quelle résolution? dit don Quichotte. — Une résolution qui me sauvera des enchanteurs, des autruches, des bergers et de mille autres diableries, à quoi je renonce comme Mahomet. — Et quel sujet as-tu de prendre cette résolution? demanda don Quichotte. — Je ne sais, dit Sancho : peut-être que ce n'est pas moi qu'on vient de tirer de la potence? — Je ne puis te comprendre, Sancho, dit don Quichotte; tu me parais toujours opposé à toi-même, la moindre chose te dégoûte, et tu changes de sentiment dans un instant, sans qu'on en puisse savoir la raison. — Oh! cela est vrai, repartit Sancho, j'ai grand tort de me plaindre, je devrais me jeter à genoux, et prier Dieu devant la bonne fortune, pour la remercier du soin qu'elle prend de moi! Savez-vous bien, monsieur, que vous me faites plus enrager vous seul que tous les malheurs qui m'arrivent, avec vos philosophies! Quand quelqu'un nous plaint, il soulage nos maux; mais quand on nous demande ce que nous avons, nous voyant brisés et hachés en mille pièces, cela fait mourir de dépit.

— Or çà, Sancho, ne nous fâchons point, mais raisonnons en honnêtes gens et comme amis, dit don Quichotte. Je crois qu'il n'est pas nécessaire que je m'évertue à vous prouver que je prends part à tout ce qui vous arrive, vous savez assez ce qui en est. Mais, au bout du compte, qui vous a forcé d'être chevalier errant? Qui est-ce qui a réveillé le chat qui dormait? N'est-ce pas vous-même qui m'en avez fait la proposition? Je l'ai trouvée agréable, je l'avoue, et je l'ai bien voulu, parce que je vous aime. Qui de nous deux a témoigné le plus d'empressement à se mettre en campagne? Qui vous a fait acheter des armes neuves qu'Amadis lui-même ferait gloire de porter? Mais cette aventure est un de ces coups du hasard qu'on ne saurait parer et qu'il faut souffrir avec patience. Que dites-vous à cela, Sancho? — Ce que j'ai dit bien d'autres fois, répondit-il, que je ne suis qu'un sot, parce que je n'en saurais être deux, et si j'ai pourtant bien fait deux sottises : j'ai voulu être chevalier, me le voilà; j'ai voulu chercher des aventures, je les ai trouvées. Je n'ai rien à dire, si ce n'est que qui se repent est digne de pardon. Mais, monsieur, ne vous dis-je pas hier au soir qu'il fallait s'accommoder avec l'enchanteur au grand nom? Vous ne l'avez point fait; et qui doute que c'est faute de cela que j'ai été si bien mené? Il ne vous aurait pas coûté beaucoup de dire un oui, et à moi cela m'aurait épargné deux côtes, un bras, une cuisse et la honte d'être branché comme un brigand. — Oh! pour cela, interrompit don Quichotte, je reconnais que j'ai tort; et, qu'à cela ne tienne, je vais tout à l'heure faire mon accommodement. Je jure donc, continua-t-il, et m'engage par ces présentes, dès à présent comme dès lors, de vivre en bonne intelligence avec Parafaragaramus, et d'épargner tous ceux qu'il prend en sa protection, à condition qu'il ne persécutera jamais ni moi ni les miens, particulièrement don Sancho Pança, le chevalier. Signé *don Quichotte de la Manche*. — Voilà qui est bon, dit Sancho, et si cela avait été fait dès hier au soir, je ne serais peut-être pas dans le bel état où me voilà. — Allons, c'est bien, dit don Quichotte, mais il est temps de partir. » Sancho se leva, mais ce ne fut pas sans crier; et, quand il fallut mettre le pied à l'étrier, il n'y eut pas moyen de lever la jambe, à cause du coup de pierre. Il fallut faire plus de cinquante pas pour chercher un endroit favorable, et encore eut-il bien de la peine.

Au moment ou il leur criait de se rendre deux turcs ivrognes tirèrent chacun un coup de mousquet dans la galère et tuèrent deux soldats.

XI

La plus périlleuse aventure de don Quichotte, et la plus heureuse et glorieuse pour lui.

Nos aventuriers marchèrent un quart de lieue sans se rien dire, mais Sancho faisait un étrange soliloque. De temps en temps il criait comme un homme qui se sent tout brisé, et, au moindre faux pas de sa jument : « Aïe, soupirait-il selon les secousses, tu as voulu t'enrôler, pauvre sot, il faut faire la campagne. Le vin est tiré, il faut le boire ; et il le faut payer, qui est pis, bon ou mauvais. — Qu'est-ce qu'il y a ? demanda don Quichotte. — Rien, monsieur, rien, repartit Sancho, je parle à ma jument. — Ne me crois-tu point capable de t'entretenir, dit don Quichotte, que tu aimes mieux parler à une bête ? — Je lui faisais une leçon, répondit Sancho, et elle en a besoin. — Il me semble, dit don Quichotte, que tu as l'air chagrin. — C'est que le temps se couvre, répondit Sancho, et il n'y a que le soleil qui me réjouisse. »

Don Quichotte allait répondre ; mais il vit une épaisse fumée dans le chemin, et, regardant Sancho, il lui dit : « Je crois que voilà une aventure. Vous avez eu la vôtre ce matin, c'est à moi d'entreprendre celle-ci. — La fumée est grande, répondit Sancho, et l'aventure sera peut-être assez grande pour nous deux. — Vous n'êtes pas en humeur pour les aventures, repartit don Quichotte, et à chaque jour suffit son mal ; mais en un mot voici la mienne, je l'adopte, et vous en serez témoin. — Hé, monsieur, dit Sancho, voulez-vous entreprendre cette aventure sans savoir ce que c'est ? Nous y avons déjà été si souvent attrapés, que je ne voudrais point m'y fier. — Et moi je m'y fie, répliqua don Quichotte. — Il faut que ce soit là la terre du Feu, continua-t-il après avoir un peu rêvé, celle que le grand Magellan a découverte de nos jours. Combien y a-t-il que nous sommes partis ? demanda-t-il. — Cinq ou six jours, répondit Sancho. — Ce n'est donc pas cela, repartit don Quichotte. N'avez-vous rien là pour prendre hauteur ? — Si fait, dit Sancho : voilà mes jarretières, elles ont bien mesuré d'autres choses. Mais, mon maître, ajouta Sancho, voyez-vous bien la flamme qui s'élève avec la fumée ? Cela m'a toute la mine d'être une des portes de l'enfer. Entendez-vous bien le sabbat qu'on y fait ? et il y aura une centaine de diables qui ne vous marchanderont pas. — Et moi, crois-tu que je les marchanderai ? dit don Quichotte. Je les attaquerai, fussent-ils cent mille. Si tu n'en veux pas être, tiens-toi à l'écart, et si par hasard je péris, mon cheval, mes armes, l'argent que je porte, tout est à toi. Adieu : tu vas voir si je sais jouer des bras, et tu jugeras toi-même si je suis digne d'avoir un chevalier errant pour écuyer. — J'en suis, j'en suis, s'écria Sancho : mon maître ne périra point sans moi. Allons, meurent les traîtres ! Adieu Thérèse, adieu mon fils, adieu Sanchina : tenez-vous gaillards : mes affaires sont bien avancées. »

Ils avançaient toujours, et entendaient un bruit terrible ; quand ils furent assez proche, ils virent quantité de gens enfumés dans un perpétuel mouvement, qui, séparés en diverses troupes, traînaient les uns de terribles poids de métal, les autres donnaient alternativement de grands coups sur de gros morceaux de même matière, et faisaient rejaillir de tous côtés mille étincelles de flammes. Un peu plus loin un torrent se précipitait d'une montagne, et faisait un canal dont les bords noirs et stériles étaient dépouillés d'arbres et d'herbe, et tout cela avait un air épouvantable. Le canal ressemblait au Cocyte, et le reste, avec quantité de fournaises enflammées, paraissait un raccourci de ces tristes et effroyables lieux où la colère du ciel exerce sa vengeance. C'est ce que don Quichotte se disait à lui-même ; mais y trouvant encore plus de matière à signaler son courage, bien loin de s'en effrayer : « Sancho, dit-il, cette aventure m'attend. Je te prie en ami et t'ordonne comme ton maître, de ne pas remuer de ta place. Si par hasard quelque démon, redoutant mon épée, s'échappe de ton côté, je te l'abandonne ; mais c'est à moi seul qu'il est permis d'entrer là-dedans. — Je le veux, dit Sancho, puisque vous l'ordonnez ; mais, mon cher maître, c'est folie de tenter cette aventure : je gagerais bien ma tête, qui est le gage d'un fou, qu'il n'y a là-dedans qu'enchanteurs et que diables. — Adieu, dit don Quichotte, mon cœur me servira de guide, et l'épée que je porte me saurait bien faire jour en des lieux plus sombres. Adieu, ami : embrassons-nous. — Monsieur, mon cher maître, dit Sancho, qui croyait que c'était le dernier adieu, je ne vous embrasserai point que vous ne me juriez, foi de chevalier, que vous reviendrez. » Et sur cela il se mit à pleurer tendrement. « Va, va, répondit don Quichotte, tout est entre les mains de la fortune ; elle me mène et me ramènera : elle en a bien ramené d'autres. » Ils s'embrassèrent, et don Quichotte ayant donné sa bénédiction au triste écuyer, commença à s'affermir sur les étriers, embrassa son écu, et, serrant sa lance, donna visière baissée jusqu'à l'entrée de cet affreux manoir. Le premier objet qui se présenta à sa valeur, ce fut trois dogues enchaînés ensemble, qui gardaient la porte, et qui s'élancèrent aussitôt contre lui. Don Quichotte méprisa d'abord le Cerbère, comme indigne de ses coups ; mais croyant être utile à tout le monde de rendre l'entrée des enfers libre, il les perça à coups de lance, et défia tous les démons. Il s'en vit dans l'instant une douzaine sur les bras ; et lui, redoublant de courage, les attaque, les pousse, les écarte, les met en fuite : « Où allez-vous, lâches ? leur cria-t-il. Arrêtez, brigands ! j'ai tué votre gardien, et vous n'avez pas le cœur de le venger. » La plupart des démons, retranchés, jetaient de loin des marteaux, des tenailles, des barres de fer enflammées ; d'autres prenaient des charbons ardents dans leurs fourneaux, et les jetaient à pleines pelles sur notre héros ; mais il était intrépide : la bonne fortune lui servait de bouclier, et, si Rossinante l'eût secondé, tout l'enfer était déconfit. « Où es-tu donc Pluton ? demandait-il, où te caches-tu ? Minos ? qu'es-tu devenu, Rhadamante? Quoi! un seul chevalier s'empare de votre domaine, et vous n'osez le défendre! Holà, canailles, dit-il à ceux qu'il attaquait, qu'on m'amène tout à l'heure Proserpine: c'est le seul moyen d'avoir la paix. Qu'on mette Ixion et Prométhée en liberté, et cette troupe infinie de malheureux qui gémissent dans les antres noirs, ou je jure, par celle qui m'anime, que je taris le Styx et le Phlégéton, et je ne sors point d'ici que je n'aie détruit non seulement vos remparts de fond en comble, mais encore tout votre sombre royaume. » Cependant il n'avait pas d'espace pour se servir de sa lance, et les ennemis s'en garantissaient en se tenant dans des lieux étroits, ou en montant jusqu'au toit, d'où ils faisaient pleuvoir sur lui tout ce qu'ils pouvaient attraper.

Le combat ayant duré plus d'une heure, Rossinante commença à s'effrayer de cet horrible tintamarre, et le feu qu'on ne cessait de jeter incessamment l'ayant tout couvert, il s'enfuit à toute bride, sans que don Quichotte le pût retenir. Il en fut mieux le maître quand il se trouva dehors, et, quand il se vit plus au large, il continua d'exciter les démons par les plus piquantes injures dont il put s'aviser; les démons acharnés commencèrent aussi à reparaître avec des fourches de fer et d'autres instruments qu'ils avaient eu le loisir de ramasser. Ils viennent en foule fondre sur notre héros qui les attendait, et lui fond sur eux avec une fureur incroyable. Il en pensa percer deux ou trois de sa lance; mais ils esquivaient en se jetant par terre. Il les bouleversa presque tous, et les croyant impénétrables parce qu'il les voyait se relever sans blessures, il se mit à songer de quelle manière il en pourrait venir à bout. Pendant qu'il y pensait, Sancho, qui le croyait perdu, s'approcha pour voir s'il n'en pourrait rien découvrir, et les démons, qui le virent paraître armé, à cheval, et la lance au poing comme don Quichotte, s'imaginèrent qu'il y en pouvait avoir d'autres, et que c'étaient des troupes qui voulaient les enlever à cause d'un meurtre qu'ils avaient commis quelques jours auparavant. Ils rentrèrent tout effrayés dans la forge, car c'en était une, et de là, se jetant les uns dans l'eau, d'autres en des endroits impraticables, ils se cachèrent si bien, que don Quichotte ne les put trouver. Sancho aperçut ceux qui étaient dans l'eau, et qui traversaient de l'autre côté, et il dit à don Quichotte : « Mon maître, les diables se noient; l'affaire est faite. »

Don Quichotte était dans une si grande fureur qu'il fit trois ou quatre fois le tour de la forge, cherchant partout une entrée, car ils avaient barré la porte en s'enfuyant, et apercevant un des forgerons qui se sauvait dans un petit bateau sur le canal : « A moi Caron, à moi! que je passe! c'est l'ombre d'Achille; je ne donne pas seulement un denier, je te donne dix pistoles. » Le forgeron ne tourna pas seulement la tête, et don Quichotte, de colère, fit tout ce qu'il put pour passer à la nage; mais Rossinante refusa. Il ne cessait de le talonner incessamment, il l'animait de la voix, lui faisant des caresses et des menaces, et il n'aurait pas quitté prise s'il n'était passé un paysan à qui il demanda s'il n'avait point trouvé les démons de cet enfer en son chemin. « Ce sont bien de vrais démons d'enfer comme vous dites, monsieur, répondit le paysan, ils font tous les jours quelque meurtre; mais ils sont bien loin s'ils courent toujours; j'en ai trouvé dix ou douze qui s'enfuient, et ils sont à cette heure au milieu de la forêt, où il n'y a que le diable qui les puisse trouver. Mais vous n'étiez guère pour les prendre : vous n'avez là qu'un de vos camarades, et ils sont plus de trente sans compter quantité de vauriens qui les viennent voir tous les jours. — C'est assez, mon ami, dit don Quichotte. Vous pouvez dire partout que le chevalier des Lions a détruit les démons et leur retraite. » Et, comme il vit qu'il n'y avait rien à faire davantage, il se retira; et c'est de la sorte que finit une des grandes aventures qu'il ait jamais eues, où, sans avoir tué que trois chiens, il fit des prodiges de valeur dignes de la plume d'un Homère et d'un Virgile.

XII

Secours que donna don Quichotte au comte Valerio et à sa femme, maltraités par des brigands.

Nos deux chevaliers continuant leur route se trouvèrent à l'entrée d'une montagne couverte de bois où ils crurent entendre du bruit, et Sancho, descendant de cheval, se mit à raccommoder sa selle, qui tournait faute d'être bien sanglée. « Tu m'attendras là, si tu veux, lui dit le héros; sinon regarde le chemin que je vais prendre. » Sancho le laissa faire à tout hasard, les montagnes et les forêts n'étant pas tout-à-fait de son goût.

Don Quichotte ayant pris les devants avança du côté des bois, et il n'y fut pas plus tôt entré qu'il aperçut deux hommes de fort mauvaise mine qui, le voyant venir, prirent la fuite : il les appela, ils ne répondirent point. Ils doublèrent le pas, coupant dans le plus épais du bois, où un cheval ne pouvait entrer. Après avoir bien tourné de tous côtés pour les découvrir, il s'abandonna dans un sentier qui le mena sur le bord d'une roche escarpée, d'où regardant en bas il aperçut une femme attachée à un arbre, les cheveux en désordre, les habits déchirés, avec d'autres marques qu'on lui avait fait d'étranges violences. Touché de compassion, il cherchait le moyen de descendre au bas de la roche pour donner du secours à cette femme, dont les gémissements faisaient bien voir qu'elle avait une douleur profonde. Dans le temps qu'il courait de toutes parts il crut entendre crier Sancho, et il s'arrêta pour mieux juger d'où venait la voix; et comme il voulait répondre, il entendit distinctement : « A nous! à nous! aux voleurs! aux voleurs! »

A cette parole don Quichotte se tint alerte, observant s'il pouvait découvrir quelqu'un, et il vit venir presque sur lui un homme qui s'échappait et qui n'avait pu le voir, parce que le chemin allait toujours en tournant. « Arrête, dit don Quichotte. » L'autre voulut retourner sur ses pas, mais se voyant pressé par notre chevalier, qui le talonnait de près, il revint à lui l'épée à la main. Cet homme avait tellement l'air d'un scélérat, que don Quichotte ne crut pas devoir le ménager; il lui porta un coup de lance qui lui perça le bras droit, avançant toujours sur lui pour lui faire passer son cheval sur le corps. Cet enragé, qui avait abandonné son épée ne pouvant plus s'en servir, lui tira un coup de pistolet, qui ne fit que glisser sur sa cuirasse, et anima tellement notre héros qu'il résolut de ne lui faire aucun quartier. Sancho arriva dans le même temps, et le misérable se trouvant enveloppé, fit des efforts incroyables comme un homme qui se jugeait perdu.

Don Quichotte et Sancho le tenant en état de ne pouvoir échapper l'arrêtèrent, et l'ayant lié le menèrent devant eux, et comme il s'aperçut qu'ils allaient descendre vers le bas du rocher, il se mit à faire des cris et des hurlements effroyables. Au bruit accoururent de loin trois chevriers qui gardaient là autour leurs troupeaux, et don Quichotte voyant qu'ils n'osaient avancer les rassura en leur criant : « Approchez, approchez, la bête est prise. » Ils regardèrent cet homme lié avec le bras pendant et tout en sang, et ils dirent à don Quichotte : « Vous avez fait là une belle capture, seigneur; il y a longtemps que ce voleur rôdait dans ces environs, et on trouve tous les jours des gens égorgés. — Où est le reste de votre compagnie? demandèrent les chevriers à don Quichotte, le prenant pour prévôt. — Ils ne sont pas loin, mes enfants, dit Sancho, et vous verrez demain ce bois-là bien net, je vous en réponds. » Les chevriers se chargèrent de la conduite de ce misérable, qui tout lié et tout blessé qu'il était, leur donnait bien de la peine; il voulut même s'aller jeter dans un précipice, et s'il en eût été plus proche il l'eût fait malgré eux et les y aurait entraînés; mais ils lui donnèrent tant de coups et le lièrent si serré, qu'il ne pouvait se remuer. Ils arrivèrent tous en même temps au bas de la roche où ils virent la dame liée; et don Quichotte courant à elle pour couper ses liens il parut un ours, la gueule sanglante, dont la vue l'obligea de se tenir sur ses gardes. Toute la troupe en fut épouvantée, et Sancho, l'étant plus qu'il ne le disait, se tint tout auprès de son maître, faisant néanmoins assez bonne contenance. Mais l'ours, effrayé de tant de gens, s'enfuit.

Don Quichotte s'approcha de la dame, et se jetant à terre coupa les cordes dont elle était attachée, en lui disant : « Le ciel a pitié de vous, madame, et il venge l'outrage fait à votre personne, car je suis bien trompé si ce brigand n'est un de vos assassins. » Cette dame remercia don Quichotte avec beaucoup de reconnaissance, mais avec un air qui faisait bien voir qu'elle avait autre chose à souhaiter que la liberté qu'il lui avait rendue; puis jetant les yeux sur ce misérable qui détournait les siens : « Ah ! s'écria-t-elle, ôtez-moi ce monstre de devant les yeux; il n'y a pas assez de supplices pour expier l'horreur de ses crimes. » Don Quichotte le fit attacher au même arbre d'où on l'avait détachée, et celle-ci, appuyée sur don Quichotte et jetant de grands soupirs, lui montra de la main un homme bien vêtu étendu sur la poussière et nageant dans son sang : « Voilà, dit-elle au brigand, le comble de tes crimes, infâme ! Quelle fureur t'a poussé à dérober la vie de ton maître ? Ah ! cher Valerio ! ajouta-t-elle, ah ! triste et malheureuse Eugénie ! » A ces paroles elle se laissa tomber auprès du corps malgré don Quichotte qui la soutenait, et ils parurent tous deux sans vie ainsi que sans mouvement. Don Quichotte et Sancho étaient consternés, et Sancho mourait d'envie d'achever le perfide qui causait tant de malheurs ; mais don Quichotte lui dit qu'il fallait bien s'en donner garde, et qu'ils servirait à donner des éclaircissements. Un des chevriers courut promptement à quarante pas de là et apporta une tasse d'eau fraîche qui fit revenir Eugénie. Don Quichotte tâchait de la consoler et lui donna quelques espérances ; mais elle faisait bien voir qu'elle n'avait plus rien à espérer, et elle répandait tant de larmes et jetait tant de soupirs entrecoupés de sanglots, que tous les spectateurs en étaient dans une douleur profonde. Les chevriers prièrent don Quichotte de venir chez eux parce qu'il ne restait pas une heure de jour, qu'ils le recevraient le mieux qu'il leur serait possible, et qu'il ne faisait pas sûr dans ces bois à l'heure où les voleurs s'y rassemblent.

Heureusement la blessure de Valerio, l'époux d'Eugénie, n'était pas mortelle, quoique profonde ; un chirurgien appelé à la hâte, en étancha le sang et y posa un premier appareil. Valerio revint à lui, remercia son généreux libérateur, bénit le ciel de lui avoir conservé son épouse, et le lendemain, porté sur un brancard, il fut conduit au château de Rybeyra qui lui appartenait. Sur ses vives instances don Quichotte consentit à l'accompagner ; l'assassin avait été remis entre les mains de la justice. Don Quichotte, arrivé à la demeure de don Valerio, n'eut pas besoin des visions de la chevalerie pour s'imaginer que c'était un château ; il avait quatre portes et un pont-levis avec quelques pièces de campagne qui en défendaient l'entrée. « Seigneur, lui dit Sancho, voilà un château ; mais pourquoi n'y a-t-il pas de nains sur le donjon ? » Don Quichotte répondit : « C'est qu'ils savent bien que ce sont leurs maîtres qui arrivent ; et ils ne veulent point faire de bruit, de crainte de lui faire mal à la tête dans l'état où il est. — Mais ne devraient-ils pas sonner pour nous, qui sommes chevaliers errants ? répliqua Sancho ; pourquoi perdre les bonnes coutumes ? Je m'imagine, continua-t-il, qu'il ferait bon là-dedans si le seigneur n'était point malade. — Tu penses toujours à tes commodités, dit don Quichotte. — Ma foi, seigneur, je n'ai que faire de penser aux incommodités, repartit Sancho, elles viennent assez d'elles-mêmes ; si on n'était chevalier errant que pour être mal à son aise, le monde n'en serait guère peuplé ; et puisqu'il faut avoir la résolution de souffrir les mauvaises rencontres, il faut aussi se résoudre à souffrir les bonnes. N'est pas marchand qui toujours gagne, et encore moins qui toujours perd. »

Ils se trouvèrent tous à la porte du château, et don Quichotte entra dans la basse-cour, où il descendit de cheval pour aller donner la main à Eugénie, qu'il conduisit à sa chambre. Grand nombre de valets prirent les chevaux, et les officiers de la maison vinrent dire à Sancho qu'il y avait des chambres préparées, et qu'il pouvait choisir pour lui et pour le seigneur qu'il accompagnait.

Il répondit que le seigneur chevalier des Lions serait bien aise qu'ils couchassent en même chambre, et que puisque le seigneur Valerio avait tant de courtoisie, il le priait de lui en donner une à deux lits. On le mena en même temps dans une grande chambre à alcôve, richement meublée, toute dorée et pleine de peintures; on lui dit que c'était celle qu'on destinait au seigneur qu'il venait de nommer, et que s'il le voulait absolument, on y mettrait un lit de camp pour lui, mais qu'il y avait des chambres de reste, et que madame la comtesse, qui avait tant d'obligations au seigneur chevalier, ne consentirait point qu'il fût incommodé chez elle. L'officier demanda encore à Sancho de quel ordre était le chevalier, et Sancho dit qu'il s'appelait don Quichotte de la Manche, chevalier errant, l'ornement de l'Espagne et la gloire du monde; puis comme on apporta du vin, il se mit à boire cinq ou six coups, et obligea l'officier d'en faire autant. Sancho, qui ne buvait jamais sans se mettre en bonne humeur, et qui n'était jamais en bonne humeur sans jaser, en dit de toutes sortes. Il raconta les prouesses de son maître, et n'oublia pas les siennes, ajoutant qu'il était aussi armé chevalier, et que si les enchanteurs ne les persécutaient point, il y aurait longtemps qu'ils seraient sur le trône, mais que ce qui est différé n'est pas perdu. L'officier était d'abord tout étonné de ce que disait Sancho, ne sachant ce qu'il en devait croire; mais se souvenant de ce qu'il avait vu dans l'histoire de don Quichotte de la Manche, qui était encore dans le château, il s'avisa que ce pouvait bien être là les originaux dont il avait la copie. Pour mieux s'en assurer, il demanda à Sancho s'il y avait longtemps qu'il exerçait la profession de chevalier, et comment il s'appelait. Sancho raconta tout ce qui pouvait faire honneur à don Quichotte et à lui; mais il se donna bien de garde de parler de la berne, des Yangois, du baume de Fier-à-Bras, et de tous les autres incidents qui ne lui avaient pas réussi. Il dit seulement que don Quichotte avait quitté l'exercice de la chevalerie, de dépit de ce que son cheval s'était abattu en combattant contre le chevalier de la Blanche-Lune; qu'il avait été malade depuis, et que lui qui parlait, l'avait animé à chercher encore des aventures; que pour lui, il s'appelait don Sancho Pança; et qu'il avait déjà eu pour sa part trois aventures, qui aideraient à continuer leur histoire. L'officier n'en demanda pas davantage : il promit de faire apporter un lit dans la même chambre, et dit à Sancho qu'il avait ordre du seigneur comte et de la comtesse, de ne les laisser manquer de rien, et de les servir avec le respect qui leur était dû. Don Quichotte entra en même temps conduit par un page; et l'officier s'en alla tout aussitôt apprendre à sa maîtresse ce que c'étaient que ses hôtes.

XIII

Exploits et gestes de Sancho.

Don Quichotte ne fut pas plus tôt dans sa chambre que pour se défaire du page, il lui demanda à l'oreille s'il n'y avait pas moyen d'avoir un rasoir. Le page dit qu'il en allait quérir un, et don Quichotte adressant la parole à Sancho : « Que dis-tu de cette maison et de nos hôtes ? — Ce que j'ai déjà dit, répondit Sancho, qu'il y doit faire bon : voici encore des ducs et des duchesses ; quel bâtiment ! quels meubles ! et combien de gens ! — Es-tu toujours dégoûté de la chevalerie ? reprit don Quichotte. — Quand elle nous fait bon visage, repartit Sancho, il faudrait être fou pour ne pas le lui rendre ; mais quand elle rechigne, ma foi, je lui fais aussi la moue. Pour moi, je suis naturel comme un âne qui sourit aux chardons, et baisse les oreilles quand on le frappe. — Enfin, Sancho, dit don Quichotte, nous recommençons à voir bonne compagnie. Et puis à peine sommes-nous en campagne, que voilà sept ou huit aventures. — J'en ai deux pour ma part, repartit Sancho, que je ne donnerais pas pour la bataille de Leuctres et celle de Salamine. — Et tu en as deux autres que je ne te conseillerais pas de changer pour le combat d'Amadis avec l'Endriague, et pour celui d'Aquilant et de Griffon avec le monstrueux Horrile. »

La conversation n'en serait pas demeurée là, mais il vit entrer trois ou quatre hommes dans sa chambre, avec deux bassins d'argent et autant d'aiguières ; et un valet de chambre, avec un bonnet à la main, lui dit qu'il aurait l'honneur de lui faire la barbe. Don Quichotte, tout plein de courtoisie, s'en défendit quelque temps ; mais enfin, après s'être désarmé, il se laissa mettre une robe de chambre de brocart d'or, et après lui avoir donné quatre coups de peigne, ce qu'il avait de cheveux n'en demandant pas davantage, on le rasa ; on le força de prendre une belle chemise ; on le pommada, on le frisa, on lui retroussa la moustache, on lui mit de la pommade noire dans les endroits où elle blanchissait, et puis après l'avoir parfumé, on l'habilla. On le mena dans une galerie de peinture, et de là dans les jardins, pendant qu'on fit à peu près les mêmes cérémonies à Sancho, qui souffrit tout avec beaucoup de patience ; patience assez nécessaire, car sa barbe, épaisse et rude, pensa user trois ou quatre rasoirs : on en coupa bien de quoi faire une paire de vergettes. Cette opération terminée, il demeura en habit vert, mit sur son chapeau la plume qu'il portait sur son casque, puis il alla joindre son maître, après avoir visité tous les appartements, et dit son sentiment des peintures, prenant l'histoire de Tobie avec l'Ange qui le guidait, pour une Annonciation ; et celle de Judith et d'Holopherne, pour la Décollation de saint Jean.

Après qu'ils se furent quelque temps promenés, accompagnés de l'intendant, on vint leur dire qu'on avait servi, et que madame la comtesse les attendait,

Sancho s'amusait à considérer des poissons dans un bassin, badinant avec un bâton, et comme il tournait la tête pour voir qui l'appelait, son chapeau tomba dans l'eau, d'où il essaya de le tirer avec son bâton. Cependant don Quichotte, qui ne le voyait point venir, l'appela deux ou trois fois, et Sancho, se baissant avec précipitation pour prendre son chapeau, tomba lui-même dans le bassin. Heureusement pour lui qu'il n'y avait qu'un pied et demi d'eau; pesant et maladroit comme il l'était, il n'en serait pas revenu. Au bruit qu'il fit en tombant, don Quichotte tourna la tête, et ne le voyant plus, accourut au bassin d'où on tira le pauvre Sancho avec bien de la peine, parce qu'il ne s'aidait point, tant il était troublé de voir son habit vert tout gâté, et de ce que cet accident lui arrivait sur le point de se mettre à table, et à la vue de cinq ou six témoins. Mais, qu'y faire? on l'emmena dans une chambre où on lui fit bon feu; et la comtesse, apprenant sa disgrâce, lui envoya témoigner son déplaisir, et accompagna le compliment d'un habit de chasse de son mari, ce qui le consola un peu. Il avait si grande honte, qu'il n'osait se présenter devant la comtesse; mais comme on lui dit qu'elle le demandait, il alla dans sa chambre tout déboutonné, parce que l'habit était trop étroit, et sans chapeau, le sien n'étant pas encore sec. La comtesse lui dit des choses très-obligeantes sur son accident, et il lui répondit qu'il se trouvait trop heureux de ce qu'elle y prenait intérêt, et qu'il regrettait presque de ne s'être pas noyé pour son service. Elle voulut le faire mettre à table, il s'en excusa; et sitôt qu'on eut achevé de dîner, il alla dans la chambre des officiers, avec qui il se dédommagea de la disgrâce qui venait de lui arriver, mangeant son soûl, et parlant de même.

Après le dîner, la comtesse l'envoya prier de venir voir Valerio, et il y alla avec un chapeau que lui donna un valet de chambre, et une plume rouge qui en faisait le tour, et avec une écharpe d'argent qui soutenait son cimeterre. Il entra comme un Cid, marchant d'un air fier et noble, autant que ses jambes cagneuses le purent permettre, la main sur la garde de l'épée. Sitôt qu'il parut, Eugénie alla au-devant de lui, et, le prenant par la main, le présenta à Valerio : « Voilà, dit-elle, un de mes libérateurs et des vôtres. »

Valerio, qui avait déjà fait à don Quichotte tous les compliments qu'il méritait, en fit aussi à Sancho, comme membre de la chevalerie errante. Sancho prit son air grave, autant qu'il put; la qualité des hôtes, l'accident qui venait d'arriver et la manière dont on le traitait, et surtout la présence de don Quichotte, ne lui permettant pas de s'abandonner à ses manières ordinaires, il répondit avec la courtoisie naturelle aux chevaliers errants : « Monseigneur, je n'ai point été assez heureux pour vous rendre service, je ne suis que témoin de ceux de monseigneur don Quichotte; mais la joie que j'éprouve de ce que tout a si bien réussi, m'y donne toujours quelque part, et s'il se trouvait des occasions de faire voir mon courage, vous ne vous repentiriez pas des bontés que vous me témoignez. » Eugénie prit la parole, et dit à Sancho : « Je sais bien la part que vous avez, seigneur chevalier, au salut de Valerio et au mien, je ne l'oublierai jamais, et je puis vous dire par avance, de sa part et de la mienne, que vous pouvez disposer de tout ce que nous possédons. — C'en est trop, madame, repartit Sancho, je suis trop heureux de l'honneur de vos bonnes grâces. » La conversation continua toujours avec la même politesse jusqu'au moment où l'on vint avertir qu'il se présentait un grand nombre de cavaliers et de dames pour offrir leurs compliments à Valerio et à Eugénie sur l'aventure qui leur était arrivée. Don Quichotte fut prié par ses hôtes de les aider à faire les honneurs de la maison, et il s'en acquitta avec beaucoup d'esprit et en homme qui connaissait parfaitement le monde et tous ses usages. Il reconduisit les dames à leurs carrosses ou à leurs litières, ou les aida à monter sur leurs haquenées, sans qu'on sût qui il était, parce qu'Eugénie ne voulut point qu'on le dît, mais seulement que c'était un gentilhomme de leurs amis à qui ils avaient des obligations extrêmes.

Le lendemain, don Quichotte causait avec Eugénie et Valério, quand arriva Sancho, qui se jeta aux pieds de la comtesse, imitant ce qu'il avait vu faire à son maître en pareille occasion, et lui dit en haussant la voix : « Je me jette à vos deux pieds, sublime dame, et ne m'en relèverai pas d'ici au jugement dernier que votre courtoisie ne m'ait accordé un don. »

Don Quichotte était bien embarrassé, il craignait quelque impertinence, parce que Sancho ne lui avait point dit son dessein, et l'air dont il s'y prenait avait quelque chose d'extraordinaire. La comtesse, voyant Sancho dans cette humble posture, voulut le relever : « Je meurs de honte, dit-elle, seigneur chevalier, de voir à mes pieds la valeur et la courtoisie mêmes. — Je ne me relèverai point, madame, s'écria Sancho, je ne quitterai point cette position. » Valerio conseilla à la comtesse d'accorder au chevalier ce qu'il demandait. « Je vous accorde votre demande, seigneur chevalier, dit-elle. » Et Sancho continua ainsi en détachant son écharpe : « Noble dame, quand je fus armé chevalier, il n'y eut point de dame pour me ceindre l'épée et me chausser l'éperon, parce que nous étions dans un château ruiné, habité par un pauvre seigneur et des enchanteurs. Ayez donc, s'il vous plaît, l'honneur de me ceindre l'épée. » Eugénie le fit avec mille remerciments à Sancho de l'avoir choisie, entre tant d'autres, pour une aussi agréable cérémonie. Il voulut aussi aller chercher un éperon ; mais don Quichotte lui fit observer que puisqu'il voulait faire les choses dans les règles, il fallait recourir à une autre dame. Il se leva donc, et après un compliment assaisonné de toute la politesse de la chevalerie errante, il dit à la comtesse : « Le don que je vous demande maintenant, madame, c'est que tant que j'aurai l'honneur d'être dans votre château, vous me permettiez de soutenir dans tous les environs, que votre beauté surpasse celle de toutes les dames de tous les chevaliers qui sont dans le monde, Maures, Indiens, Grecs, Andalous et autres. — Vous me rendez trop glorieuse, seigneur chevalier, dit Eugénie, je ne prétends pas remporter le prix de la beauté sur tant de nations différentes. — Fiez-vous-en à moi, repartit Sancho, je vous le ferai bien remporter, quand tous les démons d'enfer, hommes et femmes, s'y voudraient opposer. — Je me mets entre vos mains, dit la comtesse.—Touchez là, madame, dit Sancho, lui tendant la main, et croyez que jamais vous n'aurez vu tant de prouesses. »

Sancho était fort content de ce qu'il venait de faire; il remarquait une grande différence entre lui et son maître, qui n'avait reçu l'épée que d'une servante d'hôtellerie, pendant que c'était une comtesse qui venait de lui ceindre l'épée et de recevoir son hommage. Il trouvait bien d'autres différences encore, dont il tirait beaucoup d'avantages. Il confessait que jusqu'ici don Quichotte était plus noble que lui, qu'il était plus grave et savait mieux le métier; mais qu'aussi il était plus jeune, et que le temps découvrirait bien des choses. Il ajoutait que don Quichotte était un homme d'esprit, mais qu'il était trop sérieux, d'une humeur sombre, et meilleur pour l'église que pour le monde; que pour lui, il était toujours de bonne humeur, plaisant et agréable, et que tout le monde riait de ce qu'il disait, au lieu qu'il n'avait jamais vu personne rire des paroles de son maître. En un mot il ne prétendait lui céder que sur deux ou trois points et l'emporter sur tout le reste.

XIV

Qui contient une des plus terribles aventures qui soient arrivées à Sancho.

Don Quichotte et Sancho se retirèrent dans leur chambre, après avoir donné le bonsoir à Valerio, et la comtesse ordonna au maître d'hôtel qu'il eût deux chasseurs prêts de grand matin, pour observer Sancho de loin, et lui donner du secours en cas qu'il se trouvât pressé dans les aventures qu'il entreprendrait, et que lui-même allât aussi l'observer à son loisir. Don Quichotte voulut entrer en conversation avec Sancho, auquel il n'avait rien dit de toute la journée; mais Sancho, qui avait fait quatre bons repas et bu largement à chacun, mourait d'envie de dormir; et dit à son maître : « Seigneur, je ne refuse point le travail, comme vous voyez, mais il faut se nourrir pour mieux résister à la fatigue. — Est-ce que tu as faim? demanda don Quichotte. — Non pas faim de manger, répondit-il, mais de fermer l'œil. Ce n'est pas tout que de manger, il faut aussi dormir; ce qu'on mange nourrit le corps, le sommeil le délasse. Il est déjà tard, et je prétends être à quatre heures en campagne. — Et moi, dit don Quichotte, que ferai-je ici pendant que tu vas signaler ton courage? — Ah! c'est vrai, dit Sancho, je vous plains : vous ferez bonne chère, vous vous promènerez dans de beaux jardins, on vous rendra mille honneurs; mais vous n'attraperez pas de horions, ce sera le pauvre Sancho qui aura la gloire d'être roué de coups; mais, seigneur, il faut prendre patience, c'est la vertu des chevaliers. »

Pendant cet entretien, Sancho se déshabillait, et il n'eut pas plus tôt fait qu'il se jeta dans son lit en disant : « Bonsoir, mon maître, si je suis bien frotté, ce sera pour moi, et si je remporte la victoire, elle sera moins à moi qu'à vous, car je ne suis qu'un des membres dont vous êtes le chef. » Il dit encore au laquais qui les servait : « Enfant, voilà mon justaucorps; portez-le, je vous prie, à monsieur le maître d'hôtel, et dites-lui qu'il est trop étroit, que je voudrais bien qu'il l'élargît, et me le rendît sur les trois heures. » Don Quichotte fit observer qu'il ne fallait pas traiter si familièrement des officiers d'importance. « Seigneur mon maître, répondit Sancho, dans les châteaux les plus grandes dames prennent soin des chevaux des chevaliers errants, les officiers ne seront pas déshonorés de raccommoder leurs habits; et pour qui vais-je me lancer dans les aventures? Bonsoir, bonsoir, monseigneur, les auvents de mes yeux sont abattus, je ne vois plus goutte. » Un moment après il se mit à ronfler.

Il était environ trois heures du matin, quand don Quichotte s'éveilla; il ne manqua pas d'appeler aussitôt Sancho, lui reprochant qu'il dormait bien tard, pour un chevalier qui s'était engagé d'aller chercher les aventures. « Seigneur, répondit Sancho mal éveillé, si les aventures sont pressées, qu'elles prennent le devant, sinon qu'elles attendent. Après tout, une heure plus tôt, ou une heure plus tard, ne fait pas le chevalier. — La chevalerie est un métier où l'on doit être toujours sur ses gardes, dit don Quichotte : toi, tu mangerais six heures du jour, et dormirais les dix-huit autres. — Croyez-vous que j'en serais plus maigre? repartit Sancho; je crois que volontiers vous aimez à prêcher, mais qui suivrait vos conseils, pourrait bientôt, à votre exemple, devenir sec comme une momie. Quand j'aurai une dame de mes pensées, je passerai la nuit à songer à elle, je ferai des vers, je ne boirai ni ne mangerai, mais jusque-là je suis résolu de me donner du bon temps. » Enfin il se trouva revêtu de son armure et dit à don Quichotte : « Hé bien, seigneur, ne me voilà-t-il pas debout avant le soleil et avant le chevalier des Lions, malgré toute sa vigilance? mais seigneur, que honte ne vous fasse point dommage : dormez-moi tant qu'il vous plaira, vous qui n'êtes lié par aucun engagement. » Don Quichotte se sentit quelque peu humilié de ce que Sancho venait de dire, et l'ayant vu monter à cheval avec une contenance gaillarde, il enviait sa bonne fortune.

Sancho partit seul et de grand matin, se représentant mille choses qu'il n'avait pas envisagées d'abord. Ce fut bien pis quand il se vit dans la forêt, dont il avait pris le chemin, et que le jour précédent il avait marquée comme une pépinière d'aventures et comme le théâtre où il voulait se signaler. Il n'eut pas marché un quart-d'heure, qu'il s'enfonça dans un taillis où les arbres étaient si grands et si épais, qu'il ne voyait plus goutte; mais il fut terriblement effrayé quand il crut entrevoir devant lui un cavalier d'une taille extraordinaire, monté sur un puissant cheval. Il songeait à l'éviter, sans trop savoir comment, car ils étaient si proche l'un de l'autre, que leurs chevaux se touchaient de la tête. « Qui va là, cria le cavalier d'une voix enrouée; qui arrête la marche de mon cheval? — Personne ne l'arrête, répondit Sancho tout tremblant. — Ah! c'est vous, ami Sancho? dit le chevalier. — Oui, c'est moi, répondit-il un peu rassuré, mais je ne sais qui vous êtes. — Suivez-moi, dit le cavalier, je vous cherche depuis longtemps. » Il sonna aussitôt du cor, et en même temps on lui répondit de sept ou huit endroits de la forêt, ce qui redoubla la frayeur du pauvre aventurier. « Seigneur chevalier, dit-il, appelez-vous vos gens? si vous êtes ici pour combattre, je suis seul, n'en faites donc pas venir d'autres, ou trouvez bon que j'aille quérir mon second. — C'est pour les éloigner que j'ai sonné du cor, dit le cavalier. Quant au combat que j'ai à vous livrer, il sera de seul à seul, et vous n'avez nulle supercherie à craindre. — Et d'où êtes-vous, chevalier, demanda Sancho, et comment savez-vous mon nom? — C'est que la Renommée tient registre de tous les braves, répondit le cavalier, et j'y ai lu le vôtre en gros caractères. Depuis ce temps-là, je vous ai cherché, sans manger ni dormir, dans tous les recoins de la terre habitable, pour m'illustrer en vous combattant. — Mais qu'est-ce donc que cette Renommée dont vous me parlez? demanda Sancho. — C'est une certaine déesse, qui a cent yeux et cent oreilles: elle voit tout, elle entend tout. Elle a aussi des ailes qui la transportent partout, et cent bouches pour annoncer tout ce qu'elle a vu ou entendu. Elle est de mes amies, et pour l'amour de moi, elle s'arrête bien deux heures sur terre. — C'est sans doute cette messagère-là, dit Sancho, qui en a déjà raconté sur moi et sur un autre chevalier, ce qui ne doit pas surprendre; car que ferait-elle de ses cent bouches si elle ne jasait à tort et à travers. Ma femme n'en a qu'une, non plus qu'une certaine gouvernante de ma connaissance; et par ma foi, elles l'ont toujours ouverte, et hors le temps qu'elles boivent, on les entendrait d'une lieue. »

En cet endroit le chemin s'élargissant, et le bois devenant plus clair, Sancho eut le loisir de voir le chevalier et de le considérer: c'était un homme qui paraissait avoir sept pieds de haut, vêtu d'une grande robe noire avec des rebords rouges; une grosse ceinture noire, qui lui entourait tout le corps, soutenait un grand cimeterre de quatre doigts de large, lequel cimeterre ainsi que le fourreau étaient aussi noirs que le reste: il avait sur la tête un bonnet noir, très-haut, garni d'une peau de renard, et surmonté d'une grande plume noire; enfin il montait un cheval noir d'une taille monstrueuse. Cet équipage lugubre et ce large cimeterre propre à fendre un bœuf en deux, ne parurent point de bon présage à Sancho, et il mourait d'envie de voir le chevalier en face, pour savoir si sa physionomie ne promettait point quelque chose de plus humain. Ils arrivèrent dans un grand espace vide, où il n'y avait que du gazon, et le cavalier dit à Sancho: « Voici un endroit bon pour combattre; si vous voulez, nous nous exercerons une ou deux heures. — Vous n'avez pas de lance, dit Sancho. — Je n'en porte point, dit le cavalier, si ce n'est celles des chevaliers que j'ai désarmés. — Et moi, dit Sancho, je ne commence jamais de combat que par la lance; celui qui m'a armé chevalier m'a assuré que telle est la coutume des chevaliers errants. — N'importe, dit le cavalier, je combattrai avec le cimeterre; » et en même temps il le tira et le fit briller aux yeux de Sancho: « Vous voyez ce petit instrument, dit-il, il vient de Brandafidel, auquel il servit à nombre de prouesses du temps de Roland, et je crois bien avec ce cimeterre avoir coupé plus de deux mille lances du premier coup. » En ce moment Sancho vit le visage du cavalier, et il en pensa tomber à la renverse; jamais de sa vie il n'avait été si effrayé. Le cavalier avait un visage monstrueux avec un nez qui lui pendait deux doigts au dessous de la bouche et lui couvrait une partie de la figure, laquelle était toute noire comme du jais; il avait d'épais sourcils, les yeux rouges et menaçants, une barbe touffue qui lui descendait jusqu'à la ceinture. Il regardait fixement Sancho, qui n'osait l'envisager : « Hé bien, chevalier, lui dit-il, combattons-nous? on dirait que vous n'en avez guère d'envie. — Rien ne presse, répondit Sancho, il y a plus d'une heure au jour, et puis nous n'avons pas réglé les conditions du combat. — Y a-t-il d'autres conditions, repartit le cavalier, sinon que celui qui sera vaincu demeurera à la discrétion du vainqueur? — Avez-vous une dame? demanda Sancho; car pour moi je suis ici pour soutenir que madame la comtesse est la plus belle personne de l'Orient et de l'Occident; et si je vous renverse de cheval, ou si je vous tue, vous serez obligé de confesser que votre dame n'en approche pas de cent piques, et vous l'irez avouer vous-même à madame la comtesse. — Pour des dames, je n'en manque pas, répliqua le cavalier, la terre est assez grande, et j'en connais une centaine qui ne le cèdent en rien ni à comtesse, ni à princesse, ni à impératrice. Mais descendons de cheval, ajouta-t-il, et, en causant une demi-heure ensemble, nous conviendrons des lois de notre combat. » Le cavalier se jeta aussitôt à terre, et parut un géant. Sancho descendit aussi, et ils s'assirent l'un auprès de l'autre. « Avez-vous déjeuné, chevalier? demanda le cavalier. — Et comment diable aurais-je déjeuné, repartit Sancho, le soleil est à peine levé, et il y a une heure que je suis à cheval. — Pour moi, j'ai faim, dit le cavalier, je n'ai rien mangé depuis que je vous cherche, et si vous voulez nous mangerons un morceau, et nous en aurons plus de vigueur. » Tout ce qui éloignait le combat faisait plaisir à Sancho : il consentit au déjeuner. « Mais où le prendre? dit-il. — Où le prendre? reprit le cavalier : depuis que vous êtes dans la chevalerie, n'avez-vous eu encore ni enchanteur ni fée qui vous secoure au besoin? Holà, cria-t-il, Rebarbaran, qu'on nous serve! » Aussitôt une espèce de satyre tout velu passa devant eux, faisant une grande cabriole au lieu de révérence, et le cavalier dit à Sancho que tout était prêt. Ils s'avancèrent sept ou huit pas dans le bois, et ils trouvèrent à boire et à manger en abondance, et trois satyres pour les servir.

Sancho se sentit tout rassuré par ce spectacle, quoique pourtant ces étranges figures ne fussent pas trop de son goût. Cependant il mangea comme à son ordinaire, avec appétit. Il pria de nouveau son noir cavalier de lui dire son nom. « Vous n'en serez guère plus avancé, répondit celui-ci, car je suis bien assuré que vous ne me connaissez pas; mais il ne faut pas refuser de vous satisfaire sur ce point : je m'appelle Parafaragaramus. — Ah! seigneur Parafaragaramus, je vous connais de reste, et c'est moi qui suis cause que mon

Le cocher était un démon hideux, et comme le chariot était découvert on pouvait faire à son aise l'inventaire de ce qu'il renfermait

maître s'est accommodé avec vous. — Est-ce que vous avez un maître? dit le cavalier; les chevaliers n'ont que des compagnons. — Et qui a compagnon n'a-t-il pas maître? repartit Sancho. — Vous avez raison, dit le cavalier; votre compagnon n'est-il point le seigneur don Quichotte de la Manche? — C'est lui-même, dit Sancho, dont le nom est assez connu dans l'univers. — Oui, répondit le cavalier, mais il me semble qu'il passe pour un homme original. — Il y a des gens mal polis, repartit Sancho, qui disent qu'il est fou, et ils ne s'expriment guère mieux sur mon compte. Mon maître a véritablement des visions, mais il est brave, affable, plus savant qu'un bénédictin, et il ne fait jamais de mal à personne. Pour ses visions je ne sais trop qu'en penser, car j'ai vu tant de choses, que je ne sais plus quel parti prendre : mais seigneur Parafaragaramus, qui sait mieux que vous ce qui en est? — Il est vrai, dit le cavalier, que la plupart des gens n'y entendent rien : on ne veut pas croire aux chevaliers errants, quoique toute la terre en fourmille.

— Êtes-vous de leurs amis? reprit Sancho. — Quand ils le veulent, répondit le cavalier; et quand ils ne le veulent pas, je leur donne bien du fil à retordre. — Au moins, dit Sancho, vous êtes des nôtres, le contrat est signé; et ainsi je vous prie, par l'amitié qui est entre nous... — Seigneur chevalier, interrompit l'enchanteur, je vois bien que vous ne vous sentez pas encore bien disposé pour notre combat, et que vous avez encore besoin de vous fortifier l'estomac avant que nous songions sérieusement à nous couper la gorge. — Pardi! vous ne l'entendez pas mal, mon compère, dit Sancho, portant le verre à la bouche, pour moi, je ne saurais faire tant de métiers à la fois, et je ne suis pas prêt à me lasser de celui qui m'occupe maintenant. — Ah! vraiment! vous me semblez assez familier, répliqua l'enchanteur : me trouvez-vous d'assez bon air pour être votre compère, et songez-vous que vous n'avez encore qu'un pied dans la chevalerie errante? — Hé où diantre serait donc l'autre, car je n'en ai encore ni perdu ni donné en gage, que je sache, et ils me sont quelquefois si utiles, que j'en souffrirais volontiers quatre, si je m'en savais servir aussi bien qu'un lièvre. Mais venons au fait, je vous prie, monseigneur, puisqu'à tous seigneurs tous honneurs, est-ce que vous croyez que j'aurais assez peu de loyauté pour me battre contre vous, après ce qui vient de se passer entre nous? Oh, vraiment, il faudrait tout au moins avoir bien digéré pour donner le temps à la colère de venir; et il pourrait se faire, si ma bile était une fois échauffée, que vous n'en sortiez pas aussi bon marchand que vous le pensez. — C'est ce que nous allons voir tout à l'heure, dit l'enchanteur, feignant d'aller prendre son épée. — Rien ne presse encore, dit Sancho, et après un repas comme celui-ci, il faut au moins laisser couler vingt-quatre heures; mais pour vous parler franchement, vous devez bien croire que je n'ai pas endossé le harnais de chevalier sans avoir fait bonne provision de courage, tellement qu'entre vous et moi, dit-il en baissant la voix, je ne désespère pas, une fois avant de mourir, de l'éprouver tout de bon contre mon maître, si l'occasion s'en présente. Comptez seulement que je ne me battrai jamais contre vous, du moins de bon gré, tant que je n'aurai pas appris de lui comment on doit se comporter en pareille rencontre. Je suis absolument résolu de le consulter avant que de rien entreprendre contre un de ses meilleurs amis, comme vous vous êtes engagé de l'être par écrit; mon peu d'expérience ne me permet pas d'être encore aussi bien instruit que lui des règles de notre profession, et je ne veux pas m'exposer à y contrevenir par mon ignorance. Quant à mon maître, je suis assuré qu'il les connaît et les observe toutes, et qu'au besoin il saurait même suppléer au cérémonial de l'ordre. »

Sur ces entrefaites, ils entendirent un grand bruit de chevaux, avec un cliquetis d'épées, qui fit un peu tressaillir Sancho, et peu s'en fallut même que l'enchanteur n'en sentît quelque émotion. Après s'être remis de leur surprise, et avancé vers le lieu d'où était venu le bruit, ils virent à une certaine distance un homme blessé que d'autres personnes traînaient vers l'hôtellerie la plus voisine.

La curiosité de l'enchanteur en fut éveillée, et Sancho ne demandant pas mieux qu'à quitter cette espèce de champ de bataille où il se trouvait, témoigna aussi le désir d'aller apprendre ce que ce pouvait être. Ils suivirent donc doucement le chemin de l'hôtellerie.

XV

Des armes enchantées que les deux chevaliers reçurent de Parafaragaramus avec des chevaux infatigables.

Le lendemain, Parafagaramus avait disparu avant que Sancho fût éveillé. Cependant celui-ci craignait toujours le combat avec l'affreux géant; il retourna au château du comte Valerio où venaient d'arriver le duc de Medoc, le duc d'Alburquerque et sa femme. Sancho ne manqua pas de vanter ses exploits de la veille, et il fit beaucoup valoir son défi au fameux chevalier Parafaragaramus qui, disait-il, avait lâchement décliné le combat. On fit peu d'attention cette fois à son discours; on était tout occupé d'autre chose: il s'agissait de purger la forêt voisine d'une troupe de brigands qui s'étaient rendus redoutables par leurs assassinats, et comme on peut bien le croire, don Quichotte s'était offert pour courir le danger de cette aventure. Si on l'eût laissé faire, il aurait voulu en avoir la gloire à lui seul. Toutes les mesures étant donc prises pour le lendemain, on se sépara, et nos deux héros se mirent au lit.

Ils avaient déjà tous deux les yeux fermés, lorsqu'ils furent réveillés par une voix de tonnerre, qui, par ces paroles, les retira tous deux des premières douceurs du sommeil: « Écoutez-moi, brave don Quichotte, vrai miroir de la chevalerie errante, honneur de la Manche, modèle de tous les chevaliers passés, présents et futurs. Je suis l'enchanteur Parafaragaramus, le plus grand et le meilleur de tes amis, à cause du service que tu as rendu à la comtesse Eugénie, à qui je donne bien souvent à boire et à manger; c'est par mon art que tu t'es trouvé aux occasions de lui être utile. Fie-toi sur ma parole, tu délivreras dans peu la princesse Dulcinée du Toboso, et tu la reverras dans sa première beauté : l'aventure t'en est réservée, et je t'en ouvrirai le chemin; mais le moment n'est pas encore venu. C'est par mon art de nécromancien que ton épée s'est cassée lorsque tu as délivré la comtesse; laisse celle que tu portes, et j'aurai soin de te pourvoir d'une autre. Tu trouveras demain, à l'entrée de la forêt, au même endroit où tu as retiré la comtesse des mains de ses ravisseurs, un cheval que je te destine, que monta autrefois le fameux Largail, des armes dont se servit Rodomont et l'épée de Roger; elles te serviront contre tous les enchantements, et par elles tu seras toujours victorieux dans les plus grandes aventures de la vie. Le chevalier Sancho trouvera aussi un cheval, des armes et l'épée de Pinabel. Sortez tous deux à la pointe du jour, à pied et sans épée, et donnez-vous de garde de dire votre secret à personne, car tout disparaîtrait. »

Cette effroyable voix cessa à ces paroles, et laissa notre chevalier transporté de joie. Pour Sancho, il fut du temps à se remettre de la peur qu'il avait eue; mais enfin il reprit ses sens. « Tu vois, ami Sancho, dit don Quichotte, que les bonnes actions ne sont point sans récompense. — Eh pardi, reprit Sancho, Parafaragaramus est bon homme, il aime à rire et à boire, et je l'aime à cause de cela. Mais, monsieur, poursuivit-il, il y a donc aussi d'honnêtes gens en enfer? » Don Quichotte ne sut que répondre, ou ne le voulut pas. « Ah! dame de mes pensées! s'écria-t-il, illustre Dulcinée du Toboso, votre chevalier aura donc le bonheur de rompre l'enchantement qui vous retient! » Sancho ne savait que penser de cet article : c'est pourquoi il ne voulait pas tout à fait s'expliquer, et commençait même à croire qu'elle était effectivement enchantée. Il s'endormit sur cette pensée, et notre héros passa toute la nuit à songer à son bonheur.

Le lecteur est peut-être impatient de savoir quelle était cette voix. Il faut donc lui dire que le duc de Medoc avait questionné un officier sur tout ce qui était arrivé à don Quichotte et à Sancho. Celui-ci lui avait dit tout ce qu'il en savait; et là-dessus le duc avait imaginé, et en même temps résolu d'exécuter deux choses : l'une au sujet du désenchantement de Dulcinée, que nous verrons dans la suite, et l'autre au sujet du combat du lendemain.

Il connaissait assez la bravoure et l'intrépidité de notre héros pour savoir jusqu'où son courage le porterait dans la forêt. Il prévoyait bien aussi que Sancho ne le quitterait pas d'un pas. Il aurait bien voulu ne les point exposer contre des bandits; mais, dans le fond, outre que don Quichotte n'aurait pas trouvé bon que l'affaire se fût passée sans lui, le duc voyait bien qu'il lui serait d'un grand secours; et qu'après tout c'était la mort la plus glorieuse qui pût arriver à deux fous que de perdre la vie en servant le public. D'un autre côté il voyait bien que l'affaire serait chaude et fatigante, et que les chevaux de nos aventuriers n'étaient point assez forts pour la supporter, ni leurs armes assez bonnes pour résister au mousquet et au pistolet. Ainsi il avait jugé à propos de les armer par cette voie, étant bien persuadé que l'estime qu'ils feraient de leurs armes et de leurs chevaux, qu'ils croiraient tenir de la main d'un enchanteur leur ami, les animerait davantage et relèverait le courage de Sancho.

Il avait donc fait prendre à l'officier de Valerio un entonnoir qu'il fit attacher à une sarbacane; et, par un trou de fenêtre qui répondait sur une jalousie, cet officier, criant à pleine voix dans l'entonnoir, avait dit ce qu'on vient de lire.

XVI

Don Quichotte et Sancho s'arment pour aller combattre les brigands. Ces deux chevaliers font des actions de valeur inouïes.

A peine le point du jour paraissait que le héros de la Manche se leva et fit lever Sancho. Ils s'habillèrent et voulurent sortir à pied et sans armes; mais il était encore trop matin, et le pont-levis n'étant pas baissé ni les chevaux prêts, il fallut prendre patience. Quand le jour fut grand, le duc, sous prétexte de visiter tout son monde, descendit dans la cour où il fit semblant d'être surpris de voir nos deux chevaliers à pied et désarmés. « Eh quoi! seigneurs chevaliers, leur dit-il, renoncez-vous à la profession? le péril vous fait-il peur? Personne n'a ici dessein de vous contraindre; mais avant que de vous en aller, il me semble que vous auriez dû prendre honnêtement congé. — Monseigneur, lui répondit don Quichotte, je serais au désespoir qu'un autre allât plus avant que moi contre les ennemis; et si vous voulez vous en reposer sur moi seul, je me charge de l'aventure et de purger la forêt des brigands qui s'y cachent. Au reste, nous avons des raisons pour sortir comme nous sommes; mais ce n'est point pour fuir ni pour éviter d'en venir aux mains. — Et quelles sont-elles ces raisons? demanda le duc avec beaucoup de douceur. — Bouche close, interrompit Sancho en parlant à son maître, et en serrant les deux lèvres de ses deux doigts. — Eh quoi! chevalier Sancho, lui dit le duc, c'est vous que je croyais de mes bons amis, et vous empêchez le seigneur don Quichotte de me découvrir vos secrets? — Oui, monseigneur, répondit Sancho : il y a temps de parler et temps de se taire; trop parler nuit, et trop gratter cuit. — Si cela est ainsi, leur dit le duc, je ne m'en informerai pas davantage; mais du moins, avant que de sortir, venez avec moi pour décider des moyens de l'attaque et des marques que nous prendrons pour nous reconnaître. » Don Quichotte et Sancho le suivirent; et pendant ce temps-là on fit sortir leurs chevaux et leurs armes, qu'on alla attacher à des arbres, au même endroit où Eugénie avait été sauvée, et des gens montèrent sur des arbres pour les garder, crainte d'accident, jusqu'à l'arrivée de nos braves. On mit encore avec les armes un bon pâté, deux grosses bouteilles de cuir pleines de vin, un bon pain, un gobelet d'argent ciselé sans aucune armoirie.

Lorsque le duc crut avoir assez donné de temps à Parafaragaramus pour exécuter ce qu'il lui avait ordonné, il laissa nos chevaliers, qui se rendirent à l'endroit qui leur avait été marqué, et ils trouvèrent chacun leur affaire attachée en trophée avec des écriteaux portant le nom de celui à qui chaque armure était destinée. Ils furent charmés de la beauté des armes, qui étaient si polies et dorées si proprement que rien n'y manquait. Tout ce que Sancho y trouva de mal c'est qu'elles étaient extrêmement pesantes, comme elles l'étaient en effet, parce que pour les mettre tout-à-fait à l'épreuve des armes à feu, le duc avait fait couler entre le fer et le cuir qui les doublait des mains de papier bien battues en double; mais leurs chevaux, qui étaient deux allemands faits au feu et accoutumés aux coups de mousquet et de pistolet, étaient assez forts pour n'en être pas surchargés.

Ils s'armèrent promptement et allaient monter à cheval lorsque Sancho, prenant son écu, vit dessous tout l'apprêt d'un déjeuner qu'on y avait mis. « Tout beau, chevalier, dit-il à son maître, prenons toujours : nous ne savons qui nous prendra; un bon *tiens* vaut mieux que deux *tu l'auras*; ceci mérite bien que nous nous arrêtions un peu. Notre bon ami Parafaragaramus est trop civil pour nous laisser partir à jeun, et si cela est aussi bon qu'il a bonne mine, nous ne ferons pas mal de boire un coup à sa santé. » En disant cela il s'assit sur l'herbe et obligea don Quichotte d'en faire autant. Il parla encore pendant le repas de la pesanteur de ses armes. « Tu ne dois pas t'en étonner, lui dit son maître : les hommes d'autrefois étaient bien plus forts et plus grands que ceux d'à présent. La nature dépérit tous les jours, et outre cela Pinabel était un larron extrêmement vigoureux, comme je te le dirai une autre fois. — Quoi! dit Sancho, Parafaragaramus me donne les armes d'un larron pour en aller défaire d'autres! Pardi, je n'en veux point : elles me porteraient guignon. — Eh, mon enfant, lui dit don Quichotte, ne sais-tu pas bien qu'on ne combat jamais mieux les méchants qu'avec leurs propres armes? »

Ils auraient plus longtemps parlé et mangé, car la situation plaisait fort à Sancho, si le duc ne fût arrivé suivi de toute sa troupe au nombre de plus de cent hommes. Il contrefit l'étonné de les voir si bien armés. Don Quichotte, qui mourait d'impatience de se signaler, voulait brusquement entrer dans la forêt; mais le duc lui dit qu'il fallait qu'une partie de son monde en fît le tour, afin que qui que ce fût n'en pût échapper, et qu'on se reconnaîtrait au son du cor que chaque troupe aurait. Pendant ce temps Sancho avait plié bagage et avait mis le pâté et le pain d'un côté à l'arçon de la selle de son cheval, et la bouteille de l'autre.

Notre intrépide chevalier, sans affecter aucune crainte, se jeta dans le premier chemin qu'il trouva, et ne suivant que ses désirs allait le plus vite qu'il pouvait. Sancho le suivit, et comme ils étaient tous deux parfaitement bien montés, ils furent bientôt éloignés et hors de vue. Ils allèrent longtemps dans la forêt sans trouver personne; mais enfin étant arrivés au fond, ils virent deux ou trois petits chemins frayés; ils en suivirent un qui les conduisit à l'entrée d'une caverne qui servait de retraite aux bandits qu'ils cherchaient. Ces bandits étaient les diables forgerons que notre héros avait mis en fuite, et qui s'étaient joints à d'autres coupe-jarrets. Don Quichotte et son écuyer voulurent entrer l'épée à la main dans cette caverne; mais ils furent aussitôt salués d'une décharge de coups de mousquet et de pistolet. Heureusement pour eux les coups étaient tirés de trop près, et outre cela n'avaient pas assez de force pour percer leurs armes qui étaient à l'épreuve; elles furent néanmoins extrêmement faussées, et la violence de cette charge fut telle, que nos deux chevaliers en perdirent la respiration et furent renversés sur la croupe de leurs chevaux et de là glissèrent à terre. La croyance qu'eurent les bandits de les avoir tués fut ce qui leur sauva la vie. Il est pourtant certain qu'ils se seraient très-mal trouvés de leur témérité si une des troupes du duc, attirée par le bruit, ne fût venue à leur secours; elle arriva justement au moment où nos aventuriers reprenaient connaissance.

Cette troupe étant à l'ouverture de la caverne fit feu, et les voleurs répondirent en gens désespérés. Ce grand bruit acheva de faire revenir nos chevaliers de l'étourdissement où ils étaient; ils se relevèrent, et ne se sentant point blessés, ils crurent effectivement que leurs armes étaient enchantées et n'hésitèrent pas à se jeter dans la caverne avec beaucoup de résolution. On les y suivit pied à pied, l'épée d'une main et le pistolet de l'autre. Ceux des bandits qui n'avaient point été tués par la décharge, voyant qu'il leur était impossible de résister à tant de gens, quittèrent la partie et se sauvèrent par de petites routes souterraines par lesquelles cette caverne avait des issues inconnues à ceux qui auraient entrepris de les y poursuivre.

Nos deux chevaliers, étant remontés à cheval, trouvèrent quatre bandits qui s'échappaient, lesquels, se voyant poursuivis, firent volte-face, dans la résolution de se bien défendre. Ils donnèrent dessus, l'épée au poing, d'estoc et de taille. Sancho, bien persuadé qu'il était invulnérable, imita son maître le mieux qu'il put, de sorte que, quelque résistance que ces hommes pussent faire, nos aventuriers en mirent deux sur la place, et des gens du duc étant venus aux coups de pistolet, notre héros leur abandonna les deux autres, et les pria de leur sauver la vie. « Eh ! bon, bon, dit Sancho, plus de morts et moins de mangeurs. Tuez, tuez, messieurs, ou je m'en vais les pendre tout à l'heure. » En disant cela, il mit pied à terre, alla à eux, et, s'approchant d'un dont l'épée était cassée, lui passa la sienne dans le corps. L'autre voyant qu'il n'y avait point de quartier à espérer, aima mieux se faire tuer que de se rendre, et se battit avec tant de résolution, que, malgré le nombre des assaillants, il en mit deux hors de combat.

Sancho, qui vit que les gens du duc dépouillaient et fouillaient les morts, les imita, et, heureusement pour lui, celui à qui il s'adressa était le trésorier de la troupe, en sorte que Sancho trouva un sac plein d'écus d'or et de pistoles d'Espagne. Il le mit promptement dans sa poche sans le montrer à personne, de crainte d'être obligé de partager son butin. Cette bonne aventure le mit encore en goût, et augmenta sa bonne humeur. Il remonta à cheval et suivit son maître, qui était déjà assez éloigné. Sancho, l'ayant rejoint, lui raconta sa bonne fortune, et lui dit qu'il ne savait pas combien il y avait d'argent dans le sac, mais qu'il était bien lourd. « J'en ai de la joie, lui dit don Quichotte, cela t'appartient de bonne guerre. — Non pas à moi seul, monsieur, lui dit le fidèle écuyer, car c'est celui que vous avez tué. — Nous parlerons de cela une autre fois, ami Sancho, lui dit-il ; toujours je puis te dire que je te sais bon gré de ton bon cœur. Cependant donne-moi à boire un coup : je t'avoue que j'ai soif. — Et moi faim et soif, reprit Sancho ; mettons pied à terre, mon cher maître. — Non, non, dit don Quichotte, il faut voir la fin de l'aventure. » Ils burent donc seulement un coup à cheval ; et Sancho, qui avait le cœur gai, ne put s'empêcher de parler. « Tenez, monsieur, dit-il, j'aime mieux cet argent-là que tous les gouvernements du monde, et surtout ceux des îles Barataria, car avec mon argent je trouverai de quoi vivre, à boire et à manger tout mon soûl, et dans mon gouvernement le docteur Pédro Recio de Tirteafuera me voulait faire mourir de faim. Mais à propos, mon cher maître, ce n'est pas une grande peine, quand on a des armes enchantées, de tuer des gens qui ne peuvent vous faire aucun mal. » Don Quichotte lui promit de lui répondre là-dessus une autre fois, ce que le temps présent ne lui permettait pas de faire. Ensuite, étant assez repus, ils continuèrent leur quête.

Cependant les gens du duc s'étaient tous rassemblés, après avoir traversé une partie de la forêt sans rien trouver ; et, comme le jour était déjà fort avancé, le duc avait fait résoudre qu'on arrêterait le premier bandit qu'on trouverait, sans lui faire aucun mal, et qu'on lui promettrait même de lui sauver la vie, s'il découvrait les retraites des autres, et en faciliterait la prise. Ce conseil réussit tout à propos : on en aperçut deux montés au haut d'un arbre, et on alla à eux ; mais la peur dont ils furent saisis en fit tomber un de si haut, qu'il se brisa tout le corps, et resta mort sur la place. Le duc parla à l'autre avec tant de douceur, qu'il se laissa gagner aux promesses qu'on lui fit, et, étant descendu, conduisit la troupe dans tous les endroits de la forêt où ils se retiraient. On en trouva huit, dont il n'y eut que deux qui se défendirent et qui se firent tuer, les six autres étant hors de combat par les blessures qu'ils avaient reçues à l'assaut de la caverne.

Il ne restait plus que six de ces malheureux à trouver ; mais il fut impossible d'en venir à bout dans la forêt. Ils étaient tous six ensemble, bien résolus de se défendre jusqu'à la dernière goutte de leur sang. Ils avaient reconnu les couleurs et les bandoulières du duc de Médoc sur le corps de ceux qui étaient venus au secours de notre héros, qui les avait attaqués le premier dans leur caverne ; ils ne doutaient pas que c'était lui qui avait dressé cette partie, et, comme ils ne croyaient pas qu'il eût osé entrer dans la forêt, ni se commettre avec des gens comme eux, ils avaient résolu de venger leur mort par la sienne. Aussi, au lieu de se cacher dans leurs retraites ordinaires, ils avaient quitté le bois, s'étaient jetés du côté du chemin du château de Valerio, et, tournant le dos à ceux qui les cherchaient, ils croyaient trouver le duc seul, ou du moins peu accompagné et hors d'état de leur résister ; mais au lieu de lui, ils trouvèrent la duchesse son épouse.

XVII

Comment don Quichotte sauva la vie à la duchesse de Médoc. Nouveaux exploits des deux chevaliers.

Il n'y avait que deux petites lieues de son château à celui du comte Valério, et elle s'était mise en chemin croyant le pouvoir faire en toute sûreté. Elle n'avait que son train ordinaire, qui consistait en un écuyer, un cocher, un postillon, et quatre valets derrière son carrosse, tous désarmés, qui, ne se doutant de rien, venaient tranquillement au-devant des six bandits qui allaient à eux. Sitôt que ces scélérats furent près d'eux, prenant l'écuyer pour le duc dans son carrosse, ils lâchèrent quatre coups de mousquet, qui tuèrent l'écuyer et le cocher, cassèrent une jambe à un valet de pied, et firent tomber la duchesse évanouie. Heureusement pour elle, don Quichotte et Sancho étaient à l'entrée de la forêt de ce côté-là. Leurs chevaux accoutumés à courir au feu, prirent à toutes jambes le chemin du bruit, et furent en un moment hors du bois. Le carrosse de la duchesse n'en était pas à deux cents pas : ainsi nos aventuriers virent distinctement ce que ces misérables faisaient.

Dans la croyance où ils étaient d'avoir tué le duc et la duchesse, ils ne songeaient plus qu'à se sauver, et pour cela dételaient les chevaux du carrosse pour s'en servir. Le cocher était étendu par terre, le postillon et trois valets fuyaient à travers champs, en criant de toute leur force. Celui qui n'était que blessé était à terre, où, plus mort que vif, il n'osait bouger ni ouvrir la bouche. Notre héros coupa le chemin à un des fuyards, et ayant appris de lui qu'on venait d'assassiner la duchesse de Médoc, il tomba comme la foudre sur les bandits qui n'avaient pas encore eu le temps de monter à cheval. Deux de ces malheureux dont les mousquets étaient chargés, l'attendirent de pied ferme, et, sitôt qu'il fut à portée, ils tirèrent. Leur crime leur ôtant l'assurance, leur main trembla, et leurs coups donnèrent en glissant sur sa cuirasse, ne la percèrent pas, et ne firent que lui ôter un moment la respiration. Sancho vint à lui, et le soutint sur son cheval. Si ces scélérats n'avaient pas été aveuglés, et s'ils avaient conservé un peu de bon sens, il est constant que nos braves étaient morts, parce qu'il n'y avait rien de si facile que de les égorger ; mais les criminels manquent toujours à quelque chose : ils s'amusèrent à recharger leurs mousquets, et à aider leur camarade, ce qui donna le temps à don Quichotte de revenir à lui, et à la duchesse celui de reprendre assez ses sens pour s'apercevoir qu'on était venu à son secours.

Notre héros reprit sa fureur en même temps qu'il reprit connaissance, et joignit l'épée à la main les bandits qui, surpris de se voir sur les bras un homme qu'ils croyaient mort, se défendirent avec tout le désespoir de gens qui n'attendaient que la roue, et don Quichotte les attaqua avec toute la témérité d'un chevalier errant. Sancho, prévenu qu'il n'avait rien à craindre, se défit d'un qui tâchait de ne le point ménager. Son cheval fut blessé d'un coup de pointe au poitrail, et, n'étant pas accoutumé à être piqué dans cet endroit, il se cabra, et jeta le pauvre écuyer sur sa croupe, et de là à terre. Il fut pourtant assez heureux pour n'être point blessé dans sa chute. Don Quichotte qui conservait son sang-froid, le couvrit contre deux bandits qui voulaient le tuer. Sancho se releva promptement; mais, comme il avait lâché son épée en tombant, un des voleurs s'en était saisi. Tout désarmé qu'il était, il ne perdit pas la tête, il prit un palonnier qui était à terre, et s'en servit comme d'une massue si à propos, qu'il en assomma un des bandits qui faisaient tête à don Quichotte, et cassa les jambes de celui qui avait son épée, qu'il reprit tout aussitôt, et la lui passa dans la gorge.

Tout cela s'était fait à la tête des chevaux du carrosse, et devant les yeux de la duchesse, qui ne savait qui étaient ses vaillants défenseurs. Elle fut remarquée par un scélérat, qui, poussé par son désespoir, vint à elle, et l'aurait tuée si don Quichotte ne se fût aperçu de son dessein. Ce malheureux se préparait à porter un coup d'épée à cette dame, et l'aurait assurément atteinte, si notre héros n'eût détourné le coup en lui poussant son cheval sur le corps, en sorte que la duchesse en fut quitte pour la peur et pour une égratignure à la main qu'elle avait portée au-devant du coup.

Cependant un des bandits, qui restait en état de défense, voyant bien que sa résistance ne servirait de rien, avait profité de l'occasion, et, étant promptement monté sur le cheval qui s'était délivré de Sancho, il le piquait ou plutôt le pressait de tout son possible, car il n'avait point d'éperons, et se serait peut-être sauvé, si Sancho ne s'en fût point aperçu. « Mon cher maître! cria-t-il à don Quichotte, comment boirons-nous? voilà un voleur qui emporte le pain et le vin, et j'ai une soif enragée. Courons vite après. » Don Quichotte, qui venait de terrasser celui qui avait voulu tuer la duchesse, ne voyant plus qu'un homme en état de défense, et qu'il lui venait encore du secours d'un autre côté, se contenta de recommander de ne le pas tuer, et de le prendre vif, après quoi il se mit aux trousses du fuyard, qu'il eut bientôt atteint, et dont il eut aussi bientôt purgé le monde.

Les gens qui venaient au secours de la duchesse étaient les siens mêmes, qui, après avoir été de loin témoins du combat de nos braves, voyant que le nombre des assassins diminuait, étaient venus pour achever d'en délivrer leur maîtresse, et, se servant de l'exemple que Sancho leur avait donné, ils prirent chacun un palonnier, et eurent bientôt abattu le malheureux qui restait sur ses pieds. Ils allaient achever de l'assommer, lorsque don Quichotte, qui arriva ramenant le cheval de Sancho, et par conséquent la bouteille, les empêcha de tuer ce misérable, et se contenta de le faire lier et garotter, aussi bien que l'autre que Sancho avait assommé, et celui à qui il avait fait passer son cheval sur le corps, qui tous deux n'étaient qu'étourdis. De sorte que, des six qui avaient voulu assassiner le duc, il y en eut deux qui restèrent sur la place, et quatre autres furent pris en vie.

Sancho, ne voyant plus à combattre, et se ressouvenant que la dépouille était à lui, fouilla les vivants et les morts, sur qui il trouva encore du butin qui lui plut beaucoup, quoiqu'il ne fût pas si considérable que le premier. Il leur laissa néanmoins leurs habits, parce qu'ils ne valaient pas la peine d'être emportés. Pendant qu'il était occupé à cette belle action, don Quichotte l'avait été à faire lier ceux qui étaient encore en état de se défendre, et tous deux n'ayant plus rien à faire, Sancho se ressouvint qu'il avait soif, et fit ressouvenir son maître de la même chose.

Ils levèrent en même temps l'armet, don Quichotte pour aller à la duchesse, et Sancho pour boire. Cette dame, les ayant reconnus, en fut en même temps surprise et réjouie. On laisse à penser aux lecteurs les remerciments qu'elle leur fit, et qu'elle avait en effet sujet de leur faire. Notre héros lui dit qu'il était le plus heureux de tous les chevaliers, de ce que la fortune lui avait fourni l'occasion de lui rendre service; qu'il était très-fâché du risque qu'elle avait couru, mais aussi qu'il était très-réjoui de l'en avoir retirée. Elle remercia aussi Sancho, qui lui dit à l'oreille qu'en peu de temps elle en verrait bien d'autres, puisque les enchanteurs ne les persécutaient plus autant qu'ils avaient fait, et qu'ils en avaient un du premier ordre avec qui ils avaient contracté amitié. Il n'en voulut pas dire davantage, de crainte d'être entendu de son maître, qui présenta la main à la duchesse pour la faire descendre de carrosse, pour en ôter le corps de son écuyer. Sancho le voulait encore fouiller, mais il en fut empêché par don Quichotte, qui lui dit que ce n'était pas un ennemi, et que, par conséquent, ce qu'il avait n'était pas de bonne prise. Il entretint cette dame, pendant qu'on raccommodait son train, avec tant de courtoisie et de sagesse, qu'elle ne savait que juger d'un homme qui était effectivement fou, et qui, pourtant, paraissait de si bon sens et se battait avec tant de conduite et de valeur.

Il avait mis pied à terre pour aider la duchesse à descendre de carrosse, et Sancho n'était point encore remonté sur son cheval, lorsque la duchesse, qui s'informa du duc son époux, ayant appris qu'il était lui-même dans la forêt à la quête des bandits, en eut une vive douleur, craignant qu'il ne s'en trouvât quelqu'un assez déterminé pour aller à lui, comme il en était venu à elle; et, cherchant dans sa tête le moyen de le tirer d'un lieu où il courait tant de péril, elle n'en trouva point de meilleur ni de plus facile que de faire tirer plusieurs coups de mousquet, ne doutant pas qu'il ne vînt au feu, et en effet elle ne se trompait pas. On avait ôté aux six bandits, qui l'avaient attaquée, leurs armes et leur poudre : ainsi, elle ordonna à ses gens de s'en servir pour tirer coup sur coup. Ils le firent, et Sancho, qui voulut à contre-temps faire l'officieux, se mit de la partie, malgré son serment de ne rien avoir à démêler avec une arme infernale. Il ne savait par où s'y prendre, mais sa vaine gloire ne lui permit pas d'avouer son ignorance.

Il prit un des mousquets, et, imitant le mieux qu'il put ce qu'il voyait faire aux autres, il le chargea de trois fois plus de poudre qu'il n'en fallait. Si le canon n'en avait pas été parfaitement bon, il aurait infailliblement crevé entre ses mains et l'aurait sans doute tué, ou du moins estropié pour toute sa vie; outre cela, il ne referma pas la gibecière où était la poudre à canon, et en mit dans le bassinet une si grande quantité, qu'il en répandit sur lui. Il lâcha son coup en tournant la tête, mais non assez promptement pour s'empêcher d'être grillé comme un cochon. La barbe, les sourcils, les yeux, les mains, tout s'en sentit, et le coup, partant dans l'instant, le repoussa si bien, qu'il le jeta sur le dos, les quatre fers en l'air; le feu prit au reste de la poudre qui était dans la gibecière, si bien que le pauvre Sancho parut faire la cabriole au milieu du feu et des flammes, en criant comme un enragé.

L'inquiétude de la duchesse ne l'empêcha pas de rire d'un si beau saut, mais elle se retint en voyant la rage et la fureur qui montèrent tout d'un coup au visage de don Quichotte, qui courut à son écuyer et le trouva, comme j'ai dit, presque mort, grillé, roussi et rôti, et la mâchoire toute en sang. Le coup avait été si violent, que la contusion lui avait fait enfler la joue comme un ballon, en sorte que c'était en même temps un spectacle affreux et pitoyable. « Otez-moi ces armes infernales, chevalier, dit-il à son maître : je suis mort. » Il crachait plus de sang qu'il ne disait de paroles, et ne pouvait pas ouvrir les yeux. Enfin, c'était une chose épouvantable que l'état où il était. Son maître prit le mousquet, qui était à terre à côté de l'infortuné Sancho. « Que maudit sois-tu de Dieu et des saints, malheureux instrument! dit-il en le cassant sur une roche de toute sa force, arme de l'invention du démon et des mauvais anges. »

Il en voulait faire autant de ceux que tenaient les gens de la duchesse, et l'aurait fait si elle ne l'avait retenu.

Transporté au château, Sancho fut dépouillé, visité et pansé à son tour. Il eut la précaution de mettre son butin en sûreté entre son matelas et son lit de plumes, et depuis, crainte d'accident, il le fit toujours coucher avec lui. Outre sa brûlure, il avait encore l'estomac tout noir de la contusion, joint à cela qu'il ne voyait goutte du tout. Mais son mal le plus sensible pour lui était celui de la mâchoire, parce qu'il ne lui permettait pas d'ouvrir la bouche ni pour mâcher ni pour parler. Il resta plus de huit jours aveugle, mais peu à peu sa vue lui revint, et sa mâchoire, qui se remit, lui fit faire une vie de son goût, puisqu'il ne faisait que boire, manger et dormir. Cela dura dix ou douze jours.

XVIII

Nouvelles aventures de Sancho. Don Quichotte et lui vont à la caverne de Montesinos; ce qu'ils y virent, et comment se fit le désenchantement de Dulcinée.

Le duc de Medoc et le comte Valerio, qui au fond estimaient don Quichotte et qui lui avaient les plus grandes obligations, comme nous l'avons vu, avaient résolu de tout mettre en œuvre pour le guérir de sa triste folie.

Dans ce dessein, le duc avait envoyé quérir le curé du village de don Quichotte, le bachelier Samson Carrasco, le barbier, la nièce et la gouvernante. Ils étaient tous venus, et avaient amené avec eux un jeune officier, neveu du curé, qui était chez son oncle lorsque nos aventuriers étaient partis de leur village ; il s'y trouva encore quand on alla les prier de venir chez Valerio. Le capitaine Bracamont, ce même Bohême qui avait le premier fait le personnage de Parafaragaramus, et qui, déguisé en ermite, avait dérobé le cheval de don Quichotte, et le lui avait renvoyé chez Basile, se trouva chez Valerio. Ces sortes de gens cherchent partout leur profit, et il avait espéré en trouver à ce château, où il avait appris qu'il y avait des gens de qualité. Le hasard voulut que Ginez de Pasamonte, autrement Ginesille de Parapilla, ce fameux filou que don Quichotte avait délivré des galères, avait été surpris en vol dans le château de Medoc, où on l'avait retenu, et on en avait averti le duc, qui avait envoyé l'ordre de le retenir jusqu'à son retour, étant bien persuadé qu'il lui serait utile dans ses desseins. Par le moyen du curé et de Samson Carrasco, le duc avait découvert l'endroit où demeurait pour lors Alonza Lorenzo, que don Quichotte, sans lui avoir jamais parlé, avait faite dame de ses pensées et maîtresse de son cœur, et qu'il avait rendue fameuse sous le nom de Dulcinée du Toboso, qu'il lui avait donné ; on l'avait envoyé quérir, et elle était venue avec son mari, qui, quoique assez fâcheux, n'était pas néanmoins fâché de trouver occasion de rire. La vérité est qu'elle était fort jolie, fort sage, et avait beaucoup d'esprit. Elle fut extrêmement surprise de la folie du pauvre gentilhomme, et ne voulut point se résoudre à faire ce qu'on voulait qu'elle fît ; mais tout le monde lui ayant représenté que c'était le seul moyen de lui rendre son bon sens, et son mari lui-même s'en mêlant, elle promit de faire ce qu'on voudrait, pourvu qu'elle le pût, et que ce fût selon les règles de la bienséance ; ce qu'on lui promit.

Selon qu'on en était convenu, on se mit en route pour le château du duc de Medoc, où on avait envoyé à l'avance les personnages que nous venons de nommer ; on voulait jusqu'au bout s'amuser aux dépens du pauvre Sancho, qui n'était, après tout, qu'un rustre et un fou très-plaisant.

Tout étant disposé pour partir, Sancho chargea Rossinante et Flanquine de tout le bagage de son maitre et du sien, se chargeant lui de l'argent qu'il avait pris aux bandits. Tout le monde monta en carrosse, excepté nos aventuriers, qui, armés comme des Amadis, montèrent sur leurs bons chevaux. On avait mis des petits clous fort pointus sur les sangles de celui de Sancho; de sorte qu'il fit tant de bonds sous lui, que le pauvre écuyer ne put se tenir en selle. On lui fit croire qu'un nécromancien avait enchanté son cheval, et on lui conseilla d'en changer. Le malheureux, qui avait le corps roué des saccades de sa monture, mit pied à terre du mieux qu'il put, transporta son bagage sur son bon cheval, et monta sur Flanquine, qu'on délia sitôt qu'il fut dessus. On avait laissé cette bête pendant deux jours au râtelier avec de l'avoine, et on ne l'avait point menée boire, de sorte qu'elle enrageait de soif. A peine son écuyer eut la bride en main, qu'elle prit à toutes jambes le chemin d'une petite rivière qui était tout proche, et où on avait coutume de la mener s'abreuver. Elle s'y jeta si promptement, et s'arrêta si court, que son chevalier sauta dans l'eau la tête la première, et par dessus celle de sa monture qui s'était baissée pour boire. Aussi, quoiqu'il n'y eût pas deux pieds d'eau, la peur et la chute l'avaient si bien étourdi qu'il lui aurait été impossible de se lever, et qu'il se serait assurément noyé si on n'avait point été à son secours pour le retirer, après néanmoins l'avoir laissé boire un peu plus qu'à sa soif. Entre ceux qui lui rendirent ce pieux office fut un petit Bohême de la compagnie de Bracamont, qui s'était vêtu d'un justaucorps des livrées du duc, et qui passait pour un des valets de pied de la duchesse. Celui-ci, qui avait ses ordres, et qui n'avait été retenu que pour cela, fouilla Sancho et lui prit son trésor avec tant de subtilité, que personne ne s'en aperçut; on crut qu'il avait manqué son coup. Il l'apporta au duc, qui le lui rendit, avec ordre d'aller les attendre de l'autre côté du même ruisseau, à un détour où il fallait encore passer, de se cacher derrière un arbre, d'attacher la bourse à une petite ficelle, et de la baisser en vue du côté où ils étaient, afin que Sancho la vît, et de la retirer lorsqu'il voudrait la reprendre : ce qui fut exécuté de la manière qu'on va voir.

Sancho fut rapporté plus mort que vif; après avoir demeuré quelque temps sur un fourgon, il revint à lui, et son premier soin fut de chercher son argent. Il faudrait une plume plus éloquente que la mienne pour exprimer de quel désespoir il fut saisi quand il ne le trouva plus. Comme il s'était déshabillé pour faire sécher ses hardes, il les tourna et retourna de tous côtés, avec des cris et des regrets si perçants, qu'il en aurait attendri tous autres que ceux qui s'en divertissaient. Don Quichotte y perdit son latin, et toute la compagnie sa rhétorique, en voulant le consoler; et, comme on voulut lui persuader qu'il l'avait laissé tomber dans la rivière, il se serait jeté dedans si on ne l'en eût empêché. Il pestait contre son bon cheval, contre Flanquine, et contre les magiciens qui les avaient enchantés. Il invoquait les saints les meilleurs et les plus vénérés de son pays. « Marchand qui perd ne peut rire, disait-il : toutes vos consolations sont de la moutarde après dîner; tout ce que vous dites est bon, mais mon argent valait mieux ; quand la bourse est lâche, le cœur est serré ; de venir me dire des fariboles, c'est chercher *magnificat* à matines, et midi à quatorze heures. Hélas, continuait-il en pleurant, pourquoi faut-il que je dise : autant de gagné autant de perdu ? Il est entré par une porte et sorti par l'autre ; il n'était pas venu au son de la flûte, et pourtant il s'en retourne au son du tambour. » Il réclamait à haute voix le bon et sage Parafaragaramus, et il criait avec plus de désolation qu'une mère qui aurait vu poignarder son enfant entre ses bras. La compagnie, et surtout la duchesse, n'avaient jamais ri de si bon cœur. Il aurait toujours continué, si on ne fût venu dans un vallon où le même ruisseau faisait un coude bordé d'arbres des deux côtés.

La vue de ce ruisseau renouvela les douleurs de Sancho ; il y alla néanmoins. Il est impossible de peindre les transports de sa joie lorsqu'il aperçut au bord de ce ruisseau la bourse qu'il regrettait tant. Il voulut se jeter dessus à corps perdu, mais elle s'échappa de ses mains et sauta dans l'eau ; il s'y jeta brusquement après elle ; mais ce fut inutilement, car l'agitation de l'eau lui en fit perdre la vue et la trace. Il la chercha et rechercha, et fut plus de deux heures à faire le plongeon à la vue de toute la compagnie, qui s'était assise sur l'herbe, et qui faisait une collation avec le plus grand plaisir qui se puisse imaginer.

Quoique la nuit approchât, Sancho ne se rebutait pas, et aurait passé toute sa vie dans cette recherche, s'il n'avait pas été retiré de son embarras par la voix du sage Parafaragaramus, qui vint de l'autre côté du ruisseau lui faire une belle remontrance sur le peu d'attache qu'un honnête homme doit avoir pour les biens de ce monde, et surtout un chevalier errant. Quoique Sancho fût fort attentif à ce qu'on lui disait, la morale ne lui en plaisait nullement ; il ne l'écoutait même qu'avec chagrin, et n'en aurait pas tant laissé dire à l'enchanteur sans lui répondre, s'il ne l'eût accoutumé à un grand respect. Celui-ci lui rendit enfin sa joie, en lui disant que la rivière où il avait perdu sa bourse répondait, aussi bien que le ruisseau où il était, à la caverne de Montesinos ; que c'était Freston qui la lui avait volée, et qu'il l'avait portée à Merlin, pour se payer de tout ce que la princesse Dulcinée lui devait ; que ce sage enchanteur n'avait point voulu se satisfaire de l'argent d'autrui, et qu'il avait promis de la rendre lorsque cette princesse serait désenchantée. « Je l'ai prié, continua Parafaragaramus, de me prêter ta bourse, pour te la faire voir, afin que tu ne soupçonnes plus qui que ce soit de la compagnie de l'avoir volée ; mais, comme il ne me l'avait confiée qu'à condition de la lui rendre, je viens de la lui renvoyer. Reprends cœur, ajouta-t-il ; elle te sera rendue en peu de temps, puisque le brave chevalier des Lions rompra dans quatre jours l'enchantement de son incomparable Dulcinée. Prépare-toi à cette aventure, qui sera pour toi la plus glorieuse et la plus laborieuse, mais aussi la plus lucrative de ta vie ; va reprendre tes armes et tes habits, et ne monte sur aucun cheval, parce que les tiens sont enchantés. » Sancho, tout remis, et tout réjoui du gain qu'on lui promettait, ne se le fit pas répéter, reprit son équipage, puis rejoignit la troupe.

« Qui perd pêche, dit-il en demandant pardon de ses soupçons, me voilà gai comme un Pierrot; mais ce qui est différé n'est pas perdu. Courage, mon maître, dit-il à don Quichotte; le diable n'est pas toujours à la porte du pauvre homme : dans quatre jours vous aurez Dulcinée, et moi mon argent; d'un échelon on vient à deux, et de deux au haut de l'arbre. Attendons seulement, et les alouettes nous tomberont toutes rôties dans la bouche; nous n'aurons qu'à tirer : la vache est à nous, le terme ne vaut pas l'argent; quand j'y serai, vous verrez de quel bois je me chauffe; il ne faut pas jeter le manche après la cognée, car quand on est mort on ne voit goutte; n'est pas marchand qui toujours gagne, mais le bon est qu'il n'y aura rien de perdu. » On ne tarda pas ensuite à arriver au château.

Le lecteur doit se souvenir du souterrain où Sancho était tombé à son retour du gouvernement de l'île Barataria; ce souterrain se trouvait précisément dans les environs du château. Le lendemain, sous prétexte d'une partie de chasse, on se dirigea de ce côté. Don Quichotte était dans une impatience terrible d'en venir aux mains avec le magicien pour mettre fin à l'enchantement de sa Dulcinée; et abimé dans ses rêveries, il ne suivait les autres que parce que son cheval l'y contraignait. Sancho allait derrière lui, triste et pensif, ne croyant jamais voir assez tôt l'heureux moment qui lui rendrait sa bourse. Ils furent tirés de leur assoupissement par une voix plaintive qui se faisait entendre plus clairement à mesure qu'ils avançaient.

Don Quichotte, qui croyait n'être pas éloigné de l'endroit d'où cette voix sortait, y courut et entendit distinctement une femme qui se plaignait et qui criait au secours : « Traître, disait-elle, n'est-il pas temps que tu me laisses retourner sur terre, après avoir été un nombre infini d'années ensevelie toute vive? Au secours, cria-t-elle derechef à pleine tête. » Et en même temps elle se montra sur le bord de la fosse et parut faire un effort pour la franchir, comme elle fit en effet. Elle fut suivie par un homme armé de toutes pièces qui paraissait vouloir la retenir malgré elle, et qui, s'arrêtant sur le bord de cette fosse à la vue de nos chevaliers, se rejeta dedans sitôt qu'il les vit aller à lui. Cette femme vint en courant se jeter aux pieds du cheval de don Quichotte. « Ah! seigneur chevalier, lui dit-elle, si vous cherchez les grandes aventures, comme je n'en doute pas, entrez là-dedans, suivez ce perfide, et allez délivrer d'esclavage des princesses que l'enchanteur Merlin retient dans la caverne de Montesinos, où elles sont battues et outragées par le cruel Freston, dont la fureur me poursuit. Je suis une des filles d'honneur de l'infortunée Belerme, qui pleure Durandart, son époux, dont elle porte le cœur à la main pendant que lui dort comme une toupie sans remuer non plus qu'un rocher; si vous n'êtes pas touché de son malheur, soyez-le de celui d'une princesse nommée Dulcinée qui est arrivée depuis peu : c'est la beauté et la vertu mêmes, et le parangon de toutes sortes de bonnes qualités. Le maudit enchanteur Freston vient de la laisser presque morte de coups d'étrivières qu'il lui a données en ma présence, en haine d'un certain chevalier nommé don Quichotte, dont elle a toujours le nom à la bouche, et qu'elle appelle sans cesse à son secours, et son neveu ne me poursuit et ne m'a battue qu'à cause que je n'ai pu souffrir une si grande barbarie sans prendre son parti. — Eh! bon, bon, interrompit Sancho, les femmes ont toujours été ce qu'elles sont : elles ont toujours fourré leur nez dans les affaires d'autrui. »

Don Quichotte, à qui il n'en fallait pas tant dire pour l'obliger à tout faire, ne s'amusa pas à écouter son écuyer, mais il alla au neveu de Freston, qui dans ce moment se jeta dans la fosse et lui fit face. Il était, comme j'ai dit, armé de toutes pièces et à pied, ayant à la main gauche une épée nue, et à la droite un fouet de cordes garni de molettes de fer. « Viens, dit-il au chevalier, si tu oses descendre, à armes égales : je pourrai te satisfaire, et mon écuyer se battra contre le tien. » Don Quichotte aurait bien voulu prendre son cheval; mais voyant qu'il lui était impossible de le faire passer, il mit pied à terre et sauta dans cette fosse. Sancho, persuadé que c'était là le véritable moyen de retrouver son argent, l'imita en criant : « Allons, ici mourra Sancho et tous ceux qui sont avec lui. » Don Quichotte se recommanda tout haut à Dulcinée et entra brusquement dans la caverne. Sancho suivit son maître en lui jurant de n'avoir point de peur, pourvu qu'il ne le quittât pas de vue. Ils suivirent fort longtemps le neveu de Freston, qui s'éloignait à grands pas dans une très-grande obscurité. Tout ce que nos aventuriers purent faire était de l'apercevoir à la faveur d'une lumière fort éloignée. Ce prétendu neveu de Freston était Ginez de Pasamonte, à qui on avait ordonné de combattre notre héros, avec défense de le blesser sous peine de la vie. Il était adroit comme un filou, et outre cela avait mis lui-même ses armes à l'épreuve. Il s'arrêta dans un espace assez large, à plus de huit cents pas de la caverne, et fit face à notre chevalier qui allait à lui l'épée à la main avec beaucoup de résolution. Ils se battirent quelque temps avec beaucoup de valeur et ne furent séparés que parce que le jour leur manqua, c'est-à-dire que toutes les bougies furent éteintes; et dans l'instant un bruit effroyable de cris de victoire se fit entendre et fut suivi d'un concert de quelques instruments. La clarté reparut peu de temps après plus belle et plus vive qu'auparavant, et fit voir à notre héros son ennemi terrassé et rendant le sang de tous côtés, ou plutôt il crut le voir, car Pasamonte avait disparu, et c'était une figure d'homme armé qu'on avait jetée à sa place. On avait mis dans ce corps des vessies pleines d'une liqueur rouge comme du sang et on les avait percées, de sorte que le héros de la Manche crut avoir tué le neveu de Freston et avoir déjà commencé à se venger de son ennemi.

Il allait à ce prétendu corps pour lui lever le heaume et l'armet afin de le voir au visage, mais il en fut empêché par un nouveau spectacle : la terre qui s'ouvrit à côté de lui vomit feu et flammes, et il vit un démon vêtu de rouge et armé qui en jetait aussi de tous côtés, en un mot la même vision qu'il avait eue dans la forêt, mais plus horrible et plus hideuse. Don Quichotte reconnut Freston; et le malheureux Sancho, qui le reconnut aussi en fut si épouvanté, qu'il commença à se repentir de son entreprise et voulut se jeter derrière son maître; mais il ne put le faire si promptement que ce démon ne l'atteignît d'un coup si rude sur les épaules qu'il le jeta étendu aux pieds du chevalier des Lions. Celui-ci allait bravement venger son écuyer quand il en fut empêché par une nouvelle vision : la voûte parut illuminée d'une lumière vive et pure et représenter un ciel couvert de nuages; en même temps il entendit distinctement ces paroles proférées d'une voix forte : « Arrête, invincible chevalier des Lions : c'est contre l'enchanteur Freston que tu veux combattre, et tu dois te souvenir que je me suis réservé l'honneur de la victoire. » Ces paroles arrêtèrent la fougue de notre héros, qui resta immobile où il était. Quelques éclairs ayant paru, un coup de tonnerre se fit entendre ; les nuages s'ouvrirent et firent voir le sage enchanteur Parafaragaramus sur un char doré tiré par deux cygnes. Il était vêtu de blanc tenant encore un livre à la main, et tel qu'il avait paru dans la forêt lorsqu'il avait provoqué Sancho. Ce char descendit peu à peu et les feux que jetait Freston s'éteignirent, ce qui le rendit tout tremblant et immobile.

« Perfide, lui dit Parafaragaramus après qu'il fut descendu, est-ce ainsi que tu exécutes les ordres de Pluton ton maître? Il t'avait permis d'attaquer ce chevalier sur terre à armes égales; et quand il est en disposition de combattre contre toi tu te rends invisible de peur d'être vaincu? Tu n'es qu'un lâche qui n'as jamais osé le regarder en face depuis qu'il est armé. Tu le vis lorsque tu volas la bourse de son fidèle écuyer; tu l'as rencontré encore il n'y a que deux heures et tu as eu la lâcheté de te dérober à ses yeux. Tu es indigne de ses coups et des miens; va reprendre pour toujours tes chaînes dans les enfers : je te l'ordonne par tout le pouvoir que j'ai sur toi. Et vous esprits infernaux, continua-t-il, noirs habitants du séjour ténébreux, sortez du fond des abîmes, et venez y précipiter ce perfide qui n'est hardi qu'à maltraiter une jeune princesse sans défense; redoublez ses chaînes dont il ne sorte jamais, et qu'il languisse éternellement sous leur poids! »

A ces mots, la terre s'ouvrit encore de quatre côtés, et il en sortit quatre figures de diables qui se jetèrent sur Freston, et qui fondirent en même temps avec lui parmi les feux et les flammes presque aux pieds de notre héros et à ses yeux. Toutes ces visions avaient achevé d'étonner Sancho; mais la présence du sage Parafaragaramus le rassura peu à peu; et une fiole de rossolis, qu'il lui fit avaler en lui disant que c'était de l'ambroisie, acheva de lui rendre ses esprits. Il en fit prendre aussi au héros de la Manche, ce qui lui fit du bien.
« Voyez, leur dit Parafaragaramus, quelle puanteur et quelle infection les habitants de l'enfer laissent après eux! mais il faut la faire dissiper. » En même temps il fit semblant de faire de nouvelles conjurations, et le haut de la voûte s'ouvrit en trois endroits, par où la fumée sortit comme par autant de soupiraux. Après que la puanteur fut dissipée, la voûte se referma comme auparavant, et il ne parut plus qu'une lumière sombre, mais assez claire pour se conduire.

« Je t'ai promis, dit Parafaragaramus à don Quichotte, de t'ouvrir le chemin au désenchantement de la princesse Dulcinée, et je vais te tenir parole et t'aider à en tenter l'aventure, si tu te sens assez de force et de courage pour cela. En ce cas, tu n'as qu'à me suivre et ton écuyer aussi, pour retrouver son argent, car l'un et l'autre sont en la puissance du sage Merlin, qui doit commencer aujourd'hui à goûter un vrai repos, en ne se mêlant plus des affaires du monde, pourvu que tu mettes à fin les aventures qui t'attendent, sinon il gardera les trésors dont il est en possession, jusqu'à ce qu'il se rencontre des chevaliers plus heureux que toi. » Don Quichotte lui ayant dit et assuré qu'ils étaient prêts à le suivre partout où il voudrait les mener, ils marchèrent environ deux cents pas dans un chemin étroit et parmi les ténèbres, et se trouvèrent tout d'un coup dans un petit endroit aussi éclairé de lumières qu'en plein midi. Ils n'y virent d'abord rien qui méritât leur attention ; mais, au-dessus d'une porte qui leur parut de jaspe, ils aperçurent un écriteau de marbre noir, sur lequel ces paroles étaient écrites en lettres d'or :

« Qui que vous soyez qui venez affronter Merlin dans son palais et lui enlever les princesses qu'il y tient enchantées, préparez-vous à de rudes combats, dans lesquels, si vous demeurez victorieux, outre l'honneur que vous en rapporterez, vous trouverez aussi des richesses qui vous appartiendront ; mais sachez qu'il faut être d'un cœur pur et net, n'avoir rien à autrui sur sa conscience, et n'avoir jamais menti, ou vous attendre, avant que d'en sortir, à faire une rude pénitence : il ne sera plus temps de reculer quand vous aurez une fois franchi cette porte. Examinez-vous avant que d'avancer, et laissez plutôt votre entreprise imparfaite que de vous exposer à l'inutile repentir de l'avoir tentée. Le succès heureux n'en est réservé qu'au plus fidèle et au plus brave chevalier qui jamais ceignit l'épée, sans en excepter les Amadis, les Roger et les autres illustres de l'ordre, vivants et morts. »

« Oh pardi, dit Sancho, après que son maître eut lu à haute voix, un cœur pur, une conscience nette, rien à autrui et n'avoir jamais menti, il demande l'impossible : cela était bon pour les gens de l'autre monde. N'importe, poursuivit-il, l'homme propose et Dieu dispose : nous sommes bien équipés ; après cela bon pied, bon œil ; à bon jeu bon argent ; j'aurai toujours le mien, quitte pour faire pénitence : aussi bien la faut-il faire dans ce monde ou dans l'autre. » En même temps il fut le premier à pousser la porte, et à entrer l'épée à la main. A peine fut-il dans la salle, qu'il aurait voulu ne s'être pas tant avancé, et il aurait retourné en arrière s'il n'avait pas été saisi par deux démons qui lui firent une si grande peur, qu'il n'eut pas la force de soutenir son épée, qui lui fut ôtée, et parut de sa main s'aller rendre elle-même dans celle d'un géant de plus de quinze pieds de haut qui paraissait au milieu d'une grande salle, assis sur un trône, l'épée de Sancho d'une main et une grosse massue de l'autre, sur laquelle il s'appuyait. Il avait la tête couverte d'un casque plus gros qu'un tambour, ses épaules étaient chargées de deux grandes peaux de lions par dessus ses armes ; il avait sur l'estomac une figure de diable en relief, dont les yeux éclataient comme des chandelles ; en un mot, c'était une figure capable de faire peur à tout autre qu'au chevalier de la Manche. Quatre gros lions, qui étaient aux pieds de cette figure, faisaient mine de vouloir se jeter sur nos aventuriers.

L'intrépide don Quichotte s'avança vers le géant, bien résolu d'en venir aux mains avec lui, malgré les lions qui lui servaient de gardes-du-corps. « Qui es-tu, toi qui oses venir où jamais homme vivant n'a mis les pieds? lui demanda l'horrible figure. — Tu sauras mon nom après ma victoire, lui repartit don Quichotte, » qui avait déjà l'épée haute pour le frapper, lorsqu'il fut retenu par Parafaragaramus. « Il est juste de dire qui vous êtes, lui dit celui-ci, parce que le savant Merlin, que vous voyez, sait par qui les princesses enchantées doivent être mises en liberté, et si c'est à vous que cette glorieuse aventure est destinée, je suis certain qu'il est trop honnête enchanteur pour vouloir engager un combat dont il ne remporterait que la honte. — Si cela est, reprit notre héros, je lui apprendrai avec joie que je suis don Quichotte de la Manche, ci-devant nommé le chevalier de la Triste-Figure, et maintenant le chevalier des Lions, et toujours l'esclave de l'illustre princesse Dulcinée du Toboso, que je viens délivrer ou perdre la vie. »

Au nom de don Quichotte, Merlin laissa tomber sa massue et rejeta l'épée à Sancho, les lions tombèrent sur le côté, et vinrent un moment après en rampant baiser les pieds du brave chevalier de la Manche. Le tonnerre se fit entendre avec un tel bruit, qu'il semblait que tout allait être bouleversé; les démons qui tenaient Sancho le lâchèrent, ils allèrent se remettre avec les lions aux pieds de Merlin, et tous ensemble fondirent en terre, et la salle où ils étaient parut un moment tout unie, et, s'ouvrant aussitôt, en fit voir une autre fort magnifique. Notre héros y entra, et y entendit une musique douce et agréable qui retentissait de ses louanges et le comblait de bénédictions. Après cela parut Belerme suivie de ses douze filles, qui vinrent deux à deux se prosterner aux pieds de l'invincible chevalier, exaltant sa bravoure et son intrépidité au-dessus de tous les héros vrais et fabuleux, et surtout sa fidélité pour Dulcinée, à laquelle était due leur liberté et la fin de leur enchantement. Ensuite Belerme le prit par la main, et le fit entrer dans une salle telle qu'il avait lui-même dépeint celle où il avait vu Durandart. Elle tenait son cœur à la main, et, avec un canif, elle ouvrit le côté de son époux, et lui remit le cœur en présence de notre héros. Durandart se leva tout d'un coup et sauta aussitôt aux pieds de Belerme. Il remercia Montesinos de ses soins; et, ayant appris qu'il voyait devant lui l'invincible chevalier qui avait rompu leur enchantement, il vint se jeter à ses genoux, le cœur si saisi en apparence, qu'il ne put pas ouvrir la bouche.

Notre héros le releva fort honnêtement, et Parafaragaramus les fit tous passer dans la première salle où Merlin avait disparu. Il leur dit là qu'il y avait assez longtemps qu'ils n'avaient ni bu ni mangé pour avoir appétit. A ce mot de manger, Durandart, Belerme, Montesinos et leur suite, se mirent à crier : « Du pain! du pain! à la famine! » Don Quichotte, qui n'avait jamais rien lu de pareil dans ses romans, ne savait où il en était; mais enfin la vue de la table qui parut tout d'un coup dressée, et leur avidité à se jeter sur ce qui était dessus, leur ayant imposé silence, il les regarda avec plus de tranquillité. Ils mangeaient comme des loups, et avec une voracité qui rendit don Quichotte confus et qui étonnait Sancho même. Parafaragaramus lui dit qu'il n'y avait rien là de surprenant, et que des gens qui avaient été huit cents ans sans rien prendre devaient avoir besoin de se remplir, et le convia de se mettre à table. Il fit au commencement difficulté, parce qu'il voulait, disait-il, trouver Dulcinée; mais Belerme lui ayant dit qu'elle était à ses œuvres de piété, où il ne fallait pas l'interrompre, le pieux chevalier se rendit et se mit avec les autres, au grand plaisir de Sancho, qui fit voir qu'il avait autant de faim que ceux qui étaient à jeun depuis tant de siècles.

Après que chacun fut bien repu, le tonnerre se fit entendre plus fort que jamais, les nuages qui couvraient le haut de la salle obscurcirent la lumière, la table disparut, les éclairs éclatèrent, et deux démons fondirent des nuées sur Sancho, l'enlevèrent au haut, et se précipitèrent tout aussitôt avec lui dans le même fond où Merlin s'était abîmé, et où la table venait de se perdre. La promptitude de son enlèvement et de sa chute avait empêché son maître de s'y opposer, et il n'entendit plus de lui que des hurlements effroyables. Ce trou où il s'était abîmé avait été tout aussitôt refermé, et rien ne paraissait qu'un plancher ordinaire. Comme notre héros ne savait que dire ni faire, Parafaragaramus, qui vit sa perplexité, lui dit qu'il fallait que Sancho fût purifié avant que Dulcinée fût désenchantée, qu'il ne devait pas s'en mettre en peine, et qu'il le reverrait bientôt. En effet, Montesinos lui ayant dit qu'il était temps d'aller chercher l'incomparable Dulcinée, ils passèrent tous dans la salle où Durandart leur avait paru enchanté. Ils n'y virent plus aucune marque d'enchantement, mais seulement trois laides paysannes.

« Ah! seigneur chevalier, s'écria Montesinos, voilà la princesse Dulcinée qui n'est point encore désenchantée, et qui ne vous reconnait pas. » Don Quichotte voulut aller à ces filles, mais elles se jetèrent promptement dans un cabinet, dont elles tirèrent la porte après elles. « Hélas! dit Belerme, cette infortunée princesse change de figure à tout moment. Il n'y a pas deux heures qu'elle était belle comme les amours et leste comme une reine, et à présent elle est toute maussade; c'est sans doute la honte qu'elle en a qui fait qu'elle se cache. — Non sans doute elle n'est pas désenchantée, dit un démon qui parut sortir de terre, et elle ne le sera pas que l'écuyer Sancho n'ait accompli la pénitence qui lui avait été imposée, et, pour en voir la fin, je suis député de Pluton, qui vous envoie dire de vous rendre auprès de lui dans les enfers, où il vous attend sur son trône. » Ayant dit cela, ce fantôme rentra en terre, toute la lumière disparut, et on ne voyait guère que par les éclairs que jetaient les nuées. Il s'éleva une grille de fer autour de Parafaragaramus, de don Quichotte, de Montesinos, de Durandart, de Belerme et de ses filles. Le tonnerre gronda; ils sentirent la terre trembler sous leurs pieds, et se baisser peu à peu jusqu'au niveau d'un tribunal où ils virent, à la lueur d'une sombre et triste lumière, Pluton tout vêtu de rouge, d'un visage affreux, une couronne de fer sur la tête, une fourche d'une main et un sceptre de fer de l'autre. Minos et Rhadamante, qui étaient à ses pieds, n'avaient pas meilleure mine que lui, et leur trône à tous était entouré de plus de trente démons plus épouvantables l'un que l'autre, armés de fouets, d'escourgées, de pincettes, de tenailles, de fourches, de crocs et de toutes sortes d'autres instruments propres à des supplices. La grille de fer qui les avait entourés s'ouvrit et disparut. Parafaragaramus en sortit le premier, et, après s'être mis à genoux devant Pluton, et avoir obligé les autres d'en faire autant, il se releva, et lui adressant la parole :

« Puissant dieu des enfers, lui dit-il, tu vois devant toi un héros qui, à l'exemple de Thésée, qu'il a pris pour modèle de sa vie, a purgé la terre de monstres et de brigands. Il est, comme lui, venu dans ton empire, mais c'est la vertu qui l'y a conduit, et non pas un amour vulgaire. Plus amoureux qu'Orphée, il te demande son Eurydice ; le sage Merlin lui a cédé la victoire, parce qu'il a connu dans les destinées qu'il la lui aurait vainement disputée. Le lâche Freston n'a point exécuté tes ordres, et, s'étant rendu indigne de jouir de la liberté, je l'ai renvoyé dans ses chaînes. L'illustre princesse Dulcinée du Toboso devrait être désenchantée, cependant nous venons de la voir sous son infâme figure de laide et dégoûtante paysanne : c'est de quoi l'invincible et fidèle chevalier des Lions, don Quichotte, l'honneur de la Manche, te demande justice par ma voix, comme il va te la demander lui-même.

— Qu'il se lève et qu'il parle, répondit Pluton d'une voix effroyable. » Don Quichotte se releva, et avec son intrépidité ordinaire, il prit la parole : « Je ne suis venu dans ton empire, dit-il, que pour tenter les aventures et délivrer Dulcinée. Ceux qui étaient commis à sa garde ne m'ont pas fait courir beaucoup de risques et si tous tes démons ne sont pas plus méchants que ceux que j'ai trouvés dans mon chemin, je les défie, et je jure par ma barbe de les défaire tous à coups de fouet. Dis-moi à quoi il tient que je ne délivre cette pauvre princesse, montre-moi son ennemi et le mien, et tu verras beau jeu. — Il ne tient à aucun de nous, répondit Pluton ; je ne m'oppose point à sa liberté, et tu peux la reprendre partout où tu la trouveras, aussi belle qu'elle ait jamais été, sans que je t'en empêche. — Ah ! seigneur, interrompirent Minos et Rhadamante, allez-vous souffrir que les lois des destinées soient violées ! — Ecoute, hardi chevalier, poursuivit Minos seul, l'incomparable Dulcinée n'est point dans les enfers, et par conséquent elle n'est point sous la puissance du dieu Pluton ; elle est trop sage pour avoir mérité nos supplices, et, étant encore vivante, elle n'est point descendue dans ce sombre empire des morts ; elle est encore au nombre des vivants, quoiqu'elle n'y paraisse pas ; mais, comme tu sais, Merlin l'a enchantée, et il a fait sagement, parce que, si elle avait paru telle qu'elle était, elle aurait armé tous les chevaliers errants les uns contre les autres, et, n'étant occupés que de leur amour, ils n'auraient pas mis fin, ni toi non plus, aux grandes aventures qui rendent leur vie si illustre là-haut. Merlin, convaincu de la valeur et de ta probité, n'est point ton ennemi ; mais il a fallu accepter les décrets du destin. Nous allons savoir de lui pourquoi elle n'est point désenchantée, puisque le terme est venu. — Qu'on fasse entrer Merlin, reprit Pluton. »

A peine cet ordre fut donné, que Merlin parut en vieillard vénérable, et non plus en géant, et il était suivi de quatre diables qui tenaient au milieu d'eux Sancho Pança désarmé et garrotté, et qui le mirent sur une sellette au pied du trône de Pluton. Pluton demanda à Merlin pourquoi la princesse Dulcinée n'était point désenchantée. « Tu sais, seigneur, lui répondit Merlin, que les décrets du destin sont inviolables : il était écrit dans le ciel qu'elle serait transformée en une vile paysanne, et qu'elle serait renfermée dans la caverne de Montesinos, d'où elle serait retirée par le plus fidèle de tous les chevaliers, au bout de trois ans deux mois quatorze jours et quatre heures. Je conviens que le terme est expiré : aussi n'est-elle plus retenue par le temps, mais tu sais aussi que son enchantement doit être rompu non par la force des armes, puisqu'elle n'avait été enchantée que pour empêcher des batteries et des combats, mais par la pénitence que devait faire pour elle le plus gourmand de tous les écuyers de la chevalerie errante. Il avait consenti à se donner trois mille six cents coups de fouet, et a paru se les donner moyennant la récompense que le généreux chevalier des Lions, que tu vois, lui avait promise. Cette satisfaction n'était déjà pas bien suffisante, puisqu'elle était intéressée. Il n'importe, telle qu'elle était je m'en serais contenté, si les coups avaient été sincères ; mais le fourbe, que tu vois, faisait semblant de frapper sur son corps et frappait sur un arbre contre lequel il était appuyé, et ainsi fraudait la maltôte de l'enfer ; c'est ce qui a fait que ta justice a abandonné cette malheureuse princesse à la fureur du barbare Freston, qui a fait faire au corps de cette infortunée une rude pénitence de la délicatesse de Sancho, qui ne s'est jamais donné que quarante coups qui puissent être comptés. La pauvre Dulcinée en a reçu à plusieurs et diverses fois la somme de trois mille cinq cent trente-six, en sorte qu'il en reste encore vingt-quatre à donner pour lever la souffrance de l'état final de compte, et je requiers que Sancho les reçoive en ta présence, après quoi Dulcinée sera désenchantée, et tu la verras toi-même dans un état de beauté dont tu seras ébloui, et pour lors le brave et fidèle chevalier des Lions pourra l'emmener comme sa conquête, à la remise que je lui fais des frais de capture, gîte et geôlage. »

Sancho, sachant bien que l'accusation était juste, n'eut rien à répondre à ces paroles ; il vit qu'un orage de coups de fouet allait tomber sur lui, et en tremblait depuis les pieds jusqu'à la tête. En effet, il ne se trompait pas, car Minos, ayant fait semblant de recueillir les voix, se mit gravement sur son siége, et prononça hautement la sentence qui condamnait le pauvre écuyer à être de nouveau fustigé. « Perfide, lui dit-il, toi qui as tâché de nous tromper, et qui n'as pas eu pitié de ton prochain, prépares-toi à recevoir vingt-quatre coups de fouet bien appliqués ; ce n'est rien pour un corps aussi gros, aussi gras et aussi poteló que le tien ; mais c'est toujours assez pour punir le soin que tu prends de ta carcasse. Je n'aime pas le bruit, ajouta-t-il d'un ton sévère et en fronçant le sourcil, souviens-toi que les coups seront redoublés si tu jettes le moindre cri et si tu m'étourdis les oreilles ; je t'impose silence, observe-le si tu veux. » Après cela il commanda qu'on commençât l'exécution.

Don Quichotte voulut dire à son écuyer quelques paroles consolantes. « Courage, dit le désolé écuyer, voilà pour m'achever de peindre : qu'ai-je à faire du désenchantement de madame Dulcinée ? que me sert que Guillot soit homme de bien, si sa bonté ne me fait rien ? Mais c'est, monsieur, que le mal d'autrui n'est que songe, et chou d'autrui n'est que fumier ; je ne vous ai rien coûté à nourrir ; il vous est indifférent qu'on m'écorche. » Pour lui donner du cœur, Merlin lui fit paraître la bourse. A une vision si agréable, Sancho revint à lui, et dit qu'on n'avait qu'à travailler, qu'il ne bougerait pas, et tâcherait de se taire.

Les quatre démons se mirent donc tous quatre à ses côtés. Ils avaient des fouets de corde avec des nœuds au bout qui valaient les plus rudes disciplines, et les firent tomber d'un bras vigoureux tous quatre en même temps. On peut s'imaginer quelle douleur en ressentait le patient. Il ne jeta pourtant pas un cri, par la raison qu'outre la bourse qui était à terre et qu'il regardait comme la fin de ses travaux, il voyait de ses yeux l'enchantement de Dulcinée se dissiper peu à peu. Il y avait un petit Bohème caché entre Pluton et elle, qui, à chaque coup qu'on déchargeait sur Sancho, détachait une des épingles qui soutenaient les guenilles dont elle était couverte ; et elle baissait de temps en temps la tête, et essuyait de vilaines couleurs dont on lui avait barbouillé le visage. Don Quichotte, qui avait toujours les yeux sur elle, s'aperçut de ce changement, et le fit remarquer à Sancho, qui commença à reconnaître effectivement les traits d'Alonza Lorenzo vers le douzième coup, et reprit courage pour souffrir le reste de la flagellation, qui fut appliquée avec une grande vivacité, et reçue avec une égale patience.

Au dernier coup, l'illustre Dulcinée, magnifiquement vêtue, et d'un visage fort agréable, se leva et lui vint tendre la main, en le remerciant de la meilleure grâce du monde. Elle remercia aussi don Quichotte de sa constance et de sa fidélité ; et, s'adressant à Pluton pendant qu'on déliait Sancho, elle le supplia de lui permettre de reconnaître les travaux que le fidèle écuyer avait soufferts pour elle. Pluton le lui ayant permis, elle se rapprocha de Sancho, et lui donnant une bourse : « Tenez, lui dit-elle, ô le plus fidèle et le plus digne écuyer de la chevalerie errante ! recevez toujours quatre cents écus que je vous donne pour arrhes de ma reconnaissance. Votre portion aurait été plus grosse si le maudit Freston ne m'en avait pas volé pour subvenir à la dépense qu'il a faite sur terre en cherchant l'illustre chevalier des Lions et vous, et pour acheter les verges dont il m'a si cruellement déchirée ; le sage Merlin, qui a vu le mauvais usage que ce méchant faisait de mon argent, le lui a ôté, et vient de me le rendre, et je vous le donne. » A l'aspect de quatre cents écus d'or, Sancho se jeta à ses pieds, lui protestant qu'il était trop bien payé, et que le reste de son corps était à son service.

XIX

De ce qui suivit le désenchantement de Dulcinée.

Dans ce moment un coup de tonnerre se fit entendre ; les lumières du palais de Pluton, qui ne jetaient qu'une lueur fort sombre, n'étant que des bougies dans des lanternes de papier brouillard, disparurent, et une obscurité fort épaisse succéda à cette lueur. La première grille de fer tomba, et en un moment le théâtre sur lequel ils étaient tous les remit dans la salle dont ils étaient descendus ; la grille de fer tomba, le tout au bruit du tonnerre et dans une obscurité très-grande. Parafaragaramus leur dit de le suivre, et à cet effet ils le prirent par la main ; et, étant dans la même salle où ils avaient vu Dulcinée en paysanne, il parut tout d'un coup de la lumière, et, au lieu du spectacle affreux du tribunal de Pluton, il ne se présenta rien à leurs yeux que d'agréable à la vue. Ce n'étaient que miroirs de tous côtés, lustres éclatants d'or et d'argent, et une musique charmante s'y faisait entendre. Enfin ils croyaient être effectivement dans un palais enchanté.

Ils virent à leurs yeux sortir de terre une table parfaitement bien couverte et un buffet fort riche, dont les nappes traînaient plus bas que le plancher. Ils y trouvèrent avec abondance tout ce qui pouvait rassasier la faim et la soif, et crurent être encore servis par enchantement. Merlin, qui parut être le maître des cérémonies, fit mettre don Quichotte et Dulcinée à côté l'un de l'autre, dans des fauteuils si bien dorés, qu'ils paraissaient être d'or effectivement. Durandart et Belerme furent mis vis-à-vis d'eux dans des siéges moins magnifiques, et Sancho et Montesinos furent mis, celui-ci entre Durandart et don Quichotte, et Sancho entre Dulcinée et Belerme, et cela parce que Dulcinée avait absolument voulu se placer entre nos deux aventuriers, et donner la droite à son chevalier. Les filles de Belerme et les deux de Dulcinée, qui étaient venues avec Merlin la rejoindre, et qui étaient toutes des filles fort jeunes et fort aimables, les servaient au buffet ; deux donnaient largement à boire, une rinçait les verres, deux servaient et desservaient en changeant les couverts et les serviettes, et l'autre avait soin d'entretenir du feu et brûler des parfums exquis. En un mot, don Quichotte n'avait jamais rien lu dans ses romans qu'il ne vît dans ce repas enchanté.

Mais une profonde douleur où Dulcinée lui paraissait ensevelie lui faisait peine. Elle était toute rêveuse, et pria notre chevalier de réserver leur conversation jusqu'après le souper, où elle promit de lui dire bien des choses en présence de Durandart et de Montesinos.

Sur la fin du banquet, Parafaragaramus parut sortir du mur. Tous se levèrent à l'aspect de ce sage enchanteur, qui était toujours vêtu de blanc, et tenait pour lors à la main un autre livre que celui qu'il avait coutume de porter. Il s'approcha de don Quichotte avec un visage assez triste. « J'ai beaucoup de choses à te dire, lui dit-il, dont quelques-unes te seront agréables et les autres te chagrineront; mais ton courage te les doit faire prendre d'un visage égal. Je commencerai par ce qui peut te plaire, et la princesse Dulcinée m'aidera dans le reste. Voici un livre où toute ta destinée est écrite; je viens de faire en sorte de l'avoir de Pluton, à qui le Destin a bien voulu le prêter. Les souverains juges des enfers sont charmés de ce qu'il ne s'est présenté aucune accusation contre toi. Comme ils savent punir les crimes, ils savent aussi récompenser la vertu. Ils ne peuvent disposer de rien en ta faveur, que de ce qu'ils ont eux-mêmes en leur pouvoir. Ils te font présent de toutes les richesses que tu vois sur ce buffet.

— Je n'ai jamais été attaché aux biens, lui dit don Quichotte; mais, puisque cela m'est donné de si bonne part, je le reçois de bon cœur, et vous offre le tout par reconnaissance de votre protection. — Je t'en rends grâce, lui répondit Parafaragaramus, parce que j'en ai autant et plus qu'il ne m'en faut; reçois ce qui t'est donné de la main des puissances infernales. Ils avaient résolu de te faire roi, mais tes mœurs sont trop simples pour gouverner des hommes aussi corrompus qu'ils le sont à présent; reste dans le premier endroit où tu te trouveras sur terre, et n'y pense qu'à te divertir, à te promener et à te bien nourrir; en un mot, vis dans un état tranquille, et abandonne pour toujours la chevalerie errante, parce qu'elle te serait désormais infructueuse et déshonorante, et que tu verrais ternir l'éclat de tes grandes actions. Tel est l'ordre du destin que voilà écrit dans mon livre.

» Voilà ce que j'ai à te dire qui peut te plaire; le reste, qui ne sera pas de ton goût, doit t'être expliqué par la princesse du Toboso. Quoique tes grandes actions et tes glorieuses entreprises semblent te la devoir acquérir, elle ne peut cependant être à toi, pour les raisons qu'elle pourra te dire elle-même, afin que tu y ajoutes plus de foi. »

A peine l'enchanteur eut achevé, que Dulcinée se jeta aux pieds du franc chevalier, qui la releva, malgré les efforts qu'elle fit pour y rester. Parafaragaramus prit un siège le premier, et les obligea de s'asseoir. « Seigneur chevalier, lui dit Alonza Lorenzo les yeux tout humides, je sais ce que je vous dois pour tous les pénibles et glorieux travaux que vous avez entrepris pour m'acquérir; je ne les méritais nullement, mais votre bon cœur a suppléé à mon peu de mérite; vous n'avez paru à mes yeux que comme j'ai paru aux vôtres: nous étions enchantés tous deux, vous pour moi, et moi pour vous. Plût à Dieu, poursuivit-elle, que je vous eusse parfaitement connu comme je vous connais à présent! je n'aurais jamais fait un vœu que les cruels traitements du méchant Freston m'ont arraché. Ce traître prenait juste le temps de l'absence du sage Parafaragaramus pour me déchirer; mon faible corps succombait sous ses coups, et, n'attendant ma liberté que de Dieu, j'ai fait vœu, pour sortir de ma captivité et de l'enchantement qui me retenait, de me faire religieuse sitôt que je serais retournée au monde. Pardonnez-moi ce vœu, que le désespoir m'a fait faire; je suis mille fois plus à plaindre que vous : vous ne perdez dans moi qu'une princesse malheureuse et infortunée, et je perds en vous la fleur de la chevalerie, le miroir de la vraie valeur, le prototype de la fidélité, et un parfait modèle de toutes les vertus. »

À peine Dulcinée put-elle achever cette triste harangue, interrompue par tant de sanglots. Don Quichotte paraissait tout pensif; mais Parafaragaramus le retira de ses rêveries en lui montrant son livre, et en le forçant à lire le décret du Destin. Il le prit donc, et il y lut qu'il était arrêté que cette princesse serait religieuse. Après quoi on lui montra le résultat du Destin, en cas qu'il n'y voulût pas consentir, et qui était conçu en ces termes : « Et si le chevalier des Lions n'y consent pas, elle ne sera pourtant jamais à lui, parce qu'elle tombera morte à ses pieds devant le prêtre qui voudra les marier : ainsi la vie et la mort de cette princesse seront entre ses mains. — C'en est trop, dit-il en rendant le livre : oui, belle princesse, continua-t-il, c'en est trop! vous êtes libre de vos actions, et je vous engage moi-même à soutenir votre vœu. Je n'ai rien fait pour vous que ce que tout autre que moi aurait pu faire, et, sans doute, plus heureusement et plus promptement; je ne prétends avoir acquis aucun droit sur vous, ou j'y renonce pour vous rendre toute à vous-même. »

À cette parole, la musique recommença à célébrer les louanges du chevalier des Lions, qui s'était vaincu lui-même, après quoi Dulcinée lui promit d'aller le remercier sur terre partout où il serait, et notre héros lui promit de la conduire dans tel endroit qu'elle voudrait se retirer.

Nos aventuriers furent ensuite menés dans la chambre qu'on leur avait préparée, et qui était d'une magnificence achevée, l'or et l'argent y brillant partout. Ils croyaient être dans le palais enchanté de Circé ou d'Alcine, et remettaient à leur réveil à l'examiner de plus près; mais leur étonnement fut extrême, lorsqu'à ce réveil ils se trouvèrent au château dans la chambre où ils couchaient ordinairement.

À dîner, ils furent questionnés sur ce qu'ils étaient devenus la veille, et sur ce qui leur était arrivé. Don Quichotte le raconta sans en oublier la moindre circonstance, et Sancho le certifia par des preuves incontestables, de manière à faire étouffer de rire. On feignit de ne pas croire que Dulcinée fût effectivement désenchantée : car, disait-on, elle serait déjà venue vous voir pour vous remercier. Ils allèrent après le dîner faire un tour dans les jardins du château, où, après avoir continué longtemps la même conversation, tout le monde s'éloigna insensiblement de don Quichotte, qui de son côté ne fut pas fâché d'aller seul entretenir ses rêveries environ une heure, après quoi le duc et le comte Valerio allèrent le trouver avec beaucoup d'empressement en apparence.

« Ah! seigneur chevalier, lui dit le duc de Medoc en l'abordant, il vient d'arriver au château une dame qui paraît d'une qualité éminente, tant par sa personne que par son train, et qui est la plus belle créature que j'aie jamais vue. Elle n'a point voulu dire qui elle est, mais elle a promis qu'on le saurait en votre présence, et elle vous demande avec beaucoup d'impatience. » Don Quichotte, qui avait l'idée remplie de sa Dulcinée, ne douta pas un moment que ce ne fût elle, et suivit le duc et les autres, qui l'emmenaient comme en triomphe, en publiant la beauté de cette dame inconnue.

Sitôt qu'ils parurent, Dulcinée, car c'était en effet elle-même, alla au devant d'eux, et voulut encore se jeter aux pieds du tendre chevalier, qui l'en empêcha, et qui ne put voir la perte qu'il faisait d'une si belle personne sans répandre des larmes. Elle le remercia encore de la liberté qu'il lui avait procurée, et le pria de trouver bon qu'elle allât accomplir son vœu. Le chevalier consentit à tout ce qu'elle voulut, et lui dit qu'il était prêt à la conduire partout où elle avait dessein d'aller. « Non, seigneur, répondit-elle en faisant semblant de pleurer, les sentiments que j'ai pour vous ne cadrent point avec les vœux que je vais faire; n'entretenons point une blessure que nous devons l'un et l'autre tâcher de fermer : notre séparation en est le seul moyen. Si je vous voyais plus longtemps, je ne ferais que me rendre malheureuse : ainsi permettez-moi de prendre de vous un congé éternel. Ces chemins sont sûrs, et mon équipage est assez grand pour me garantir de toute mauvaise aventure; gardez cette bague pour l'amour de moi : je vous la donne. » En même temps elle lui présenta un fort beau diamant; le chevalier le prit après quelque difficulté, en lui baisant la main et en mettant un genou à terre. Après cela Dulcinée embrassa toutes les dames, et se couvrit le visage en passant devant don Quichotte, comme pour lui cacher ses pleurs. Le duc de Medoc lui présenta la main et la conduisit jusqu'à son carrosse, d'où elle regarda encore le désolé chevalier, et lui défendit de la suivre. Il la vit partir dans son carrosse, traîné par six chevaux, et plus de vingt cavaliers la suivaient. C'étaient ceux qui avaient si bien fait les juges d'enfer, les enchanteurs et les démons, tous de la bande de Bracamont et de Ginez de Pasamonte, qui s'en retournaient fort bien récompensés du divertissement qu'ils s'étaient donné à eux-mêmes.

XX

Comment don Quichotte et Sancho sortirent du château pour s'en retourner chez eux. De ce qui leur arriva sur la route. Mort de don Quichotte.

Ce fut ainsi qu'en s'accommodant aux visions du chevalier on lui ôta de l'esprit l'idée de l'enchantement et de la conquête de l'imaginaire Dulcinée. Sitôt qu'elle et toute sa bande furent hors de vue, on ramena le triste don Quichotte, et chacun le consola le mieux qu'il put de la perte qu'il faisait d'une princesse si belle et si vertueuse. Il en soupira de douleur; mais, comme le mal était sans remède, il résolut de prendre patience. On lui persuada de suivre les ordres de Parafaragaramus, et de quitter les exercices de la chevalerie errante. Le duc de Medoc lui dit qu'il s'estimait bien heureux que ce fût chez lui que le destin eût fixé sa demeure, et il lui offrit tout ce qui dépendait de lui pour le bien divertir. Don Quichotte accepta avec plaisir des offres si obligeantes; mais quelques égards que tout le monde eût pour lui dans le château, il ne pouvait sortir de la profonde mélancolie que lui causait la perte de sa princesse; la défense que Parafaragaramus lui avait faite de chercher de nouvelles aventures augmentait encore sa tristesse. Il était dans cette disposition, lorsqu'un matin Sancho vint le trouver dans sa chambre. « Ami, lui dit notre chevalier, il y a dans la vie des héros un terme de bonheur et de gloire où ils doivent s'arrêter, sans vouloir passer outre, de crainte qu'en voulant forcer, pour ainsi dire, les destinées, ils ne tombent dans des malheurs qui leur attirent le mépris des mêmes hommes dont ils auraient acquis toute l'estime. Pour prévenir un si triste sort, je suis résolu plus que jamais à passer le reste de mes jours dans la tranquillité; mais, au reste, je t'avouerai que je commence à m'ennuyer dans ce château. Je sais bien que madame la duchesse n'épargne rien pour m'en rendre le séjour agréable; mais dans la situation où se trouvent mon cœur et mon esprit, il me semble que le Toboso me convient mieux que tous les autres lieux du monde. »

Sancho, qui se plaisait fort dans le château, fut très-fâché d'entendre parler ainsi son maître. « Eh, seigneur don Quichotte, lui dit-il, où pouvez-vous aller pour être mieux? nous faisons ici bonne chère et bon feu; toutes les chimères de chevalerie à part, vous n'êtes qu'un simple gentilhomme, et vous mangez avec des ducs et des duchesses. Si vous allez au Toboso, vous entendrez depuis le matin jusqu'au soir crier votre nièce et votre gouvernante, et vous n'aurez point d'autre compagnie que le barbier, maître Nicolas et monsieur le curé. » L'écuyer ajouta mille autre choses à cela; mais il ne put persuader son maître, qui deux jours après pria la duchesse de Medoc de lui permettre de se retirer chez lui. Comme on ne voulait pas contraindre don Quichotte, et que d'ailleurs on le connaissait pour un homme incapable d'aller contre les ordres de Parafaragaramus, on consentit à son départ.

Le héros de la Manche et son écuyer reprirent donc le chemin du Toboso, et couchèrent le premier jour dans une hôtellerie que don Quichotte prit alors pour ce qu'elle était, et il ne leur arriva rien de particulier. Le lendemain s'étant remis en marche et se trouvant sur le midi fatigués de la chaleur et du chemin qu'ils avaient fait, ils gagnèrent un bois fort épais qui pouvait être à trois cents pas du chemin. Ils descendirent de cheval et entrèrent dans la forêt pour s'y reposer. A peine étaient-ils assis qu'ils entendirent à quelques pas d'eux le bruit que faisait une source d'eau qui tombait du haut d'un rocher, et formait au bas un ruisseau qui allait en serpentant arroser une prairie émaillée de fleurs. Les chevaliers tournèrent la tête du côté où ils entendaient le murmure de l'eau, et eurent d'autant plus de joie d'apercevoir une fontaine qu'ils se sentaient extraordinairement altérés. L'écuyer, pressé par sa soif, se préparait à la satisfaire sans façon; mais don Quichotte se mit en tête que cette source était la fontaine de Merlin. « Arrête, Sancho, dit-il, arrête, mon ami : tu ne connais point la propriété de cette eau. Nous sommes ici, mon fils, dans la forêt des Ardennes, et la fontaine que tu vois est l'ouvrage du sage Merlin. Cet enchanteur l'a faite exprès pour guérir un chevalier de ses amis de la passion qu'il avait pour une princesse, car il faut que tu saches que cette eau a la vertu de changer en haine le plus violent amour. — Quoi! monsieur, dit Sancho, un chevalier amoureux n'a qu'à boire de cette eau pour cesser d'aimer? — Rien n'est plus certain, reprit don Quichotte, et je suis tenté d'en boire pour perdre entièrement l'amour malheureux dont je ne puis me défaire; après cela rien ne troublera le repos de ma vie, et mes jours ne seront composés que de moments heureux. Oui, j'en veux boire, continua-t-il en élevant la voix, je prétends m'affranchir d'un joug trop pesant. » En disant ces paroles il prit son casque, le remplit d'eau et le vida jusqu'à la dernière goutte. Sancho suivit son exemple pour se désaltérer seulement. Comme l'eau était extrêmement froide et qu'ils en burent tous deux beaucoup, don Quichotte dont la tête s'échauffait à mesure que ses entrailles se rafraîchissaient, demeura plus persuadé qu'auparavant que c'était là la fontaine de Merlin; il crut même éprouver sur-le-champ la vertu de l'eau, la princesse Dulcinée ne lui paraissant plus qu'une laide paysanne, et s'étonnant de l'avoir choisie pour l'objet de ses amours. Enfin elle lui sembla telle qu'Angélique parut à Renaud de Montauban, après que ce paladin eut bu dans les Ardennes de l'eau de la fontaine de Merlin. Sancho, qui de son côté n'était guère plus sage que son maître, s'imagina aussi qu'il commençait à haïr Thérèse. « Par la jarni, s'écria-t-il, je sens que l'eau opère dans mon estomac : je hais ma femme comme tous les diables : et si elle était ici présentement je lui casserais les dents devant vous à coups de poing. » Les deux chevaliers, après avoir bu, se reposèrent sur l'herbe.

S'ils se persuadèrent follement que l'eau avait changé leurs cœurs, elle ne laissa pas de produire réellement un fort mauvais effet, en leur causant une pleurésie dont ils ne tardèrent guère à sentir les atteintes : car à peine se furent-ils remis en chemin que Sancho se plaignit d'un grand mal de côté. « Tu n'en dois pas être surpris, ami Sancho, lui dit don Quichotte, il est impossible que cette eau merveilleuse change la disposition du cœur sans que le corps s'en ressente ; j'ai comme toi des douleurs au côté, et de plus un très-grand mal de tête qui ne fait qu'augmenter de moment en moment. — Pour moi, répondit Sancho, je crois que l'eau ne me vaut rien et que, si j'avais bu autant de vin, je serais à présent plus gai qu'un pinson. »

A mesure que la pleurésie se formait, nos héros se sentaient accablés de la violence du mal et ils arrivèrent au Toboso avec une grande fièvre. D'abord on mit don Quichotte au lit et le barbier accourut à son secours. Dès ce temps-là la saignée était en usage pour les pleurésies, et maître Nicolas, malgré l'expérience qui devait lui avoir appris que les fréquentes saignées emportent plus de pleurétiques qu'elles n'en sauvent, ouvrit la veine à don Quichotte et lui tira dès la première fois quatre bonnes palettes de sang. Cette saignée fut bientôt suivie de beaucoup d'autres et accompagnée d'une tisane rafraîchissante, ce qui réduisit en peu de temps don Quichotte à l'extrémité. A l'égard de Sancho, son instinct le porta d'abord à demander du vin ; il ne voulut jamais souffrir qu'on le saignât ; il but en arrivant deux ou trois pintes de vin presque tout d'une haleine ; il se coucha et s'endormit. Il continua le même remède et se trouva parfaitement guéri au bout de trois jours, au lieu que don Quichotte, en suivant fort religieusement tous les avis du barbier, après huit saignées et un grand nombre de bouteilles de tisane, mourut entre les bras de son curé avec tous les sentiments d'un bon chrétien. On fit de superbes funérailles au héros de la Manche ; son écuyer reprit son premier métier et passa commodément le reste de ses jours.

TABLE

PREMIÈRE PARTIE

LIVRE PREMIER.

Chapitres.		Pages.
I.	De la condition et des occupations du fameux don Quichotte.	1
II.	De la première sortie de don Quichotte.	4
III.	De l'agréable manière dont don Quichotte se fit armer chevalier.	9
IV.	Ce qui arriva au nouveau chevalier quand il fut sorti de l'hôtellerie.	13
V.	Suite de la disgrâce de notre chevalier.	17
VI.	Seconde sortie de don Quichotte.	20
VII.	Épouvantable aventure des moulins à vent.	24

LIVRE DEUXIÈME.

VIII.	De la conversation de don Quichotte et de Sancho Pança.	30
IX.	De ce qui arriva à don Quichotte avec les bergers.	33

LIVRE TROISIÈME.

X.	Désagréable aventure qu'eut don Quichotte avec les Yangois.	37
XI.	De ce qui arriva à don Quichotte dans l'hôtellerie.	42
XII.	Conversation de don Quichotte et de Sancho Pança, et autres aventures dignes d'être racontées.	47
XIII.	De l'agréable conversation que Sancho eut avec son maître et de divers événements admirables.	55
XIV.	De la plus étonnante aventure qu'ait jamais eue chevalier errant.	59

XV.	De la conquête de l'armet de Mambrin...............................	68
XVI.	Comment don Quichotte donna la liberté à quantité de malheureux qu'on menait malgré eux où ils ne voulaient pas aller.......................	76
XVII.	De ce qui arriva à don Quichotte dans la montagne Noire..............	82
XVIII.	Des choses étranges qui arrivèrent à don Quichotte dans la montagne Noire, et de la pénitence qu'il fit à l'imitation du Beau Ténébreux............	84
XIX.	Continuation des prouesses amoureuses du galant chevalier de la Manche dans la montagne Noire..	93
XX.	Comment le curé et le barbier vinrent à bout de leur dessein, avec d'autres choses dignes d'être racontées......................................	98

LIVRE QUATRIÈME.

XXI.	Où l'on verra peut-être d'agréables choses...........................	103
XXII.	Histoire de la princesse de Micomicon...............................	109
XXIII.	Du plaisant dialogue de don Quichotte et de Sancho..................	116
XXIV.	De ce qui arriva dans l'hôtellerie....................................	122
XXV.	Des choses admirables qui arrivèrent dans l'hôtellerie.................	126
XXVI.	Où il est question de l'armet de Mambrin et du bât de l'âne, avec d'autres aventures aussi véritablement arrivées..................................	134
XXVII.	De la grande colère de don Quichotte et d'autres choses admirables........	139
XXVIII.	Qui contient diverses choses..	144
XXIX.	De l'agréable dispute du chanoine et de don Quichotte.................	154
XXX.	De la rare aventure des pénitents que le chevalier acheva à la sueur de son corps.	157

DEUXIÈME PARTIE

LIVRE CINQUIÈME.

I.	Troisième sortie de don Quichotte...................................	163
II.	De la conversation qu'eut Sancho Pança avec Thérèse Pança, sa femme, etc.	167
III.	De ce qui arriva à don Quichotte allant voir sa dame Dulcinée du Toboso....	170
IV.	Comment l'industrieux Sancho trouva moyen d'enchanter madame Dulcinée, avec d'autres événements ridicules et véritables.......................	176
V.	De l'étrange aventure du char des officiers de la mort..................	181
VI.	De l'étrange aventure qui arriva au valeureux don Quichotte avec le grand chevalier des Miroirs..	185
VII.	Suite de l'aventure du chevalier du Bois, avec le discours des écuyers.......	189

VIII.	Suite de l'aventure du chevalier du Bois et de l'écuyer au grand nez.......	193
IX.	De la plus grande marque de courage qu'ait jamais donnée don Quichotte; combat contre les lions...	201
X.	Des noces de Gamache et de ce que fit Basile........................	206
XI.	De la grande et inouïe aventure de la caverne de Montesinos.............	216
XII.	Des choses admirables que l'intrépide don Quichotte avait vues dans la caverne de Montesinos...	218
XIII.	La barque enchantée..	225
XIV.	De ce qui arriva à don Quichotte avec une belle chasseresse.............	229

LIVRE SIXIÈME.

XV.	De la conversation de la duchesse et de Sancho Pança.................	241
XVI.	Des moyens qu'on trouva pour désenchanter Dulcinée..................	246
XVII.	Suite des moyens qu'on prit pour désenchanter Dulcinée, etc...........	250
XVIII.	De l'étrange et inouïe aventure de la dame Doloride, autrement la comtesse Trifaldi, avec une lettre que Sancho écrivit à sa femme................	255
XIX.	Suite de la fameuse aventure de la dame Doloride....................	259
XX.	Suite de cette aventure, avec d'autres choses de même importance........	263
XXI.	De l'arrivée de Chevillard, et de la fin de cette longue et terrible aventure...	267
XXII.	Des conseils que don Quichotte donna à Sancho Pança touchant le gouvernement de l'île, etc..	274
XXIII.	Comment Sancho prit possession de son île et comment il y gouverna......	279
XXIV.	Suite du gouvernement du grand Sancho Pança.......................	283
XXV.	De la correspondance de Thérèse Pança avec la duchesse et Sancho.......	289

LIVRE SEPTIÈME.

XXVI.	De la fin du gouvernement de Sancho Pança.........................	297
XXVII.	Contenant des choses qui servent à cette histoire, et non à d'autres.......	300
XXVIII.	Comment don Quichotte prit congé du duc, et comment il rencontra aventures sur aventures...	305
XXIX.	De ce qui arriva à don Quichotte, et que l'on peut véritablement appeler aventure..	310
XXX.	De ce qui arriva à don Quichotte à son entrée dans Barcelone, avec d'autres choses qui semblent plus vraies que raisonnables........................	317
XXXI.	De l'aventure qui donna le plus de déplaisir à don Quichotte.............	320
XXXII.	Quel était le chevalier de la Blanche Lune, et autres aventures...........	321
XXXIII.	De la résolution que prit don Quichotte de se faire berger...............	323
XXXIV.	Aventure de nuit, qui fut plus sensible à Sancho qu'à don Quichotte.......	325
XXXV.	De la plus étrange aventure qui soit arrivée à don Quichotte et la plus surprenante de toute cette grande histoire.................................	328
XXXVI.	Où Sancho se met en devoir de désenchanter Dulcinée..................	334
XXXVII.	De ce que vit don Quichotte en arrivant dans son village, et qu'il imputa à mauvais présage..	335

TROISIÈME PARTIE

LIVRE HUITIÈME.

I.	Ce qui donna occasion à don Quichotte de retomber dans ses visions touchant la chevalerie...	339
II	Conversation d'importance de don Quichotte et de Sancho.................	341
III.	Suite de la conversation où Sancho fait le détail des qualités qu'il dit avoir propres pour parvenir à la dignité de chevalier errant...................	344
IV.	Conditions auxquelles Sancho consent d'être fait chevalier par son maître....	347
V.	La veille des armes faite par Sancho.....................................	349
VI.	Sancho armé chevalier...	351
VII.	Don Quichotte et Sancho prennent jour pour aller derechef chercher les aventures. Leur départ...	353
VIII.	Don Quichotte et Sancho arrivent à la maison de Basile sans la connaître, et Sancho s'y fait panser de ses blessures.................................	357
IX.	Don Quichotte perd Rossinante. De quelle manière il lui est rendu.........	360
X.	Des plus curieux, et très important pour l'éclaircissement de l'histoire......	364
XI.	La plus périlleuse aventure de don Quichotte, et la plus heureuse et glorieuse pour lui...	369
XII.	Secours que donna don Quichotte au comte Valerio et à sa femme, maltraités par des brigands..	372
XIII.	Exploits et gestes de Sancho...	376
XIV.	Qui contient une des plus terribles aventures qui soient arrivées à Sancho...	379
XV.	Des armes enchantées que les deux chevaliers reçurent de Parafaragaramus avec des chevaux infatigables..	384
XVI.	Don Quichotte et Sancho s'arment pour aller combattre les brigands. Ces deux chevaliers font des actions de valeur inouïes.............................	386
XVII.	Comment don Quichotte sauva la vie à la duchesse de Médoc. Nouveaux exploits des deux chevaliers...	390
XVIII.	Nouvelles aventures de Sancho. Don Quichotte et lui vont à la caverne de Montesinos ; ce qu'ils y virent, et comment se fit le désenchantement de Dulcinée...	394
XIX.	De ce qui suivit le désenchantement de Dulcinée........................	406
XX.	Comment don Quichotte et Sancho sortirent du château pour s'en retourner chez eux. De ce qui leur arriva sur la route. Mort de don Quichotte......	410

www.ingramcontent.com/pod-product-compliance
Lightning Source LLC
Chambersburg PA
CBHW050251230426
43664CB00012B/1910